21st

CENTURY
MONETARY
POLICY

21st CENTURY MONETARY POLICY

벤 버냉키의
21세기 통화 정책

연방준비제도: 대 인플레이션에서 코로나 팬데믹까지

벤 S. 버냉키 지음 | 김동규 옮김 | 홍춘욱 감수

상상스퀘어

"중앙은행 참가자로서의 이러한 역사적 평가는 앞으로 더 많은 정책 입안자들이 해내야 할 일이다. 독자들은 버냉키와 함께 판단하고 새롭게 인플레이션과 싸우는 지금의 정책 입안자들이 얻을 수 있는 교훈에 대해 생각할 수 있다.

버냉키의 책은 후대의 경제 정책 입안자들을 위해 쓴 것이며 분명 그들에게 도움이 될 것이다. 하지만 오직 그들만이 《21세기 통화 정책》이 주는 교훈을 통해 도움을 받을 수 있는 것은 아니다."

— 데이빗 레온하트 〈뉴욕타임스 북리뷰〉

"경화되는 공급과 급증하는 수요 속에서 경제를 부양하거나 둔화시킬 수 있는 연준과 의회의 권한을 대중이 더 명료하게 이해할 수 있도록 노력하는 독특하고 실용적인 책이다."

— 앤드류 로스 소킨 〈뉴욕타임스〉

"미국 경제에 무려 2조 1,500억 달러가 움직이고 있는 지금, 버냉키가 들려주는 역사와 전망은 독자들의 흥미를 유발할 것이다. 이 책은 충분히 인상적이고 접근하기 쉬운 탓에 역사가와 교육자들만 아니라 역사적 관점으로 미국의 재정을 들여다보고자 하는 이들에게도 매력적이다."

— 제니퍼 아담스 〈북리스트〉

"그는 놀라울 만큼 명료한 산문을 구사하며 복잡한 경제 문제를 쉬운 영어로 설명한다. 막대한 자본이 오가는 드라마와 명료한 사유로 가득 찬 이 책은 연준의 최근 격동의 역사에 대한 최고의 기록이다."

— 〈퍼블리셔스 위클리〉

"이 책은 국가의 중앙 은행 시스템에서 더 큰 경제 속으로 어떻게 돈이 어떻게 흘러가는지 명징하게 설명한다."

— 〈커커스〉

"버냉키는 지난 반세기 동안 중앙 은행, 특히 연준의 정책 배후에 있는 경제적 권능과 사유를 설명할 최고의 적임자이며, 《벤 버냉키의 21세기 통화 정책》은 이러한 특질을 잘 보여준다."

— 〈파이낸셜 타임스〉

"벤 버냉키는 우리 시대 중앙은행의 가장 영향력 있는 사상가이자 실무자다. 이 책은 1960년대 후반에서부터 현재와 미래까지 역사를 아우르는 가운데 세계 중앙 은행의 진화를 명료하게 설명한다."

— 마틴 울프 〈파이낸셜 타임스〉

"《벤 버냉키의 21세기 통화 정책》은 전후 시대로부터 시작해 코비드 경기 침체에 이르기까지 연준 제도의 역사를 다루는 고전으로 자리잡을 것이 확실하다. 버냉키의 관점은 두 가지의 근본적 미덕에 의해 형성된다. 연준과 통화 정책 연구자로서의 학문적 업적과 2006년부터 2014년까지 연준 이사회 위원이자 의장으로서의 실무적 업적입니다. 이 훌륭한 책에는 두 가지 미덕이 모두 담겨 있다."

— 라니 에벤슈타인 〈경제사학회〉 리뷰

공황경제이론의 선구자이자 노벨경제학상 수상자, 그리고 글로벌 금융위기 극복을 진두지휘했던 센트럴 뱅커 벤 S. 버냉키가 통화정책의 어제와 오늘을 재해석하고 21세기 통화정책의 과제와 이를 완수할 수 있는 길을 제시하였다. 전통적 통화정책수단을 넘어 양적완화, 포워드 가이던스 등의 대안정책수단들, 그리고 21세기 통화정책이 마주한 경제적·사회적 담론들이 중앙은행론 대가의 펜끝에서 펼쳐진다.

— 윤정선 국민대학교 경영대학 재무금융·회계학부 교수

"글로벌 경제와 금융시장 변화를 파악하고 대응하기 위해서는 무엇보다도 연준의 통화정책에 대한 이해가 필요하다. 연준의 통화정책은 환율과 금리를 통해 당장 우리 생활에도 영향을 미친다. 《21세기 통화 정책》은 연준의 통화 정책이라는 창을 통해 미래를 내다보게 하는 탁월한 지침서이다."

— 김영익 《김영익의 경제스쿨》 채널 크리에이터, 서강대 경제대학원 교수

감수의 글

유튜브 채널 "홍춘욱의 경제강의 노트"에 동영상을 올릴 때마다 거의 매번 나오는 질문 중에 하나가 연준의 정책에 대한 것입니다. 하지만, 우리는 연준에 대해 아는 게 거의 없습니다. 해마다 8번 회의가 열리는 이 조직이 물가안정과 완전고용이라는 양대 책무를 지고 있으며 매번 의회 청문회에서 연준 의장이 의원들에게 질책당한다는 것도 알고 있는 분이 많지 않습니다. 심지어 어떤 이들은 연준이 민간 은행의 협의체에 불과하며 월가의 유대인들이 지배하고 있다는 과감한 주장을 펼치기도 합니다.

물론 음모론은 강력한 흥미를 유발합니다. 저도 종종 재미 삼아 보고 있습니다. 하지만 현실과 음모론을 혼동해서는 안 됩니다. 역대 연준 의장 중에 유대인이 많은 것은 사실이지만, 연준의 멤버는 대통령의 지명과 상원의 인준을 거친다는 것을 아시면 좋겠습니다. 연준의 이사 7명은 대통령의 지명과 상원의 인준을 거쳐 총 14년간 단임제로 일하며, 연준 의장과 부의장은 대통령의 지명과 상원의 인준을 거치되 임기는 4년입니다. 자신이 임명한 연준 의장인 파월을 임기 만료 전에 해고하려다 실패한 트럼프 대통령의 사례에서 보듯, 연준 의장은 임기 만료 전까지 누구에게도 자신의 권력을 도전받지 않습니다. 연준 멤버의 임기가 이렇게 시차를 두고 구성되는 이유는 닉슨 대통령 시절 발생했던 치명적인 인플레로 인해 연준이 정치권력으로부터 독립하는 게 국가 전체의 이익에 도움 된다고 판단했기 때문입니다. ◆

당연히 연준 멤버들이라고 해서 도덕적으로 완전무결하지는 않습니다. 심지어 기준금리(한국은 환매조건부 채권, 미국은 연방기금금리를 뜻함)를 결정하는 업무를 맡은 이들이 내부 정보를 활용해 주식에 투자했다는 의혹이 제기되었을 정도입니다. ◆◆ 이 사건 이후 연준은 힘든 시간을 보내야 했고, 또한 의회에 정기적으로 출석해 정책을 평가받곤 합니다. 심지어 일부 정치인들은 연준의 은행 감독 권한을 박탈하는 법안을 의회에 지속적으로 상정하기도 합니다. 상황이 이러하다 보니 연준의 구성원들은 "지금의 선택이 연준의 독립성을 유지하고 동시에 정책 추진의 효율성을 높이는 데 도움 되는가?"를 끊임없이 반추해야 하는 처지에 놓여 있습니다.

물론 이렇게 독립성이 갖춰진다고 해서 연준이 늘 올바른 경제정책을 시행한 것만은 아닙니다. 가장 대표적인 사례가 2000년대 중반이겠죠. 역사상 가장 강대한 권력을 자랑하던 그린스펀 의장 시절, 부동산 시장에서 발생한 거품은 이후 10여 년에 걸쳐 미국은 물론 세계 경제에 너무나 큰 악영향을 미쳤습니다. 물론 미국에서만 부동산 버블이 발생한 게 아니라 유럽과 아시아, 오세아니아 등 대부분 선진국에서 부동산 가격이 급등했으니 이게 미국 연준만의 책임은 아니라 할 수 있습니다. 그러나 연준이

◆ 이코노미 조선(2021.7.12), "美 중앙은행은 또 '화상'을 입으려고 하나"
◆◆ 경향신문(2022.1.11), "미 연준 2인자, 내부정보 이용 주식 투자 의혹에 불명예 퇴진"

가지고 있는 막대한 권력을 감안할 때 "연준이 아니면 누가 책임을 져야 하는가?"라는 질문을 저절로 던지게 되더군요. 세계 경제의 수장 역할을 하는 연준의 영향력과 파급력 때문에 필요 이상으로 비난받고 공격당하는 곳이라는 생각도 들었습니다.

아무튼 이 책을 읽은 후, 저는 금융정책이 어떤 식으로 움직이며 또 연준이 어떤 고민 속에서 정책을 결정하는지 이해할 수 있게 되었습니다. 경제를 공부하는 이에게 이 책은 정말 큰 도움을 줄 교보재입니다. '경제학원론'에서 금리를 인상하면 경기가 나빠지고 실업률이 상승한다고 배웠는데, 어떨 때는 그게 전혀 작동하지 않는다는 것을 알게 되면 교수님과 흥미로운 토론이 가능하지 않을까 싶네요. 제가 학교에 다닐 때, 이 책이 나왔다면 더 즐겁게 경제를 공부할 수 있었겠다는 아쉬움이 있습니다.

투자, 특히 외환 및 주식 투자에 대한 관심이 많은 분에게도 이 책은 큰 도움이 됩니다. 통화가치와 주식시장의 추세를 좌우하는 것은 결국 금리이고, 금리는 연준이 경제의 어떤 부분에 주목하는지에 따라 좌우되는 면이 크기 때문입니다.

끝으로 좋은 책을 번역한 역자 분과 출판사에 감사하다는 말씀 드립니다. 또 한 권의 인생 책을 감수하고 나니 기분이 너무 좋습니다.

2023년 3월

이코노미스트 홍춘욱

차례

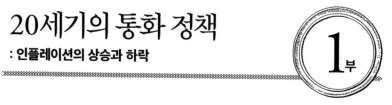

20세기의 통화 정책
: 인플레이션의 상승과 하락

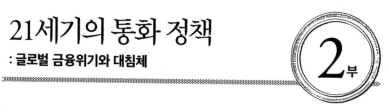

21세기의 통화 정책
: 글로벌 금융위기와 대침체

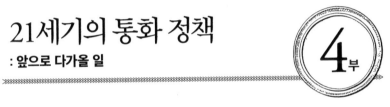

21세기의 통화 정책
: 이륙에서 코로나 팬데믹까지

3부

21세기의 통화 정책
: 앞으로 다가올 일

4부

서론

2020년 1월 29일, 연방준비제도이사회(이하 연준) 의장에 재임한 지 3년째를 맞이한 제롬 파월Jerome H. Powell은 이 해의 첫 기자회견을 위해 연단에 올랐다. 그는 흰색 바인더를 펴고 모여 있던 기자진과 잠깐 눈을 마주친 후 미리 준비한 성명을 읽기 시작했다. 그의 태도는 침착하다 못해 침울할 정도였지만, 메시지의 내용은 매우 긍정적이었다. 미국 경제는 11년 연속이라는 기록적인 성장세에 접어들었고, 실업률은 지난 반세기 동안 최저 수준을 보이고 있으며, 수년간 정체되어 있던 저소득층의 임금 수준도 증가세로 돌아섰다는 것이었다. 지난 2년간 금융시장을 요동치게 했던 무역 갈등도 진정되었고 글로벌 성장률 역시 안정된 것으로 보였다.

그가 경제 전망에 영향을 미치는 "불확실성"을 거론하는 대목에서는 언뜻 지나가는 말로 "신종 코로나바이러스 요인"을 언급했다. [◆1] CNN의 도

◆ 이 책의 마지막에 따로 마련한 정보 출처 항목에 연방준비제도 공식 문서 링크를 밝혀두었다. 여기에는 기자회견 전문과 연방공개시장위원회 회의 내용, 정책 성명, 보도자료, 회의록, 예측 전망, 의회 증언자료 등이 포함된다. 이 책에서 미주는 필요한 추가 정보를 밝히는 용도로 사용했다. 예컨대 직접 인용한 책의 페이지 또는 오래되거나 찾기 어려운 자료 등이다. 연방준비제도이사회 관계자들의 발언은 권말에 별도로 밝혔다.

나 보락 기자가 코로나에 관해 보충 질문을 던진 것은 총 54분으로 예정된 기자회견 중 21분이 지났을 때였다. 당시는 아직 중국의 발병 사례 중 외부로 알려진 것이 불과 몇 건에 불과했다. 파월은 이 바이러스가 "매우 심각한 이슈"로서, "중국의 일상 활동에 일부 지장을 초래할 수 있고, 나아가 세계적으로도 영향을 미칠 수 있다"는 점을 조심스럽게 인정했다.[2]

그로부터 5주 뒤인 3월 3일, 파월은 같은 연단에서 여전히 침착한 어조로 5주 전에 비해 훨씬 암울한 내용의 성명서를 기자들에게 발표했다. 그는 바이러스로 고통받는 전 세계 모든 이에게 심심한 위로의 말을 전한 뒤, 이 바이러스가 이미 세계 각국의 경제에 막대한 피해를 미쳤으며, 바이러스를 봉쇄하는 조치가 "당분간 미국을 비롯한 전 세계에 큰 압박을 가할 것"이라고 전망했다. 이어서 그는 연준이 "새로운 위기를 맞이하여 경제의 체력을 유지하기 위해" 금리를 낮출 것이라고 말했다.[3] 큰 변화를 예고한 셈이었다. 세계 질서에는 이미 큰 변화가 찾아왔다. 그에 따라 연준의 정책도 달라졌다.

1월 29일과 3월 3일의 기자회견이 있던 사이에, 바이러스는 한 지역의 국소적 문제에서 전 지구적 위기로 막 발돋움하고 있었다. 나중에 COVID-19라고 명명되는 이 질병의 발생 건수는 중국 전역에서 1만 건이 채 안 되던 수준에서 세계적으로 9만 건이 넘는 규모로 확대되었다. 이탈리아는 롬바르디 지역 각 도시에 봉쇄 조치를 단행했고, 이란에서도 감염자가 급증한다는 소식이 들려왔다. 미국에서는 2월 29일에 바이러스로 인한 첫 사망자가 발생했다고 보도되었다. 시애틀 인근에 사는 50대 남성이었다. 이때를 기점으로 미국의 발병 건수와 사망률이 기하급수적으로 증가하여 뉴욕시를 비롯한 주요 대도시의 공중보건 체계를 위협하기 시작했다.

한편 바이러스가 불러온 공포는 2007년과 2009년 사이의 금융위기 이래 미국 금융시장에 최악의 한 주간을 촉발하여 또 한 차례의 경제 위기를 예고했다. 바로 그달 초에 사상 최고치를 기록했던 다우존스산업평균지수는 2월 28일까지 무려 12퍼센트가 넘는 낙폭을 기록했다. 3월에 접어들자 이 혼란은 채권시장으로까지 번져나갔다. 최고 수준의 안전성을 자랑한다는 미국재무부증권을 팔려는 사람도 매수자를 찾지 못해 애를 먹는 사태가 벌어졌다. 사람들은 현금 보유 외에는 그 어디에도 관심을 기울이려 하지 않았다. 기업, 주택 구매자, 주 정부 및 지방정부가 돈을 빌릴 때 주로 의존하던 자금private credit 시장은 대출 및 투자 기관이 코로나바이러스로 인한 불확실성에 매달리는 바람에 꽁꽁 얼어붙을 위기에 봉착했다.

시장의 갑작스러운 공황은 경제에 큰 타격이 올 징조가 확실했다. 수많은 기업과 학교가 자발적이든, 지방정부의 봉쇄 조치에 따라서든 문을 닫았고, 이에 따라 사상 유례없는 속도로 경제 활동이 위축되었다. 과거 글로벌 금융위기로부터의 회복세가 오래도록 이어온 2020년 2월에 노동 인구의 실업률은 3.5퍼센트에 지나지 않는 수준이었다. 그러나 그로부터 불과 두 달 후인 4월에 공식 실업률은 무려 14.8퍼센트를 기록했다. 충격적인 상승이라는 말만으로는 노동 시장에 미친 손상을 도저히 설명할 수 없을 정도였다. 4월 한 달에만 무려 2000만 개 일자리가 사라져, 관련 데이터를 축적하기 시작한 1939년 이래 사상 최고 낙폭을 기록했다. 경기 침체와 확대의 시점을 판단하는 기관인 전미경제분석국National Bureau of Economic Research, NBER 산하 경기사이클 판정위원회Business Cycle Dating Committee 는 나중에 팬데믹으로 인한 경기 침체 시작을 2월로 확정했다.

2007년부터 2009년까지 이어진 글로벌 금융위기 기간에 연준 의장으로 일해본 나는 파월과 그가 이끄는 연준이 겪고 있는 압박감을 익히 짐작할 수 있다. 그러나 10여 년 전 우리가 겪었던 그 위기와 달리(약 2년간 지속되었다), 이번 일은 너무나 갑자기 닥쳐왔다. 가능한 한 위기에는 선제 대응을 하는 편이 좋다는 원칙에 따라 파월의 연준은 금융 혼란을 진정시키고 경제를 지키기 위해 놀랄 만한 규모의 조치를 신속하게 취했다. 우선 단기금리 목표를 제로(0)에 가깝게 설정한 후 필요한 만큼 오랫동안 이 수준을 유지하기로 했다. 단기금융시장과 국채시장이 정상 기능을 회복하기 위해 연준은 재정난에 처한 금융기관에 자금을 대여해주었고, 공개시장을 통해 수천억 달러 규모의 채권과 모기지 담보증권을 매입했다. 연준은 기업 및 소비자 신용시장을 지원하기 위해 금융위기 시대에 수립되었던 프로그램을 다시 발동했다. 해외 중앙은행과 협력하여 세계 기축통화인 달러가 국제 시장에 적절히 공급될 수 있도록 조치했다. 무엇보다 경제 상황이 대폭 개선되기 전까지는 대규모 채권 매입 조치(이런 정책을 이른바 양적완화라고 한다)를 당분간 지속할 것을 약속했다.

이런 조치는 모두 2007년과 2009년 사이 금융위기 시기에 마련된 계획을 그대로 따른 것이다. 그러나 파월의 연준은 여기에서 그치지 않았다. 연준은 의회 및 재무부와의 협력 아래 회사채와 지방채 시장을 지원하고 중소기업과 비영리단체에 은행 융자를 공급하기 위한 새로운 프로그램을 수립했다. 2020년 8월에 연준은 통화 정책의 기본 체계(팬데믹 충격 이전에 시작된 프로세스의 결과)를 바꾸는 중요한 성명을 발표했다. 이미 금리 수준이 낮아진 상황에서 더욱 강력한 정책을 도입하려는 목적이었다. 이후 몇 개월 동안 연준은 가능한 한 오랫동안 금리를 낮은 수준으로 유지한다는 의지를 더욱 분명히 밝히며 구체적인 조치를 내놓았다.

물론 연방준비제도이사회가 위기의 근본 원인인 바이러스의 진행 경과에 영향을 미칠 방법은 전혀 없었다. 나아가 이 질병에 큰 영향을 받는 국민을 위해 행정부나 의회가 하듯이 세입과 세출을 통한 지원에 나설 수도 없었다. 그러나 연준은 통화 정책과 대출 권한을 사용하여 금융 시스템의 안정을 유지하고, 경제에 공급되는 신용 흐름이 원활해지도록 관리하며, 민간과 기업의 소비를 진작하고, 일자리 창출을 촉진할 수는 있었다. 그런 조치는 연준이 팬데믹 이후의 경제 회복 기반을 마련하는 큰 역할이라고 할 수 있다.

내가 연준에서 의장으로 있을 때도 자주 말했듯이, 통화 정책은 만병통치약이 아니다. 그러나 통화는 중요하다. 그것도 아주 많이. 그리고 파월이 이끄는 연준이 팬데믹에 대처한 조치에서 알 수 있듯이, 21세기의 통화 정책(더 넓게는 중앙은행)은 한마디로 놀라운 혁신과 변화라는 말로 정의할 수 있다. 팬데믹 기간에 연준이 단행한 다양하고 전면적인 조치와 그들이 결정하고 발표하는 데 걸린 속도는 예전에는 도저히 상상하지 못할 수준이다. 그것은 최초의 현대적 연준 의장이라 불린 윌리엄 맥체스니 마틴William McChesney Martin Jr.의 재임기였던 1950년대와 1960년대뿐만 아니라 역사상 가장 막강한 중앙은행장이라 일컬어지는 앨런 그린스펀Alan Greenspan의 1990년대와 비교해도 마찬가지라 할 수 있다. 아닌 게 아니라 파월 자신도 이렇게 말하고 있다. "우리는 지금까지 그 누구도 넘지 않았던 선을 여러 번 넘었다."[4]

이 책의 목적은 미국 통화 정책을 책임지는 연방준비제도이사회가 어떤 과정을 거쳐 오늘에 이르렀고, 그동안 맞이했던 수많은 도전에서 무엇을 배웠으며, 미래에는 어떤 모습으로 발전하게 될지를 독자 여러분이 이해할 수 있게 돕는 것이다. 물론 나는 내가 가장 잘 아는 연준에 초점을 맞춰 설명하겠지만, 같은 종류의 어려움을 겪으며 중요한 혁신을 이룩해온 다른 나라 중앙은행의 경험도 아울러 다룰 것이다. 이 책은 나와 같은 길을 걷는 경제학자와 그들의 제자들에게도 도움이 되기를 바라지만, 경제 정책과 금융, 중앙은행에 관심 있는 모든 이들이 쉽게 이해할 수 있게 쓰려고 노력했다. 파월이 이끄는 연준이 팬데믹 위기를 맞이하여 수행한 역할에서 알 수 있듯이, 연방준비제도이사회의 목적과 그 목적을 달성하기 위해 동원한 수단과 전략은 오늘날의 국제 경제를 이해하기 위해 반드시 알아야 할 내용이다.

역사라는 렌즈

이 책은 주로 역사라는 렌즈를 통해서 오늘날의(그리고 미래의) 연준을 들여다본다. 이게 바로 내가 본 주제를 다루는 방식이며, 연준이 오늘에 이르기까지 발전시켜온 수단과 전략, 의사소통 방식을 온전히 이해하기 위해 이보다 나은 방법을 나는 알지 못한다.

내가 처음으로 통화 정책에 관심을 기울이게 된 것은 1970년대 말, MIT 대학원생이었던 시절에 나누었던 한 대화 때문이다. 당시 나는 박사학위 주제에 관한 조언을 구하러 스탠리 피셔Stanley Fischer라는 젊은 교수를 찾아갔다. 학계에 막 떠오르던 스타였던 그는 나중에 이스라엘 중앙은행 총재와 연준 부의장을 지내게 된다. 그 만남을 계기로 내 지도교수가 된 피셔 교수는 당시 내게 밀턴 프리드먼Milton Friedman과 애나 슈워츠Anna Schwartz가 쓴 860페이지짜리 책, 《미국화폐사, 1867-1960A Monetary History of the United States, 1867-1960》를 한 부 건네주었다.[5]

그리고 피셔 교수는 이렇게 말했다. "이 책을 읽어보게. 엄청나게 지루할 걸세. 그러나 이 책이 흥미롭게 생각된다면 화폐경제학이 자네에게 맞을지도 몰라."

나는 그 책에 빠져들었다. 그 책을 통해 화폐경제학뿐만 아니라 1930년대 대공황의 원인에 대해서도 깊은 흥미를 느꼈다. 이후 나는 여러 차례에 걸쳐 이 문제를 학술적 주제로 삼기도 했다. 프리드먼과 슈워츠가 보여주었듯이, 중앙은행의 철 지난 정책과 경제에 대한 오판이야말로 그 시절에 파국을 불러온 가장 큰 요인 중 하나였다. 즉 잘못된 신념이 비극을 만들어내었음을 여실히 보여주었다. 내가 쓰는 이 책이 연준의 경제 정책과 역할의 진화를 설명하기 위해 역사를 동원하는 방식은 바로 프리드먼과 슈워츠의 정신에 기원한다. 더구나 프리드먼과 슈워츠의 저술은 제2차 세계대전 후 수십 년의 역사를 다루지 않기 때문에 전쟁 직후 시대야말로 이런 관점의 서술을 시작하기에 매우 적당한 때라고 할 수 있다. 연준의 역사에서 교훈을 얻는 것은 미래를 예측하기 위한 훌륭한 준비 작업이기도 하다. 그 작업은 이 책의 마지막에서 시도해보았다.

사실 1950년대와 1960년대 초는 여러 면에서 현대적 중앙은행이 시작되는 시기였다고 볼 수 있다. 이 시기에 이르면 연준은 더 이상 1920년대나 1930년대와 같은 금본위제에 얽매이지 않으며, 제2차 세계대전으로 폭증한 정부부채 문제를 완화하기 위해 저금리를 유지해야 한다는 책임감에서 벗어나게 되었다. 이 시기는 또 영국 경제학자 존 메이너드 케인스John Maynard Keynes의 사상이 미국에서 점점 더 큰 영향력을 발휘하던 때이기도 했다. 케인스는 1946년에 작고했으나 그의 후학들은 대공황 시대에 그가 남긴 저술을 기반으로 거시경제학, 특히 통화 정책의 잠재력을 강조하여 불황에 대처하고 인플레이션을 통제하고자 했다. 이른바 케인스 경제학은 오늘날 현대적인 모습으로 바뀌었다고 해도 여전히 연준을 비롯한 각국 중앙은행의 중심적 패러다임을 형성하고 있는 것이 현실이다.

1960년대 역시 전후 미국 역사에서 가장 뼈아픈 경제적 사건이자 경제 정책 수립의 가장 상징적인 실패 사례의 시작을 알리는 시기였다. 오늘날 우리는 그것을 대★인플레이션이라고 부른다. 1980년대에 폴 볼커Paul Volker가 이끄는 연준이 이 사태를 진압하기까지(대량 실업이라는 비싼 대가를 치른 결과였다), 대 인플레이션은 미국의 경제뿐만 아니라 정치적 안정까지 위협했다. 정책입안자들이 대 인플레이션에서 배운 (혹은 그들이 배웠다고 생각한) 교훈은 통화 정책의 발전 과정을 규정했고, 그 과정은 오늘날에도 여전히 진행되고 있다.

연방준비제도의 배경

먼저 기초적인 토대를 닦는 의미에서 미국 중앙은행의 역사와 연준의 배경을 설명할 필요가 있다. 즉 연준의 구조와 지배체제, 그리고 연준이 결정한 통화 정책이 구체적으로 어떻게 집행되는지를 설명하고자 한다. 그런 다음, 이 책이 주장하는 핵심 요소들이 연준을 현재의 모습으로 가꾸고, 최근 수십 년간 연준의 수단과 정책이 놀랍게 변화하는 데 어떤 영향을 미쳤는지 차례로 설명할 것이다.

초창기

미국은 강력한 파퓰리스트의 전통을 가진 나라다. 파퓰리스트들은(멀리는 앤드루 잭슨Andrew Jackson 대통령부터 가깝게는 티파티Tea Party 운동이나 월가 점령Occupy Wall Street 운동의 주동자 등을 예로 들 수 있다) 언제나 금융 권력과 행정 권력이 중앙집중화되는 경향에 적대적 태도를 보여왔다. 미국이 다른 선진 경제권과 달리 제대로 된 중앙은행이 마련되지 않은 채 1913년에야 연방준비제도이사회가 설립되었던 것은 바로 이 파퓰리스트들의 영향력으로 설명된다(영란은행Bank of England은 1694년에, 스웨덴 중앙은행인 릭스방크Riksbank는 그 전에 설립되었다). 미국의 초대 재무장관으로서 이 나라가 언젠가 산업과 금융의 실력자가 될 것을 미리 내다본 선각자였던 알렉산더 해밀턴Alexander Hamilton이 1791년에 중앙은행을 설립하려고 했으나, 미국 경제에 대해 목가적인 관점을 지녔던 토머스 제퍼슨Thomas Jefferson과 제임스 매디슨James Madison의 강력한 반대에 부딪히고 말았다. 해밀턴의 미합중국 제1은행 설립 인가는 결국 1811년까지만 지속된다는 내용의 법안이 의회에서 근소한 표 차로 통과되면서 이루어졌다. 중앙은행을 설립하려는 시도는 한 번 더 있었으나, 이 역시 좌절되었다. 즉 1832년에 앤드루 잭슨 대통령(그는 은행의 존재 자체를 신뢰하지 않기도 했지만, 가장 큰 정치적 동기는 제2은행의 총재인 니컬러스 비들Nicholas Biddle이 그의 정적이었기 때문이다)이 의회의 미합중국 제2은행 설립인가 갱신에 거부권을 행사함으로써 무산되었다(20달러 지폐에 잭슨의 얼굴이 남아 있는 것은 역사의 아이러니가 아닐 수 없다. 아마 그가 살아 있었다면 반대했을 것이다).

대략 1890년대에서 1920년대를 일컫는 이른바 진보 시대에는 중앙은행을 설립하기에 좀 더 유리한 정치 환경이 조성되었다. 그리고 1913년 12월 23일에 우드로 윌슨Woodrow Wilson 대통령이 연방준비제도법Federal Reserve Act에 서명함으로써 실제로 그 일을 실천했다. 과학적이고 합리적인 정책을 통한 경제 발전을 지지하는 당시의 진보적 관점에도 부합하는 새 연방준비제도 체제는, 규제가 가벼우며 제대로 기능을 발휘하지 못하는 일이 잦은 미국의 은행 체제를 감독하고 안정화하는 데 가장 큰 목적을 두었다. 19세기의 미국 은행 체제는 잦은 뱅크런과 패닉에 시달렸고, 이는 항상 불황과 관련이 있었다. 물론 그중에는 정도가 심각한 불황도 있었다. 1907년에 발생한 공황 사태는 결국 정부가 아닌, 유명 금융업자 존 피어폰트 모건J. Pierpont Morgan과 그의 동료들이 개입하여 종지부를 찍을 수 있었으며, 이는 최후의 결정타가 되었다. 의회에서는 중앙은행이라는 개념을 다시 살리는 쪽으로 의견이 기울었다.

그들은 당시 세계에서 가장 중요한 중앙은행이던 영란은행을 모델로 삼았다. 영란은행의 역할은 크게 두 가지였다. 첫째, 영란은행은 대영제국의 통화를 금본위제에 부합하게 공급하는 기능을 맡았다. 다른 주요 화폐와 마찬가지로 파운드화의 가치는 금의 무게를 기준으로 고정되었고, 영란은행은 단기금리를 조정하여 금을 기준으로 한 파운드화의 가치를 안정적으로 관리했다. 둘째, 영란은행은 뱅크런과 패닉이 닥쳤을 때 최종대부자lender of last resort 역할을 감당했다. 이는 특히 미국 상황에 매우 중요한 의미를 지니는 점이었다. 예금주들이 영국의 다른 은행이나 금융기관을 믿지 못해 저마다 인출을 요구하는 상황이 오면, 영란은행은 언제든지 은행이 예금주에게 내줄 현금을 대출해주고 은행의 부채나 다른 자산을 담보로 확보한다. 은행의 기초적인 지급능력이 건재한 한, 영란은행의 대출은 그들이 영업을 지속하며 자산을 헐값에 팔아치우지 않을 수 있는 중요한 동력이 된다. 그 덕분에 대영제국은 1800년대와 1900년대에 미국에 주기적으로 닥쳐왔던 금융위기와 경제 불안을 겪지 않아도 되었다.

새롭게 탄생한 연방준비제도이사회 역시 영란은행처럼 통화공급을 관리하고(금본위제에 부합하게) 연방준비제도에 속한 이른바 가맹 은행♦에 최종대부자 역할을 하는 중요한 기능을 발휘했다. 지급능력이 건전한 은행들만 연준으로부터 돈을 빌릴 자격이 있었으므로, 새로운 중앙은행은 가맹 은행의 재무상태표를 평가할 권한까지 아울러 보유하게 되었다. 물론 이 권한은 미국 통화감사원Comptroller of the Currency(남북전쟁 기간에 연방정부의 인가를 받은 은행들을 감독하기 위해 설립되었다)이나 주별 금융 규제 당국(주 정부의 인가를 받은 은행을 감독한다) 등과 공유하는 것이기는 했다. 오늘날에도 통화 정책과 은행 감독 그리고 금융 안정을 위협하는 요소에 대한 대처는 연준의 가장 중요한 기능으로 손꼽히고 있다.

중앙은행의 통제권을 워싱턴이 맡아야 하느냐(거의 모든 은행이 이 방안을 지지했다), 아니면 좀 더 분권화된 방식을 통해 중앙은행의 지점에 더 많은 권한을 부여해야 하느냐(중서부 농장주를 비롯해 동부의 중앙집중화된 금융 권력을 두려워하는 많은 이들이 지지했던 모델이다)에 관해서는 끊임없는 논란이 있었다. 윌슨 대통령이 제시한 타협안은 다음과 같았다. 즉 연방준비제도는 총괄 감독권을 보유한 워싱턴 측 이사 한 명과 전국 주요 도시에 설치된 지역별 연방준비은행에서 참여하는 최대 12명까지의 이사진으로 구성하되, 지역별 이사는 상당한 자율권을 보유한다는 것이었다. 여러 도시가 연방준비은행 유치전에 뛰어들었고, 결국 보스턴, 뉴욕, 필라델피아, 클리블랜드, 리치먼드, 애틀랜타, 시카고, 세인트루이스, 미니애폴리스, 캔자

♦   연방정부가 인가한 은행은 연준에 반드시 가입해야 했지만, 주별 인가 은행은 참여 여부를 선택할 수 있었다. 오늘날에 와서도 미국 은행 체제에는 세 가지 유형의 은행이 존재한다. 즉 연방 인가 은행, 연준에 가입한 주별 인가 은행, 연준에 가입하지 않은 주별 은행이다. 각 은행에 적용되는 규제 내용은 다르다.

스시티, 댈러스, 샌프란시스코의 12개 도시에 은행이 설립되었다. 연준이 설립된 후 경제 활동의 주 무대가 점점 서부로 옮겨 가는 추세에도 불구하고 이들 도시는 아직도 연방준비은행 소재지로 남아 있다(오늘날 샌프란시스코 연방준비지역Federal Reserve districts은 미국 경제 활동의 5분의 1 이상을 감당한다).

대공황

연준이 설립된 후 첫 15년간 미국 경제는 대체로 호황을 누렸으나 1929년 이후 세계경제가 심각한 불황을 겪게 된다. 대공황은 여러 가지 원인이 복합적으로 작용한 결과지만, 제1차 세계대전 기간에 거의 모든 나라가 유예했던 금본위제로의 복귀 문제가 가장 큰 원인으로 꼽을 수 있다. 전쟁 기간에는 상당한 인플레이션이 동반된다. 교전국들의 정부 재정이 붕괴되고 핵심 물자의 부족 현상이 심화되기 때문이다. 전후 각국은 금본위제로 복귀하면서 통화 공급량과 그에 필요한 금의 보유량을 연계하고자 했으나, 전 세계적으로 그 어느 때보다 높아진 상품과 서비스 가격을 지탱하는 데 필요한 금의 공급량이 절대적으로 부족했을 뿐 아니라, 이를 각국이 골고루 보유하기는 더더욱 어려운 일이었다.

한 가지 해결책이 있다면 금을 기준으로 한 공식 화폐가치를 낮춤으로써 증가한 통화 공급량과 물가 수준을 부족한 금으로나마 지탱하는 것이었으나, 이 또한 국가별로 저하된 화폐가치가 중앙은행권과 금의 교환 비율에 일치하지 않는다는 문제가 있었다(특히 국채를 매입한 사람들은 화폐가치가 하락하면 자신이 보유한 자산 가치가 떨어지므로 이에 반대했다). 그에 따라 금 부족 현상을 상쇄할 임시 처방이 마련되었다. 예컨대 영국은 실제 금이 아니라 금으로 뒷받침되는 통화, 즉 영국 파운드를 보유하기로 합의했다. 영란은행은 오랫동안 그러했듯이 파운드화 발행량 대비 실제 금 보유량이 적었다. 즉 화폐량에 상응하는 금 보유 잔고로 지탱하는 게 아니라 영국 파운드화에 대한 투자자들의 신뢰를 기반으로 유지되었다.

그러나 전후 국제 정치와 금융 상황은 여전히 불안했다. 독일이 물어야 할 전쟁 배상금 규모나, 미국이 영국과 프랑스에 제공한 전시 대부금의 전액 상환 요구에 대해 여전히 의견이 일치하지 않고 있었기 때문이다. 이런 갈등으로 다시 국제 통화 체계에 대한 믿음이 훼손됐다. 국제 통화 체계는 상호 신뢰와 협력에 크게 의존했기 때문이다. 두려움과 불안이 증대하면서 각국 정부와 투자자들은 파운드화를 비롯한 금 대용품 대신 실제 금을 보유하고자 했으므로, 중앙은행 보유물량을 포함한 국제적 규모의 '금 쟁탈전'이 벌어졌다. 전 세계에 걸쳐 금 부족 현상이 분명해지면서 금본위제를 고수하던 나라들의 통화 공급량과 물가가 붕괴했다. 예를 들어 1931년부터 1933년 사이에 미국에서는 상품과 서비스의 가격이 무려 30퍼센트나 하락했다.

디플레이션이 일어나자 수많은 채무자가 파산했고(예컨대 곡물 가격은 급락하는데 상환해야 할 주택담보대출금은 변함이 없던 농부들의 경우를 생각해보라), 이는 다시 금융 체제와 경제의 붕괴로 이어졌다.[6] 겁에 질린 예금주들이 인출에 나서면서 파산하는 은행의 비중이 심각할 정도로 증가했고(미국의 경우 수천 개의 은행이 문을 닫았는데 대부분 소규모 은행이었다), 이로 인해 경제적 고통은 심화됐으며, 통화 공급량은 더욱 위축되었고, 기업과 농부에게 돌아갈 신용대출 규모는 점점 줄었다. 대공황은 극소수의 예외를 제외하고는 국제적 규모로 일어났다. 그러나 경기 하락의 주원인이 바로 금본위제라는 관점에 부합하기라도 하듯, 진작 금본위제 포기를 선택했거나 어쩔 수 없이 포기했던 나라들의 경제는 오히려 더 빨리 회복되기도 했다.[7]

1933년 새롭게 선출된 프랭클린 루스벨트Franklin D. Roosevelr 대통령은 대공황을 종식하기 위한 정책을 대대적으로 내놓았다. 그중 가장 중요한 정책은 두 가지였다. 첫째, 루스벨트는 금본위제를 포기하고 달러화와 금의 연결고리를 끊었다. 그 덕분에 미국 경제는 디플레이션에서 벗어나 회복되기 시작했다. 이런 회복세는 성급한 통화 및 재정 긴축으로 인해 1937년에 또 다른 불황이 다가오기 전까지 이어졌다.♦ 둘째, 루스벨트는 모든 은행의 폐쇄를 선언하면서 지급 능력을 입증하는 은행만 다시 문을 열게 하겠다고 약속했다. 이와 함께 의회는 연방 예금보험 제도를 창시하여 소액 예금주들이 은행 파산으로 인한 손실을 피할 수 있게 되었다. 따라서 은행 폐쇄 조치가 금융패닉의 종식에 공헌한 것은 분명하다고 볼 수 있다.

프리드먼과 슈워츠의 《미국화폐사》는 통화와 물가 붕괴가 대공황의 탄생에 결정적 역할을 했다고 강조한다. 나는 연방준비제도에 이사로 참여한 직후 프리드먼의 90세 생일 파티에서 연설할 기회가 있었다. 당시 나는 대공황을 초래한 연준의 책임에 대해 사과하는 말로 연설을 마무리했다. "이 자리를 빌려 대공황에 관해 밀턴과 애나에게 전하고 싶은 말이 있습니다. 당신들의 말이 맞았습니다. 그것은 우리의 잘못이었습니다. 대단히 죄송합니다. 그러나 동시에 두 분께 감사하다는 말씀도 아울러 드립니다. 우리는 다시 그런 우를 범하지 않을 것입니다."[8]

대공황의 책임을 온전히 연준에만 돌리는 것은 다소 무리가 있을지도 모른다. 그러나 상대적으로 뒤늦게 설립되어 모든 일에 미숙했던 중앙은행이 일 처리에 서툴렀던 것은 분명한 사실이다. 1920년대에 연준이 주

♦　국제적으로 금본위세의 흔적은 1970년대까지도 이어지지만, 실질적으로 1933년 이후로 금본위제는 연방준비제도의 정책에 거의 영향을 미치지 못했다.

식시장의 투기 열풍을 잠재우고자 금리를 인상한 것은 1929년의 주식시장 붕괴와 국제적 경기 침체의 시작에 모두 영향을 미쳤다. 연준이 금본위제를 철저히 유지하고자 노력한 것은 1930년대 초 발생한 파괴적인 디플레이션에 적절히 대처하지 못한 가장 큰 원인이다. 게다가 연준이 설립된 중요한 목적 중 하나가 바로 금융패닉의 종식이었음에도, 당시 연준이 패닉의 물결을 막기 위해 들인 노력은 거의 없었던 것도 사실이다. ◆ 연준이 통화와 금융의 안정을 유지하는 데 실패한 것은 대공황이 훨씬 심각한 사태로 번진 큰 요인이었다.

잘못된 이론체계야말로(금본위제가 현실성을 잃어버린 상황에도 여전히 이에 집착하는 태도를 포함하여) 연준을 비롯한 여타 정책입안자들이 대공황을 방지하지 못한 핵심 원인이었다. 그러나 프리드먼과 슈워츠도 강조하듯이, 1930년대의 위기에서 연준이 상대적으로 수동적인 태도를 보인 또 다른 이유는 당시 이 조직의 분권적 구조와 효과적 리더십의 부재로 설명할 수 있다(당시 뉴욕 연방준비은행 총재이자 실질적인 연준 체제의 리더였던 벤저민 스트롱Benjamin Strong이 1928년에 결핵으로 세상을 떠났다). 이에 의회는 중앙은행 조직의 개편을 통해 이런 약점을 보완하고자 했다. 1935년 은행법에는 워싱턴의 연방준비제도 이사의 권한을 강화하고 지역 연방준비은행의 자율권을 줄이는 방안이 포함되었다. 이는 현재까지 연준의 기본적인 의사결

◆　연준이 1930년대 은행의 패닉을 막지 못한 원인에 관해서는 여러 가지 논란이 있다. 당시 은행들은 주로 규모가 영세했고 다각화되지도 못했던 만큼 쉽게 지급 불능 상태에 빠지곤 했다. 따라서 막상 연준에서 자금을 대출받아야 할 때도 이렇다 할 담보를 내놓을 수 없었다. 게다가 연방준비제도에 속한 가맹 은행이 아니라서 연준에 대출을 신청할 자격이 아예 없는 은행도 많았다. 그러나 당시 은행 체제를 안정화하기 위해 더 적극적으로 나서지 못한 것은 연준의 실책이라는 데 거의 모든 역사가가 동의한다.

정 구조를 이루는 바탕이 되었다.

이 개혁 조치를 통해 연준 이사회에서 재무부 장관과 통화감사원장(연방정부의 인가를 받은 은행의 감독 기관)이 배제되고, 연준의 건물도 이전에 재무부가 있던 곳에서 국회의사당이 보이는 워싱턴 컨스티튜션 애비뉴로 확대 이전함으로써(이른바 공공사업진흥 프로젝트의 일환이었다) 행정 기관에 대한 연준의 독립성이 증대되는 데 일조하기도 했다. 나중에 이 건물에는 1934년부터 1948년까지 연준 의장을 역임한 마리너 에클스Marriner Eccles의 이름이 붙었다. 에클스는 1935년 은행법을 마련하는 데 중요한 역할을 했고 결국 스트롱 사후의 리더십 공백을 훌륭하게 메운 인물이다. 그는 전임 의장들과 달리 정부가 대공황에 강력히 대처해야 한다고 생각했고, 그의 이런 생각은(그중에는 케인스 이론의 연장선에 있는 내용도 있었다) 나중에 루스벨트가 펼친 뉴딜 정책의 바탕이 되었다.

대공황은 이후에도 계속되다가 1941년부터 1945년까지 전시 동원 체제로 인해 미국 경제가 완전 고용 이상으로 성장하면서 비로소 멈췄다. 전쟁 도중과 직후, 연준은 재무부의 요청에 따라 정부의 전쟁 자금 부담을 줄이기 위해 최저 수준 금리를 유지했다. 전후에는 한반도에서 새롭게 등장한 적대 세력에 맞서고자 트루먼 대통령이 연준을 압박해 금리를 계속 낮게 유지했다. 그러나 연준의 리더들은 너무 낮은 금리가 인플레이션을 유발하리라고 걱정했다. 전쟁 말기에 실시한 배급제도가 소비재 수요를 촉발하자 실제로 인플레이션이 급증하던 상황이었다. 1장에서 살펴보겠지만, 연준은 행정부의 저금리 기조에 반기를 들었고, 그 결과 1951년 5월이 되면 연준이 고정금리를 폐지하고 통화 정책을 통한 인플레이션 안정화를 포함해 거시경제적 목표 달성에 나서도록 한다는 데 재무부와 연준이 합의하기에 이른다. 이른바 1951년 재무부-연준 합의Treasury-Fed Accord of 1951라고 하는 이 역사적 합의는 현대적인 통화 정책의 바탕을 이루게 되었다.

연방준비제도의 구조

오늘날 연방준비제도의 구조에는 1913년 의회가 연준을 설립하고 1935년 다시 이 구조를 개혁할 때의 정신이 대체로 반영되어 있다.

연방준비제도는 시작 때부터 워싱턴의 이사 한 명과 12개 연방준비 은행으로 구성되었다. 7명의 이사는 대통령의 지명과 상원의 인준을 거쳐 총 14년간 단임제로 일한다. 이사회 의장과 부의장도(2010년에 통과된 규제 개혁 법안에 따라 은행 감독 역할을 맡는 제2부의장이 신설되었다) 대통령의 지명 과 상원의 인준을 거치되 임기는 4년이다. 내각의 각료와 달리 연준 이사 들은 법률에 따라 대통령의 정책에 따르지 않는다는 이유만으로 해임되지 않으며, 오직 불법 행위 사유나 의회의 탄핵 소추에 의해서만 해임된다.

연준이 설립될 당시의 정치적 합의에 비춰볼 때, 12개 연방준비은행 은 비록 공익적 목적을 지니고 있으나 기본적으로는 민간기관이라고 할 수 있다. 각 연방준비은행은 해당 지역의 은행과 기업 그리고 지역사회 리 더들로 구성된 독자적인 이사회를 보유한다. 이들 이사회는(2010년 규제 개 혁 이후 지역 은행은 이사회에서 배제되었다) 해당 연방준비은행의 운영을 감독 하고, 무엇보다 이들 이사진이 선출한 행장이 후에 워싱턴 이사회의 승인 을 받게 된다.

1935년 개혁 이후로 이사회 구성원은 (연방준비은행 총재와 달리) 대통 령이 지명할 뿐만 아니라 오늘날 이사회는 연방준비제도의 정책 결정에 대해 상당한 권한을 보유한다. 이사회 권한 중 무엇보다 중요한 것은 연준 의 최종대부자 정책을 책임진다는 점이다. 즉 이사회는 할인율(연준이 각 은 행에 제공하는 대부금의 이자율)과 연준이 비상 대부 권한을 발동할지를 결정한다. 연준 이사회는 또 각종 규정을 수립하기도 한다. 연준 감독하에 있는 은행과 은행지주회사(은행이나 기타 금융 기관을 소유한 기업)가 반드시 확보해야 하는 자본액 규모를 예로 들 수 있다. ◆ 지역 연방준비은행의 간부들은 해당 지역의 은행을 직접 감독하여 그들이 연준 이사회가 결정한 규칙을 준수하도록 해야 한다.

이사회가 연방준비제도의 정책을 결정한다는 원칙에서 한 가지 중요한 예외가 존재한다. 그것이 바로 통화 정책이다. 즉 단기금리를 비롯한 여러 조치를 통해 제반 금융 상황에 영향을 미치고 이를 통해 경제의 건전성을 유지하는 역할이다. 법적으로 통화 정책은 연방공개시장위원회(Federal Open Market Committee, FOMC 또는 그저 위원회라고도 한다)라는 좀 더 큰 규모의 기구가 결정하게 되어 있다. FOMC 회의에는 19명의 정책 결정 위원(전원이 참석할 경우이다. 즉 7명의 연준 이사와 12명의 연방준비은행 총재로 구성된다)과 연준 및 연방준비은행의 담당자들이 참석한다. 전통적으로 FOMC 연례 회의에서는 연준 의장을 FOMC 의장으로 선출한다. FOMC 회의는 마호가니와 화강암으로 만든 거대한 원탁이 설치된 워싱턴의 에클스 빌딩 이사회실에서 열린다. 의장은 임시회의를 소집할 수도 있는데, 전에는 전화 회의로 열렸지만 요즘은 화상회의로 진행한다.

FOMC의 의결 규칙은 대단히 복잡하다. 회의에 참석하는 19명 이사진과 행장 중 투표에 참여하는 사람은 12명이다. 연준 이사 7명과 뉴욕 연방준비은행 총재는(전통에 따라 FOMC 부의장이 된다) 모든 회의에서 투표권

◆　은행의 자본은 대략 은행이 보유한 자산에서 부채를 뺀 나머지를 말하며, 이는 곧 은행의 주주자본과 같다. 자본은 은행이 보유한 대출이나 기타 투자를 흡수하여 파산을 피하는 데 사용되며, 따라서 자본을 많이 보유한 은행일수록 파산할 위험이 줄어든다.

을 가진다. 나머지 4장의 투표권은 11명의 다른 연방준비은행 총재들에게 해마다 돌아가면서 부여된다. 이렇게 복잡한 구조이다 보니 지역별 연방준비은행 총재에게 발언권을 부여하면서도 정책 결정에 필요한 과반수는(이사진의 공석 수에 달렸다) 정부가 지명한 이사회에 돌아가게 된다. 연준의 용어에 따르면 FOMC 회의에 참석하는 19명의 정책결정자는 '참가자participant'라고 하며, 투표권자는 '구성원member'이라고 한다.

연준 의장도 FOMC 의장으로서 통화 정책에 대해 행사할 수 있는 투표권은 한 장에 불과하지만, 의제를 설정하고, 정책 조치를 권고하며, 위원회 전통에 따라 의사결정의 합의를 끌어낼 권한을 가진다. 따라서 의장은 이사 중에서도 가장 큰 영향력을 발휘한다. 위원회 부의장인 뉴욕 연방준비은행 총재의 영향력도 상당히 큰 편으로, 의장과 긴밀히 협력할 책임이 부여된다.

물론 연준의 목표와 구조, 권한 등을 규정하는 최종 권한은 행정부와 의회가 법률을 통해 행사한다. 의회가 연준의 통화 정책을 감독하는 근거는 1977년 연방준비제도 개혁법으로 공식화된 이른바 '양대 책무dual mandate'라고 하는 것이다. 즉 의회는 FOMC를 향해 최대 고용과 물가 안정이라는 경제적 목표를 추구하라는 지침을 내렸다. 물론 연준의 통화 정책 목표는 법에 명시되어 있지만, 금리를 비롯한 정책 수단을 동원하여 그 목표를 달성할 책임은 연준의 정책결정자들에게 있다. 스탠리 피셔가 구분하여 널리 알려진 두 가지 개념이 있다. 즉 연준에 '목표의 독립성goal independence'은 없지만(연준의 목적은 대통령과 의회가 법률에 따라 정한다), 최소한 이론상 '정책적 독립성policy independence'은 지닌다는 것이다. 즉 연준은 자신에게 부여된 목표를 달성하기 위해 가장 적절하다고 판단하는 정책 수단을 선택할 권한을 가진다.[9] 연준은 그 구조의 다양한 면에 힘입어 단기적인 정치 압력에 영향을 받지 않고, 다른 행정 부서에 비해 독립적으로 활동하며 장기적 성과에 집중할 수 있다. 그 조직적 특성으로는 이사진 임기가 연임되어 길어진다는 점, 이사들이 대통령과 정책적 차이가 있다고 해임되는 일이 없도록 보장된 점, 연방준비은행의 장들을 정부가 지명하지 않는다는 점, 그리고 연준의 운영비는 의회가 책정한 예산이 아니라 자체적으로 발행한 증권 수익으로 감당한다는 점을 들 수 있다.

연방준비제도의 대차대조표와 통화 정책

연방준비제도 역시 여느 은행과 마찬가지로 자산과 부채로 구성된 대차대조표가 존재한다. ◆ 연준이 지니는 부채는 크게 두 가지가 있는데, 그것은 바로 화폐(이른바 연방준비은행권이라고 하는 현금이다)와 은행지급준비금이다. 시중에는 막대한 양의 미국 화폐가 유통되고 있다. 2021년 현재 미국 전체 통화량은 2조 1500억 달러이므로 미국인 1인당 6000달러가 넘는 셈이다(물론 실제로 그 정도 현금을 소지한 미국인은 극히 드물다. 미국 달러 중 상당량은 해외에서 유통되며 인플레이션이나 해당 국가 화폐의 불안정성을 헤지hedge하는 목적으로 사용된다).

은행지급준비금은 여러 시중은행이 연준에 예탁한 현금이다(각 은행의 금고에 보관된 현금도 지급준비금에 포함된다). 각 은행은 과거처럼 규제 조건을 만족하는 지급준비금을 보유해야 할 의무는 없으나, 그러는 편이 여러

◆   더 정확히 말하면 각 지역의 연방준비은행이 저마다 대차대조표를 가지는 것이다. 이는 지역별 연방준비은행이 해당 지역 은행에 대해 최종대부자의 역할을 하던 시절의 유물이다. 이들 지역별 은행의 대차대조표를 종합하면 전체 연방준비제도의 종합 대차대조표가 된다.

면에서 유익한 것이 사실이다. 예컨대 샌프란시스코에 있는 은행이 뉴욕의 은행으로 자금을 이전하고 싶다면 그 은행이 보유한 지급준비금을 뉴욕 은행의 계좌로 옮겨달라고 연준에 부탁하기만 하면 된다. 은행지급준비금은 또 안전할 뿐만 아니라 쉽게 현금화할 수 있어 예금주의 요구에 대응하기도 간편하다.

지급준비금을 더 확보하고자 하는 은행은 하룻밤 사이에라도 다른 은행에서 빌릴 수 있다. 은행들이 서로 지급준비금을 빌릴 때 부과하는 금리를 연방기금금리federal funds rate라고 한다. 그 이름과는 달리 연방기금금리는 오로지 시장에 의해 결정된다. 그러나 간단히 말해 연방기금금리야말로 통화 정책 결정자들에게 가장 중요한 금리라고 할 수 있다. 현대사를 통틀어봐도 FOMC가 통화 정책을 펴는 수단은 대개 이 연방기금금리에 영향을 발휘하는 것이었다. 물론 때로는 통화 정책의 변화를 알리는 수단으로 할인율이 사용되기도 했다.

연준의 대차대조표에서 자산을 구성하는 가장 중요한 항목은 미국재무부증권(연방정부의 부채)과 모기지 담보증권(여러 개의 담보대출을 한데 묶어 놓은 증권)이다. 연준이 보유한 모기지 담보증권의 발행 주체는 정부지원기업government-sponsored enterprises, GSEs이다. 패니메이Fannie Mae(연방 저당권 협회), 프레디맥Freddie Mac(연방 주택금융 저당 공사), 지니메이Ginnie Mae(정부저당금고)가 모두 GSE에 해당하는데, 이는 모두 연방정부가 주택시장에 신용대출을 원활히 공급하기 위해 설립한 기관들이다. 오늘날 GSE가 발행한 모든 증권은 정부가 보증하며 연준도 이를 매수하여 보유할 수 있다. 그뿐만 아니라 연준이 제공하는 대출(예컨대 최종대부자로서 은행에 제공하는 대출)은 모두 자산으로 인식된다.

연준의 대차대조표에는 대체로 상당한 수익이 기록된다. 자산 편에서 연준은 자신이 보유한 증권의 이자를 벌어들인다. 부채 편에서는 은행에 이자를 지급하지만, 통화에 대해서는 그렇지 않다. 이렇게 발생한 수익은 일부 자체 운영에도 쓰이지만, 대부분은 재무부로 이관되어 정부 재정의 적자를 줄이는 데 사용된다.

연준의 대차대조표가 가진 가장 중요한 기능은 통화 정책을 실제로 적용하는 데 있다. 예컨대 FOMC가 경제적 목표를 달성하기 위해 금리 인상을 결정했다고 해보자. 위원회는 그런 결정을 실행하는 수단으로 연방기금금리의 목표 수준(최근에는 목표 범위)을 높이게 된다.

최근 몇 해 동안 연준이 연방기금금리에 영향을 미치기 위해 사용한 방법은 두 가지 관리 금리를 조정하는 것이었고, 그중 하나가 연준이 보유한 은행의 지급준비금 이자였다. 그러나 연준이 현대에 들어와 연방기금금리를 인상한 방식은 주로 은행 지급준비금 부족을 유도하는 것이었다. 이것은 다시 은행들 자체가 연방기금금리 인상에 참여하는 결과로 이어졌다. 연준은 은행 준비금 공급량을 줄이기 위해 뉴욕 연방준비은행의 공개시장 창구Open Market Desk를 통해 국채를 민간 투자자에게 판매했고, 여기서 이 거래를 대행하도록 연준이 지정한 민간금융회사를 프라이머리 딜러primary dealer라고 한다. 민간 투자자가 국채 대금을 납입하면 은행권의 지급준비금 총액은 그 금액만큼 줄어든다(국채 매입자가 수표를 발행한 경우, 거래 은행이 수표를 결제하기 위해서는 그 금액만큼 지급준비금을 축소해야 한다). 지급준비금 총액이 줄어들면 은행들 사이에 거래된 준비금 대출 이자가 자연스럽게 오른다. 이것은 FOMC가 의도한 것이기도 하다. 마찬가지 원리로, 공개시장 창구가 연방기금금리(지급준비금 대출 이자)를 인하하기 위해 공개시장에서 국채를 매입하면 은행권의 지급준비금 총공급량이 증가한다. 양적완화의 일종인 대량 증권 매입도 연준의 대차대조표에 변화를 초래하는 또 하나의 통화 정책이라고 할 수 있다.

여러 금융시장은 서로 밀접히 연결되어 있으므로, 연방기금금리를 바꿀 수 있는 연준의 힘은 다른 금융 여건에도 폭넓게 영향을 미치게 된다. 금융 여건이 호전되면 대출과 소비가 진작되고 결국 경제 활동이 촉진된다. FOMC는 금융 여건을 개선하기 위해 연방기금금리 목표를 낮추고 이는 다른 금융 변수에 영향을 미친다. 예컨대 연방기금금리가 낮아지면 대체로 주택담보대출과 회사채 금리가 낮아지고(이는 주택 구매와 자본 투자를 활성화한다), 주가가 상승하며(부가 증가하므로 소비가 진작된다), 달러가 약세로 돌아선다(미국산 상품 가격이 낮아지므로 수출이 촉진된다). 금융 여건의 긴축을 원한다면 FOMC는 연방기금금리 목표를 높여서 완화 정책으로 거두고자 했던 것과 반대의 효과를 꾀하게 된다.

이 책의 주제

파월이 이끄는 연준이 팬데믹에 대처하는 모습에서 알 수 있듯이, 연준의 수단과 정책 체계, 그리고 의사소통 방식은 1951년에 재무부와 연준의 합의를 계기로 중앙은행이 거시경제적 목표를 추구할 수 있게 된 이후 급격히 달라졌다. 이런 변화는 경제 이론이나 연준의 공식적인 권한이 달라졌기 때문이 아니라 다음에서 설명하는 세 가지 폭넓은 경제적 변화가 어우러져 중앙은행이 자신의 목표와 한계를 보는 관점을 형성한 결과라는 것이 이 책의 일관된 주제다.

첫 번째 변화는 '인플레이션의 움직임, 특히 인플레이션과 고용의 관계가 계속해서 변화해왔다는 점'을 들 수 있다. 1950년대 이후 미국의 통

화 정책은 인플레이션과 노동 시장의 상호작용에 대한 경제학자와 정책결
정자들의 시각에 크게 영향 받기 시작했다. 1960년대와 1970년대의 정책
결정자들은 이 관계를 오판했을 뿐 아니라 경제학자들이 말하는 '인플레
이션 기대'로 인한 불안 효과를 간과했다. 이런 이중적 실수는 이후 15년간
의 물가 급등, 즉 대 인플레이션에 큰 영향을 미쳤다.

　1980년대와 1990년대에 볼커와 그린스펀이 이끄는 연준이 인플레이
션과의 싸움에서 신뢰를 회복한 것은 큰 도움이 되었고, 이 기간에 인플레
이션 통제는 연준의 가장 중요한 정책 전략을 구성했다. 그러나 앞으로 살
펴보겠지만 그 이후로 인플레이션은 이전과 상당히 다른 움직임을 보여주
었다. 특히 인플레이션과 실업의 연관성이 약화하는 현상이 뚜렷해졌다.
2000년 이후로는 통화 정책결정자들도 인플레이션이 너무 높은 것 못지
않게 너무 낮아도 문제라는 점을 인식했다. 이런 변화에 따라 정책상의 새
로운 전략 전술이 등장했고, 그중 하나가 2020년 8월에 파월 의장의 연준
이 내건 새로운 정책 체계였다. 그리고 2021년, 팬데믹 이후의 봉쇄 해제
에 따른 공급부족과 병목 현상은 급격한 인플레이션을 초래했다. 더구나
이는 고용률이 팬데믹 전에 비해 훨씬 낮은 수준을 유지한 와중에 벌어진
일이었다. 인플레이션의 움직임, 특히 고용과의 관계가 예전에 비해 달라
진 이유는 무엇일까? 이런 현상이 현재와 미래의 통화 정책과 경제에서 차
지하는 함의는 무엇일까?

　두 번째 변화는 '균형 이자율이 장기간에 걸쳐 하락했다는 점'이다.
전반적인 이자율이 (통화 정책을 통한 경제 진작 조치가 없던 시기에도) 과거에
비해 훨씬 낮아진 점은 낮은 인플레이션에도 일부 원인이 있다. 중요한
것은 이로 인해 연준을 비롯한 각국 중앙은행들이 경기 침체기에 경제
를 살리기 위해 동원하는 금리 인하 조치의 범위가 줄어들었다는 점이다.

2008년 글로벌 금융위기 때나, 2020년 팬데믹에 따른 경제 봉쇄 시기에도 연방기금금리는 제로(0)를 기록했지만, 경제에는 훨씬 큰 경기 부양 정책이 필요했다. 단기금리가 거의 제로에 가까운 상황에서 연준이나 다른 중앙은행이 경제를 지원하는 방안은 무엇일까? 지금까지 동원된 수단은 무엇이었고, 그 효과는 어떠했으며, 미래에는 어떤 수단이 새롭게 등장할 수 있을까? 재정 정책, 즉 정부의 지출과 과세 정책은 경제 안정화를 위해 어떤 역할을 감당할 수 있을까?

마지막 세 번째 장기적 변화는 '금융 시스템의 불안이 큰 위험 요소로 대두되었다는 점'이다. 연준이 설립된 목적은 금융 시스템을 안정화하고 경제를 위협하는 패닉이나 붕괴를 방지하기 위한 것이다. 그러나 연준은 대공황 기간에 자신의 설립 목적을 달성하지 못했다. 제2차 세계대전 이후 2007년에서 2009년까지의 글로벌 금융위기 때까지, 미국은 금융 안정의 위기가 찾아오고 결국은 진정 국면을 맞이하는 과정을 되풀이했다. 그러나 글로벌 금융위기를 계기로 우리는 심각한 금융 불안이 역사적 탐구 대상도, 신흥 시장에 국한된 일도 아님을 깨닫게 되었다. 금융위기는 최고의 선진국 경제, 심지어 가장 정교한 금융 시스템에도 얼마든지 닥칠 수 있고, 실제로 심각한 타격을 준 것이 엄연한 현실이다. 2007년에서 2009년까지 이어진 금융위기로 인해 내가 의장으로 있던 연준은 금융 불안과 맞서 싸울 새로운 수단을 개발해야 했고, 2020년 5월부터 찾아온 팬데믹 위기에 이 위기 대처 수단을 더욱 확대하기에 이르렀다. 불안이 증대되자 상당한 규모의 규제 개혁과 금융 시스템에 대한 더욱 집중적인 감시 조치도 동반되었다. 그렇다면 과연 이런 조치로 충분한 것일까? 이 외에 어떤 일을 더 할 수 있을까? 만약 있다면, 통화 정책은 금융 안정의 위기를 과연 어느 정도나 고려해야 하는 것일까?

이 세 가지 변화는 주로 경제적 요인이지만, 연준의 정책적 선택을 이해하기 위해서는 정치와 사회 환경에도 주의를 기울여야 한다. 연준의 정책 결정에 영향을 미치는 가장 중요한 정치적 요인은 이 기관이 누리는 독립성의 정도라고 할 수 있다. 이미 언급했듯이 이사진의 오랜 임기나 독자적인 예산 등과 같은 연준의 구조적 특징은 정책적 독립성을 추구하는 데 큰 힘이 된다. 다른 한편으로 의회는 언제든지 연준의 구조와 권위를 바꿀 수 있다. 또 연준이 민주주의적 정당성을 확보하기 위해서는 법률과 행정 기관을 통해 드러난 대중의 의지를 따라야만 한다. 중앙은행의 독립성이 지니는 현대적 의미는 무엇인가? 중앙은행이 재무부를 비롯한 정부 기관과 협조해야 할 때는 언제인가? 통화 정책과 재정 정책은 지금보다 더 높은 수준의 조율이 필요한가? 연준의 역할은 예컨대 경제적 불평등 감소나 기후변화 완화 같은 사회적 목적을 추구하는 데까지 확장되어야 하는가?

이런 중요한 질문을 서론에서 모두 다룰 수는 없으며, 이런 문제가 제기되고 연준의 정책이 수립된 역사적 맥락을 이해해야만 온전히 대답할 수 있다. 1부에서 3부까지는 제2차 세계대전 직후부터 현재까지 경제적 정치적 환경 변화에 대응하여 연방준비제도가 정책을 발전시켜온 과정을 살펴본다. 4부에서는 이런 경험에서 얻은 교훈을 바탕으로 오늘날의 여러 논란과 금융 안정을 유지하기 위한 미국 통화 정책의 미래를 다룬다.

20세기의
통화 정책

: 인플레이션의 상승과 하락

1

대 인플레이션

어떤 단어의 앞에 '대大'라는 접두사가 붙으면 주로 긍정적인 의미가 된다. 그러나 경제학에서는 그렇지 않은 경우가 많다. 1930년대 대공황과 2007년부터 2009년까지 이어진 대침체 시기에는 실업이 폭증하고 근로자 임금이 큰 폭으로 하락했다. 1960년대 중반부터 1980년대 중반까지 이어진 미국의 대 인플레이션 시기의 경제적 고통은 이 두 차례의 '대'사건에 비하면 그리 크지 않다. 그러나 미국인들은 (주유를 하기 위해 길게 늘어선 자동차 행렬과 포드 행정부의 WIN[Whip Inflation Now, 소비 억제를 통한 인플레이션 정책―옮긴이] 정책으로 상징되는) 이 시기를 거치며 미국 경제와 정부에 대한 믿음을 잃어갔다. 이 시기에 연방준비제도이사회가 한 일 중에는 높은 점수를 받을 만한 것도 있고 그렇지 못한 것도 있다. 연준은 정치적 압력에 맞서야 했고 바람직한 통화 정책에 대한 관점이 변화하는 현실 속에서 1960년대 말과 1970년대에 형성된 인플레이션에 적절히 대응할 시기를 놓쳤다. 그러나 1980년대에 들어와서는 폴 볼커의 지휘 아래 인플레이션과의 전쟁에서 주도권을 회복하여 마침내 승리를 거두었다. 비록 큰 대가를 치른 결과였으나 이 승리 덕분에 경제 정책에 대한 신뢰가 회복되었고, 이후 20년간 강력한 경제 성과를 이어가는 바탕이 마련되었다.

어린 시절의 상처가 성인의 성격을 형성하는 것처럼, 대 인플레이션은 이후 미국뿐만 아니라 전 세계의 통화 정책 이론과 실제를 규정하는 역할을 했다. 특히 세계 각국의 중앙은행은 이 시기에 얻은 교훈을 바탕으로 인플레이션을 통제했고 그 예상 수준을 관리할 수 있었다. 이런 정책적 기틀은 인플레이션이 퇴조한 후에도 여전히 큰 영향력을 발휘했다. 대 인플레이션을 거치며 정치적 압력이 통화 정책을 크게 왜곡할 수 있다는 점을 경험한 많은 이들이, 통화 정책입안자들이 객관적인 분석을 바탕으로 정책 수립에 최대한 독립성을 확보하여 장기적 경제 발전에 도움이 되는 방안을 추구해야 한다고 확신하게 되었다.

대 인플레이션: 개관

1960년대 이전의 미국에서는 전쟁과 이후 과도기 기간 외에 인플레이션이 큰 문제가 된 적은 거의 없었다. 미국 역사상 지금까지 전해 내려오는 최악의 인플레이션이라면 독립전쟁이 벌어지던 시기와(당시는 식민지마다 독자적인 통화를 발행했다) 남북전쟁 시기에 남부연합 통화가 붕괴한 직후를 꼽을 수 있다. 그러나 이 두 사건 모두 연방정부가 발행한 통화와는 무관한 일이었다. 대공황 시기에 가장 큰 문제는 인플레이션이 아니라 오히려 디플레이션(급격한 물가 하락)이었다. 제2차 세계대전이 끝나갈 무렵과 한국전쟁 초기에 인플레이션이 잠깐씩 급증한 적이 있었다. 그러나 대체로 1950년대 초부터 1960년대 중반까지는 물가 변동이 별로 크지 않은 기간이었다. 1952년부터 1965년까지 소비자물가지수consumer price index, CPI(표준 소비재를 대상으로 측정한 물가 지표) 연 평균 상승률은 1.3퍼센트에 불과했다.

그러나 1966년에 이르러 이런 추세에 변화가 찾아와 소비자 물가가 무려 3.5퍼센트나 치솟았고, 이후 약 15년간 변동이 매우 심한 고물가 시대가 열렸다. 1965년 말부터 1981년까지 연평균 물가 상승률은 7퍼센트를 넘어섰고, 1979년과 1980년에는 무려 13퍼센트를 기록했다. 이로 인해 미국인들은 역사상 가장 극심한 수준의 인플레이션에 시달려야 했다. 1970년대 말까지 경제 분야의 가장 큰 걱정거리는 언제나 높은 인플레이션이었고, 이에 따라 사람들은 정부의 경제 정책을 거의 믿지 않게 되었다.

1965년 이후에 인플레이션이 극심해진 이유는 무엇일까? 먼저 당시의 경제 이론만 봐도 물가 상승의 이유가 충분히 설명되는 것처럼 보이는 것이 사실이다. 당시 경제 이론의 핵심 개념은 뉴질랜드 출신으로 학문적 경력의 대부분을 런던정경대학에서 쌓은 윌리엄 필립스William Phillips가 1958년에 발표한 논문에 잘 나타나 있다. 필립스는 거의 한 세기에 가까운 영국 경제의 데이터를 바탕으로, 평균 임금 상승과 실업률로 대표되는 노동 시장의 비효율성 간의 상관관계를 연구했다. 그 결과, 필립스는 실업률이 낮은 시기일수록 임금이 가파른 속도로 상승했다는 사실을 발견했다. 이런 실증적 관계는 이후 필립스 곡선Phillips curve으로 불리게 되었다.[1]

필립스 곡선의 논리는 직관적인 상식과도 부합한다. 노동력에 대한 수요가 공급보다 크면(즉 고용주가 근로자를 모집하고 유지하기 어려우면) 근로자들이 요구할 수 있는 임금 수준은 높아질 수밖에 없다. 더구나 많은 경제학자가 곧바로 지적하듯이 이런 원리는 상품과 서비스에도 똑같이 적용된다.[2] 회사의 전반적인 노동 수요가 지나치게 커져서 고객 주문을 응대하기 힘들 정도가 되면 가격 상승 여지는 커지게 된다(오늘날 경제학자들은 임

1부 20세기의 통화 정책

금 필립스 곡선과 가격 필립스 곡선을 구분한다. 전자는 원래 필립스의 논문이 제시했듯이 임금 상승과 실업률 간의 관계를 나타내는 데 비해, 후자는 소비자 물가 인플레이션과 실업률 및 기타 경제 비효율 지표 사이의 관계를 보여준다). 필립스 곡선의 기본적인 논리는 민간 영역과 공공 영역의 총수요가 경제의 총생산 능력을 앞지르는 현상이 계속되면 인플레이션이 가속된다는 개념이다.

1960년대 말에는 경제 전반에 걸쳐 상품과 서비스 수요가 급격히 증대했기 때문에 당시 진행되던 인플레이션 현상은 이런 간단한 논리만으로도 충분히 설명할 수 있는 것 같았다. 수요 성장의 가장 큰 동력은 바로 재정 정책, 즉 연방정부의 세입 세출 정책이었다. 존 F. 케네디John F. Kennedy가 1960년 대선에서 근소한 표 차이로 당선된 것도 경제 전반에 대한 미국민의 불만이 중요한 요소로 작용했다. 1957년부터 1958년까지 몰아닥친 불황 이후 경제는 서서히 회복세를 보였으나 1960년에 대선 운동이 시작될 무렵 또 한 번의 불황이 시작되어 다음 해인 1961년까지 실업률이 증가하고 있었다. 케네디가 유권자들에게 "미국을 다시 움직이게 하겠다"는 공약을 내건 것도 바로 이런 배경 때문이었다.[3] 그는 자신의 공약을 달성하기 위해 1930년대 케인스 사상에 충실한 젊은 학자들을 행정부 내의 보좌관으로 대거 영입했다. 그들은 고용 촉진을 위해 정부가 경제에 적극적으로 개입해야 한다는 견해를 가지고 있었다. 케네디 행정부에는 나중에 노벨 경제학상을 수상하게 되는 제임스 토빈James Tobin, 케네스 애로Kenneth Arrow, 로버트 솔로Robert Solow 같은 경제 전문가들이 포함되어 있었다. 미네소타대학의 유명 경제학자 월터 헬러Walter Heller가 백악관 경제자문위원회Council of Economic Advisers, CEA 의장을 맡아 경제팀을 이끌었다.

케인스는 이미 그전부터 정부가 실업 문제를 해결하기 위해 적극적인 재정 정책을 펴야 한다고 주장했다. 신임 대통령은 자문위원들의 조언에 따라 광범위한 감세 정책을 통해 소비자와 기업의 소비 진작을 유도했다. 비록 케네디는 그의 정책이 법제화되기 전에 암살당했지만, 그의 후임자인 린든 존슨Lyndon B. Johnson이 이를 이어받아 1964년까지 감세 정책을 꾸준히 지속했다.

감세 정책은 대체로 성공을 거두었다. 그 덕분에 케네디의 임기 초인 1961년 중반에 7.1퍼센트로 정점을 기록했던 실업률은 이후 꾸준히 하락하여 1965년 말에는 4.0퍼센트까지 내려왔다. ♦ 거시경제적 정책의 관점에서 보면 가속페달에서 발을 뗄 때는 것이 타당한 시기였으나, 경제적 안정보다는 외교정책과 사회적 목표를 우선시한 결과라고 할 수 있다. 린든 존슨 집권기에는 재정 정책이 더욱 힘을 얻어 베트남전쟁과 함께 존슨의 이른바 '위대한 사회Great Society' 정책 프로그램에 대한 지출이 늘어났다. 한마디로 총과 버터를 모두 선택한 정책이었다. 베트남에 배치된 미군은 1964년의 2만 3000명에서 1965년에는 18만 4000명이 되었고, 1968년이 되면 50만 명이 넘는 수준으로 늘어났다.[4] 한편 존슨이 1964년 1월에 '빈곤과의 전쟁'을 선언하면서 1965년에 메디케어Medicare(노인 의료보험제도)와 메디케이드Medicaid(저소득층 의료보장제도)가 출범했다. 정부가 은퇴자와 저소득층의 의료비를 부담한다고 약속한 셈이었다. 물론 '위대한 사회' 정책은 65세 이상 노년층의 빈곤율을 떨어뜨리는 데 크게 기여했지만, 동시에 정부 지출 부담이 증가한 것도 틀림없는 사실이다.

♦　　감세가 수요에 미치는 효과를 강조한 케인스학파와 낮은 한계 세율이 경제 활성화를 촉진한다고 주장한 공급 중시론자 양쪽 모두 이런 성공이 자신들의 공이라고 주장했다. 그러나 감세 정책을 편 후에는 인플레이션이 뒤따르고 이는 수요 강세의 신호가 되므로, 케인스학파의 주장이 좀 더 타당하다고 볼 수 있다.

경기가 호황으로 돌아서고 실업률이 낮아지면서(1968년과 1969년에 3.5퍼센트를 기록했다) 임금과 물가 상승이 가속화되었다. 인플레이션과 실업률의 상관도를 나타내는 필립스 곡선만 봐도 충분히 알 수 있는 결과였다. 의료보장 분야를 예로 들면, 메디케어와 메디케이드로 인해 의료 수요가 증대하면서 1965년에 4퍼센트 수준이던 의료비 상승률이 1966년이 되면 9퍼센트로 증가했다. 이는 주로 의사 진료비 인상에 따른 결과였다.[5] 한편 1965년부터 1968년까지 명목상 국방비 지출도 44퍼센트나 늘어나 방위 산업체의 생산과 고용이 크게 증가했다. 증세를 통해 재정지출 증가분을 상쇄시켰다면 민간 영역의 구매력이 감소하여 경제 전반에 걸친 인플레이션 영향을 완화할 수 있었을지도 모른다. 그러나 전쟁 반대 여론이 불거진 상황에서 존슨은 대중의 지지를 더 잃을 것이 두려워 증세 정책을 펼 엄두를 내지 못했다(1968년에 대통령은 1년에 한해 개인과 기업의 소득세를 10퍼센트 인상한다는 법안을 승인했으나, 그것만으로 민간 소비를 억제하는 데는 역부족이었다. 그나마 이것을 순전히 임시적인 조치로 이해했기 때문에 가능한 일이었을 것이다).

증세나 지출 삭감 등으로 구성된 재정 정책이 과열된 경제를 진정시키는 유일한 수단은 아니다. 통화 정책도 충분히 그런 일을 할 수 있다. 1960년대에 통화 긴축 정책을 (금리 인상의 형태로) 폈더라면 주택 건설, 자본 투자 및 기타 민간 영역의 소비를 감소시켜 연방 지출 확대를 상쇄할 수도 있었을 것이다. 그러나 연준의 긴축 통화 정책은 결국 인플레이션의 힘을 상쇄할 만큼 충분하지도, 오래가지도 않았다. 그 이유를 지금부터 간단히 살펴보자.

1968년에 존슨의 뒤를 이어 대통령이 된 리처드 닉슨Richard Nixon은 인플레이션의 위험을 인식했으나 그도 역시 전임자처럼 재정이나 통화에서 긴축 정책을 쓸 때 치러야 할 정치적 부담을 피하고자 했다. 그의 이런 태도는 때마침 1970년에 비교적 약한 규모의 경제 불황이 찾아옴에 따라 더욱 두드러졌다. 몇 년 후 경제학자 레이 페어Ray Fair는 경제 성장과 대통령 선거 결과 사이에 강력한 인과관계가 존재한다고 말하게 되지만, 닉슨은 이미 계량경제 모델의 도움 없이도 이런 연결 관계를 직관적으로 꿰뚫고 있었다.[6]

경기 침체를 피하면서도 인플레이션의 증가를 해결하는 방법은 없을까? 닉슨은 처음에는 몇 번 주저했지만 1972년 대선이 눈앞에 보이기 시작한 1970년이 되자, 의회로부터 얻은 권위에 힘입어 임금과 물가를 직접 통제하는 방안을 승인하기에 이르렀다. 1971년 8월 15일에 시작된 이른바 1단계 프로그램에서는 먼저 90일간의 동결 기간을 선언했고, 동결 이후에는 임금 및 물가 안정화를 위한 단계적 규칙이 시행되었다. 1973년 1월까지 계속된 2단계 프로그램에서는 모든 임금의 인상 폭이 5.5퍼센트를 넘을 수 없도록 규정했고, 거의 모든 상품이 가격을 인상할 때 물가통제 위원회의 승인을 거치도록 했다. 3단계는 통제로부터 임금과 물가의 자발적 관리로 나아가는 과도기로 설정되었지만, 식료품 가격과 유류비가 급격히 오르면서 인플레이션이 재발하자, 1973년 6월에 닉슨 행정부는 60일간의 2차 동결 기간을 선포했다. 2차 동결 이후에 찾아온 4단계 프로그램에서는 일부 상품 가격의 통제가 선별적으로 해제되었다. 임금 및 물가 통제가 최종 해제된 것은 1974년 4월의 일이었다.[7]

통제 조치는 처음에는 대중의 지지를 얻었다. 그들은 정부가 마침내 인플레이션을 다스리기 위해 강력한 행동에 나선 것으로 판단했다. 그러나 이 조치는 결국 값비싼 대가를 치른 채 실패하고 말았다. 시장 경제에서 임금과 물가는 근로자와 생산자, 소비자의 결정을 조정하는 중요한 정보로 작용한다. 예를 들어 어떤 상품의 가격이 오르면 생산자는 그것을 더 많이 생산하고 소비자는 덜 쓰는 것이 유리해진다. 만약 임금과 물가를 통제함으로써 이런 조율 작용에 혼선을 일으킨다면 대단히 파괴적인 결과가 초래된다. 닉슨의 통제 정책이 시행된 후, 소비재 상품과 생산에 필요한 주요 원자재 부족 사태가 찾아왔다. 농부들의 경우, 가축 사육 비용은 국제 시장이 정하는 대로 오르는 데 비해, 쇠고기와 닭고기의 시장 판매 가격은 제한되는 이중고에 시달렸다. 따라서 가축을 기를수록 적자만 안게 된 그들은 결국 도살하기에 이르렀다. 그 여파로 슈퍼마켓 선반은 텅텅 비게 되었다. 통제 정책을 회피하는 일이 점점 만연했다. 기업들은 규칙의 허점을 찾거나 예외 적용을 받아내기 위해 로비에 매달렸다.

통제 정책이 인플레이션에 미치는 효과는 오래가지 않았다. 1971년과 1972년에는 다소 진정되는 듯했으나 통제가 해제되자마자 다시 기승을 부렸다. 이런 통제 정책은 마치 엔진 과열에 대응한답시고 온도계를 고장 내는 것이나 마찬가지였다. 정책의 효과를 제대로 보기 위해서는 정부 지출 삭감이나 통화 긴축 정책 등을 통해 전체 수요를 줄이는 조치가 동반되어야 했다. 예를 들어 전시에 물가를 통제할 때는 배급제도를 시행하거나 (특정 상품을 구매하려면 배급표를 받아야 한다) 소비자의 구매력을 감소시키는 조치(세금 인상, 전시 국채 판매 등)가 따르는 것이 기본이다. 전시에는 애국주의에 호소한 준법 촉구도 큰 도움이 된다. 그러나 1972년 대통령 선거전이 한창이었기에, 경기를 악화시킬 수 있는 어떤 조치도 취할 수 없었다. 오히려 선거가 다가올수록 실업률을 낮추기 위해 재정과 통화 양쪽에서 확대 정책이 시행되었다.

닉슨의 전략은 한 가지 면에서만큼은 성공했다고 볼 수 있다. 그가 당당히 재선되었기 때문이다. 그러나 1970년대 내내 인플레이션은 더 심해졌다. 통제 조치가 해제된 후 인플레이션이 그저 재발한 차원을 넘어 더욱 심각해진 이유는 두 가지 핵심적 변화, 즉 유가와 사람들의 심리 때문이다.

1973년 이스라엘과 그 주변국 사이에 일어난 이른바 욤 키푸르 전쟁 Yom Kippur War에 대응하여, 아랍 산유국들은 원유 수출 금지에 합의했다. 1972년부터 1975년 사이에 국제 유가는 4배 상승했다.[8] 원유 수입 가격이 증가하면서 휘발유와 난방유 가격이 치솟았다. 그러나 유가 상승은 이에 그치지 않고 생산에 많은 에너지가 소모되는 상품 및 서비스 가격도 함께 올려놓았다. 예컨대 택시와 트럭을 운행하는 데도 연료비가 더 많이 들므로 서비스 요금이 추가 인상될 수밖에 없었다.

임금과 물가를 통제하던 관행은 금수 조치 기간에도 일부 남아, 1973년 11월에는 행정부가 몇 가지 석유 관련 물가를 추가로 통제하기도 했다. 물가 상한제가 공급부족 사태를 낳을 것은 불을 보듯 뻔했고, 결국 주유를 기다리는 자동차 행렬은 (디스코, 워터게이트와 함께) 그 시대를 대표하는 장면이 되었다. 1974년에 자동차를 몰던 사람들은 번호판 끝자리 수에 따라 홀짝제로 주유해야만 했다. 심지어 주유를 기다리다 지친 사람들 사이에 주먹다짐이 일어나는 경우도 허다했다. 1970년대 중반에 세계 경제 성장이 한풀 꺾이며 수요가 진정되었음에도 국제 유가는 한동안 높은 수준을 유지했다. 1979년에 이란 혁명이 일어나 국왕이 권좌에서 물러나자 원유 공급 체계가 다시 붕괴하여 유가가 2배 이상 올랐고 인플레이션이 또 한 번 몰아닥쳤다.

한편 더욱 걱정스러운 변화는 새로운 형태의 인플레이션 기대가 자리를 잡았다는 사실이었다. 1950년대와 1960년대의 인플레이션은 정도가 심하지 않았으므로 사람들은 일상적인 의사결정에서 이를 가볍게 무시하고 넘어갈 수 있었다. 그러나 물가가 걷잡을 수 없이 치솟고 정부의 진정 노력이 별 효과가 없거나 심지어 사태를 더 악화시키는 장면을 지켜본 사람들은 이제 물가 불안을 아예 정상으로 인식하게 되었다. 근로자들은 임금 협상에서 인플레이션을 고려한 수준을 요구하기 시작했다. 물론 이런 요구는 비공식적으로 제기될 때도 많았으나, 1970년대에 들어오면 아예 자동 적용되는 관행으로 정착하게 된다. 이를 생계비 지수 상승에 따른 임금 인상cost of living adjustments, COLA이라고 한다. 고용주들은 임금 인상에 저항하기보다는 증가하는 비용을 소비자에게 전가하는 편을 선택했다. 인플레이션이 증가할 것으로 내다보는 심리는 인플레이션에 새로운 동력을 제공했고, 이는 다시 인플레이션 심리를 강화함으로써 자체적인 순환고리가 형성되었다. 이른바 '임금-물가 악순환wage-price spiral'이라는 용어가 널리 통용되는 어휘로 자리 잡았다.

불안한 인플레이션 심리는 유가 쇼크를 강화하는 결과로 이어지기도 했다. 석유를 비롯한 주요 상품 가격의 일회성 상승은 그 자체만으로는 인플레이션에 일시적 영향만 미칠 뿐이다. 그러나 그런 인플레이션 급증 현상이 사람들에게 인플레이션이 계속되리라는 생각을 안겨준다면, 인플레이션 심리는 자기실현적 예언이 된다. 근로자와 기업이 지속적인 물가 상승을 임금과 물가 수요에 반영하기 때문이다. 이런 패턴은 1970년대 내내 뚜렷이 확인할 수 있었다.

인플레이션 기대 수준이 높아진 것도 문제지만, 그보다 더 나쁜 것은 인플레 전망이 불확실해진 것이다. 8퍼센트 정도의 인플레이션율에 적응하는 것은 최소한 이론적으로는 그리 어려운 일이 아니다(단 안정적이고 예측할 수만 있다면). 개별 기업이 정한 임금과 상품 가격은 8퍼센트의 전체 물가 상승률에 맞춰 안정적으로 관리할 수 있고, 이자율에도 8퍼센트의 프리미엄을 포함하면 투자자와 대부업자들이 예상하는 투자 구매력 감소를 상

그림 1.1. 인플레이션 동향, 1950년부터 1990년까지

1950년대에서 1960년대 초까지 안정세를 보이던 인플레이션은 1960년대 후반부터 상승세에 진입하여 1970년대 내내 높은 수준을 유지했다. 이후 1980년대에 들어와 겨우 진정세에 접어들었다.
출처: 노동통계국 및 세인트루이스 연방준비은행 데이터 베이스(FRED).

쇄할 수 있다.

그러나 현실적으로 사람들은 비교적 안정적인 인플레이션에 대해서도 혼란을 느낀다. 특히 은퇴 계획처럼 장기간에 걸친 전망이 필요한 경우는 더욱 그렇다. 게다가 인플레이션이 높을 때는 대체로 안정적이기보다는 변동성이 크고 예측 불가한 경우가 훨씬 많다. 대표적인 예로 20세기 후반 대 인플레이션 시기를 들 수 있다. 1970년대에만 해도 CPI 인플레이션은 1972년의 3.4퍼센트에서 1974년에 12.3퍼센트로 크게 오른 후, 1976년에는 4.9퍼센트가 되었다가 1978년에는 다시 9.0퍼센트로 오르는 등 큰 폭으로 등락했다. 예측하기 어려운 인플레이션은 혼란과 경제적 위기를 초래한다. 사람들은 자신의 임금이나 저축이 앞으로 어느 정도의 구매력을 발휘할지 전혀 알 수 없게 된다. 특히 저소득 가구는 더욱더 취약해진다. 그들이 보유한 저축은 대개 현금이나 예금계좌의 형태이므로 물가 변화로부터 자신을 보호하는 능력이 상대적으로 떨어질 수밖에 없다.

높은 인플레이션에 의한 경제 불안과 불확실성은 1970년대 말에 인플레이션을 심각한 문제로 인식한 사람이 그토록 많았던 이유를 설명해주는 요인이다.

오일쇼크와 불안정한 인플레이션 심리가 결합한 결과는 강력했다. 인플레이션은 1979년에 13.3퍼센트, 1980년에 12.5퍼센트에 이르면서 통제 불능 상태로 빠져드는 듯했다. 이 정도의 인플레이션율은 1974년의 12.3퍼센트와 함께 1946년 이후 최고 수준에 해당했다.

진화하는 필립스 곡선

1958년에 탄생한 필립스 곡선의 원형에만 익숙한 경제학자라면 1970년대의 인플레이션을 지켜보며 사뭇 당황스러웠을 것이다. 초기의 필립스 곡선은 실업률이 극도로 낮을 때만 높은 물가상승이 출현할 것이라고 예측했기 때문이다. 그러나 1970년대에 실업률은 대체로 그리 낮은 편이 아니었고, 1973년부터 1975년까지 이어진 불경기 이후에는 실제로 9퍼센트까지 오른 적도 있다. 높은 인플레이션에 낮은 경제 성장이 결합된 이 고통스러운 현상을 사람들은 스태그플레이션stagflation이라고 불렀다. 1970년대 중반이 되자, 적어도 당시만 놓고 보면 필립스 곡선이 수명을 다한 것처럼 보였다.

그러나 당시 경제학자들은 필립스 곡선의 핵심 사상이 아슬아슬하게나마 생존할 수 있음을 증명했고, 두 가지 합리적인 수정을 통해 인플레이션 이론을 좀 더 현대적인 모습으로 변모시켰다.

첫째, 원래 필립스 곡선은 경제 전반에 걸친 상품 및 서비스 수요의 변화가 인플레이션과 실업률에 영향을 미친다는 개념을 전제로 한 것이었다. 예컨대 감자 수요가 증가하면 감자 산업의 생산과 가격, 고용이 모두 오르듯이, 수요의 증가는 고용과 임금, 물가의 상승을 불러온다는 것이었다. 수요 변화가 경기 변동의 주요 원인이라면 높은 인플레이션은 반드시 낮은 실업률을 동반할 수밖에 없으며, 이것이 바로 원래 필립스 곡선이 예측하는 내용이었다.

그러나 1973에서 1974년 그리고 1979년에 유가의 급격한 상승에서 보듯이 경제는 수요가 아니라 공급 면에서도 충격을 겪는다. 1970년대 유가 상승은 많은 상품과 서비스의 생산 및 운송 비용을 증대함으로써 인플레이션을 부추겼다. 감자를 망치는 병충해가 기승을 부리면 감자 산업의 생산과 고용이 감소하면서도 감자 가격은 올라가듯이, 거시경제적 공급 충격은 스태그플레이션을 유발하여 인플레이션과 실업이 동시에 상승하게 된다. 따라서 필립스 곡선으로 이런 데이터를 분석하기 위해서는 공급 충격으로 인해 발생한 인플레이션과 수요 충격이 유발한 인플레이션을 서로 구분할 필요가 있다. 경제학자들은 이런 차이를 구분할 방법을 개발했다.

간단하지만 쓸 만한 방법은 바로 근원 인플레이션core inflation, 즉 핵심 물가지수를 집중적으로 살펴보는 것이다. 근원 인플레이션이란 변동성이 크고 특히 공급 변동에 취약한 에너지와 식품 가격을 제외한 인플레이션을 말한다. 여기에는 공급 충격의 중요 원천이 배제되므로 수요의 증가나 감소가 인플레이션율에 미치는 영향을 좀 더 정확히 가늠하는 척도라고 볼 수 있다. 1970년대의 근원 인플레이션 거동을 보면 공급 측면의 충격이 좀 더 뚜렷했음에도 인플레이션은 수요에도 계속 반응했음을 알 수 있다. 예를 들어 1969년부터 1970년, 1973년부터 1975년, 그리고 1980년의 불황 이후에 근원 인플레이션은 상당폭 감소했는데, 이는 공급 요인의 영향에도 불구하고 성장률 감소와 실업률 상승에는 여전히 물가 상승률을 늦추는 힘이 있음을 시사한다.

전통적인 필립스 곡선에 대한 2차 수정은 공급 충격 외에 인플레이션 기대심리에 대한 명시적 역할을 포함하는 의미도 있었다. 나중에 노벨상을 받게 되는 밀턴 프리드먼과 에드먼드 펠프스Edmund Phelps 모두 1960년대 말에 이미 1970년대가 되면 자기실현적 인플레이션 심리가 팽배해지리라고 내다보았다. 프리드먼은 1967년 12월에 미국경제학회American Economics Association, AEA 회장 연설에서 인플레이션 기대심리가 증대하면 인플레이션과 실업률 사이의 관계를 나타내는 전통적인 필립스 곡선이 불안정해질 수밖에 없다고 예견했다. 실질 인플레이션이 높은 상태로 지속되면 인플레이션 기대심리도 높을 수밖에 없기 때문이다.[9] 프리드먼의 주장은 사람들이 인플레이션 증가를 예상하면 구매력을 보존하고자 그에 걸맞은 임금 인상을 요구하고 물가도 상승하리라는 것이었다. 따라서 가계와 기업이 예상하는 인플레이션율이 1퍼센트라면 시간이 흐를수록 실제 인플레이션은 1퍼센트를 넘어서게 된다. 펠프스도 1968년에 비슷한 논지의 논문을 발표한 적이 있다.[10] 1970년대에 들어오면 프리드먼과 펠프스의 이론이 합당한 것으로 증명된다.

사람들의 인플레이션 심리에 변화를 일으키는 요인은 무엇일까? 인플레이션 심리의 결정요인과 중앙은행이 거기에 영향을 미치는 방법이 무엇인가라는 질문은 최소한 1960년 이후 통화 정책의 분석과 실제에서 가장 중요한 부분을 차지해왔다. 그러나 사람들이 경험을 통해 학습하리라는 것은 의심의 여지가 없다. 그러므로 1960년대 말과 1970년대 초에 정부가 인플레이션 통제에 실패함으로써 낮은 인플레이션에 대한 기대가 무너졌다는 사실 또한 전혀 놀랄 일이 아니다. 높은 인플레이션 심리는 곧 실제 인플레이션 상승을 초래했고, 계속된 악순환을 불러왔다. 인플레이션과 인플레이션 심리를 충분히 낮은 수준으로 안정시키는 일은 시간이 지날수록 너무나 어려운 것으로 드러났다.

필립스 곡선은 1970년대의 경험과 프리드먼, 펠프스 및 기타 학자들의 통찰을 통해 수정되면서 오늘날 인플레이션에 관한 경제학 사상의 중심적 위치를 차지하고 있다. 요컨대 현대적인 형태의 필립스 곡선이 주장하는 바는 크게 세 가지다.[11]

첫째, 수요가 늘어나는 경기 확장 시기에 공급의 증가가 뒷받침되지 않을 때는 임금과 물가 양면에서 인플레이션이 증가할 수밖에 없다는 것이다. 이것이 바로 1958년에 등장한 필립스 곡선과 필립스의 논문에 뒤이은 연구가 전하는 메시지다.

둘째, 공급 충격은 스태그플레이션을 불러온다. 즉 적어도 한동안은 인플레이션은 증가하는데 생산과 고용은 줄어드는 기간이 지속된다. 1970년대 유가 쇼크 이후 우리가 경험했던 일이 바로 이것이다.

셋째, 실업률과 공급 충격의 효과를 일정 수준으로 유지하면 가계와 기업의 인플레이션 심리가 증가하고, 그에 따라 실제 인플레이션율도 증가한다. 인플레이션율이 증가하면 다시 높은 수준의 인플레이션 심리를 정당화하는 악순환이 발생한다.

수정된 형태의 필립스 곡선은 미국의 대 인플레이션 상황을 꽤 훌륭하게 설명한다. 케네디와 존슨 집권기를 거치는 동안 감세, 전비 및 사회적 지출 등의 손쉬운 재정 정책에 너무나 오래 의존한 결과로 경기 과열과 인플레이션 문제가 불거졌다. 닉슨 대통령도 수요 진작 정책을 지속하여 임금과 물가를 직접 통제하는 방식으로 인플레이션을 진정시키고자 했으나 결국 성공하지는 못했다. 닉슨의 통제 정책은 공급부족과 비효율적인 자원 배분을 낳았고, 통제를 철회한 후에는 인플레이션이 다시 고개를 들었다. 글로벌 유가 상승을 비롯한 기타 부정적인 공급 충격이 필립스 곡선의 상충관계를 악화하자 경제는 스태그플레이션으로 빠져들었다. 게다가 인플레이션 심리가 기승을 부리면서 자기충족적인 악순환을 유발하여 인플레이션과 인플레이션 심리가 동반 상승했다.

비록 현대적인 형태의 필립스 곡선이 대 인플레이션을 설명하는 데 도움이 된다고 해도 의문은 여전히 남는다. 우선 연방준비제도의 역할이 의문이다. 연준은 왜 인플레이션이 마구 날뛰도록 방치했을까? 그리고 그런 사태가 발생했는데도 왜 인플레이션 사이클을 차단하는 추가 조치에 나서지 않았을까? 이에 대해 우선 내놓을 수 있는 대답은 원색적인 정치와 인플레이션 과정에 대한 잘못된 견해로 인해 연준의 리더들이 결정적인 순간에 머뭇거렸고, 인플레이션 관리라고 하는 고통스러운 책무를 회피했기 때문이라는 것이다.

윌리엄 맥체스니 마틴, 린든 존슨, 그리고 대 인플레이션의 서막

오늘날도 마찬가지지만 1960년대와 1970년대에 연준의 의장들은 연준의 정책에 큰 영향을 미쳤다. 대 인플레이션의 시작과 정점을 포함하는 27년 동안 연준을 이끈 리더는 윌리엄 맥체스니 마틴(1951년부터 1970년까지 재임)과 아서 번스Arthur Burns(1970년부터 1978년까지 재임) 단 두 명이다. 연준이 대 인플레이션을 봉쇄하지 못한 이유를 알기 위해 우리는 이 두 사람의 의사결정에 영향을 미친 사상과 정치적 힘을 먼저 이해해야 한다.

역사상 가장 오랜 기간 연준 의장을 역임한 마틴은 총 다섯 명의 대통령 밑에서 일했다. 그는 가히 연방준비제도 가문 출신이라고 해도 과언이 아니다. 그의 부친 윌리엄 맥체스니 마틴 시니어는 연준을 설립하는 법안을 마련했고 나중에는 세인트루이스 연방준비은행 총재를 지냈다. 아들 마틴은 예일대학에서 영문학과 라틴어를 전공한 후 개신교 목회자의 진로를 진지하게 모색한 적이 있었다. 그는 언제나 흡연과 음주, 도박을 멀리했다. 그러면서 한편으로는 부친으로부터 상업과 금융에 관한 관심을 물려받기도 했다. 그의 첫 직업은 아버지가 행장으로 있던 세인트루이스 연방준비은행에서 은행 감독관으로 일한 것이었다.[12] 이후 그는 재무 전문가와 공무원으로 동시에 일하는 시절을 보내기도 했다. 1938년에는 31세의 나이에 뉴욕증권거래소 소장이 되어 주식시장에 관한 신뢰를 회복시키는 책임을 맡았다. 이후에는 미국수출입은행 행장과 재무부 차관을 지냈다.

마틴은 재무부에서 일하던 시절, 그 유명한 1951년 재무부-연준 합의에서 당시 재무부 장관 존 스나이더John Snyder가 백내장 수술을 위해 입원하느라 공석이 된 수석 협상가 자리를 넘겨받아 협상을 무난히 주도했다. 1942년 이후 연준은 재무부의 요청으로 단기 및 장기금리의 상한선을 정하여 정부의 전쟁 부채 비용을 줄이는 데 협조했다. 전시 통제 및 배급이 종결된 후 불거진 인플레이션 상승세는 오래가지 않았다. 그러나 연준은 이후에도 한동안 낮은 금리를 유지함으로써 경기가 과열되리라는 점을 우려했다. 결국 연준은 금리 통제를 포기하는 방향을 모색하게 된다.

한반도에서 전쟁이 발발하면서, 백악관과 재무부는 연준이 제안한 정책 변경에 반대했다. 이에 따라 어마어마한 공방이 뒤따랐고, 트루먼 대통령이 연방공개시장위원 전원을 백악관에 소집해 강연회를 여는 촌극이 벌어지기도 했다. 그 회의 후 트루먼은 성명을 통해 FOMC가 고정금리를 유지하기로 합의했다고 주장했다. 그러나 FOMC는 그런 합의를 한 적이 없었고, 마리너 에클스는(연준 의장 역임 후 당시 이사로 재직 중이었다) 트루먼의 발표와 상반된 내용을 언론에 공개했다. 연준이 비협조적인 태도로 나오는 데다 의회나 언론 어디서도 지지를 받지 못하자 행정부는 물러설 수밖에 없었다.[13] 이후 재무부와의 합의에 따라 연준은 고정금리를 단계적으로 폐지할 수 있었고, 그 덕분에 경제 안정, 특히 인플레이션 관리를 위해 금리를 조정할 수 있게 되었다.◆[14]

　　재무부-연준 합의에 담긴 연준의 역할 변화는 당시에 점증했던 정치적, 학문적 공감대와도 일치하는 내용이었다. 전후 또다시 찾아올지 모를 공황에 대한 두려움과 이른바 케인스 사상의 영향을 반영한 이 공감대는, 호황과 불황을 자연스럽고 불가피하다고 인정할 것이 아니라 정부가 경제 안정화를 위해 인플레이션 관리 등 적극적인 정책을 펼쳐야 한다는 것이었다. 법적으로는 1946년 고용법이 이런 관점을 반영하는 것이었다. 이 법은 연방정부가 가용수단을 모두 동원하여 '고용과 생산, 구매력의 최대치'를 달성하도록 규정했다. 사실 의회가 연방준비제도에 더 강력하고 안정된 경제를 추구하기를 요청한 것은 연준과 재무부의 갈등에서 연준에 더 힘을 실어준 것이나 마찬가지였다.[15] 연준의 관점에서 보면 재무부-연준 합의는 연준이 통화 정책에서 더 큰 독립성을 추구할 수 있게 된 전환점인 셈이었다. 다시 말해 연준은 재무부의 재정적 필요에 복무하는 데 그

◆　　사실 양측 모두 짧은 성명을 발표했을 뿐이고 내용도 모호했다. 단지 재무부와 연준이 "부채 관리와 통화 정책 추구 방향에 대해 완전한 합의에 도달했고, 이를 통해 정부 요건에 부합하는 재정 관리를 보장하는 동시에 공공 부채에 투입되는 재정을 최소화한다"는 것이었다. 특히 연준은 마지막 문장을 국채에 대한 고정금리 의무 때문에 발표한 것으로 해석했다.

치지 않고 더 큰 경제적 목표를 추진하기 위한 정책 수립의 자유를 얻게 된 것이다.

이 합의에 도달한 직후, 트루먼은 사임하는 토머스 맥케이브Thomas McCabe 연준 의장의 후임으로 마틴을 지명했다. 맥케이브는 격렬하게 치닫는 일이 잦았던 재무부와 연준의 갈등을 겪으면서 더 이상 행정부와 함께 일할 수 없다는 생각에 사의를 표했다. 트루먼은 마틴이 재무부에서 맡았던 일을 생각할 때 그가 연준 의장이 되면 통화 정책의 완화 방향을 유지하여 정권의 목적에 부합하는 역할을 해줄 수 있다고 보았다. 그러나 정작 마틴은 연준 의장이 되자 연준이 애써 얻은 정치적 자유를 댓가로 치르면서까지 백악관의 지침을 따르기를 단호히 거부하는 강직한 태도를 취했다 (트루먼은 나중에 마틴을 만난 자리에서 딱 한마디만 했다. "배신자").[16] 1980년대에 연준 의장을 지냈고 결코 호락호락한 인물이 아니었던 폴 볼커는 나중에 마틴에 대해 이렇게 썼다. "그는 친절과 겸손을 두루 갖추었지만, 연준의 정책적 독립성을 수호함에 있어서는 강철처럼 곧은 기백을 지닌 인물이었다."[17] 이후 그의 기백은 시험대에 오르게 된다.

마틴은 특정 경제학파의 색채를 뚜렷이 드러내지 않았다. 그의 기본 입장은 단순했다. 즉 통화 정책이란 불황이나 불안한 호황을 모두 억제하고 과도한 인플레이션을 피할 수 있도록 경기 순환과 반대로 움직여야 한다는 것이었다.[18] 사실 그 말은 경기가 확대되는 시기에는 인플레이션 문제가 불거지기 전에 금리를 올리고, 불황기나 성장이 둔화하는 시기에는 금리를 내린다는 것을 의미했다. 그는 연준의 역할이 "파티의 열기가 뜨거워지기 전에 칵테일 잔을 치우는 것"이라는 유명한 말을 했다.[19] 마틴은 낮은 인플레이션이 지속되면 성장과 고용 사이에 상충관계가 형성되기보다는 적어도 장기적으로는 건전한 경제 발전에 도움이 된다고 생각했다.

1957년에 그는 "물가 안정은 성장을 지속하는 데 필수"라고 말했다.[20]

마틴은 통화 정책을 관리하여 경제 안정과 낮은 인플레이션을 달성하고자 했다. 즉 과거처럼 금에 대한 달러 가치를 유지하거나, 투기적인 경기 과열을 억제하거나, 정부 부채에 대한 자금 조달을 용이하게 하는 것은 그의 정책 목표가 아니었다. 그의 이런 태도는 현대적인 중앙은행 모델이 탄생하는 기반이 되었다. 부부 경제사학자 크리스티나 로머Christina Romer와 데이비드 로머David Romer는 1950년대에 마틴이 취한 통화 정책은 경기 순환을 억제하고 필요할 때는 인플레이션 압박을 사전에 차단했다는 점에서 1960년대와 1970년대보다는 오히려 1980년대와 1990년대의 정책에 좀 더 가까웠다고 말했다.[21] 1952년에 선출된 아이젠하워 대통령이 낮은 인플레이션을 유지하는 것의 중요성을 수긍하여 1950년대 내내 마틴의 인플레이션 억제 정책에 반대하지 않았던 이유도 그의 이런 정책 덕분이었음이 분명한 사실이다.

케네디 행정부가 시작되면서 정치적, 정책적 환경이 뚜렷이 달라졌고, 케네디가 피살되어 존슨이 집권한 후에는 변화의 폭이 더욱 커졌다. 1960년대 이전에 '최대 고용'을 달성할 정부의 책임을 규정한 '1946년 고용법'은 기껏해야 열망을 표현한 정도에 그쳤다. 그러나 케네디 행정부, 특히 백악관 경제자문위원회CEA(이 기구 자체가 고용법에 따라 탄생했다)는 최대 고용 수준을 정량화하는 등 이 법을 실제 적용하기 위해 적극적으로 나섰다. 최대 고용치를 숫자로 제시함으로써 경제 정책의 명시적 목표와 정책 성공의 기준을 제시한 셈이었다.[22]

그러나 지금도 그렇지만 그 당시에 완전 고용을 정의한다는 것은 엄밀한 과학적 근거가 아니라 직관에 의존할 수밖에 없었다. 1962년, 케네디와 존슨 행정부에서 자문을 지낸 유력한 경제학자 아서 오쿤Arthur Okun

은 필립스 곡선의 논리를 이용해 완전 고용이란 '인플레이션의 압력 없이' 달성할 수 있는 최고 수준의 고용이라고 정의했다.[23] 1950년대에는 불경기 기간을 제외하면 실업률이 4퍼센트를 넘지 않았으므로 CEA의 경제학자들은 완전 고용이 사실상 약 4퍼센트의 실업률을 의미한다고 추정했다. 이후 이 추정치는 정책결정자와 경제학자들 사이에서 보편화되었다. ◆

케네디 집권 직후 실질 실업률은 7퍼센트를 넘어섰고, 이후 1962년까지는 5.5퍼센트 수준을 유지했다. 당시 노동 시장이 상당히 부진했음을 알 수 있다. 다시 말해 당시 미국은 유휴 설비가 존재하는 상태였던 셈이다. 즉 완전 고용으로 생산할 수 있는 수준에 못 미쳤고, 그만큼 생산량 부족을 겪는 것으로 보였다. 오쿤은 실업률이 1퍼센트포인트 증가할 때마다 감소하는 생산을 3퍼센트로 추정했다. 이후 이 경험칙은 오쿤의 법칙Okun's Law이라는 이름으로 불리게 되었다.[24] CEA는 생산 공백을 없애는 것이 최고의 정책 목표가 되어야 한다고 주장했다. 그리고 실업률이 4퍼센트대를 유지하는 한 이 정책은 인플레이션 압력을 유발하지 않는 방향으로 수행되어야 한다고도 주장했다.

오쿤이 정의한 완전 혹은 최대 고용, 그리고 완전 고용을 시사하는 실업률은 현대 거시경제학의 중요 개념으로 남아 있다. 오늘날 경제학자들은 인플레이션이 안정된 상태라고 볼 수 있는 최저 수준 실업률을 자연실업률natural rate of unemployment이라고 한다. u^*로 표기하고 '유스타'라고 읽기도

◆ 문자 그대로 보면 완전 고용에 해당하는 실업률은 0이 되어야 하나, 노동 시장에서 가장 강경파에 속하는 사람을 포함, 거의 모든 경제학자는 언제나 일정 수준의 실업이 발생한다는 사실을 인정한다. 직업을 바꾸거나 직장을 옮기는 사람도 있고, 다시 학교로 가거나 구할 수 있는 직업에 맞는 기술을 갖추지 못한 사람은 언제나 있기 마련이기 때문이다.

한다. '자연'이라는 수식은 마치 u^*가 상수라는 오해를 불러일으킬 수도 있다. 그러나 u^*는 시간에 따라 얼마든지 변화한다. 예컨대 노동력을 뒷받침하는 인구 구성이나 경제 구조가 달라지면 u^*도 영향을 받을 수밖에 없다. 더구나 직업 기술을 개선하거나 고용주와 근로자의 수요를 일치시키는 등의 정책을 통해 u^*를 낮춤으로써 노동 시장을 개선하는 효과를 볼 수도 있다. 이런 오해의 소지에도 불구하고 '자연실업률'이라는 용어는 널리 정착되었다.

1960년대 이후 자연실업률 개념은 크게 달라지지 않았지만, 그동안 경험에 비춰보면 u^* 추정치에는 다소 불명확한 면이 있는 것도 사실이다. 따라서 이 개념을 정책 결정에 사용하는 데에는 상당한 주의를 기울여야 한다고 볼 수 있다. 이런 불확실성은 지금까지 우리가 논의해온 내용과도 일치한다. 돌이켜 생각하면 오쿤의 말처럼 '인플레이션 압력을 유발하지 않은 채' 유지할 수 있는 실업률이란 당시에도 4퍼센트를 훨씬 넘는 수준이었다. 이런 사실은 사뭇 심오한 시사점을 제공한다. 잠재 GDP와 그에 따른 자연실업률을 소급 추정하던 미국 의회예산처Congressional Budget Office, CBO가 오늘에 와서 추산하는 u^*값은 1960년대에 5.5퍼센트, 1970년대에는 6퍼센트 정도였다고 한다.♦♦ 현대의 추정치가 정확하다면, 1960년대와 1970년대의 아웃풋 갭, 즉 실제 생산과 잠재 GDP의 차이는 당시 정책 결정자들이 생각하던 것보다 작을 뿐 아니라 오히려 종종 플러스 상태였다.

♦♦ 의회예산처에 따르면, 1960년대와 1970년대의 u^*가 1950년대에 비해 증가한 데는 노동력의 인구통계학적 근거와 경제 구조의 변화로 실업 근로자가 새로운 직업을 찾는 데 걸리는 시간이 늘어난 현실이 반영되었다고 한다(Brauer, 2007). 1970년대의 정책결정자들은 그 시기에 생산성 성장률이 둔화하는 것을 제때 인지하지 못했고, 따라서 경제의 생산 잠재력을 과다 추정했다고 한다(Orphanides, 2003).

현재 활용 가능한 노동력과 생산설비를 활용해 달성 가능한 잠재 GDP를 훨씬 능가하는 생산을 달성했던 셈이기 때문이다. 최소한 당시 정책결정자들은 그들이 추산한 u^*를 지나치게 신뢰하는 바람에 인플레이션 위험을 무시했다고 볼 수 있다.[25]

그 시절에는 재정 정책이 경제 안정을 주도해야 한다는 이른바 케인스학파 사상이 주류를 형성하고 있었다. 더구나 막대한 전시 지출이 대공황을 종식한 가장 큰 이유가 분명했던 것도 이런 시대 분위기에 한몫했다. 이에 따라 케네디 행정부는 통화 정책을 통해 눈에 보이는 생산 공백을 메우기보다는 감세 정책(재정 정책)에 집중하는 편을 택했다. 그러나 정부를 비롯한 의회 다수는 정부의 성장 촉진 노력에 연준이 힘을 보태리라고 생각했다. 1961년부터 이른바 4자 정례회의가 개최되었다. 참석 대상은 연준 의장, 재무장관, 백악관 예산국장, CEA 위원장이었고, 여기에 대통령이 참석할 때도 있었다.[26] 회의의 목적은 관련 부서 간 경제 정책 조정이었다. 백악관의 표현을 빌리자면 정책 결정 과정에 연준을 붙잡아두는 것이었다. 케네디와 존슨 대통령도 정부의 통화 확대주의 시각에 동의하는 인사를 연준 이사진에 임명했고, 이로써 마틴은 더욱 고립되었다.

마틴은 신 케인스학파의 학설에 회의적이었다. 그는 그 학설이 정책을 통해 실제로 달성할 수 있는 성과에 지나친 기대를 품는다고 봤다. 그러나 1960년대 초까지 인플레이션은 건전한 수준을 유지했다. 그런데 1965년, 케네디에 이어 존슨까지 감세 정책을 유지하고 베트남 파병 인원이 계속 증가하는 시점에, 마틴은 '적자 지속과 통화 완화'가 인플레이션을 유발할 수 있다는 우려를 공식적으로 제기한다.[27] 1965년 11월, 실업률이 4퍼센트 임계점에 도달한 상황에서, 마틴은 인플레이션에 대한 공식적인 선제 조치를 이사회 표결에 부쳐 4 대 3의 찬성을 끌어냈고, 이를 바탕으로 연준의 할인율을 0.5퍼센트포인트 인상한다고 발표했다.♦ 마틴은 1950년대에도 그랬듯이, 파티의 열기가 달아오르기 전에 그릇을 치우는 것이 자신의 역할이라고 생각했다.

이에 대해 존슨 대통령은 격분하는 반응을 보였다. 마틴의 발표 후, 대통령은 그를 자신의 텍사스 목장으로 불러 심하게 질책했다. 존슨은 이렇게 말했다고 한다. "마틴, 우리 젊은이들이 베트남에서 목숨을 잃어가고 있는데, 당신은 정부가 필요로 하는 돈을 찍어내지 않겠단 말이오."[28] 여기에 민주당 국회의원들도 연준의 긴축 정책이 일자리 창출을 지연시킬 게 틀림없다고 주장하며 압박하고 나섰다. 실제로 일부 의원은 4퍼센트 실업률이 최소치가 아니라 최대치이며, 정책결정자들은 이런 현실을 인정해야 한다고 주장하기도 했다.

마틴은 존슨 행정부의 CEA와 대화를 통해 타협을 모색했다.[29] 그는 경제가 인플레이션 위기 상황에 접어들었다고 판단했다. 의회와 행정부가 긴축 재정을 통해 경기 과열을 늦추고 인플레이션 압력에 제동을 건다면 더 이상 긴축 통화 정책을 유지하지 않겠다는 제안을 했다. CEA 위원들은 마틴의 주장에 귀 기울였고, 꼭 긴축이 필요하다면 재정 정책을 통해 주도하는 편이 낫다는 데 동의했다. 그러나 대통령은 증세나 세출 삭감을 위한 입법에 동의하지 않았다.

그에 따라 연준은 1966년에도 은행들이 엄격한 대출 기준을 적용하도록 함으로써 통화 긴축 기조를 유지했다. 그 결과는 마틴이 생각했던 것

♦　연준은 1965년 전체로 보면 연방기금금리 인상을 허용했지만, 당시에는 할인율과 달리 연방기금금리 목표의 변화 여부는 공식적으로 밝히지 않았다. 따라서 할인율은 통화 정책 기조의 변화를 시사하는 방법이었던 셈이다.

보다 훨씬 극적이었다. 경기는 거의 즉각적인 침체 국면을 맞이했다. 특히 금리와 대출에 민감한 주택시장의 침체가 두드러졌다. 연준과 백악관은 불황이 더 크게 번질 가능성을 감지했다. 마틴은 CEA로부터 존슨이 인플레이션 위험을 진정시키기 위해 의회에 증세를 요청하리라는 확언을 듣고 지금까지 연준이 취해온 긴축 정책을 철회하기에 이르렀다. 그러나 증세를 정치적 실패를 자인하는 것으로 인식한 존슨은 결국 마틴의 기대를 저버리고 말았다.

1967년에 들어와 성장에 대한 공포는 잦아들고 인플레이션 우려가 커지면서, 연준과 백악관 사이에 치킨 게임이 재개되었다. 가을이 되자 마틴이 이끄는 연준은 다시 긴축 기조를 취했다. 백악관은 결국 다시 증세를 추구하는 데 동의했다. 1968년의 정치 환경은 마틴 루터 킹 목사와 로버트 케네디의 암살, 극심한 시위와 소요 사태, 여기에 대통령 선거까지 겹치면서 의회에서의 합의가 순탄하지 않은 국면이었다. 이런 상황에서도 6월에 대통령은 인플레이션에 대한 우려와 달리 가치의 안정적 오름세에 힘입어, 소득세 10퍼센트 잠정 추가 인상이 포함된 법안에 서명한다. 세금 인상이 경기 둔화를 불러오리라고 예상한 마틴의 연준은 8월에 할인율을 내림으로써 다시 한번 긴축 정책을 중단했다.

이는 오판으로 판명되었다. 비록 증세로 잠시 정부 예산이 흑자로 돌아서기는 했으나, 전체적인 수요 억제 수준은 연준이나 CEA가 기대했던 것에 훨씬 못 미쳤다. 거의 모든 개인과 기업은 세금 인상이 한시적이라는 사실을 알았으므로 인상분을 저축에서 부담하며 소비를 유지했다. 1968년 말에 이르러 실업률은 3.4퍼센트로 떨어졌고 인플레이션은 더 증가하고 있었다. 연준은 다시 태도를 바꿔 긴축으로 회귀했으나 마틴의 임기는 거의 끝나가고 있었다. 퇴임을 눈앞에 둔 1970년 1월, 마틴은 연준 도

서관으로 이사진을 소집한 자리에서 "나는 실패한 의장입니다"라고 말했다.[30] 1969년의 인플레이션율은 6퍼센트에 약간 못 미치는 수준이었다.

마틴은 과연 실패했을까? 그의 재임 기간에 대 인플레이션이 시작된 것은 틀림없는 사실이고, 인플레이션이 발생한 책임의 일부는 연준의 일관되지 못한 통화 정책에 있다(나머지 힘든 일은 재정 정책을 좀 더 제한적으로 펼치면 해결 가능하리라는 희망을 품었다). 그러나 전체적으로 보면 마틴은 극심한 정치적 압력 때문에 자신의 의지와 상관없이 공모자가 되었을 뿐이다. 그는 오히려 기회가 있을 때마다 과도한 경기 확대에 저항했던 사람이다. 1960년대 후반기의 인플레이션은 주로 군비와 민생을 양립시키기 위한 재정 정책의 결과였고, 마틴이 걱정했듯이 자연실업률이나 신 케인스학파 정책의 경기 미세 조정 능력을 지나치게 낙관한 결과였다.

1970년대에 들어오면 이야기가 전혀 달라진다. 마틴의 후임자인 아서 번스 의장은 정치권력으로부터의 독립을 위해 크게 노력하지 않았고, 사상적으로나 정치적인 이유로 10년 동안 높고 불안정한 인플레이션을 허용하고 말았다.

2

번스와 볼커

1969년 11월, 리처드 닉슨 대통령은 마틴의 뒤를 이어 연준 의장직을 맡을 인물로 아서 번스를 지명했다. 그의 임기 발효 시점은 1970년 2월이었다. 번스는(1904년생으로, 본명은 번자이그Burnseig다) 어린 시절에 부모와 함께 갈리치아(오스트리아령 폴란드)에서 미국으로 이주해 왔다.◆ 트위드재킷에 파이프담배를 문 번스는 저명한 경제학자의 모습 그대로였다(그가 컬럼비아대학 교수로 있을 때 가르쳤던 앨런 그린스펀도 나중에 연준 의장이 된다). 번스는 아직 젊은 학자 시절에 이미 그의 지도교수였던 경제학자 웨슬리 미첼과 함께 호황과 불황을 실증적으로 분석한 최초, 최고의 명저들을 출간했다. 오늘날에도 여전히 사용되는 각종 경기 선행 지표와 불황의 시작과 종말을 알리는 원리 중에는 번스와 미첼의 경기 순환에 관한 역사적 연구에서 기원한 것이 많다. 번스는 또 미국경제학회 회장과 전미경제분석국NBER 국장

◆　필자의 조부모인 요나스 버냉키와 리나 버냉키도 같은 지역 출신이며, 1921년에 미국으로 이주했다.

을 지냈다. 특히 NBER은 지금도 광범위한 경제 문제 연구에서 중심 역할을 하고 있다.

그러나 번스는 그저 상아탑에만 갇혀 있던 학자가 아니었다. 그는 여러 기업의 이사를 지냈고, 아이젠하워 정부에서는 CEA 위원장을 맡아 충직한 자문으로서의 본분을 다했다. 그는 경제 통계에 오래도록 몰두해온 경험에서 우러난 자신의 예측 능력에 자부심을 지니고 있었다. 실제로 그는 아이젠하워의 경제 자문으로서 발휘한 정확한 예측으로 부통령인 닉슨의 신임을 얻었다. 더구나 번스는 마틴이 그랬듯이 과도한 인플레이션이 불러올 잠재적 피해를 자주 경고했다. 번스가 특히 우려했던 점은 인플레이션이 기업의 확신에 미칠 영향이었다. 그는 기업의 확신이야말로 경기 순환의 핵심 동력이라고 생각했다.[1] 그러나 번스는 그의 충분한 학문적 역량과 그 자신이 자주 언급했던 인플레이션에 관한 반감에도 불구하고, 막상 연준 의장으로서는 인플레이션 안정을 위해 긴축적인 통화정책을 사용하기를 주저하는 모습을 보였다.

아서 번스와 '중앙은행의 고통'

번스의 방식은 그가 의장에 오르자마자 명백해졌다. 경기는 둔화하고 있었으나(1970년의 완만한 경기 침체는 전년도에 마틴이 취했던 긴축 통화 정책의 영향도 일부 있었다), 인플레이션율은 연간 5.6퍼센트 수준을 보이며 여전히 심각한 걱정거리로 남아 있었다. 가까운 미래의 성장을 우선시하던 번스는 통화 완화 정책으로 대응했다. 번스가 연준 의장을 맡았을 때 9퍼센트였던 연방기금금리가 1972년 가을에는 5퍼센트까지 떨어졌다. 낮은 금리가 경기 회복을 뒷받침한 것은 틀림없었으나(1971년 중반에 6퍼센트로 정점에 달했던 실업률이 1973년 말에는 5퍼센트까지 떨어졌다), 닉슨의 임금 및 물가통제 조치가 해제된 후 증가하던 인플레이션을 억제할 수는 없었다. 번스는 왜 이런 상충관계를 수용했을까?

여기에는 정치적인 이유가 있다고 말할 수밖에 없다. 전임자였던 마틴처럼 번스 역시 대통령을 의식하지 않을 수 없었다. 닉슨은 그를 지명한 당사자였고, 1973년에는 다시 한번 그를 지명했다. 번스는 1968년 대선 기간에 경제 자문으로 닉슨을 도왔고 당선 후에는 백악관에서 중요한 역할을 담당했다. 번스가 연준에 자리 잡자, 닉슨은 정치적 이익을 위해 둘 사이의 관계를 이용하는 데 아무런 거리낌이 없었다. 1970년의 불황으로 실업률이 치솟는 상황에서, 대통령은 1972년 대선 캠페인에서 튼튼한 경제를 앞세우고자 했다. 백악관 녹음테이프에 따르면 닉슨은 번스의 개인적, 당파적 충성심에 호소하며 선거가 다가오기까지 통화 완화 기조를 유지하도록 압박했다. 그리고 조지 슐츠George Shultz 재무장관을 통해 그 메시지를 강조했다.

번스가 닉슨의 요구에 명시적으로 동의했다는 뚜렷한 증거는 없지만, 대선 전에 재정 정책과 통화 정책 모두 완화 기조를 보였다는 점만은 분명하다. 번스는 자신의 일기를 통해 닉슨의 압박이 있었음을 인정했다. "대통령은 재선을 위해 무슨 일이든 할 것이 틀림없다. 대통령과 그의 겁쟁이 보좌관들은 계속해서 연준을 성가시게 굴 것이다. 아니, 어쩌면 더 심해질지도 모른다." 그는 독립을 향한 의지를 표현하기도 했다. "대통령이 과연 아는지 모르지만, 다행히 나는 지금도 그의 가장 가까운 친구다. 나는 경제를 살리는 일에 최선을 다할 것이다. 그것이 대통령을 위해서도 가장 좋은 일임을 굳게 믿는다." 그러나 녹음된 내용에 따르면 번스는 연준이 의사결정을 내리기 전에 대통령과 통화하여 오늘날의 기준으로는 매우 부적절한 수준의 정책적 고려사항을 논의한 사실이 드러났다.[2] 번스의 일기에도 그가 독립된 중앙은행의 수장이라기보다는 마치 행정부의 일원인 것처럼 행동한 장면이 등장한다(백악관 회의에서 정치 전략을 꾸미거나, 연준의 소관 업무가 아닌 정책 사항을 논의하는 등).[3]

이 모든 사실에도 불구하고 번스가 인플레이션을 관리하는 데 주저한 이유를 닉슨의 술책 탓으로만 설명할 수는 없다. 특히 닉슨이 재선된 1974년 이후에도 번스의 조심스러운 태도가 이어진 대목에서는 더욱 그렇다. 경제사학자 로버트 헷젤Robert Hetzel을 비롯한 여러 사람이 주장하듯이, 인플레이션의 원인과 통화 정책의 바람직한 역할에 관한 번스의 시각을 생각하면 설사 닉슨의 영향이 없었더라도 여전히 그가 소극적인 방식을 취했을 가능성이 있다.[4]

번스는 비록 스스로 케인스학파라고 생각하지는 않았지만, 미국 경제가 통화 정책과 무관한 이유로 인플레이션에 노출되어 있다는 당시 다수 케인스학파의 시각을 공유하고 있었다. 번스가 보기에 이런 전반적인 인플레이션 경향은 대기업과 노조의 힘이 시장의 압력마저 차단할 정도로 커짐에 따라 자기들 마음대로 물가와 임금을 올릴 수 있게 된 현실을 반영하는 것이었다. 더구나 정부는 완전 고용을 유지하겠다는 확고한 의지를 가졌고, 번스 자신도 여기에 힘을 보탬으로써 주기적인 불황의 고통이 경감되고 이들 경제 주체의 시장 장악력은 더욱 커지게 되었다.

번스는 인플레이션을 유발하는 주된 힘이 초과 수요(정부와 소비자의 지출 증가)가 아니라 비용 상승(기업과 노조가 물가와 임금을 끌어올리는 힘)이라고 생각했으므로, 기본적으로 수요 성장을 둔화시킴으로써 작동하는 통화 정책을 인플레이션을 다스리는 데 쓰는 것은 매우 비효율적이고 값비싼 방법이라고 판단했다. 그의 주장에 따르면, 통화 정책만으로 인플레이션을 종식하는 유일한 방법은 임금과 물가를 결정하는 세력이 물러설 수밖에 없을 정도로 깊은 불황을 일으키는 것밖에 없다는 것이었다. 그는 또 그 과정에서 수많은 근로자가 일자리를 잃고, 시장 장악력이 취약한 기업이 특히 큰 피해를 입을 수밖에 없다고 말했다. 나아가 번스는 긴축 통화 정책의 효과는 불균등할 수밖에 없어, 경제의 특정 영역에 불공평한 부담을 지우게 된다고 생각했다. 긴축적인 통화 정책은 예컨대 금리에 민감한 건설 및 부동산 업계에는 거의 붕괴에 가까운 피해를 주지만, 소비 지출이나 대기업의 자본 투자에 미치는 영향은 상대적으로 덜할 것이다.

번스는 인플레이션에 관해 비용 상승 이론을 견지했기 때문에, 노조와 기업이 지닌 임금 및 물가 상승 능력을 직접 제한하는 정부의 통제야말로 긴축 통화 정책이나 긴축 재정 정책에 비해 비교적 적은 대가로 인플레이션을 종식하는 방법이라고 생각했다. 따라서 그는 임금-물가 통제 정책을 가장 먼저 지지하고 나선 사람 중 하나였다. 당시는 이를 소득 정책 incomes policy이라고 불렀다.[5] 사실 닉슨이 번스의 조언과 지지도 없이 통제 정책을 밀어붙였으리라고는 상상하기 힘들다. 그런 점에서 닉슨이 번스에 영향을 미친 것도 틀림없지만, 거꾸로 번스도 닉슨에게 영향을 미쳤다고 봐야 한다. 또한 번스는 임금-물가 통제 정책에는 반드시 소비 전반에 대한 제한 조치가 동반되어야 한다는 생각에도 반대했다. 그는 노동의 분리를 대안으로 내놓았다. 통제 정책을 임금과 물가의 결정권자들에게만 제한하면, 통화 정책과 재정 정책은 그 영향권에서 벗어나 성장과 고용을 뒷받침하는 원래 역할을 할 수 있다고 본 것이다. 번스의 비용 상승 인플레이션 이론은, 그가 인플레이션이 계속 증가한다고 보면서도 경제가 잠재 성장률을 넘지 않았고, 통화 및 재정 정책도 지나치게 확대된 것이 아니라고 판단할 수 있었던 이유를 설명해준다.

인플레이션의 원인이 주로 통화 정책과 상관없는 요소 때문이라는 번스의 시각은 1973년의 유가 쇼크와 그에 따른 인플레이션 급증으로 더욱 강화되었다. 어쨌든 유가 급등은 지정학과 세계 경제 상황의 결과일 뿐, 미국 내의 통화 완화나 경기 과열 탓은 아닌 것 같았기 때문이다. 번스는 또다시 닥쳐온 인플레이션에 대해 포괄적인 임금-물가 통제로 대응하고자 했지만, 이미 한차례 진행된 통제로도 인플레이션이 종식되지 않았기에 미국인들은 이 방안을 신뢰하지 않고 있었다. 1973년에 연준은 인플레이션이 기승을 부리지 못하도록 금리 인상 절차에 착수했으나, 이 조치는 경기가 불황으로 접어들면서 대체로 파기되었다. 인플레이션이 급증하면 긴축을 밀어붙이다가 실업률이 조금만 올라도 다시 완화로 돌아서는 이런 패턴은 결국 아무런 효과를 거두지 못한 채 인플레이션과 인플레이션 심리만 조금씩 증가하는 결과를 낳고 말았다.

번스는 1970년대 스태그플레이션에서의 경기 상황이 전혀 만족스럽지 않았다는 사실을 깨달았다. 그는 인플레이션이 막대한 피해와 불안을 초래한다고 생각했지만, 그 점에서는 실업도 마찬가지였다. 그는 통화 정책만으로 인플레이션을 완전히 통제할 정도로 높은 실업률은 대중이 도저히 감내할 수도 없고, 연준이 그런 결정을 내릴 위치에 있지도 않다고 생각했다. 번스가 의회로부터 전해 들은 메시지도 분명히 그런 내용이었다. 1976년, 연준이 통화를 완화하고 경기도 회복되고 있었음에도 휴버트 험프리Hubert Humphrey(미네소타주 민주당 의원) 상원의원과 그 동맹 의원들은 연준의 고용 촉진 노력이 미진하다는 불만을 제기했다. 험프리는 정부를 향해 고용률 목표를(필요하다면 정부가 일자리를 보장하는 방안까지 포함하여) 명확히 밝히고, 대통령이 통화 정책을 결정하는 데 더 적극적으로 나서라고 요구했다. 비록 그의 제안은 받아들여지지 않았지만, 험프리는 하원의 동료 의원 오거스터스 호킨스Augustus Hawkins(캘리포니아주 민주당 의원)와 함께 관련 법제화를 꾸준히 밀어붙였다.

그들이 계속해서 입법 토론을 펼침으로써 이루어낸 중요 결과가 바로 1977년에 통과된 연방준비제도법 수정안이다. 이 법안은 연준이 통화 정책을 통해 '물가 안정, 최대 고용, 건전한 장기금리'를 추구하도록 규정하고 있었다. 그러나 마지막 항목은 별로 중요하지 않게 여겨지고 있으며, 그 이후 연준의 리더들은 물가 안정과 최대 고용을 연준의 양대 의무로 언급하는 경우가 많다. 양대 의무는 그 자체가 고용을 좀 더 강조한 민주당 의원과(1970년대 내내 민주당은 상하원 모두에서 과반 의석을 점유했다) 물가 안정에 동등한 무게를 부여해야 한다는 공화당 의원 사이에 이루어진 타협의 산물이기도 하다.

그 당시 필립스 곡선이 의미하는 바에 따르면 통화 정책은 인플레이션과 실업률 사이의 상충관계를 인정하고 이 둘의 균형을 추구할 수밖에 없었다. 1977년 수정법은 두 목표 사이의 비중을 정책 결정에 반영하는 방법에 관해 아무런 언급이 없었다. 1970년대에는 외교 용어를 차용하여 연준 정책결정자 중에서도 고용 의무를 더 중시하는 쪽을 비둘기파, 인플레이션에 더 주목하는 쪽은 매파라고 불렀다. 물론 이런 정의는 다소 유동적인 것이었다. 경제 상황에 따라 매파와 비둘기파를 오가는 정책결정자들도 많았기 때문이다.

험프리 상원의원은 1978년 1월에 사망했지만, 그의 제안을 둘러싼 의회의 논의는 지속되었다. 그해 말, 완전 고용 및 균형성장 법안이 의회를 통과하여 카터 대통령의 서명을 얻었다. 이 법안은 험프리-호킨스 법으로 더 널리 알려졌다. 단지 연준 차원이 아니라 정부 전체에 적용된 이

1978년의 법은 고용에 관해 야심 찬 목표를 설정했다. 즉 20세 이상 노동 인력의 실업률이 3퍼센트를 초과하지 않도록 한다는 것이었다. 이는 케네디 정부의 CEA가 세운 완전 고용 기준인 4퍼센트보다 낮은 수치였다. 여기에는 인플레이션 관련 목표도 포함되었다. 즉 향후 10년간 인플레이션율을 0으로 끌어내린다는 것이었다. 물론 이 법안의 정책적 우선순위는 고용 목표에 있었다.[6] 이 법은 또 연준 이사회가 한 해에 두 번씩 의회에 통화 정책 보고서를 제출하여 연준이 중앙은행의 고유 목표를 얼마나 달성하고 있는지 설명해야 한다고 규정했다.◆ 번스는 험프리-호킨스 법의 정량적 목표가 최소한 당분간은 전혀 현실성이 없다는 점을 알고 있었음이 틀림없지만, 그는 이 법이 전년도에 발효된 연준의 양대 의무 조항과 함께, 의회가 상당한 실업률을 유발하는 인플레이션 통제 조치를 용납하지 않을 것임을 확약한 것으로 보았을 가능성이 크다.

요컨대 대 인플레이션 시기에 번스의 동기는 복잡한 것이었다. 그는 정치권의 영향을 받을 수밖에 없었다. 좁게는 닉슨 대통령의 압력에 굴복한 듯했고, 넓게 보면 미국이 높은 실업률을 유발하는 통화 정책을 견딜 수 없으리라고 보았다. 그러나 번스의 정책은 인플레이션의 원인을 보는 그의 시각을 반영한 것이기도 했다. 전임자였던 마틴과 달리(그런 점에서는 후임인 볼커와도 달랐다) 그는 인플레이션의 주원인이 통화의 힘이라고 생각하지 않았고, 따라서 인플레이션을 통제하기 위해 긴축 통화 정책을 펴는 것은 간접적이고 값비싸며 대체로 비효율적인 방법이라고 생각했다. 번스가 이끄는 연준은 긴축과 완화를 오가는 통화 정책을 편 결과, 낮은 인플

◆   오늘날에도 연준 의장이 이 보고서를 지참하여 상하원 감독위원회에 출석하여 증언하는 것을 두고 이른바 험프리-호킨스 증언이라고 한다.

레이션이나 꾸준히 지속되는 낮은 실업률 중 어느 것 하나도 달성하지 못했다. 오히려 인플레이션이 계속 증가하는 악순환만 유발하고 말았다.

번스는 연준을 떠난 직후인 1979년에, 절반은 잘못을 자인하기 위해, 절반은 자신을 변호하기 위해 '중앙은행의 고통'이라는 제목으로 강연을 하기도 했다.[7] 그는 인플레이션 심리를 제대로 억제하지 못한 탓에 인플레이션이 더 악화됐다는 점을 인정했다. "오늘날에는 기업인이나 농부, 은행가, 노조 간부, 공장 근로자, 심지어 주부에 이르기까지 인플레이션이 앞으로도 계속되리라는 전제에 따라 행동하게 되었습니다. 경기가 호황이든 불황이든 상관없이 말이지요. 한 나라에 그런 심리가 한 번 팽배해지고 중앙은행이 인플레이션을 심화하는 실수를 저지르면 그 영향이 오랫동안 지속됩니다." 그는 또 연준의 정책결정자를 비롯한 많은 이들이 인플레이션 압력을 촉발하지 않은 채 실업률을 낮은 수준으로 억누를 수 있다고 지나치게 낙관했다는 점도 인정했다. 지금 와서 생각해보면 번스는 오늘날 우리가 자연실업률이라고 부르는 u^* 값이 당시 흔히 생각하던 4퍼센트(또는 그보다 낮은 수준)가 아니라 그 시대에 대한 오늘날의 추정치인 5.5나 6퍼센트에 더 가깝다고 생각했음을 알 수 있다. 나아가 그는 원칙적으로 중앙은행이 통화공급 확대를 억제했더라면 금융시장과 경제에 '긴장'을 유발할 수는 있었겠지만, 인플레이션만큼은 '조속히' 진정시킬 수 있었음을 인정했다.

그렇다면 왜 번스의 연준은 그렇게 하지 않았을까? 이 질문에 대해 번스는 "연준 자체가 미국인의 삶과 문화에 변혁을 몰고 온 철학적, 정치적 흐름에 사로잡혀 있었기 때문"이라고 답했다. 요컨대 번스는 정부의 완전 고용 공약을 뒷받침했던 사회적 합의야말로 연준이 독자적으로 인플레이션과의 전쟁에 나설 수 없도록 하는 정치적 원인이었다고 보았다. 그 과정에서는 심각하고 지속적인 고통이 수반될 수밖에 없었기 때문이다. 인플레이션과의 전쟁에 착수하기 위해서는 정치적 공감대나 연준 내부의 시각과 인사 등이 모두 바뀔 때까지 기다려야만 했다. 특히 전자는 인플레이션이 미국 경제의 가장 큰 도전이라는 점을 대중이 확신해야만 이루어질 수 있는 것이었다. 그날 번스의 강연을 듣던 청중 중에 바로 그 새로운 시각을 제공해줄 사람이 앉아 있었다. 폴 볼커였다.

폴 볼커: 집념의 승리

윌리엄 맥체스니 마틴처럼 볼커 역시 공공 부문과 민간 영역 양쪽에서 경력을 쌓은 인물이었다. 부친이 티넥에서 시 행정 담당관을 지낸 터라 뉴저지에서 나고 자란 볼커는 프린스턴대학에서 경제학을 전공하며 학부 시절을 보냈다. 훗날 자신의 정책적 관점을 내비치기라도 하듯, 그의 졸업 논문은 제2차 세계대전 직후 인플레이션 급증을 허용한 연준을 비판하는 내용이었다. 졸업 후 그는 1952년부터 1957년까지 뉴욕 연방준비은행의 경제학자로서 첫 사회생활을 시작했다. 이후 체이스맨해튼은행으로 옮겨 나중에는 부행장까지 올랐고, 또한 미국 재무부에서 활약하는 등 민간과 공공 분야를 오가는 행보를 보였다. 1969년부터 1974년까지는 재무부 국제통화 담당 차관을 지내며 달러화가 금과 맺고 있던 마지막 연결고리를 끊

은 닉슨 행정부의 결정에서 실무를 담당했다. ◆

1975년 8월, 볼커는 번스의 지지에 힘입어 뉴욕 연방준비은행 총재에 지명되었다. 이로써 그는 FOMC에서 투표권을 얻음과 동시에, 전통에 따라 FOMC의 부위원장이 되었다. 뉴욕 연준은행 행장은 이 위원회에서 위원장 다음으로 막강한 권력을 휘두르는 자리가 분명했다. 아울러 월스트리트에서 연준의 눈과 귀가 되어 뉴욕의 거대 은행들을 감독하며, 금융시장과 기관의 핵심 참가자들로부터 얻은 정보를 제공하는 역할을 맡았다. 볼커가 금융계와 재무부에서 쌓은 경력은 이 역할을 미리 준비시켜준 셈이었고, FOMC의 위원직을 맡은 것은 어려운 시기에 통화 정책을 둘러싼 논의를 지켜보는 기회가 되었다. 이후 4년 동안 볼커는 의장을 가까이에서 보좌하며 인플레이션이 악화하는 과정을 고통스럽게 지켜보았다. 그는 긴축 정책을 더 강하게 밀어붙여야 한다고 주장했으나, FOMC의 부위원장은 최종 의결에서 의장의 의견에 동의해야 한다는 전통을 따라야만 했다.

1978년 3월, 번스의 제2기 임기가 막바지에 다다른 시점에서, 카터 대통령은 항공사 임원 출신이었던 윌리엄 밀러G. William Miller를 연준 의장에 지명했다. 볼커도 소수의 명단에 포함되었으나, 결국 제외되었다.[8] 밀러 역시 번스와 다름없이 인플레이션을 진정시키려는 의지가 별로 없었으

◆ 이른바 '금본위제의 종언'이라고 불리는 당시 사건은 제2차 세계대전 이후 달러화와 기타 통화 간의 고정 환율을 규정한 브레튼우즈 체제를 해체하는 마지막 단계에 해당하는 일이었다. 일각에서는 1970년대에 발생한 인플레이션의 전부 혹은 일부의 원인을 미국 통화체계가 금과 맺고 있던 상징적인 연결고리마저 포기한 데에서 찾기도 하지만, 실상 그 인과관계는 정반대라고 할 수 있다. 다른 나라의 통화가 달러와 연동되어 있기 때문에, 미국의 인플레이션은 공식 환율과 자유시장 체제에서 결정되었을 환율에 불일치를 유발했다. 따라서 미국의 인플레이션이 브레튼우즈 체제의 붕괴와 금본위제 종식의 원인이 된 것이지, 그 반대가 아니다.

며, 어떤 면에서도 연준 의장에 적합한 인선이라고는 보기 힘들었다. 그는 금융 전문가도 아니었을뿐더러 합의를 중시하는 연준의 문화에 썩 어울리는 인물도 아니었다. 그는 민간업계에서 직원들에게 하던 것처럼 FOMC 회원들에게 명령을 내릴 수는 없었다. (심지어 그는 이사회실에서 금연을 강제하는 데도 실패했다. 그가 회의실에서 재떨이를 치워버리자, 지독한 애연가들은 아예 자신이 쓸 재떨이를 챙겨 왔다) 밀러는 연준 의장이 된 지 17개월 만에 카터가 추진한 개각의 일환으로 재무장관에 임명되었다. 후에 연준 직원들은 밀러의 이직을 두고 짧은 시험 기간을 견디지 못하고 실패한 연준 의장을 허울뿐인 요직에 앉힌 것이라 말했다고 한다. 그러나 볼커는 한 인터뷰에서 카터가 재무장관을 더 중요한 자리로 여겨 밀러를 승진시킨 것이라고 말하기도 했다.[9] 어찌 됐든 개각은 연준의 정책에 중대한 변화가 있을 것을 미리 알린 것이었다.

인플레이션은 여전히 더 높아지는데 밀러마저 재무부로 옮긴 상황이었으므로, 카터는 신속히 후임을 물색해야 했다. 카터의 경제보좌관 중 일부의 추천으로(그러나 정무보좌관들은 추천하지 않았다) 카터를 만난 볼커는 인플레이션을 다스리기 위해 긴축 통화 정책을 더 강력하게 펴는 일이 시급하다는 소신을 밝혔다.[10] "저분보다는 더 강력한 긴축 정책을 펴고자 합니다." 볼커는 그 자리에 동석한 밀러를 가리키며 이렇게 말했다. 볼커는 자서전에서 자신의 그 발언 때문에 지명이 취소되리라고 생각했다고 밝혔다. 그러나 다음 날 아침, 그는 미처 잠에서 깨기도 전에 대통령으로부터 연준 의장직을 제안하는 전화를 받았다.[11]

카터가 볼커를 지명한 것은 운명적인 일이었다. 대통령은 볼커가 인플레이션과 전쟁을 벌이리라는 것을 알았을 것이다. 그것은 다름 아니라 볼커가 자신에게 그렇게 말했기 때문이다. 나아가 긴축 통화 정책(즉 금리 인상)은 실업률 증가와 경제 성장 둔화로 이어지며, 설사 인플레이션이 가라앉는다고 하더라도 비싼 정치적 대가가 뒤따른다는 점을 몰랐을 리가 없다. 실제로 이런 일이 그대로 벌어졌다. 경기 약세는 카터가 1980년 재선에 실패한 중요한 원인이었다. 나중에 월터 먼데일Walter Mondale 부통령은 볼커의 정책이 "어쨌든 인플레이션을 몰아낸 것은 분명하지만, 그것 때문에 우리가 백악관에서 쫓겨난 것도 틀림없는 사실이다"라고 회고했다.[12] 그렇다면 왜 카터는 매파인 볼커를 선택했을까(닉슨은 물론 밀러를 지명한 과거 자신의 선택과 비교해도 180도 다른 접근방식이었다).

굳이 카터 개인의 정치적 명운이 아니라 경제를 살리기 위해서라도 볼커 혹은 그와 비슷한 유형의 인물을 선택하는 것이 논리적으로는 합당하다. 연준은 인플레이션과 전쟁을 치르는 데 필요한 신뢰를 잃어버린 상황이었으므로, 신임 의장에게 주어진 선결과제는 바로 그 신뢰를 되찾는 일이었다. 다른 분야에서도 마찬가지지만 정책 결정에서 가장 중요한 것은 바로 신뢰(약속을 끝까지 지켜낸다는 대중의 믿음)라고 할 수 있다. 그러나 신뢰가 인플레이션과의 투쟁에서 특히 더 중요한 이유는, 그것이 대중의 심리 형성에 크나큰 영향을 미치기 때문이다. 인플레이션이 두 자릿수에 달하는 1979년 상황에서 연준 의장이 누가 되더라도 그것을 반드시 끌어내려야 한다고 말할 수야 있겠지만, 문제는 시장 참여자, 기업 리더, 소비자들이 그 말을 과연 믿을 수 있겠는가 하는 것이었다. 대중의 신뢰를 얻지 못한다면 인플레이션 심리는 여전히 기세등등할 것이고, 인플레이션을 진정시키는 것은 매우 어렵고 값비싼 일이 되었을 것이다. 그러나 신임 의장이 인플레이션에 단호하게 반대한다는 평판을 얻고 있다면, 사람들은 인플레이션과의 전쟁이 지속되리라고 생각할 것이고, 따라서 인플레이션 심리가(따라서 인플레이션 자체도) 좀 더 빠르게 가라앉을 수 있을 것이다.

인플레이션에 관한 한 매파로 알려져 있던 볼커가 상대적으로 유약한 다른 지명 후보보다 더 높은 신뢰를 얻고 있었다는 점에는 의심의 여지가 없다.[13]

물론 이런 주장에는 미묘한 측면이 있고, 카터가 정확히 이렇게 생각했는지도 불분명하다. 단지 우리는 그가 서둘러서 볼커로 결정했고, 볼커에게 연락하기 전에 고려했던 은행장급의 유력 인사들이 거절했다는 사실은 알고 있다. 카터는 볼커가 어떤 사람인지, 심지어 그가 어떤 정파에 속해 있는지도 잘 몰랐다(그는 카터처럼 민주당 지지자였다). 카터는 어쩌면 대통령으로서 해야 할 가장 중요한 결정을 그것이 어떤 결과를 낳을지 충분히 고려하지도 않은 채 내렸던 것인지도 모른다. 재무부로 자리를 옮긴 밀러는 이 지명에 반대했고, 부통령 먼데일은 대통령의 결정에 불안했다고 회고했다. 그러나 다른 한편으로 보면 대통령은 미국의 경제와 금융이 위기에 처했다는 사실을 분명히 알았고, 월스트리트는 강직한 성품으로 연준의 정치적 독립을 지켜낼 인물을 원했다. 바로 볼커가 그 조건을 충족하는 사람이었다.

볼커로서는 당시 상황에서 가장 필요한 것이 무엇인지 잘 알고 있었다. 1980년 2월, 그는 연준 의장 자격으로 의회에서 행한 첫 반기 증언에서 자신의 철학을 밝혔다.[14] 그것은 번스의 방식과는 사뭇 다른 내용이었다. 볼커는 이렇게 말했다. "과거에는 경제 안정화 정책이 기로에 섰을 때, 우리는 주로 장차 다가올 인플레이션에 대비하기보다는 가까운 미래의 경기 약화 가능성에 사로잡혀 행동하곤 했습니다." 그는 계속 긴축과 완화를 오가는 정책에 대해서도 비판했다. "그 결과, 재정 정책과 통화 정책 모두 섣부르거나 과도한 자극으로 치닫느라 억제 정책을 취하는 데 인색한 경우가 많았습니다. 오늘날 인플레이션이 만성화된 이유도 바로 거기에 있습니다. 따라서 정책의 광범위한 목적은 그 불길한 패턴을 깨뜨리는 것이 되어야 합니다. 인플레이션에 대한 대처가 마땅히 국가적 최우선 관심사가 되어야 하는 이유가 바로 그것입니다. 그 목적을 달성하기 위해 일관된 정책을 끈질기게 추진해야만 성공할 수 있습니다. 불황이나 다른 어떤 것이 두려워 동요하고 주저한다면 큰 위험에 처할 수밖에 없습니다." 이후 일관성과 집념은 볼커를 상징하는 수식어가 되었다.◆

볼커는 비록 매파 성향에 가까운 인물이었지만, 정책의 새 방향을 수립하고 그의 방식에 의구심을 품은 FOMC 동료 위원들을 설득하는 데 충분히 시간을 들였다. 그러다 보니 연준 의장으로서 보여준 그의 초기 행보를 두고 머뭇거린다고 평한 사람도 많았다. 1979년 가을, 밀러 재무장관과 함께 유고슬라비아 국제통화기금International Monetary Fund, IMF 회의에 참석한 일은 그의 결심을 더욱 확고히 한 계기가 되었다. 볼커는 유럽 사람들로부터(특히 경유지였던 독일에서 더욱 그랬다) 미국의 인플레이션 때문에 국제 기축통화인 달러의 안정성이 흔들린다는 불평을 들었다. 그는 또 IMF 회의와 함께 열린 번스의 '중앙은행의 고통' 강연회에도 참석했다. 볼커의 귀에 그 내용은, 당시 경제적, 정치적 현실을 생각할 때 연준이 인플레이션에 대항하여 할 수 있는 일은 아무것도 없었으니 그만 포기하라는 말처럼 들렸다. 신임 의장으로서는 결코 받아들일 수 없는 말이었으며, 오히려 굳건한 결의를 품고 워싱턴으로 돌아오는 계기가 되었다.[15]

◆ 윌리엄 실버William Silber가 쓴 볼커의 전기가 '집념의 승리 *The Triumph of Persistence*'라는 부제를 달고 나온 것은 매우 적절했다. 참고로 볼커가 직접 쓴 자서전의 제목은 《견뎌내기*Keeping At It*》였다.

새로운 방식

1979년 10월 6일, 이례적으로 토요일에 열린 워싱턴 FOMC 회의에서 볼커와 그의 동료들은 중요한 한 걸음을 내디뎠다. 볼커는 그 주 목요일에 열린 연준 이사회에서 숙의를 시작한 터였고, 금요일에 열린 전체 위원 콘퍼런스콜(전화회의)에서도 같은 주제로 토론이 이어졌다. 그러나 주말에 교황 요한 바오로 2세가 워싱턴을 방문한 소식 때문에 연준의 동향이 묻히고 있었다.

　그 회의들은 통화 정책의 적용에 관한 기술적 문제들을 피상적으로 다루고 있었다. 제2차 세계대전 이후 연준의 역사가 늘 그랬듯이, 볼커가 의장이 되었을 때도 연준이 통화 정책을 운용하는 핵심 수단은 역시 단기 금리에 미치는 연준의 영향력, 즉 연방기금금리나 은행 간 대출 금리 등이었다. 그 당시 연준이 금리를 관리하던 방식은 은행 체제 내의 지급준비금 규모를 조절하는 것이었다. 즉 금리를 강제로 올리고 싶으면 지급준비금을 더 많이 확보하게 하고, 금리를 내리고 싶으면 지급준비금을 덜 확보하게 했다. 따라서 볼커가 그 운명적인 회의를 소집했을 때, 통화 정책을 실행하는 일반적인 방법은 통화 가격, 즉 연방기금금리를 바람직한 경제적 성과를 달성하는 데 필요한 수준에 맞추는 것이었다. 연준이 할 일은 그 목표 금리를 달성하는 데 필요한 만큼 통화량을(더 정확히 말하면 통화량의 가장 중요한 결정요인인 은행지급준비금을) 조절하는 것이었다.

　10월 6일의 회의에서 볼커가 제안하고 위원회가 동의한 내용은 이 일반적인 방식을 완전히 뒤집자는 것이었다. 연방기금금리 목표를 정하고 그 금리를 관철하기 위해 은행지급준비금과 통화량을 조절하기보다, 볼커는 거꾸로 통화량 증대 목표를 정하고 기금금리는 그에 맞춰 자유롭게 조절하자고 제안했다. 이런 발상의 전환은 밀턴 프리드먼과 그 지지사들이 주창한 통화주의monetarism라는 것으로, 통화 증가는 인플레이션과 밀접한 관계가 있다는 생각에서 온 것이었다. 통화주의자들의 생각처럼 통화 증가와 인플레이션이 긴밀히 연결되어 있는 것이 사실이라면, 정책의 초점을 통화 증가에 두는 것이 금리 목표를 관리하는 전통적인 방식보다 인플레이션을 훨씬 더 정밀하게 통제할 수 있을 것이다. 이와 같은 개념은 마거릿 대처 행정부 시기의 영국에도 상당한 영향력을 발휘했다. 당시는 영국도 인플레이션과 경기 침체로 고통을 겪던 시기였다.

이를 좀 더 냉소적인 시각으로 보자면, 연준은 새로운 운영 절차를 통해 통화 증가에 초점을 맞춤으로써 단기금리 움직임에 대한 정치적 비판을 비껴갈 수 있었다고 말할 수도 있다. 실제로 단기금리는 곧 20퍼센트에 육박할 정도로 급증하고 있었다. 특히 이 새로운 전략은 정책 금리를 조금씩 올리는 전통적 방식을 파기해버렸다. 그런 방법으로는 인플레이션을 도저히 관리할 수 없다는 것이 이미 드러난 상황이었다. 연준 이사로 오랜 경륜을 쌓은 헨리 월리치Henry Wallich도 이렇게 말한 바 있다. "지급준비금 전략을 지지하는 가장 큰 이유는 그것이 다른 어떤 방법보다 강력한 행동에 나설 수 있다는 것입니다. (……) 새로운 전략에서 금리는 (통화) 총량 목표를 향한 강력한 노력의 부산물이라고 볼 수 있습니다."[16]

결과적으로 볼커의 실험이 통화주의에 대한 평판을 개선했다고 볼 여지는 별로 없다. 물론 장기적으로 통화량의 증가와 인플레이션이 어느 정도 관련이 있을 수는 있겠지만, 최소한 특정 상황에서 둘 사이의 단기적 관계는 불안정할 뿐 아니라 예측도 힘들다. FOMC 역시 새 방식을 도입하고 머지않아 이 사실을 깨달았다. 사실 통화량을 정의하는 것조차 그리 쉬운 일이 아님을 알게 되었다. 이론적으로 통화량에는 예금계좌 잔액이든 화폐든 일상적 거래에 사용되는 모든 자산이 포함된다. 그러나 실제로는 다른 것보다 유독 거래가 편리한 자산이 있기 마련이다. 여러 가지 다른 유형의 거래 수단을 통화량에 어떻게, 어느 정도 비중으로 포함할 것인가? 은행 예금 이자 상한선 철폐나 새로운 종류의 예금계좌 도입 등, 이 기간에 지속된 금융 규제 완화 조치는 통화량을 정확히 측정하는 일을 더욱 어렵게 만들었다. 1982년 10월에 위원회가 단 3년 만에 통화주의적 틀을 포기하고 다시 전통적인 기금금리 목표 방식으로 돌아간 데는 이런 현실적인 어려움도 분명히 원인으로 작용했다.

비록 통화주의적 방식으로의 변화는 오래 지속되지 않았으나, 1979년 10월 6일 회의는 나름대로 중요한 의미를 지녔다. 이 회의는 연준이 월스트리트(그리고 미국 전체)를 향해 인플레이션을 물리칠 확고한 의지와 함께 그 목표를 위해서라면 연준의 기존 방식마저 폐기할 수 있음을 보여준 것이었다. FOMC가 비상 회의까지 열어가며 전술 변화를 모색한 일은 더 이상 현상 유지는 용납하지 않겠다는 의지를 만천하에 천명한 것이었다. 그리고 그것이야말로 볼커가 의도한 신호였다.

FOMC가 내린 결정의 중요성을 강조하기 위해 볼커는 그 회의가 끝난 직후 이례적으로 기자회견을 열었다(당시만 해도 연준 의장이 기자회견을 여는 일은 거의 없었다). 더욱 이례적이었던 것은 그 시점이 토요일 저녁이었다는 것이다. 통화 정책의 집행 절차뿐만 아니라 볼커는 연준 이사회가 단기금리를 1퍼센트포인트 인상된 12퍼센트로 조정할 수 있다고 발표했다. 더구나 연준 이사회와 FOMC의 다른 위원들은 새 정책을 만장일치로 지지했다. 모종의 변화가 일어나고 있는 것이 분명했다.

볼커의 대 인플레이션 전쟁

이런 극적인 신호에도 불구하고, 볼커의 내 인플레이션 전쟁에 대한 연준 내외부의 지지는 성쇠를 겪었다. 볼커 자신조차 주변의 지지를 확신하지 못할 때가 많았다. 그러나 그는 불굴의 의지를 발휘했고, 때로는 극심한 반대를 견뎌낸 끝에 마침내 인플레이션을 진정시키는 데 성공했다. 1979년과 1980년에 13퍼센트까지 치솟았던 인플레이션은 1982년에 약 4퍼센트까지 떨어졌고, 이후 볼커가 연준을 지키는 기간 내내 이 수준에서 안정세를 유지했다. 그리하여 연준은 거의 15년 가까이 축적되어온 인플레이션 동향을 불과 수년 만에 역전시킬 수 있었다.

인플레이션을 정복한 것은 그 혜택이 꾸준히 이어지는 획기적인 성과였으나, 동시에 큰 대가가 따르는 일이기도 했다. 1980년의 짧은 불황에 이어 잠시 반등한 경기는 1981년과 1982년에 걸쳐 깊은 침체에 빠져들었다. 그로 인해 1982년 11월과 12월에는 실업률이 10.8퍼센트까지 오르는 고통스러운 시기를 겪어야 했다. 인플레이션의 급격한 하락은 실업률의 상당한 증가를 동반한다고 예측했던 전통적인 필립스 곡선이 맹렬한 기세로 부활했던 것이다.

비교적 단기간에 머물렀던 1980년의 첫 불황은 신용 관리에 관한 무분별한 실험과 밀접하게 관련된 것이었다.[17] 1980년 3월, 연준은 카터 행정부의 요청과 권위에 못 이겨 은행을 비롯한 기타 대부업자들을 통제하기 시작했다(볼커는 처음에 이 정책에 반대했으나 결국 협조에 동의했다). 은행들은 연간 대출 확대율을 7에서 9퍼센트 내외로 유지해야 했으며, 특정 유형의 대출은 제재 대상에 올랐다. 이 조치의 목표는 대출 총량의 확대를 제한하고, 그중에서도 자동차나 주택을 제외한 소비자 대출을 집중적으로 관리하는 것이었다. 이 조치의 논리적 근거는, 비생산적인 용도로 향하는 신용대출의 방향을 바꿔준다면 소비나 인플레이션이 줄어들어 경제에 악영향을 미치는 일도 없으리라는 것이었다. 그러나 이 프로그램은 일반적인 지침만 제시한 탓에 은행이나 일반 대중 모두 어떤 유형의 대출이 허용되는지 혼란스러울 수밖에 없었다. 따라서 사람들은 종류를 불문하고 대출을 아예 주저하게 되어 예상보다 훨씬 빠른 속도로 소비가 둔화하는 결과가 빚어졌다. 불황이 시작되자, 정부와 연준은 신속히 이 전략을 포기했고, 이후 경기는 다시 회복되었다.

1981년 7월에 공식화된 두 번째 불황은 더 깊은 양상을 보였다. 전미경제분석국에 따르면 이 두 번째 불황의 주원인은 논란의 여지 없이 높은 금리였다. 금리가 오른 이유로는 레이건 행정부 시기에 적자 재원을 마련하기 위한 정부 차입금이 늘어난 데에서도 찾을 수 있겠으나, 그보다는 볼커의 긴축 통화 정책이 더 큰 영향을 미쳤다. 예컨대 그해 가을에 30년 만기 주택담보대출 금리는 18퍼센트를 상회함으로써 주택시장이 붕괴할 지경에 이르렀다. 일찍이 아서 번스는 인플레이션을 억제하면 경제와 금융에 큰 부담을 주리라고 예언한 적이 있는데, 결국 그의 말이 옳았던 셈이다. 불행 중 다행인 점은 1982년 10월에 연준이 통화 목표 체제를 포기하고 다소 완화 방향으로 돌아서자 강력한 회복세가 나타나 1980년대 내내 이어졌다는 사실이다. 1983년도 (인플레이션을 감안한) 실질 국내총생산gross domestic product, GDP 성장률은 약 8퍼센트에 달했고, 1982년 12월에 10.8퍼센트였던 실업률은 1년 후 8.3퍼센트로 떨어졌다. 레이건 대통령은 이런 경제 발전의 수혜자 중 한 사람으로, 1984년에 쉽게 재선을 달성했다. 볼커의 임기 말인 1987년에 실업률은 약 6퍼센트 수준으로 내려갔다.

비록 일반 국민이 인플레이션에 대한 조치를 열망했던 것은 틀림없지만, 높은 실업률과 금리가 정치적으로 큰 부담이 된 것도 피할 수 없는 사실이었다. 볼커 앞에는 논란이 예고된 의회 청문회가 기다리고 있었다. 게다가 평소부터 연준을 비판해온 텍사스주 민주당 하원의원 헨리 곤잘레스Henry Gonzalez로부터 탄핵 위협을 받기도 했다. 고금리 반대 시위에 나선 전국의 농부들은 트랙터를 몰고 워싱턴 컨스티튜션 애비뉴를 지나 연준 본부 외곽에 집결했다. 주택건설업자들은 의장 사퇴를 촉구하는 문구가 새겨진 건축용 목재를 연준 앞으로 발송했다. 그중 일부는 내가 의장이 되었을 때까지 사무실 벽에 걸려 있었다. 그것은 연준 역사의 중요한 시기를 기리면서, 동시에 높은 인플레이션을 통제하는 데는 대가가 따른다는 것을 떠올려주는 기념물이었다.

백악관은 일단 볼커를 의장에 앉힌 후에는 대체로 그를 지지해주었고, 이는 큰 도움이 되었다. 카터가 볼커를 공개적으로 비판한 것은 1980년 그가 재선 운동에 한창이던 시기에 딱 한 번뿐이었다.[18] 오히려 레이건 대통령의 지지가 더 오락가락했다. 레이건이 볼커를 공개 비난한 일은 거의 없었으나, 볼커는 행정부 고위 관료들과 늘 충돌을 빚었다. 볼커의 회고록에는 1984년 여름에 열렸던 한 회의 장면이 나온다. 당시 레이건 대통령의 수석보좌관이던 제임스 베이커James Baker가 대통령도 있는 자리에서 볼커에게 대선 전까지는 금리를 인상하지 말아달라고 말했다. 이에 볼커는 닉슨과 번스 사이에서 벌어졌던 일을 되풀이하지 않으리라고 결심한 채 아무런 대답 없이 자리를 떴다.[19] 이후 1986년 2월에 열린 연준 이사회에서 레이건이 지명한 이사들이 그의 할인율 인하 반대안을 두고 투표했을 때는 그가 거의 사임할 뻔했다. 그는 이사회가 오후 늦게 결정을 재고하기로 하자 겨우 사임을 철회할 수 있었다.[20] 그러나 레이건은 인플레이션 통제가 경제의 건전성을 유지하는 데 필수라는 점을 대체로 인정한 편이었다. 볼커에 따르면 레이건이 한번은 자신에게 "모교인 일리노이의 한 작은 대학의 교수로부터 인플레이션이 얼마나 위험한 것인지 잘 배웠다"고 말했다고 한다.[21] 결국 레이건은 가장 중요한 순간에는 볼커의 정책을 가로막지 않았고, 1983년에는 그를 연준 의장에 다시 지명하기도 했다. 상원은 볼커와 그가 추진하는 인플레이션과의 투쟁을 신뢰한다는 표시로 그의 재지명 안을 84 대 16으로 가결했다.

볼커가 인플레이션을 상대로 펼친 전쟁은 높은 이자율과 정점에 오른 실업률 외에도 다른 심각한 부작용을 낳았다. 미국의 금리 상승은 해외 투자자의 자금을 유인하고 달러화의 대외 환율이 급상승하는 결과를 낳았다. 심지어 미국 금리가 낮아진 후에도 달러 강세는 가라앉지 않았다. 그 덕분에 수입 물가는 낮아졌지만, 동시에 미국의 수출업체 중 일부가 해외 시장에서 퇴출된 것도 사실이다. 재무부에 있을 때 달러 약세 문제를 다룬 적이 있던 볼커는 이제 달러 강세를 해결하는 과제를 마주한 셈이었다. 볼커는 당시 레이건 행정부의 재무장관이던 제임스 베이커와 함께 달러 강세 억제를 위한 국제회의에 참석했다. 1985년에 프랑스, 독일, 영국, 일본과 협정을 맺은 후(이 협정이 맺어진 뉴욕의 호텔 이름을 따 플라자 합의라고 한다), 연준과 재무부는 공개시장에서의 달러 매도를 조율하며 해외 통화에 대한 달러 환율을 끌어내리기 위해 애썼다.

고금리와 미국 경제의 침체는 국제 금융시장에도 압박을 가했다. 1970년대 석유 수출국들은 고유가에 힘입어 막대한 이윤을 벌어들였다. 이들의 자금 중 일부는 미국 주요 은행으로 흘러왔고, 은행은 그 돈으로 다시 남미 신흥국가에 대출을 제공했다. 많은 이들이 이른바 '오일 달러의 순환'이라는 이 과정이 멕시코를 비롯한 남미 국가의 원유보유량 증대에 도움이 될 것으로 기대했다. 그러나 달러 강세와 미국의 고금리는 그런 대출금의(고스란히 달러화로 표시된 금액이었다) 상환을 힘들게 했고, 심지어 미국 경기의 약화와 유가를 비롯한 기타 물가의 하락도 오히려 남미 채무국의 소득 감소를 유발했다. 그 결과는 국제 채무 위기로 이어졌다.

1982년 8월, 멕시코의 외환보유고가 지급준비금이 바닥나 은행 채무를 불이행할 위기에 몰렸다. 멕시코를 비롯해 곤경에 빠진 남미 여러 국가의 채무는 미국 주요 은행 자본의 큰 부분을 차지했으므로, 이들 나라의 채무 불이행 위기는 미국의 금융 안정성에도 위협이 되었다. 볼커는 멕시코가 IMF에 차관을 요청할 수 있을 때까지 은행들에 대출을 연장하도록 압박했다. 사실 IMF가 그런 종류의 차관을 제공한 것은 제2차 세계대전이 끝났을 때가 마지막이었다. 볼커가 은행을 쥐어짜기도 하고 함께 대책을 마련하는 등 능숙한 솜씨로 위기에 대처한 과정은 그가 성공적인 중앙은행장으로서의 명성을 확고히 하는 데 큰 역할을 했다. 다른 한편으로 보면 의회의 비평가들이 재빨리 지적한 것처럼, 그는 1975년부터 1979년까지 뉴욕 연방준비은행 총재로서 남미 국가에 대출을 제공했던 여러 은행을 감독한 장본인이었다. 당시 이런 비판에 대한 볼커의 변호 논리는, 연준이 은행의 대출 결정을 사후 심사하거나 손실 가능성에 대비해 자본을 추가 확보하도록 강제할 법적 권한에 한계가 있었다는 것이었다.

남미 위기에 뒤이어 이번에는 국내에서 더 큰 금융 문제가 불거져 나왔다. 1984년, 예금자산 기준 미국 제7위이자 상업 및 산업 대출 분야 최대 규모 은행이던 콘티넨털 일리노이Continental Illinois가 자본 부족과 집중 대출(이번에는 개발도상국은 물론, 의심스러운 국내 석유 및 천연가스 개발 프로젝트가 그 대상이었다) 문제로 거의 파산 지경에 이르는 사태가 발생했다. 한차례 뱅크런 사태가 일어난 뒤, 정부는 이 은행에 연방예금보험공사Federal Deposit Insurance Corporation, FDIC 자금을 긴급 투여하고 심지어 보험에 가입하지 않은 채권자까지 보호 대상에 포함하는 구제 조치를 발동했다. 연준은 시중 은행을 상대로 대출 창구를 열고 FDIC를 비롯한 규제기관과 긴밀히 협력하여 구제 작전에 나섰다.[22] 이 일을 계기로 한 기관의 파산이 금융 시스템 전반의 안정을 위협할 정도로 큰 영향을 미칠 때를 지칭하는 이른바 '대마불사too big to fail'라는 용어가 대두되기도 했다.[23]

미국의 저축 대부savings and loan, S&L 업계는 대 인플레이션과 볼커가 이끄는 연준의 정책적 대응이 낳은 금융계의 또 다른 희생양이었다. S&L 기관들은 연방정부가 보증하는 단기 예금을 이용해 장기 주택담보대출을 제공했다. 1930년대까지의 연방 법률에는 S&L 기관과 은행이 제공하는 예금이자의 상한을 규정함으로써 예금기관 간에 이자율을 놓고 벌어지는 제살깎기 경쟁을 방지하고자 했다. 연준이 인플레이션과 전쟁을 벌이면서 단기이자율이 급증하자, 예금주들은 자신의 예금을 인출해 고수익을 안겨주는 다른 상품을 찾아 나섰다. 이런 상황에서 1980년에 제정된 법은 예금에 대한 이자율 제한을 철폐했고, 이로써 S&L 기관들은 예금주에게 높은 이자를 제공하여 이탈을 방지할 수 있게 되었다. 그러나 이 예금이자는 이자율이 훨씬 낮았던 시기에 그들이 제공했던 주택담보대출에서 벌어들이는 수익보다 높은 것이었다.[24] 그와 동시에 연준의 정책으로 이자율이 높아지자 신규 담보대출 수요가 위축되었다. 결국 많은 S&L 기관이 사실상 파산 상태에 빠졌다.

1982년에 의회는 이런 기관들에 다소나마 숨 쉴 공간을 마련해주기 위해 S&L 기관이 좀 더 고위험, 고수익 자산에 투자할 수 있도록 허용하는 법안을 통과시켰다. 그러나 파산 직전까지 내몰린 S&L 기관들로서는 조심스러운 태도는 사치나 마찬가지였다. 극단적 위험을 감수하는 것은 말할 것도 없고 심지어 사기성이 농후한 분야에까지 발을 들여서라도 지불능력을 회복하려고 안간힘을 썼다. 그러나 별로 큰 성과는 없었다. 그들의 예금은 정부가 보증했으므로, 그들의 손실은(누적 총액이 무려 1240억 달러가 넘었다) 고스란히 납세자의 부담으로 이어졌다. 통화 정책과 금융 안정의 관계를 놓고 논쟁이 벌어지면 대개 통화 완화와 저금리가 금융 불안정의 원인이 된다고 보는 경우가 많다. 그러나 볼커 시대는 긴축 통화와 고금리도 심각한 부작용을 초래한다는 것을 보여주었다.

볼커와 연준의 신뢰성

카터 대통령이 볼커를 지명한 동기는 처음부터 뚜렷하지 않았지만, 인플레이션 투사로 알려진 볼커의 명성이 연준의 신뢰성을 회복하는 데 도움이 된다고 판단했다는 것이 아마도 가장 합리적인 설명일 것이다. 다시 말해, 연준이 인플레이션과의 전쟁을 계속하리라고 믿는 사람들이 많아진다면 인플레이션 심리도 상당히 누그러져 일자리나 생산 면에서 큰 대가 없이 빠른 기간 안에 인플레이션이 진정될 것이라고 볼 수 있다. 볼커와 FOMC 위원들도 이 점을 인지하고 있었음이 틀림없다. 주목할 점은 볼커가 1979년 10월에 극적인 회의를 주최하고 정책적 절차를 변경하여 연준의 전략에 변화를 예고함으로써 연준의 신뢰성을 회복하고 대중의 인플레이션 심리를 깨고자 했다는 것이다.

지금 와서 생각하면 볼커가 인플레이션과 벌이는 전투를 비교적 큰 대가 없이 치르게 해준 '신뢰성 보너스'가 과연 존재했을까 하는 의문이 있다. 증거는 반반이라고 볼 수 있다. 한편으로는 1980년 이후 인플레이션이 신속히 감소하고 인플레이션 심리도 눈에 띄게 진정되었다. 적어도 가계와 전문 예측가 대상의 설문조사 결과만 놓고 보면 확실히 그렇다. 한 예로 미시간대학이 실시한 소비자 대상 설문조사 결과, 1년 후 인플레이션 기대 수치는 1980년의 10퍼센트에서 1982년에는 3퍼센트 이하로 떨어진 것으로 나타났다. 볼커가 펼치는 인플레이션 전쟁의 비용도 일부 경제학자들이 예상한 것보다 적었다. 예를 들어 1978년에 아서 오쿤은 표준 필립스 곡선 모형을 사용하여 긴축 통화 정책으로 인플레이션을 통제하면 대공황에 버금가는 경기 침체를 유발할 수 있다고 예측했다. 그러나 볼커 재임기의 실제 생산 감소는 그 예측에 훨씬 못 미치는 수준이었다.[25]

그러나 1980년과 특히 1981년부터 1982년의 불황기에 발생한 생산 및 일자리 감소가 결코 적다고 볼 수는 없었다. 1982년에 최고치를 기록한 실업률은 이후 2020년 팬데믹이 오고서야 겨우 갱신될 정도였다. 게다가 인플레이션이 한풀 꺾인 다음에도 장기이자율은 한동안 여전히 높은 수준을 보였다. 예컨대 1987년에도 주택담보대출 이자율은 여전히 10퍼센트를 넘기고 있었다. 투자자들은 인플레이션이 정말 정복된 것이 맞는지 의심했고, 언제 다시 고개를 처들어 그들이 보유한 채권과 대여금의 구매력 감소를 유발할지 몰라 불안에 떨었다. 결국 그들은 그런 자산을 보유하는 데 따르는 추가 보상을 요구하기에 이르렀다.

전체적으로 볼커의 인플레이션 통제 약속은 최소한 그가 이런 공언을 시작한 초기까지만 해도 전폭적인 신뢰를 얻지 못했고, 따라서 심각한 비용 없이 인플레이션을 종식할 수 있다는 희망은 없었다고 봐야 한다. 그러나 그런 비용은 미래의 막대한 이익을 위해서는 어쩔 수 없는 것이었다. 볼커의 임기 이후에는 인플레이션과 인플레이션 심리 모두 수십 년 동안 안정되었고, 이는 연준의 인플레이션 억제 의지에 대한 신뢰가 회복되었음을 보여주는 일이었다. 신뢰 회복의 효과는 인플레이션을 통제하는 일이 더 쉬워졌다는 데 그치지 않았다. 연준은 그런 신뢰를 바탕으로 일시적인 통화 완화 정도로는 인플레이션 심리가 재발하지는 않으리라는 확신하에 생산 및 고용 감소에 대한 대응책만 본격적으로 고려할 수 있게 되었다. 결국 볼커가 인플레이션을 정복한 일은 수십 년간 강하고 안정적인 성장이 이어지는 바탕이 되었다. 경제학자들은 이 시기를 대안정기Great

Moderation라고 부른다. 아마도 더 큰 교훈이 있다면 통화 정책에서 신뢰성이란 단지 말뿐이 아니라 오로지 실천과 결과로 얻을 수 있는 소중한 자산이라는 점일지도 모른다.

볼커가 연준을 떠난 지 3년 후인 1990년 9월에 워싱턴에서 행한 강연은 약 10년 전에 아서 번스가 했던 이른바 '중앙은행의 고통'과 일맥상통한 것이었다. 물론 볼커는 강연의 제목을 '중앙은행의 승리?'라고(물음표에 주목하라) 바꾸기는 했다.[26] 번스와 달리 볼커는 "오늘날 중앙은행은 놀랄 정도로 좋은 평판을 얻고 있다"고 말할 수 있었다. 이는 두말할 것도 없이 그가 연준을 이끌면서 인플레이션을 진정시키고 그에 따른 금융과 경제 흐름을 잘 관리한 덕이었다. 그는 훌륭한 경제 성과를 얻으려면 낮은 인플레이션 수준뿐만 아니라 그것이 발생하여 자체 동력으로 사람들의 심리에 자리를 잡는 단계까지 나아가기 전에 "인플레이션을 미리 관리하는 것이 중요하다"고 강조했다. 충분히 예상할 수 있는 말이다. 아울러 그는 유연하고 독립적인 중앙은행이 인플레이션을 통제하는 데 더 적합하다는 점도 강조했다. 그는 중앙은행이야말로 인플레이션에 대처할 수 있는 '유일한 존재'라고 말했다.

볼커의 강연은 당시 중앙은행 책임자와 경제학자, 나아가 정치인들이 대 인플레이션으로부터 얻은 교훈을 잘 요약했다. 첫째, 인플레이션 완화는 경제를 건전하고 안정적으로 관리하기 위해 가장 필수적인 기초다. 둘째, 중앙은행은 인플레이션 심리에 대처하고 인플레이션 기대치를 낮은 수준에 묶어둘 정도로 충분한 신뢰를 얻고 끈기를 보여준다면 분명히 인플레이션을 낮은 수준으로 관리할 수 있다. 마지막으로, 중앙은행이 신뢰를 얻기 위해서는 단기적 정치 압력으로부터 독립성을 유지한 채 통화 정책을 운용할 자율권을 지녀야 한다. 볼커는 카터와 레이건의 지지를 얻은 덕분에 그의 전임자가 갖지 못했던 독립성을 누릴 수 있었다. 볼커의 후임인 앨런 그린스펀은 그 원리를 받아들여 인플레이션을 통제하고 볼커가 애써 얻은 인플레이션 투쟁에 대한 신뢰성을 유지할 수 있었다. 그것이 바로 그가 통화 정책을 통해 거둔 가장 중요한 업적이다.

볼커는 연준에서 물러난 후에도 공직에 봉사했다. 예컨대 그는 홀로코스트 희생자들이 스위스 은행으로부터 자산을 되찾도록 돕는 위원회의 의장을 맡았다. 그의 관점은 2007년부터 2009년까지 이어진 글로벌 금융 위기 이후의 금융 개혁에 영향을 미쳐, 정부 보증 예금자산에 대한 은행의 투기 행위를 금지하는 이른바 볼커법Volcker rule이 도입되기도 했다. 그는 2019년에 92세를 일기로 작고했다.

3

그린스펀과
1990년대의 대호황

1987년 8월, 레이건 대통령이 앨런 그린스펀을 연준 의장으로 지명했다. 이후 그는 총 18년 6개월간 재직하며 윌리엄 맥체스니 마틴에 단 4개월 못 미치는 기록을 남겼다.

그린스펀은 1926년에 뉴욕시 워싱턴하이츠 지구에서 태어났다. 그는 고교 졸업 후 제2차 세계대전 동안 줄리아드 음대에서 클라리넷을 전공했고, 저 유명한 색소폰 주자 스탠 게츠Stan Getz와 함께 연주하며 재즈 음악가로도 잠깐 활동했다. 그러나 그 시기에도 그는 통화와 금융에 깊은 관심을 보였다. 실제로 그는 밴드 동료들의 소득세 신고를 도와준 적도 있다.

밴드를 그만둔 그는 뉴욕대학에 진학하여 경제학 전공으로 학사와 석사 학위를 취득했다. 이후에는 비즈니스 애널리스트로 일하는 한편, 컬럼비아대학 박사과정에 다시 진학해서 아서 번스를 사사했다. 업무가 밀려들면서 결국 박사과정은 포기했지만, 그로부터 20년이 지난 51세에 이르러 마침내 경제학 박사학위를 취득했다. 그동안 축적된 수많은 논문을 모아 뉴욕대학에 박사학위 논문으로 제출했던 것이다. 그는 주로 타운젠트 그린스펀이라는 회사의 대표 겸 CEO로서 비즈니스 컨설턴트 경력의 대부분을 쌓았고, 이 기간 미국 경제의 구체적이고 때로는 특이하기까지 한 지식을 습득할 수 있었다.

공화당을 지지하며 적자에 강경한 태도를 보였던 그린스펀은 1970년 대 중반에 제럴드 포드 대통령의 경제자문위원회 의장직을 수행했다. 젊은 시절에 그는 자유주의 철학자이자 《아틀라스*Atlas Shrugged*》의 저자인 에인 랜드Ayn Rand를 열렬히 추종했던 터라, 레이건 대통령이 그를 연준 의장으로 지명하자 진보 진영에서는 실망의 목소리가 나오기도 했다. 그러나 막상 의장이 되자 그린스펀은 꽤 실용적이며 정치적인 수완도 뛰어나다는 점을 보여주었다. 그는 워싱턴 사교계에서 확고한 존재감을 과시하며 대통령을 비롯해 양당 의원들과 긴밀한 관계를 형성해나갔다. 그는 중앙은행의 일상적인 영역 외의 정책적 이슈에 대해서도 자신의 관점을 폭넓게 적용했다. 때로는 다양한 이슈, 특히 재정 정책에 대한 그의 개입 의지가 연준에 정치적 위험을 안겨주기도 했다. 그러나 그린스펀은 그런 위험을 대체로 잘 해결해냈고, 임기 동안 연준의 평판과 정책적 독립성은 유례없는 전성기를 구가했다.

그린스펀이 연준 의장으로서 해결해야 할 정책 과제는 크게 두 가지였다. 첫째는 볼커가 인플레이션에 대처하여 거둔 성과를 강화하면서도 강력한 경제 성장을 유지하는 일이었다. 이 점에서 그는 탁월한 성공을 거두었다. 1990년에 잠깐 인플레이션이 증가했으나 그 원인은 일시적인 유가 급등에 있었을 뿐, 이후로는 비교적 낮고 안정적인 추세를 보여 그린스펀 의장의 임기 전체로 보면 평균 3퍼센트 내외를 벗어나지 않았다. 인상적이었던 것은 1960년대와 달리 경제가 급성장하는 상황에서도 인플레이션은 상대적으로 낮은 수준을 유지했다는 점이다. 실질 생산은 1990년대 내내 연평균 3.3퍼센트라는 놀라운 성장세를 보였다. 1960년대 경제 정책 결정자들은 경기 순환을 조절하여 불황과 호황을 마음대로 오가면서도 인플레이션을 적절히 통제할 수 있다는 열망에 사로잡혀 있었다. 그린스펀은 해박한 경제 데이터 지식을 바탕으로 능숙한 솜씨를 발휘하여 그의 전임자들이 이루지 못했던 성공을 거두었다. 그는 그 어려운 경제의 '연착륙'을 달성했고, 거시경제의 위험을 관리하는 새로운 사고방식을 개발했으며, 그가 1990년대 내내 통화 정책을 관리하면서 이루어진 구조적, 기술적 변화는 인플레이션에 관한 기존의 상식을 거의 모두 바꿔놓았다. 1990년대에 10년간 계속된 경제 성장은 이후 2009년부터 2020년까지 이어진 경제 성장 다음으로 미국 역사상 두 번째로 긴 것이었다. 그 후 글로벌 금융위기가 닥쳤다.

그린스펀의 두 번째 정책 과제는 그 어느 때보다 금융시장이 더 복잡하고, 상호연결되며, 세계화되는 이 시대에 금융 안정을 확보하는 일이었다. 멕시코, 동남아시아, 러시아의 경제 성장은 1990년대에 일련의 해외 금융위기를 촉발하는 기폭제였다. 그린스펀은 이 모든 상황에서 긍정적인 역할을 담당했다. 재무부와 국제통화기금과 긴밀히 협력하면서도 이 사태가 미국 경제에 미치는 피해를 최소화하는 통화 정책을 구축했다. 1990년대에 오로지 한 방향, 즉 상승을 향해서만 달리는 듯했던 미국 주식시장은 특별히 더 어려운 질문을 제기했다. 이 대목에서 유독 그린스펀을 더 비판하던 인사들이 있었다. 서배스천 맬러비Sebastian Mallaby는 폭넓고 우호적인 시선으로 그린스펀을 서술한 《앨런 그린스펀의 삶과 시대*The Man Who Knew: The Life and Times of Alan Greenspan*》라는 책에서 그린스펀이 짐짓 소비재와 서비스 가격의 인플레이션율만 목표로 삼은 채, 자산 가격, 그중에서도 주가를 도외시했다고 비판했다.[1] 맬러비는 경제가 안정되려면 대세에 거스르는

　　　　　　　　　　　　　1부 20세기의 통화 정책

통화 정책을 통해 자산 시장의 변동을 피해야 한다고 보았다. 물론 마틴 이후의 중앙은행장들이 인플레이션에 맞서는 통화 정책을 펴오기는 했지만 말이다.

물론 금융 안정성을 유지하는 일은 중앙은행의 핵심 책무다. 그러나 금융의 구조적 위험을 제한하는 전통적 수단은 금융기관과 시장에 대한 규제 감독이었고, 실제로 위기가 발생한 후에는 최종대부자의 지위를 활용해 유동성을 제공하는 것이었다. 통화 정책이 금융 안정과 함께 물가 안정과 최대 고용 추구를 염두에 두고 수립되어야 하는가는 매우 어렵고 논란의 여지가 있는 질문이었다. 늘 시장을 날카롭게 관찰해온 그린스펀은 적어도 초기에는 맬러비와 같은 관점에 열린 태도를 보였었다. 그는 임기 중 주가에 버블의 징후가 보인다고 판단한 몇몇 경우에 통화 정책과 그의 발언력을 동원해 대처에 나선 적도 있다. 그러나 시간이 지날수록 시장 과열 억제와 경제 성장 촉진을 동시에 달성하기가 너무나 어렵다는 사실에 좌절하면서 점점 더 소비자 물가 인플레이션과 고용 문제에만 집중하는 태도를 보였다.

지금 와서 생각하면 그린스펀은 자신도 인정했듯이 금융 안정성 면의 위험을 거의 도외시했다. 그러나 그것은 자산 가치의 추이를 주목하지 않아서가 아니라, 시장의 힘이 금융기관과 시장의 위험 감수 성향을 충분히 감당할 수 있으리라는 과도한 신뢰에 그 원인이 있었다. 결국 그런 취약점이 전 세계와 그린스펀이 지닌 중앙은행장으로서의 명성에 심각한 악영향을 미쳤다.

블랙 먼데이 그리고
1990년부터 1991년까지의 불황

그린스펀은 연준에 입성한 후 곧바로 주식시장을 가까이에서 대면할 수밖에 없었다. 1987년 10월, 미국 주식 가격이 급락하더니 급기야 10월 19일에는 단 하루 만에 다우존스 지수가 23퍼센트나 폭락하는 악몽이 펼쳐졌다. 이날이 바로 저 악명높은 블랙 먼데이다. 주가 하락은 전 세계적 현상으로 일본과 영국, 브라질까지 엄청난 낙폭을 기록했다. 물론 몇 달 전부터 경기 악화에 대한 우려가 퍼지고 있었으나 이날의 폭락은 뚜렷한 기폭제라고 할 만한 것이 없었다. 일부 평론가들은 이토록 유례없는 속도의 폭락 원인으로 초기 형태의 전산 거래를 지목했다. 특히 주가가 하락하면 자동으로 사자 주문을 내는 이른바 '포트폴리오 보험portfolio insurance'전략이 불안정을 자초했다는 것이다. 그린스펀도 대폭락이 있기 몇 달 전부터 시장이 과열되었다고 생각했으나, 역시 다른 사람들처럼 이 정도 규모의 폭락이 발생한 데에는 큰 충격을 받았다.[2]

이 사건 이후, 주식거래자들 사이에는 '그린스펀 풋Greenspan put'이라는 말이 회자됐다. 즉 연준이 경제 전반의 안정보다는 주식 투자자를 보호하기 위해 금리를 내린 적이 최소한 몇 번 정도는 있다는 말이다. (이 말은 조롱의 표현이다. 풋옵션이란 주식이나 기타 자산을 미리 지정된 가격에 매도하는 것을 말한다. 주로 투자자들이 주가 하락에 대비해서 사용하는 거래 방식이다) 그러나 1987년의 주가 폭락에 대한 연준의 대처에는 이런 놀림감이 될 이유가 전혀 없다. 그린스펀이 이끄는 연준은 주가 하락을 되돌리거나 특정 수준에 묶어두려 한 것이 아니라 금융 시스템과 경제 전반에 미칠 시장 붕괴의 충격을 최소화하는 데 집중했다.

폭락의 여파를 최소화하기 위해 그린스펀과 그의 팀은 중앙은행이 따라야 할 표준 매뉴얼을 충실히 준수했다. 첫째, 연준은 그 설립 목적에 따라 최종대부자 역할을 담당함으로써 각종 금융기관으로부터의 자산 인출 사태가 위기를 악화하지 않도록 관리했다. 폭락 사태 바로 다음 날 아침에 그린스펀이 간단하면서도 효과적인 성명을 발표한 것도 바로 그런 정신의 연장선상이었다. "연방준비제도는 미국 중앙은행의 책임을 준수하여 오늘부로 경제와 금융 시스템을 돕기 위해 유동성을 공급할 준비가 모두 되었음을 말씀드립니다." 그린스펀은 회고록에서 이 성명이 "게티스버그 연설에 버금갈 파괴력은 없었겠지만, 그 정도로 간결하고 함축적이었다"고 생각했다고 말했다.[3] 이 성명은 사실상 연준이 대출 창구를 통해 은행에 현금을 대출해줄 준비를 마쳤다는 뜻이었다. 즉 이를 통해 은행이 단기 지불 의무를 지키고 단기 유동성 경색(채권자의 요구에 대응할 만큼의 현금 유동성을 갖추지 못한 상태)을 피함으로써 이보다 훨씬 위험한 채무 지급 불능 사태, 나아가 은행 자체의 파산을 예방하겠다는 것이었다.

전통적인 위기 대응 매뉴얼의 두 번째 요소는 핵심 금융 주체를 향해 서로 공격할 것이 아니라 협력에 나서라고 설득하는 것, 즉 '도의적 권고moral suasion'(사실상 '팔꺾기'를 순화한 용어)였다. 그린스펀은 1987년에 거친 성격의 뉴욕 연방준비은행 총재 제럴드 코리건Gerald Corrigan에게 그가 맡은 역할의 대부분을 위임했다. 연준의 원로이자 전임 볼커 의장의 특별보좌관이었던 코리건은 시장 붕괴 상황에서도 은행들을 압박하여 일상적인 거래를 지속하고 고객에게 평소 조건대로 대출을 제공하도록 했다. 연준의 이런 대처는 주식시장 폭락의 여파가 금융 시스템 전반으로 확산하는 것을 막는 데 큰 도움이 되었다. 폭락 장세에서 주식을 내다 판 투자자들은 큰 손실을 봤지만, 주요 금융기관 중에 파산한 곳이나 주식거래소 중에 잠시라도 문을 닫은 곳은 아무 데도 없었다. 결국 금융시장은 곧 정상으로 돌아왔다.

경기 침체가 발생할 가능성을 내다본 연준이 대폭락 직후 수 개월간 비교적 크지 않은 수준인 0.75퍼센트포인트만큼 연방기금금리를 내린 것은 분명한 사실이다. 그러나 경기 부양책은 별로 필요가 없었고, 1988년 초에 이르러 FOMC는 이자율의 방향을 인하에서 인상으로 바꾸기 시작했다. 다우존스 지수는 이틀 만에 손실의 절반 이상을 회복했고, 이후 경제가 급속히 성장하면서 2년 안에 폭락 이전의 정점을 뛰어넘기에 이르렀다. 그린스펀은 나중에 그 시절을 이렇게 회고했다. "지금에야 당시 시장 붕괴 사태가 경제 전반에 눈에 띄는 영향을 미치지도 않는 만큼 더 이상 관심을 기울일 필요 없는 먼 옛날 일이 되었지만, 당시에는 우리도 이렇게 될 줄 전혀 알 수 없었습니다. 결국 그때의 위기가 최소한에 그쳤다는 사실이 저로서도 놀랍기만 합니다."[4] 그린스펀은 주식시장 하락이 경제에 피해를 거의 미치지 않았고, 그 이유는 (연준의 신속하고 확고한 대응 외에도) 당시 주식 매입 자금이 부채와 무관했기 때문이라고 결론지었다. 그 결과, 주가는 하락했으나 그 때문에 투자자들이 파산하거나 다른 금융자산이 시장에 헐값에 나오는 일은 없었다.[5] 결국 FOMC는 경기 침체에 대응하기는커녕, 1988년 봄이 되어서는 인플레이션 압력을 걱정할 정도가 되었다. 위원회는 대폭락 이후 금리 역전 정도가 아니라 아예 단계적인 이자율 인상 계획에 착수하여 이듬해까지 연방기금금리를 3퍼센트포인트까지 인상했다.

1987년의 주식시장 붕괴가 경제에 피해를 주지는 않았지만, 그린스펀이 의장으로 있던 기간은 미국에 찾아오는 불황의 원인이 달라지기 시작하는 시기였다. 1950년대부터 1980년대까지 불황은 지나치게 높은 인플레이션에 대응해 연준이 긴축 정책을 취한 후에 오는 경우가 많았다. 볼커가 인플레이션과의 전쟁을 펼친 후인 1981년부터 1982년에 발생한 깊은 불황이 가장 뚜렷한 사례다. 1970년의 불황과 1973년부터 1975년까지의 깊은 침체기 역시 통화 정책결정자들이 인플레이션을 억제하려던 시도에 일부 원인이 있다고 할 수 있다. 물론 이 경우에 연준이 인플레이션의 완전한 종식에 필요한 조치를 했다고 볼 수는 없다. 그에 반해, 1990년대 이후에는 인플레이션은 비교적 잘 통제되는 반면, 금융시장의 혼란이 경기 침체의 중요한 요인으로 작용하는 경우가 점점 많아지고 있다. 금융업계의 규모와 복잡성의 증대, 금융시장의 세계화, 각종 금융기법의 혁신, 규제 완화 등은 물론 여러 장점이 있음에도 불구하고 금융시장의 불안 위험과 경제에 미치는 파급효과를 증대하는 요소로 작용했다.

1990년 7월에 시작되어 8개월간 지속된 완만한 불황은 이런 변화의 계기가 된 사건이다. 그 원인은 통화 긴축과 자금압박 양쪽 모두에 있었다. 1988년 봄에 연준이 예방 차원에서 긴축 조치를 시작함으로써 경기가 둔화한 데다, 은행 대출이 감소 추세로 돌아선 것도(이를 신용 경색credit crunch이라고 한다) 불황을 더욱 가속했다. 신용 경색은 1980년대 상업용 부동산 담보대출 시장이 대호황과 불경기를 오가는 정점에서 나타난 현상으로, 이는 다시 부동산 과세 제도의 변화 등 여러 요소가 복합적으로 작용한 결과였다.[6] 1980년대 말에 은행이 보유한 부동산 자산이 그들의 자본을 잠식하기 시작하자, 그들이 이 시장에 대출을 제공할 의지와 여력은 점점 줄었다. 1980년대 중반부터 1990년대 중반까지 S&L 기관의 절반이 사라지는 과정을 거치며 이 업계의 위기가 막바지에 다다른 시점에는 신용 공급이 더더욱 줄어 있었다. 그중에서도 위험도가 큰 부동산 대출에 발목 잡힌 은행이 많았던 뉴잉글랜드주에서 신용 경색이 특히 심각했다.[7]

연준은 용케도 고용 성장이 둔화하는 것을 보면서 불황을 내다보고, 1989년 2월에 긴축 정책을 마감하고, 6월에는 이후 오래도록 지속되는 금리 인하 작업에 착수했다. 1989년에 거의 10퍼센트에 육박했던 연방기금 금리는 1992년 9월까지 3퍼센트대로 떨어졌다. 불황은 짧게 끝났지만 노동 시장이 여전히 부진한 상황에서 금리 인하는 계속될 필요가 있었다. 1990년 상반기에 평균 5.3퍼센트 수준이던 실업률은 1992년 6월에 7.8퍼센트로 정점을 찍은 뒤 불황이 끝나고도 2년이 더 지난 1993년 중반까지 7.0퍼센트대에 머물렀다(경기 둔화가 멈추고 다시 성장하면서 불황은 끝났지만, 그래도 실업률이 떨어지거나 경제 상황이 정상으로 회복되었다고 볼 수는 없었다). 불황 이후에 '일자리 없는 회복'이 이어지는 패턴은 이후로도 경기 순환에서 흔히 보는 장면이 되었다. ◆

1991년 7월, 조지 H. W. 부시 대통령이 그린스펀을 4년 임기의 연준 의장에 재지명했다.[8] 이 결정은 결코 간단한 일이 아니었다. 물론 연준은 1987년 시장 붕괴에 대처하여 제 역할을 했지만, 그 시기 리더십의 상당 부분은 제럴드 코리건과 뉴욕 연방준비은행의 몫이라고 봐야 했다. 게다가 그린스펀은 당시 1988년 대선 직전에 금리 인상으로 당시 대통령 후보 부시를 화나게 했고, 이는 심지어 부시가 경제를 둔화시킬 수 있는 행동에 대해 연준에 공개적으로 경고했음에도 강행한 것이다.[9] 부시 취임 후인 1989년에 연준이 금리 인하 방침을 철회한 것은 1990년부터 1991년까지

◆ 고용에서 생산 분야가 차지하는 비율이 줄어든 것이 일자리 회복 속도 둔화를 설명하는 한 요인이 될 수 있다. 과거에는 공장에 일감이 없어 일시 해고된 근로자도 수요가 회복되면 쉽게 복직되고는 했다. 오늘날에는 공장 가동 중단으로 발생한 일시 해고 근로자가 실업률 변동에서 차지하는 비율이 낮다.

의 불황을 다소 완화하기는 했지만, 그렇다고 이를 막을 수는 없었다. 이후 고용이 증가하지 않는 경기 회복 현상도 마찬가지였다.

이후 연준과 행정부 사이의 갈등은 더욱 심해졌다. 1990년 3월, 〈로스앤젤레스 타임스〉는 익명의 소식통을 인용해 금리 인하에 굼뜬 그린스펀의 태도가 대통령의 '격분'을 불러온 상황이라 재신임이 힘들 것이라고 보도했다.[10] 1991년 국정연설에서 부시는 이례적으로 금리 인하를 요청했다. "저는 그동안 지나친 비관주의가 존재해왔다고 생각합니다. 이제 건전한 은행이 건전한 대출을 제공해야 하며, 금리도 당장 더 내려야 합니다." 그의 연설이 끝나고 박수가 쏟아졌다.[11]

그린스펀은 통화 정책 외 이슈에 대해서도 자신의 목소리를 강하게 높였다. 그는 1991년에 제3의 통합 연방은행 기관을 설립한다는 재무부의 계획을 저지하는 데 성공했다. 그 계획이 실현되면 연준의 은행 규제 감독 기능을 송두리째 빼앗기게 될 것이 불 보듯 뻔했다. 그린스펀에게는 이 계획을 반대할 훌륭한 명분이 있었다. 실제로 연준이 은행을 관리 감독하는 역량은 금융 안정을 촉진하고 최종대부자 기능을 훌륭히 수행하는 데 큰 역할을 한다. 또한 은행 감독관들이 제공하는 정보는 연준이 경제를 이해하는 데 도움이 된다. 관료주의적 관점에서, 은행감독권을 잃는다는 것은 그린스펀이나 연준에 크나큰 재앙이나 다를 바 없었다. 지역 연방준비은행의 가장 큰 기능은 해당 지역 은행을 감독하는 일이다. 따라서 그린스펀으로서도 통화 정책을 비롯한 여러 사안에서 연방준비은행 총재들의 지지를 받고 싶다면 바로 이 은행감독권을(그리고 관련 업무를) 지켜내야만 했다. 그린스펀은 이를 위한 로비에 성공함으로써 재무부의 계획을 무산시킬 수 있었다.

그린스펀은 또 통화 정책을 벗어나 재정 정책에 관한 논쟁에서도 적자 감축을 옹호하며 자신의 존재감을 과시했다. 그린스펀은 연준에 들어오기 훨씬 전부터 재정 관련 이슈에 강한 관심을 보여왔다. 그는 1981년에 사회보장제도의 장기 재정 개선을 위해 구성된 개혁 위원회의 의장을 맡기도 했다. 그러나 연준 의장이 의회와 행정부의 영역인 재정 정책에 개입하는 것은 특정 정파를 편든다는 인상을 줄 수 있는 위험한 일이었다.

그린스펀은 자신이 필요하다고 생각하는 정책을 관철하기 위해 그 정도 위험은 충분히 감수할 만하다고 생각한 것이 분명했다. 그는 백악관 내부 인사와 긴밀히 협력하여 적자 감축 법안을 구상했고 연방 긴축재정안을 공개적으로 지지했다. 1960년대에 윌리엄 맥체스니 마틴과 존슨 대통령의 보좌관 사이의 협상을 연상시키듯, 그린스펀은 정치인들이 적자 감축을 달성한다면 그 대가로 금리 인하라는 선물을 기꺼이 안겨주려는 것 같았다. 부시 대통령은 "제 말을 잘 들으세요. 추가 세금은 없습니다"라는 자신의 유명한 맹세를 깨고 1990년 9월 30일에 적자 감축 계획을 발표했고, 그린스펀은 이에 대한 화답으로 10월 2일에 FOMC 동료 위원들을 설득하여 금리를 0.5퍼센트포인트 인하하기로 하고 이 안이 의회를 통과하면 그가 발표한다는 의결을 끌어냈다. 사실 FOMC 의결은 매우 이례적으로 반대 의견이 4표나 나온 결과였다. 의회에서 예산합의안이 승인된 후, 그린스펀은 연방기금금리를 0.25퍼센트포인트 인하했다.[12] 오늘날의 관점으로 보면 그린스펀이 재정 문제에 개입한 것은 정치적 월권만이 아니라 일종의 판단 착오로 보이는 측면이 있다. 최근 경험은 물론, 학계의 연구 결과에 비춰봐도 미국 정도의 선진국 경제에서 정부 예산에 다소간 적자가 발생한다고 해서 경제에 큰 위험을 초래한다고 볼 수는 없기 때문이다.[13]

그렇다면 부시는 왜 그린스펀을 재신임했을까? 그린스펀은 분명히 자신의 역량을 입증했고, 월스트리트와 의회의 다수가 그를 지지했기 때문이다. 그는 양당 정치인들의 환심을 사는 데 적극적이었고, 상원으로부터 그의 재지명에 대한 승인도 쉽게 얻어낼 수 있는 인물이었다. 불확실성이 만연한 시대에 연준이 보여준 꾸준한 모습은 신뢰를 얻기에 충분했다. 한편 부시의 보좌관들도 그가 의장에 재선임되면 공화당의 의제를 계속 지지해줄 것으로 판단했다.

그러나 백악관의 희망과는 달리 그린스펀이 자신의 직책을 유지하는 것이 부시의 재선까지 보장해주지는 않았다. 연준은 1992년 내내 금리 인하 기조를 유지했지만, 그 속도는 비교적 느렸고, 실업률은 여전히 7퍼센트가 넘는 높은 수준에 머물러 있었다. 부시는 빌 클린턴의 저 유명한 "문제는 경제야, 이 바보야"라는 캠페인 공세뿐만 아니라, 독립 후보 로스 페로H. Ross Perot까지 포함하는 3자 경쟁 구도에 휘말려 패배하고 말았다. 부시는 1998년에 영국 TV 언론인 데이비드 프로스트David Frost와 나눈 인터뷰에서 그린스펀을 비난했다. "금리가 좀 더 큰 폭으로 내렸더라면 나는 분명히 대통령에 재선될 수 있었다고 생각합니다. 나는 그를 재선임했지만, 그는 제 신뢰를 저버렸습니다."[14]

민주당 대통령이 당선되었지만, 그린스펀의 운영방식은 바뀌지 않았다. 그는 곧바로 빌 클린턴과 개인적인 친분을 쌓았고, 다시 한번 적자 감축을 밀어붙였다. 그린스펀은 클린턴의 긴축 정책을 공개적으로 지지했다. 그는 의회 증언을 통해 이 정책을 긍정적으로 평가했을 뿐 아니라, 상징적인 제스처를 동원하기도 했다. 클린턴이 1993년 연두교서에서 적자 감축을 공언할 당시, 그린스펀은 힐러리 클린턴과 티퍼 고어Tipper Gore[앨 고어 부통령의 부인—옮긴이] 사이에 앉아 눈길을 끌었다.

그린스펀의 통화 정책을 벗어난 행보, 특히 재정 정책에 대한 개입으로 의회는 물론 연준 내부에서도 비판이 흘러나왔지만, 그는 자신이 관여하는 사안의 중요성을 생각할 때 반발의 위험은 충분히 감수할 만하다고 생각했다. 게다가 그는 자신이 과묵하고 순진한 인상을 줄 때도 있지만 정치적 수완만큼은 누구에게도 뒤지지 않는다고 확신했다. 결국 그린스펀이 클린턴과 돈독한 관계를 유지한 것이 결과적으로 연준과 자신에게 유리하게 작용했다고 볼 수 있다. 다른 모든 대통령이 그렇듯이 클린턴도 좀 더 온건한 정책을 선호했고, 그가 지명한 연준 이사들이 그린스펀이 그런 방향으로 움직이도록 압박해주기를 바랐다. 그러나 워싱턴 정가에서 연준 의장의 영향력이 점증하는 상황을 인지한 대통령은 결국 공화당 지지자인 그린스펀을 두 번이나 재지명할 수밖에 없었다.

1994년부터 1996년까지의 연착륙

볼커는 두 자릿수에 달하는 인플레이션을 진정시키기 위해 무던한 끈기와 용기를 발휘했지만, 어쩌면 세부 사항이나 이론적 정교함에서는 충분치 못했던 것 같다. 전임자들과 비교하면 그린스펀이 해결해야 할 과제는 정치적으로는 더 쉬웠을지 모르나 기술적으로는 훨씬 어려운 것이었다. 인플레이션을 꾸준히 낮은 수준으로 유지하면서도 경제가 성장 궤도를 벗어나지 않게 관리하는 일이었다. 그리고 그는 이 일에 성공했다. 1994년부터 1996년까지, 그린스펀은 미국 경제가 연착륙을 달성하는 데 기여했다. 즉 연준이 펼친 긴축 정책은 인플레이션을 억제하기에 충분하면서도 불황을 초래할 정도로 과하지는 않았다는 뜻이다.

　연착륙이라는 개념은 필립스 곡선의 논리와 밀접한 관련이 있다. 표준 필립스 곡선에 따르면 경기가 불황에 접어들어 고용 및 상품 시장이 상당한 부진에 시달릴 때는 인플레이션 압력이 낮아질 수밖에 없다. 그런 경우 연준은 대개 유휴 노동력과 자본을 생산에 끌어들이기 위해 통화 완화 정책을 편다. 그러나 경기가 활황으로 돌아서 수요가 늘어나면 임금과 물가는 좀 더 빨리 증가하게 된다. 연준은 어느 시점에 지나친 인플레이션을 예방하기 위해 통화 완화를 중단한다. 단 이때 정확한 시점과 통화량을 지켜야 한다. 너무 빨리 지나치게 긴축으로 전환하면 경기 회복세를 꺼뜨릴 수 있다. 반대로 긴축 조치가 너무 약하거나 느리면 인플레이션이 재발하여 추가 긴축 정책이 필요하고 나중에는 실업이 더 증가할 수 있다. 정책 결정자로서는 우선 경기를 회복하고 이후에는 성장세가 꾸준히 이어질 정도로만 추진 속도를 늦춤으로써 최대 고용과 낮고 안정적인 인플레이션을 유지하는 것이 최상이다. 이런 상태를 이른바 골디락스Goldilocks[인플레이션이 일어날 만큼 과열되지도 않고 경기 침체를 우려할 만큼 냉각되지도 않은 상태―옮긴이]라고 한다. 연착륙은 이론상으로는 간단해 보이지만, 경제 전망 예측은 고사하고 현 상황을 정확히 진단하는 일조차 쉽지 않은 데다 통화 정책 변화나 자연실업률 같은 핵심 변수가 미칠 영향도 확실치 않기 때문에, 실제로 달성하기는 매우 어렵다.

그린스펀이 연착륙을 꾀할 기회는 1990년부터 1991년까지의 불황으로부터 회복이 지연되는 기간에 찾아온 적이 있다. 연준은 회복이 시작되고도 한동안 고용이 눈에 띄게 성장하지 않자, 긴축 조치를 일단 미루고 있었다. 그러나 1994년 초에 이르러 조치가 강화되었다. FOMC가 소집된 1994년 2월 4일에는 다시 경기가 회복되면서 실업률도 7.8퍼센트에서 6.6퍼센트로 떨어지는 등 뚜렷한 하락세를 보였다. 연방기금금리는 3퍼센트로, 비교적 낮은 편이었다. 인플레이션을 제거하면 사실상 제로에 가까운 수준이었다. 연방준비은행 총재들은 해당 지역의 업계 상황으로부터 건축비 상승 압력을 전했으나, 최근 인플레이션 측정 결과는 2.5에서 3퍼센트 정도로 안정세를 보이고 있었다. 과연 연준은 조치에 나서야 했던 것일까?

위원회 참가자 대부분은 찬성 의사를 밝혔다. 일부는 연방기금금리를 0.5퍼센트포인트 정도 인상해야 한다고 말하기도 했다. 그린스펀은 인플레이션이 가속되기 전에 미리 조치해야 한다는 점에 동의했다. 또 인플레이션 기대가 고개를 드는 점을 우려하기도 했다. 그러나 너무 갑작스러운 움직임이 금융시장에 충격을 줄 수 있다는 점을 걱정한 그는 결국 위원회로부터 좀 더 온건한 수준인 0.25퍼센트포인트 인상이라는 결정을 끌어냈다.[15] 그린스펀은 당시로서는 이례적으로 언론을 통해 이 결정을 발표했다. 5년 만에 처음 금리를 인상하는 것이었던 만큼 그로서는 시장에 확실한 메시지를 주고 싶었던 것이다.

인플레이션이 아직 낮고 실업률도 여전히 높은 상황에서 왜 금리를 인상했을까? 몇 주 후 그린스펀은 의회 증언에서 위원회의 인상 논리를 다음과 같이 설명했다. "통화 정책이 인플레이션에 영향을 미치는 데는 상당한 시간이 소요됩니다. 통화 요인이 물가 지표를 과도하게 자극하는지 뚜렷하게 알기까지는 1년 이상의 시간이 필요할 수 있습니다. 그러므로 연준이 실제로 인플레이션이 악화할 때까지 기다렸다가는 이미 늦을 위험이 있습니다. 그때가 되면 웬만한 수준의 조정으로는 충분하지 않게 될 것입니다. 차라리 적극적인 조치를 통해 단기적 경제 활동에 불가피한 부작용이 오더라도 다소 고통을 감수하는 편이 낫습니다." 마지막 대목은 그린스펀에게 중요한 의미가 있었다. 그가 보기에 인플레이션에 대한 선제 조치는 성장을 저해하는 요소가 아니었다. 그 덕분에 나중에 더 큰 폭의 긴축 조치가 필요한 상황을 피할 수만 있다면 말이다. 그는 연준이 좀 더 일찍 행동에 나섬으로써 "향후 인플레이션 압력이 조성되는 것을 미리 방지하여 경제의 지속적인 성장 동력을 보존하고자" 했다고 밝혔다.[16] 미래의 실질 인플레이션을 긴축 정책을 통해 미리 예방한다는 개념은(시간이 지나면서 이 방법은 이른바 '선제 타격pre-emptive strike' 전술로 불리게 되었다) 1950년대에 마틴이 취했던 방식, 즉 파티가 시작되기 전에 그릇을 치우는 조치를 연상케 했다.

　　1994년 2월의 금리 인상은 새로운 긴축 사이클의 시작에 불과했다. 인플레이션 압력을 의식한 위원회는 1995년 2월까지 연방기금금리를 3퍼센트에서 6퍼센트로 무려 두 배나 인상한다. 그리고 이런 정책은 기대했던 대로 경기 속도를 늦추는 데 효과가 있는 것처럼 보였으나, 그에 따른 부작용도 만만치 않았다. 채권시장이 곧바로 정책 변화에 민감하게 반응하여 장기금리가 연방기금금리에 맞춰 동반 상승했고, 향후 더 오를 것이라는 예상이 잇따랐다. 1993년 말에 6퍼센트에 못 미쳤던 10년물 국채 수익률은 1994년 말에 거의 8퍼센트 수준으로 급증했다. 채권 가격은 수익률과 반대의 움직임을 보이므로 채권소유자들이(여기에는 은행, 보험회사, 연금 기금 등이 포함된다) 큰 손해를 입었고, 이 사태를 일컬어 훗날 1994년 채권 대학살◆이라는 표현까지 등장했다. 그 대표적인 피해자가 캘리포니아주 오렌지 카운티로, 채권 연동형 파생상품에 가입했다가 손실을 크게 입

◆　　채권 수익률과 가격이 반대 방향으로 움직인다는 점을 이해하기 위해 가격이 10달러이고 연간 수익은 1달러인 채권을 예로 들어보자. 이 채권의 연간 수익률은 10퍼센트다(1달러/10달러). 그러나 이 채권의 공급량이 줄어 투자자들이 20달러를 줘야 살 수 있다면, 수익률은 5퍼센트로 떨어진다(1달러/20달러).

고 결국 파산에 이르고 말았다.

연준의 긴축 조치는 정치적으로도 큰 영향을 미쳤다. 1993년에 취임한 클린턴 대통령은 그린스펀의 지지를 받는 재정 적자 감축 계획에 줄곧 동의해온 터였다. 여기에는 그의 경제 자문들과 그린스펀이 연방 재정이 안정되면 채권투자자의 신뢰가 증대되고 장기금리도 내려갈 것이라고 공언한 것이 크게 작용했다. 그리고 이 계획이 발표된 후 실제로 장기금리가 하락했다. 그러나 연준의 조치와 이어진 채권 학살을 계기로 장기금리는 다시 오름세로 돌아섰다. 이에 민주당 정치인들이 불만을 드러냈다. 메릴랜드주 상원의원 폴 사베인스Paul Sarbanes는 연준을 향해 "농가를 급습한 폭격기"와 같다고 쏘아붙였다.[17] 그러나 그린스펀과 로버트 루빈Robert Rubin 재무장관은 연준에 대한 비판은 역효과만 낳을 뿐이라고 클린턴을 설득했다. 즉 그린스펀의 정책은 인플레이션을 통제하는 것이 목적이므로 단기적으로 채권 수익률이 떨어지더라도 장기적으로 인플레이션이 낮아지면 결국 금리는 내리게 되어 있다는 것이 그들의 주장이었다(1995년을 기점으로 장기금리는 실제로 하락세를 보였다). 그러나 만약 시장이 인플레이션의 지속을 막으려는 연준의 노력을 대통령이 방해한다고 믿는다면 장기금리는 떨어지는 것이 아니라 오히려 오를 것이다. 클린턴은 그린스펀을 공개적으로 비판하거나 압력을 가하는 모습을 한 번도 보여주지 않았다는 중요한 선례를 남김으로써 연준의 독립성에 관한 새로운 기준을 확립했다. 조지 W. 부시와 버락 오바마도 그의 이런 선례를 따랐다.

1995년 2월에 연방기금금리가 6퍼센트에 도달하자, 그린스펀은 이만하면 긴축 정책은 충분하다고 판단했고 그달 말에 있었던 의회 증언에서도 추가 금리 인상은 없을 것이라는 점을 시사했다. 곧이어 7월과 1995년 12월의 인하 조치로 연방기금금리는 5.5퍼센트 수준으로 내려갔다. 이에 따라 실업률이 꾸준히 내려가고 인플레이션은 3퍼센트 미만으로 안정세를 보이는 등 경기 반응도 순조로웠다. 드디어 연착륙을 달성한 듯 보였고, 경기도 계속해서 성장했다. 그린스펀은 나중에 회고록에서 이 어려운 시기를 잘 극복해낸 것이야말로 연준 의장 재임 시 가장 자랑스러운 순간이었다고 떠올렸다. 경기 회복은 빌 클린턴이 1996년 11월에 재선되는 데 큰 역할을 했으므로, 결국 그의 관대한 태도에 보상한 셈이었다.

멕시코 페소화 위기

1982년에 폴 볼커가 주도한 금리 인상은 멕시코를 비롯한 남미 국가에 금융위기를 초래했다. 마찬가지로 그린스펀이 1994년에 추진한 긴축 조치도 멕시코를 압박했고, 결국 이 나라는 디폴트 위기에까지 몰렸다. 그러나 1994년의 멕시코 위기가 이전과 달랐던 것은 지난 10년간 누적되어온 국제 금융 시스템의 변화를 고스란히 반영하고 있었다는 점이다. 1982년 당시 멕시코와 남미 국가의 채권자는 미국의 대형 은행들이었으므로, 그곳의 채무 위기는 곧 미국 은행 시스템의 위기로 이어질 가능성을 안고 있었다. 그러나 1994년에 멕시코의 채무는 은행 대출이 아니라(은행들은 당연히 1982년의 경험에서 교훈을 얻었을 것이 분명했다) 주로 전 세계 투자자에게 판매된 채권으로 구성되어 있었다. 더구나 멕시코 채권은 (신흥국이 발행하는 여느 해외 채권과 마찬가지로) 페소 대 달러의 환율 변동에 따른 위험으로부터 채권자들을 보호하기 위해 달러화로 표시되고 있었다는 사실이 중요했다. 그렇다고 환율 위험이 사라지는 것도 아니었다. 오히려 페소화 가치가 떨어지면 멕시코 정부가 더 비싼 달러로 채권을 되사야 하는 위험마저 안고 있었다. 게다가 달러와 연계된 멕시코 채무는 거의 단기 채무였다. 따라서 만약 사정이 악화된 은행의 예금자와 같은 채권보유자들이 신뢰를 잃어버리면 곧바로 상환 요청이 쇄도할 위험이 있었다.

멕시코는 1994년에 미국과 북미자유무역협정을 맺기 몇 년 전부터 친시장 개혁에 착수하여 멕시코 중앙은행의 독립성을 증진하고 이 기관에 인플레이션 관리 책임을 부여해온 터였다. 따라서 개혁 이후 멕시코 경제에 대한 밝은 전망이 해외 자금의 유인으로 작용하고 있었다.

그러나 확신은 언제라도 쉽게 깨질 수 있다. 연준의 긴축 기조와 더불어 달러 가치가 상승하자 멕시코의 실질적인 채무 상환 비용이 늘었다. 그뿐만 아니라 1994년에 멕시코는 치아파스주 반란, 대선 후보 암살 사건으로 심각한 정치적 충격에 시달렸다. 이런 정치적 압박과 선거를 눈앞에 둔 정부는 통화와 재정을 완화하는 정책으로 대응했다. 이런 정책은 물론 단기적으로는 경기를 활성화하려는 의도였지만, 장기적 개혁의 의지가 있는가 하는 점에서는 의심이 들 수밖에 없었다. 특히 정부 예산 적자와 인플레이션의 통제 면에서 더욱 그랬다. 이런 일련의 사건이 겹치면서 투자 유출이 촉진되었고, 멕시코 중앙은행은 한정된 달러를 페소화를 방어하는 데 쓸 수밖에 없었다.◆ 12월에 이르자 중앙은행에 남아 있던 외환보유고로는 더 이상 페소화의 고정 환율을 유지할 수 없었다. 결국 신임 대통령은 큰 폭의 통화 가치 절하를 발표하여 모두를 놀라게 했다. 멕시코가 달러 연계 부채를 상환하지 못할 것을 두려워한 해외 투자자들은 더 빠른 속도

◆　주식 등의 페소화 표시 자산 매도가 포함된 투자 유출로 인해 외환 시장에 페소화가 넘쳐 났다. 중앙은행은 통화 가치를 유지하기 위해 보유 중이던 달러로 과도하게 풀린 페소를 매수했다.

로 자금을 회수하기 시작했다. 외부의 도움이 없다면 멕시코는 곧 국제적 의무에 대해 채무 불이행을 선언할 위기에 처했다.

그린스펀이 자유주의 사상에 머물러 있던 시절에 이런 사태를 접했다면 단순한 시장 경제 논리에 따라 긴급구제라는 도덕적 해이를 피하려 멕시코가 채무 불이행 상태에 빠지도록 방치했을지도 모른다. 멕시코와 그 채권자들은 그들이 어떤 실수를 저지르더라도 미국 정부가 그 결과로부터 자신들을 지켜주리라고 생각한다면 언제고 더 큰 위험을 감수하려들 것이다. 그러나 그린스펀은 연준 의장으로서 멕시코의 디폴트 사태가 신흥 시장 경제에 대한 투자자의 불신을 불러와 추가 투매를 촉발한다면 국제 금융 시스템이 위태로워질 수 있다는 점을 걱정하지 않을 수 없었다. 더욱이 멕시코는 미국의 주요 무역 상대국이므로 멕시코 경제가 붕괴하면 미국의 성장에도 악영향을 미칠 것이 뻔했다. 따라서 그린스펀 같은 중앙은행장의 처지에서 멕시코 문제는 예금자들의 뱅크런 사태를 맞이한 여느 평범한 은행과 다를 바 없으며, 근본적인 지급 능력에 문제가 있다기보다 단기적인 유동성 부족을 겪고 있을 뿐이라는 논리가 훨씬 더 받아들이기 쉬운 결론이었다. 전체적으로 이 사태는 미국이 멕시코를 상대로 국제적인 최종대부자 역할을 다함으로써 채무 불이행 사태와 그로 인한 손실을 피해야 하는 상황인 셈이었다. 아울러 도덕적 해이 문제는 그 과정에서 초래될 대가를 멕시코와 그 투자자들이 감수함으로써 최소한 부분적으로나마 개선하는 것이 유일한 대책이었다.

그린스펀과 루빈 재무장관 그리고 래리 서머스Larry Summers 재무 차관은 멕시코가 디폴트에 빠지는 사태를 막는 것이 미국의 이익에 부합한다는 데 동의하고 이 결론대로 클린턴 대통령도 설득했다. 그러나 외국에 구제 금융을 지원한다는, 당시만 해도 흔치 않았던 조치를 의회가 승인하도록 설득하는 데 결국 실패했다. 이에 따라 루빈, 서머스, 그린스펀 삼총사는 대안을 찾아냈다. 그린스펀의 지지를 등에 업은 재무부가 외국환평형기금Exchange Stabilization Fund, ESF을 사용하여 멕시코에 일괄 금융 지원을 제공한다는 것이었다. 이 기금은 외환 시장에서 달러 가치를 안정시킬 목적으로 재무부가 달러를 매수 또는 매도할 수 있도록 대공황 시기에 의회가 마련한 것이었다. 그러나 어떤 종류의 위기도 달러에 미치는 잠재적 영향이 있는 법이므로 실제로 이 기금을 운용하는 데는 꽤 유연성을 발휘할 수 있었다. 중앙은행들의 활동 사이에서 조정 역할을 하는 IMF와 스위스 국제결제은행 같은 다국적 기관도 가세하여 멕시코에 제공할 총 500억 달러의 구제 금융이 조성되었다. 그중에서 미국이 출자한 규모는 총 200억 달러였다.

멕시코는 결국 그 원조금 전액을 상환했고, 그러기 위해 IMF의 감시하에 경제 개혁을 단행하고 통화 및 재정 면에서 강도 높은 긴축 정책을 추진해야 했다. 멕시코는 비록 디폴트를 피했으나, 1995년에 극심한 불황을 겪었다. 불행히도 도덕적 해이라는 관점으로 보면 멕시코 채권투자자들의 사정은 오히려 나았다. 달러 연계 채권 보유자들은 대부분 원금을 회복했기 때문이다. 그러나 멕시코 주식시장이나 페소화 표시 채권 등에 투자한 다른 외국 투자자들이 입은 손해는 심각했다.

그린스펀은 멕시코 긴급구제 과정에서의 활약 덕분에 금융 해결사와 정책결정자로서의 명성을 높였고, 단지 금리를 결정하는 차원을 넘어 영향력을 확대하게 되었다. 이 사태의 더 큰 의미는 이것이 1990년대 후반의 금융위기에서도 일종의 표본이 되었다는 점이다.

'앞뒤가 맞지 않게 우물거리다':
그린스펀의 의사소통

역사적으로 중앙은행장들은 늘 비밀을 안고 살았다. 무려 3세기의 역사를 자랑하는 영란은행을 비롯한 초창기 중앙은행들은 민간기관으로 출발했고, 그 기관장들은 전문 은행가에 어울리는 재량권과 비밀을 유지했다. 세월이 흐르면서 중앙은행이 맡는 공적 역할의 비중은 점점 커졌으나 중앙은행장은 자신이 아는 것을 다 말해서는 안 된다는 의식, 즉 신비주의를 지켜야 한다는 생각이 오랫동안 상식으로 여겨져왔다. 그래야만 중앙은행장으로서 정책의 유연성을 발휘할 수 있고 어떤 말을 해도 시장에 미치는 영향을 극대화할 수 있다는 것이었다. 1921년부터 1944년까지 영란은행의 총재를 역임했던 괴짜 행장 몬터규 노먼Montagu Norman은 '설명도 변명도 하지 않는다'는 좌우명을 가진 것으로 유명하다.[18] 그는 의회로부터 증언 요청을 받을 때마다 번번이 거절했다.

중앙은행의 비밀주의가 국제사회에서 시대에 뒤떨어진 관행으로 여겨지기 시작한 것은 1980년대와 1990년대의 일이다. 특히 1990년이 중요한 계기가 되었는데, 이해에 뉴질랜드준비은행은 1980년대에 두 자릿수 인플레이션과 싸움을 벌인 직후 정부와 연합하여 공식 인플레이션율 목표를 0에서 2퍼센트 사이로 정한다고 발표했다. 이후 선진국과 신흥국을 막론한 여러 중앙은행이 뉴질랜드의 선례를 따랐다.[19] 공식 목표를 정하는 것 외에 중앙은행의 경제 전망 및 분석 같은 다른 정보를 공개하는 것도 이런 투명성 정책에 포함되었다.

투명성이 강조된 배경에는 두 가지 논리가 있었다. 첫째는 금융시장 참여자들이 정책결정자들의 생각을 더 잘 알수록 통화 정책이 더 큰 효과를 낼 수 있다는 것이었다. 통화 정책이란 결국 시장 수익률과 자산 가격에 영향을 미쳐야 중요한 효과를 내므로, 정책 위원회의 목적과 전략을 잘 이해하는 것은 정책결정자들의 의도가 금융시장에 반영되는 데 도움이 된다. 둘째, 연준과 다른 중앙은행들은 대공황the Great Inflation을 겪으면서 최소한 그 원인 중 일부는 정치가 통화 정책에 미치는 영향이었다고 보았던 터라 단기적 정치 압력으로부터의 독립성을 좀 더 갖추게 되었다. 그러나 비선출직 공직자가 통화 정책을 좌우할 정도의 재량권을 갖게 된다면 그는 스스로의 생각을 설명해야 한다는 인식이 정착했다. 이런 책임 의식은 오로지 투명성을 통해서만 달성될 수 있는 것이었다.

그린스펀은 중앙은행이 좀 더 투명한 방향으로 변화하는 국제적 추세의 과도기적 인물이다. 그는 구시대적 사고방식에 더 가까웠다. 그는 유연성과 예측불허의 상황, 그리고 정보 보안을 중시했다. 연준 의장이 된 직후 그는 이렇게 농담한 적도 있다. "저는 대단히 앞뒤가 맞지 않게 우물거리는 법을 배웠습니다."[20] 실제로 그는 오랜 시간을 뜸 들인 끝에 겨우 한두 마디씩 말하는 것으로 유명했다. 그러면서도 정책을 알리는 일이 때로 필요하고 심지어 유용하다는 것도 충분히 인지했다. 따라서 연준은 비록 투명성 면에서 다른 중앙은행들에 비해 한두 발 뒤처졌다고 볼 수 있지만(특히 그린스펀은 인플레이션 목표를 공식 발표하기를 거부했다) 그의 리더십 아래 중요한 단계를 거쳤다. 그리고 이런 단계는 FOMC의 결정과 함께 발표되는 성명이 점차 발전하는 과정과도 관련이 있었다.

오늘날 FOMC 회의가 끝나고 발표되는 성명을 두고 자구 하나까지 세밀히 분석하며 연준의 의도를 주시하는 사람이라면 놀라겠지만, 1994년 2월 이전까지만 해도 통화 정책이 변경되었다고 그날 바로 발표되지는 않았다(사실 그 시절에는 정책상의 어떤 변화도 곧바로 실행되지 않았다. FOMC는 정확한 적용 시점에 관해서는 의장에게 재량권을 부여했다). ◆ 따라서 금융 분야 언론인들은 평소 단기 시장 금리 움직임을 주시하던 월스트리트 분석가들에게 정책에 변화가 있었는지 자문을 구하고는 했다. 실제로 아무 일도 없었음에도 연준이 정책적 조치에 나섰다는 분석가들의 말을 경제 기자들이 그대로 인용하는 사례가 비일비재했다.

그러나 1994년 2월의 금리 인상을 계기로 연착륙이 순차적으로 이루어진 것은 특별한 경우였다. 그것은 1992년 9월 이후 처음 있었던 정책 변화이자, 1989년 이후 처음 시작된 긴축이었다. 그린스펀의 의도는 이런 변화를 시장에 뚜렷하게 드러내는 것이었으므로 FOMC 회의 후에 공식 발표가 뒤따른 것은 당연한 수순이었다.[21] 그러면서도 그린스펀은 그의 장기인 유연성을 확보하기 위해 조금씩 단계별로 움직였다. 회의 후 성명은 위원회 전체가 아니라 그린스펀이 직접 발표했으므로 편집이나 승인의 여지도 없었다. 발표 내용은 모호하고 간접적이었다. 그저 "단기 자금 시장 금리를 소폭 인상"하겠다는 것뿐으로, 구체적인 숫자도 없었다. 더구나 그린스펀은 FOMC에 앞으로 회의가 끝날 때마다 발표가 이어지지는 않으며, 특히 구체적인 결의가 없을 때는 더욱 그럴 것이라는 뜻을 전했다. 그럼에도 1994년 2월의 발표는 이후 파급효과를 생각할 때 매우 혁신적이었다.

그린스펀에게는 정책 방향 변화를 강조하는 것 외에도 투명성을 증대하고자 하는 동기도 있었다. 이것은 바로 의회의 압력이기도 했다. 하

◆   연준 이사회가 할인율을 변경할 때는 예외였다. 대출 창구를 통해 자금을 빌리고자 하는 은행은 사전에 금리를 알아야 하므로 이를 미리 발표하지 않을 수 없었다. 할인율이 변경되면 주로 연방기금금리도 따라 움직이므로 이는 통화 정책 변화를 알리는 신호인 셈이다. 1979년 10월에 폴 볼커가 이끄는 연준이 할인율을 변경했을 때가 대표적인 예다. 할인율 변화는 강력한 신호였으므로 이를 두고 '공이 울렸다'고 표현하는 경우가 있었다.

원의 은행, 주택 및 도시문제 위원장 헨리 곤잘레스(민주당 텍사스주 의원)는 한때 FOMC의 정책 의도를 좀 더 투명하게 공개해야 한다는 의회의 요구를 주도한 적이 있다. 이런 요구에 응하여 FOMC는 1993년 3월에 앞으로는 모든 회의록을 항상 다음 위원회가 열린 후에 발표하기로 했다. 즉 약 7주의 격차를 두겠다는 말이었다.[22] 이에 만족하지 못한 곤잘레스는 FOMC가 모든 회의록과 비디오테이프를 회의 개최 후 60일 이내에 공개하도록 규정한 법안을 마련하고 이에 관한 청문회를 소집했다. 그는 FOMC 참가자 19명 전원(이사진과 연방준비은행 총재)을 공동 증인으로 초청했다. 1993년 10월 19일에 열린 이 주목할 만한 청문회에는 5명의 연준 이사와 10명의 연방준비은행 총재, 그린스펀, 그리고 발표문을 제출할 다른 FOMC 참가자들이 함께 참석했다.

청문회에서 그린스펀이 밝힌 또 하나의 놀라웠던 사실은 FOMC는 이미 오래전부터 회의내용을 모두 녹음하고 기록으로 남겨놓아 이를 바탕으로 직원들이 회의록을 작성해왔다는 사실이다. 녹음테이프는 정기적으로 지웠지만 편집되지 않은 기록은 당시를 기준으로 17년 전 것까지 남아 있었다. FOMC 참석자 대부분이 그런 기록의 존재를 몰랐을 뿐 아니라, 그린스펀 자신도 청문회 증언을 준비하는 과정에서 비로소 알았다고 나중에 회고록에서 밝혔다. 그러나 연준의 태도는 분명히 방어적이었다. 최종적으로는 FOMC가 모든 회의내용을 약간만 편집하여 전부 공개하되 5년의 시차를 둔다는 데 합의했고, 이 합의 결과는 지금도 그대로 이어지고 있다(회의 기록이 이사회 웹사이트에 게재되어 있다). 이 자료는 역사가들에게 중요한 가치가 있을 뿐 아니라 정책결정자들의 책임 의식을 고취하는 데도 도움이 된다. 다소 긴 시간이 지나 공개된다는 점은 있지만 말이다. 그러나 기록이 공개됨으로 인해 회의에서 쌍방 양보가 오가는 타협이나 스스럼없는 토론이 줄어든 것은 분명했다.

그린스펀은 회의 기록 건을 경험하면서 연준의 투명성에 관한 일을 반드시 그가 결정할 수 있는 것도 아니고, 커튼 뒤를 들여다보는 데는 정치뿐만 아니라 정책적인 목적도 있다는 사실을 깨달았다. 회의 후 발표는 비록 당장 해야 할 일도 아니고 주로 회의에서 실질적 조치가 취해질 때만 필요했지만, 1994년 2월 이후로는 점점 본격화되기 시작했다. 시간이 지나면서 FOMC는 점차 연방기금금리 목표에 관한 정보를 좀 더 명시적으로 공개했다. 우선은 할인율에 관한 사항을, 그다음에는(1995년 7월부터) 연방기금금리 목표를 직접 밝혔다. 나중에는 정책 조치의 근거에 관한 정보가 발표 내용에 담기기 시작했다. 실제로 1994년 8월의 발표에는 오늘날 우리가 포워드 가이던스라고 부르는 내용이 포함되어 있다. 그린스펀이 밝힌 할인율 0.5퍼센트포인트 인상은 시장 금리를 완전히 내다볼 수 있게 했다. 그는 회의 후 발표에서 "최소한 당분간은 이 조치로 충분할 것으로 기대합니다"라고 하면서 당분간 추가 조치가 없음을 시사했다(물론 11월에 위원회가 0.75퍼센트포인트 금리 인상을 결정하면서 이 지침은 잘못되었음이 밝혀졌다).

1990년대 내내 잦아들지 않던 이슈가 두 가지 있었다. 하나는 시장에 현재의 조치를 알려줄 뿐만 아니라 미래 정책 방향에 대한 체계적인 지침까지 제공할 것인가 하는 점이었다. 위원회는 이미 뉴욕 연방준비은행에 이자율의 방향을 지침으로 하달하고 있었다(뉴욕 연방준비은행의 공개시장 거래창구는 통화 정책 실행과 은행지급준비금 공급 및 연방기금금리 관리에 필요한 국채 거래를 책임지고 있었다). 이 지침은 이른바 정책적 '방향성'이라고 불렸다. 방향성은 상향(이자율이 오를 가능성이 있다는 뜻)이나 하향, 혹은 중립이 될 수 있다. 물론 방향성은 시장 참여자에게 중요한 정보일 수 있으나, 그 정보가 담긴 회의록이 7주 후에나 공개된다는 점이 문제였다. 그때는 이미 정보로서의 가치를 상실한 후가 된다. 위원회는 치열한 논의를 거친 후 1998년 12월에 회의 후 발표에 담기는 방향성에 대한 정보에 상당한 변화를 주기로 합의했다.

이후 '방향성' 정보는 점차 발전했다. 2000년 2월, 위원회는 경기의 '위험 균형'이라는 개념을 둘러싼 용어를 변경했다. 경기가 약세를 보이는 상황이라면, "인플레이션 압력을 고조할 수 있는 상황의" 위험이 조성되어 있다고 발표한다. 위험 균형 공식의 바탕에는 필립스 곡선 개념이 내재해 있어, 인플레이션과 경제 성장 사이에 상충관계가 성립한다. 예를 들어 경제 활동 침체와 인플레이션 상승이 동시에 벌어지는 상황은(대표적 예가 1970년대 스태그플레이션 상황이다) 위험 균형이라는 개념으로 쉽게 포착할 수 없었다.

메시지와 관련된 두 번째 이슈는 발표의 주체가 누구인가 하는 점이었다. 초기 발표는 위원회의 개입 없이 그린스펀의 이름으로 나왔다. 그러나 머지않아 발표 내용이 향후 금리에 대한 시장의 기대를 형성하므로 이것이 곧 정책의 일종이라는 사실이 명백해졌다. 시간이 흐르면서 그린스펀은 위원회가 발표 내용에 개입할 수 있게 해달라는 압박에 직면했다. 1995년 초, 앨프리드 브로더스Alfred Broaddus 리치먼드 연방준비은행 총재는 경제분석가들이 별도의 발표를 준비해서 다른 방향성에 대한 정보도 제시하고, 발표 내용도 FOMC 공식 의결에 맡기자고 제안했다. 그린스펀은 방향성 정보가 정책의 한 요소임을 인정하면서도 회의 중에 발표 내용을 편집한다는 것이 비현실적이라고 주장해서 이 건은 흐지부지되었다. 한동안 그린스펀이나 도널드 콘Donald Kohn 연준 부의장은 위원회가 정책 조치를 의결한 후 회의가 끝날 때쯤에 발표 내용을 읽곤 했다.

발표가 정책 기대에 미치는 영향력이 점점 명확해지자, 그린스펀의 태도도 달라졌다. FOMC는 1999년 5월에 처음으로 금리 변화 없이 편향의 변화(긴축 방향)를 선언했다. 시장의 반응은 강렬했다. 실제로는 금리 인상 가능성을 언급한 것뿐인데 마치 인상을 선언한 것처럼 호들갑을 떨었다. 1999년 12월 회의에서 그린스펀은 별도의 발표를 고려하고 이를 2000년 2월 회의부터 시작할 것과 위원회 의결에 정책 조치와 함께 발표 내용의 승인까지 포함하도록 지시했다.

2002년 3월, FOMC는 투명성을 향한 또 하나의 단계로서 정책 조치와 발표에 관한 의결 결과를 반대표까지 포함하여 즉각 공개하기 시작했다. 이런 움직임은 물론 법률적 고려가 포함된 사항이기는 했지만(정보 열람의 자유에 관한 법률에 따르면 의결 결과는 신속히 공개되어야 한다고 해석될 소지가 있었다), 회의 발표에 반대 의사가 등록됨으로써 정책 방향에 반대하는 사람들의 관점이 더욱 크게 알려질 기회가 된 것도 사실이다.

1994년 이후 2002년까지 진행된 변화에도 불구하고 그린스펀이 의장에 재직하던 기간에 연준의 투명성은 다른 나라 중앙은행에 비해 제한적이었다. 그러나 그 배경의 경제 및 정책의 환경 변화는 연준의 의사소통에도 곧 변화가 찾아올 것을 예고하고 있었다.

거장의 반열에 들어서다

1994년부터 1996년까지의 연착륙을 통한 경기 확대는 이후 6년간 이어졌다. 과연 연준은 이런 연승(견고한 성장, 낮은 실업률, 안정적인 인플레이션)을 계속 이어갈 수 있었을까? 연준은 이 일에 성공했다. 그리고 오늘날 많은 이들은 성공의 상당 부분을 그린스펀의 공으로 돌리고 있다. 워터게이트 사건의 탐사보도 기자로 유명한 〈워싱턴포스트〉의 밥 우드워드Bob Woodward는 2000년에 그린스펀이 연준에서 발휘한 리더십을 담은 《마에스트로 그린스펀Maestro: Greenspan's Fed and the American Boom》이라는 책을 출간했다.[23] 그린스펀의 이름 앞에 붙은 수식어가 마침내 그가 슈퍼스타의 반열에 올랐음을 알렸다. 그린스펀이 연착륙 이후의 시기를 성공적으로 관리한 것은 사실이나, 그 과정은 이런 위인전에서 그린 것보다는 훨씬 복잡했다.

1996년 중반에 연준은 마치 1994년을 떠올리는 상황에 직면했다. 경기는 견고한 추세로 성장했고(상반기 성장률은 3퍼센트였다) 5.5퍼센트 실업률은 경제분석가들이 추산한 자연실업률 이하로 완만하게 하락하고 있었다. 보통의 필립스 곡선 논리라면 머지않아 인플레이션 문제가 발생할 것이므로, 1994년에 그린스펀이 옹호한 선제 타격 전략에 의하면 곧 금리 인상을 단행해야 할 시점이었다. FOMC 위원 중 일부가 선호하는 전략도 바로 그것이었다.

그러나 그린스펀은 뚜렷이 확신하지 못한 채 조심스러운 태도를 보였다. 그는 이자율이 정체나 하락세를 보이는 시기 후에 인상 절차를 착수하면 시장에 충격을 줄 수 있고, 특히 채권시장에 가장 큰 영향을 준다는 사실을 이미 1994년부터 알고 있었다. 아울러 1996년 상황은 2년 전과 사뭇 다르기도 했다. 먼저 1996년의 통화 상황이 그리 좋지 않은 것은 분명했다. 1994년에 3퍼센트였던 연방기금금리가 이 시기에 이르면 비교적 정상 수준인 5.5퍼센트에 이르러 있었다. 더 중요한 것은 1996년 중반까지 인플레이션 조짐이 전혀 없었다는 사실이다. 핵심 소비자 물가 지수로 측정한 인플레이션이 2.7퍼센트 수준의 안정세를 보이는 상황에서 연방준비은행 총재들은 7월 회의에서 해당 지역 기업들이 매출 저하를 각오하지 않고는 가격을 올릴 방법이 없다고 보고했다. 임금 면에서도 인플레이션 조짐은 전혀 없었고, 다만 임금 상승세가 다소 빨라진 정황이 군데군데 보이는 정도였다. 인플레이션을 예방하는 것과 그림자를 겨냥하여 총을 쏘는 것은 전혀 다른 문제였다.

인플레이션 압박의 증거가 전혀 없다는 사실은 FOMC가 조심스러운 태도를 보이는 사유가 될 수 있었지만, 한 가지 의문은 여전히 남아 있었다. 경기도 호황이고 실업률은 떨어지는데 표준 필립스 곡선이 시사하는 인플레이션 상승은 왜 일어나지 않았던 것일까?

그린스펀은 경기가 확대되고 노동 시장이 견고함에도 임금과 물가 상승이 완만한 이유에 관해 한 가지 관점을 수립했다. 그는 기술 발달의 가속화 추세에 주목했다. 1990년대 말에 인터넷 혁명이 일어나면서 이른바 신경제에 관한 논의가 촉발되었고, 그린스펀도 이 논리를 추종했다.♦ 그는 신경제로 인한 생산성(자본과 노동의 조합에 의한 생산 증가량)이 두 가지 면에서 인플레이션을 완화한다고 생각했다. 첫째, 로봇을 도입한 공장 자동화나 사무환경의 첨단 소프트웨어 등의 기술 발전으로 근로자들은 언제라도 자신이 대체될 수 있음을 깨달았으므로 그들이 느끼는 직업 안정성이 줄어들었다. 그린스펀이 말한 '근로자 불안 가설worker insecurity hypothesis'에 따

♦　나는 그린스펀이 이 당시에 관해 말하는 자리에 참석한 적이 있다. 그 자리에서 그는 미국 국내총생산의 무게가 과거에 비해 훨씬 줄었다는 사실을 극찬했다. 나는 처음에 그게 무슨 소리인가 하며 의아했지만 이내 그가 고중량의 제품을 생산하던 과거 제조 기반 경제와 소프트웨어나 디자인 개선 등 가볍거나 아예 무게가 없는 가치를 생산하는 인터넷 경제를 대비해서 본다는 사실을 이해했다. 그린스펀이 말하는 중량 기반 지수는 단지 비유가 아니었다. 그는 실제로 연준의 경제분석가들에게 여러 분야의 생산 중량 추정치를 산출하라고 지시했다.

르면, 이러한 변화로 인해 근로자들은 비록 임금이 적다고 생각해도 임금 인상을 요구할 의지가 꺾인다는 것이었다. 둘째, 생산성 증대로 상품과 서비스의 생산비용에서 임금 증가가 차지하는 비중이 줄어드는 효과가 발생했고 이는 다시 인플레이션 압력을 완화하는 요인이 되었다. 따라서 그린스펀은 경기는 비록 성장하지만, 기술의 급속한 발전과 그로 인한 생산성 증대가 인플레이션을 억제하므로 연준이 선제 조치에 나설 필요는 없다는 결론에 이르렀다.

연방준비제도의 영향력 있는 전문가들은 그린스펀의 이 두 가지 주장을 모두 반대했다. 적어도 처음에는 그랬다. 사실 근로자 불안 가설은 그린스펀이 여기에 주목하기도 전인 1995년 9월의 FOMC 회의에서 경제분석가들이 먼저 제기한 바가 있다. 그 회의에서 연구책임자 마이크 프렐 Mike Prell은 경제분석가들이 설문조사 데이터와 실업 위험 지수를 사용하여 이 가설을 검증한 결과, 이를 지지해줄 만한 어떤 결론도 내릴 수 없었다고 위원회에 보고했다. 그런데도 여러 소문과 언론 기사는 노동 시장에서 일어나는 세력 균형의 변화에 관한 그린스펀의 관점을 FOMC 위원 다수가 수용했다고 전했다.[24] 위원회는 1996년 여름이 다 지나도록 아무런 행동도 하지 않았고 금리도 여전히 그대로였다.

1996년 7월과 9월 사이의 데이터는 그린스펀의 표현대로 '안갯속'에 있었다. 노동 시장은 더욱 견고해져서 실업률이 5.1퍼센트까지 떨어졌다. 또한 근로자들이 고용 불안을 느끼는 정도도 훨씬 덜해졌고 일부 지표에서는 임금 성장이 개선되는 현상을 보이기도 했다. 그러나 소비자 물가 상승률은 여전히 낮은 수준에 머물렀다.

여전히 금리 인상을 주저하던 그린스펀은 그의 두 번째 주장을 철회하기에 이르렀다. 즉 임금이 완만하게 증가하더라도 생산성 증대 속도가 더 크기 때문에 그 인상분이 인플레이션으로 이어지지는 않는다는 것이었다. 이 대목에서 그린스펀은 공식 데이터를 보유하고 있던 경제분석가들과 다시 한번 충돌하지 않을 수 없었다. 당시 데이터에 따르면 1996년 2분기의 시간당 노동생산성은(생산성을 나타내는 단순한 지표 중 하나다) 전년도 동기 대비 겨우 0.9퍼센트 상승했을 뿐이었다. 이는 특별히 인상적인 수치도 아니고 연준이 금리 인상을 시작했던 1994년보다 오히려 낮은 수치다. 그러나 그린스펀은(FOMC 위원 다수도 포함) 또다시 평소 자주 만나던 기업들의 말만 듣고 생산 효율이 개선되었다고 파악했다. 그리고 더 깊이 조사해보라고 경제분석가들에 지시했다. 그는 두 가지 이유로 수집된 데이터가 실질 생산 증가분을 미처 반영하지 못했을 수 있다고 말했다. 첫째, 임금이 상승하는데도 기업 이익이 높아진 것을 보면 생산 효율 증대가 비용을 억제했을 가능성이 있다는 것이었다. 둘째, 제조업 분야의(가장 측정하기 쉬운 분야) 생산성이 큰 폭으로 증가한 데 비해 서비스 분야의 생산성 증대는 이상하리만치 저조하다는 것이었다(그린스펀이 보기에는 제대로 측정되지 않았다).◆

위원회의 소수파 중 상당수가 긴축 조치를 압박했지만, 그린스펀의 주장과 그의 개인적 영향력에 못 이겨 추가 정보가 확보될 때까지 멈출 수밖에 없었다. 결국 FOMC는 1996년 9월에 금리 인상 절차를 개시하지 못한 채 그해가 끝나도록 현상 유지에 머물렀다. 그리고 실제로 인플레이션이 일어나지도 않았고 경기는 호황을 계속 유지했다. 그린스펀의 예측이

◆   생산성을 측정하기 위해서는 먼저 생산량을 정확히 측정해야 하는데, 이 작업은 제조 분야가 서비스 분야보다 쉽다. 예를 들어, 공장 단위의 철강 생산량을 측정하는 일이 은행 하나당 금융 서비스 생산량을 측정하는 것보다 쉬운 것만 봐도 알 수 있다.

옳았고, 경제분석가들과 FOMC의 매파들은 틀렸다.

그러나 결국 긴축을 시작하는 데 든 시간은 그리 길지 않았다. 1997년 초, 경제 상황이 달라졌다는 증거가 뚜렷하지 않았음에도 그린스펀의 관점은 바뀌기 시작했다. 1997년 2월에 열린 회의에서 그는 행동에 나서야 할 때가 빠르게 다가오고 있는 것 같다고 말했다. "우리가 움직여야 할 시점에 도달했습니다. (적당한 시기는 아마 3월 정도일 것입니다) 경기 확대가 상당히 완화된다는 뚜렷한 증거가 나오지 않는 한 우리가 행동에 나서야 합니다."[25] 위원회는 실제로 3월에 금리를 인상했지만, 다시 한번 인상을 연기할 수밖에 없었다. 이번에는 아시아발 국제 금융위기에 경제가 역풍을 맞고 말았다.

1996년과 1997년에 그린스펀이 보여준 성과는 우드워드의 책을 비롯한 여러 곳에서 그가 받은 극찬에 어울리는 것일까? 여러 면에서 그럴 만하다고 볼 수 있다. 가장 중요한 점은 경제 성과가 훌륭했다는 사실이다. 견고한 성장과 낮은 인플레이션이 지속되었다. 아울러 그가 위원회를 장악한 솜씨나 기본적인 경제 데이터의 이면을 꿰뚫어 보는 능력 등이 여러 사례로 입증되었음은 부인할 수 없는 사실이다. 특히 생산성의 본질에 관한 그의 통찰력에는 감탄이 절로 나온다. 나중에 교정을 거쳐서 나온 데이터를 보면 실제로 1996년과 1997년의 생산성 성장은 그린스펀의 예측대로 처음 발표된 것보다 훨씬 높았음을 보여주었다.[26]

그린스펀의 분석이 다소 정확하지 않은 분야도 물론 있었다. 그의 근로자 불안 가설은 임금이 상승하는 경우에는 그 역시 저버렸던 만큼 나중에 돌아보면 별로 들어맞지 않은 이론이다. 이후 연구 결과에 따르면 그 시기 근로자들은 실직의 위험을 평소보다 더 낮게 인식한 사람이 대부분이었다고 한다. 실제로 1990년대 직업 안정성은 그 이전 시기보다 높았다.[27] 더구나 그린스펀이 선견지명을 발휘하여 파악한 생산성 증대는 인플레이션이 증가하지 않은 원인을 부분적으로만 설명한 것일지도 모른다. 나중에 앨런 블라인더Alan Blinder와 재닛 옐런Janet Yellen은(둘 다 저명한 경제학자이자 당시 연준 이사회 구성원이었다) 연준과 1990년대 경제를 주제로 공동 집필한 책에서 생산성 증대가 인플레이션을 억제하는 기능을 대단치 않게 평가했다.[28] 그들은 이 시기 인플레이션의 예기치 못한 약점 중 많은 부분이 시간이 지나고 보면 달러화 강세나 유가 하락, 인플레이션 측정 방법의 변화 등 기타 단기적 요소로 모두 설명할 수 있다고 주장했다.

오늘날에는 인플레이션의 바탕이 되는 움직임이 해당 시점에 유리한 방향으로 바뀐다는 것을 지지하는 증거가 많이 나와 있다. 자연실업률 추정치가 비록 정확하다고 볼 수는 없지만, 1980년부터 1990년대 중반까지 자연실업률은 대략 1퍼센트포인트 떨어진 것으로 보인다.[29] 노동경제학자 로렌츠 카츠Lawrence Katz와 앨런 크루거Alan Krueger는 1999년에 발표한 논문에서 실업률이 명백히 하락한 이유로 몇 가지 요인을 들었다. 첫째 베이비붐 세대의 연령이 높아지면서 1980년대에 비해 근로 인구의 경력과 학력이 대체로 높아졌다. 또한 고학력 근로자는 대체로 실업을 경험하는 비율이 낮다. 둘째, 일용직 업종의 확대 등을 비롯한 노동 시장 구조의 변화는 실업 인구에게 일자리를 구하는 대안적 수단을 제공했다.[30] 자연실업률이 낮아지면서 경제는 인플레이션 압력 없이 더욱 큰 폭의 성장과 낮은 실업률을 달성했다.

인플레이션 압력을 억제한 또 하나의 핵심 요인은 연준이 인플레이션 억제자로서의 신뢰를 회복했다는 점이다(이는 주로 볼커 의장의 업적이기는 했으나 그린스펀 시대에 와서도 꾸준히 지속되었다). 연준의 물가 안정에 대한 의지를 가계와 기업이 확신하자, 인플레이션 기대의 증가로 임금과 물가가 동반 상승하는 현상은 더 이상 심각한 걱정거리가 되지 않았다. 그 결과 인플레이션 상승 압력은 물가 상승률에 일시적인 효과만 미쳤을 뿐, 1970년대처럼 지속적 영향을 발휘하지는 않았다. 그린스펀에게는 인플레이션을 예측할 때 다른 요소를 배제하고 생산성이라는 누가 봐도 선구적인 자신의 관점을 적용한 것이 오히려 행운으로 작용한 셈이었다. 물론 프로야구팀 단장 브랜치 리키Branch Rickey가 말했듯이 운도 계획에서 비롯된 것이기는 하다. [31]

최종적으로 그린스펀의 생산성에 관한 통찰은 긴축이 지연되는 시기를 단 6개월에 그치게 했고(이 정도로는 큰 차이를 만들 수 없었을지 모른다), 1997년 3월에 연준이 긴축에 나서자 실제로 생산성이 증대하기 시작했다. 어쩌면 그때쯤에는 이미 그린스펀의 통찰이 워낙 큰 폭의 영향을 미쳤기 때문인지도 모른다. 어쨌든 이 일을 계기로 그린스펀의 명성이 더욱 강화되었고, 그는 더 큰 영향력을 확보했다. 그의 영향력은 단지 연준 차원이 아니라 경제 정책 전반으로 확대되었다.

아시아 금융위기: 위험 관리

그린스펀의 능숙한 정책 관리 덕에 미국 경제는 호황을 누렸으나 1990년대 말에 다시 한번 해외 금융 문제에 직면했다. 이번에는 동남아시아가 진원지였다. 특히 인도네시아, 한국, 말레이시아, 필리핀, 태국이 문제였다. 모두 수십 년간 견고한 성장을 거듭하며 급속한 소득 증대, 높은 투자율, 자산 가치 상승을 달성해온 국가들이었다. 따라서 이들 나라에 수익 추구형 해외 자금이 몰려든 것은 전혀 이상한 일이 아니었다. [32]

그러던 1997년 7월, 전혀 예상치 못했던 일이 벌어졌다. 태국 정부의 외환보유고가 바닥나며 바트화가 평가 절하 압박에 몰렸다. 이후 몇 달간 다른 동남아 국가들의 통화도 바트화의 뒤를 이어 하락했다. 1994년 멕시코 페소화 폭락 때도 그랬듯이 투자 심리가 갑자기 바뀌면서 대출 기관들은 아시아 신흥국가에 제공한 자금을 회수하기 시작했다. 글로벌 시장은 패닉에 휩싸였고 관련 국가들은 심각한 성장 둔화와 불황에 시달렸다.

상황이 이렇게 역전된 원인은 무엇이었을까? 늘 그렇듯이 정치적, 경제적 요소가 복합적으로 작용했고, 그로 인한 취약성은 오늘날에 와서야 눈에 잘 띈다고 할 수 있다. 첫째, 당시 동아시아를 향한 해외 대출금 대부분을 중개했던 해당 지역 은행들의 운영이나 규제가 모두 허술했다. 게다가 은행들은 기세등등하던 당시 분위기에 편승하여 과도한 위험을 떠안았다. 정치인들은 자신과 결탁한 기업에 대출금이 가게 손을 썼다. 이른바 정실 자본주의라는 관행이었다. 그리하여 동아시아 전체의 경제 전망이 양호했음에도 해외 유입 자본의 상당 부분은 올바른 투자로 이어지지 않았다.

자본이 어떤 형식으로 유입되는가 하는 것도 중요한 문제였다. 각국 은행들은 주로 단기 금융에 의존했다. 이는 장기 금융에 비해 유치가 쉽고 이자가 저렴하다는 장점이 있으나, 인출 사태에 무방비로 노출된다는 약점이 있었다. 멕시코 은행의 경우 해외 달러 연계 증권을 빌려온 후 국내에서는 페소화로 대출을 제공했다. 이렇게 거래 통화가 서로 다르다는 점은 아시아 정부들이 약속한 바와 같이 달러화와 현지 통화 사이에 고정 환율이 보장될 때는 아무 문제가 없었다. 그러나 해외 투자자들이 일단 자금을 회수하기 시작하면, 외환보유고에 한계가 있는 정부로서는 환율을 안정적으로 유지하기가 불가능해진다. 아시아 국가의 통화 가치가 크게 하락하면서 은행이 각국 기업과 기타 자산에(주로 해당국 통화 표시 자산이었다) 제공한 대출금의 가치가 그들의 부채에 비해 떨어졌고 은행의 수익성과 자본은 심각한 타격을 입었다. 은행이 위험해지자 해외 투자자들의 달러 회수 움직임은 더욱 가속되었고 이로써 각국 통화 가치는 더 떨어지는 악순환이 벌어졌다.

그린스펀과 연준은 이런 전개 상황을 적어도 초기에는 침착하게 지켜보기만 했다. 1997년에 미국 경제는 건실해 보였다. 실제로 FOMC는 3월에 연방기금금리를 0.25퍼센트포인트 올리면서 수요 강세와 인플레이션 위험의 증가를 그 근거로 들었다. 당시의 금리 인상은 향후 추가 인상 가능성을 시사했기에 미국으로 자금을 유인하여 달러 강세를 초래했고, 어쩌면 그것이 수개월 후 아시아 위기가 등장하는 계기가 된 것인지도 모른다. 그러나 이런 상황에도 아시아의 금융 변동성은 한동안 미국과는 별로 상관없는 것처럼 보였다. 마침내 미국 주식 가격이 점증하는 아시아 위기에 반응하기 시작했을 때도(10월 27일에 7퍼센트 하락한 것이 대표적이다) 그린스펀은 여전히 낙관적인 태도를 유지했다. 그는 아시아의 위기가 점증하는 인플레이션 위험을 억제하고 그가 과열되었다고 본 주식시장을 냉각시키기 때문에 FOMC의 긴축 조치를 일부 대체하는 효과가 있다고 말했다.[33]

3년 전 멕시코 때와 마찬가지로 그린스펀과 연준은 루빈 재무장관 및 서머스 차관과 긴밀히 협조했다. 국제적인 채무 위기가 발생하면 으레 그렇듯이 그들은 대출 기관에는 자금을 회수하지 말고 협조하도록 설득하고 채무국에 대해서는 IMF와 협정을 맺도록 주선하는 일을 해야 했다. 그 다음에는 IMF가 어려움에 빠진 국가에 대해 개혁을 추진한다는 조건으로 차관을 제공한다. 정부 예산 적자 감축이나 긴축 통화 정책을 포함하는

IMF의 요구 사항은 장기적인 회복을 제시하는 한편 단기적으로는 상당한 고통을 수반하는 것이었으므로 협상은 큰 난항을 겪을 수밖에 없었다.

1997년 11월에 매우 어려운 순간이 찾아왔다. 한국 정부의 달러 보유량이 그간 많은 사람이 믿고 있던 수준에 훨씬 못 미친다는 사실이 밝혀졌다. 이 당시 한국은 이미 미국의 주요 상대국으로 상당한 경제적 비중을 차지하고 있었으므로, 아무 대책 없이 원화 가치가 큰 폭으로 하락하면 달러화로 표시된 한국 부채의 상당량이 상환 불능 상태에 빠진다는 두려움이 있었다. 이는 다시 다른 나라의 은행 파산과(주요 채권자 중에는 미국 은행도 있었다) 주식시장 붕괴로 이어져 패닉이 확산할 위험이 있었다. 한국 역시 휴전선을 경계로 북한과 대치하여 대규모의 미군이 주둔하고 있는 만큼 미국으로서는 매우 중요한 전략 요충지였다. 연준은 미국 은행들이 한국에 제공한 단기 대출금을 갱신하도록 설득했고, IMF는 재무부 및 연준과 협력하여 총 550억 달러의 종합적 구제책을 동원함으로써 위기를 진정시켰다. 〈타임〉은 서머스와 루빈 그리고 그린스펀이 등장한 표지에 "위원회, 세계를 구하다"라는 제목을 달았다. 그린스펀을 가운데 두고 양옆으로 루빈과 서머스가 등장한 이 표지는 그린스펀이 클린턴 행정부와 쌓아온 긴밀한 관계와 그가 국내 통화 정책 외에 여러 문제에서 중심적 역할을 맡아온 모습을 그대로 그린 것이다.

미국 경제는 아시아발 위기에도 불구하고 1998년 상반기까지 강세를 유지했다. 그러나 8월에 접어들면서 러시아가 예기치 못하게 채무 불이행 상태에 빠졌다. 그 배경에는 세계 경기가 둔화함에 따라 석유(러시아의 주력 수출 물자) 가격이 배럴당 11달러 수준까지 떨어진 현실이 자리했다. 디폴트는 IMF가 러시아에 제시한 개혁안이 거절당하자 차관을 제공하지 않기로 결정한 후 발생한 것이었다. 러시아 디폴트 사태가 세계 시장에 미친 충격이 얼마나 컸던지, 해외에서 아무리 금융위기가 발생해도 미국 경제에는 위협이 되지 않을 것이라던 그린스펀의 믿음마저 흔들었다.

그린스펀은 캘리포니아대학 버클리 캠퍼스에서 했던 연설에서 러시아 디폴트 사태가 "연준의 사고를 근본적으로 바꿔놓은" 계기가 되었다고 말했다.[34] "세계 경제가 점점 더 극심한 압박에 시달리는데 미국만 홀로 번영을 누릴 수 있다는 믿음은 힘을 잃었습니다." 다시 말해 연준이 국내에서의 권한을 이행하기 위해서는 세계 경제의 변화를 고려해야 하며, 특히 국가 간에 즉각적인 영향을 미치는 금융 상황의 변화를 예의주시해야 한다는 뜻이었다. 그린스펀이 아시아 위기 발발 초기에 보였던 무관심에 비하면 많이 달라진 태도였다.

러시아의 금융 변동성 증대로 미국에서 가장 큰 피해를 본 회사는 거대 헤지펀드 롱텀캐피털매니지먼트Long-Term Capital Management, LTCM였다. 1994년에 유명한 살로몬브러더스의 채권중개인 존 메리웨더John Meriwether가 설립한 LTCM에는 두 명의 노벨 경제학상 수상자 마이런 숄즈Myron Scholes와 로버트 머튼Robert Merton이 이사진으로 참여하고 있었다. 그린스펀 의장 시절에 연준 부의장을 지낸 데이비드 멀린스도 주요 인사 중 한 명이었다. 이 회사는 정교하고 정량적인 전략을 구사하며 초기에는 놀라운 수익률을 올렸다. 차입금의 비중도 상당히 높았다. 1997년 말 기준 LTCM의 자기자본 대비 차입금 규모는 무려 30배에 달했다.[35] 이 회사의 전략은 목표한 자산의 가격이 정상 수준에서 일시적으로 벗어나는 순간을 공략하는 것이었다. 그런 편차는 시간이 지날수록 이전의 정상적인 관계를 회복하면서 결국 사라진다는 점을 노렸던 것이다. 그러나 러시아의 갑작스러운 디폴트 사태로 시장에 급격한 변동성이 몰아닥치자 그 전략은 무용지물이 되었다. 자산 가격이 예기치 못한 방향으로 움직이면서 LTCM은 막대한 손해를 입었다. 결국 자산이 빈약한 회사는 생존 가능성이 희박하다는 교훈만 남긴 셈이었다.

LTCM은 월가의 거의 모든 주요 회사로부터 막대한 자금을 차입했기에 연준은 이 걷잡을 수 없는 사태가 시장에 큰 피해를 줄 것을 걱정할 수밖에 없었다. 특히 이 회사가 자산을 헐값에 내다 팔아야 할 경우가 가장 큰 문제였다. 그린스펀은 해결책을 찾는 데 동의했다. 1998년 9월 23일, 월가의 16개 주요 회사의 최고위 관계자들이 뉴욕 연방준비은행에서 총재 윌리엄 맥도너William Mcdonough의 입회하에 모였다. 연준의 역할은 그저 장소를 제공한 것뿐이었다(연준 측에 의하면 샌드위치와 커피도 제공했다고 한다). 그리고 맥도너의 적극적인 개입에 따라 LTCM의 임박한 파산을 막기 위해 총 36억 달러를 긴급 투입하여 사태를 질서 있게 진정한다는 데 16개 회사 중 14개가 동의했다(해결책에 참여하기를 거부한 두 회사 중 하나는 베어스턴스Bear Sterns다. LTCM은 그들의 고객사였고, 베어의 증거금 요청이 이번 위기를 불러온 한 요인이었다. 약 10년 후에는 베어스턴스도 정부 지원에 의지하는 신세가 되었다). LTCM은 2000년에 결국 청산 절차를 밟았다.

당시 연준은 이 개입으로 도덕적 해이를 초래했다는 비판에 직면했다. 마치 정부가 멕시코와 아시아 위기에 개입했던 것처럼 다른 회사들에 무모한 위험을 떠넘겼다는 것이었다. 그린스펀은 수년 후에 가진 인터뷰에서 당시 연준이 개입한 일에 유감을 표했다.[36] 그러나 비록 구제 조치가 그리 흔한 일은 아니라 해도 LTCM을 긴급 지원한 일은 나름 타당하고 정당하다고도 볼 수 있었다. 첫째, 정책결정자들은 LTCM이 통제 불능 상태로 파산하면 금융 시스템 전체, 나아가 경제에 심각한 위협이 된다고 판단했다. 이와 달리 연준은 1990년에 드렉셀 버넘 램버트Drexel Burnham Lambert라는 투자은행이 파산 위기에 몰렸을 때는 금융 시스템이 이를 충분히 소화할 수 있다고 판단했고 실제로 이 은행이 무너졌을 때도 개입하지 않았다. 둘째, 개입에 따른 도덕적 해이 현상은 생각보다 크지 않았을 가능성이 있다. LTCM의 파산을 막기 위한 자금은 일반 재원이 아니라 주로 그 채권자들이 출연한 것이었다. 그리고 LTCM의 소유주들은 결국 자신의 투자금을 대부분 잃었고 평판도 크게 깎였다. 이런 결과를 다른 사람들이 고의로 의도했다고 보기는 매우 어려운 상황이었다. 굳이 비판하려면 구제 조치가 너무 즉흥적이어서 시장의 불확실성을 초래하고 공정성에 대한 우려를 키웠다고 말하는 편이 더 옳을 것이다. LTCM은 차라리 과거 미국 정부가 주도했던 금융구제 조치에 비견될 만했다. 그런 일들은 제도적으로 중요한 금융기관이 파산할 가능성에 대비한 법률적 장치가 뚜렷이 마련되지 않아 발생한 것이었다.

LTCM 사태가 일어나는 과정에서 그린스펀은 아시아 및 러시아 위기가(이미 남미에는 그 영향이 미치고 있었다) 미국 경제에 미칠 복합적인 영향을 점점 더 크게 걱정해왔다. 1998년 9월 21일에 콘퍼런스콜로 열린 FOMC 회의에서 그는 "그동안은 경기가 꿋꿋이 버텨왔으나, 이제는 악화의 징후가 뚜렷합니다"[37]라고 말했고, 뒤이어 FOMC는 1998년 가을에 0.25퍼센트포인트의 금리 인하를 세 차례 단행했다. 마지막 인하 조치 후인 11월의 FOMC 발표는 금융시장의 변동성이 지속되는 상황에도 더 이상의 조치는 없음을 강하게 시사했다. 이후 FOMC는 관망을 유지하다가 1999년 6월에 이르러 금리를 인상했다. 금융 상황이 안정되면서 1998년의 완화 조치 중 일부는 안심하고 철회할 수 있다고 판단한 것이었다.

그린스펀이 1998년에 세 차례나 금리를 인하한 것은 경제 상황의 가장 유력한 시나리오뿐만 아니라 여러 발생 가능한 결과를 폭넓게 대비하는 방향으로 통화 정책이 미묘하게 바뀌고 있음을 알리는 것이다. 1998년

9월에 내릴 수 있었던 최선의 판단이라면 아시아 위기의 여파로 미국 경제의 성장이 둔화할 것에 대비하는 것이었다. 1998년 10월에 그린스펀은 콘퍼런스콜로 진행된 위원회에서 "이런 형태의 금융 환경이 조성된 것은 극히 드문 경우로서, 결국 경제에 영향을 미치지 않고 해소될 것으로 생각합니다"라고 말했다.[38] 따라서 통화 정책 완화는 경기의 움직임을 가장 정확히 가리키며 이를 개선하는 데 초점을 둔 것이었음이 분명했다. 동시에 그린스펀은 확률적 사고를 하고 있었다. 첫 금리 인하를 두고 논쟁을 벌일 때, 그는 경기 둔화 가능성을 염두에 두면서도 이를 확신하지는 않았다. "우리가 결국 행동에 나서더라도 그것은 일련의 과정이 시작되는 첫 단계가 아니라 일종의 보험료라고 생각하는 편이 더 타당합니다."[39] 즉 회의에서 제안된 인하율이 보편적인 예측치에 비해 다소 큰 편이었으며, 가능성은 크지 않지만 일어난다면 심각할 수 있는 사태를 예방하기 위해 특별히 취해지는 완화 조치라는 뜻이었다.

1998년의 '보험성 금리 인하'는 나중에 그린스펀이 자신의 위험 관리 방식으로 생각하게 되는 것과 딱 맞아떨어지는 조치로, 위원회가 다양한 위험에 관해 어쩔 수 없이 마주치는 불확실성을 수용하는 방식이었다. 실제로 그린스펀의 위험 관리 전략은 가장 걱정스러우면서도 일어날 가능성은 크지 않은 경제적 위험에 대처하기 위해 정책의 방향을 살짝 바꾸는 것이었다. 그러면서 걱정했던 위험이 닥치지 않으면 보험 성격의 그 정책은 언제라도 되돌리겠다는 의도였다. 그린스펀은 나중에 아시아 위기와 그 여파를 기점으로 이런 방식이 등장했다고 회고했다. 그는 회고록에서 아시아와 러시아의 상황에 대한 연준의 대응을 두고 "정책 수립 과정이 기존의 교과서적 방식에서 점차 벗어나는 과정을 반영하는 것이었다. 우리는 단 하나의 최선의 예측치를 도출하는 데 전력을 기울인 다음 모든 것을 거기에 쏟아붓는 것이 아니라 여러 가지 가능한 시나리오를 근거로 정책적 대응을 펼친 것이다"라고 말했다.[40] 물론 역대 연준 의장 중 그린스펀이 처음 정책 분석에 위험의 균형이라는 개념을 도입한 사람은 아니었지만, 그의 재임 시에 비로소 정책결정자들이 경기에 관한 핵심적 예측 결과가 틀릴 수 있다는 점과 대안적 시나리오로 정책 마련을 고민하기 시작한 것만은 분명하다.

비이성적 과열: 그린스펀과 주식시장

1987년 주식시장 붕괴는 그린스펀이 연준 의장으로서 맞이한 첫 시험이었다. 연준은 신속한 대응에 나서서 시장 붕괴가 경제 전반에 미치는 효과를 최소화했다. 그러나 주식시장은 1990년대 경제 변화 과정에서 늘 중심적 위치를 차지했다.

1990년대 들어 경기가 계속 성장하고 인플레이션은 낮은 수준을 유지하면서 주가는 3배 넘게 뛰어올랐다. 당시 경제학자들은 과연 주가 상승세가 벽에 부딪힐 징후가 있는지를 놓고 의견이 나뉘었다. 이른바 시카고학파가 중심이 된 효율 시장 가설 지지자들은 주식시장의 과다 혹은 과소평가 여부를 미리 알 수 있다는 생각에 동의하지 않았다. 그들은 주식을 비롯한 모든 금융자산의 가격은 수백만에 달하는 투자자들이 모인 집단지성의 결과로서, 해당 시점의 경제 상황에 관한 모든 정보를 반영한다고 보았다(비록 어떤 정보든 불완전할 수밖에 없다고 해도 말이다). 이 가설에 따르면 주식시장의 호황이 지속되는 것은 경제를 보는 낙관주의의 우세와 낮은 이자율(채권보다 주식을 더 매력 있게 만드는 요소다), 기타 기초적 요소에 대한 합리적인 반응이었다. 만약 효율 시장 가설이 옳다면(비록 시장이 잘못된 길로 갈 때가 있다 하더라도) 정책결정자들이 시장의 판단을 대체하려고 해서는 안 될 것이다.

그린스펀의 사상적 뿌리는 기본적으로 자유주의였고, 따라서 전반적으로 시장을 신뢰하는 편이기는 했지만, 그렇다고 그가 시장의 효율성을 믿는 근본주의자는 아니었다. 그는 FOMC 회의에서 주식시장 가치의 적정성에 관한 관점을 가끔 드러내곤 했다. 더구나 최소한 연준에 입성한 초기에는 그가 보기에 '시장 심리를 뒤흔드는 부당한 움직임'에 맞서기 위해 통화 정책을 동원할 용의가 있었다. 그런 조작 행위와 그로 인한 시장 불안은 경제에 큰 위협이 된다고 보았기 때문이다.

1994년 2월에 마침내 그가 3퍼센트포인트 금리 인상을 결정하면서 긴축을 시작한 것이 가장 대표적인 예다. 금리 인상의 가장 큰 목적은 인플레이션에 선제 대응함으로써 경제 연착륙을 유도한다는 것이었다. 그러나 그린스펀은 주식시장도 염두에 두고 있었다. 그는 2월 4일에 열린 FOMC 회의에서 말했다. "금리를 인상하려는 이 시점에서 시장을 예측해보는 일은 매우 도움이 되리라고 생각합니다. 그렇게 함으로써 주식시장의 투기 움직임을 잠재울 수 있다고 보기 때문입니다. 우리가 시장에 견제 장치를 달 수만 있다면 폭주를 막을 수 있을 것입니다."[41] 약 2주 후, 그린스펀은 콘퍼런스콜에서 초기의 이런 노력이 결과적으로 성공을 거두었다고 평가했다. "우리가 했던 조치를 되돌아보면 그것이 생각보다 훨씬 큰 효과를 거두었음을 알 수 있습니다. 사실 놀라운 일입니다. 저는 주식 투기꾼들이 고개 드는 것을 우리가 어느 정도 막아냈다고 생각합니다." 그는 또 채권에 대해서도 "그 시장의 거품도 우리가 걸러냈습니다"라고 말했다.[42]

그러나 그린스펀의 승리 선언은 아직 섣불렀다. 금리 인상이 지속 불가능한 채권 버블을 터뜨린 것인지, 아니면 채권중개인들이 경제의 펀더멘털이나 정책에 대한 관점을 바꾼 것뿐인지는 아무도 모른다. 어쨌든 채권 버블이 실제로 있었다면 그것은 보통 수준이 아니라 아주 맹렬히 터지면서 채권시장의 '대학살'을 불러왔다. 금융 안정을 달성하는 일종의 부작용이었던 셈이다. 더구나 채권 수익률 상승세는 긴축 정책이 끝나면 역전될 운명이었다. 주식시장에서는 1994년에 다우존스 지수가 겨우 2퍼센트 상승했는데, 이는 긴축 정책과 그로 인한 장기금리의 급격한 상승이 억제 효과를 냈다는 분석과 맞았다. 그러나 경기 둔화는 일시적이었다. 1995년에 완만한 통화 완화가 시작되면서 주식시장이 다시 급증해서 33퍼센트 이상의 지수 상승을 기록했다. 인플레이션과 경제 성장을 성공적으로 관리한 것으로 여겨졌던 통화 정책이, 결국 장기 채권 수익률과 주가의 변덕을 정밀하게 관리하는 수단은 아닌 것으로 판명되었다.

1996년에 했던 그린스펀의 장인 같은 솜씨는 시장에 대한 다른 접근 방식을 보여준다. 그린스펀이 긴축을 늦춘 것은 견고한 생산성 증가세가 인플레이션 압력을 줄인다는 판단에 따른 것이었다. 논리적으로 생산성 증가세가 커지면 주가도 상승하겠지만, 금리 인상을 더 일찍 시작하기를 원했던 FOMC 위원들은 인플레이션 위험뿐 아니라 기초적인 가치를 넘어서는 주가 상승 위험까지 함께 우려했다. 시장을 냉각시킬 정도로 금리를 너무 일찍 인상하면 불필요한 경기 둔화를 초래한다는 의견에 수긍한 그린스펀은 주가 상승을 억제하는 새로운 전술을 시도했다. 즉 강력한 권고였다. 그런 그가 주가 하락을 말할 수 있었을까?

1996년 12월, 그린스펀과 연준 이사회는 두 명의 저명한 금융경제학자 로버트 실러Robert Shiller(장차 노벨상 수상자가 된다)와 존 캠벨John Campbell의 설명을 청취했다. 그들은 주식과 채권 사이에 심한 가격 격차가 생긴 것은 주식시장이 심각하게 고평가되어 있다는 증거라고 주장했다.[43] 그 후 얼마 지나지 않아 그린스펀은 보수주의 싱크탱크 중 하나인 미국기업연구소 American Enterprise Institute에서 했던 연설에서 주식시장에 관한 자신의 걱정을 토로하며 이렇게 물었다. "비이성적 과열로 자산 가격이 지나치게 상승한 다음에 예상치 못한 위축이 또 오래 이어질 상황을 우리가 어찌 알 수 있겠습니까? 지난 10년간 일본에서 그랬듯이 말입니다." 그는 청중을 향해 중앙은행장으로서는 자산 버블이 경제에 위협을 가할 때만 관심의 대상이 된다고 했으나 "우리는 자산 시장과 경제 사이의 복잡한 상호작용을 결코 과소평가하거나 안이하게 대처하지 않을 것입니다"라는 말도 덧붙였다.[44] 다음 날 아침 개장 직후 30분 만에 다우존스 지수가 2퍼센트 넘게 하락했다. 아마도 거래자들은 그린스펀의 발언을 즉각적인 금리 인상 신호로 받아들인 듯했다. 그러나 그 효과는 일시적이었고 시장은 곧 상승세로 돌아섰다.

지금 와서 생각해보면 그린스펀이 연설하던 당시의 주식 가격은 그리 심하게 고평가된 것이 아닌지도 모른다. 일부 전통적인 통계수치(예컨대 투자위험 프리미엄, 주식과 안전한 국채 사이의 기대 수익 차이 등) 중에는 역사적으로 정상 범위에 드는 것도 있었다. 사실 그린스펀이 '비이성적 과열'을 우려한 시기인 1996년 말에 주식시장의 대표 종목을 산 다음 인터넷 버블이 꺼진 직후인 2002년 말에 팔았더라도 배당 재투자를 포함하면 여전히 32퍼센트라는 높은 명목 이익을 누렸을 것이다.[45] 버블이 형성된다는 것을 뚜렷하게 알 수 있었던 것은 오직 1990년대 말에 인터넷 붐이 도래했을 때뿐이다.[46]

그린스펀은 주식시장을 억제하기 위한 또 하나의 자세를 취했다.

1997년 3월에 FOMC의 금리 인상 결정은 그린스펀에게 거장의 명성을 안겨줬던 조치가 끝났음을 알린 것으로, 그 가장 큰 목적은 어떤 인플레이션 압력도 미리 방지하기 위함이었다. 그러나 그린스펀은 나중에 3월의 긴축 조치 역시 "주식시장 버블이 인플레이션 불안정을 초래할 가능성"[47]에 대한 자신의 불안감이 그 주된 동기였다는 글을 남겼다. 그는 1997년 2월의 회의에서 "위원회를 향해 상승 장세를 다스리기 위해 금리를 인상할 필요가 있다고 말했다"고 회고했다. 그러나 금리 인상이나 이후 이어진 아시아와 러시아의 위기 중 어느 것도 주가를 진정시키는 데 별 효과가 없었다.

강세 시장은 이후 3년간 지속되었고, 이를 주도한 것은 점증하는 인터넷 열풍이었다. 다우존스 지수는 1999년 3월 29일에 사상 최초로 10,000을 넘어섰다. 그린스펀은 회고록에 당시 상황을 이렇게 썼다. "연말이 되자 열풍이 최고조에 달했다. (……) 주식에 투자한 사람은 거의 모두 흥분 상태에 빠졌고, 그럴 만한 충분한 이유도 있었다. 다만 연준은 기가 막힌 수수께끼를 해결해야 했다. 건전하고 흥미로운 경기 호황과 인간의 어두운 본성이 이끄는 음흉하고 투기적인 주식 거품을 어떻게 명확한 잣대로 구분한단 말인가? 내가 하원 금융위원회에 넌지시 짚어줬듯이, 이 둘은 서로 공존할 수 있으므로 문제는 생각보다 훨씬 복잡했다."[48]

금융시장이 효율적이고 이성적이라는 생각에 전혀 동의하지 않았던 그린스펀은 1990년대의 주식 가치가 과연 적절한지에 대해 뚜렷한 관점을 지니고 있었다. 그는 시장의 열기가 지속될 수 없다고 보았기에 금리 인상이나 강력한 권고 등 몇 가지 수단을 동원하여 이를 진정시키려고 노력했다. 그러나 그의 시도는 기껏해야 일시적이었고, 시간이 지날수록 주식시장의 '착한' 열풍과 '나쁜' 열풍을 구분하거나 연준의 개입에 주가가 어떻게 반응할지 알아맞히는 것이 모두 부질없는 생각이라고 느꼈다. 연준의 개입에 놓인 이론적 배경이 무엇이든, 현실에서는 이런 불확실성이 문제를 훨씬 어렵게 만들었다.

일부 연방준비은행 총재들이 시장에 우려를 표했음에도 FOMC는 1999년 초까지 금리를 인상하지 않았다. 그러나 높아져가는 인플레이션을 우려하던 연준은 그해 말에 드디어 상당한 통화 긴축을 단행했다. 금리 인상은 결국 2000년 봄부터 시작된 주가 급락에 결정적 요인으로 작용했는데, 이것이 긴축의 명시적 목표가 아니었다는 점이 참 얄궂기도 하다.

2부

21세기의
통화 정책

: 글로벌 금융위기와 대침체

4

신세기와 새로운 도전

새천년을 눈앞에 둔 시기, 연방준비제도 관계자들은(그 외에도 많은 사람이) 전 세계 컴퓨터 시스템이 서기 2000년의 날짜 변화에 적응하지 못해(이른바 Y2K) 디지털화된 세계 경제가 혼란에 빠지게 될 것을 두려워하고 있었다. 물론 이것은 기우였다. 철저히 대비된 것이든, 순전히 운이었든, Y2K 사태는 한때의 에피소드로 끝난 채 지나갔다.

그러나 2000년은 중요한 변화를 예고하는 해였다. 경기는 1990년대의 열기를 잃고 있었고, 너무나 낮은 인플레이션과 초저금리가 중앙은행의 주된 걱정거리가 된 현실은 제2차 세계대전 후 시기와 대비되었다. 적어도 1930년대 이후 최악이라 할 만한 글로벌 금융위기로 경제가 깊은 침체에 빠져드는 현실에서 낮은 금리로 인한 통화 정책의 한계는 더욱 뚜렷해질 수밖에 없었다.

닷컴 버블과 2001년 불황

Y2K가 실제로 충격을 미친 곳은 주식시장이었다. 그린스펀을 비롯한 FOMC 위원 다수가 1990년대 내내 '비이성적 과열'을 걱정하는 동안, 시장은 여러 차례의 국제적 금융위기와 인플레이션에 대한 선제적 통화정책, 그리고 그린스펀의 권고를 철저히 무시했다. 그러나 돌이켜보면 1990년대의(성장이 지속되었고, 인플레이션은 낮았으며, 금리도 비교적 낮았던 시기) 주가는 그린스펀과 일부 FOMC 위원들이 걱정했던 것보다는 그리 비이성적이지 않았는지 모른다. 경기는 호황을 거듭했고, 인플레이션은 낮았으며, 1990년대에 그토록 국제 금융위기가 잦았던 것에 비해 미국 주식은 해외 투자보다 더 안전한 수익을 제공하고 있었다.

1990년대 말에 이르자 불건전한 투기 열풍이 일어나고 있다는 증거가 더욱 뚜렷하게 불거졌다. 당시 인터넷이 만들어낸 '신경제'에 대한 희망은 심지어 그린스펀까지 빠져들 정도였다. 기초가 아무리 부실해도 닷컴이라는 말만 붙어 있으면 무슨 기업이나 매혹적으로 보였다. 직장을 그만두고 데이트레이딩에 뛰어들어 집에서 컴퓨터로 주식을 사고파는 사람이 부지기수였다. 한동안은 돈을 잃으려야 잃을 수가 없는 것처럼 보이는 시절도 있었다. 금융 버블 심리의 전문가인 로버트 실러가 간파했듯이, 이렇게 대중을 사로잡은 내러티브는 시장과 경제 전반에 엄청난 위력을 발휘했다.[1] 부풀려진 주가 상승이 언제까지나 계속될 수 있다는 믿음을 모두가 공유했을 때야말로 버블의 징후가 분명히 포착된 순간이었다. 1997년 말부터 2000년 초까지, 기술주가 압도적 다수를 차지한 나스닥 주가지수는 3배나 뛰어올랐다.

그린스펀이 말했듯이 주식시장의 활황에는 이성과 비이성이 공존할 수도 있다. 인터넷의 경제적 잠재력에 관한 1990년대 말의 열광은 그 자체로는 잘못된 것이 아니었다. 단지 시기가 너무 일렀다는 것이 문제다. 오늘날 기술 기업들은 우리 경제의 가장 크고 역동적인 주체이며, 인터넷을 비롯한 신기술은 소매유통에서 정보통신, 금융에 이르는 여러 산업에서 뚜렷한 존재감을 보인다. 그러나 자동차와 라디오 등 여러 기술을 바탕으로 '신경제'에 대한 기대감이 불타올랐던 1920년대에도 그랬듯이, 문제는 시장이 도를 넘어 과열된다는 것이었다. 21세기에 접어들면서 닷컴 기업 상당수는 앞으로도 오랫동안 수익을 전혀 올리지 못하리라는 점이 분명해졌다. 2000년 3월, 〈바론즈Barron's〉는 머리기사에서 다수 인터넷 기업들이 희망찬 예측에 훨씬 못 미치는 매출로 인해 현금이 고갈되고 있다고 경고했다.[2] 그러는 동안 연준은 왕성한 경기가 인플레이션을 유발할 것을 우려해 금리를 인상하고 있었다. 1999년 하반기에 연준은 러시아 디폴트 사태 이후 '보험성'으로 0.75퍼센트포인트 내렸던 금리를 원상회복했고, 2000년 상반기에는 여기서 다시 세 차례 추가 인상에 나서 결국 금리는 1퍼센트포인트가 더 오른 6.5퍼센트가 되었다. 거의 10년 만에 연방기금금리가 최고치에 이르렀다.

1999년부터 2000년 사이의 긴축 통화 조치는 닷컴 기업에 대한 정서의 변화와 맞물려 지난 10년간의 정책 운용과 그린스펀의 권고로도 달성하지 못했던 결과를 낳았다. 그것은 결정적인 시장폭락이었다. 나스닥은 2000년 3월에 정점을 기록한 후 연말까지 47퍼센트 떨어졌다. 그리고 2002년 10월에는 정점 대비 72퍼센트나 내려가 바닥을 기록했다. 나머지 주가지수도 여기에 미칠 정도는 아니었으나, 그 영향을 벗어날 수는 없었다. 예를 들어 S&P500 지수는 2년 반 동안 거의 절반까지 떨어졌다.

1987년 10월에 있었던 폭락 사태는 주식시장이 큰 폭으로 하락해도 신용시장의 차입 증대나 더 큰 혼란을 동반하지 않는다면 경제에 미치는 영향은 미미할 수 있음을 보여주었다. 전체적으로 보면 그 교훈은 2001년에도 재확인되었다고 할 수 있다. 주가가 폭락하고 여기에 9·11테러 같은 충격적인 사태가 벌어졌음에도 경기는 2001년 3월부터 11월까지 약 8개월간 완만한 침체를 겪었을 뿐이다. ◆ 주가 상승이 사라지고 투자 심리가 변하면서 소비 지출도 차갑게 식었다.³ 기술주 투자가 급격히 줄었고, 실리콘밸리의 사무용 빌딩 건축이나 광케이블 네트워크 설치 같은 기반 투자 역시 마찬가지였다.

이로 인해 FOMC는 앞선 긴축 조치를 긴급히 선회했다. 2001년 1월 3일에 열린 콘퍼런스콜 이후 위원회는 6.5퍼센트의 기존 금리를 0.5퍼센트포인트 인하하여 6.0퍼센트로 조정했다. 이후 추가 인하가 이어져 9·11 사태 직전에는 3.5퍼센트, 2001년 말에는 1.75퍼센트가 되었다. 테러 공격이 있었던 2001년 3/4분기에는 경기가 위축되었지만, 그 후에는 다시 성장세를 회복했다. 따라서 버블의 붕괴가 당장 경제에 미친 영향은 제한적이었다. 그러나 분명히 어떤 변화가 있었고, 2000년대 초반의 전체적인 분위기는 1990년대의 낙관주의와 매우 달랐다. 2001년의 침체가 특별히 심하거나 길었다고 볼 수는 없지만, 그 회복은 1990-1991년의 불황 때와 마찬가지로 더디게 진행되었다.

이런 변화는 9·11 사태에서도 어느 정도 드러났다. 9·11 사태는 미국 전역에 충격을 안겨준 것은 물론, 중동을 향한 반격이나 어쩌면 전면전도 불가피하다고 생각하는 사람도 많았다. 연준은 이 사태로 전례 없는 시

◆　　　당시 나는 불황을 공식 선언한 전미경제분석국에서 학자로 근무하고 있었다.

험을 맞이했고, 결과적으로 잘 대처했다고 볼 수 있다. 그날 연준 이사진 중 유일하게 워싱턴에 있었던 로저 퍼거슨Roger Ferguson 부의장은 피격으로 연기가 피어오르는 펜타곤을 사무실 창 너머로 바라보며 연준 및 뉴욕 연방준비은행(세계무역센터 빌딩과 불과 몇 블록 떨어진 곳이다)의 경제분석가들과 함께 미국 금융 시스템의 복구를 위해 애쓰고 있었다.⁴ (그린스펀과 빌 맥도너 뉴욕 연방준비은행 총재는 9월 11일에 스위스에서 열린 회의를 마치고 귀국하던 중이었다) 퍼거슨은 가장 먼저 성명을 발표했는데, 이는 1987년 폭락 사태 직후 연준이 발표했던 내용을 연상시키는 것이었다. "연방준비제도는 지금도 건재합니다. 유동성이 필요한 기관은 언제든지 대출 창구를 이용할 수 있습니다." 주요 금융기관은 연준의 도움으로 계속 운영되었다. 세계무역센터에서 비극적인 사상자가 발생하고 정보통신 네트워크를 비롯해 값비싼 기반 시설이 무너진 와중에도 말이다. 주식시장은 불과 일주일도 지나지 않아 재개장했다.

2000년대 초반에는 주가 하락과 초유의 테러 위협으로 항공에서 보험에 이르는 전 산업 분야가 타격을 입은 것 외에도 여러 가지 요소로 불확실성이 증대되고 기업의 사기가 꺾였다. 우선 기업 스캔들이 빈발한 것을 들 수 있다(엔론, 월드컴, 아서 앤더슨). 또한 이런 스캔들로 상장기업의 회계 및 감사 요건이 강화됨에 따라 사베인-옥슬리 법이 탄생했다. 여기에 미국의 이라크 침공 가능성이 대두되었고, 급기야 2003년 3월에 현실화됐다. (2003년 3월에 FOMC는 이례적으로 지정학적 불확실성으로 인해 경제에 대한 위험의 균형을 유용하게 특정할 수 없다고 발표했다) 불확실성이 커지고 성장은 둔화하는 환경에서 기업 투자는 지지부진할 수밖에 없었다. 더욱 걱정스러운 것은 생산이 다시 증가하기 시작했는데도 노동 시장은 여전히 부진하다는 점이었다. 다시 한번 '일자리 없는 경기 회복'이라는 말이 유행했다.

공식적으로 불황이 끝난 것으로 알려진 2001년 11월에 5.5퍼센트였던 실업률은 이후에도 계속 증가해 2003년 6월에는 6.3퍼센트까지 올랐다.

재정 정책은 성장이 둔화한 경제를 개선할 수 있다. 그리고 그린스펀은 아버지 부시와 클린턴 행정부를 거치면서 그랬듯이 새로 집권한 아들 부시의 정책에서도 같은 역할을 담당했다. 1990년대의 왕성한 경제 성장과 주식시장의 자본 증가는 세수 증대로 이어져, 연방 예산은 전례가 드문 흑자를 달성하고 있었다. 연준의 경제분석가들은 심지어 흑자가 지속되어 연방정부 부채가 청산될 경우의 통화 정책 운영 방안을 검토하기까지 했다. (정부의 미지불 채무가 없어지면 연준은 더 이상 국채를 거래하여 은행지급준비금을 조정할 수 없고, 따라서 평소와 같은 금리 조정 방법을 쓸 수 없게 된다) 부시는 대선 기간에 1조 6000억 달러의 감세 공약을 내걸었고, 재정 흑자가 예상되는 상황이어서 평소 보수적인 재정관을 지니고 있던 그린스펀도 지지 의사를 보낸 편이었다. 그린스펀은 의회 증언에서 말을 얼버무렸다. 언제나처럼 정부의 장기적 재정 전망에 대해 우려를 안고 있던 그는, 흑자 폭이 지나치게 줄면 감세 철회로 돌아설 수 있는 세금법에 여러 '작동 장치'를 마련해두자고 제안했다. 그러나 대체로 호의적이었던 그의 발언은 부시의 계획을 무조건 지지하는 것으로 받아들여졌고, 두고두고 민주당 의원들의 원성을 사는 원인이 되었다.◆ 부시는 2001년 6월에 1조 3500억 달러(10년간) 감세안에 서명하게 된다.

연방 재정이 흑자를 기록할 것이라던 전망은 결국 오래가지 못했다.

◆ 내가 연준 의장에 막 취임했을 당시 민주당 상원 원내대표 해리 리드Harry Reid는 그린스펀이 부시의 감세안을 지지했던 사례를 들며 나에게 재정 정책에 관여하지 말라고 경고한 적이 있다.

불황과 주가 하락에(자본 소득에 매겨진 과세 수입이 줄어들었다) 감세가 더해지자 정부 재정은 다시 적자로 회귀했다. 그린스펀은 부시의 2차 감세안(10년간 3500억 달러)을 반대했으나 결국 2003년에 통과되었다. 그러나 행정부와는 여전히 가까운 관계를 유지했다. 그린스펀의 임기 만료가 아직 1년 넘게 남아 있던 2003년 4월, 부시는 그에게 다섯 번째 임기를 보장한다고 말했다.

그린스펀의 주된 관심사는 물론 통화 정책이었고, 더 크게 보면 2001년 이후의 더딘 회복이 새로운 걱정거리를 만들고 있었다. 경제 회복이 재개되었음에도 금리와 인플레이션 모두 낮은 수준을 계속 유지했는데, 다수의 경제학자와 투자자들은 이런 예상치 못한 현상이 일시적인 일이 아니라 새로운 표준으로 자리 잡지나 않을까 하고 우려했다. 연준은 2001년에 재빨리 연방기금금리를 인하하며 불황에 대처했고, 이후 회복이 더뎌지고 인플레이션도 하강세를 보이자 2003년에는 1퍼센트까지 인하했다. 더구나 1990년대 내내 잠잠한 듯했던 필립스 곡선이 다시 기지개를 켜는 징후가 감지되었다. 이번에는 그 방향이 아래쪽이었다. 노동 시장의 부진이 지속되면서 물가와 임금 상승 속도가 느려지고 있었다.

좀 더 세부적으로 들어가면 이 시기에 이르러 연방준비제도는 인플레이션을 측정할 때 소비자 물가 지수보다는 개인소비지출personal consumption expenditure, PCE 물가지수에 기반한 대안적 측정법에 더 비중을 두고 있었다. [◆] 2003년 중반, 코어 PCI 인플레이션(식품과 에너지 가격을 제외한 인플레이션)은 약 1퍼센트에 근접해 있었고 연준 경제분석가들은 이듬해까지 더 떨어진다고 내다보았다. 경제분석가들이 세운 모델에 따르면 디플레이션(물가 하락)이 완연해질 확률이 4분의 1에 이르렀기 때문이다. 1970년대와 1980년대를 거치며 경력을 쌓아온(사실 당시 거의 모든 정책결정자가 그랬다) 중앙은행 관계자들로서는 금리가 아주 낮은데 인플레이션도 동시에 낮은 상황을 도무지 이해할 수 없었다. 마틴, 번스, 볼커 같은 중앙은행 총재들이 한결같이 골칫거리로 여겼던 인플레이션이 어떻게 지나치게 낮을 수가 있단 말인가? 그 답은 머지않아 분명해졌다. 인플레이션이 지나치게 낮아지는 것은 얼마든지 가능한 일이었다.

금리와 인플레이션의 장기 하락

단기적으로 보면 중앙은행은 이자율에 관해 상당한 결정권을 가지고 있다. 특히 연방기금금리와 같은 단기 이자의 경우 더욱 그렇다. 그러나 장기적으로 일반적 또는 정상 수준의 이자율을 결정하는 것은 경제를 구성하는 다른 구조적 요소들이다. 경제학자들은 19세기 말 스웨덴 경제학자

◆ PCE 물가지수는 경제분석국이 GDP를 계산하는 과정에서 나온 것이다. PCE 인플레이션이 소비자가 구매하는 상품과 서비스 조합의 지속적인 변화를 더 잘 반영하게 설계된 데 비해, CPI에서는 상품 및 서비스의 주요 카테고리에 대한 소비 비중이 고정되어 있다는 차이점이 있다(단 그 가중치는 정기적으로 조정된다). 역사적으로 PCE 지수로 측정한 인플레이션은 CPI 인플레이션에 비해 10분의 몇 퍼센트포인트 정도 더 낮은 경향을 보이나, 대체로 두 지수는 긴밀한 상관성을 가진다.

크누트 빅셀Knut Wicksell의 이론에 따라, 경제가 완전 고용을 달성하고 인플레이션이 안정될 때의 이자율을 자연이자율neutral rate of interest(줄여서 R*라고 한다. '알스타'라고 발음한다)이라고 정의했다. ◆5 자연실업률 u*와 마찬가지로 자연이자율 역시 시간에 따라 변하는 값이다. 실제로 1980년대 초 이후(연준이 아무리 긴축과 완화를 거듭하며 단기금리의 인상과 인하를 반복했음에도) 미국을 비롯한 여러 선진국에서 이자율은 꾸준한 하락 추세를 보였다. 예컨대 그림 4.1에서 볼 수 있듯이, 10년 만기 국채 수익률은 볼커 의장 시대에 15퍼센트가 넘는 수치를 보이며 고점을 기록했으나, 이후 계속 떨어져 2020년 팬데믹 직전에는 2퍼센트에도 못 미친다는 것을 알 수 있다. 불황과 호황이 반복되는 과정을 거치면서도 장기적으로 이자율이 떨어진다는 사실은 오늘날의 자연이자율이 수십 년 전에 비해 훨씬 낮아졌다는 것을 강하게 시사한다.

그렇다면 지난 40년 동안 평균적인 R*값이 이렇게 많이 하락한 이유는 무엇이며, 이 사실은 왜 중요할까? 우선 볼커와 그린스펀을 거치며 인플레이션이 정복된 것이 자연이자율 하락의 중요 원인 중 하나다. 20세기 초의 경제학자 어빙 피셔Irving Fisher가 말했던 것처럼, 저축하는 사람들의 관심은 결국 자신이 수령하는 달러의 절대 액수가 아니라 투자 수익의 구매력이다. ⁶ 쉽게 말해 그들은 수익금의 구매력을 보존하기 위해 인플레이션 예측치보다 더 높은 추가 이자율을 요구하게 된다. 이런 경험칙을 가

◆ 여기서 대문자로 표시된 R*는 시장, 또는 명목상의 자연이자율을 의미한다. 명목 자연이자율에서 인플레이션 분을 제외한 실질 자연이자율은 통상 소문자 r*로 표기한다. 이 책에서 R*는 주로 단기 자연이자율을 의미하지만, 단기와 장기 자연이자율은 대개 밀접한 상관관계를 보인다.

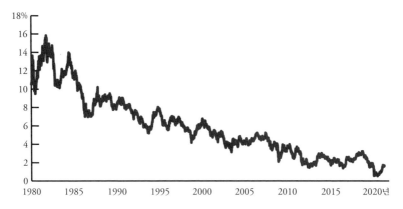

그림 4.1 10년 만기 국채 수익률, 1980년부터 2021년까지

연준이 연방기금금리의 인상과 인하를 반복하며 거시경제적 목표 달성을 위해 애썼음에도, 1980년대 초부터 장기적 시장 금리는 꾸준히 하강하는 추세를 보인다.
출처: FRED 데이터베이스, 세인트루이스 연방준비은행.

리커 피셔 방정식Fisher Principle라고 한다. 지난 40년간 이어진 인플레이션의 하락이(1975년부터 1980년까지 코어 PCE 인플레이션은 평균 7퍼센트, 2015년부터 2020년까지는 1.5퍼센트를 약간 웃돌았다) 자연이자율이 상당히 낮아진 것을 설명할 수 있는 것도 바로 이 피셔의 원리 때문이다.

그러나 인플레이션 하락은 일부에 지나지 않는다. 과거 40년간 이자율은 인플레이션보다 오히려 더 큰 폭으로 떨어졌다. 다시 말해 국채를 비롯한 기타 투자 상품의 인플레이션을 조정한 실질 이자율 역시 떨어졌고, 그 폭도 상당한 경우가 많다는 것이다.◆◆7 그 외에는 또 어떤 일이 벌어졌을까?

◆◆   2003년 연방준비제도의 경제학자 토머스 로바크Thomas Laubach와 존 윌리엄스John Williams
가 개발한 방법론에 따르면 미국의 실질 자연이자율은 1985년에는 3.5퍼센트를 넘었으나 현재는 0.5퍼센트에 못 미치는 것으로 알려졌다. 특히 2007년부터 2009년까지 금융위기 기간에 급격하게 하락했다. 두 저자와 캐스린 홀스턴Kathlyn Holston이 2017년에 발간한 논문에는 다른 선진국에서도 비슷한 결과가 나왔다고 보고되어 있다.

장기 실질 자연이자율이 이렇게 하강하는 이유에 관해서는 두 가지의 서로 연관되면서도 보완적인 논지가 존재한다. 앞 장에서 1990년대 세계금융위기와의 전쟁을 설명하면서 소개했고 나중에 클린턴 행정부의 재무장관으로 일하게 되는 경제학자 래리 서머스는 이른바 구조적 장기침체 secular stagnation 가설이라는 개념을 널리 알렸다.[8] 이 용어는 1938년에 하버드의 저명한 경제학자 앨빈 한센Alvin Hansen이 만들었다.[9] 한센은 인구 증가 속도 둔화나 기술 혁신 쇠퇴 등의 요인이 대공황이 종료된 후에도 경기 침체를 불러올 것을 우려했다. 물론 그런 일은 일어나지 않았으나(대공황과 제2차 세계대전 후에는 경기 호황이 이어졌다) 서머스는 한센의 생각을 새롭게 조명해볼 필요가 있다고 보았다.

그런데 서머스가 한센의 가설을 새롭게 해석하는 과정에서 현대 미국 경제가 안고 있는 여러 장애 요소가 드러났다. 예컨대 고령화로 인해 생산활동 인구가 감소, 앞선 시대에 비해 눈에 띄는 기술적 진보가 부족하며, 가장 급성장 중인 산업에 물리적 자본이 그리 필요치 않다는 점을 들 수 있다(예컨대 페이스북에게는 1950년대 제너럴모터스와 같은 수준의 장비와 건물이 필요치 않다). 서머스가 새롭게 해석한 구조적 장기침체 가설에 따르면 이런 요소들이 어우러져 신규 자본재에 대한 수요 약화뿐 아니라 전반적인 경제 성장 둔화를 초래하는 요인이 되고 있었다. 성장 둔화와 생산적인 자본 투자 기회의 제한은 다시 투자 자금에 대한 수요 부진과 자연이자율 하락으로 이어진다. 여기서 구조적 장기침체 가설이 주는 중요한 시사점은 최근 수십 년간 지속된 경기 회복 부진이 기술주 거품 붕괴나 9·11 사태, 각종 기업 스캔들 같은 일회성 요소의 결과가 아니라는 사실이다. 성장이 느리고 이자율이 낮았던 것은 이런 근본적 요소들이 꾸준히 이어져 온 결과였다.

구조적 장기침체의 해결책은 과연 존재하는가? 공공 정책을 통해 인구구조의 변화나 생산성 증대에 영향을 미칠 수는 있겠지만, 그러기 위해서는 오랜 시간이 필요한 것이 현실이다. 이론상 공공 투자(예컨대 고속도로, 공항, 교량 등에 대한 건설 투자)는 부진한 민간 투자를 대체할 수 있으므로, 서머스는 공격적인 재정 정책을 통해 구조적 장기침체를 해결해야 한다고 강하게 주장했다. 전 세계적인 재정 적자 규모는 팬데믹 기간에 급증하기 전에도 이미 상당한 규모였던 것이 사실이다. 그러나 서머스는 루카스 레이철Lukasz Rachel과의 공동 연구를 통해 지속적인 재정 적자가 없다면 실질 자연이자율은 더 낮아져서 상당한 마이너스를 기록할 수도 있다는 결론을 내렸다.[10]

실질 이자율이 하락하는 이유에 관한 또 하나의 보완적 설명은 글로벌 저축과잉global savings glut이라는 가설이다.[11] 이 가설은 기본적으로 제2차 세계대전 이후 형성되어온 실질 이자율 수준에서 오늘날 전 세계 저축액이 신규 자본 투자 수요를 훨씬 뛰어넘는데, 신규 자본 투자는 정부 재정 적자와 함께 저축액의 주요 용도라는 것이다. 저축 공급액이 투자 자금 수요를 넘어서기 때문에 저축 수익률이 과거에 비해 줄어든다. 그렇다면 추가 저축액은 어디에서 오는 것일까? 나는 2005년에 했던 연설에서 중국을 비롯해 빠르게 성장하는 동아시아의 높은 저축률과 사우디아라비아 등 고수익 산유국의 저축에 초점을 맞추었다. 최근에는 유럽, 그중에도 독일이 세계 저축액의 가장 큰 원천이 되고 있다.

그러나 세계 저축액의 증가를 주도하는 더 근본적인 요인은 전 세계에 걸친 소득 증가와 인구구조에 있다. 최근 수십 년간 전 세계 수십억 인구는 엄청나게 증가한 소득을 바탕으로 부를 축적할 역량을 확충해왔다. 한편 신흥시장국과 선진국을 막론하고 사람들의 수명이 증가하고 은퇴 시기가 미뤄지면서 저축 수요는 더욱 늘었다. 저축의 역량과 수요는 큰 폭으로 증가했는데 투자 기회는 근로 가능 인구와 생산성 증대 둔화의 벽에 막혀, 미국뿐만 아니라 전 세계적으로 (인플레이션 조정 후) 실질 수익률은 떨어지고 있다.

구조적 장기침체와 세계 저축 과잉은 서로 강조하는 점이 약간 다르다. 구조적 장기침체는 적어도 초기에는 주로 미국에 관심을 집중했던 데 비해, 세계 저축 과잉 논리는 저축과 투자의 세계적 흐름과 이를 촉진하는 세계 자본시장의 통합화 경향에 초점을 맞추었다. 구조적 장기침체가 주로 투자 자금 수요(기업의 자본 구성과 정부 적자에 기여)를 더 강조했다면, 세계 저축 과잉 가설은 자금 공급에 더 비중을 두었다. 그러면서도 이 두 논리는 서로를 보강하는 관계를 맺고 있다. 두 가지 모두 다양한 인구구조와 경제적, 기술적 이유로 전 세계 저축 공급액이 그런 자금 수요를 뛰어넘어 왔다고 주장한다. 이런 불균형은 계속해서 실질 이자율을 끌어내리는 요인이 되었고, 심지어 이는 경기가 완전 고용을 달성하거나 통화 정책이 완화를 향하지 않을 때도 마찬가지였다.

R^*의 장기적인 하락을 설명하는 이론은 이것 말고도 또 있었다. 일부 경제학자들은 최근 수십 년간 전 세계적으로 투자 대상 자산의 만성 부족 현상이 있었다고 주장한다. 그래서 그 자산들은 경제 위기 기간에도 가치를 잃지 않았다.[12] 안전 자산이 전반적으로 부족했다는 사실은 대개 경제의 불확실성이 높아지는 시기에 수요가 높아지는 미국 국채 수익률이 유독 급격히 하락한 이유에 관한 설명이 될 수 있다.◆ 또한 최근에는 부의 불

◆　이 이론에 따르면 팬데믹 기간의 국채 공급량 등을 포함한 정부 재정 적자는 장기적으로는 안전 자산 부족을 해결하고 자산 수익률을 끌어올리는 데 도움이 될 것이다.

평등이 자연이자율 하락 현상을 설명하는 근거로 제시되기도 한다. 최고의 부유층일수록 소득을 더 많이 저축하는 경향이 있기 때문이다.[13] (그러나 미국과 일부 선진국에서 불평등이 심화한 것은 사실이지만, 최근 수십 년간 세계적으로 그 정도가 증대되었다고 볼 수는 없다) 비록 경제학자들 사이에 자연이자율이 장기간에 걸쳐 하락한 이유에 관한 의견이 일치하는 것은 아니지만, 지난 40여 년간 자연이자율이 하락해왔다는 사실 자체에는 논란의 여지가 없다.

R^*, 즉 자연이자율의 장기 하락이 중요한 이유는 무엇일까? 저축자와 투자자들로서는 수익이 줄어드는 점을 걱정하지 않을 수 없다. 반대로 차입자(정부, 주택소유자, 채권발행 기업 등)의 관점에서는 다른 조건이 모두 같다면 이자율이 낮을수록 유리하다.

연준(및 다른 중앙은행들)이 낮은 자연이자율을 걱정하는 이유는 그것이 통화 정책을 운용하는 데 제약이 될 수 있기 때문이다. 1980년대와 1990년대에는 그저 연방기금금리만 내리는 것으로도 막대한 통화 완화를 달성할 수 있었다. 글로벌 금융위기가 발생하기 전에는 불황이 닥쳐오면 연준은 연방기금금리를 5에서 6퍼센트포인트 인하하는 것으로 경기에 자극을 주었다. 그러나 자연이자율이 이미 2에서 3퍼센트 정도의 아주 낮은 수준까지 내려온 상황에서는 불황이 닥쳤을 때 통화 정책결정자들이 금리를 인하할 여지가 줄어 성장을 자극할 여력도 상당히 잃어버렸다.

정책결정자들이 단기 정책 금리를 설정할 의지와 여력이 최저 수준으로 내려온 지점을 실효 유효 금리 하한effective lower bound이라고 한다. 2007년부터 2009년에 발생한 금융위기 이전까지 대다수 국가는 실효 금리 하한을 제로를 약간 상회하는 수준에 맞춰두고 있었다. 이는 제로 금리가 금융 시스템의 작동에 방해가 될 것이라는 정책결정사들의 걱정 때문이었다.◆ 위기가 끝난 후에 일부 국가의 중앙은행은 금리 하한 추정치를 조정하여 정책 금리를 제로(0)에 맞추거나 심지어 마이너스 금리를 설정하기도 했다. (마이너스 정책 금리란 시중은행이 중앙은행에 예치한 지급준비금에 대해 요금을 부과한다는 뜻이다) 아무튼 중요한 것은 자연이자율이 너무 낮으면 정책 금리를 운영할 여지가 없어져서 중앙은행이 전통적인 단기금리 인하에 의존하기가 어려워진다는 사실이다.

금리 하한의 존재 때문에 통화 정책을 통한 경기 부양책을 쓰기 어렵다는 사실은 충분히 걱정할 만한 일이다. 그러나 여기에 또 하나의 악순환이 문제를 악화시킬 수 있다. 유효 금리 하한 때문에 통화 정책을 통한 경기 자극이 힘들어진다면, 시간이 지날수록 통화 정책결정자들이 원하는 것보다 실업률은 높아지고 인플레이션은 낮아질(부진의 심화로 인해) 가능성이 있다. 인플레이션 수준이 낮아지면 피셔의 원리가 작동하면서 자연이자율도 따라 떨어지는 경향이 있다. 그런데 자연이자율이 떨어지면 통화 정책을 통한 경기 자극 여력이 줄어드는 악순환이 반복된다. 이런 상황을 일컬어 일본형 디플레이션 함정Japan trap이라고 한다. 지난 수십 년간 인플레이션과 이자율이 거의 제로(0)에 수렴되는 바람에 통화 정책이 무용지물이었던 일본의 상황을 빗댄 용어다.

◆ 예컨대 은행과 머니마켓펀드는 예금주와 투자자에게 최소한 제로 이상의 수익을 제공해야 하는데 그들의 단기투자 수익이 0이라면 이익을 낼 가능성은 없다고 봐야 한다.

2003년 디플레이션 소동: 최전방 포워드 가이던스

2001년 불황 이후에 낮아진 이자율과 인플레이션의 하락은 미국이 일본형 디플레이션 함정에 빠져들 가능성을 제기했다. 인플레이션이든 디플레이션이든 너무 낮아지면 탈출하기가 어렵다고 판단한 FOMC 참가자 대다수는 무슨 대가를 치러서라도 그런 상황을 피해야 한다는 데 의견을 모았다. 그린스펀이 나중에 회고했듯이 2003년 중반에 디플레이션은 위원회가 모일 때마다 '1급' 의제로 다루어졌다.[14]

미국에서 저인플레이션과 저금리가 꾸준히 계속되던 상황을 피하는 방법은 무엇이었을까? 이미 연방기금금리가 아주 낮은 수준이던 2003년 상황에서, 문제는 단기금리를 계속 내리는 것 외에 어떤 방법으로 쇠약해진 경제를 되살릴 수 있을까 하는 것이었다. 경제학자들은 대안을 연구하는 과정에서, 오래도록 디플레이션과 씨름해온 일본의 고민과 경험을 참고하는 일이 잦았다.[15] 1999년 10월, 연방준비제도이사회는 버몬트주 우드스톡에서 유효 금리 하한 정책에 관한 회의를 개최했는데, 당시 아직 교수직에 있던 나도 그 회의에 참석했다. 또 2002년 11월에는 내가 막 연준 이사진에 합류한 시점에 '디플레이션, 미국에서 그것이 일어나지 않게 하기'라는 강연을 한 적도 있다. 여기에서 나는 통화 정책의 여러 대안 수단을 제안했고, 이 주제에 관해 연준의 경제분석가들과 함께 연구한 결과를 논문으로 발표하기도 했다.[16] 그러나 2003년 이전까지는 통화 수단을 통한 경기 자극은 필요하나, 연방기금금리의 추가 인하 방안이 현실성도 없고 바람직하지도 않은 상황에서 어떻게 대처해야 하는지, FOMC 차원에서 체계적으로 연구한 바가 없었다.

그린스펀은 금리 하한에 대처할 방안을 연구해서 위원회에 보고하라고 경제분석가들에 지시했다. 경제분석가들이 이 문제를 광범위하게 연구한 결과는 수년 후에나 나왔고, 그때는 이미 금리 하한으로 인한 문제가 이미 가설의 차원을 훨씬 뛰어넘은 뒤였다. 그들이 검토한 방안 중에는 국채를 대량 매수하여 장기이자율을 내리는 방법도 있었지만, 2003년 당시로서는 꽤 낯설었을 뿐 아니라 꼭 필요하지도, 바람직하지도 않은 것처럼 보였다(이 방법은 그런 매수가 발생하는 채권시장의 투기 의혹을 잠재울 수는 없다). 따라서 위원회는 적극적인 홍보 활동을 통해 목적을 달성하는 편을 대안으로 선택했다.

홍보 활동이 어떤 의미가 있다는 말일까? 단순히 정책을 전달하는 것만으로 과연 효과가 있을까? 그린스펀 재임 시 회의 후에 발표하는 관행이 정착되면서, 시장은 기존의 정책 조치뿐만 아니라 위원회가 제시하는 미래 정책 방향에까지 반응한다는 사실이 드러났다. 여기에 문제 해결의 실마리가 있었다. 연준이 직접 통제하는 이자율인 연방기금금리 자체는 사실 그리 중요하지 않다. 연방기금금리는 아주 짧은 기간만(하룻밤 혹은 주말 동안) 유효하며, 적용되는 시장 범위도(은행 간 지급준비금 대출) 매우 좁다. 연방기금금리의 변화가 경제에 미치는 영향은 주로 다른 자산의 가격과 수익률을 통해서이다. 예컨대 주택담보대출 금리나 기업 채권 이자 같은 장기금리가 여기에 포함된다.

이런 금리가 더 중요하고, 연방기금금리와 이런 금리의 연관성이 중요하게 제기되는 데에는 장기금리가 미래 단기금리에 대한 시장 기대치에 의존한다는 점도 어느 정도 작용한다. 예컨대 투자자들의 마음속에 연준이 지금까지 생각했던 것보다 단기금리를 더 높게 유지할 것 같다는 믿음이 자리 잡는다면, 그에 따라 장기금리 수준도 더 높아지게 된다. 만약 장기금리가 오르지 않으면 투자자들은 우선 단기 증권에 투자하고 수익이 오를 때까지 상환 요구를 미루다가 나중에 장기 채권으로 보유하면 더 큰 돈을 벌 수 있다. 마찬가지로 투자자들이 보기에 연준이 한동안 단기금리를 낮은 수준으로 유지하리라고 판단되면 장기금리도 따라 내려오게 된다. 요컨대 FOMC는 연방기금금리의 미래 방향에 대한 시장 기대치를 형성함으로써 현시점의 장기금리에 영향을 미칠 수 있고, 그 영향은 경제 전반으로 퍼져나간다. 같은 논리로 연방기금금리에 대한 시장 기대치는 주가나 달러 환율과 같은 다른 주요 자산 가격에 영향을 미치고, 이 효과는 다시 경제 전반에 파급된다.

물론 의장과 FOMC의 다른 참여자들은 여러 가지 방법으로 정책 의도를 홍보했지만, 이 당시 FOMC의 집약된 의사를 가장 효과적으로 드러내고, 또 시장의 이목이 가장 집중되었던 수단은 역시 회의 후에 발표되는 성명 내용이었다. 위원회는 이 점을 최대한 이용하기로 했다. 2003년 5월에 열린 회의 후, FOMC는 인플레이션이 너무 낮은 수준일 수도 있다는 우려를 최초로 표명했다. 위원회의 발표에는 이런 내용이 있었다. (다소 복잡하다) "인플레이션 낙폭이 원치 않을 정도로 지나치게 커서 이미 낮은 수준에서 회복한 양보다 더 클 가능성이 비록 크지는 않아도 있는 것이 사실입니다." 정책결정자들의 걱정이 인플레이션이 너무 많이 떨어지는 것이라면, 통화 정책은 완화 기조를 유지할 것이라고 내다볼 수 있었다. 실제로 위원회는 6월에 연방기금금리를 1958년 이후 최저 수준인 1퍼센트까지 내렸다.

그러나 연준이 제시하는 힌트는 그렇게 강하지 않았다. 8월 회의가 열릴 때까지 시장은 연준의 미묘한 메시지를 간과한 채 곧 긴축 조치가 있을 것으로 예상했다. 위원회 참가자들은 연방기금금리에 대한 시장의 기대치를 자신들이 원하는 방향으로 조정하는 방법을 다시 고민했다. 그런스펀은 발표 내용에 미래 정책 방향을 좀 더 명시적으로 담자고 제안했고, FOMC도 이에 동의했다. 8월 회의가 끝나고 나온 발표는 위원회의 우려를 다음과 같이 반복했다. "이미 낮은 수준인 인플레이션이 원치 않게도 상당히 더 떨어졌습니다." 그러면서도 여기에 "이런 상황에서 위원회는 향후 상당 기간 정책 조정이 유지될 수 있다고 생각합니다"라는 말을 덧붙였다.

2003년 5월과 8월에 일어난 논조 변화는 몇 가지 점에서 중요한 의미가 있었다. 5월부터 "원치 않는" 물가 하락 위험을 언급한 것은 지난 수십 년간 지속되어온 연준의 정책 기조와 완전히 다른 것이었다. 기존에는 인플레이션이 낮거나 하락하는 것을 항상 바람직하게 여겨왔다. 사실상 연준이 인플레이션 목표를 가지고 있었다는 사실과 비록 정확한 수치는 밝히지 않았으나 그 값이 0보다 크다는 것은 인정한 셈이었다. 더구나 5월 발표에 따르면 낮은 인플레이션은 연준이 "가까운 미래에 가장 큰 걱정거리"로 생각하는 일이었다. 물론 이것이 그리 구체적인 표현은 아니었지만, 곧 긴축이 있을 것이라는 시장의 예상이 근거 없음을 가리키고 있었다. 그러자 이번에는 메시지가 크고 뚜렷하게 전달되었다. 이후 몇 주에 걸쳐 장기금리가 급격히 하락했다. 그린스펀은 12월 회의에서 이렇게 말했다. "(통화 완화에 관한) 메시지를 전달하려는 우리의 노력이 성공했다는 증거가 아주 명확합니다."[17] 2003년 8월의 발표는 오늘날 우리가 '포워드 가이던스forward guidance'라고 부르는 것, 즉 통화 정책결정자들이 향후 정책 방향을 미리 알리는 것이 효과가 있음을 보여주는 명확한 사례다. 포워드 가이던스를 통해 정책에 대한 기대를 관리하고, 이를 통해 폭넓은 금융 여건을 개선하는 일은 이후 점점 더 중요해진다. 특히 연방기금금리가 유효 하한에 가까워지는 상황에서 말이다.

위원회의 발표에 포함되던 '상당 기간'이라는 표현은 2004년 1월까지 유지되더니 이때부터 조심스럽게 바뀌기 시작했다. 연준은 "정책 조정을 제거하는 데는 인내심을 발휘할 수 있다"고 한 것이다. 이로써 FOMC는 긴축 통화 정책을 검토 중이지만 실제 행동은 조심스레 진행한다는 신호를 보냈다. 한차례 강력한 성장과 노동 시장 개선이 진행된 후인 2004년 6월, 금리 인상과 함께 긴축이 시작되었다. 여기에 "측정할 수 있는 정도로" 정책 조정을 철회할 수 있다는 안내도 덧붙여졌다. 뒤이어진 금리 인상은 실제로 측정되었다. 한 번에 0.25퍼센트포인트를 넘은 적은 전혀 없었다. 그러나 2006년 6월까지 무려 일곱 차례에 걸친 회의 때마다 이루어지기는 했다. 인상이 종료되자 연방기금금리는 과거 정상으로 여겨졌던 5.25퍼센트 수준으로 복귀했고, 실업률은 5퍼센트 아래로 떨어졌다. 근원 인플레이션은 2퍼센트에 가까워졌다. 적어도 통계수치만 보면 연준의 정책이 성공한 것 같았다.

2005년 8월 연방준비제도는 와이오밍주 잭슨홀에서 연례 회의를 열었다. 캔자스시티 연방준비은행의 주최로 1982년부터 그랜드티턴 산맥의 장엄한 광경을 배경으로 열려온 이 회의는 늘 그렇듯이 전 세계 중앙은행과 언론, 학계로부터 쟁쟁한 인사들이 참가하는 행사다. 그린스펀은(당시 그는 임기 마감을 앞두고 있었다) 전 연준 부의장이자 때로는 그에게 날카로운 비판을 서슴지 않던 앨런 블라인더로부터 "역사상 가장 위대한 중앙은행 총재라 불러도 손색이 없다"는 극찬을 받았다.[18]

주택 버블

그린스펀이 후한 찬사를 받는 와중에도 위험이 조성되고 있었다. 주택 가격이 이미 1990년대 말부터 왕성하게 오르고 있었다. 특히 그린스펀 임기에 들어와서는 이 추세가 더욱 가팔라져 2004년과 2005년 모두 13퍼센트가 넘는 상승률을 보였다.[19] 여기에 주택담보대출 심사 기준의 완화도 가세함으로써 주택 가격에 형성된 엄청난 버블은 대공황 시대 이후 최악의 금융위기를 초래하는 불쏘시개가 되었다.

버블의 원인은 무엇이었을까? 통화 완화 정책이 주택 가격을 자극했다는 사람들도 일부 있지만, 그런 주장을 뒷받침하는 증거가 빈약해서 경제학자들은 별로 동의하지 않는 편이다.[◆][20] 다른 이자율과 비슷하게 30년 만기 주택담보대출 이자율은 1980년대 이후 서서히 내리는 추세를 보였지만, 2004년과 2005년에는 약 6퍼센트, 인플레이션을 감안한 실질 금리가 4에서 5퍼센트 수준까지 상승했기에 유례없이 높은 주택 가격 상승과는 관련이 없다고 볼 수 있다. 과거 사례를 연구해본 결과 1996년부터 2006년까지의 주택 가격 상승분에서 실질 이자율 변화가(이를 모두 통화 정책의 결과라고 볼 수는 없다) 차지하는 비중은 약 5분의 1에 지나지 않는 것으로 밝혀졌다.[21] 또 다른 연구 결과, 물론 이자율이 낮으면 주택 가격이 올라가는 경향이 있기는 하지만, 이 두 변수 사이의 역사적 관계는 이자율 변화가 2000년대 초 버블에 미친 영향이 그리 크지 않다는 사실과 일치한다는 것을 알 수 있다.[22] 그뿐만 아니라 주택 가격의 급격한 상승은 미국에 비해 통화 정책의 운용이 제한적이던 영국 등 다른 나라와 거의 같은 시기

◆　2017년에 세계시장이니셔티브Initiative on Global Markets, IGM[시카고대학 경영대학 부설 연구소―옮긴이]가 미국과 유럽의 경제 전문가를 대상으로 2008년 글로벌 금융위기의 주요 원인으로 12가지 선택지를 제시하며 설문조사를 했다. 그 결과 금융 규제 및 감독 체계의 결함이 1위를 차지했고, 혁신 금융 상품의 위험성에 대한 과소평가와 잘못된 주택담보대출 관행이 뒤를 이었다. 통화 완화 정책은 꼴찌에서 두 번째를 차지했다.

에 이루어졌다는 점도 빼놓을 수 없다.[23]

이자율도 통화 정책도 아니라면, 어떤 원인이 작용했던 것일까? 버블의 원인을 연구할 때는 대개 3가지 요소에 집중한다. 대중 심리, 대출심사기준의 완화를 유발한 금융시장 제도 및 환경 변화, 대출 관행에 대한 규제 부족 및 위험을 감수하는 전반적 분위기가 그것이다.

대중 심리는 주택을 투자 대상으로 보는 낙관주의가 확산, 증가하는 바탕이 되었다. 1990년대 말과 2000년대 초까지 일부 주요 도시를 중심으로 주택 가격이 급격히 증가하면서 많은 사람이 주택 가격은 어떤 일이 있어도 끊임없이 오를 수밖에 없다고 생각하게 되었고, 이는 사람들의 교류와 ("사촌이 집을 굴려서 부자가 되었다더라!") 미디어의 힘으로 더 강화되어갔다. 로버트 실러가 주창한 대중 내러티브 이론의 대표적 사례라고 할 수 있다.[24] 실러는 1998년을 전후로 미국 주택 가격이 급증했고, 이런 분위기에 편승한 낙관주의가 기술주 버블이 형성되는 데도 일조했다고 주장했다.

금융 혁신과 세계 저축 과잉, 여기에 안전 자산이 부족하다는 인식도 주택 가격 버블이 형성되는 데 한몫했다. 2000년대 초반에 전 세계 저축 인구가(높은 저축률을 자랑하는 중국인도 여기에 포함된다. 그때가 바로 중국이 세계 무역 및 자본시장에 편입되던 시기다) 찾아다니던 투자 대상은 한편으로는 최소한의 수익을 올리면서도 다른 한편으로 적당한 안전성과 유동성까지 갖춘 상품이었다. 당시에는 이미 저축 과잉 추세가 자리 잡으면서 그런 자산은 점점 공급이 달리고 있었다. 특히 연방정부는 재정 적자를 줄이거나 심지어 흑자를 지향하던 터라 모두가 탐내는 안전 자산, 즉 미국 국채는 공급량이 제한되어 있었다.

월가의 금융 설계자들은 안전 자산에 대한 강한 수요를 충족하기 위해 광범위한 담보대출 상품을(여기에 다른 개인 신용상품들이 포함되기도 했다)

복잡하게 한데 엮은 증권을 만들어 팔기 시작했다. 다양한 신용 자산을 조합하면 증권이 지닌 위험이 골고루 분산되어 전체적으로 줄고, 그렇게 해서 구성된 증권상품은 위험도가 더 큰 것과 작은 것으로 나뉜다고 생각했기에, AAA등급을 받은 CDO는 글로벌 투자자들에게 새로운 안전자산으로 간주되었다. 이런 신용 기반 증권을 구성하는 기초 자산에 막대한 수요가 몰렸고, 이는 다시 담보대출 제공자들이 대출 조건을 파격적으로 낮추어 더 많은 대출을 만들어내는 동기가 되었다. 나중에 담보대출이 잘못돼봐야 그것은 대출 제공자의 문제가 아니라 담보대출 기반 증권을 매수한 사람들이 떠안을 문제였다. 신용 기준 완화는 사실상 주택 수요를 끌어올려 버블 형성을 촉진했다.

마지막으로, 규제당국은 교묘한 속임수가 숨어 있는 담보대출의 확산세를 막는 데 실패했다. 대출을 받은 사람이 초기(보통 1-2년)에 갚아야 할 원금을 매우 적게 설계한 탓에 시간이 지날수록 원금 잔액이 줄기는커녕 오히려 늘어나는 경우도 있었다. 규제당국은 또 대출 신청자가 충분한 신용도를 갖추고 있는지 확인하라는 조건을 대출 기관에 요구하지도 않았다. 그 결과 등장한 것이 바로 소득도, 직업도, 자산도 묻지 않는다는 저 악명 높은 닌자 론NINJA loan[no income, no job or asset의 줄임말이다—옮긴이]이었다. 대출 기관은 대출 신청자에게 신용등급을 요구하는 것이 고작이었다.

규제가 실패한 원인에는 규제당국의 노력과 상상력이 부족했다는 점 외에도 몇 가지 다른 요소가 있었다. 가장 중요한 이유는 미국의 금융 규제가 역사적, 정치적 이유로 제대로 마련되지 않았던 데다 현대 금융 시스템의 변화하는 속성을 제대로 반영하지도 못했다는 것이다. 규제 체계에는 커다란 공백과(예를 들어 비은행 담보대출 기관과 담보대출 투자자들은 규제의 사각지대에 놓인 것과 다름없었다) 중첩이 동시에 존재했다. 복수의 규제당국이 '고객'을 두고 서로 충돌하거나 때로는 경쟁을 벌이기도 했다. 2007년 3월, 서브프라임 대출 기관 컨트리와이드Countrywide는 보유하고 있던 예금 취급금융기관 자격을 변경하여 주요 감독 기관을 연준에서 재무부 저축감독국으로 바꿨다. 컨트리와이드로서는 그렇게 하는 편이 규제가 훨씬 느슨할 것으로 본 것이다.[25] 규제 공백으로 인해 규제당국이 담보대출 시장의 흐름을 감시하고 대처하는 능력이 줄었다. 예를 들어 2005년에 새로 등장한 서브프라임 대출상품(신용점수가 낮은 대출자에게 제공되는 상품이다) 중 연방 감독 기관의 직접 규제 대상인 대출 기관이 만든 것은 고작 20퍼센트 정도였다. 나머지 50퍼센트를 만든 대출 기관은 자원과 능력이 천차만별인 주별 규제당국의 승인과 감독을 받고 있었다. ◆ [26]

위기가 고조되는 상황일수록 담보대출 기준이 더 엄격해지는 것이 아니라 더 느슨해지는 편을 선호하는 정치적 기류도 문제였다. 입법기관과 규제당국은 소수인종을 비롯해 주택 소유 기회가 박탈된 계층에게 그 기회를 확충하는 방안을 가로막는 존재라는 인상을 주기를 꺼렸다. 따라서 저소득 계층에게 주택을 소유할 기회를 제공하기 위해 낮은 신용점수를 허용하는 신형 대출상품이 (당시 보편화된 관점에 따라) 나왔다면, 다소 위

◆   나머지 30퍼센트는 은행지주회사가 소유한 비은행 대출 기관으로, 이들의 감독 기관은 역시 연준이었다. 그러나 1999년에 마련된 그램-리치-블라일리 금융규제개정법은 이른바 '페드 라이트Fed lite'라는 규정을 근거로, 지주회사의 감독 기관인 연준은 지주회사의 자회사에 대해서는 그 감독 권한을 주요 감독 기관에(주 단위 감독 기관을 말한다) 양도해야 한다고 명시했다.

험이 있더라도 이를 승인해줄 가치가 있다고 판단하게 된다. ◆ 안타깝게도 나중에 주택담보대출 위기가 발발했을 때 가장 큰 타격을 입은 주택 구매자는 바로 이런 금융 취약 계층이었다.

나는 미국 주택 버블의 유발 요인으로 그런 정서와 월가의 금융 혁신, 그리고 규제 체계의 결함을 거론할 때, 연방준비제도에 아무 잘못이 없다고 말할 생각은 추호도 없다. 더구나 2002년 8월 이후로는 내 책임도 분명히 있다. 분열된 금융 규제(특히 금융 체계 전반의 안정성을 책임지는 기관이 하나도 없었다는 점)와 주택 소유 확대에 대한 정치권의 지지는 연준이나 기타 규제당국이 주택 및 담보대출 시장에서 조성되는 위험을 늦추거나 회복하려는 노력을 가로막은 주범이었다. 그럼에도 지금 와서 생각해보면 연준을 비롯한 규제당국이 시도해볼 만한 방법이 있었음을 알 수 있다. 예를 들어 그린스펀과 다른 기관장들은 자신이 가진 발언권을 이용해 주택 시장의 규제완화 흐름이 유발할 위험을 좀 더 적극적으로 지적할 수 있었다. 그렇게 했더라도 극적인 변화가 일어나지는 않았을 수 있겠지만(그린스펀은 오랫동안 연방 담보대출 담당 기관인 패니메이와 프레디맥이 자본과 위험을 제대로 관리하지 못한다고 열심히 비판했지만, 사실상 별 효과는 없었다), 적어도 의회와 일반 대중의 경각심을 고취할 수는 있었을 것이다. 또한 연준은 은행들이 손실을 흡수할 수 있는 자본을 좀 더 보유하고 위험 관리와 측정에 더 신경 쓰도록 압박할 수도 있었다. 나아가 연준이 지닌 권한을 대폭 활용해

◆   당시 규제당국과 정치인들은 서브프라임 대출과 약탈적 대출을 엄격히 구분했다. 전자는 신용점수가 낮은 사람들에게 주택 소유의 기회를 주는 것으로 바람직하게 보았지만, 후자는 정교한 지식을 갖추지 못한 대출자들을 이용하려는 부정하고 사기성이 있는 관행이므로 반드시 막아야 한다고 간주했다.

서 '부정하거나 기만적인' 대출 관행을 금지하거나, 긴급 권한을 발동하여 은행지주회사가 소유한 비은행 대출 기관을 더 자주 조사하거나, 금융 시스템 전반의 위험을 더 체계적으로 진단할 수도 있었을 것이다.[27]

그린스펀은 더 강력한 규제가 필요한 상황을 실시간으로 알아채고 있었을까? 나 역시 이 시기의 일부를 연준에서 보냈고, 그러면서도 위기를 예상하지 못했던 만큼 입이 열 개라도 할 말이 없는 것이 사실이다. 이런 말이 도움이 될지 모르지만, 그린스펀의 사각지대는 그가 위험 가능성에 주의를 기울이지 않아서 발생한 것이 아니었다. 임기 말에 그는 주택 시장에 끼는 거품과(비록 그가 이것을 특정 지역에 국한된 현상이라고 보기는 했지만) 금융시장 전반에 형성된 위험 감수 성향이 걱정이라고 분명히 말했다.[28] 그는 원래 자유주의자였지만, 원칙적으로 금융 규제를 반대하는 인물도 아니었다. 그가 실수한 점이 있다면 잘못된 대출 관행과 과도한 위험 감수 풍조에 대해, 은행 경영진이나 이사회의 자기 이해 등을 기반으로 시장이 자정능력을 발휘할 수 있다고 너무 믿었다는 점이다. 게다가 그는 정부의 은행 조사관들이 은행의 결정을 예측하는 능력을 대체로 신뢰하지 않았다. 그는 정부 조사관들이, 비록 그들의 선의를 인정한다고 해도 엄청난 연봉과 전문성을 자랑하는 다국적 은행의 직원에 비해 그 숫자도 역량도 훨씬 뒤처진다고 생각했다. 따라서 지금 돌이켜보면, 그는 연준의 권한을 동원하여 금융 시스템에 최소한 일부라도 개입하는 일에 너무 소극적이었다고 평가할 수 있다. 나중에는 그린스펀 자신도 이 점을 대체로 인정했다. 2008년 10월 의회 증언에서 그는 시장의 힘과 은행 측의 이기심에 대한 자신의 '충격적인 불신감'이 조금만 더 강했더라면 잘못된 대출 관행이 위기를 초래하는 일은 없었을 것이라고 언급했다.[29]

그의 표현대로 그린스펀의 이런 사고 '결함'은 위기가 오기 전까지 많은 경제학자와 정책결정자들의 머릿속에도 비슷하게 있던 것이었다. 1980년대와 1990년대는 많은 산업 분야에서 규제 완화가 유행처럼 번지던 시기였다. 정책결정자들은 자유시장 이론을 너무나 쉽게 받아들였다. 특히 저축 대부S&L 시장의 위기는 S&L 예금 이자율과 대출 활동에 대한 과도한 규제에 그 원인의 일부가 있는 것으로 여겨졌고, 따라서 이는 금융 규제 완화와 혁신을 촉발하여 위험을 더 기꺼이 감수하는 분위기가 형성되었다. 여기서 얻어야 할 더 큰 교훈이 있다면 연준 의장과 기타 분야의 리더들이 일반적인 상식을 받아들이는 데 더 신중했어야 한다는 것이다. 나 역시 1970년대에 아서 번스가 인플레이션을 제대로 통제하지 못한 일을 비판한 적 있지만, 번스의 통화 정책은 그 당시 많은 경제학자와 정치인들의 관점을 그대로 따른 것이었다. 볼커는 외골수 같은 신념으로 인플레이션을 공격한 인물이었다. 중앙은행이 자신의 생각을 투명하게 밝히고 외부 인사들과의 교류에도 열린 태도를 보여야 한다는 점에서 다양한 관점을 듣는 태도는 또 하나의 쟁점이 되고 있다.

주택 버블은 그 기원이 무엇이었든, 일단 형성되고 나자 통화 정책결정자들의 눈앞에 매우 어려운 과제를 제시했다. 주택 가격 상승이 일부의 예상대로(그린스펀도 포함된다) 오래 지속될 수 없는 것이 사실이라면, 이제 남은 문제는 거기에 어떻게 대처해야 하는가였다. 주택 가격 상승세를 둔화시키기 위해 급격한 긴축 통화 정책을 비교적 일찍, 예컨대 2002년이나 2003년에 감행하는 것은 어차피 성공 가능성이 별로 없어 보였다. 가까운 시일 내에 부진한 경기 회복을 뒷받침하여 디플레이션을 피해야 한다는 점을 생각하면, 2001년의 불황 직후에는 긴축이 아니라 오히려 완화 조치에 나서야 할 것 같았다. 게다가 2002년이나 2003년 당시에 주택 가격이 더 이상 지속될 수 없는 버블로 진입했다는 생각은 어느 모로 봐도 보편적인 시각이라고 할 수는 없었다.

FOMC의 해결책은 낮은 금리를 비교적 짧은 기간 유지하다가(연방기금금리가 1퍼센트의 최저 수준을 유지한 기간은 2003년 중반부터 2004년 중반까지로 불과 1년 정도밖에 안 된다), 회복세가 어느 정도 자리 잡은 조짐이 보이면 점진적이면서도 장기간에 걸쳐 긴축 조치를 추진한다는 것이었다. 주택 버블이 천천히라도 걷히는 모습이 보인다면 경제 전체가 연착륙을 달성할 가능성도 있었다. 2006년과 2007년 초에 이런 방식의 성공 가능성이 꽤 높아 보였던 이유는, 주택 가격이 하락하고 서브프라임 대출이 디폴트를 맞이하는 와중에도 경제가 계속 성장하고 있었기 때문이다. 그러나 이 전략의 맹점은 10여 년에 걸친 악성 대출이 금융계에 심각한 취약성을 자아냈다는 사실을 충분히 깨닫지 못했다는 것이었다.

5

글로벌 금융위기

나는 2006년 2월에 연준 의장에 취임했다. 그것도 전설적인 그린스펀의 후임으로 지명되었으므로 그 누구도 부럽지 않은 일이었다. 나는 2002년에 연준 이사회에 합류하기 전까지는 20년 넘게 학계에 몸담고 있었다. 1979년에 스탠퍼드 경영대학원에서 첫 교수 생활을 시작했고, 1985년에는 프린스턴대학으로 옮겨 그곳에서 아내 애나와 함께 두 아이를 길렀다. 나는 통화 정책과 금융시장, 경제사를 전공하며 연구자와 교수로서 보람찬 경력을 쌓았다. 대공황에 관한 내 연구 결과는 1930년대 경제 붕괴의 원인이 국제 금본위제의 오작동과 관련 당국이 제대로 대처하지 못한 국제 금융위기에 있다는 학계의 결론을 뒷받침했다.[1]

2001년 초, 나는 조지 W. 부시 대통령의 부름을 받아 연준 이사직에 관한 면담 자리에 출석했다. 그간 연구와 저술을 통해 배운 내용을 현장에 적용해볼 더할 나위 없는 기회라는 생각이 들었다. 나는 지명에 동의했고, 의회에서도 만장일치로 통과되어 2002년 8월부로 정책결정자로서의 경력을 시작했다. 연준의 환경은 나에게 신선한 자극이었고, 만나는 사람들

2부 21세기의 통화 정책

역시 협조적이었다(대학원에서 가르친 제자 중에 경제분석가로 일하는 사람도 있었다). 나는 2003년에 디플레이션 위험에 관한 논의에 참여하면서 금리 인하와 포워드 가이던스 방안을 지지했다. 개인적으로 중요하다고 여긴 사안에 관해서는 공개적으로 발언하기도 했다. 예를 들면 정책 수립의 효과와 투명성을 지향하기 위해 연준이 인플레이션에 관한 구체적인 목표를 수치로 정하는 방안을 지지했다.

2005년 6월에는 백악관으로 자리를 옮겨 7개월간 부시 대통령의 경제자문위원회 위원장을 맡았다. 경제자문위원장을 맡는다는 것은 너무나 영광스러우면서도 그만큼 압박이 심한 일이기도 했다. 나는 동료들과 함께 의료 서비스에서 이민에 이르기까지 온갖 이슈에 관해 즉각적인 처방을 만들어내야 했다. 뉴올리언스에 허리케인 카트리나가 덮쳤을 때는 피해 지역에 휘발유를 공급하기 위해 수송 선박의 경로를 재설계하는 문제를 놓고 씨름하기도 했다. 대통령과 부통령에게 경제 상황을 수시로 보고하면서 돈독히 다졌던 인간관계가 후일 금융위기가 닥쳤을 때 중요하게 작용하기도 했다.

부시 대통령이 그린스펀의 후임으로 나를 지명하게 된 것이 우리 둘 사이에 이미 형성되어 있던 신뢰 관계 때문이라는 것에는 의심의 여지가 없다. 상원도 내가 재지명되는 데 전혀 이의가 없었다. 나는 거장 그린스펀의 정책을 계승한다고 약속했다. 또한 내 목표는, 최소한 처음에는 그 약속을 끝까지 지키는 것이었다. 2004년에는 FOMC와 협력하여 그린스펀 재임 시절에 시작된 1년에 8번 FOMC가 열릴 때마다 0.25퍼센트포인트 만큼 기준금리를 인상하던 일을 계속 추진했고, 2006년 6월에 이를 종료했다. 그 시점에 이르자 마침내 경기가 2001년 불황에서 완전히 탈출한 데 이어 일자리 없는 회복이 시작되는 것 같았다. 2006년 가을부터

2007년 봄까지 실업률은 4.5퍼센트 내외로 제한된 변동 폭을 보였다. 근원 인플레이션이 완만하게 상승하며 디플레이션 우려가 사라지자 또 한 번의 연착륙 달성이 가능할 것 같았다.

내가 새로운 직책에 안착하는 과정에서 직면했던 가장 큰 불확실성은 주택 및 담보대출 시장에 있었다. 장기간에 걸친 연준의 정책 금리 인상은 내가 의장이 된 직후인 2006년 여름부터 시작된 주택 가격 하락에 영향을 주었을 가능성이 있었다. 물론 FOMC가 긴축을 표방한 뒤에도 주택담보대출 금리 인상 폭은 놀랍도록 작았지만 말이다.[2] 마이클 루이스Michael Lewis의 책《빅쇼트The Big Short》와 곧이어 동명으로 개봉된 영화에도 나오듯이, 이 당시에도 이미 일부 금융시장 참여자들 사이에서는 주택 및 담보대출 활황세에 관한 회의론이 일고 있었다. 또 서브프라임 모기지와 연동되어 새로 선보이는 파생금융상품은 회의론자들이 서브프라임 시장을 주시하다가 하락에 돈을 거는 일을 더욱 쉽게 해주었다.[3] 어쨌든 FOMC는 주택 및 담보대출 시장의 움직임을 면밀히 주시했다. 특히 저소득 주택 담보대출자들의 연체율과 이와 관련된 주택 차압 사례가 함께 증가하는 현상을 더욱 우려스러운 눈길로 지켜봤다.

우리는 만약 주택 가격 하락의 완만한 지속 추세와 서브프라임 모기지에 대한 연체율이나 지급 불능 사례의 증가세가 금융시장 전체로 번지지만 않는다면(알다시피 결국 이 '가정'이 매우 중요한 것이었다) 비교적 양호한 성과를 기대할 수 있다고 봤다. 나는 2007년 3월에 열린 의회 증언에서, 지금까지 지켜본 결과 서브프라임 문제는 "봉쇄될 가능성이 크다"고 말했다.[4] 그것은 예측이라기보다는 차라리 희망에 가까운 말이었지만, 당시로서는 타당한 진단이라고 생각했다. 나로서는 2006년 중반에 우리가 (위원회 내 강경파들의 반대가 있었음에도) 금리 인상을 멈춘 것이 과다 긴축을 피하

2부 21세기의 통화 정책

는 데 큰 역할을 했다고 생각했다. 인플레이션이 예상대로 보통 수준에 머무르기만 해도 긴축 종료가 경기에 숨 쉴 여유를 주면서 주택시장의 냉각 효과를 흡수할 수 있다고 봤다. 실제로 2007년 나머지 3분기 동안 주택 가격이 계속 하락하는데도 경기는 서서히 성장해서 연간 성장률이 2.5퍼센트에 달하는 결과를 보였다.

우리가 경기를 조심스럽게 낙관했다고 해서 주택 및 담보대출 시장 상황을 도외시한 것은 아니었다. 나는 공개토론에서도 목표를 설정하는 방식을 지지했다. 은행과 대출 기관은 주무 감독 기관의 독려에 따라 주택 담보대출 시장에 이미 명백히 드러난 제반 문제를 해소해야 했다. 내 주장은 많은 경우, 은행과 저당권자들이 대출 연체자를 상대로 담보권을 행사하기보다는 그들과 협상을 통해 월별 상환액을 낮춰주면서 주택을 계속 보유할 수 있게 해주는 편이 더 낫다는 것이었다. 대출 조정이 대출한 사람에게 유리하다는 것은 두말할 필요도 없다. 그러나 나는 그것이 대출 기관, 더 나아가 경제 전체에도 더 유익한 방안이라고 주장했다. 담보권을 행사하면 빈집이 양산되고, 그렇게 방치된 빈집은 가치를 잃게 된다. 이는 다시 해당 지역의 주택 가격에도 악영향을 미치게 된다.

연준은 피감 은행을 대상으로 자발적 대출 조정 프로그램에 협조하도록 권고했다. 호프나우Hope Now로 명명된 이 프로그램의 책임자는 부시 행정부의 행크 폴슨Hank Paulson 재무장관과 알폰소 잭슨Alphonso Jackson 주택 도시개발부 장관이었다. 연방준비은행은 해당 지역별로 관련 행사를 주최하며 대출 조정 프로그램의 홍보와 추진에 나섰다. 그러나 막상 이 프로그램의 혜택이 돌아가는 범위는 제한적이었다. 은행들은 이 프로그램의 장점을 알리면서도, 문제가 발생한 대출 건을 상담한 결과가 반드시 유익한 결과로 이어질 거라고는 선뜻 확신하지 못했다. 이 프로그램이 오히려 연체가 발생하지 않은 대출자들에게도 '전략적 디폴트'를 선언할 기회를 안겨줄 수 있었기 때문이다. 즉 그들이 더 나은 상환 조건을 기대하느라 상환을 중지할 수 있다는 것이었다. 게다가 여러 가지 복잡한 증권으로 구성된 담보대출의 성격상, 전 세계에 흩어진 투자자들의 승인 없이는 법적으로 협상이 불가한 면도 있었다. 또 담보대출 기관들은 몰려들 대출 조정이나 연체를 소화해낼 준비가 되어 있지 않았다. 사실은 이 문제가 누적된 담보대출 문제 해결을 위한 모든 노력의 결정적인 장애 요인이었다.

글로벌 금융위기

따라서 2006년과 2007년에 연준은 이원 전략으로 문제 해결에 나섰다. 통화 정책을 통해 경제의 건전성을 유지하는 한편으로, 규제 수단을 동원해(도의적 권고를 포함하여) 주택담보대출 악화 상황을 해결하려고 한 것이었다. 그러나 2007년 여름이 되자 서브프라임 문제가 금융 시스템 전반을 위협하는 초기 증상이 보였다.

2007년 8월, 프랑스의 BNP파리바 은행이 충격 선언을 했다. 자사가 발행한 미국 서브프라임 모기지 담보증권 중 3종에 대해 투자자 상환을 중단한다는 것이었다. 이 은행은 현재 시장 상황에서는 해당 증권의 가치를 평가 대상에서 제외할 수밖에 없다고 말했다. 다시 말해 2007년 여름 현재 서브프라임 모기지 증권에 대한 투자자들의 불신이 너무 커진 상황이므로 그들은 어떤 가격으로도 이를 구매할 의사가 없다는 뜻이었다. 이 발표를 경종으로 여긴 사람들을 중심으로 패닉런의 물결이 전 세계로 확산되었다.

투자자들이 갑자기 공포에 질리게 된 계기는 무엇이었을까? 주택 가격이 상승일로에 있던 동안에는 대출자나 대부자 모두 서브프라임 대출이 안고 있던 위험을 비교적 낮게 평가했었다. 대출자가 매월 납부액을 상환할 여력이 없는 상황이라면 주택을 매도하여 대출금 전액을 상환하더라도 주택 가격 상승에서 오는 자본 이익을 누릴 수 있었다. 즉 손해 보는 사람이 아무도 없었던 것이다. 그러나 주택 가격이 하락하기 시작하자 이 전략이 더 이상 먹히지 않게 되었다. 주택 가격이 내려가면 납부금이 연체된 서브프라임 대출자는 곧장 디폴트와 퇴거 명령에 직면한다. 그리고 서브프라임 대출 기관과 투자자들이 보유한 채권도 결국 아무런 가치가 없어지게 된다.

그러나 2004년부터 2006년까지 연준의 기준 금리 인상 영향을 곧바로 받는 변동금리 서브프라임 대출이 그 당시 미국 전체의 미상환 담보대출에서 차지하는 비중은 8퍼센트가 채 되지 않았다.[5] 실제로 2007년 초에 연준 경제분석가들의 계산에 따르면 서브프라임 모기지 전체가(변동금리와 고정금리를 합해도 전체 담보대출의 13퍼센트 정도다) 당장 디폴트에 빠지더라도 대출 기관과 투자자들이 입는 손실 합계액은 전 세계 주식시장이 단 하루 부진에 빠질 때 입을 손해보다 오히려 작았다. 그 외 나머지 담보대출, 예컨대 신용기록이 우수한 대출자에게 제공되는 프라임 모기지prime mortgage나 중간 정도 신용도의 대출자가 이용하는 알트A모기지alt-A mortgage는 2007년에도 대체로 양호한 운영 성과를 보이고 있었다. 더구나 은행의 금융 사정 역시 2년 반 전에 연방예금보험 가입 은행 한 곳이 파산한 것을 제외하면 비교적 괜찮아 보였고, 은행들이 예금이나 기타 단기 자금을 유치하는 데도 큰 문제가 없는 것 같았다. ◆ 은행들은 당시로서는 규제 기준에 합당한 자본 규모를 갖추고 있었고 담보대출 손실이 일어나더라도 충분히 소화해낼 여력이 있어 보였다.

3월에 내가 "봉쇄될 가능성이 크다"고 말한 것은 이런 요소를 모두 고려한 결과였지만, 결국 거짓된 위안에 불과했다. 서브프라임 모기지의 실제 손실이나 추산치 자체가 대단히 큰 것은 아니었는데도 서브프라임의 붕괴가 막대한 피해를 몰고 온 이유는 이것이 고전적 형태의 금융 패닉을 유발했기 때문이다. 단지 겉모습이 다소 달랐던 것뿐이다. 처음에 서브프라임 모기지에서 출발한 패닉은 시간이 지날수록 눈덩이처럼 불어나 가계와 기업의 모든 신용에 대한 불신으로 이어졌고, 사실상 금융 시스템, 나아가 경제 전체가 붕괴하다시피 했다.

나는 경제사가의 한 사람으로, 금융 패닉에 관해 몇 천 년까지는 아니더라도 몇 백 년 전의 사례는 찾아낼 수 있다(서기 33년에 로마 황제 티베리우스가 무이자 대출을 제시하며 금융위기를 진압했다는 기록이 있다).[6] 모든 패닉은 유사한 순서를 따른다. 패닉의 발생은 대개 은행이나 기타 금융 기관이 투기적 대출 및 투자 상품을 대규모로 확대한 후에 발생한다. 이런 상품은 주로 단기 부채의 형태를 띠는 경우가 많다. 이후 대출자와 대출 기관의 낙관적 심리가 신용 호황에 연료를 공급하는 동안에는 모든 일이 순조롭게 굴러간다. 기존의 규칙이 적용되지 않는 모습을 보이면서 이른바 '새로운 시대'라는 구호가 넘쳐나기도 한다. 낙관주의에 힘을 실어주는 사례가

◆　예를 들어 2년 반 동안 단 한 건뿐이었던 이 기간과 달리, 1984년부터 1992년까지 이어졌던 저축 대부 위기와 신용 경색 기간에는 무려 100건이 넘는 예금기관 파산 사례가 있었다.

보이기도 하지만, 그러다가도 일부 투자자에 관해 나쁜 뉴스가 나오면(진실인 경우도 있지만, 거짓 소문이라 해도 패닉의 시작점이 될 수 있다) 언제라도 투자 심리가 돌변할 수 있다. 빠져나올 수 있는 사람은 그렇게 한다. 금융기관에 단기 자금을 맡긴 사람은 언제든지 그 자금을 되찾아도 큰 손해가 없으므로 뱅크런에 뛰어들 가능성이 가장 크다. 군중이 밀집한 장소에서 누군가 "불이야!"라고 외치면(그 말이 사실이든 아니든), 질서정연하게 출구로 나오는 게 모두를 위해 좋은 방법임을 알면서도 너도나도 앞다퉈 뛰쳐나온다.

주요 금융기관의 단기 부채에 뱅크런이 발생하면 해당 기관은 다른 투자 상품에 자금을 유치하기도 어려워진다. 이런 상품은 대개 만기가 긴 '비유동성' 상품이다. 즉 빨리 제값을 받고 팔기 어렵다는 뜻이다. 대출 기관은 자금 손실을 만회할 기회가 사라지면 자산을 (우량, 비우량을 막론하고) 헐값에라도 매각하는 것 외에는 별다른 방법이 없다. 모두가 팔자 주문에 매달리면(급매 사태) 자산 가치가 급락하면서 금융기관은 파산 위기에 내몰리고 패닉은 더욱 확대된다. 패닉이 시작되면 아무도 신규 대출을 받으려고 하지 않는다. 기존 대출상품을 헐값에 살 수 있는데 누가 그러겠는가? 이렇게 실종된 신규 신용거래는 다시 자산 가격 하락으로 이어지고, 실추된 확신은 경제 전반의 침체로 번져나간다.

이미 앞에서 살펴봤듯이, 19세기 내내 파괴적인 금융 패닉에 시달렸던 미국 정부와 의회는 연방준비제도를 창설하여 최종 대부자의 역할을 맡겼고, 당시 수많은 은행이 맞이했던 연쇄 파산 사태는 대공황 사태가 더 깊이 악화하는 요인이 되었다. 2007년 여름에, 금융 패닉은 먼 옛날의 일이 되어 있었다. 적어도 미국에서는 그랬다.◆ 1933년에 의회가 연방예금보험 제도를 마련함으로써 일반 예금자들 사이에서는 더 이상 뱅크런이 사라졌다. 은행이 설령 파산한다 해도 자신의 저축액은 보장된다는 사실을 모두 알게 된 덕분이다. 이후로 70년 넘는 세월과 그 사이에 진행된 또 다른 뉴딜 개혁 가운데(금융역사학자 게리 고튼Gary Gorton은 이 시기를 미국 금융의 '침묵기'라고 불렀다) 수많은 금융 혼란이 있었다. 해외 금융위기와 저축 대부 업계의 와해도 겪었다. 그러나 경제 전체를 심각하게 위협하는 수준의 큰 패닉과 국내 위기는 없었다.[7] 그러나 이 오랜 기간에 걸쳐 형성된 복잡한 취약성은 전례 없는 규모의 글로벌 금융위기가 태동하는 바탕이 되었다. 그중에서도 가장 중요한 요소는 그림자금융, 도매금융 자금조달, 유동화의 기법이 빠르게 증가했다는 것이다.

그림자금융과 도매금융 자금

그림자금융이란 미국에서 전통적인 상업은행 시스템과는 별도로 비은행 금융기관과 시장이 발달하면서 서로 네트워크를 형성한 것을 말한다. 이들이 제공하는 서비스는 많은 부분 은행과 겹친다. 기업 및 가계 대상의 대출 서비스나 투자자를 위한 단기 유동 상품 제공 등이 그런 예다. 위기가 닥치기 전 몇 년 동안 규제가 비교적 느슨한 다양한 회사들이 모여 그림자금융 시스템을 형성하고 있었다. 여기에는 주로 가계 대출을 취급하

◆   1990년대 멕시코, 동남아시아, 러시아 등지에서 일어난 위기의 본질은 투자자들이 단기 자금을 대량 인출하려다가 발생한 패닉이었다. 그러나 많은 경제학자는 그것이 신흥국 시장의 금융 시스템과 규제 체계가 미숙해서 벌어진 일이라고 합리화했다. 1980년대와 1990년대 일본과 북유럽 국가에서 발생한 위기도 그들 나라만의 특수한 사정 때문이었다고 치부되는 일이 많다.

는 모기지 회사와 소비자 금융 회사, 그리고 금융시장에서 활동하는 투자은행이나 헤지펀드가 포함되었다. 그림자금융의 또 다른 핵심 요소인 머니마켓펀드money market mutual funds, MMF[단기금융투자신탁이라고도 한다—옮긴이]는 비교적 안전한 단기자산에 투자하면서 주주들이 원할 때는 언제나 유동성을 제공하는 시스템을 갖췄다. 즉 은행 예금과 거의 유사한 서비스를 제공한 셈이다. 그림자금융은 전통적인 은행 시스템의 경쟁자이자 보완자 역할을 동시에 수행했다. 예를 들어 주요 은행이 저당 중개회사나 증권거래사 같은 그림자금융 회사를 소유하거나 다양한 부외거래 투자상품 같은 그림자금융 활동에 자금을 제공하는 경우도 많았다.

모든 신용거래회사는 자금원이 필요하고, 그림자금융 역시 예외가 될 수 없다. 연방보험예금은 시중은행과 저축조합만 이용할 수 있으므로 그림자금융 회사는 주로 보험이 적용되지 않는 단기 자금에 의존해야만 했다. 따라서 이런 형태의 자금은 개인이 시중은행에 예금한 것과 다르다는 의미로 소매금융retail funding이 아니라 도매금융wholesale funding이라는 이름이 붙게 되었다. 도매금융의 중요한 예로 상업어음commercial paper, CP과 환매조건부채권repurchase agreements, RA[우리말로는 줄여서 환매채라고 한다—옮긴이]을 들 수 있다.

'상업어음'은 기업 금융의 매우 오래된 한 형태이자 단기 채무의 일종으로, 보통 비금융 기업이 재고 확보 자금 마련이나 기타 단기적 목적으로 사용해온 방법이다. 상업어음은 예전부터 무담보로 거래되어왔다. 즉 상업어음의 상환은 특정한 담보물 없이 차용 기업의 상식적인 의무에 의존했고, 차용 기업이 파산하는 경우 고스란히 손실로 이어질 위험을 안고 있었다. 그러나 금융위기가 오기 전에 일부 금융기관들은 상업어음의 용도를 '특수목적회사special-purpose vehicle'의 자금 조달 목적으로 바꾸기 시작했다. 즉 오로지 다양한 대출상품과 증권을 보유할 목적으로만 설립된 법인을 말한다. 이를 설립한 은행이나 금융기관과 법적으로 분리된 존재였던 특수목적회사는 그림자금융 시스템에서 자금을 조달하고 유지하는 중요한 수단이었다. 특수목적회사의 설립과 운영을 규정하는 법률에 따르면 디폴트가 발생한 경우, 이 회사에 투자한 측은 회사 설립 주체에 대해 자신의 권리를 주장할 수 없는 대신, 회사 자산의 지분을 취득할 수 있게 되어 있었다. 따라서 특수목적회사를 상대로 발행한 상업어음은 자산유동화상업어음asset-backed commercial paper으로 불리게 된다. 특수목적기업이 성장한 과정을 보면 자산유동화상업어음이 급격히 성장한 시기는 금융위기 전으로, 2007년 여름경에 이미 1조 2000억 달러 규모에 이르렀다.[8]

도매금융에서 두 번째 비중을 차지하는 환매채는 사실상 단기(만기가 단 하루인 경우도 많다) 대출채권담보부증권collaterlized loan이라 할 수 있다. ◆ 환매채는 모두 대출자가 제공한 금융자산인 특수 담보물의 형태로 보장된다. 대출자가 상환하지 못하면 대출 기관은 공식 파산 절차를 거치지 않고도 이 담보물을 취득하게 된다. 환매채 발행자가 요구하는 담보물 규모는 담보자산의 위험도와 시장성에 따라 달라진다. 예를 들어 대출자가 1달러의 미국 국채를 담보 삼아 얻는 대출금이 99센트라면, 1달러 가치의 서브프라임 모기지를 담보로 얻는 대출금은 60센트에 불과할 수도 있다. 여

◆ 사실 환매채가 대출상품의 법적 요건을 갖춘 것은 아니다. 환매채 거래의 전형적인 절차는 자금 수요자가(예컨대 헤지펀드나 증권중개사가 될 것이다) 자금을 제공하는 측에 증권(채무부채권 등)을 판매하는 것이다. 예를 들면 이것이 머니마켓펀드가 될 수 있다. 반대로 증권을 판매한 측이 바로 다음 날 이것을 약간 더 높은 가격에 되살 수도 있다. 그래서 이것을 환매조건부채권, 즉 환매채라고 하는 것이다. 경제학의 관점으로 보면 이런 계약은 익일불 대출채권담보부증권에 해당한다.

기서 국채의 할인율(시장 가치와 담보 가치의 차이)은 1센트인 데 비해 서브프라임 모기지의 할인율은 40센트다. 할인율은 시장 상황에 따라 달라진다. 변동성이 커지면 위험도가 크거나 유동성이 낮은 담보자산은 대출 기관이 받아준다고 해도 큰 할인율을 감수해야만 한다.

그림자금융 업계는 도매금융은 물론 기업 부채 및 자산과 같은 장기 자금원을 사용함으로써 신규 대출을 발행하고, 기존 부채와 증권을 보유하며, 다른 투자자에게 판매할 대출이나 증권을 한데 묶는 등 일반 은행의 기능을 그대로 수행할 수 있었다. 실제로 금융위기가 닥쳤을 때 그림자금융 업계는 전통적 금융기관보다 오히려 더 큰 규모의 신용 서비스를 미국 기업과 가계에 제공했다.[9]

그림자금융 업계가 연방보험예금을 사용할 수 없었음에도 금융위기 전까지 수십 년 동안 확대와 번영을 달성할 수 있었던 이유는 무엇일까? 한 가지 중요한 장점은 미국 규제 제도의 특성상 이 기관들은 최소자본요건이나 활동상의 여러 제약과 같이 전통 시중은행에 가해지는 규제 요건의 상당수를 면제받았다는 점이다. 그림자금융 분야는 규제가 비교적 덜했던 덕분에 유연성과 혁신성을 발휘하여 신상품을 선보이기도 좀 더 유리했다. 한편으로는 대출이나 위험 감수 면에서 제약이 적기도 했다. 따라서 전통 은행의 관점으로는 너무 위험한 투자상품도 그림자금융 영역에서는 은행 규제당국의 심사를 거치지 않고 더 쉽게 허용되는 경우가 많았

다.◆

　더욱이 연방 보험의 부재에도 불구하고 도매금융 의존도가 그림자금융 업계를 제한하기는커녕 오히려 급격한 성장을 촉진했다는 점에는 논란의 여지가 없다. 머니마켓펀드, 연기금, 보험회사, 기업 재무관리자 등의 도매자금 제공자들은 도매금융 시장에서 누리는 높은 수익과 낮은 거래비용을 선호했다. 정부 보험은 어떤 경우에도 예탁금의 일정 비율만 보장되지만, 도매금융(환매채 등)은 거의 전액을 특수 담보물이라는 안전장치로 보호할 수 있었다. 도매금융 자금제공자들은 자신이 거래하는 그림자금융 기관(투자은행이나 헤지펀드)이 설령 파산하더라도 돈을 잃는다고 생각하지 않았다. 그들이 상환하지 않더라도 담보 권리를 주장할 수 있었기 때문이다. 실제로 시중은행 중에서도 소매금융 못지않게 도매금융에 의존하는 곳이 늘기 시작했다. 2006년 말, 위기 직전에 미국에서 정부 보험에 가입한 은행 예탁금 총액은 4조 1000억 달러였는데 금융기관의 보험 미가입 도매자금 총액은 5조 6000억 달러였다. 금융기관들은 도매금융을 사용하면서 대출과 투자를 확대했지만, 한편으로는 그런 상품을 뱅크런의 위험에 더 취약하게 만들고 있었다.[10]

　요약하자면 급격히 성장하던 그림자금융 시스템은 전체적으로 다른 은행 시스템과 거의 유사한 기능을 발휘했다. 투자자로부터 단기 자금을

◆　그림자금융 회사들의 감독 당국을 들자면 미국증권거래위원회Securities and Exchange Commission, SEC가 있는데, 이 기관이 맡은 전통적인 역할은 잘못된 정보나 사기로부터 투자자를 보호하고 시장 질서를 보장하는 것이지(예컨대 내부자 거래 금지), 규제 대상 기업의 레버리지 수준이나 위험 감수 성향을 심사하는 것이 아니다. 반대로 은행 규제당국의(연준 포함) 관심은 기업의 '안전과 건전성'에 더 집중되어 있다. 예를 들면 은행들이 안고 있는 위험에 걸맞은 규모의 자본을 보유하도록 규정하는 것도 이런 기관이 하는 일이다.

유치하고, 그 돈을 가계와 기업에 대출해주었다. 또 대출상품을 투자자에게 판매도 하고 자체 포트폴리오에 편입하기도 했다. 그림자금융 기관들은 금융시장을 상대로 적극적인 헤지에 나서거나 직접 투기하기도 했다. 다른 은행처럼 연준을 비롯한 감독 기관의 규제를 받는 것도 아니었으므로 상대적으로 더 적은 자본으로 더 큰 위험을 지는 등 운신의 폭을 넓힐 수 있었다. 결정적으로, 그림자금융 기관들은 비교적 낯선 모기지 상품의 개발과 마케팅에 적극적으로 참여함으로써 금융위기에 일조했고, 그 때문에 이 분야에 손실과 피해가 집중되기도 했다. 이론적으로 그림자금융 기관이 되면 불리한 점이 많았다. 기본적으로 정부 보험에 가입한 예금을 사용할 수 없었고, 연준의 대출 창구를 통한 단기 대출도 이용할 수 없었다. 모두 정상적인 환경이라면 전통적인 은행에만 허용되는 환경이다. 그러나 금융위기가 시스템 전체를 위협하는 상황이 닥치자 그림자금융 기관들은 어쨌든 정부의 안전망을 통해 보호받는 길을 찾게 된다.

유동화

'유동화Securitization', 또는 금융증권화(다양한 대출상품을 한데 묶어 복잡한 증권을 만드는 방법)로 불리는 기법은 개념적으로는 그림자금융과 구분되나, 실제로는 양쪽 모두 전통적 은행 시스템의 대안이 된다는 점에서 서로 밀접하게 연관되어 있다. 금융기법으로 만들어낸 증권이 담보대출 기준을 약화시키고 주택시장 버블이 형성되는 데 일조한 과정은 이미 살펴본 바와 같다. 이런 관행이 급격히 성장한 것이 금융 패닉을 심화하여 더 큰 피해를 초래한 이유였으므로, 여기서 이 문제를 더 깊이 들여다볼 필요가 있다.

　　담보대출 업계를 들여다봐도 유동화를 선호한다는 동기가 드러난다. 담보대출 업계가 대체로 소매업의 성격을 띠던 시절도 있었다. 지역별 은행이나 저축 대부 기관의 담보대출 담당자는 대출자가 될 고객들과 개인적인 친분을 유지했거나, 최소한 신청서가 접수되면 꼼꼼히 검토하는 것이 기본이었다. 담보대출의 상환이 연장되면 은행은 예금계좌로 그 자본을 뒷받침하고, 담보대출 자체는 은행의 자산으로 계상된다. 이런 시스템에는 분명한 이점이 있다. 이 상품은 지역 사정에 정통한 은행의 전문성을 바탕으로 운영되며, 은행에는 자사가 발행한 담보대출의 운영책임이 있으므로 손해가 날 때도 고스란히 은행이 떠안는다. 따라서 잠재 고객에게 대출을 제공할 때 매우 신중할 수밖에 없다.

동시에 단점도 있다. 대출 결정 과정이 느리고, 비효율적이며, 대출 담당자의 개인적 편견에 좌우될 위험이 있다. 포트폴리오가 분산되지 않은 상품이라는 점도 문제다. 지역의 대출자는 해당 지역의 부동산 가격 하락에 취약한 처지에 놓인다. 또 은행이 대출상품을 내놓는 능력이란 대개 예탁금을 사용할 수 있느냐에 달린 경우가 많다. 예를 들면 1980년대 저축 대부 기관들이 예금 유출 사태를 맞았을 시기에도 신규 담보대출 제공 건수는 하락할 수밖에 없었다.

역사적으로도 기술 변화와 금융 혁신은 전통적인 대출업의 약점을 파고든 결과였다. 전산화된 신용기록과 표준화된 신용점수 덕분에 담보대출 업계는 효율, 경쟁력, 객관성 면에서 크게 진보하는 모습을 보였다. 전국 단위 대출 기관은 기술적 우위와 규모의 경제를 앞세워 수많은 지역 은행을 대체해갔다. ◆ 여기서 중요한 점은, 이제 은행과 기타 담보대출 기관들은 더 이상 자신들이 활용할 수 있는 예탁금에 의존하지 않았다는 것이다.

◆   1994년에 시중은행이 주 경계를 넘어 자유롭게 지점을 낼 수 있도록 한 리글-닐 법Riegle-Neal Act이 통과됨으로써 진정한 의미의 전국 단위 금융기관이 탄생하는 계기가 되었다.

그 대신 대출 기관들은 자신들이 발행한 담보대출을 패니메이나 프레디맥 같은 정부 보증 금융 기관에 판매했다. ◆◆ 이런 정부 보증 금융 기관은 이렇게 사들인 담보대출을 한데 묶거나(유동화), 자신들이 만든 증권에 편입해 보유하거나, 글로벌 투자자에게 판매하는 방법을 택했다. 유동화 기법은 담보대출 기관이(자체 예탁금 기반이나 도매금융을 모집할 여력이 없는 일선 대출 기관까지도) 전 세계의 막대한 저축 자산에 접근할 기회를 제공한 셈이다.

담보대출 사용자와 대출 기관 모두 새롭게 등장한 이 시스템을 선호했다. 투자자 역시 마찬가지였다. 새로운 담보대출 기반 증권은 다른 지역의 담보대출을 결합하여 위험도가 낮게 구성할 수 있었다. 따라서 해당 지역의 주택 가격이 하락할 때도 어느 정도 안전을 보장할 수 있었다. 이런 증권은 또 여러 개의 '트랑쉐tranche'로 나눈 다음 각각을 따로 판매할 수 있었는데, 덕분에 투자자들은 최소한 이론상으로는 각자 선호하는 위험도에 따라 이 중에서 선택할 수도 있었다. 유동화 기법이 점차 인기를 끌자, 이런 증권에 편입되는 자산은 담보대출뿐만 아니라 다양한 민간 및 공공 신용상품으로 확대되었고, 점차 각종 자산과 금융 상품이 복잡하게 조합된 형태가 되기 시작했다. 이런 분할증권은 역시 유동화 기법을 통해 또 다른 증권에 편입되면서 더 복잡해지는 경우가 허다했다. 투자은행 등의 그림자금융 기관은 이른바 '자산유동화증권asset-backed security, ABS'을 만들고 판매

◆◆   패니메이Fannie Mae와 프레디맥Freddie Mac은 각각 연방저당권협회Federal National Mortgage Association와 연방주택융자모기지공사Federal Home Loan Mortgage Corporation의 별칭이다. 두 회사는 모두 정부지원기업government sponsored enterprises, GSEs으로서 의회가 법으로 규정한 특수한 권리와 책임이 부여되지만, 금융 위기 이전에는 모두 공개시장에서 주식이 거래되고 있었다. GSEs는 전국 규모의 담보대출 시장을 확립하려고 노력함으로써 유동화 기법이 정착하는 데 크게 기여했다.

하는 일에 앞장섰고, 이를 자신들의 포트폴리오에도 편입했다.

이론적으로 모든 증권은 다양한 투자자가 선호하는 위험도와 유동성에 맞춰 고안할 수 있지만, 증권화된 자산의 최종 형태는 너무나 복잡하고 불투명해서 아무리 정교한 실력을 갖춘 투자자라고 해도 이를 제대로 평가하기가 불가능하다. 그 대신 그들이 의존한 것은 자사의 증권과 분할증권에 매겨지는 무디스나 S&P 같은 신용평가 기관의 신용등급이었다. 그러나 평가기관에 의존하는 방법에도 문제는 있었다. 그런 기관은 증권발행사의 지원으로 운영되므로 이해 충돌의 가능성을 늘 안고 있었다. 지금와서 생각해보면 신용도가 낮은 재료를 사용해서 훌륭한 증권을 만들어내는 금융공학자들의 능력을 그들이 너무 높이 평가한 것도 사실이다. 그러나 이런 단점이 있었음에도 세계적으로 과잉 공급되던 저축액은 유동성이 높고 표준화된, 고수익 자산을 향한 어마어마한 수요를 창출하고 있었다. 유동화가 낳은 결과 중 하나는 미국 서브프라임 모기지가 사실상 글로벌 자산으로 발돋움함으로써 미국 투자자뿐만 아니라 독일의 저축은행부터 일본의 연기금까지 이르는 광범위한 기관들을 보유하게 되었다는 점이다.

패닉의 진행 단계

2007년 여름과 가을에 연준과 다른 규제당국이 맞이했던 수수께끼는, 별로 비중이 크지도 않은 부실 담보대출이 어쩌다가 금융 시스템에 그렇게 큰 혼란을 초래했느냐 하는 것이었다. 그 답은 서브프라임 모기지를 비롯한 고위험 신용상품이 여러 차례 유동화를 거쳐 자산유동화증권이 되는 과정에서 피해가 크게 증폭되었기 때문이라는 것이다. 서브프라임 모기지가 부실화되면 복잡한 자산유동화증권에 투자한 사람들은 어떻게 행동할까? 이상적인 경우라면 당연히 그런 증권을 구성하는 자산의 기본 가치를 하나하나 따져서 그것들의 현재 가치가 낮아졌다는 사실을 인정해야 할 것이다. 그러나 그런 증권은 워낙 복잡하게 구성되어 있었기 때문에 실제 가치를 평가하기가 사실상 불가능했다. 게다가 신용평가 기관들마저 신뢰를 잃은 상태였다. 가장 쉬운 방법은 증권을 시장에 헐값에 내다 파는 것이었다. 증권에 숨어 있는 서브프라임 모기지뿐만 아니라 거기에 얽혀 있는 다른 신용상품까지 함께 말이다. 그 결과 사실상 신용카드 부채에서 자동차 대출에 이르는 모든 신용 자산이 서브프라임 모기지와 함께 헐값으로 시장에 나왔다.

도매금융 사업자들은 유동화 자산을 오히려 더 박하게 평가했다. 연방예금보험공사가 마련되기 이전 시대의 은행 예금자들이 의심스러운 대출을 발행한 은행으로부터 돈을 찾기 위해 몰려들었듯이, 단기 자금을 제공한 투자자들 역시 패닉에 빠져 특수목적회사와 투자은행 및 기타 유동화 상품 보유 기관에 대량 인출을 요구하고 나섰다. 예컨대 BNP파리바의 발표 이후 자금 공급자들이 대출 갱신을 주저하는 움직임을 보이자 자산유동화상업어음 발행액이 급격히 하락했다. 2007년 8월과 2008년 8월 사이에 자산유동화상업어음 발행액이 3분의 1이나 줄고 이를 통해 자금을 조달하던 특수목적회사들이 큰 압박을 받았다.[11]

놀랍게도 2007년 8월 이후에는 환매채 공급사들조차(이들은 전액을 담보로 보장받고 만기도 아주 짧았다는 점을 기억하라) 패닉의 징후를 보였다. 경제학자 게리 고튼과 앤드루 메트릭Andrew Metrick도 언급했듯이, 환매채 시장에서는 투자자가 환매채권 부담을 전적으로 거부할 이유가 없었다.[12] 대출 기관은 오히려 훨씬 더 큰 담보(큰 할인율)를 요구하는 것으로 자신이 제공하는 대출금의 안전성을 보장했다. 예를 들어 금융위기 전에는 대출금 95센트에 필요한 증권 담보액은 1달러로 충분했지만, 환매체가 악화하여 뱅크런이 발생하자 대출 기관에서 같은 담보로 얻을 수 있는 대출금은 70센트에 불과했다. 할인율이 증가하면서(자산 종류에 따라서는 아무리 담보 비율을 높여도 아예 자금을 구할 수 없었다) 환매체 시장에서 필요한 자금을 구하는 일은 점점 더 어려워졌다.

다시 한번 유동화 자산의 규모를 넘어서는 패닉이 확산하여 거대 금융기관을 압박했다. 이들 기관은 자산 포트폴리오에 편입된 서브프라임 모기지와 자산유동화증권에서 직접 손해를 보기도 했지만, 그들 자신은 물론 규제당국도 미처 예상치 못한 방식의 손실 위험에 노출되어 있었다. 예를 들어 어떤 은행이 서브프라임 대출상품은 물론, 복잡한 방식으로 모기지 성과에 가치가 연동되는 파생상품도 함께 소유하고 있었다고 해보자. 일부 기관의 후원으로 모기지와 다른 자산이 결합된 증권을 보유한 특수목적기업은 앞에서 언급했듯이 법적으로는 해당 기관과 구분된 존재다. 그러나 후원 기관은 여전히 특수목적기업에 간접 노출되어 있다. 예컨대 손실이 발생한 자금을 대체한다거나, 특수목적회사를 지탱하는 투자자의 손실을 보전한다거나 하는 조항을 미리 계약서에 포함해두는 것이다. 자산 가격 인하에 이어 적절한 자금 공급처를 찾기가 어려워지면서 주요 금융기관들은(특히 집중포화의 대상이 된 투자은행) 위험도가 높고 유동화가 어려운 자산을 헐값에 매각할 수밖에 없었다. 특히 자동차 대출이나 신용카드 대출처럼 수익이 꽤 훌륭한 상품조차 아무도 보유하려 하지 않았기에 신용 관련 자산 가격이 붕괴하면서 수많은 금융기관이 문을 닫거나 파산으로 치달았다.

패닉은 정책결정자들이 대응에 나서고 투자자들이 위험을 진단, 재평가하면서 성쇠를 거듭했다. 2008년 3월, 연준과 재무부는 투자은행 베어스턴스의 파산을 막기 위해 거대 시중은행 JP모건체이스가 이 회사를 인수하도록 주선했다. 이 조치로 한동안 시장 열기가 잠잠해지면서 이후 몇 달간 경제와 시장이 회복되는 징후가 보였다. 그러나 오랫동안 잠복해 있던 위기가 2008년 9월에 마침내 끓어올랐다. 우선 9월이 시작되자마자 정부가 양대 GSE인 패니메이와 프레디맥을 인수했다. 이들이 소유 또는 보증하던 수조 달러 규모의 담보대출에 손실이 발생하면서 두 회사가 파산 위기에 몰린 끝에 나온 결정이었다. 그중에는 그들이 인수한 서브프라임을 비롯한 부실 담보대출 기반 증권이 포함되어 있었다. 곧이어 9월 14일을 전후로 운명의 한 주가 찾아왔다. 투자은행 리먼브러더스가 파산을 선언했다. 한편 연준은 긴급 대부 권한을 발동하여 역시 담보대출 위기로 파산 위기에 몰린 세계 최대 보험회사 AIG에 긴급구제 자금을 투입했다. 뱅크오브아메리카는 또 다른 파산 위기에 놓인 투자은행 메릴린치를 매수하며 간신히 구해냈다. 이어서 지금까지 안전하게 보였지만 보험에는 가입되어 있지 않았던 머니마켓펀드에서 뱅크런이 시작되었다. 이런 일련의 사태와 이후 이어진 위기는 투자자들에게 국채 외에는 어디에도 안전한 도피처가 없다는 확신을 심어주었다. 패닉이 최고조에 이르면서 금융 시스템 전체가 붕괴 위기에 몰렸다.

당시의 전반적 상황은 위기 이후에 전형적인 금융 패닉이 뒤따르는 과정이었다. 위험한 대출이 누적되었고, 투자자들이 그런 대출상품의 건전성을 의심하기 시작했으며, 단기 자금 제공자들이 대출 기관에 대량 인출을 요구했다. 이어서 부실 자산이 헐값에 시장에 나왔고, 이것이 자산 가격 급락을 불러왔다. 곧이어 대출 기관과 대출자들이 파산에 내몰리는 악순환이 길게 이어진 것이다. 그러나 동시에, 세계 금융 시스템의 복잡성과 불투명성으로 인해 2007년부터 2009년의 위기가 과거의 금융 패닉과 유사하다는 사실이 최소한 처음에는 잘 드러나지 않았다. 연준과 기타 규제당국에 있던 사람들은 특히 도매금융에서 설마 뱅크런이 발생하리라고는 상상하지 못했다. 그 분야의 자금은 대개 담보로 보장되어 투자자들이 안심하고 있다고 여겼기 때문이다. 그러나 도매금융에 자금을 제공한 측이 담보물을 상환금 대신 받는 데 큰 관심이 없었던 이유는, 담보자산을 그 혼란하고 변동성이 큰 시장에서 쉽게 팔 수 있다고 생각하지 않았기 때문이다. 그들은 그저 자기 돈을 돌려받기만 바랐을 뿐이다.

여기서 중요한 점은 연준에 있던 정책결정자들의 눈에는 패닉의 충격이 월가의 범위를 훨씬 넘어선 것으로 보였다는 사실이다. 신용거래가 경색되자 경제 활동이 급격히 둔화했고, 자산 가격은 가파르게 하락했으며, 공포에 질린 기업과 가계는 소비를 멈추었고, 혹시 여력이 있어도 현금을 비축했다. 붕괴의 속도와 규모는 그야말로 상상을 초월했다. 2006년부터 시작된 주택 가격과 건설 시장 하락이 경제를 어느 정도 둔화시킨 것은 분명했다. 또 이는 담보대출로 고생하는 사람들을 더욱 압박했고, 그들은 압류나 파산만은 피하려는 안간힘으로 다른 소비를 모두 중단했다. 이후 전미경제분석국NBER은 BNP파리바의 운명적인 선언이 나오기 넉 달 전인 2007년 11월부터 불황이 시작됐다고 밝혔다. 그러나 2008년 9월부터 수 개월에 걸쳐 고조된 패닉은 경기 하락의 새 국면을 알리는 현상이었다.

핵심 지표를 한 가지만 들어보자. 2006년부터 2007년 초까지 증가하던 미국 취업인구는 서브프라임 파동의 첫 미진이 감지된 2007년 8월부터 베어스턴스가 구제되던 2008년 3월까지는 대체로 안정세를 유지하다가 이후 리먼브러더스 사태가 올 때까지 다시 완만하게 하락했다. 이 기간은 주택 가격이 하락하고 담보대출 시장이 쇠퇴하던 시기와 겹친다. 그러나 반대로, 패닉이 최악의 단계로 접어들던 2008년 마지막 4개월 동안에는 총 240만 개, 그리고 다시 2009년 상반기에 무려 380만 개의 일자리가 사라졌다. 2008년 8월부터 12월까지 인플레이션 조정 연간 소비 지출은 4.2퍼센트로 하락했고, 기업자본 투자액은 이보다 더 크게 떨어졌다. 금융위기 심화는 뒤이은 대침체를 더욱 심각하게 만들고 있었다. 은행, 가계, 기업이 모두 금융 파산의 두려움으로 꼼짝도 하지 않고 웅크려 있었기 때문이다.[13]

연방준비제도의 대응: 최종 대부자

연방준비제도가 금융위기에 대응한 전략은 개념적으로 서로 다른(물론 실제로는 중첩할 때도 있었다) 두 개의 경로를 취하는 것이었다. 첫째, 2007년 여름부터 우리는 최종 대부자와 위기 관리자로서 금융 시스템의 안정을 꾀하는 한편 신용 흐름을 정상으로 회복시키고자 노력했다. 둘째, 우리는 통화 정책을 통해 위기가 경제에 미치는 충격을 완화하고자 했다. 그래서 우선 표준 금리를 인하한 후 점차 새로운 정책을 도입해갔다.

첫 번째 전략이었던 패닉을 진정시키고 금융 안정성을 회복하려는 우리의 시도는 그 규모와 범위 면에서 당시로서는 전례가 없었다. 그것만 보아도 현대 금융 시스템의 규모와 복잡성, 그리고 글로벌 상호연결성에 미치는 위기의 크기가 얼마나 컸던가를 알 수 있다. 그러나 기본적으로는 150년 전의 중앙은행 책임자라 해도 우리가 취한 전략을 그대로 채택했을 것이다. 1873년 영국의 언론인이자 경제학자였던 월터 배젓Walter Bagehot은 《롬바드 스트리트Lombard Street: A Description of the Money Market》라는 짧은 분량의 책에서 패닉에 직면한 중앙은행이 참고할 만한 처방을 제시했다.[14] 배젓은 중앙은행이 패닉을 끝내려면 지불 능력이 있고 건전한 담보를 보유한 기업에 처음부터 자유롭게 대부를 제공하되, '징벌적 이자율'을 부과해야 한다고 조언했다. 이 원칙은 오늘날 '배젓의 법칙Bagehot's dictum'이라 불린다. ◆

그린스펀이 1987년 10월 주식시장 폭락 사태 때 간단한 성명을 발표하면서 중앙은행의 최종 대부자 역할을 언급한 것은 유동성 경색에 빠진 은행에 단기 대출을 제공하겠다는 의지를 분명히 밝힌 것이었다. 로저 퍼거슨도 9·11 피습 직후 이와 유사한 성명을 발표했다. BNP파리바 발표 후 우리도 배젓의 정신에 따라 금융기관과 시장에 대해 효과적인 최종 대부자의 역할을 다함으로써 자금 손실을 만회할 유동성을 제공하고 불안한 자산 매각의 필요성을 줄이고자 했다. 더 크게는 활용할 수 있는 모든 권한을 동원하여 입법부, 금융 행정당국과 함께 금융 시스템의 신뢰 회복에 최선을 다했다.[15]

연준이 설립될 때부터 최종 대부자의 역할을 위해 사용한 기본 수단은 대출 창구였다. 연준은 이를 통해 은행에 단기 자금을 제공하고 그들이 발행한 대출상품이나 기타 자산을 담보물로 확보했다. BNP파리바의 선언 후 우리가 대출 창구 조건을 대폭 완화하며 은행에 대출을 독려했음에도 그것만으로는 충분치 않다는 점이 곧 분명해졌다. 위기 도래 몇 년 전부터 유동성이 필요한 은행들에는 이미 많은 대안이 있었고, 연준의 대부 담당자들은 원래 대출 창구를 통한 상습적인 대부를 못마땅하게 봐왔던

◆ 배젓이 은행의 고금리 대부를 옹호한 이유는 금본위제를 보호하고자 했기 때문인데, 이는 2007년부터 2009년의 위기 시에 고려된 사항은 전혀 아니다. 그러나 우리는 이 조언에 따라 대출이자율을 통상 금리를 상회하는 수준으로 설정했고, 결국 금융기관과 시장이 상황이 진정된 후에 시중 자금으로 돌아가게 하는 동기가 되었다.

터라, 이 창구는 거의 무용지물 신세가 되어 있었다.◆ 은행들로서는 대출 창구를 이용하는 것 자체가 재정상 문제가 있는 것으로 비칠까 봐 두려웠다(그래서 비공개가 원칙이었다). 대출 창구를 통해 돈을 빌렸다는 '오명'은 현금이 절박한 은행조차 이를 이용하기를 꺼리게 만드는 요소였다.

오명의 장벽을 극복하기 위해 우리가 맨 먼저 기울인 노력은 대형 은행 몇 곳에 대출 창구를 이용해보라고 설득한 것이었다. 다른 은행에 선례를 보여주기 위한 것이었다. 그러나 그 은행들이 정작 창구를 이용한 뒤에, 사실은 자금이 절박하게 필요하지 않았으며 우리에게 돈을 빌린 것은 오직 상징적 의미일 뿐이라고 발표해버림으로써 우리의 의도는 완전히 빗나가고 말았다. 오명의 문제를 해결한 것은 나중에 재할인창구경매제도 Term Auction Facility, TAF라는 새로운 기능을 창안한 후였다. 이 제도는 대출 창구 여신을 일반 경매를 통해 제공하고, 이자율도 은행이 이 경매에 참여하여 정하는 방식이다. 결국 경매는 이 신용상품을 싼 이자에 사용할 수 있는 방법이었던 데다 상환기일도 이틀이 주어졌으므로(참여 기관이 당장 현금이 부족한 상황이 아니라는 신호로 작용했다) TAF는 대출 창구가 안고 있던

◆　연방준비은행 대출창구 담당자가 상습적인 대출을 꺼렸던 이유는 2003년 이전까지 할인율이 기준 금리보다 낮게 설정되어 있었기에(연방기금금리보다 저렴했다) 은행이 값싼 자금을 손쉽게 구하는 방법으로 이용되는 것을 원치 않았기 때문이다. 따라서 대출 창구를 찾는 은행은 시중에서 대출 자금을 구하지 못했음을 증명해야 했다. 할인율이 연방기금금리보다 낮아진 것은 1960년대 중반의 일로, 연준 관계자들이 전하는 그 이유는 FOMC가 긴축 통화 정책을 추진하려면 연방기금금리를 올리는 편이 정치적으로 더 쉬운 방법이었고, 이 사실이 계속 외부에 공개되지 않다가 1994년에 다시 할인율을 올리면서 은행에 이를 반드시 공개할 의무 때문에 비로소 알려졌기 때문이라는 것이었다. 대출 절차 재검토가 끝나고 2003년 1월에 발효된 기본 할인율(재정 건전성이 입증된 은행에 제공된 금리)은 연방기금금리보다 높은 수준이었고, 이후로 연준을 비롯한 은행 감독 기관들은 은행들에 필요할 경우 대출 창구를 이용하라고 권장하기 시작했다.

오명을 이어받지 않았고 은행들은 자유롭게 이용할 수 있었다.

대출 창구는 오명 외에도 또 하나의 심각한 단점을 지니고 있었는데 (연준이 설립되던 당시는 은행이 금융업계를 지배하는 존재였다), 그것은 모든 금융기관 중에 유독 은행에만 이를 이용할 법적 자격이 부여되었다는 것이다. 그러나 2007년부터 2009년까지의 위기는 그림자금융 시스템을 중심으로 일어난 것이었다. 즉 말 그대로 이 위기는 비은행 기관에 국한되어 일어난 일이었다. 우리는 패닉을 통제하기 위해 이런 기관과 시장으로 구성된 업계 전체를 상대로 최종 대부자의 역할을 해야 했다. 이를 위해 우리는 연방준비제도법 13조 3항에서 연준이 은행 시스템 외부에 대해서도 (정상적인 신용거래 통로가 막힌 '비정상적이고 위급한 상황'일 경우에) 대부를 제공할 수 있다고 규정한 대목을 근거로 삼았다. 연준은 최종 대부자의 권한이 성립된 대공황 이후로 13조 3항에 따른 대부를 제공한 적이 없었으나, 2008년을 기점으로 이 역할을 활성화하여 그림자금융 기관에 대출을 제공하고, 도매금융 시장을 지원하며, 구조적 위기에 놓인 기관들에 유동성을 제공하는 정부의 노력에 일조하여 이들의 붕괴를 막고자 했다.

금융위기가 국제적 양상을 보인 이유는 우선 금융시장이 국제적이었고, 미국 자산이 포함된 유동화가 국경을 넘어 광범위하게 보급되었으며, 자국 부동산의 호황과 불황에 시달리는 국가도 일부 존재했기 때문이다. 유럽중앙은행이나 영란은행 등의 주요 중앙은행도 연준을 따라 최종 대부자로 참여하여 관할 경제권에서 유로화와 파운드화가 필요한 금융기관에 이를 공급했다. 그러나 해외 중앙은행이 해당 금융기관에 미국 달러화(국제적 금융기관에서 통용되는 세계 기축통화)를 제공하는 것에는 역시 한계가 있었다. 국제 달러화 부족 사태로 해외 은행도 달러를 구하려면 미국 시장을 찾을 수밖에 없었으므로, 미국 금융회사는 자금 확보에 이중고를 겪게 되었다. 우리는 이 문제를 해결하기 위해 해외 중앙은행과 이른바 통화스와프 협정을 체결했고, 여기에는 4대 신흥국 중앙은행도 참여했다.◆ 우리는 해외 중앙은행과 맺은 이 협정을 바탕으로 달러와 외환을 임시로 교환할 수 있었다. 해외 중앙은행은 이렇게 마련된 달러를 다시 해당 국가의 금융기관에 대출해주었고, 이를 통해 전 세계 달러 시장에 가해지던 압력을 완화할 수 있었다. 스와프 협정은 사실상 우리가 전 세계를 상대로 최종 대부자의 역할을 하는 통로였던 셈이다. 물론 우리의 의도는 단지 미국 내의 달러 안정성을 보호하려던 것뿐이었지만 말이다. 스와프 협정이 최고조에 이를 때는 수천억 달러가 오간 적도 있었다. 그러나 미국 납세자가 위기에 처한 일은 한 번도 없었다. 해외 금융기관의 신용대출 위기는 모두 각국 중앙은행에 그 원인이 있었다.

전통적인 최종 대부 조치의 목적은 뱅크런을 방지하고 금융기관에 충분한 유동성을 제공함으로써 헐값에 매각되지 않고 사업을 계속 운영할 수 있게 해주는 것이다. 그러나 금융위기는 핵심 신용시장뿐 아니라 금융기관마저 붕괴 위기에 몰아넣었다. 시장 상황과 그것이 경제에 미친 위기로 인해 우리는 비금융 기업에 직접 대부를 제공하고 광범위한 신용 흐름을 지원하는 데 적극적으로 나설 수밖에 없었다. 다시 말해 우리는 '비금융 대출자에 대한 최종 대부자 역할'도 아울러 떠맡은 것이었다. 예를 들어 상업어음 시장의 동결로 인해 신용도가 높은 기업마저 단기 자금을 구하기 어려워지자, 우리는 상업어음매입기금Commercial Paper Funding Facility을 설립

◆ 통화 스와프 협정은 연준의 정상적인 권한에 속하는 것으로, 이는 연방준비제도법 13조 3항을 굳이 적용하지 않아도 된다. 우리는 이미 1994년 북미자유무역협정NAFTA이 발효된 이후 캐나다 및 멕시코와 소규모 스와프 협정을 맺은 바 있다.

하여 그런 기업에 단기 대출을 제공했다. 그뿐만 아니라 자산유동화증권을 매입한 투자자들에게 대출을 제공하여(자산담보부증권 대출기구Term Asset-Backed Securities Loan Facility, TALF라는 프로그램이었다) 위기에 닥친 신용시장이 유동성을 회복하는 데 일조하기도 했다. 이 두 가지 프로그램 모두 연방준비제도법 13조 3항의 권한을 발동함으로써 진행할 수 있었다.

금융위기 당시 연준의 대출 프로그램을 연구한 결과를 보면, 이것이 필요한 현금을 확보하고 목표 시장의 안정을 달성했거나, 최소한 더 큰 피해를 방지하는 데 효과가 있었다는 결론이 압도적으로 많다.[16] 물론 연준의 대출 프로그램으로 위기가 종식된 것은 아니었다. 돌이켜보면 연준의 이런 프로그램은 전에 없이 큰 규모와 범위로 진행된 것은 분명하나, 그 시기와 규모 면에서 자금 부족과 헐값 매각 사태를 완전히 예방할 정도는 아니었다. 위기 초반에 강력하고 충분한 행동에 나서지 못했던 원인으로는, BNP파리바 선언 이전에 위험을 충분히 인지하지 못했던 점, 우리가 과잉 반응하거나 방만한 투자자를 구제하는 듯한 인상을 보이지 않으려 애썼다는 점, 또 평소 거의 쓰지 않던 긴급 대출 권한을 발동하는 데 주저했다는 점을 들 수 있다(물론 이 권한은 어떤 경우에라도 매우 극단적인 상황에 국한되는 것으로, 위기 초기에는 그것을 분명히 알기 어려웠다). 게다가 연준이 적절한 자금 공급을 개시했을 때도 일부 기관은 대출받는 것 자체가 자사에 문제가 있는 것으로 비칠까 두려워 선뜻 수용하지 않고 머뭇거렸다. 오명 문제가 다시 불거져 나온 것이었다. 곤경에 처한 자산을 보유하고 있던 특수목적기업 등의 일부 기관은 연준의 연장 제도를 사용할 법적 근거가 없기도 했다. 결국 연준의 대출 프로그램은 손실 자금의 상당 부분을 대체했으나 전부는 아니었고, 패닉을 늦추기는 했으나 종식하지는 못했다.

또 하나, 최종 대부 활동이 실효를 거두기 위해서는 대출자가 지불 능력을 갖춰야 한다는 조건이 있다. 그렇지 않으면(대출자의 자산 가치가 부채보다 낮다면) 중앙은행이 대출을 제공하더라도 파산을 늦추기만 할 뿐, 이를 방지할 수는 없다(실제로 관련 법규에는 연준으로부터 대출받는 기관은 그에 상당하는 담보를 제공하라는 규정이 있다). 정책결정자로서는 투자자들이 그들의 담보대출이나 자산담보부증권에 갑자기 반감을 품을 때는 달리 어쩔 도리가 없었다. 그 결과, 부실 담보대출이나 그 밖의 위험 자산을 과도하게 보유한 채 마땅한 완충장치도 없던 금융기관은 금세 파산의 위기에 내몰리고 말았다.

유동성 부족이 파산으로 발전하는 상황에서 우리는 재무부와 FDIC, 의회와 협력하여 시장의 신뢰를 회복하려 애썼고, 무엇보다 금융업계 자체가 이를 위해 적극적으로 나섰다. 우리가 쓸 수 있었던 수단은 도의적 권고와 금융감독 권한, 그리고 때로는 연방준비제도법 13조 3항의 권한이었다. 남미 부채 위기 시에 볼커가 이끌던 연준, 그리고 1987년 주식시장 붕괴 당시 그린스펀의 연준처럼, 우리의 목표도 관련 당사자들이 힘을 합해 집단적 재앙을 피하는 것이었다.

거대 금융기관은 원래 고객, 채권자, 거래처 등과 복잡하게 얽혀 있으므로, 우리는 거대 기업이 걷잡을 수 없이 파산하면 불확실성과 패닉이 증폭되리라는 점을 일찌감치 인식하고 있었다. 2008년 3월에 연준과 재무부가 JP모건의 베어스턴스 인수를 중재했던 것도 바로 이 점을 걱정했기 때문이다. 베어스턴스의 붕괴 위기는 투자자들이 이 회사에 단기 (환매채) 자금 제공을 거절한 직후 불거져 나왔다. 그들은 재무부와 GSE가 발행한 최고 수준의 증권을 담보로 받을 수 있었는데도 자금 제공을 거절했다. JP모건의 CEO 제이미 다이먼Jamie Dimon에게 속히 인수에 나서서 이 논란이 많은 절차를 시작하라고 설득하기 위해, 연준은 베어스턴스가 보유하고 있던 총 300억 달러 규모의 위험한 대출 및 증권에 연방 자금을 투여하기로(그에 따른 잠재적 손실도 떠안기로) 합의까지 했다. 우리는 이 자산의 가치가 연준이 제공한 대출액을 상환하기에 충분하다고 판단했고, 그 판단은 결국 사실로 입증되었다(오히려 수익이 났다). 이 거래는 결코 정통적이라고 볼 수 없었지만, JP모건이 베어스턴스의 포트폴리오에서 발생하는 첫 손실을 10억 달러까지 감내한다고 합의함으로써 연준은 추가 안전장치를 확보한 셈이었다. 또 재무부가 2008년 여름에 의회에 패니메이와 프레디맥 인수 권한을 요청했을 때는 우리가 이 안을 지지하기도 했다. 재무부는 원래 이 권한을 사용할 일이 없기를 바랐지만, 9월에 결국 그런 일이 벌어지고 말았다. 담보대출 시장이 계속 작동하기 위해서는 패니메이와 프레디맥이 정상 운영되어야 했다. 단 정부의 엄격한 통제가 필요한 상황이었다.

그러나 우리가 재무부 및 기타 규제당국과 함께 임시변통으로 이어가던 노력은 리먼브러더스 사태와 함께 무용지물이 되었다. 베어스턴스와 같은 투자은행이면서 몸집만 더 컸던 리먼브러더스도(극도의 위험을 감수하는 행보를 하여 심각한 손해에 노출되어 있었다) 신용 자산에 뱅크런이 발생하고 고객과 거래처가 썰물처럼 빠져나가면서 파산을 눈앞에 두고 있었다. 재무부와 연준은 이번에도 더 힘센 회사가 이 기업을 사도록 주선해서 채무를 보장하고 사업을 안정화한다는 전략을 세웠다. 뉴욕 연방준비은행에서 열린 운명의 회합에는 뱅크오브아메리카와 영국의 바클레이 은행이라는 두 잠재 구매자들이 월가의 주요 기업 리더들과 함께 참석했다. 이 회의를 주재한 사람은 행크 폴슨 재무장관과 티모시 가이트너Timothy Geithner 뉴욕 연방준비은행 총재였다. 월가의 전문가들은 리먼브러더스의 재무상태표를 자세히 검토한 후 이 회사가 심각한 지급 불능 상태에 빠져 회생의 수준을 훨씬 넘어섰으므로 건전한 기업이 인수할 수밖에 없다는 진단을 내놓았다. 뱅크오브아메리카는 결국 정부의 막대한 자본 투입 없이는 리먼 브러더스를 인수할 수 없다는 의견이었고, 그 단계에서는 재무부도 그런 권한을 지니고 있지 않았다. 한편 영국 규제당국은 리먼의 부실 자산을 떠안는 것이 두려워 사실상 바클레이 은행의 리먼 매수를 금지했다.

연준의 대출로도 독자 생존이 어려운 상황에, 부채를 보장해줄 구원자도 나타나지 않은 리먼은 결국 2008년 9월 15일에 파산을 선언했다. 그러나 바로 다음 날 연준과 재무부는 세계 최대 보험회사 AIG를 구제하는 데는 성공했다. AIG는 서브프라임 대출로 구성된 부실 투자상품에 곧 막대한 금액을 상환해야 하는 상황이었다. 리먼과의 차이점은, 당시 우리가 파악한 바에 따르면 AIG는 기본적으로 생존 가능성이 있다는 점이었다. 이 회사가 보유한 보험 자회사는 수익성이 높아 담보자산으로서 가치가 충분했으므로 연준에서 대출받은 돈으로 임박한 지급 의무를 이행하겠다는 말은 나름대로 정당한 논리를 가졌다.

리먼 파산 후 패닉이 더욱 고조되자 금융시장 중에는 기능이 완전히 멈춘 곳이 적지 않았다. 리먼의 규모는 최대 시중은행의 3분의 1에 불과했으나 이 사태가 유난히 고통스러운 결과로 드러난 것은 바로 다른 금융기관과 복잡하게 얽힌 관계 때문이었다. 특히 유망 머니마켓펀드 중 하나였던 리저브프라이머리펀드Reserve Primary Fund, RPF가 리먼이 발행한 상업어음을 보유하다가 큰 손해를 입은 상황에 주목할 필요가 있다. 다시 말해 이 회사는 투자자가 언제든 현금을 되찾으려고 할 때 이를 보장한다는 암묵적 약속을 더 이상 지킬 수 없게 된 것이었다. 월가의 용어로 말하자면 RPF는 '1달러가 무너졌던break the buck' 셈이다. 즉 머니마켓펀드의 순자산 가치가 액면가 아래로 떨어졌다는 의미다. 머니마켓에서 어느 한 펀드가 1달러 선을 지키지 못했다는 소문은 금세 광범위한 뱅크런을 유발했다. 단기금융투자신탁 시장에 투자한 사람은 대개 평범한 미국인들이었으므로, 이 뱅크런 사태는 미국 중산층에 직격탄으로 다가왔다. 신속한 대응에 나선 재무부는 외국환안정기금Exchange Stabilization Fund(1994년에 멕시코에 차관을 제공할 때 사용한 것과 같은 기금이다)을 동원하여 머니마켓에 투자한 사람을 보호하는 보험 프로그램을 마련했다(FDIC가 제공하는 예금보험과 유사하다). 연준도 머니마켓펀드에 가입하는 은행에 인센티브를 제공하는 방식으로 이 시장에 유동성을 공급했다. 정부의 대응으로 뱅크런은 진압되었으나 이미 시장의 신뢰는 큰 상처를 입은 후였다. 구체적으로는 머니마켓펀드가 중요한 역할을 하던 도매금융 시장 전체의 신뢰가 무너진 셈이었다.

리먼 붕괴 후에 패닉이 심화했다는 사실로부터 우리는 두 가지 의문을 떠올리게 된다.[17] 첫째, 리먼은 과연 구제될 수 있었을까? 둘째, 리먼을 구제하는 일이 가능했다 하더라도, 그것이 2008년 가을의 위기를 피할 수 있었을까? 내 대답은 둘 다 아니라는 것이다.

그해 9월에 리먼의 재무 기록을 조사해본 전문가들은 그 회사가 심각한 채무 초과 상태에 빠져 있다고 이구동성으로 증언했다(심지어 이 시점은 회계 부정이 드러나 회사 상황이 그 누구도 생각지 못할 정도로 나쁘다는 것이 알려지기도 전이었다). 따라서 연준은 리먼이 지급 의무를 수행하는 데 필요한 현금을 투입할 수 없었다. 그들의 대출을 적절한 담보로 보장할 요건은 차치하고라도 말이다. 그러나 입증된 모든 증거와 달리 리먼이 가까스로 지급 의무를 이행한다고 하더라도, 이미 이 회사는 더 강력한 회사가 나타나 부채를 보장해주기 전에는 회생 가능성이 희박했다. 금융기관, 특히 리먼처럼 차입 비율이 높고 불투명한 회사들은 그들이 속한 업계 구성원의 신뢰 없이는 수익을 내는 경영이 사실상 불가능하다. 리먼이 파산을 향해 치닫던 시기, 그동안 이 회사에 대출을 제공하던 기관들은 국채 같은 최우량

담보물을 제시해도 익일상환 대부자금조차 거절하고 있었다. 한편 고객들은 그들이 빌려준 돈을 최대한 빨리 받기 위해 이 회사의 유치권자와 채권자(예를 들면 파생상품 거래처)에게까지 상환을 청구하고 있었다. 투자자, 고객, 거래 파트너 등의 신뢰를 너무 잃어버린 리먼은 설령 연준의 대출로 며칠은 버틴다고 해도 독자 기업으로 생존할 가능성이 전혀 없었다. 게다가 그 시점에서는 민간투자자는 고사하고 연준이나 재무부나 신규 자본을 공급할 권한이 전혀 없었으며, 오직 정부의 설득 노력만 남은 상황이었다. 리먼을 구제할 유일한 선택지가 있었다면 그것은 건전한 금융기관 한두 곳이 인수에 나서는 것뿐이었다(3월의 베어스턴스 경우처럼). 그러나 결국 그조차 불가능한 일이었던 셈이다.

리먼을 구제하면 패닉이 멈췄겠느냐 하는 질문에 관해서는, 우선 2008년 9월 중순에는 리먼뿐만 아니라 많은 회사가 파산 위기에 처했다는 사실을 생각해야 한다. 정부가 패니메이와 프레디맥을 막 인수한 시기였다. 리먼 사태를 두고 협상을 벌이는 와중에 AIG 상황이 레이더에 크게 잡혔고, 우리가 그쪽에 개입했을 때는 이미 전날 리먼이 파산한 후였다. 뱅크오브아메리카가 메릴린치를 인수하여 메릴린치의 붕괴를 막은 것이 그 주에 있었던 유일한 성공 사례였다(덕분에 메릴린치는 나중에 회복을 시도한다). 머지않아 다른 금융기관도 여러 방식으로 정부 개입이 필요한 처지에 놓였다. 모건스탠리, 골드만삭스, 와코비아, 워싱턴뮤추얼, 시티뱅크에 이어 심지어 뱅크오브아메리카도 이 대열에 합류한다. 이들 모두 담보대출 및 기타 개인 신용상품을 보유하다가 막대한 손해를 본 회사다. 이런 상황에 연준 혼자서 안정성을 회복시킨다는 것은 도저히 무리였다. 연준이 발휘하는 최종 대부자 역할은 기초적인 지급 능력은 갖추고 있되 단지 일시적인 유동성 경색에 빠진 회사들에만 적용된다. 가장 필요했던 것은 미국 정부가 대대적인 재정 조치를 발동해서 금융 시스템의 자본 구성을 재편하는 것이었고, 이 과제는 결국 나중에 달성된다.

그러나 의회는 정치적으로 전혀 매력이 없는 이런 절차에 동의할 생각이 전혀 없다가, 결국 아무런 대안이 없다는 것을 깨닫고 난 후에야 수긍하게 된다. ◆ 실제로 부실자산구제프로그램Troubled Asset Relief Program, TARP이라는 이름으로 총 7000억 달러 규모의 자본 구성 재편 법안을 승인하려던 최초의 시도는 리먼 파산의 여파로 대혼란이 벌어진 와중에도 실패로 돌아갔다. 진퇴양난이었다. 의회는 정부가 개입할 정도로 상황이 긴박하다는 증거가 없이는 전혀 움직이려 하지 않았다. 만약 연준과 재무부가 어떤 식으로든, 예컨대 더 힘센 기업에 인수를 주선하여 리먼 구제에 성공했다면, 더 크고 복잡하게 얽힌 또 다른 회사가 파산하지 않고서야 TARP가 발효될 리는 없었다. 의회의 굼뜬 태도는 월가를 상대로 한 구제 조치가 워낙 인기 없는 일이라는 점을 감안하면 정치적으로는 이해할 수 있는 일이었으나, 그것이 경제에 미치는 대가는 너무나 컸다. 예컨대 영국은 고든 브라운 총리의 지휘하에 그 혼란한 상황에도 부실화한 영국 금융기관 중 어느 곳도 파산하지 않도록 조치했다. 물론 그중 한두 군데가 정부의 지원에 의존하는 신세가 되기는 했지만 말이다.

9월 리먼 붕괴 사태 직후 경제와 금융 상황이 급격히 악화하자, 드디어 의회가 위기에 대처할 강력한 조치를 선보였다. 더욱 중요한 것은 폴슨 재무장관이 7000억 달러의 TARP 법안을 다시 제안했고, 의회가 이를 승

◆ 　그해 여름에 이미 폴슨 장관과 나는 그런 긴급상황이 되면 의회가 자금 투입을 승인할 가능성이 있는지 질의한 적이 있다. 돌아온 대답은, 이런 종류의 승인은 설령 난다고 해도 아주 고되고 긴 씨름을 거쳐야 한다는 것이었다.

인했다는 사실이었다. TARP는 처음에 은행의 부실 자산 매입 기금을 마련하자는 법안이었다. 그러나 얼마 안 가 그 작업은 너무나 복잡하고 시간도 오래 걸린다는 점이 분명해졌다. 게다가 금융 시스템에 존재하는 부실자산의 엄청난 규모를 생각하면 이 정도 예산으로는 도저히 역부족이었다. 이에 폴슨은 프로그램의 방향을 바꿔 미국의 은행과 기타 금융기관에 자본을 직접 투입하는 방안을 모색했다. 결국 그것은 금융 시스템의 건전성을 회복하고 패닉을 통제하는 데 꼭 필요한 일이었다. TARP 자금은 또한 자동차 회사와 곤경에 빠진 주택소유자, 즉 담보대출 부담이 주택 가격 하락 폭보다 더 큰 가계를 구제하는 데도 사용되었다.

연방준비제도의 대응: 통화 정책

우리는 금융 시스템의 안정을 꾀하는 한편, 통화 정책을 통해 위기가 경제에 미치는 영향을 최소화하려고 했다.[18] 처음에는 의회와 대중을 상대로 우리의 행동을 더 잘 설명하기 위해 위기 대응 정책, 예컨대 최종 대부자 역할과 정상적인 통화 정책의 차이를 개념적으로 구분하려고 노력했다. 사실 통화 정책과 위기 대응 수단은 서로 뚜렷하게 구분하기 어려울 때가 많다. 통화 완화는 자금 조달 비용을 낮춤으로써 직접적으로, 또 경제 전망을 개선하는 측면에서는 간접적으로 시장에 도움이 된다. 거꾸로 위기 대응 수단을 발동하면 신용거래가 활성화되고, 자산 가격이 상승하며, 나아가 금융 시스템의 신뢰가 향상되어 경제에 도움이 된다.

우리는 2007년 여름에 위기의 징후가 처음 감지되었을 때는 우선 시장을 진정시키는 데 집중하여 긴급 대부 프로그램을 발동하고 해외 은행과 스와프 협정에 나섰다. 초기에는 금융 혼란에도 불구하고 경제가 비교적 꾸준하게 성장하던 상황에서 공격적 금리 인하는 굳이 필요하지 않은 것으로 보였다. 더구나 노동 시장이 비교적 견고하고 에너지 가격도 빠르게 오르던 터라 인플레이션 압력을 완전히 무시하기도 힘든 상황이었다. 그러나 금융시장 변동성이 계속되고 위원회 구성원들 사이에도 그 영향이 경제 전반으로 확산할 가능성을 우려하는 목소리가 나오면서, FOMC는 2007년 말까지 연방기금금리를 1퍼센트포인트 인하하여 4.25퍼센트에 맞췄다.

연준의 노력에도 2008년 초의 금융 및 경제 상황은 모두 악화했다. 연초를 맞이하자마자 3주간 주식시장이 10퍼센트나 하락하면서 경제는 더욱더 흔들리는 것 같았다. 우리는 은행과 기타 금융기관의 대출을 꺼리는 태도가 금리 인하의 이점을 상쇄할까 봐 걱정했다. 금융 시스템과 경제 사이에 피드백 고리가 형성되어, 금융 상황의 악화가 경제에 영향을 미치고 나빠진 경기 전망이 다시 시장 심리를 끌어내릴 수 있다는 점도 문제였다. 상황이 걷잡을 수 없는 악순환의 고리에 빠질 것을 염려한 위원회는 1월 마틴 루터 킹 목사 기념일에 예정에 없던 회의를 열어 연방기금금리를 0.75퍼센트포인트 인하하자는 나의 강력한 주장을 수락했다. 약 일주일 후에 열린 1월 정례 회의에서 나는 다시 0.5퍼센트포인트 추가 인하를 제의했고 위원회도 다시 한번 승인했다. 이후에도 금리 인하가 이어졌다. 3월에 있었던 베어스턴스 인수 조치가 시장을 진정시키는 데 어느 정도 효과가 있기는 했지만, 우리가 3월 말까지 0.75퍼센트포인트, 4월에는 0.25퍼센트포인트 인하함으로써 연방기금금리는 2퍼센트 수준까지 내려왔다. 그때쯤에는 해외 중앙은행도 금리 인하에 나서고 있었으며 다만 연준이 가장 빠르게 움직였던 것뿐이다.

그 후로 우리는 봄과 여름이 지나는 동안 추가 조치 없이 사태를 지켜보았다. 베어스턴스 구제 이후 금융 상황이 일부 개선되는 모습이 보이면서 걱정했던 것보다는 다소 경기가 풀리는 것 같았다. 2008년 8월 FOMC 회의 당시 경제분석가들의 보고자료에 반영된 실시간 데이터를 보면 상반기 경제 성장률이 2퍼센트에 가까운 것으로 나타났다. 인플레이션 징후가 보인다는 점도 또 하나의 걱정거리였다. 여름 내내 이어진 유가 폭등은(6월에 1배럴당 석유 가격이 사상 최고치인 135달러에 도달했다) 종합 인플레이션을 4퍼센트 가까이나 높여놓았고, 근원 인플레이션 지수도 2퍼센트를 돌파했다. 우리는 이런 인플레이션 압력은 결국 잠잠해질 것으로 내다봤으나, 회의 후 성명에서는 인플레이션 전망이 불확실하다는 점을 인정했다.

이 당시 우리는 연방기금금리를 통제하는 일에서 문제를 경험하기 시작했다. 연준은 전통적인 방식대로 은행의 지급준비금 공급량을 조절하는 간접 방식으로 연방기금금리를 관리했다. 그러나 한편으로는 최종 대부자 역할을 통해 이미 수천억 달러를 금융 시스템에 쏟아붓고 있던 터였다. 대출자들이 빌린 돈을 은행에 예금하고, 은행은 다시 그 돈을 연준 계좌에 예탁했으므로 은행의 지급준비금은 풍선처럼 부풀어 올랐다. 지급준비금이 풍부해지면서 연방기금금리(은행들 사이에 지급준비금을 빌릴 때 적용되는 금리)는 FOMC의 정책 금리 목표인 2퍼센트를 밑도는 것이 보통이었다. 결론적으로 우리가 최종 대부자로서 유동성을 공급하려던 노력이 한편으로는 통화 정책의 걸림돌이 되고 있었다는 말이다.

우리는 정책 금리의 통제력을 되찾기 위해 국채를 판매하는 등의 수단을 동원해서 지급준비금 잉여분을 회수하고자 했다. 이른바 소독에 나선 것이다. 여기에 의회가 우리에게 부여한 또 하나의 수단이 있었다.[19] 2년 전에 의회는 연준이 은행이 보유하는 지급준비금에 이자를 지급할 수 있도록 하는 방안을 승인했다. 이 권한은 원래 2011년 10월에야 발효될 예정이었으나, 우리의 적극적인 로비로 그 시기가 2008년 10월로 앞당겨졌다. 우리는 지급준비금에 이자를 지급함으로써 연방기금금리의 최저방어선을 지키는 새 수단을 마련한 셈이었다. 우리가 생각하기에는 은행들 사이에 지급준비금을 대출하는 이자가 그것을 연준에 맡겨서 얻는 것보다 내려가지는 않을 것이라고 봤다. 따라서 지급준비금 이자율을 조절한다는 것은 연방기금금리도 같이 통제하는 권한인 셈이었다. 지급준비금 이자 납부 권한은 장기적으로 매우 중요한 수단이 되겠지만, 2008년 말을 기준으로 연방기금금리 하락을 어떻게 막느냐 하는 것은 곧 아무 의미 없는 질문이 될 운명이었다.

우리가 재무부 및 기타 기관과 협력하여 패닉을 잡는 것과는 별개로, 통화 정책 관리는(그것도 유례없는 상황으로 급격히 변하는 와중에) 오로지 연준의 책임이었고 이는 연준의 정책 독립성과도 직결되는 문제였다. 돌이켜보면 우리는 초기에 패닉의 가속화가 경제에 미치는 피해를 과소평가했고, 거기에는 우리가 분석을 위해 참고했던 예측 모델이 신용시장의 광범위한 붕괴 가능성을 미처 포함하지 못했던 것도 일부 이유로 작용했다.[20] 2008년 9월 리먼 사태 바로 다음 날 열린 FOMC 회의에서도 연준 경제분석가들은 연말까지 경제가 근근이 성장을 이어가기는 할 것으로 보고 있었다. 그리고 우리는 AIG 구제에 집중했던 데다 최근 사태가 경제에 어떤 영향을 미칠지 확실치 않았으므로 그 회의에서 목표 금리를 인하하지 않았다. 물론 돌아보면 그것은 실수였다. 그러나 몇 주가 지나는 동안 신용시장이 점점 더 악화하면서 추가 완화가 필요하다는 점이 명백해졌다.

기본적으로 우리의 가장 큰 관심은 미국 경제의 향후 진로였지만, 동시에 글로벌 상황을 주의 깊게 지켜보는 것도 잊지 않았다. 금융 혼란이 가장 극심한 곳은 물론 미국과 서유럽이었다. 그러나 이 두 지역의 금융과 경제가 차지하는 중요성 때문에 위기의 영향은 남미와 아시아, 특히 일본과 중국에까지 널리 퍼져나갔다. 나는 전화나 국제회의를 통해 전 세계 중앙은행 리더들과 꾸준히 대화를 나누었다. 2008년 10월, 전 세계 중앙은행이 힘을 합쳐 노력하는 모습을 시장에 보여주고자 연준과 영란은행, 유럽중앙은행ECB, 그리고 기타 주요 중앙은행이 한날한시에 금리를 인하하는 방안을 제안했다. 공동 금리 인하는 지난여름에 석유 가격이 일시적으로 급등하여 목표치를 넘어서는 바람에 ECB가 경솔하게 금리를 인상한 결과를 만회하는 일이기도 했다. 나는 머빈 킹Mervyn King(영란은행 총재, 2003-2013), 장클로드 트리셰Jean-Chaude Trichet(ECB 총재, 2003-2016)와 협의 후 이 유례없는 조치에 착수했다.

공동 금리 인하는 한 편의 복잡한 드라마였다. 다양한 일정과 시간대에 걸쳐 통화 정책 위원회를 열어가며 합의를 끌어냈고, 그러면서도 정보가 새 나가지 않도록 철저히 단속했다. 그리고 마침내 10월 8일 오전 7시, 뉴욕과 워싱턴에서 연준과 ECB, 영란은행, 캐나다은행, 스위스국립은행, 스웨덴의 릭스방크는 동시에 금리를 0.5퍼센트포인트 인하한다고 발표했다. 이미 금리가 제로(0)에 가까웠던 일본은행은 강한 지지 의사를 보내왔다. 우리는 중국인민은행과는 협의하지 않았으나, 그곳에서도 그날 아침 금리 인하 소식이 들려왔다.

공동 금리 인하 작전이 성공한 것은 틀림없으나, 사실 뚜렷한 효과는 없는 것으로 나타났다. 발표 직후 시장이 급등했지만, 결국 하루 만에 원상태로 복귀했다. 시장 참여자가 이를 적절하지 못한 조치로 판단했을 수도 있고, 이런 조치를 호들갑으로 여겨 시장 전망이 그들이 걱정했던 것보다 훨씬 심각한 것으로 받아들였을 가능성도 있다. 이 일로 얻은 교훈이 있다면, 어떤 정책 조치든 그것을 둘러싼 배경과 의사소통이 내용 못지않게 중요하다는 사실이었다.

10월의 금리 인하로 연방기금금리는 1.5퍼센트로 떨어졌지만 이런 통화 완화가 경제에 도움이 되었다는 증거는 별로 보이지 않았다. 연준의 경제 보좌관들은 이제 불황이 2009년 중반까지 이어진다고 내다봤다. 그 전망은 결국 맞아들어 갔지만, 보좌관이나 FOMC나 침체가 얼마나 깊어질지는 알 수 없었다. 미국 경제의 연간 성장률이 2008년 4분기에 8.5퍼센트나 급락했고, 2009년 1분기에는 그 추세가 다소 둔화했으나 여전히 심각한 4.6퍼센트 하락 폭을 보였음을 이제는 우리도 알고 있다. 한편 유가 급락과 이에 따른 소비자와 기업의 수요 급감을 반영하여 인플레이션도 급격히 떨어졌다.

공동 금리 인하로부터 3주 후인 10월 마지막 회의에서, FOMC는 연방기금금리를 0.5퍼센트포인트 추가 인하하여 1퍼센트로 조정하는 안을 만장일치로 가결했다. 이로써 금리는 2003년의 최저치에 도달했다. 2003년 당시와 마찬가지로 연방기금금리는 사실상의 최저한도까지 내려간 셈이어서, 연준으로서는 여전히 통제 불능 상태인 위기를 이제 통화 정책으로는 대처할 수 없게 된 것이나 마찬가지였다. 위원회는 기금금리를 추가 인하해야 하는지를 두고 의견이 엇갈렸다. 참여자 중에는 여기서 금리를 더 내리면 불안정을 야기할 수 있다고 우려했다. 예를 들어 머니마켓펀드 수익이 그 정도로 떨어지면 '1달러 선을 지키지 못해' 또 한 번의 뱅크런을 유발할 위험이 커진다고 본 것이었다. 그렇다고 현상 유지가 대안이될 수도 없었다. 일자리가 사라지고 주택을 잃는 사람이 느는 등 경제에 미치는 피해는 날이 갈수록 커지고 있었다. 경기 전망이 날로 악화할수록 우리는 더 창의력을 발휘해야만 했다.

6

신 통화체제:
1차 및 2차 양적완화

리먼 사태 이후 금융 혼란이 경제 붕괴 위기를 고조시키는 과정은 매우 신속하게 진행되었다. 연준은 다양한 대출 프로그램과 통화 스와프 협정 등을 동원하여 시스템에 유동성을 퍼부었고, FOMC는 2007년부터 여러 차례 금리를 인하했으며, TARP 법안이 통과되면서 불안한 미국 금융 시스템의 자본 구성을 재편하는 움직임이 활기를 띠기 시작했다. 그러나 충격의 규모와 이미 진행된 경제 피해를 생각할 때, 안정을 되찾고 회복을 보장하는 데는 더 많은 지원이 필요한 것이 분명했다. 이에 따라 연준은 2008년 말부터 새롭고 실험적인 통화 정책 수단을 모색했다.

나는 프린스턴대학 경제학과에서 학과장을 맡았던 시절에도 숙고와 합의를 중시했으므로, 연준에서도 같은 방식을 유지하려고 노력해온 편이었다. 그러나 시장이 혼란에 빠지고 모든 경제 지표가 바닥을 가리키는 상황에 그런 태도를 계속 고집할 수만은 없었다. 2008년 11월 25일(FOMC 정기회의 중간이었고, 위원회의 공식 승인도 없었다), 연방준비제도는 나의 지시에 따라 대규모 장기증권 매입에 관한 새로운 조치를 발표했다. 여기서 장기증권이란 정부보증 주택저당증권government-guaranteed mortgage-backed securities, MBS이었다. 이것은 이후 몇 년간 여러 형태로 우리 통화 정책의 핵심 수단이 되었다. 연준 내부에서는 이를 LSAP, 즉 대규모 자산매입Large Scale Asset Purchase이라고 불렀다. 다른 사람들은 모두 QE, 즉 양적완화Quantitative Easing라고 했다.

새로운 프로그램의 당면한 목표는 급격히 악화하는 주택 및 담보대출 시장을 안정시키는 것이었다. GSE 기관인 패니메이와 프레디맥은 리먼 사태가 발생하기 열흘 전에 연방정부의 품으로 들어왔다. 두 회사가 발행한 수조 달러 규모의 MBS 등의 증권에 투자한 사람들은 이미 오래전부터 두 회사가 곤경에 빠지더라도 미국 정부가 자신들을 보호해주리라 믿고 있었다. 비록 공식적으로는 어떠한 보증도 없었지만 말이다. 이제 재무부에 인수된 GSE는 정부의 완전한 보장을 누리게 되었다. 암묵적인 보장이 현실로 입증된 것이었다. 그러나 해외 정부를 포함, GSE가 발행한 증권을 구매한 많은 이들은 이들 회사의 악화 정도와 정부의 갑작스러운 개입에 적지 않게 당황했다. 회사의 미래를 확신할 수 없던 GSE 증권 소유자들은 이제 자신의 투자금에 대해 전처럼 확고한 신뢰를 유지할 수 없었다. 그들이 GSE가 발행한 MBS를 대량으로 팔아치우자 가격이 급락했다. 신규 모기지 신용상품(그래도 발행하는 곳이 있었다) 이자율도 따라 오르며 주택시장에 남아 있던 상품의 가치를 위협하기 시작했다.

나는 연준이 GSE 증권을 대량 매입하면(우리는 향후 몇 분기 동안 5000억 달러 규모의 MBS와 1000억 달러 규모의 기타 GSE 발행 증권을 매입하겠다고 약속했다) 모기지 상품에 대한 투자자의 수요를 뒷받침하고 시장에 유동성을 공급함으로써, 정부가 아직 GSE와 담보대출 시장 전체를 보호할 의지가 있음을 보여주는 강력한 신호가 되리라고 생각했다. 이제 연준은 금융 및 비금융 회사에 최종 대부자의 역할을 하는 것 외에도 모기지 담보증권의 '최종 매입자' 역할까지 자처하고 나선 셈이었다. 배젓의 격언을 훨씬 뛰어넘은 것이다.

이 프로그램은 목표를 달성하여 혼탁한 담보대출 시장이 진정되는 데 일조했고, 연준의 증권 매입이 폭넓은 금융 상황 완화에 효과가 있음을 조기에 입증했다. 사실 한동안 실제로 매입에 나서지 않았음에도 그 발표만으로 강력한 효과를 발휘했다. 투자자들이 GSE의 위험도를 보는 중요한 지표였던 패니메이와 프레디맥이 발행한 MBS와 장기 국채 사이의 크레딧 스프레드는 우리 발표가 보도자료로 나간 후 불과 몇 분 만에 무려 0.65퍼센트포인트나 떨어졌다. 12월에는 30년 만기 담보할인율도 1퍼센트포인트 정도 떨어졌다. 이로써 휘청이던 주택시장은 물론, MBS에 투자한 개인과 기관까지 어느 정도 한숨을 돌릴 수 있게 되었다. 이런 결과에 고무된 나는 12월 1일 텍사스주 오스틴에서 행한 연설에서 FOMC가 증권매입을 정책 수단의 하나로 더욱 확대할 수 있고, 여기에는 국채도 포함된다고 말했다.[1]

MBS 프로그램 발표가 바람직한 효과로 이어지기는 했지만, 한편으로는 중요한 질문이 제기되기도 했다. 그것은 바로 결정 권한이 누구에게 있는가 하는 질문이었다. GSE 증권 매입을 승인한 것은 위원회가 아니라 의장인 나였다. 나는 여러 명의 FOMC 위원들과 통화하며 이 정책을 상의했지만, 확대 회의, 합의 도출, 공식 승인의 정식 절차를 따른 적은 없었다. 나는 그저 상황이 긴박하다고 판단한 다음, 의장에게 주어진 권한과 FOMC의 규칙에 따라, 회기 사이에 벌어지는 경제와 금융 상황에 근거하여 독자적으로 증권의 매입을 명령했을 뿐이었다. 이를 통해 달성하려던 목표는 은행 시스템에 지급준비금을 공급하고 연방기금금리를 조정하는 것이었다. 그러나 아무리 법률 규정에는 저촉되지 않았다고 해도 막대한 규모의 담보대출 증권을 매입한다는 나의 일방적 결정은 FOMC 규칙에 담긴 정신을 훨씬 넘어서는 행동이었다. 그런 행동은 차라리 미국 통화 정책의 새로운 차원을 열 수도 있는 중요한 선례가 된다.

　　연방준비은행 총재들의 불만을 전해 들은 나는 그들이 걱정하는 바가 매입 프로그램의(모두가 좋아했다) 본질이나 법적 형식성이 아니라 절차와 정당성에 있다는 것을 깨달았다. FOMC는 다양한 정책 수단을 검토하면서 연방기금금리가 실질적인 최저한도에 가까워진 상황에서 다른 조치를(대규모 증권 매입을 포함) 모두 통화 정책에 흡수할 수 있다는 사실이 점점 더 분명해졌다. 만약 그렇다면 통화 정책의 공식 감독 기관인 FOMC가 그 권한을 행사하는 것은 매우 타당한 일이었다. 나는 FOMC에 이 프로그램을 정식으로 승인해줄 것을 요청했고, FOMC는 MBS를 실제로 매입하기 전인 2008년 12월 회의를 통해 그렇게 했다. 그리고 2009년 1월 회의에서 나는 이후로 만약 어떤 조치가 통화 정책에 포함되는지 여부를 판단하기 힘들 경우, 그 판단은 전적으로 위원회에 맡기는 원칙을 충실히 따르겠다고 말했다.

실질 최저한도 금리에서의 통화 정책

GSE 증권 매입 프로그램으로 다소 논란이 있었지만, 2008년 12월 회의가 열릴 당시 우리는 우리가 처한 현실을 잘 인식하고 있었다. 경제분석가들이 마련한 실업률 예측 조정치에 따르면 2009년 말까지 8퍼센트를 넘어서는 것으로 되어 있었다. 당시로서는 너무나 심각한 듯 보였으나, 결국 그마저도 낙관적인 수준이었음을 알 수 있다. 그들은 또 과거 불황 사례에 대한 FOMC의 대응 방식을 분석한 결과를 바탕으로, 위원회의 연방기금 금리 목표가 머지않아 제로(0)에 다다른 후 2013년까지(5년 이상) 머무른다고 예측했다. 그들이 이번 불황을 얼마나 심각하게 보는지 알 수 있는 내용이었다.

연방기금금리가 전통적인 금리 인하의 범위인 실질 최저한도에 가까워진 상황이었지만, 우리는 추가 자극이 필요하다는 데 모두가 동의하고 있었다. 경제분석가들이 이 회의를 위해 새로 마련하거나 수정해놓은 비상 정책 방안은 총 21가지였다(대부분 2003년 디플레이션 소동 당시 경제분석가들이 작업한 내용을 바탕으로 축적되어온 것이었다). 우리는 이 방안을 모두 한데 모아 대안 전략에 필요한 잠재적 대가와 이점을 철저히 검토했다. 회의 막바지에 이르러 위원회는 몇 가지 합의를 도출했다. 첫째, 현행 1퍼센트 연방기금금리 목표를 0에서 0.25퍼센트 범위에서 관리하기로 했다. 둘째, 11월에 내가 발표한 GSE 증권 매입 프로그램을 이미 승인한 데 이어 매입의 범위를 '상황이 허락하는 대로' 언제든지 확대한다고 공언했다. 셋째, 12월 1일 텍사스 오스틴에서의 내 연설 내용과 같이, 위원회도 '장기 국채 매입의 잠재적 이점을 높이 평가한다'고 말함으로써 향후 정책 방향을 강하게 암시했다. 그리고 마지막으로, 위원회는 제로에 가까운 연방기금금리 목표 범위를 '당분간' 지속한다고 말했다.

연방기금금리를 제로에 가까운 수준으로 인하하는 것은 경제 전망에 비춰보면 타당한 일이었지만, 그것은 우리가 은행에 지급준비금을 대량 공급하여 추진한 긴급 대출 조치로 이미 연방기금금리가 제로에 가까워졌다는 것을 시인한 것이기도 했다. 우리는 은행의 지급준비금에 이자를 지급할 권한을 부여받은 것이 연방기금금리 목표를 관리하는 데 도움이 될 것으로 기대했지만, 그 효과는 아직 뚜렷하지 않았다. 원칙적으로 은행이 연준에 지급준비금을 예치해서 버는 이자는 연방기금금리의 최저선을 지키는 역할을 할 수 있었다. 그들이 연준 외에 다른 곳에 그 돈을 빌려주고 더 낮은 이자를 받으려 할 동기가 전혀 없기 때문이었다. 문제는 우리가 지급준비금 이자를 지급할 권한이 연방기금 시장의 일부 비은행 참여자, 특히 GSE에는 적용되지 않는다는 점이었다. 이것은 결과적으로 그들이 추가 현금을 더 낮은 금리를 찾아 다른 곳에 맡길 수 있는 동기로 작용했다. ◆

11월에 우리가 목표 금리를 인하해본 결과 우리가 시장을 통해 이미 파악해온 내용이 사실임을 깨달았다. 마찬가지로 그동안 특정 수치로 관리해오던 목표 금리를 일정 범위로 바꾸고 보니 그동안 목표를 엄격하게 관리해오던 일이 얼마나 어려웠는지 알 수 있었다. 연방기금금리를 더 확고하게 통제하는 일도 언젠가는 해야겠지만, 2008년 말의 경제는 제로에 가까운 정책 금리가 필요한 상황이었다.

2008년 12월 회의에서 우리가 금리 인하 외에 착수한 또 다른 조치는 향후 단기금리가 최저한도까지 내려가는 경우 FOMC가 통화 완화를 위해 할 수 있는 두 가지 주요 방법의 토대가 되었다. 그것은 바로 포워드 가이던스와 대량 증권 매입이었다.

그린스펀 시절의 FOMC는 선제 금리 안내를 통해 대체로 긍정적인

◆　　이론적으로 이 문제 해결의 열쇠는 은행이 쥐고 있음이 틀림없다. 그들이 GSE로부터 연방기금금리보다 약간 낮은 금리로 돈을 빌리고, 그 돈을 연준에 맡겨 최고 수준의 목표 금리 범위에 맞춰진 지급준비금 이자를 받아 차익을 손에 쥘 수 있다. 그러나 당시 워낙 혼란한 금융 상황에서 은행들은 얼마 되지 않는 수익을 위해 제한된 대차대조표 자원을 활용하는 데 관심이 없었다.

성과를 거둔 적이 있었다. 2003년 디플레이션 파동이 일어났을 때 그린스 펀의 연준은 금리가 '상당 기간' 낮은 수준을 유지할 것으로 본다는 발표로 시장의 기대를 조성한 적이 있다. 해외 중앙은행 중에는 이를 훨씬 더 적 극적으로 활용한 곳도 있다. 1990년대 중반부터 디플레이션과 씨름해오 며 최저한도 금리 상황을 다른 어떤 중앙은행보다 먼저 경험해본 일본은 행은 실로 '제로 금리 정책zero-interest-rate policy, ZIRP'의 개척자라고 할 만하다. 특히 1999년 4월에 일본은행은 단기금리를 '디플레이션 우려가 사라질 때 까지' 제로에 가깝게 유지한다고 공언했다. 포워드 가이던스를 경제 상황 과(일본의 경우는 인플레이션에 대해) 연동하는 방식은 실로 혁신적인 방안이 었으므로, 나중에 연준도 이를 도입하게 된다. **

2008년 말까지 우리는 아직 제로나 제로에 가까운 수준의 장기금리 를 공언할 준비가 되어 있지 않았다. 하지만 다음 몇 분기에 걸쳐 연방기 금금리가 오를 것으로 내다본 일부 시장 예측 결과에 신경이 쓰인 것은 사 실이다. FOMC 내부의 대다수 인사는 경제분석가들의 비관적인 예측대 로 금리가 아주 낮은 수준에 머무는 기간이 그보다 더 오래일 것으로 보고 있었다. 우리는 긴축을 시작하는 데 서두르지 않는다는 점을 시장에 설득 하기 위해 발표문에 '당분간'이라는 표현을 넣기로 했다.

그러나 12월 회의 후 발표에서 가장 중요한 내용은 위원회가 대량 증 권 매입을 정책 수단으로 공식 수용했다는 언급이었다. 이제 남은 것은 그

***

◆◆　　그러나 일본은행은 먼저 공언했던 바와 달리 디플레이션이 여전히 지속되고 있던 2000년 8월에 정책 금리를 인상했고, 이는 결국 실수였다는 것이 훗날 많은 이들의 지배적 의견 이다. 이후 일본 경제는 다시 불황으로 접어들었다. 더 나쁜 일은 일본은행이 공언을 지 키지 않아서 신뢰에 큰 상처를 입었고 더 이상 포워드 가이던스 방식을 사용할 수 없게 되었다는 점이다.

것이 어떤 효과를 발휘할지, 또 그런 방법이 위원회의 목적을 달성하는 데 과연 도움이 될지 하는 것이었다.

기술적으로만 보면 그 과정은 간단한 것이었다. FOMC의 지시에 따라 뉴욕 연방준비은행이 예컨대 10억 달러 규모의 국채를 매입한다면 당연히 연준의 자산은 10억 달러만큼 증가한다. 그러면 연준은 증권의 매입 가격을 치르기 위해 매도자의 계좌에 그 돈을 입금하고, 이 돈은 결국 시중은행이 연준에 보유한 지급준비금으로 계상된다. 은행의 지급준비금은 연준의 부채이므로, 연준의 대차대조표에서 부채 계정이 10억 달러만큼 늘어난다. 중앙은행의 순자산에는 변함이 없으나 대차대조표에서 부채와 자산 계정이 모두 10억 달러씩 증가한다. 요컨대 우리 계획은 민간 부문으로부터 장기증권을 매입한 후, 같은 액수의 자금으로 시중은행 계좌에 지급준비금을 마련한다는 것이었다. 의도한 것은 아니지만, 중앙은행이 민간 자산을 매입할 때 흔히 듣게 되는 '돈을 찍어낸다'는 비난과 달리, 이 방법은 전체 통화량에 직접 영향을 미치지 않는다는 장점이 있었다. ◆

절차도 분명했고, 뉴욕 연방은행도 이미 오래전부터 공개시장에서 증권을 거래해온 경험이 있었으나, 우리는 대량 매입이 금융시장과 경제에 어떤 영향을 미칠지에 관해 의견이 엇갈리고 있었다. 리치먼드 연방준비은행 총재 제프리 래커Jeffrey Lacker를 비롯한 일부 FOMC 위원들은 은행의 지급준비금을 확대하는 것 자체가 이 프로그램의 가장 큰 장점이라고 주장했다. 은행들 사이의 의무를 이행하는 데 사용되는 지급준비금은 국내 통화량(다른 말로 본원통화라고 한다)을 가늠하는 가장 좁은 의미의 지표

◆　통화량을 결정하는 주체는 연준의 정책이 아니라 대중의 선택이다. 예를 들어 사람들이 예금계좌에서 돈을 꺼내 크리스마스 선물을 살 때는 통화량이 저절로 증가한다.

중 하나다. 따라서 은행이 지급준비금을 다른 은행에 대출하여 시장에 유동성을 공급한다면, 전체 통화량도 함께 증가하게 된다. 폴 볼커에게 영향을 미쳤던 통화주의자들의 사상처럼, 이들은 통화 공급량 증가는 결국 생산과 인플레이션 부양 효과와 직결된다고 생각했다.

실제로 통화주의적 관점은 최근 중앙은행의 대량자산 매입 사례를 설명하는 가장 좋은 틀이기도 하다. 바로 일본이다. 단기금리가 제로에 가까웠고 국내 경기가 가벼운 디플레이션 상태에 놓여 있던 2001년, 일본은행은 광범위한 금융자산을 매입하며 경기 활성화에 나섰다. 당시 일본은행이 프로그램의 효과를 측정하고 평가했던 지표가 바로 은행지급준비금에 미치는 영향이었다. 이 조치의 주목적은 통화량 증가에 있었으므로, 일본은행은 이를 '양적완화'라고 불렀고, 이 명칭은 점차 해외 중앙은행의 매입 프로그램에도 그대로 적용되었다. 우리도 포함해서 말이다.

그러나 나를 포함한 FOMC 위원 대다수는 지급준비금을 중심으로 하는 일본식 양적완화에 회의적이었다. 나는 12월 회의에서 이렇게 말했다. "저는 그 판단이…… 잘못되었다고 봅니다."[2] 지급준비금에 기반을 둔 양적완화가 성공하려면 은행이 새로 마련한 지급준비금을 수익성 높은 금융 사업과 신규 지출에 대량으로 대출해주어야 한다. 그러나 경기가 침체된 상황에 막대한 대출 위험까지 안고 있는 은행들로서는 여기서 대출을 추가로 발생시키기보다는 차라리 연준에 지급준비금을 맡겨둘 동기가 더 컸다. 우리가 생각하기에 지급준비금 확대책 하나에만 매달린 채 경기 부양을 기대하기란 도저히 무리였다. 요컨대 증권 매입을 통해 은행의 지급준비금을 확대할 수는 있겠지만 은행이 그 돈을 제대로 활용하지 않는 한, 그것이 곧 대출 확대와 경기 활성화로 바로 이어지지 않는다는 것이다. 결국 지급준비금 방식에만 의존해서는 연준이 증권을 매입하는 효과도 최소

한에 그치게 된다. [3]

이런 논리도 외부의 일부 비평가의 목소리를 잠재우지는 못했다. 그들은 연준의 대량 매입으로 은행지급준비금이 대폭 확대되면 인플레이션이 극심해지고 달러화가 붕괴하는 등 여러 부작용을 낳을 것이라고 경고했다. 이런 비판의 바탕이 되는 논리는 극단적인 통화 이론의 한 형태로, 통화량과 물가 수준은 그저 관련이 있는 정도가 아니라(위원회 구성원 중에도 이렇게 주장하는 사람이 있었다), 장기적으로 보면 정비례 관계가 성립한다는 내용이다. 이 관점에 따르면 은행지급준비금이 예컨대 10배로 확대되면 전체적인 통화 공급량(당좌예금이나 저축성 예금 등)도 그만큼 늘어날 수밖에 없고, 상품 및 서비스 물가도 덩달아 오르게 된다. 우리가 준비하던 양적완화 정책은 은행지급준비금을 몇 배나 더 크게 확대할 예정이었으므로 극단적인 통화주의자들의 눈으로 볼 때는 걷잡을 수 없는 인플레이션을 예상할 수밖에 없었다.

2006년에 94세를 일기로 세상을 뜬 통화주의의 창시자 밀턴 프리드먼이었다면 아마 이런 주장에 찬성하지 않았을 것이다(실제로 그는 일본의 양적완화를 지지했다). 그의 저서를 보면 프리드먼이 통화 공급량과 물가의 관계에 영향을 미치는 많은 요소를 이해하고 있음을 알 수 있고, 특히 이자율이 아주 낮아 대출 기회가 부족해지면 은행은 잉여 지급준비금을 보유하는 편을 선호하므로 지급준비금 확대가 통화공급과 인플레이션에 미치는 효과가 크게 떨어진다고 보고 있다. 나는 2009년 1월에 런던정경대학교에서 행한 연설에서도 이런 논리를 설명한 바 있다. [4] 나는 필립스 곡선 이론을 들어 경제에 실업 근로자와 유휴 자본이 넘쳐나고 이렇다 할 수요 충격이 없는 상황에서는 인플레이션 압력이 커질 가능성이 희박하다고 말했다. 물론 여기에 덧붙이고 싶은 말도 있었다. 폴 볼커가 연준 의장에 지명된 이후 30년간 연준이 깊은 신뢰를 쌓아오며 인플레이션 기대를 묶어둔 덕분에 1970년대식 임금-물가 악순환을 초래하는 인플레이션 상승은 이제 자취를 감추었다는 사실이다. 그러나 우리의 자산 매입은 극심한 인플레이션을 촉발하거나 혹은 다른 방법으로라도 달러화의 가치를 떨어뜨리는 결과로 나타날 것이다. 특히 정치적 권리 면에서 말이다. 그러나 실제로는 양적완화를 거치면서도 인플레이션은 높기는커녕 오히려 아주 낮았다. 물론 이것은 위원회의 거의 모든 인사가 예상한 일이었다.

자산 매입을 통한 은행지급준비금 증대가 경제에 영향을 미칠 수 없다면 우리가 원하는 경기 부양 효과를 창출하는 방법은 무엇일까? FOMC는 기준금리를 0퍼센트 수준으로 내렸음에도 장기금리가 크게 떨어지지 않았다는 점에 주목하기 시작했다(10월 말 기준 4퍼센트 정도였던 10년물 국채 수익률은 연말에도 2.25퍼센트 선을 유지했다). 장기증권을 매입하면 해당 증권의 수익률을 떨어뜨려 경기 부양에 도움이 된다고 생각할 수 있다. 우리가 매입하여 장기증권이 시장에서 줄면, 장기증권을 특히 선호하는 연기금이나 보험회사 등의 투자자들은 남아 있는 공급물량을 두고 경쟁을 벌이느라 가격이 오르게 되고, 그만큼 수익률은 떨어지게 된다. MBS를 대량 매입하여 주택담보대출 금리를 떨어뜨렸던 것처럼, 우리가 장기증권을 매입하여 보유하면 장기증권 금리도 내려갈 것이라고 추론할 수 있다.

우리가 통화 공급 확대 정책을 펼치는 이유는 가계의 소비와 기업의 투자에 영향을 미치기 위함인데, 이런 종류의 의사결정이 국채 금리와 곧바로 연결되지는 않는다. 그러나 우리는 국채의 수익률이 낮아지면 다른 분야, 예를 들어 주택 및 상업용 부동산 담보대출이나 기업 채권의 수익률도 하락하리라고 봤다. 국채 수익률은 다른 시장 수익률의 벤치마크 역할을 하며, 장기 국채를 연준에 매각한 투자자는 아마도 그 돈으로 다른 장기 자산을 매수할 것이고, 결국 그 자산의 수익률도 함께 내려갈 것이다. 민간 분야의 장기이자율이 하락하면 기업 투자와 자동차, 주택 등의 소비 지출을 자극한다. 장기이자율이 낮아지면 주식 등 다른 금융자산 가격이 올라가고 달러화가 약세로 돌아서면서 전반적인 금융 상황이 완화된다. 일반적인 통화 정책이 단기이자율을 변화시켜 장기이자율에 간접적으로 영향을 미치는 것이라면, 이 방법은 아직 최저한도의 제약을 걱정하지 않아도 되는 장기이자율을 직접 겨냥하는 방식이었다. 그런 관점에서 보면 이 대안적인 통화 정책 수단을 쓴다면 그리 급격한 변화도 필요 없을 것 같았다.

일본은행이 추진한 지급준비금 중심의 매입 프로그램을 '양적완화', 또는 QE quantitative easing라고 불렀으므로, 나는 그것과 구분하여 우리 방식에 '신용완화credit easing'라는 이름을 붙였다. 가계와 기업이 부담하는 장기이자율을 낮춘다는 점을 강조하는 의미였다. 그러나 경제분석가들이 명명한 LSAP나 이 이름은 그리 인기를 얻지 못한 대신 다들 QE라고 부르기 시작했다.

우리는 대체로 일본 방식에 회의적인 태도였지만, 그들의 프로그램에서도 한 가지 배울 점이 있었다. 2004년에 내가 연준의 두 경제학자 빈센트 레인하트Vincent Reinhart와 브라이언 색Brian Sack과 공동으로 작성한 보고서에서도 지적했고, 또 우리 경제분석가들의 발표에서도 설명했듯이, 2001년에 시작된 일본은행의 양적완화로 시장은 일본은행이 향후 오랜 기간 단기금리를 제로에 고정하리라는 믿음을 갖게 되었다.[5] 다시 말해 비교적 새롭고 극적인 조치인 양적완화를 도입한 것은 일본은행의 전반적인 정책적 의도를 알리는 시금석이었던 셈이다. 일본의 QE는 정책결정자의 완화 정책 의지를 전함으로써 적어도 한동안은 일종의 포워드 가이던스 역할을 했다. 안타깝게도 일본 중앙은행 측은 QE의 효과를 의심하는 발언을 한다든지, QE를 포함한 비상조치의 지속 기간이 그리 길지 않을 수도 있다고 암시하는 등 자신의 메시지를 스스로 갉아먹는 행보를 보이기도 했다. 우리는 일본의 사례를 보면서 새로운 정책 수단을 둘러싼 언행이 매우 중요하다는 교훈을 얻었다.

우리도 이론적으로는 QE를 통해 성과를 내는 법을 알고 있었지만, 사실 우리가 모르는 것이 훨씬 많았다. 우선 어느 정도의 자산을 매입해야 장기이자율을 목표한 만큼 낮출 수 있는지 모르고 있었다. 경제분석가들의 예측으로는 500억 달러의 국채를(당시 전 국민이 보유한 국채의 1퍼센트에 조금 못 미치는 규모였다) 매입할 때 장기이자율을 낮출 수 있는 범위는 0.02에서 0.1퍼센트포인트 사이였다. 비교적 넓은 범위의 이 추산치는 재무부가 만기가 서로 다른 채권의 공급량을 달리했을 때 국채 금리가 변화하는 과정을 연구한 결과에 바탕을 둔 것이었다(나와 레인하트, 색의 연구 결과도 포함된다). 충격적인 사례가 있다. 2001년 10월에 재무부가 30년 만기 국채 발행을 중단한다고 선언한 후, 투자자들이 줄어든 공급량을 두고 서로 경쟁을 벌이는 바람에 기존의 30년물 채권 수익률까지 떨어진 적도 있다.

이런 사례를 보면 우리가 추구하는 바 양적완화가 경제에 긍정적인 영향을 미칠 것으로 기대되나, 그 효과가 어느 정도일지 정확히 가늠하기는 여전히 어려운 일이었다. 우리가 매입하는 양은 재무부가 평소 발행을 조절하는 것보다는 많을 것이고, 매입에 나서는 시장 상황은 매우 혼란할 것이며, 이 자체가 향후 우리의 정책 의도를 미리 알리는 역할을 할 것도 틀림없었다. 결국 우리의 주된 결론은 금융 상황과 경제에 가시적인 영향을 미치기 위해서는 막대한 양을 매입해야 한다는 것이었다. 여기에는 또 이자율이 낮아진 상황을 틈다 재무부가 새로운 장기 채권 발행량을 늘림으로써 우리가 장기 국채를 매입한 효과를 상쇄하는 일이 없어야 한다는 전제도 있었다(티모시 가이트너는 나중에 오바마 행정부의 재무장관이 된 후 재무부는 미리 약속한 국채 발행 계획을 지킬 것이라고 나에게 약속했고, 실제로도 그렇게 되었다).

매입 계획의 효과가 불확실했던 만큼, 그 부작용이 어느 정도일지도 전혀 알 수 없었다. 연준이 큰손으로 새롭게 등장함으로써 민간 구매자도 같이 뛰어들지, 그래서 재무부와 담보대출 시장의 기능을 보완하는 게 아니라 오히려 해가 될지는 아무도 모르는 일이었다(우리는 이런 일을 방지하고자 채권발행량 대비 매입 비율을 제한하기로 했다). 혹시 은행지급준비금 확대를 통한 유동성 공급이 금융 안정에 새로운 위험 요소가 되지는 않을까? 연준의 대차대조표 규모가 몇 배나 커지는 만큼 향후 이자율이 갑자기 높아지기라도 하면 심각한 자본 손실이 발생하고, 그 결과 우리가 사들인 증권의 가격이 매입가 아래로 떨어지는 일은 없을까? 만약 그렇게 된다면 어떻게 증권 매입을 중단하고 다시 정상적인 통화 절차를 회복할 수 있을까? 이후 FOMC 회의에서는 이런 문제를 포함한 관련 이슈를 포괄적으로 검토했다. 그러나 우리는 대량 증권 매입이 인플레이션 과다와 달러화 붕괴를 촉발할 염려는 별로 하지 않았다. 오히려 매입 효과가 미미한 수준에 그쳐 미국과 세계 경제에 몰아닥친 나쁜 뉴스를 만회하지 못할 가능성을 걱정했을 뿐이다.

1차 양적완화 출범

버락 오바마 대통령은 2009년 1월에 취임했다. 우리 부부는 워싱턴의 그

추운 겨울에 취임식에 참석했다. 연준에 있던 우리는 아직 오바마에게 관할권이 넘어가지 않았던 부시 대통령 임기 마지막 주까지도 대통령과 행크 폴슨 재무장관 및 그가 이끄는 팀과 함께 업무를 계속하고 있었다. 그러나 우리 앞에는 곧 시티뱅크와 뱅크오브아메리카를 파산 위기로부터 구제해야 한다는 만만찮은 도전이 나타났다. 더구나 이때는 아직 팀 가이트너의 지식과 경륜에 의지할 수도 없었다. 오바마가 가이트너를 재무장관에 지명한 후, 그는 먼저 뉴욕 연방준비은행 총재로서의 의무로부터 자신을 구출하기도 바빴다.

가이트너는 재무장관이 된 후 불안한 미국 금융 시스템의 자본 구조 재편을 위해 전임 폴슨 장관이 시작한 TARP 구제 기금의 운영 책임을 넘겨받았다(폴슨은 2008년 콜럼버스 기념일에 9대 은행 CEO를 자신의 회의실에 소집하여 총 1250억 달러의 정부 자본을 수용하도록 설득한 일로 유명하다). 가이트너는 폴슨이 추진하던 일을 지속하는 한편, 연준과 협조하여 중요한 혁신안을 한 가지 고안해냈다. 19개 대형 은행을 상대로 포괄적인 '스트레스 테스트stress test'를 시행하기로 하고 그 운영을 연준과 기타 규제당국에 맡기는 방안이었다. 스트레스 테스트는(이후 이 방법은 미국과 해외에서 은행 감독의 핵심 절차로 자리 잡았다) 해당 은행들이 불황이 닥쳐와 금융 시스템에 더 큰 혼란이 조성되었을 때 생존에 필요한 자본이 얼마나 되는지 추산해내기 위해 마련된 것이었다. 가이트너의 계획하에, 최악의 시나리오를 견뎌낼 자본을 갖추지 못해 계속 대출에 의존해야 할 은행에는 민간 시장을 통해 필요한 자본을 마련할 6개월의 유예 기간이 부여되었다. 그 기간 내에 필요한 자본을 갖추지 못하면 까다로운 조건으로 TARP를 수용하도록 강제했다. 우리는 둘 중 어느 쪽이든, 이 테스트는 은행의 생존과 신뢰 회복에 도움이 되리라고 기대했다.

새 정부는 또 가계와 기업을 지원하는 금융 패키지 구성 작업에도 신속히 나섰다. 임기를 시작한 지 채 한 달이 안 된 2009년 2월 17일에, 오바마 대통령은 2009년 미국 회복 및 재투자법American Recovery and Reinvestment Act of 2009에 서명했다. 총 7870억 달러에 달하는 이 프로그램에는 감세(사회보장 세금의 일시적 인하가 특히 눈에 띄었다), 그리고 주 정부와 지방정부에 대한 지원 방안이 포함되었다. 나머지 예산은 실업급여 확대와 기반 투자 등의 연방 재정지출 분야에 골고루 배정되었다. 이후 몇 년간 계속된 급여소득세 삭감과 실업급여 연장안 등과 같은 추가 재정 조치는 최초의 패키지를 보완하는 역할을 했다.[6]

금융 및 재정 정책은 희망적이었지만, 2009년 3월 18일에 FOMC 회의가 열렸을 때까지도 그 성공은 전혀 보장할 수 없었다. 은행 스트레스 테스트가 완료되려면 아직 두 달 정도 더 기다려야 했다. 우리로서는 테스트 결과가 너무 낙관적이어서 신뢰성이 떨어지게 되는 것도 걱정이었고, 반대로 남아 있는 TARP 기금이 모자랄 만큼 은행의 손해 폭이 너무 커도 난감한 상황이었다. 더구나 연준 내부에서는 당면한 문제에 비해 정부의 재정 프로그램이 과연 충분한지 의문을 품는 목소리도 있었다. 만약 부족하다면 신속한 보완책이 필요했다.

결국 FOMC 회의에서는 위기를 돌파할 결정적 해법을 찾지 못했다. 경기는 2분기 연속 가파른 위축세를 보이고 있었고, 실업률은 8퍼센트가 넘는 고공행진을 지속했다. 금융 안정성은 여전히 의문을 떨치지 못했고, 주식시장은 지난 18개월간 무려 절반이나 가라앉았다. 2월 기준 실업자 증가는 무려 65만 1000명에 달하는 것으로 나타났다(이후 74만 3000명으로 상향 조정되었다). 해외 사정도 선진국이나 신흥국을 막론하고 빠르게 나빠지고 있었다.

연준 경제 보좌관들은 실업률 고점을 다시 9.5퍼센트로 상향 조정하면서(그래도 사상 최고치인 10퍼센트에는 아직 미치지 않았다), 이 정도 수준이면 근원 인플레이션이 거의 제로에 가까워질 것으로 내다보았다. 그들은 이 자율에 최저한도가 존재하지 않는 가상의 경우라면 FOMC가 연방기금금리를 '마이너스' 6.5퍼센트까지 내려서라도 경기 회복에 나서야 할 상황이라고 보았다.[7] 물론 최저한도 금리는 존재하기 때문에 상당한 추가 부양책은 다른 방법으로 마련해야 했다.

그해 3월 회의에서 다룬 주제는 그전이든 이후든 내가 중앙은행에 들어와서 마주한 가장 암울한 내용이었다. 연방준비은행 총재들이 전해주는 해당 지역의 민심도 두려움이 점점 더 커지고 확산된다는 이야기였다. 댈러스 연방준비은행 리처드 피셔Richard Fisher 총재는 해당 지역의 인사 한 사람에게 좋은 소식을 듣고 싶냐는 질문을 받았다. 피셔가 그렇다고 했더니, 그 사람 왈, "다른 사람한테 물어보세요"라고 했다는 것이다. 그날 회의에서 오간 농담이 주로 그런 내용이었다.[8] 시카고 연방준비은행의 찰리 에번스Charlie Evans는 위원회의 분위기를 이렇게 요약했다. "우리가 뭔가 큰 조치를 결심하는 게 중요하다고 생각합니다."[9]

FOMC 위원 다수는 증권 매입을 대폭 확대하는 데 찬성했다. 불과 얼마 전까지만 해도 너무 극단적이라고 했던 방안이었다. 그러나 그때쯤에는 증권 매입이 효과를 거둘 수 있다는 증거가 이미 많이 나와 있었다. 경제분석가들이 마련한 보고서에는 극히 최근에 벌어진 일들에 관한 시장 반응이 담겨 있었다. 예컨대 11월의 담보대출 증권 매입 프로그램 발표, 12월에 내가 한 연설에서 국채 매입을 고려하고 있다는 내용, FOMC가 12월 회의 직후 국채 매입 가능성을 시인한 발표 내용이었다. 특히 마지막 건은 새로운 매입 계획이 빠져 있다는 이유로 시장의 실망을 사기도 했다.

시장 참여자들이 새로운 매입 계획의 가능성과 규모를 재평가하면서 시시 각각으로 바뀌는 이자율의 방향과 규모를 관찰해보면, 대규모 프로그램이 장기 채권 금리를 상당히 낮춤으로써 경기 부양에 일조할 가능성이 크다는 것을 알 수 있었다.

우리는 이제 참고할 만한 해외 사례도 확보했다. 3월 5일에 영란은 행은 정책 금리를 0.5퍼센트로 인하하고 향후 3개월간 750억 파운드 규모의 영국 장기 국채, 즉 우량채권을 매입하겠다고 선언했다. 이는 당시 영국 전체 국채 보유량의 10퍼센트에 해당하는 규모였다. 아울러 그보다는 적은 액수지만 기업 채권이나 상업어음 등의 민간 부채도 매입한다고 약속했다. 이후 이틀 동안 10년물 영국 국채 수익률은 0.5퍼센트포인트 이상 하락했고, 다른 유형의 부채들도 그 뒤를 따랐다. 이듬해 영란은행은 매입 규모를 3배로 확대했다.

연준의 경제분석가들은 FOMC가 논의할 정책 대안을 제시했다. 하나는 담보대출 증권 매입을 집중적으로 검토한 것이었고, 다른 하나는 장기 국채 매입에 비중을 둔 내용이었다. 위원회는 두 가지 모두 추진하는 것으로 결정했다. 우리는 이미 약속한 5000억 달러 MBS 매입 계획에 7500억 달러를 추가로 매입하기로 하고, GSE 발행 부채 매입도 기존의 1000억 달러에서 2000억 달러로 증액했다. 결국 GSE 증권 매입 계획 총액은 1조 4500억 달러가 되었다. 아울러 우리는 향후 6개월간 3000억 달러 규모의 국채를 매입하여 총 1조 7500억 달러의 자산을 매입한다는 약속을 최초로 내놓았다. 우리는 단 한 번의 회의를 통해 연준의 재무 규모를 거의 2배로 키워버렸던 셈이다.

포워드 가이던스 활동도 강화했다. 우리는 연방기금금리가 '당분간'이 아니라 '상당히 오랜 기간', '이례적으로 낮은 수준'에 머무를 것으로 본다고 말했다. 그리고 가계 및 기업 대출 증권 시장을 개선한다는 목표로 자산담보부증권 대출기구TALF 설립을 발표했다. 그 시점에서 우리는 이런 새로운 조치가 과연 효과가 있을지 전혀 확신할 수 없었으나, 적어도 문제 해결을 위해 할 수 있는 모든 수단을 동원한 것은 사실이라고 생각했다. 아닌 게 아니라 FOMC는 '모든 수단을 동원할' 준비가 되어 있었다. 위원회 결의는 만장일치로 이루어졌다. 더구나 시장도 극적인 반응을 보여줌으로써 모두가 고무되었다. 10년물 국채 수익률은 영국과 비슷하게 바로 그날 0.5퍼센트포인트 하락했다. 채권 매입이 효과를 발휘하는 듯 보였다. 물론 너무 이른 판단이었다.

이후 수개월 동안 상황이 다소 호전되는 듯했다. 주식시장은 3월에 바닥을 친 후, 이후 오랫동안 이어질 상승장을 시작했다. 다우존스 지수는 3월 회의부터 연말까지 40퍼센트가 넘는 상승세를 기록했다.

양적완화 정책은 우리에게 탄약이 없는 것이 아니라는 것을 보여주었다. 그러나 발표 직후 잠깐 떨어졌던 장기 수익률이 다시 오르기 시작했다. 이어 회의론자들의 입에서 채권 매입 효과가 단지 일시적이거나 오히려 역효과를 낸다는 주장이 나왔다. 그러나 6월에 개최된 화상회의에서 내가 말했듯이, 수익률만 높아진 것이 아니라 주가 상승과 신용시장 개선이 동반되었다는 것은 세계 경제 성장과 약간 높은 수준의 인플레이션에 대한 기대가 높아지고 자산 도피처로서의 미국 국채 수요가 줄어들었음을 의미할 가능성이 더 컸다. 민간 신용 사정이 개선되면서 연준이 제공하는 긴급 대출 수요가 시들해진 것도 또 하나의 좋은 징조였다. 무엇보다 각종 경제 데이터에서 잠정적인 개선, 혹은 적어도 안정세의 신호를 확인한 것이 중요했다. FOMC의 4월 회의에서는 시장과 경제의 '회복세'가 논의되었다. 연준 국제금융 부문 책임자 네이선 시츠Nathan Sheets는 이렇게 말했다. "우리는 회복세 국면과 관련하여 울창한 숲까지는 아니더라도 새싹이 희끗희끗 보인다고는 말할 수 있습니다."[10] 그리고 이후 수개월 동안 회복의 싹이 최소한 한두 개는 더 나타나게 된다.

5월에 발표된 은행 스트레스 테스트 결과도 신뢰 회복에 도움이 되었다.[11] 연준 이사회를 비롯한 은행 규제당국은 이 내용을 상세히 공개했다. 사실 반대 의견도 만만찮았다. 재무부와 심지어 일부 감독 기관도 그랬다. 그들은 은행의 내부 데이터를 공개하는 것은 전례가 없는 일로서 그렇게 되면 앞으로 그들이 민감한 정보를 제공하기를 꺼리게 될 점을 걱정했다. 우리는 투명성을 보장함으로써 테스트 결과가 시장에서 신뢰를 얻는 데 도움이 되리라고 기대했다. 사실 예기치 못한 약점이 공개되기라도 한다면 은행의 신뢰에 금이 가서 단기 자금 조달에 새로운 저해 요소가 될 위험이 있는 것도 사실이었다. 외부 분석가들은 스트레스 테스트가 엄격하고 믿을 만한 방식으로 진행되었고, 결과 또한 별도 예측과 일치한다는 점에 동의했다. 아울러 우려와 달리 대형 은행들이 필요로 하는 자본액 추정치가 그리 크지 않아 필요하다면 남아 있던 TARP 기금으로 충분히 감당할 수 있는 것으로 나타났다. 이런 결과는 경기와 금융 상황이 개선된 점도 한몫했다. 사실 대다수 은행은 정부의 지원 없이도 민간 시장에서 추가 자본을 조달할 능력을 갖추고 있었다. 스트레스 테스트 결과 제너럴모터스의 금융 자회사인 GMAC 한 회사만 TARP 기금이 필요했다. 대규모 파산이나 정부 인수 사태에 대한 두려움이 가라앉으면서 은행 시스템은 한고비를 넘기는 것 같았다. 주요 은행의 주가는 2009년을 기점으로 가파르게 상승했고 대출도 서서히 회복되기 시작했다.

정부의 감세 조치와 지출 증대도 힘을 보태기 시작했다. 연준의 많은 경제학자와 오바마 대통령의 경제자문위원회 의장 크리스티나 로머

Christina Romer 등이 걱정했듯이, 정부가 마련한 금융 패키지는 경기 부양을 위해 필요한 것보다 부족했다. 그 법안이 통과될 당시만 해도 사람들은 불황의 골이 얼마나 심각한지를 충분히 인식하지 못했고, 적자를 걱정하던 의회는 더 큰 규모의 프로그램을 반대하고 있었다. 또 다른 문제는 거의 모든 주 정부와 자치단체는 경기 불황의 심각한 압박으로 균형 예산 요건을 준수하기 위해 세금을 인상하고 지출을 삭감하고 있었다는 점이다. 전국 단위와 지방 단위의 정책이 서로 충돌한다는 것은 재정적 자극이 평소처럼 큰 효과를 보기 힘든 상황이라는 뜻이었다. 이 모든 제약에도 불구하고 새로운 통화 공급의 위력과 스트레스 테스트의 성공, 거기에 연방 재정 프로그램이 더해짐으로써 혼란한 금융시장이 안정되고 성장이 다시 시작되는 데 큰 역할을 했다. 2009년 6월, 전미경제분석국은 마침내 불황이 끝났음을 선언했다. 실업률은 여전히 높았고 생산은 잠재력 아래에 머물렀지만, 적어도 경제는 성장을 재개했다.

한편 금융 상황이 개선되면서 연준의 긴급 대출 프로그램 이용도는 미미한 수준으로 떨어졌고, 이에 우리는 프로그램의 폐지 단계에 돌입했다. 긴급 대출금이 상환되면서 연준의 대차대조표의 자산 계정은 국채와 GSE 증권으로 채워졌다. 그래도 우리는 약속한 일정대로 매입을 지속하다가 2010년 5월에 이르러 마침내 1차 양적완화를 종료했다.

2009년 3월 이후의 통화 정책: 휴지기

2008년 11월과 2009년 3월의 극적인 선언 이후의 기간은 나중에 1차 양적완화, 또는 QE1으로 불리게 된다. 우리가 이 기간에 약속된 매입을 실행하면서 연방기금금리는 0에서 0.25퍼센트 범위를 유지했고, 그러면서도 연방기금금리가 '꽤 오랜 기간', '전례 없이 낮은 수준'을 유지할 것이라는 태도를 바꾸지 않았다. 그러나 새로운 재정 수단의 도입과 시장 안정화, 그리고 은행 시스템이 한고비를 넘었다는 증거가 드러나면서, 우리는 이후 1년 반 동안 별도의 통화 조치 없이 시장을 관망했다. 위원회가 생각하는 방향은 두 가지였다. 하나는 경기가 이제 충분히 개선되었으므로 최소한 당분간은 공격적인 정책을 추가로 도입할 필요가 없다는 것이었다. 그러나 다른 한편으로는 경기 전망이 여전히 약세를 면치 못하고 있으므로 지금까지 이룩해온 성과를 굳이 되돌리는 것 역시 금물이라는 의견이 많았다.

관망이라는 큰 틀에 동의하면서도 그 안에는 다양한 의견이 존재했다. 일부 강경파에 가까운 FOMC 위원들은 장기 인플레이션의 위험이나 새로운 정책의 부작용을 걱정하여 긴축 정책 신호를 내비쳐야 한다고 주장했다. 한편 비둘기 성향의 위원들은 지나치게 높은 실업률에 주목하여 경기 회복의 역풍을 걱정했고, 따라서 통화 완화를 현행 수준으로 유지하거나 좀 더 완화해야 한다는 의견을 제시했다.

내부 토론은 지루하게 이어졌다. 강경파는(대표적인 연방준비은행 총재로 필라델피아의 찰스 플로서Charles Plosser, 리치먼드의 제프리 래커, 캔자스시티의 토머스 호니그Thomas Hoenig, 댈러스의 리처드 피셔를 들 수 있다) 위기가 최악을 벗어나 경기와 금융의 개선이 이루어지는 점을 강조했다. 2009년 9월 회의 때까지 경제분석가들은 GDP 성장 전망을 대폭 상향 조정하여 2009년 하반기에 2.75퍼센트, 2010년에는 3.5퍼센트까지 오른다고 보고 있었다. 기준금리 선물 트레이더들은 연방기금금리가 2010년 말까지 2퍼센트에 이를 것으로 보고 있었고, 이는 그들이 긴축 정책의 정당성이 곧 입증될 것으로 생각한다는 뜻이었다. 강경파 중 일부는 '꽤 오랜 기간'이라는 포워드 가이던스를 두고 언제 후퇴하거나 철회할 것이냐는 질문을 제기하기도 했다.

FOMC 내의 온건파는(연방준비은행 총재로는 샌프란시스코의 재닛 옐런, 보스턴의 에릭 로즌그렌Eric Rosengren, 시카고의 찰스 에번스 등이 있고, 연준 이사로는 대니얼 터룰로Daniel Tarullo를 들 수 있다) 경기가 회복되었으나 허점도 분명히 존재한다고 판단했다. 특히 실업률이 여전히 매우 높은 수준에 머무를 것이라는 전망 때문이었다. 경제분석가들은 2010년에 최근 기류를 넘는 성장을 예측하면서도, 한편으로는 4분기에 실업률이 하락한 결과가 여전히 9.6퍼센트에 이를 것으로 예상했다.

온건파는 또 실업자들이 일자리를 되찾기가 힘들 정도로 회복 속도를 늦게 보는 경제분석가들의 예측조차 여전히 너무 낙관적이라고 주장했다. 그들의 지적은 이 예측이 과거 경제 회복 경험에 바탕을 두고 있어 우리가 직면한 정도로 큰 금융위기를 반영하지 못했다는 것이었다. 금융위기가 경기 변동에 미치는 영향이 지속되어 성장을 더욱 늦출 가능성이 있는 것이 사실이었다. 예를 들어 대출 기관의 신용 기준이 강화된 점이라든가 가계가 손실 자산을 회복시키고 또 다른 충격에 대비하기 위해 저축을 증대하는 움직임 등을 보면 충분히 가능한 시나리오였다. 이런 비관론은 카르멘 라인하트Carmen Reinhart와 케네스 로고프Kenneth Rogoff의 유명한 저서 《이번엔 다르다This time is different》의 내용과도 일치하는 것이었다.[12] 그들은 역사적 사례를 바탕으로 금융위기(특히 주택 가격 붕괴와 관련된 위기) 후에는 더 깊은 불황이 오며, 회복에도 더 오랜 시간이 소요되는 경향을 보인다고 주장했다.

온건파는 완화 정책을 유지하자고는 했으나 2009년부터 2010년 초까지 추가 채권 매입이나 다른 조치를 특별히 강하게 주장한 것은 아니었다. 나를 포함한 위원 대다수는 서로 의견이 나뉘어 있었다. 사실 명쾌한 대답을 내놓을 수 없는 문제가 많았다. QE1이 성공한 주된 원인이 과연 금융 상황의 극심한 변동성을 잠재웠기 때문일까? 만약 그렇다면, 이제 금융 상황이 비교적 정상으로 돌아오고 장기금리도 이미 꽤 하락한 상황에서 채권 매입을 지속하는 것이 여전히 효과를 거둘 수 있을까? 더구나 신용 경색이나 위기 이전의 호황에서 비롯된 주택 과잉 같은 역풍이 강하게 몰아칠 텐데, 이자율의 완만한 저하가 경기 활성화와 고용을 자극하는 데 큰 역할을 할 수 있을까?

더구나 추가 매입의 효과가 불확실하다면 위험도 마찬가지였다. 비록 위원회 사람들이야 은행지급준비금의 대량 확대가 심각한 인플레이션을 불러온다고 생각하지 않았지만, 언론이나 의회, 시장에 속한 다른 사람들의 생각은 달랐다. 아무리 근거가 희박하다고 해도 인플레이션에 대한 우려가 공격적 통화 조치가 불러온 신뢰 효과를 가로막는다면 어떻게 할 것인가? 이런 가능성을 단지 가정으로 치부할 수만은 없었다. 2009년에 열린 여러 회의에서 연준 경제분석가들은 인플레이션에 관한 초조함이 금융시장에 나타난다고 보고하면서 물가연동채권(인플레이션 방어 증권)에 투자하는 뮤추얼펀드로의 자금 유입 증가, 금 가격 상승, 달러화 하락 등을 근거로 들었다. 연방 정부 재정 적자가 증가하는 것도 인플레이션 불안을 더하는 요소였다. 시장 인플레이션에 관한 지표 중 그 어떤 것도 심각한 수준은 아니었고, 그중 일부는 연말에 가까워지면서 회복된 것도 있었지만, 여전히 FOMC의 강경파들은 추가 매입이 그 장점보다 신뢰 저하 효과가 더 클 것으로 보고 있었다. 또한 금융 안정성에 관한 위험을 언급하는 사람도 있었다. 경기 전망과 우리의 정책 수단 모두 불확실하기는 마찬가지였으므로, FOMC는 2009년 3월부터 연말까지 정책의 큰 틀을 변함없이 유지하기로 만장일치 결의했고, 단 매입 시기는 세부적으로 조금씩 조정할 여지를 남겨두었다.

나는 의장으로서 합의 도출에 최선을 다했다. 경기 면에서의 진척 상황에 만족하지 못하는 점에서는 온건파와 의견을 같이했다. 더구나 노동시장의 더딘 회복과 그로 인해 많은 사람이 겪는 고통은 더욱 우려스러운 점이었다. 마침 내가 연구한 대공황에 관한 지식에 비춰볼 때 그 피해가 은행 파산으로 더욱 컸다는 점을 강조하며, 신용시장의 혼란이 경제에 지속적인 영향을 미칠 수 있다는 온건파의 의견에 동의했다. 그러나 한편으로는 추가 채권 매입의 효과가 불확실하다는 점과 함께, 혹시 있을 부작용이 확실치도 않은 이점을 뒤덮어버릴지도 모른다는 점에도 우려를 표명했다. 결론적으로 나는 관망 의견에 찬성했다.

자산 매입의 장점과 위험을 이미 다 알게 된 지금 생각해보면 나는 확실히 너무 소심했다는 것을 깨닫게 된다. 경기 회복은 항상 우리 예측보다 훨씬 늦었다. 이런 약점은 주로 통화 정책의 통제 범위를 넘어선 요소에 기인한다. 예컨대 위기가 찾아온 이듬해 갑자기 생산성이 부진해진 것이라든지, 2009년 2월에 최초의 금융 패키지가 통과된 이후 재정 확대 정책이 기대에 못 미쳤던 점 등을 들 수 있다. 돌이켜보면 우리가 추가 채권 매입에 나서서 장기금리를 더 큰 폭으로 내렸더라면 회복의 초기 단계에 더 힘을 실어줄 수도 있었을 것이다. 포워드 가이던스를 더 적극적으로 활용했더라면 금리가 1년 남짓 만에 다시 오르리라고 전망했던 시장 심리를 억제할 수도 있었을 것이다.

그러나 나는 FOMC 참가자 사이에 의견 불일치가 심해지는 상황에서 점점 시들해지는 1차 양적완화 대신 새로운 정책을 도입하자고 FOMC를 압박하기보다, 우리가 가진 정책의 유연성을 보존하는 편을 선택했다.

특히 나는 회복이 불안해지면 채권 매입을 확대하는 방안을 고수하고자 했다. 또 가까운 시일 내에 긴축을 계획하고 있다는 신호를 대중에게 주지 않기 위해 최선을 다했다. 다소 역설적이지만, 내가 추가 채권 매입 방안을 유지하려고 노력했던 방법 중에는, 경제분석가들과 위원회에 언젠가는 우리의 새로운 정책을 버릴 각오를 하라고 당부한 것도 있었다는 사실이다.

나나 연준의 동료들이나 그런 일이 곧 다가오리라고 생각한 것은 물론 아니었다. 그러나 우리는 대량 채권 매입을 시작하면서도 적당한 시기가 되면 이 조치를 원상 복귀할 생각은 늘 하고 있었다. 궁극적인 중단 계획은 단지 신중한 고려사항이었을 뿐이지만, 실제로 의회나 시장 참여자, 언론 등에서는 우리에게 이 특이한 정책을 과연 어떻게 되돌릴 것인지를 묻는 사람이 많았다. 그러나 무엇보다 중요한 것은 실제로 추가 매입이 필요하다고 하더라도 위원회 구성원들은 출구 계획에 확신이 있다면 그들이 먼저 승인할 가능성이 크다는 점을 내가 알고 있다는 점이었다.

우리는 최종적인 출구가 도전에 있다는 것을 알고 있었다. 긴축 통화 정책을 계속하다 보면 언젠가는 연방기금금리를 제로 수준에서 끌어올려야 했다. 그러나 연준의 대차대조표가 비대해지고 은행 시스템에도 준비금이 넘쳐나는 상황에서 위기 이전처럼 연방기금금리를 올리는 방법은(공개시장을 통해 정상적으로 증권을 판매해서 지급준비금 총액을 줄이는 방법) 통할 리가 없었다. 정상적인 금융 상황이었다면 은행지급준비금 이자를 우리가 갚는 권한이 금리 최저선을 지키는 방법인 것 같았지만, 리먼 사태가 터지면서 그마저도 제 역할을 하지 못했다. 그러나 2009년과 2010년 초에 우리는 금리를 올리는 다른 방안도 함께 고려했다. 한 가지 가능성은 우리가 보유할 증권의 자금을 은행지급준비금 형성 외에 다른 방법으로 조달하는 것이었다. 그리고 이 방법은 결국 실현이 된다. 은행 외에 다른 기관 투자자(예를 들면, 머니마켓 뮤추얼펀드)로부터 단기 자금을 빌리는 것이었다. 이 것은 나중에 '역환매조건부약정reverse repo'이라는 이름으로 불리게 된다. 비은행 투자기관으로부터 돈을 빌려 우리가 보유한 증권의 자금에 보탠다면 은행지급준비금을 많이 쌓아둘 필요가 줄어 연방기금금리를 올려야 할 때 이를 실행하기가 쉬워진다.

물론 긴축 통화 정책의 가장 간단한 방법은 QE를 철회하고 매입한 증권을 매각하여 은행지급준비금을 줄이는 것이었다. 지급준비금이 과거 정상적이던 수준으로 내려오면 연방기금금리도 다시 위기 이전과 같은 일반적인 방법으로 올림으로써 지급준비금 공급량을 관리할 수 있을 것이다. 그러나 나를 포함한 우리 대부분은 그 방식이 마음에 들지 않았다. 과거 경험에 비춰볼 때, 결국 긴축 통화 정책은 완화 정책보다 더 점진적으로, 정밀한 조율을 통해 진행해야 한다(단 0.25퍼센트포인트지만 2004년처럼 여러 차례에 걸쳐 올렸던 것과 2001년에 단 한 번에 내렸던 것을 비교해보라). 우리는 증권을 매각하는 방법으로 부양 정책을 거둬들이는 과정을 과연 정밀하게 관리할 수 있을지 확신하지 못했고, 우리가 매각을 발표했을 때 시장이 어떻게 반응할지도 예측할 수 없었다.

따라서 거의 모든 FOMC 위원들은 증권 매각을 뒤로 미루자는 데 동의했다. 그 대신 최종 출구 전략에 착수하는 방안은 신규 매입을 중단하고 다른 방법을 통해 은행지급준비금을 줄이는 것이었다. 예를 들면 만기가 돌아오는 증권을 재투자하지 않는 방법이 있었다. 그런 다음에는 과잉준비금 이자율이나 역환매조건부약정 같은 다른 수단을 동원해서 연방기금금리 인상에 착수하자는 것이었다. 연방기금금리가 제로 수준을 탈피한 후에는 체계적이고 예측 가능한 방법으로 나머지 QE 매입을 철회하고 필

요할 때만 증권을 매각하면 될 것이다. [13]

2009년 8월, 오바마 대통령은 나에게 재지명을 약속함으로써 2010년 2월부터 시작되는 두 번째 4년 임기를 보장했다. 상원은 70 대 30의 표결로 나를 승인했는데, 첫 번째 의장 지명 때 만장일치였던 것에 비하면 많이 가라앉은 신임도라고 할 수 있었다. 공화당이 우리의 공격적인 통화 정책을 반대했던 데다 양당 모두 금융위기 당시 구제 정책을 싫어했던 것이 반대표를 설명하는 이유였다. 오바마 대통령은 변함없이 연준과 그 독립성을 지지해주었다. 그러나 우리와 의회의 관계는 늘 삐걱거렸고 그것은 이후에도 마찬가지였다.

전망의 변화

2009년 말부터 2010년 초까지 경기 회복에 조금씩 속도가 붙는 모습이 보이기 시작했으나, 여전히 노동 시장은 지지부진했다. 일자리 없는 회복이 이미 전형적인 패턴으로 자리 잡은 듯했다. 인플레이션은 우리 생각보다 잘 억제되었기에, 인플레 공포가 점차 사라졌다(그럼에도 연준 외부의 비평가들은 여전히 인플레이션 위험을 이야기했다). 계획했던 대로 QE1 매입은 단계적으로 속도를 늦추어 2010년 3월에 완전히 멈추었다. 물론 우리는 당시 2조 3000억 달러 규모로 비대해진 연준의 대차대조표가 장기금리를 끌어내리는 압력으로 작용해 경제 성장을 뒷받침하리라고 기대했다(연준의 높은 보유량 때문에 투자자에게 돌아가는 장기증권 공급량이 부족한 상황이 계속될 것으로 봤다). 경기 회복의 조짐이 뚜렷해지자 FOMC 내부의 강경파는 시장의 출구 전략을 마련해야 한다는 목소리를 높이기 시작했다. 2010년 1월, 캔자스시티 연방준비은행 총재 호니그는 '꽤 오랜 기간'이라는 문구가 더 이상 적절하지 않다는 전제에 이의를 제기했다. 그러나 나는 현행 정책을 유지하면서 회복 상황을 관망하는 편을 더 선호했다.

그러나 비교적 조용했던 이 시기가 지나고 2010년 여름에 유럽발 재정 위기가 촉발되었다. 2007년부터 2009년에 있었던 위기의 후폭풍에 해당하는 유럽 국채 위기는 유럽뿐 아니라 미국과 세계 경기의 회복을 늦추게 된다.

1999년에 28개 유럽연합 회원국 중 독일, 프랑스, 스페인, 이탈리아(영국이 제외된 점이 눈에 띄었다) 등 11개 국가는 광범위한 정치, 경제적 통합으로 나아가는 움직임의 일환으로 유로화라는 공통 화폐를 도입하는 데 동의하고 이를 관리할 유럽중앙은행을 새로 설립했었다. 마르크, 프랑, 페세타, 리라 같은 회원국 통화가 사라짐으로써 회원국 중앙은행은 더 이상 독립적인 통화 정책을 운영할 수 없게 되었다. 유럽연합 회원국의 중앙은행은 이제 유로 체제의 일부로서 마치 미국 연방준비제도의 지역별 연방준비은행과 유사한 역할을 맡게 된 셈이었다.◆ 자본, 상품, 노동의 자유로운 이동을 촉진해야 한다는 규칙과 함께 유로화의 도입이 더해진 것은 유럽을 미국에 필적할 만한 광대한 자유무역 지대로 탈바꿈시키겠다는 의도였다. 단일 통화가 구현되면 국경을 넘어 비즈니스를 영위하기가 훨씬 더 쉬워진다. 이탈리아나 그리스처럼 역사적으로 인플레이션과 외환 위기에

◆ 예를 들어 국가별 중앙은행 총재는 미국 연방준비은행 총재와 마찬가지로 지역별 상황을 관찰하는 역할을 맡고 유럽 지역의 통화 정책을 수립하는 위원회에 속한다. 미국 연방준비은행이 그렇듯이 유럽의 국가별 중앙은행도 해당 지역 은행에 대한 감독 기능을 유지한다.

시달린 경험이 있는 나라로서는 새로운 통화가 일시적으로 인플레이션을 방어하고 신뢰도를 높여주는 효과도 있었다. 물론 여기에는 독일 중앙은 행 분데스방크를 모델로 하는 ECB가 그 설립 의도에 따라 낮은 인플레이션을 지켜준다는 전제가 따르는 것이었지만 말이다. 더구나 유로화는 (희망컨대) 경제적인 이점뿐만 아니라 지난 세기 두 차례 세계대전의 격전장이기도 했던 이 대륙의 정치적 통합을 촉진한다는 의미도 있었다.

그러나 2010년에 유로 지역은 아직 그 건설이 진행 중인 실험장에 가까웠던 터라, 글로벌 금융위기의 취약성에 고스란히 노출되어 있었다.[14] 첫째, 유로 지역은 단일 통화의 등장으로 하나의 공통된 통화 정책만 존재하게 됨에 따라 국가별로 완화나 긴축 등 서로 다른 통화 정책의 필요성에 대응하기가 어렵다는 문제가 있었다. 둘째, 유로화를 통해 통화 정책이 통합되었다고는 해도 재정 정책은 그렇지 않았다. 각국은 여전히 각자 정부 예산을 통제할 권한이 있었다. 통합 예산이 부재하기 때문에 유로 지역에서는 어떠한 통합 재정 정책도 회원국 간에 복잡하고 정치적 갈등의 소지가 있는 협상이 필요했다. 회원국으로서는 자국 납세자들이 다른 나라의 실수나 방만한 납세 정책의 희생자가 될 위험을 걱정하지 않을 수 없었다. 마지막으로 유럽의 은행 시스템과 은행 규제 시스템은 아직 통합되지 않고 있었다. 예컨대 유럽 전역에는 아직 미국의 연방예금공사에 해당하는 포괄 예금보험이 마련되지 않았다. 그뿐만 아니라 위기에 봉착한 은행을 구제하는 중앙집중형 정책이나 자원도 없어, 그런 문제는 해당 국가에 맡겨진 상태였다. 그런 조율이 부재한 것이 유럽의 위기를 악화시키고 대응 노력을 더욱 복잡하게 만들고 있었다.

2007-2009년의 위기가 유럽을 강타한 데는 유럽 금융기관들 역시 미국처럼 의심스러운 증권을 남발하고 있었던 것이 그 원인 중 하나였다. 많

은 국가의 은행들이 심각한 문제에 시달렸고, 그로 인한 생산과 고용 저하 역시 미국과 매우 유사했다. 더욱이 유럽이 통화와 재정 면에서 보여준 대응은 미국이나 영국에 비해서도 그 효과가 덜했다. 그런 사태가 벌어진 데는 독일을 비롯한 북유럽의 여러 국가가 보여준 보수적인 태도에 원인의 상당 부분이 있었다. 독일은 1920년대에 끔찍할 정도로 높은 인플레이션에 시달렸던 트라우마 때문인지 정부 예산을 긴축적으로 운영하는 편을 선호했다. 그들은 양적완화를 중앙은행이 정부 예산을 남용하는 불법적 행동으로 간주했다. ECB는 정부 부채를 대량으로 매입하는 것에 관한 법적, 정치적 장벽을 우려하며 2015년까지 미국식 양적완화 프로그램에 착수하지 못했다. 각국 정부의 개입으로 주요 금융기관이 걷잡을 수 없이 붕괴하는 사태는 가까스로 막았지만, 네덜란드의 ABN암로, 독일의 코메르츠방크, 스위스의 UBS 같은 몇몇 대형 회사들은 일시적으로 정부의 통제를 받는 처지에 놓여야만 했다. 여기서 중요한 사실은 유로 지역은 통합된 재정 및 금융 정책의(때로는 정치적 의지마저) 부재로 인해 무너진 금융 시스템의 자본 구조를 미국과 같은 정도로 재편하지 못한 탓에 이어지는 위기에 계속해서 약점과 취약성을 드러낸 것은 물론, 대출 여력도 훨씬 떨어졌다는 점이다.

상황이 더욱 악화한 원인 중 하나는, 글로벌 금융위기가 닥치기 전까지 유로 지역 국가는 민간 및 공공 부채 규모를 워낙 방치한 탓에 세계적 불황이 유럽의 경제와 금융 시스템을 덮쳤을 때 도저히 지탱할 수 없는 수준이 되었다는 것이다. 2009년 10월, 그리스의 요르요스 파판드레우 신임 총리는 정부 재정 적자 규모가 국내총생산의 약 13퍼센트에 달했다는 충격적인 고백을 한 바 있다. 이는 유로 회원국이 충족해야 하는 최대한도인 3퍼센트를 엄청나게 초과하는 수치였다. 이에 그리스가 채무 지급 불능과 함께 유로화를 포기할 가능성이 있다는 언급이 투자자들의 입에서 처음 나왔다. 만약 그리스가 디폴트에 빠지면 투자자들은 부채 비중이 높은 다른 국가, 예컨대 포르투갈, 스페인, 이탈리아, 아일랜드에 대해서도 신뢰를 잃게 될까? 나아가 공공 및 민간 부채의 지급 불능 사태가 현실화하면 유럽 금융 시스템에는 어떤 일이 닥칠까? 실로 유럽 전체의 명운이 달린 위기가 아닐 수 없었다.

유럽 정상들이 향후 대책을 놓고 토론을 벌이는 과정에, 단일 재정 권한의 부재가 어떤 결과를 낳는지가 여실히 드러났다. 그리스와 어쩌면 다른 나라들에까지 제공되어야 할 구제 방안은 시장의 두려움을 잠재울 정도로 충실해야 하는 것은 물론, 회원국들의 분담을 나누어 짊어지는 것으로 비쳐야 한다는 과제도 안고 있었다. 그렇지 않으면 유권자들이 당장이라도 저항에 나설 기세였기 때문이다. 전 프랑스 재무장관이며 장차 ECB의 총재가 되는 크리스틴 라가르드Christine Lagarde가 이끌던 IMF도 개입했다. 지루한 토론이 수개월이나 이어졌다. 그리스 구제 방안은 2010년 5월 2일에 발표되었으나, 이는 곧 많은 사람의 눈에 부적절하게 비쳤고 시장은 급격한 변동성에 휩싸였다. 이 기세는 그리스와 비슷하게 곤경에 빠진 다른 유럽 나라들의 국채 이자율로 확산되었다. 리먼 사태가 불거진 지 불과 1년 반 만에 글로벌 패닉이 촉발함으로써 세계 금융 시스템의 안정성에 대한 근본적 의문이 다시 제기되었다. 모든 나라가 디폴트에 빠졌을 때 그 영향을 과연 통제할 수 있을까? 투자자들의 국가별 신뢰가 하나하나 무너져갈 때, 괴팍한 유럽인들이 과연 그 위기의 연쇄반응에 단결된 대응력을 보여줄 수 있을까? 이제껏 금융위기에 애써 대응해온 유럽 앞에 놓인 것은 또 한 번의 위기일 뿐이었다.

유럽이 2차 위기를 맞았지만 적어도 초기에는 그것이 미국에 큰 영향을 미치지는 않는 것 같았다. 2009년 4분기 경제는 견실했고, 2010년 상반기까지 미국이 회복을 이어가던 속도는 FOMC가 적절한 수준이라고 정의하기에 부족함이 없었다. 가계 소비와 기업 투자를 합한 민간 소비도 오름세를 보였다. 실업률은 너무 높았고 인플레이션도 너무 낮았으나, 2010년 초까지만 해도 연준의 경제분석가들과 FOMC 참가자들은 두 지표 모두 올바른 방향으로 움직인다는 시각에 변함이 없었다. 긴급 대출 프로그램의 해제 기조도 계속되었고, 연방기금금리가 제로에 머물러 있었어도 증권을 추가 매입하지 않는 등, 통화 수단 중지 상태도 그대로 유지했다.

그러나 2010년 여름에 유럽인들이 채무 위기를 해결하는 데 실패하면서 미국 시장과 기업의 확신도 흔들리기 시작했다. 6월 FOMC 회의에 제출된 실무보고서는 유럽의 금융 충격이 미국을 새로운 불황 국면에 빠뜨릴 위험을 경고하고 있었다.[15] 2010년 8월에 경제분석가들은 고용과 생산의 둔화에 주목하며 성장 예측과 실업률 전망을 각각 큰 폭으로 하향 및 상향 조정했다. 우리는 개정된 자료를 검토한 후 지난번 예측보다 불황은 더 깊고 회복세는 더 약해졌다는 사실을 깨달았다(불완전한 예비 데이터를 근거로 정책을 수립하는 일이 얼마나 어려운가를 객관적으로 깨닫게 된 계기였다). 전망이 어두워지고 불황의 위험이 증가하면서 연준의 정책 휴지기도 끝날 때가 되었다.

정책 재개: 2차 양적완화

경기 회복에 대한 걱정이 커지면서 FOMC가 내놓은 실무 조치는 정책적으로도 중요한 신호 역할을 했다. 2010년 8월, 우리는 양적완화 조치 과정에서 보유한 채권의 만기가 도래하자, 이를 다시 재투자함으로써 자산규모를 일정하게 유지하려 노력하였다. 이를 통해 우리는 경기 부양의 지속 의지를 강조하고자 했다.

곧이어 나는 더욱 선명한 신호를 내보냈다. 나는 8월 말에 와이오밍 주 잭슨빌에서 열린 연준 연례 심포지엄에서 "고통스럽게 더딘 노동 시장 회복"을 언급하면서 위원회는 "필요하다고 판단되면 비상 수단을 활용해서라도 추가 통화 조정을 시작할 준비가 되어 있다"고 말했다.[16] FOMC도 2010년 9월 회의 직후 발표한 성명에서 나의 이런 언급에 호응하여 "필요하다면 추가 조정을 공급할 준비가 되어 있다"고 밝혔다. 연준에서 말하는 '준비가 되어 있다'는 표현은 즉각적인 조치를 뜻하는 것으로, 가까운 미래에 개선의 전망이 보이지 않을 때 사용하는 용어다. 내부적으로는 추가 채권 매입에 대한 지지를 얻기 위해 동분서주해보니 위원회가 이를 지지해주리라는 확신이 들었다. 그러나 비록 소수지만 반대자들의 심각한 우려도 들을 수 있었다. 결국 매입이 큰 효과를 거두지 못하면 장차 인플레이션 위험이나 금융 불안을 초래하거나 우리에게 정치적 문제가 발생할 수도 있다는 내용이었다.

그럼에도 새로운 조치에 대한 지지는 강력했다. 2010년 11월, FOMC는 새로운 매입 방안을 승인했고 시장과 언론은 이를 2차 양적완화, 또는 QE2라고 불렀다. 구체적인 계획은 총 6000억 달러 규모의 장기 국채를 매입하되 2011년 6월까지 매달 750억 달러씩 산다는 것이었고, 이렇게 되면 연준 대차대조표는 2조 9000억 달러 규모로 커질 예정이었다. 반대표를 던진 사람은 캔자스시티 연방준비은행의 토머스 호니그 총재 한 사람뿐이었다. 연준의 합의 전통에 따르면 실제로 반대표를 던진다는 것은 아주 강력한 반대 의사를 의미했고, QE에 회의적이었던 나머지 사람들은 향후 회의에서 자신의 관점이 재론될 여지가 있는 한 그 정도까지 나갈 의사는 없었다.

QE1과 달리 시장 참여자들은 거의 모두 QE2를 예상했으므로 우리의 발표로 시장에 큰 움직임이 보이지는 않았다. 오히려 몇 주 혹은 몇 달 전부터 위원회의 움직임과 약세 전망으로 추가 매입이 가능성이 아니라 임박한 현실로 인식되면서 그 효과가 미리 반영된 면이 있었다.◆ 실제로 2010년 6월부터 11월까지 우리가 주요 거래자들을 상대로 꾸준히 조사해본 결과, 추가 매입을 예상하는 비중이 6월의 40퍼센트에서 11월에는 100퍼센트까지 오른 것을 이미 알 수 있었다. 그들이 연방기금금리가 처음 오를 것으로 예상하는 시점도 초기의 2011년 6월에서 나중에는 2012년 10월로 바뀌었다. 이 사례만 봐도 중앙은행의 커뮤니케이션이 얼마나 큰 힘을 발휘하는지 다시 한번 알 수 있었다.

정치적 역풍

QE가 재개되자 정치적 반발도 만만치 않았다. 사실 일부 강경파들이 이미 경고한 일이었다. 특히 나는 QE2가 발표되고 2주가 지난 11월 17일에 공화당 최고위급 의원 4명으로부터 전례 없는 내용의 서신을 받는 낭패를 겪기도 했다. 하원의원 존 보너와 에릭 칸토어, 그리고 상원의원 미치 맥코넬과 존 킬이 보낸 이 서신에는 추가 매입이 "감당하기 힘든 장기 인플

◆ 　예를 들어 다우존스산업평균지수는 내가 잭슨홀에서 연설한 이후 QE2 발표 때까지 12퍼센트 상승했다.

레이션을 초래하고 인위적인 자산 버블을 형성할 가능성이 있습니다"라는 내용이 담겨 있었다.[17] 11월 15일 〈월스트리트저널〉에는 보수적 경제학자와 해설, 자산관리자 등이 보낸 공개서한이 실렸는데, 그들이 걱정하는 것도 이와 유사한 내용이었다.[18] 네 명의 공화당 인사는 2011년에도 우리에게 "더 이상 예외적인 경제 간섭을 하지 않도록" 촉구하는 두 번째 서신을 보내 왔다.[19] 역시 공화당에 속한 인디애나주 하원의원 마이크 펜스와 테네시주 상원의원 밥 코커는 연준의 양대 의무에서 완전 고용 조항을 삭제하자는 법안을 제출했다. 그렇게 되면 우리의 역할은 인플레이션에만 집중하는 것으로 바뀌게 된다. 물론 당시는 인플레이션이 상당히 낮은 시기로, 의무 조항이 하나로 바뀌더라도 당분간 우리 정책이 크게 바뀔 가능성은 없었다.

외국 정부의 반발도 있었다. 신흥국 정책결정자들은 우리가 추진하는 채권 매입으로 미국의 장기이자율이 더 내려가서 투자자들이 더 큰 수익을 찾아 나서면 각국으로 과도한 자본이 유입되는 상황을 걱정했다. 게다가 달러화 약세로 미국 금리가 내려가면 이른바 '환율 전쟁'(브라질 재무장관 귀도 만테가Guido Mantega가 사용했던 표현이다)이 펼쳐져 미국 수출업자들에게 유리한 상황이 조성된다.[20] 이런 주장은 주로 정치인들이 국내 유권자를 겨냥해서 하는 말로서, 미국 경제가 강해지면 해외 상품에 대한 미국 내 수요가 진작되고 세계 금융 상황도 개선되므로 우리 무역 상대국에 이익이 된다는 점을 도외시한 것이었다. 해외 중앙은행들은 업무 공조 때문에라도 재무장관들만큼 QE2에 공개적으로 반대하지는 않았다. 그러나 나는 10월에 한국에서 열린 G20 중앙은행 총재 비공개회의에 참석했을 때는 실제로 공격적인 질문을 많이 받았다.[21] 오바마 대통령도 11월에 서울에서 열린 G20 정상회담에 참석했다가 우리 정책을 비판하는 목소리를 들고는 의혹 어린 청중을 향해 연준의 정책은 행정부와 독립적으로 진행되는 것이라고 설명해야만 했다.

QE2에 대한 정치적 역풍은 더 크게 보면 금융위기 이후 연준에 대해 쌓여온 반감이 일부 드러난 것으로 볼 수도 있다. 2009년 7월에 진행된 갤럽 설문조사에서도 연준이 잘하고 있다고 생각한 응답자는 30퍼센트에 불과한 것으로 나타났다. 9개 연방 기관 중 연준의 인기는 꼴찌를 기록하여 국세청(40퍼센트)이나 의회(32퍼센트)보다도 뒤처진 것으로 나타났다. 연준을 향한 분노는 정치적 양극단이 공통으로 품는 감정이었다. 오른쪽 끝에는 2009년부터 널리 알려진 티파티 운동Tea Party이 있었고, 왼쪽 끝에 있던 코드 핑크Code Pink나 나중에 등장한 반 월가 시위Occupy Wall Street도 마찬가지였다. 우파 진영의 다수는 연준의 통화 정책을 인플레이션을 유발하는 위험한 실험으로 보았고, 금융위기 시기에 우리가 곤경에 빠진 월가 기업을 지원한 조치에 대해서는 좌나 우나 모두 용서할 수 없다는 반응을 보였다. 시위대는 연방준비제도 건물 앞에 모여 증언을 방해했고, 심지어 내 집까지 들이닥치기도 했다. 볼커가 인플레이션과 전쟁을 펼치던 때를 연상케 하던 시위대는 연준과 그 정책에 과거보다 더욱 큰 관심을 기울이고 있었다.

연준은 단기적 정치 압력과 상관없이 정책을 집행하려 했고, 또 실제로 그 일을 실천했지만, 우리는 연준을 향한 반감이 불러올 장기적 효과를 걱정하지 않을 수 없었다. 2010년에 의회와 행정부는 금융 규제 개혁에 매달려 있었고, 이를 주도한 인물은 가이트너 재무장관과 상원 금융위원회 위원장 크리스토퍼 도드Christopher Dodd(민주당 코네티컷주 의원), 하원 금융 서비스위원회 위원장 바니 프랭크Barney Frank(민주당 매사추세츠주 의원)였다. 그 과정을 거쳐 도출된 개혁안은 일련의 국제 협약과 함께 금융위기를 초래한 여러 약점을 해결하는 데 목표가 있었다.[22] 도드-프랭크 월가 개혁 및 소비자 보호법, 줄여서 도드-프랭크 법Dodd-Frank Act이라고 하는 이 개혁안은 은행의 자본 및 유동성 요건을 강화했고(스트레스 테스트 요건을 정례화했다), 파생 금융시장의 투명성을 개선했으며, 새로운 소비자 보호 기관을 창설했고, 금융기관이 파산의 위기에 몰려 금융 안정에 심각한 위기를 초래하는 상황에 대한(리먼 사태 등에 대한 경험을 바탕으로) 처리 절차를 확립했다.

그러나 의회가 이런 개혁안을 검토하는 동안 연준은 입법부의 집중 포화에 내내 시달리고 있었다. 특히 도드 상원의원은 연준을 향한 광범위한 분노가 자신의 법안에 대한 초당적 합의를 끌어낼 절호의 기회라고 보고 통화 정책을 정면 겨냥하며 연준이 지닌 거의 모든 감독 및 규제 권한을 사실상 박탈하려고 했다. 의회는 이 외에도 '연준 감시' 법안을 검토하고 있었다. 좌파 버니 샌더스Bernie Sanders(민주당 버몬트주) 상원의원과 우파론 폴Ron Paul(공화당 켄터키주) 하원의원이 공동 제안한 이 법안은 연준의 통화 정책과 관련한 일거수일투족을 정치권의 감독 아래 두어야 한다는 내용이었다. 샌더스-폴 연준 감시 법안은 나중에 폴 의원의 아들 랜드 폴Rand Paul(공화당 켄터키주) 상원의원이 발의한 법안도 그렇듯이, 정작 금융 분야의 감독과는 아무런 상관도 없는 것이었다. 이 법안의 내용은 미국 회계감사원이 통화 정책과 관련된 모든 결정을 의회에 보고하도록 한 것으로, 입법부가 FOMC의 결정을 지레짐작하고 압력을 가할 수 있는 또 하나의 수단이나 다름없었다. 금융개혁법은 그 태동부터 연준에게는 악몽과도 같은 존재였다.

이 모든 제안에 대한 나의 반박 논리는 기본적으로 앨런 그린스펀이 1991년에 은행 감독 기능을 새로운 기관으로 통합하자는 안에 반대하며 제시한 논리와 같았다. 연준이 은행 시스템을 규제 감독할 권한은 우리가 최종 대부자의 역할을 감당하고 금융 시스템과 경제를 감시하는 데 필수적인 요소였다. 또한 통화 정책은 단기적인 정치 압력으로부터 자유로워질 수 있어야만 장기적으로는 경제에 더 큰 이익이 된다.

줄을 잇던 정치적 압력은 결국 기류가 바뀌었다. 그렇게 된 데에는 연방준비은행 총재와 그들이 평소 유지해온 지역 유력 인사와의 교류가 중요한 역할을 했다. 총재진이 적극적으로 움직일 수 있었던 것은 은행 감독 기능이야말로 연방준비은행의 가장 중요한 역할이었기 때문이다. 가이트너 재무장관, 지역 은행, 그리고 텍사스주의 케이 베일리 허치슨Kay Bailey Hutchison이나 뉴햄프셔주의 저드 그레그Judd Gregg 같은 공화당 상원 중진 의원들이 우리 입장을 지지해준 것도 결정적인 도움이 되었다. 도드-프랭크 법은 위기 시기에 연준과 재무부, FDIC가 긴급 권한을 동원하여 금융 시스템을 안정시키는 데 분명한 제약이 되었다. 그러나 연준은 고유한 규제 감독 권한을 지켜냈다. 단 하나 예외가 있다면 소비자 보호에 관한 규제 기능이 새로 설립된 소비자금융보호국Consumer Financial Protection Bureau으로 넘어간 일이었다. 아울러 통화 정책의 독립성도 잃지 않았다. '연준을 감사하려던' 시도는 실패했다. 나는 이런 결과가 국익에 부합한다고 믿지만, 한편으로는 연준이 결코 정치권을 무시할 수 없다는 것을 여실히 보여준 사례이기도 했다.

의회에서 반 연준 정서가 그토록 인기를 얻었던 이유는 무엇일까? 이에 관한 여러 설명 중에서 내가 가장 공감하는 것은 새라 바인더Sarah Binder와 마크 스핀델Mark Spindel이 제시한 '희생양' 이론이다.[23] 그들의 해석에 따르면 의회가 연준에 일정한 독립성을 부여한 까닭은 의회가 정치적인 이유로 감당하기 싫어하는, 꼭 필요하지만 인기 없는 일을 중앙은행에 떠맡기기 위함이다. 이런 역학관계는 금융위기에서 여실히 드러났다. 당시 연준은 시스템 안정화를 위해 했던 많은 일 중에서도 주요 금융기관의 파산을 막는 데 큰 공을 세웠다. 나는 이런 구제 조치가 금융 시스템과 경제를 보호하는 데 꼭 필요했다고 믿지만, 이는 가장 인기 없는 일이기도 하고 그럴 만한 이유도 있는 것이 사실이었다. 이는 우선 위기를 초래한 장본인을 도와주는 일인 동시에, 힘없는 다수를 아무 대책 없이 내팽개치는 행동으로 보였다.◆ 내가 의회 내의 여러 인사와 대화를 나누어보면 그들 역시 구제 조치를 달갑지 않으면서도 경제를 보호하기 위해서는 꼭 필요한 일로 생각한다는 것을 알 수 있었는데, 이것 역시 바인더-스펜델 이론과 일치하는 것이었다. 그런 그들도 공개적으로는 많은 이들의 분노에 공감하면서 연준과 부시 그리고 오바마 행정부에 정치적 책임을 떠넘겼다.

나는 우리 통화 정책에 대한 정치적 반대 여론, 특히 국내 여론을 설명하기가 더욱 곤혹스럽다. 채권 매입을 반대하는 주장, 특히 공화당 의회 대표단이 FOMC에 서한을 보내면서까지 펼치는 주장은 한마디로 엉터리라고 볼 수 있다. 예를 들어 채권 매입으로 인플레이션이 폭등하거나 달러화가 붕괴할 위험은 매우 낮으며, 주류 경제 분석가의 견해나 미국과 영국에서 진행된 QE 초기의 경험에 비춰봐도 전혀 사실과 동떨어진 주장이다. 경기는 극도로 침체한 상황이었고, 임금과 물가에 대한 상향 압박이

◆ 여론이 특히 분노한 일은 구제 대상이 된 회사의 CEO 중 단 한 명도 감옥에 가지 않았다는 사실이다. 그런데 형사 기소는 연준이 아니라 법무부의 소관이다. 법무부는 특정 개인을 상대로 유죄를 입증하기가 어렵다고 판단했고(너무 큰 위험을 감수했다고 이를 위법으로 판결하는 일은 드물다), 그 대신 의심스러운 관행을 저지른 대형 금융기관에 막대한 벌금을 부과하는 쪽을 택했다

존재한다는 근거는 전혀 없었다. ✦✦ 오히려 인플레이션 기대를 반영하는 시장 지표상으로는, 투자자들이 인플레이션 전망을 낮아도 너무 낮게 본다는 것을 말이 아니라 행동으로 직접 보여주고 있었다. 우리는 저금리가 금융 불안을 초래할 위험을 예의 주시했지만, 2010년 당시는 투자자들이 위험을 너무 많이 지는 것이 아니라 너무 낮게 감수하는 것이 오히려 경제에 해가 되고 있었다.

비전통적인 통화 정책에 제기되던 당시 반대 주장의 상당수는 원칙론에 입각한 걱정이라기보다는 진영논리에 사로잡힌 우파의 마구잡이 총질에 가까운 것으로 보였다. 한마디로 민주당이 백악관을 장악하는 동안 경제가 회복되는 모습을 두고 볼 수 없다는 것이었다. 금융위기 시대의 반연준 정서는 이후 공화당 진영의 초기 대선 캠페인에서도 그 흔적을 찾아볼 수 있었다. 텍사스 주지사 릭 페리Rick Perry는 우리의 경제 회복 노력을 가리켜 "거의 반역에 가까운 행동"이라고 발언했다. 전 하원의장 뉴트 깅그리치는 당선되면 나를 해임하겠다고 공언하며 나를 "연준 역사상 가장 인플레이션을 부추기고, 위험하며, 권력 중심적인 의장"으로 묘사했다.[24]

이런 정치적 격정은 우리가 커뮤니케이션 전략을 바꾸게 된 중요한 이유였다. 금융위기가 오기 전에도 연준은 수십 년 동안 투명성을 유지했지만, 의사소통과 관련된 주된 관심은 늘 금융시장 참여자들의 정책 기대에 어떻게 영향을 미치는가 하는 것이었다. 그러나 이제 연준이 언론과 정치권의 주목을 받게 된 상황에서, 우리는 대중 앞에 우리의 진의를 폭넓게

✦✦　경기가 침체해도 정부 재정이 붕괴하면 높은 인플레이션이 조성될 수 있다. 그러나 세계 시장에서 미국 국채에 대한 수요가 막대했던 2010년 상황에서 정부가 그런 상태에 빠질 가능성은 조금도 없었다.

알릴 필요가 있었다. 나부터 맨 앞에 나서야겠다고 생각했고 2009년 3월, CBS TV의 〈식스티 미니츠60 Minutes〉에 직접 출연했다.[25] 당시만 해도 연준 의장으로는 매우 드문 일이었다. 그 방송을 계기로 각종 언론과 타운홀 미팅에 자주 출연했고, 그러다가 2012년 봄부터 조지워싱턴대학에서 시작한 연속 강의 내용을 모아 짧은 책으로 발간하기도 했다.[26]

2011년 4월, 나는 많은 토론과 계획, 그리고 FOMC의 지지에 힘입어 분기별 회의내용을 기자회견 형식으로 발표하기 시작했다. 기자회견은 다른 나라 중앙은행에서는 자주 있는 일이었지만 그동안 연준 의장은 거의 개최한 전례가 없었다. 이후 기자회견은 연준이 대중 앞에 정보를 공개하고 시장 기대치를 안내하는 핵심 통로가 되었다. 더 크게 보면 대중에게 다가가는 방향으로 커뮤니케이션 전략을 바꾼 것은 오래도록 지속될 건설적 변화였음이 입증되었고, 연준이 일반 대중에 미치는 정책의 효과를(그리고 대중의 인식을) 더 깊이 이해하는 계기가 되기도 했다.

7

통화 정책의 발전:
3차 양적완화와 긴축발작

2011년 4월 27일에 내가 첫 기자회견을 연 것은 잭슨홀에서 QE2를 처음 시사하고 8개월 후의 일이다. 그 사이에 금융 상황은 상당히 호전되어 주가가 25퍼센트나 상승하는 등 낙관적 전망이 자라고 있었다. QE2가 시작되기 전까지는 추가 매입 가능성이 가시화되면서 장기 국채 수익률이 떨어지고 있었지만, 투자자들이 미래 성장을 확신하는 한편 인플레이션 하락에 대한 걱정이 약해지면서 다시 오름세로 돌아섰다. 이런 패턴은 2009년의 QE1을 도입하면서 우리가 지켜보았던 것과 유사했다.

금융 상황이 호전되자 경제에도 좋은 영향을 미치는 것 같았다. 2010년 11월에 9.8퍼센트를 기록했던 실업률은 QE2가 발표된 2011년 3월에는 9.0퍼센트로 내려왔다. 다소 개선되었으나 여전히 너무 높은 수준이었다. 나는 기자회견 자리에서 회복이 완만하게 지속되면서 실업률도 서서히 내릴 것으로 본다고 기자들에게 말했다. 그러나 일부 변화된 상황으로(특히 3월 11일에 일본을 강타한 대규모 지진과 쓰나미가 신경 쓰였다) 잠시 성장을 지연시킬 수도 있다는 경고도 잊지 않았다(예컨대 일본제 자동차 부품을 미국 조립 공장으로 선적하는 데 지장이 생길 수 있었다). 최근 세계 석유 및 식품 가격 상승으로 인플레이션이 조성되는 움직임도 가볍게 볼 수 없었다. 그러나 근원 인플레이션과 인플레이션 기대는 모두 안정적이었으므로 우리는 전체적인 인플레이션 급등은 일시적인 현상이라고 믿었다.

인플레이션은 빠르게 가라앉았으므로 이점에 대해서는 우리 생각이 옳았지만, 연초의 긍정적인 신호와 달리 2011년은 다시 실망스러운 한 해로 마감했다. 연초 하락으로 시작한 실업률은 그해 내내 같은 수준에 머물다가 12월에 겨우 8.5퍼센트로 내려오는 데 그쳤다. 생산 증가는 2퍼센트 내외에서 등락을 거듭했다. 어쩌면 이것이 장기적인 성장 잠재력에 가까운 수준인지도 몰랐다. 그러나 이를 빠르다고 볼 수는 없었다. 실업률이 하락하여 유휴 인력이 다시 고용 현장으로 복귀할 정도가 되려면 생산 성장이 정상적인 장기 성장률과 같아서는 안 되고 그보다 훨씬 높아야 했다. FOMC 회의에서 우리는 경제가 '탈출 속도'에 도달해서 독자적으로 건전한 성장을 이어갈 수준에 미치지 못하는 이유를 놓고 토론을 벌였다. 회의의 주제는 '역풍'의 가능성을 검토하는 데 맞춰졌다. 즉 회복을 늦추는 우리가 예상하지 못했던 요소가 있는가 하는 점이었다.

지속되는 유럽 위기는 가장 유력한 요소 중 하나였다. 유로 지역에서 최소한 한 개 이상의 국가가 디폴트에 빠지거나 유로를 탈퇴할 위험이 계속되면서 금융시장은 여전히 변동이 심했고, 여기에 때 이른 재정 긴축이 더해지며 유럽의 성장을 더욱 늦추고 있었다. 미국 재정 정책도 발목을 잡기는 마찬가지였다. 2009년에 발표된 대규모 연방 경기 부양 패키지는 효력을 잃기 시작했고, 세수가 줄어든 주정부와 지방정부는 지출과 일자리를 줄이고 있었다.

2011년 8월, 의회가 국가 채무 한도 인상안을 끝끝내 거부하면서 경제 회복에 불필요한 타격을 자초했다. 이 안이 통과되지 않으면 연방정부가 급여를 지급하지 못하고, 경우에 따라서는 여기에 국가 채무 이자까지 포함될 수도 있었다. 이자를 포함, 정부 지출액의 상당 부분을 맡아 처리하는 연준에서는 국가 디폴트가 현실화될 경우를 가정한 기동훈련에 착수했다. 물론 나를 비롯한 연준의 몇몇 인사는 의회에 그런 불필요한 재앙을 피해달라고 간청하는 것도 잊지 않았다. 미국 국채가 머지않아 디폴트에 빠질지도 모른다는 상상도 하기 싫은 사태가 금융시장의 공포감에 불을 질렀고, 급기야 신용조사기관 스탠다드앤푸어스는 미국 신용등급을 하향 조정하기에 이르렀다. 다우존스 지수는 세계 경기 둔화와 재정 실책에 반응하여 7월 말부터 10월 초 사이에 16퍼센트나 하락했다.

위기의 후유증으로 보이는 또 다른 역풍도 나타나, 금융위기 뒤에 깊은 침체와 더딘 회복이 이어진다는 카르멘 라인하트와 케네스 로고프의 통찰을 뒷받침했다.[1] 스트레스 테스트 이후 금융 시스템의 자본 구성을 재편했음에도 대출 기관과 규제당국이 더욱 엄격한 기준을 고집하는 바람에 신용시장은 여전히 위축되었고, 특히 담보대출 이용자가 더욱 줄었다. 비교적 형편이 나은 가계는 신규 지출이나 소비 대신 부채 감소와 저축에 힘을 쏟았고 빈곤층은 하루하루 버티기도 힘에 겨웠다. 주택시장 붕괴의 여파는 팔리지 않거나 압류된 엄청난 수의 주택으로 나타났다. 건축업자들이 2011년에 새로 건축한 주택은 겨우 60만 채로, 2005년의 200만 채 이상에 비해 크게 모자라는 수준이었다.

생산성 향상이 예상치 못하게 저조하여(베이비붐 세대 은퇴와 이민자 감소로 근로 인구 증가가 둔화된 것도 한몫했다) 경제 성장이 더욱 지연되는 현상도 위기의 영향일 가능성이 컸다. 일부 연구에 따르면 생산성 저하는 위기가 오기 전인 2005년부터 이미 시작되었고, 그 원인도 위기 자체가 아니라 기술 발전과 상업적 응용의 사이클에서 찾아야 한다는 견해도 있었다. [2] 물론 그 말이 사실일 수도 있지만, 금융위기가 생산성 증대를 억제했다는 견해 역시 직관적인 상식에 부합한다고 볼 수 있다. 위기로 인해 연구개발 활동과 신규 창업, 기업의 신규 설비 투자가 모두 위축되었고, 당연히 소비 수요도 억제되었다. 이 모든 요소가 신상품과 효율적인 생산기법의 등장을 저해하는 원인이 되었다는 것은 충분히 타당한 가정이다.

경기 부진 전망이 뚜렷해지고 의회도 새로운 제안을 내놓지 못하면서, 이제 통화 정책은 폴 볼커가 인플레이션과의 전쟁을 묘사할 때 썼던 표현대로, 실업률과 싸우는 '유일한 수단the only game in town'이 되었다. 그러나 단기이자율에 대한 실질 최저한도가 여전히 문제였다. 제로 수준의 단기금리와 수조 달러의 채권 매입, 포워드 가이던스라는 요소는 경제가 다시 성장세로 돌아서는 데 일조했지만, 여전히 완전한 회복은 이루어지지 않았다. 다시 한번 뭔가 새로운 조치가 필요했다. 2011년부터 2013년까지 우리는 우리가 동원할 수 있는 정책 수단과 의사소통 방식, 나아가 전체적인 정책 체계를 전면 재검토했다. 이런 시도들이 모두 순조롭게 진행되지는 않았다. 그것은 2013년에 발생한 채권시장 '반발' 사례에서 잘 드러난다. 그러나 그 시기의 변화는 결국 경제와 노동 시장을 개선했고, 장기적으로 통화 정책을 실행할 때 지속적인 각인 효과를 발휘하게 되었다.

포워드 가이던스 강화

그린스펀과 내가 의장으로 있는 동안 FOMC는 점차 포워드 가이던스를 적극적인 정책 수단으로 삼아왔다. 2009년 3월에 QE1을 발표할 때도 위원회는 "연방기금금리가 꽤 오랜 기간 예외적으로 낮은 수준을 유지할 것으로" 본다는 말로 시장 기대를 안내하고자 했다. 그 후 2년이 넘도록 FOMC 회의 후 발표가 있을 때마다 이 표현은 그대로 유지되었다.

이 말은 연준의 전통적인 기준에 비춰보면 매우 강한 표현이었으나 어쩌면 그마저도 충분치 않은 것인지도 몰랐다. 첫째, 표현이 모호했다. '꽤 오랜 기간'이 구체적으로 언제까지를 말하는지, 또는 금리를 인상할 조건에 대해서도 전혀 나타나 있지 않았다. 둘째, 이 내용은 전폭적인 확약이 아니었다. 단지 위원회는 금리가 낮은 수준에 머무를 것으로 '본다'고 말했을 뿐이다. 실제로 내가 프린스턴에 있을 때 동료 교수이기도 했던 마이클 우드포드Michael Woodford 같은 비평가들은 '꽤 오랜 기간'이라는 표현은 FOMC의 비관적인 전망을 알려줄 뿐이며, 미래 정책에 관해 아무런 약속도 제시하지 않는다고 지적했다.[3] 만약 그렇게 읽혔다면 우리가 제시한 포워드 가이던스는 가계와 기업의 사기를 떨어뜨린 셈이므로 오히려 비생산적이었을지도 모른다.

나는 우리가 제시한 지침이 비록 확실한 약속은 없었지만, 우리가 인내를 가지고 금리를 제로 근처에서 한동안 유지하리라는 기대는 분명히 조성했다고 생각했다. 더구나 우리는 지속적인 채권 매입과 다른 의사소통(각종 강연과 의회 증언)을 통해 완화 정책을 계속 추진한다는 신호를 강화했다. 그러나 나는 더 구체적이고 강력한 안내가 있었더라면 더 좋았을 것이라는 우드포드의 의견에도 동의한다.

시간이 지나면서 '꽤 오랜 기간'이라는 안내가 충분치 못했다는 점이 점점 더 분명해졌다. 2009년과 2010년에 경제분석가들이(전부는 아니지만 그중 상당수는 FOMC 위원들이었다) 연방기금금리를 수년간 제로에 가깝게 유지해야 한다는 분석을 내놓을 때도, 선물시장은(투자자들이 연방기금금리의 향방에 돈을 거는 대표적인 시장이다) 불과 몇 분기 내에 최초 금리 인상이 있을 것으로 예상했다. 따라서 '꽤 오랜 기간'이란 위원회 대다수의 예상과는 달리 시장 참여자 다수의 마음속에서는 이미 그리 오랜 기간이 아니었다는 뜻이다. 아마도 시장은 연준의 지난 정책 사이클을 참조하며 완화에서 긴축에 이르는 시간이 짧아졌다는 점을 참고했을 가능성이 매우 컸다. 우리는 당분간 목표 금리 인상 계획이 없다는 점을 시장에 설득하기 위해 더 노력해야 했다.

2011년 8월 9일 회의에서 다음 단계에 돌입했다. 그해의 경제 성장 속도가 아직 실망스러운 수준이라는 점에 주목한 우리는 발표 내용에 좀 더 명확한 포워드 가이던스를 담았다. 거기에는 "'**최소한 2013년 중반까지는**'(이탤릭체로 강조했다) 연방기금금리가 예외적으로 낮은 수준을 유지할 것으로" 내다본다고 되어 있었다. 즉 앞으로 2년 후까지였다. 발표문에는 위원회가 '일련의 정책 수단'을 검토하고 있다고 덧붙임으로써 머지않아 또 다른 혁신적인 정책이 있을 것을 예고했다. 연방준비은행 총재 중에 반대 의견을 제시한 사람은 댈러스의 리처드 피셔, 필라델피아의 찰스 플로서, 미니애폴리스의 나라야나 코철라코타Narayana Kocherlakota까지 세 명이었다. 세 사람 모두 추가 통화 자극은 불필요하며 발표에 담긴 안내 문구도 바꾸지 말고 그대로 두어야 한다고 생각했다. 연준의 정책 결의에서 세 장의 반대표는 상당히 큰 숫자로, 결과에 상당한 불만이 있다는 뜻이었다.

플로서를 비롯한 일부 위원은 우리가 금리와 관련해 새로운 확언을 하려면 날짜를 지정할 것이 아니라 특정 경제 상황과 결부시켜야 한다고 주장했다. 2011년 8월에 FOMC가 발표한 내용은 '시간 의존형' 확약으로, 연방기금금리의 향후 경로를 단지 날짜에만 결부시켜놓은 것이었다. 플로서의 말은 우리가 뭔가를 약속하려면 '상황과 결부된' 표현이 필요하다,

즉, 금리를 인상할 만한 경제 조건을 특정해야 한다는 것이었다.

이론적으로만 보면 상황과 관련된 확약은 앞으로 일어날 경제 뉴스에 좀 더 유연하게 대응할 수 있다는 장점이 있었다. 플로서와 그의 관점에 공감하는 사람들은 경제 상황의 개선 속도가 우리 예상보다 빨라지더라도 우리가 시간 의존형 확약 때문에 어쩔 수 없이 낮은 금리를 더 오래 유지해야 한다는 점을 걱정했다. 그와는 달리 상황 결부형 확약은(예를 들어 금리 인상을 실업률과 연동시킨다면) 좀 더 빨리 긴축으로 돌아설 여유를 제공해준다. 물론 반대 방향으로도 가능하다. 예상과 달리 경기가 악화하더라도 확약의 기간을 사실상 연장할 수 있다. 시간 의존형에는 이런 자기 조절 기능이 없다. 실제로 우리는 우울한 경기 전망이 계속되자 2012년 1월에 확약 기간을 1년 반 정도 뒤로 미뤄 '최소한 2014년 말까지'로 바꿨고, 2012년 9월에는 다시 한번 '2015년 중반'으로 조정했다. 흥미로운 점은 나중에 이렇게 바뀐 확약 기간은 내 의장 임기 후까지 이어질 가능성이 컸으므로 두 번 다 반대표가 한 장씩밖에(리치먼드 연방준비은행 래커 총재) 나오지 않았다는 사실이다.

플로서가 지적한 개념은 타당했다. 비록 그의 경제 전망은 너무 낙관적이었지만 말이다. 그리고 사실 FOMC는 나중에 단기이자율과 채권 매입 계획을 알릴 때 상황 결부형 안내 방식을 사용하기도 했다. 그러나 2011년 8월 당시에 나는 시간 의존형 안내가 최선의 방안이라고 생각했다. 시장이 기대하는 정책과 우리의 그것 사이에 격차가 있는 상황에서 시장의 주목을 받으려면 뭔가 극적인 것이 필요했다. 상황 결부형 안내는 모호한 데다 오해의 소지가 있었다. 정책결정자로서는 정책 변화를 초래하는 조건을 모두 파악할 수 없기 때문이다. 반대로 일정은 쉽고 직접적이다. 당시로서는 직접적인 방식이 최선이었다.

지난 경험에 비춰볼 때 어떤 것이 최선의 안내 방식인지는 주변 환경에 따라 달라진다. 그리고 실제로 두 방식(시간 의존형과 상황 결부형) 모두 여전히 사용되고 있다. 예를 들어 일본은행은 2016년에 고도의 확대 정책을 가능한 한 오래도록 지속하여 2퍼센트 이상의 인플레이션 목표를 '안정적으로' 유지하겠다고 확약했다(일종의 상황 결부형 안내). 그런가 하면 유럽중앙은행은 최근에 저금리 정책을 최소한 특정 시한까지는 유지하겠다고 약속한 일이 몇 번 있다(시간 의존형 안내). 어쨌든 2011년 8월에 우리가 제시한 안내는 효과를 거둔 듯했다. 금리는 떨어졌고, 우리가 조사한 바에 따르면 그 안내의 결과로 금융시장 참여자들은 우리가 금리 인상에 더 큰 인내심을 발휘하리라고 기대하는 것으로 나타났다.[4]

비록 새로운 안내가 경기에 자극을 제공한 것이 사실이지만, 우리가 그것만으로 판을 뒤집을 수 있다고 기대했던 것은 아니다. 이후 몇 차례 FOMC에서 우리는 추가 방안을 집중적으로 검토했고 그중에는 통화 정책의 기본 틀을 전면 수정할 가능성도 포함되었다.

만기 연장 프로그램(오퍼레이션 트위스트)

2011년 가을에 연준의 동료들과 나는 통화 정책을 통해 더 많은 일을 해야 하는 것은 물론, 더 많은 일을 할 수 있는 새로운 방법을 찾아야 한다고 생각했다. 다양한 대안을 찾고 합의에 이르는 데는 당연히 시간이 필요했다. 그러나 경제는 가능한 한 빨리 추가 부양이 필요한 상황이었다. 따라서 2011년 9월에 임시 대책으로 4000억 달러 규모의 장기 채권(만기가 6년에서 30년 사이인 채권)을 2012년 6월까지 매입하기로 했다.

우리는 추가 채권 매입이 지난번에도 그랬듯이 장기 채권 수요를 증대하여 수익률을 억제함으로써 전체적인 금융 상황을 개선할 것으로 기대했다. 그러나 우리는 QE1과 QE2에서처럼 은행지급준비금을 발행해서 매입 자금을 마련하는 방식이 아니라 같은 양의 단기 국채, 즉 만기 3년 이하의 국채를 매각하여 장기 국채 매입 자금을 조달하기로 했다. 그 결과 연준이 보유하는 국채의 평균 만기는 꽤 늘어났으나 연준의 대차대조표 규모에는 변함이 없었다.

이 프로그램은 우리가 채권을 매입하면 은행지급준비금이나 통화 공급량이 늘어나는 것이 아니라, 장기 채권 공급량이 줄어 가격은 오르고 수익률은 떨어지기 때문에 효과를 발휘한다는 관점과 일치하는 것이었다. 적어도 이 조치가 과거의 채권 매입 정도의 효과는 발휘하리라고 기대했고, 한편으로는 은행지급준비금을 발행하면 인플레이션과 금융 불안을 초래할 수 있다고 걱정하는 내외부의 비평가들을 달랠 수도 있다고 보았다.

새로운 방법에는 단점도 있었다. 첫째 매입 규모가 기존에 우리가 보유한 만기 3년 이하 채권의 양에 한정된다는 점이었다. 이것을 모두 매각하고 나면 다음번 매입 자금은 다시 은행지급준비금을 발행해서 마련할 수밖에 없었다. 둘째, 매입 채권을 장기 상품으로 바꾸면 막상 연준의 비대해진 대차대조표를 원래대로 되돌려야 할 때, 보유 채권의 평균 만기가 길어져 있어서 몸집을 줄이기가 점점 더 어려워진다는 점이었다. 이런 단점이 있었음에도 이것은 훌륭한 임시 대책으로 보였다. 경제분석가들은 이 조치가 경기에 의미 있는 부양 효과를 제공하는 한편, 그동안에 위원회는 좀 더 포괄적인 전략을 수립할 시간을 벌 수 있을 것으로 예측했다.

우리는 새 프로그램에 만기 연장 프로그램Maturity Extension Program, MEP이라는 이름을 붙였으나, 시장과 언론은 늘 그렇듯이 공식 명칭과 상관없이 1960년대 연준의 프로그램명을 그대로 써서 오퍼레이션 트위스트 Operation Twist, OT라고 불렀다. 당시 마틴 의장이 주도했던 오퍼레이션 트위스트는 연준이 장기 채권을 매입하고 단기 채권을 매각하여 수익률 곡선을 '바꾼다', 즉 장기금리는 내리고(소비 진작을 통한 경기 부양 효과) 단기금리는 올린다는(달러화 환율을 방어한다는 목적이었다) 개념이었다. 뒤이어 등장한 분석가들은 예전 프로그램의 효과가 미미했다고 진단하며, 그 이유로 규모가 작고 일시적이었다는 점을 들었다.[5] MEP는 1960년대의 선례에 비해 규모도 크고 기간도 오래 걸리는 것이었다. 이것 역시 원래 오퍼레이션 트위스트처럼 그 목적은 장기금리를 내리는 것이었지만, 단기금리가 인상되리라고는 기대하지 않았다. 이미 많이 쌓인 은행지급준비금이 단기금리를 제로 수준에 붙들어두고 있었기 때문이다.

투명성 증대:
인플레이션 목표와 경제 전망 요약

우리가 최저 금리 한도가 존재함에도 어떻게 통화 정책의 효과를 향상할 수 있는지를 놓고 벌인 토론은 점차 정책의 근본 체계를 전면 검토하는 방향으로 발전했다. 우리가 유용한 안내를 제시하고 일관된 정책 계획을 설명하려고 노력한 결과가 결국 우리의 목표와 전망, 그리고 올바른 정책적 관점을 수립하는 데도 도움이 되었다. 나와 거의 모든 FOMC 참가자에게 이것은 우리가 나아갈 바를 규정하는 틀을 더 분명히 인식하는 계기가 되었다. 위원회는 많은 시간을 바쳐가며 여러 가능성을 검토했다.

　이런 의도에 따라 2012년 1월에 위원회는 통화 정책의 원칙을 담은 성명을 가결했다. 연준이 이런 문서를 마련한 것은 역사상 최초의 일이었다. 우리는 이 성명에서 공식 인플레이션 목표를 개인소비지출PCE 물가지수 기준 연간 2퍼센트라고 밝혔다. 우리는 또 성명에서 이런 목표를 도입했다고 해서 우리가 완전 고용 달성에 더 이상 관심이 없다는 뜻이 아님을 아울러 밝혔다. 나아가 의회가 지정한 우리의 양대 의무인 물가 안정과 최대 고용에 '균형 있는' 비중을 두기 위함이라는 내용을 포함했다.

인플레이션 목표를 밝히는 것이 전혀 새로운 일은 아니었다. 실제로 2012년까지 이는 국제적인 규범이 되고 있었다. 1990년 뉴질랜드 준비은행을 시작으로 여러 나라의 중앙은행이 인플레이션 목표(또는 목표 범위)를 발표해왔다. 선진국 중에는 영란은행과 유럽중앙은행, 스웨덴의 릭스방크, 호주 준비은행, 캐나다 은행이 여기에 포함된다. 중소득국 사례로는 브라질, 멕시코, 칠레, 이스라엘, 남아프리카를 들 수 있다.

인플레이션 목표를 정하는 이유는 무엇일까? 그것은 인플레이션이 통화 정책의 유일한 목적이라거나 그래야만 하기 때문은 아니다. 실제로 인플레이션 목표를 정해둔 중앙은행도 실행 단계에서는 목표를 '유연하게' 관리하는 모습을 볼 수 있다. 즉 그들은 장기적인 인플레이션 목표 달성에 부합하는 한, 고용이나 경제 성장 등 복수의 목표를 염두에 두고 정책을 운용한다는 뜻이다. 고용을 비롯한 다른 목표에 신경을 쓰는 이유는 어떤 중앙은행도 인플레이션 목표를 제로에 두지는 않기 때문이다. 즉 중앙은행이 오로지 물가 안정에만 몰두할 수는 없다는 것이다. 평균 인플레이션 목표를 제로에 두고 채권시장의 인플레이션 기대를 낮춤으로써 이를 달성한다는 것은 다시 말해 매우 낮은 명목 이자율을 유지한다는 뜻이다. 자연 이자율이 낮아지면 최저 금리 한도 문제가 다시 현실화하여 정책결정자가 불황에 강력하게 대응하기 위해 통화 수단을 동원할 수 없다는 위험이 대두된다. 따라서 우리가 2퍼센트를 목표로 정한 것은 양대 의무 사이에서 균형을 취하기 위한 것이었다. 인플레이션을 물가 안정이라는 목표에 부합할 정도로 낮게 유지하면서도 최저한도에 다다르지 않을 수준, 즉 우리가 완전 고용을 추구하기 위해 조금 더 줄일 여지가 있는 수준이 바로 2퍼센트였다.

나는 학계에 있을 때 인플레이션 목표 분야에 공헌한 부분이 있다. 그 것은 주로 컬럼비아대학 프레더릭 미슈킨Frederic Mishkin 교수와의 공동 연구를 통한 결과였다. 그는 금융위기 시기에 연준 이사진에 합류하기도 했다.[6] 나는 인플레이션 목표가 정책 체계를 더 투명하고 체계적으로 만들어주는 핵심 요소로서, 시장과 대중이 정책을 좀 더 쉽게 이해하고 예측하는 데 도움이 된다고 봤다. 미슈킨과 나의 연구 결과에도 나와 있듯이, 중앙은행이 인플레이션 목표의 장점을 충분히 살리려면 그저 목표를 선언하는 것만으로는 부족하다. 중앙은행은 자신의 예측과 위험에 대한 진단, 그리고 정책 금리 예측을 비롯한 여러 정책 반응 기대치에 관해 훨씬 더 많은 정보를 제공해야 한다. 미슈킨과 나는 이런 투명성이 뒷받침될 때 외부자들이 정책의 동기를 더 잘 이해할 수 있어 포워드 가이던스가 더 큰 효과를 발휘하고 불확실성이 줄어든다고 주장했다. 아울러 투명성은 정책 결정 논리에 대한 정치인과 대중의 이해를 증진하여 중앙은행의 독립성을 보장하는 데도 도움이 되고, 이를 통해 대중의 감시와 그들의 위임을 받은 비선출직 중앙은행 총재 사이의 갈등도 줄일 수 있다.

인플레이션 목표에 관한 논의는 오랫동안 이어온 또 하나의 논쟁과 중첩된다. 즉 통화 정책은 과연 규칙과 재량권 중 어느 쪽을 바탕으로 운영되어야 하는가 하는 것이다. 예컨대 1933년에 경제학자 존 테일러가 제시한 표준 규칙을 지지하는 사람들은 정책결정자가 간단한 수식에 따라 단기이자율을 정해야 한다는 입장을 고수한다. 테일러의 규칙에 포함된 것은 단지 실업률과 인플레이션의 현재 수준 정도에 불과했다.[7] 정책 규칙을 충실히 따른다면 정책의 변화도 쉽게 예측할 수 있고 정책결정자가 예컨대 인플레이션 증가율이 과거 사례에서 크게 벗어나는 상황에 대응하느라 기존의 확립된 규범에서 지나치게 벗어나는 일도 없을 것이다. 규칙을 엄격하게 준수할 때 발생하는 문제는 규칙에서 벗어나는 정보를 근거로 판단할 여지가 줄어들어 2008년 금융 패닉이나 2020년 코로나바이러스 팬데믹 같은 특수한 상황이 조성될 때 적응하기가 쉽지 않다는 것이다. 실업률과 인플레이션의 관계, 또는 이자율이 소비에 미치는 영향에서 보는 것처럼 계속 변화하는 경제 구조 역시 규칙을 엄격하게 따르는 방식을 택할 때 불거지는 문제다.

반대로 정책을 재량권에 맡기게 되면 이자율을 결정하는 일도 활용할 수 있는 모든 정보를 바탕으로 매번 회의를 통해 이루어진다. 이런 방식은 특별한 변수나 구조적 변화를 고려하기가 더 유리하고, 정책결정자가 유연성을 더 중시할 때 즐겨 쓰는 방식이다. 그러나 오로지 재량권에만 의존한 정책은 시장 참여자들이 이해하고 예측하기가 어려우므로 위험하거나 전례가 없는 정책에 충분한 안전망을 제공해줄 수 없고 전체 신뢰도가 떨어지게 된다. 재량권 방식은 정책결정자가 미래 행동을 확약하기가 어려워 포워드 가이던스를 정책 수단으로 삼기도 어렵다.

미슈킨과 나는 인플레이션 목표 설정이 엄격한 정책 규칙과 무한정의 재량권 사이에서 합리적인 절충점으로 작용해 정책결정자에게 이른바 '제한된 재량권constrained discretion'을 부여한다고 주장했다. 제한된 재량권은 정책결정자가 자신의 판단하에 특수한 상황에 대응하고 여러 정책 목표들 사이의 경중을 가늠할 수 있게 해준다. 한편 그들의 행동을 구속하는 요건은 다음과 같다. 첫째, 정책결정자는 장기간에 걸쳐 인플레이션 목표 수준을 달성해야 한다. 둘째, 결정 내용을 대중에게 설명해야 한다. 이런 요건은 예측 가능성과 책임감을 강화해준다. 그뿐만 아니라 견고한 인플레이션 목표 체제에서는 사람들의 인플레이션 기대가 목표치를 중심으로 안정되는 경향을 보인다. 1970년대에 아서 번스가 인플레이션을 통제하고자 했던 시도는 인플레이션 기대를 제대로 묶어두지 못했기 때문에 실패로 돌아갔고, 이는 임금-물가 악순환의 원인이 되었다. 이런 구도를 깨기 위해서라도 인플레이션 목표를 선언하고, 무엇보다 그것을 꾸준히 달성하는 것이 가장 중요하다. 인플레이션 목표가 신뢰를 얻으면 사람들은 식품이나 에너지 가격에 일시적인 등락이 있더라도 그것을 장기 기대치에 반영하거나 그것을 기준으로 임금과 물가를 형성하는 행동은 보이지 않게 된다.

인플레이션 목표와 관련된 국제적인 흐름을 생각하면 FOMC가 이 주제를 논의하게 된 것도 그리 놀랄 일은 아니다. 이미 1989년에 클리블랜드 연방준비은행 리 호스킨스Lee Hoskins 총재가 인플레이션 목표를 도입하면 FOMC의 정책 결정에 일관성을 갖출 수 있다고 제안한 바 있다.[8] 그린스펀은 FOMC 회의에서 이 주제에 관해 몇 차례 확대 회의를 열었는데, 그중에는 1995년에 재닛 옐런과 연준 위원 한 명, 그리고 리치먼드 연방준비은행 총재 앨프리드 브로더스Alfred Broaddus가 참석하여 벌인 공개토론도 포함된다. 그 토론에서 옐런은 인플레이션 하나만 목표로 삼는 정책에 반대 주장을 펼쳤으나, 이후 얼마 안 가 이 방식이 연준의 고용 목표와 인플레이션 목표를 유연하게 포괄할 수 있다는 것을 알고는 강력한 지지자로 돌아섰다. 1996년 7월, 위원회는 인플레이션 목표를 비공식적으로 2퍼센트에 맞춰 정책을 수립하는 방안에 찬성했다. 그린스펀도 찬성했으나, 목표에 관한 공개토론이나 확약은 하지 않는다는 단서를 달았다. 이는 목표

설정에서 오는 많은 장점을 잃는 조건이었다.[9]

2003년에 FOMC가 인플레이션이 너무 낮을 수도 있고 너무 높을 수도 있다고 인정한 것을 계기로(연준은 정해둔 목표가 있지만 이를 공개하지 않는다고 시사했다) 이 문제가 다시 불거져 나왔다. 2005년 2월에 그린스펀은 다시 한번 FOMC를 통해 인플레이션 목표를 주제로 하는 확대 토론을 열었다. 그러나 그는 목표를 공식화하거나 공개하는 방안에 여전히 반대했고, 이로써 이 논의에는 더 이상 진척이 없었다. 그린스펀은 재량권 방식을 선호했고 인플레이션 목표가 통화 정책을 불필요하게 제한할 가능성을 우려했다. 정치적인 문제도 있었다. 연준이 인플레이션 목표를 일방적으로 발표해버린다면 의회가 통화 정책 목표를 설정하는 고유 권한을 빼앗겼다고 느껴 연준의 독립성을 제한할 수도 있었다.

2002년에 내가 연준 이사에 선임되었을 때, 언론은 그린스펀과 내가 인플레이션 목표를 두고 의견 충돌을 빚을 것으로 예측했다. 나는 그 문제에 관해 공개적으로 발언했다. 그때 나는 미국 언론이 인플레이션 목표를 대하는 태도가 마치 미국인에게는 익숙지 않은 미터법을 다루는 것 같다고 말했다. "낯설고 불가해하며 다소 불온하기까지 한" 존재 말이다. 나는 그 후로도 나의 입장을 그대로 고수했다.[10] 그린스펀은 내 말을 공개적으로 반박한 적은 없었다. 우리는 몇 차례 우호적인 대화를 나누었지만, 내가 그의 저항을 극복할 수 있다고는 생각하지 않았다.

나는 2006년에 의장이 되고도 목표 설정 문제는 그저 조심스럽게만 접근했다. 물론 그것이 올바른 방식이라는 생각에는 변함이 없었으나 먼저 위원회를 상대로 충분한 사전작업을 해야 한다는 것을 알고 있었다. 막상 의장이 되고 보니 그린스펀이 걱정했던 여러 정치적인 문제도 훨씬 이해하기가 쉬웠다. 예를 들어 캐나다나 영국 같은 나라에서는 인플레이션 목표를 포함한 통화 정책을 정부와 중앙은행이 공동으로 결정하는 체제를 갖추고 있다. 유로 지역의 경우에는 중앙은행이 자신의 의무에 부합한다고 판단되는 인플레이션 목표 수치를 결정한다. 예측치 발표 등 목표를 뒷받침하는 요소도 마찬가지다. 나는 연준이 의회에서 부여받은 물가 안정 의무를 이행하기 위해 그 목표를 설정하고 정책 체계를 개발하는 데 필요한 모든 여건을 갖추고 있다고 판단했다. 그러나 여전히 행정부 및 의회와의 논의를 거쳐 그들로부터 충분한 지지를 얻어내는 편이 더 좋다고 생각했다.

나는 공식 목표 도입을 곧바로 밀어붙이는 것보다는 우선 우리가 보는 경기 전망과 정책에 관한 정보를 더 많이 제공하는 일부터 착수했다. 이 조치는 궁극적으로 공식 인플레이션 목표를 도입하는 틀을 마련하기 위해서도 꼭 필요한 일이었다. FOMC는 1979년부터 '의회에 제출하는 통화 정책 보고서Monetary Policy Report to Congress'의 일부로서 매년 두 차례 경기 전망을 발표해왔으나, 정작 의회는 여기에 별 관심을 기울이지 않았다. 내가 임기 2년차를 맞이하던 2007년 9월, FOMC는 경제 전망 발표 횟수를 반기에서 분기로 늘리고 전망 기간도 2년에서 3년으로 확대한다는 내 계획을 승인했다. 전망은 위원회가 아니라 FOMC 참가자가 개별적으로 마련하기로 했고, 그 결과는 '경제전망요약Summary of Economic Projection, SEP'이라는 제목으로 발간했다. 우리는 생산 성장, 실업률, 총 인플레이션, 근원 인플레이션까지 4개 변수의 전망을 따로 접수한 뒤, 그 결과를 개별 요인에 귀속시키지 않고 전체적으로 발표했다. 이렇게 한 이유는 위원회가 보는 경기 전망 변화를 더 뚜렷하게 보여주기 위해서였다.

그리고 시간이 지날수록 SEP를 더욱 확대했다. 2009년 1월에는 '적절한 통화 정책'이 집행된다는 가정하에 인플레이션, 실업률, 그리고 경제 성장에 관한 '장기간에 걸친' 전망이 추가되었다. 여기서 장기간이란 3년에서 5년 사이를 의미했다. 이런 장기 전망은 위원회의 사고에 중요한 통찰을 제공했다. 특히 적절한 통화 정책이 추진될 경우의 장기 인플레이션 전망은 FOMC에 간접적인 인플레이션 목표 범위를 제공하는 수단이 되었다. 위원들 대다수는 2퍼센트나 그에 약간 못 미치는 목표가 바람직하다고 보았다. 또 장기 실업 전망은 위원회가 추산하는 자연실업률 u^*를 나타내는 것으로 해석되었다.

한편 나는 인플레이션 목표를 공식적으로 도입하는 문제를 놓고 연준 내외부의 많은 인사와 대화를 계속 이어갔다. FOMC 참가자 대부분은 이를 수용하는 편이었다(혹은 엘리자베스 듀크 연준 이사가 말했듯이, 사람들은 이제 회의에서 이 문제를 거론하는 일에 지친 것인지도 몰랐다). 나는 오바마의 보좌관들과 만나다가 결국 오바마도 직접 만났는데, 그는 행정부는 반대하지 않는다고 말해주었다. 그러나 민주당 매사추세츠주 의원으로 하원 금융서비스위원장을 맡고 있던 바니 프랭크는 걱정스러운 반응을 보였다. 고용과 생산은 서로 충돌하는 관계이므로, 비록 실수라 하더라도 연준의 주된 관심이 인플레이션에 있다는 인상을 주기에는 정서상 시기가 맞지 않는다는 것이 그의 생각이었다. 2009년 1월에 당시로는 장기 인플레이션 전망을 추가하는 것이 프랭크의 반대를 우회하는 방법이 될 수도 있었다. 그것은 목표를 직접 밝히는 것에는 훨씬 못 미쳤으나, 최소한 목표 범위를 넌지시 정의하는 효과는 줄 수 있었다. 더구나 우리는 실업률에 대한 장기 전망을 함께 제공했으므로 고용보다 인플레이션을 우선한다는 인상은 주지 않을 것으로 생각했다.

2011년에 FOMC가 정책 체계를 다시 검토하기로 했을 때, 나는 돈 콘의 후임으로 막 부의장이 된 재닛 옐런에게 이 문제를 검토하는 소위원회 위원장을 맡아달라고 요청했다. 재닛의 소위원회가 내놓은 제안은 공식적으로 2퍼센트의 인플레이션 목표를 도입하되, 물가 안정과 최대 고용이라는 목표의 '균형적인 접근'을 함께 강조하자는 것이었다. '균형적 접근'이라는 용어에는 통화 정책을 추진하다 보면 인플레이션과 실업 목표 사이에 단기적인 상충관계가 발생할 수밖에 없다는 현실이 반영되어 있었다. 물론 높은 실업률과 낮은 인플레이션으로 인해 추가 경기 부양책이 필요했던 2011년은 그렇지 않았지만 말이다. 균형적 접근하에서 정책결정자는 목표들 사이에 서로 충돌이 발생할 때 두 가지 목표의 중요성을 모두 반영하는 절충형 경로를 택하게 되지만, 그러면서도 바람직한 수준 내에서 가장 거리가 먼 목표를 선호하게 된다.

정책 원칙은 한 가지 분명한 질문을 제기했다. 그것은 바로 우리가 인플레이션과 함께 실업률에 대한 수치 목표를 정하지 않은 이유는 무엇인가 하는 것이었다. 둘의 차이는, 통화 정책은 장기적으로 인플레이션율의 결정인자가 되지만, 실업률에 대해서는 그렇지 않다는 점이다. 통화정책 결정자는 인플레이션 목표를 정해두고(최저한도 변수가 없다는 전제하에) 최소한 몇 년은 기다리며 목표가 달성되기를 기대할 수 있다. 이때 인플레이션율을 지배하는 '자연' 인플레이션율이란 존재하지 않는다는 점에 주목할 필요가 있다. 장기적으로 인플레이션은 통화(그리고 재정)정책결정자의 행동에 달린 변수다.

이와 달리, 비록 통화 정책이 단기적으로는 실업에 영향을 미치는 것이 사실이지만, 건강한 경제에서의 실업은 자연실업률에 수렴되는 경향이 있고, 이를 결정하는 요소는 대체로 통화 정책의 통제 범위를 벗어난다. 이런 요소로는 인구 구성, 노동 숙련도, 기업의 수요 및 전략(예컨대 자동화에 대한 유연성 등), 그리고 고용주와 근로자를 이어주는 노동 시장의 효율성을 들 수 있다. 더구나 자연실업률은 뚜렷이 눈에 보이지도 않을뿐더러 시간의 흐름에 상관없이 안정된 변수도 아니다. 따라서 통화정책결정자는 임의의 장기 실업률 목표를 정하더라도 이를 무한정 유지할 수는 없다. 실업률 목표를 정하는 것이나 이를 달성할 수 있다고 믿는 것이나 모두 타당한 일은 아니지만, FOMC가 장기 지속 가능 실업률 예측치를(분기별 SEP에 포함되어 있다) 내놓은 것은 비록 매우 불확실하고 언제든 바뀔 수 있더라도 일종의 잠정적인 실업률 목표를 제시한 것으로 이해할 수 있다. 그렇게 해석하면 균형 방식의 바탕이 되는 논리적 대칭성이 분명히 눈에 들어오게 된다.

2012년 1월에 우리가 새로운 정책 원칙을 도입하고 발표할 즈음, 나는 드디어 바니 프랭크를 설득하는 데 성공했다. 우리 둘 사이에는 금융위기와 그 여파를 함께 지켜보면서 쌓아온 신뢰가 있었다. 무엇보다 그는 이제 우리가 택한 방식의 균형적 속성을 이해하고 있었다. 마침 인플레이션이 목표를 밑돌면서 새로운 정책 체계가 프랭크가 선호하는 통화 완화 정책에 완벽히 부합한다는 점도 큰 도움이 되었다. 인플레이션 목표를 포함한 정책 원칙 선언은 의회나 행정부의 반대 없이 순조롭게 진행되었다.

SEP도 계속 진화했다. 원칙 선언과 거의 같은 시기인 2012년 1월에 발표된 SEP에는 연방기금금리의 향후 방향 전망이 처음으로 포함되었다(FOMC 참가자가 개별적으로 작성한 것이었다). 연준 관찰자들은 SEP에 수록된 금리 전망 도식을 '점 도표dot plot'라고 불렀다. 위원회도 FOMC 위원들이 예상하는 연방기금금리 최초 인상 연도를 막대그래프로 표시하여 발표하기 시작했다.

이후 인플레이션 목표와 SEP 경제 전망은 연준의 커뮤니케이션에서 핵심 요소로 널리 인식되었다. 점 도표는 다소 논란이 있었다. 쉽게 생각하면 FOMC 참가자 개개인이 보는 관점을 한데 묶은 것으로, 정책 변화 과정에 관한 그들의 시각을 알 수 있는 유용한 정보였다. 단 그들의 개인 연설이나 인터뷰에서 접하는 것보다는 훨씬 체계적이라는 점이 달랐을 뿐이다. 점 도표가 최소한 현재 정보 범위 안에서 정책 방향의 실마리를 알려주며, 그에 따른 시장의 반응으로 상당한 변화가 일어나는 경우가 많았다. 예를 들어 내가 의장으로 있는 동안 금리 전망은 완화가 지속된다는 메시지를 강화했다. 이는 2009년과 2010년에 연준이 조만간 금리를 '정상화'한다고 시장이 오해했던 것과는 크게 달라진 점이었다. 한편으로 점 도표는 FOMC 위원들이 유가나 재정 정책 등의 외부 변수를 바탕으로 바람직한 정책이 무엇인가를 보는 개인들의 관점을 모은 것이지, 위원회 차원의 집단적 관점이나 공식적 포워드 가이던스가 아니었다.◆ 그러면서도 점 도표 전망은 익명으로 발표된 것으로, 정책 결정에 관한 위원회 리더진, 특히 의장의 입김을 반영하는 것도 아니었다. SEP 금리 전망은 분기별로 발표되므로 위원회가 회의를 끝내고 발표하는 금리 안내와 늘 일치하지는 않았다. 이런 불일치 문제는 정책 메시지에 혼선을 주고 의장이 기자회견에서 위원회의 전체 의도를 알리는 데도 부담이 되었다. 그럼에도 인플레이션 목표와 SEP(점 도표를 포함), 기자회견, 명확해진 포워드 가이던스는 서로 시너지를 발휘하면서 통화 정책의 투명성 향상에 크게 기여했다.

◆   우리도 다른 중앙은행처럼(예컨대 영란은행) 위원회 차원에서 경제와 이자율에 관한 전망
    을 만들어보려고 시도했다. 그러나 실험 결과 그렇게 하기에는 FOMC가 너무 거대하고
    다양하며 지역적으로도 분산되어 현실성이 없는 것으로 보였다.

3차 양적완화: 무제한 자산 매입

2012년에는 경기가 성장했음에도 노동 시장을 중심으로 하는 회복 속도가 여전히 실망스러운 수준이었다. 이제는 이것이 너무나 익숙하고 절망적인 패턴이었다. 여름이 끝나갈 무렵 우리가 잭슨홀 연례 심포지엄에 모였을 때도 실업률은 여전히 8.2퍼센트로, 실업자의 약 40퍼센트는 6개월 이상이나 일자리를 찾지 못하고 있었다. 6월에 발표된 FOMC 전망 자료는 늘어가는 비관론을 반영하고 있었다. 실업률은 그때부터 2년 후이자 회복이 시작된 지 5년이 지난 2014년 말까지도 7퍼센트가 넘는 것으로 나타났다. 2012년과 2013년의 경제 성장 전망도 상당히 절하되어 있었다. 인플레이션 역시 새로 설정한 목표치를 밑돌 것으로 전망하고 있었다.

연방 재정 정책은 위기 발생 직후 몇 년 동안 경기 부양에 효과를 보였으나 당시는 오히려 성장을 끌어내리고 있었다. 연방정부는 2012년 말로 예정된 연방재정적자 한도 도달로 인해, 추가적인 재정지출이 힘들어지는, 이른바 '재정 절벽'을 눈앞에 둔 상태였다. 즉 의회가 나서지 않는 한 12월 31일을 기준으로 연방정부가 채무 한계에 봉착하고, 부시 시대의 감세 효력이 폐지되며, 재정지출 강제 삭감 조치가 개시될 예정이었다. 다행히 의회는 최악의 상황을 피했지만, 세금 인상과(근로소득세를 잠정적으로 2퍼센트포인트 인하했던 기간이 끝난 것도 포함하여) 지출 삭감은 가뜩이나 회복이 더딘 경제에 일격을 가할 채비를 마친 셈이 되었다. 초당파적 성격을 띠는 의회예산국은 긴축 재정으로 2013년 성장 전망이 1.5퍼센트포인트에 달할 것으로 전망했다.[11] 나는 그동안 연준의 독립성을 생각해서 그린스펀처럼 재정 정책에 개입하지 않기 위해 늘 조심해왔지만, 재정 정책의 방향이 연준의 의무에 해당하는 목표 달성을 위협하는 상황이 올 때는 예외로 삼을 수밖에 없었다. 그 결과, 2009년에 재정 부양책을 지지한 데 이어, 2012년에는 비생산적인 긴축에 항의하는 의미로 증언과 연설을 모두 뒤로 미루었다. 그러나 의회가 점점 당파성과 이념 대립에 사로잡히면서 나의 행동은 이렇다 할 영향을 미치지 못했다.

유럽도 여전히 걱정거리였다. 2011년 11월, 마리오 드라기Mario Draghi가 장클로드 트리셰의 후임으로 유럽중앙은행 총재에 취임했다. 드라기는 이탈리아 중앙은행 총재와 국제적 규제기관인 금융안정위원회Financial Stability Board, FSB[스위스 바젤에 본부가 있다—옮긴이]의 회장을 역임한 인물이다. 그는 MIT에서 경제학 박사학위를 받았는데, 나와는 스탠리 피셔를 같은 지도교수로 모셨다는 인연도 있다. 드라기는 온건파의 노선을 취하여 신속히 ECB를 장악했고, 2011년 발생한 남유럽 국가의 금리 급등 사태를 억제하는 데 기여하였다. 더 중요한 사실은, 2012년 7월에 드라기가 런던 연설에서 "유로를 지키기 위해서라면 무엇이든 하겠다"고 한 약속이 이탈리아, 스페인을 비롯한 여러 국가의 부채로 악순환의 위기에 빠지던 시장이 안정을 되찾는 데 크게 기여했다는 점이다.[12] 그러나 드라기가 이끄는 ECB는 독일과 그 동맹국들의 반대로 다른 중앙은행의 채권 대량 매입 흐름에 편승하지 못했고, 유럽 국가들 역시 재정 정책을 통한 뒷받침을 제대로 해주지 않았다. 채무 부담이 큰 정부들은 어쩔 수 없이 내핍에(예산 삭감과 세금 인상) 내몰렸고 지출의 여유가 있던 정부조차 조심스러운 태도를 보였다. 그 결과 유럽 경제는 여전히 약세에 머무르며 디플레이션 위험을 고조시키고 있었다. 유로 지역 약세는 곧 미국을 포함한 무역 상대국들에 전염되었다.

2012년 중반의 경제 전망은 강세를 지지하면서도 여전히 추가 통화 자극이 필요하다고 보고 있었다. 우리에게 그럴 수단이 있다는 전제하에서 말이다. 우리는 이미 만기 연장 프로그램의 종료 시한을 2012년 6월에서 연말까지로 미뤄놓은 상태였다. 그 말은 곧 우리가 매달 450억 달러 규모의 장기 채권 매입을 6개월 더 지속하고, 거기에 필요한 자금은 남아 있던 단기 채권을 판매해서 마련해야 한다는 뜻이었다. 그러나 이 정도로 충분할 리는 만무했다. FOMC는 MEP 연장을 발표하는 성명에서 "적절한 추가 조치를 준비하고 있다"는 말도 덧붙였다. 8월 31일 잭슨홀 회의에서 나도 같은 신호를 내비쳤다. 나는 고용 약세에 "깊은 우려"를 표하며 우리가 "노동 시장 상황의 지속적인 개선을 위해 추가 정책 조정에 나설 것"이라고 말했다.[13]

나의 정책 신호가 나간 후, FOMC의 후속 조치가 곧 뒤따를 것이 거의 확실시되었다. 9월에 위원회는 추가 채권 매입 프로그램을 승인했고, 이는 당연히 QE3, 즉 3차 양적완화로 불리게 되었다. 주택시장을 추가 지원한다는 목표하에 우선 MEP 연장으로 기존에 진행되던 매월 450억 달러의 장기 채권 매입 외에 GSE 보증 담보대출 채권을 매월 400억 달러씩 추가 매입하기로 했다. 이로써 총 매입 규모는 매월 850억 달러가 되었다. 같은 회의에서 우리는 저금리를 "최소한 2015년 중반까지" 지속한다고 알림으로써 거의 3년 후의 상황을 포워드 가이던스하기로 했다. 12월에 위원회는 종료되는 MEP를 대체하여 매월 450억 달러 채권 매입을 계속 이어가기로 함으로써 매입 총액도 매월 850억 달러를 유지하게 되었다. 즉 채권 450억 달러와 MBS 400억 달러였다. 이 추세대로라면(매년 1조 달러에 육박한다) QE3는 곧 QE2를 압도할 예정이었다.

결정적으로 QE3에는 이전의 채권 매입 프로그램과 달리 '무제한적'인 성격이 있었다. 즉 매입 총액이나 종료 시한을 정해놓지 않았다는 것이다. FOMC는 그저 "노동 시장이 상당히 개선된다는 전망이 보이지 않으면" 그런 전망이 보일 때까지 매입을 계속 진행한다고 말했을 뿐이다. 다시 말해 매입의 기간과 규모를 미리 정하지 않고 노동 시장의 판단에 따라 지속 여부를 결정한다는 뜻이었다. 이것은 시간 의존형이 아니라 상황 결부형 확약이었다. 나는 '무엇이든 하겠다'고 한 드라기의 약속처럼, 무제한적 확약이 시장에 확신을 제공하여 연준이 추가 조치도 중단도 필요 없이 이 정책을 계속할 수 있기를 바랐다.

QE3에 대해 공식적인 반대표는 단 한 장이었으나(완화 정책을 꾸준히 반대해온 리치먼드 연방준비은행의 잭 래커였다) 위원회 내부적으로 논란은 계속되었다. 안타깝게도 이런 의견 차이는 우리의 커뮤니케이션을 복잡하게 만드는 요인이 되었다. 즉 FOMC 내부나 시장에서나 우리가 언제까지 매입을 계속할지, 그리고 매입이 끝나는 조건은 어떤 것인지에 대한 불확실성이 계속 남아 있었다.

위원회 내부에 존재하던 꺼림칙한 분위기는 이전의 QE에 대해 제기되었던 걱정과 유사했으나, QE3의 무제한적 성격 때문에 더 강렬했다. QE3에 대한 유보적 시각은 크게 두 가지로 나뉘었다. 하나는 QE3가 과연 효과가 있느냐 하는 것이었고, 또 하나는 잠재적인 비용과 위험에 관한 것이었다. 사실 연준의 실무 경제학자들이 내놓은 분석을 보면 새로운 매입 계획이 장기금리를 내려 경제 회복을 앞당길 것으로 전망하고 있었지만, 일부 FOMC 참가자는 여기에 회의적인 태도를 보이며 성과 전망이 비현실적으로 크게 부풀려져 있다고 주장했다. 이미 매입 프로그램을 진행해왔음에도 회복은 여전히 부진하고, 비교적 검증이 안 된 이 수단의 성과 전망이라는 것이 기껏해야 불확실할 뿐이라는 그들의 지적은 물론 옳았다. 만약 매입이 실제로 큰 성과를 내지 못한다면, 상황이 호전될 때까지 매입을 무제한 이어간다는 확약은 결국 연준의 대차대조표만 비대하게 만들 뿐, 고용이나 성장에는 별 성과도 없이 철수 전략만 어려워지는 결과를 낳을 것이었다(연준 이사 제러미 스타인Jeremy Stein은 이를 '무한 반복 시나리오'라고 불렀다. 매입을 계속한 결과가 실망스러워 다시 추가 매입에 나서는 과정이 계속된다는 것이다). 실제로 회의론자들은 효과도 없는 프로그램을 계속하는 것은 아무것도 안 하는 것보다 더 나쁘다고 주장했다. 대중의 확신을 훼손하고 금융시장에서 연준의 신뢰도에 타격을 입힌다는 이유에서였다.

FOMC의 일부 참여자는 비용과 위험을 거론하면서 저금리 상황이 오래 이어지면서 당장은 아니더라도 언젠가는 금융 불안이 초래될 수 있다고 주장했다. 예를 들어 수익률이 계속 낮은 수준에 머물면 투자자들은 높은 수익을 위해 부당한 위험을 떠안거나 지나친 대출 부담을 지게 되어 장차 올 충격에 취약한 처지에 놓인다. 또 다른 걱정은, 만약 장기이자율이 예상치 못하게 오르면 연준이 보유한 채권의 시장 가격이 급락하여 연준의 자산 포트폴리오에 막대한 손실을 초래할 수 있다는 점이었다.♦ 이와 관련하여 연준이 때가 되면 추진할 단기금리 인상 계획은, 은행이 연준에 맡겨둔 지급준비금에 이자를 지급하는 방식으로 진행한다는 것이었다. 은행지급준비금을 늘려서 마련한 자금으로 채권을 추가로 매입하면 나중에 은행에 지급해야 할 이자 규모가 너무 커져 우리가 재무부에 안겨줄 수익이 줄어드는 문제가 있었다. 세인트루이스 연방준비은행의 제임스 불러드James Bullard 총재 등은 연준의 자산에 손실이 발생하고 여기에 재무부에 제공하는 수익이 줄거나 중단되기라도 하면(대신 그 돈이 은행으로 향하면) 의회 내 반 연준파들의 맹렬한 공격을 불러일으킬 것이라고 지적했다.

♦　연준의 회계 절차상, 손실이 발생하더라도 채권이 매각된 후에야 비로소 정식으로 인정된다는 점이 나소 위안이 되었다.

무제한 QE3가 발표된 2012년 11월 회의 직전에 있었던 내부 설문조사에서, FOMC 참가자들은 금융 불안정과 연준 자산 손실 가능성을 가장 큰 두 가지 우려 사항으로 꼽았다. 역사상 가장 비대해진 대차대조표를 원상회복하는 문제 외에 채권시장의 기능이 마비될 가능성도 또 다른 걱정거리였고, 일부 강경파는 무분별한 통화 자극이 언젠가 인플레이션 급등을 초래할 수 있다고도 주장했다. 불확실성에 대한 일반적인 정서를 반영하듯, 일부 응답자는 '예상치 못한', 또는 '미지의' 부작용이 발생할 가능성을 언급하기도 했다. 그러나 FOMC 참가자 중에서 이런 위험 요인을 '보통' 수준 이상이라고 보는 사람이 아무도 없었다는 점을 나는 좋은 뉴스라고 봤다. 다들 추가 매입에서 오는 잠재적 단점은 충분히 감당할 수 있다고 본다는 뜻이었다.

내가 개인적으로 더욱 확신하게 된 것은 추가 채권 매입 방안이 여전히 어려운 경제에 도움이 되고, 무제한 방식도 규모를 정해두었던 이전 방식보다 훨씬 강력한 효과를 발휘하여 신뢰를 안겨줄 것이라는 점이었다. 나는 12월에도 위원회를 향해, 지금까지 우리가 경험한 바에 비춰볼 때 비용과 위험에 관한 우려의 상당 부분은 우리가 일을 추진하지 못할 정도가 아니라고 말했고, 단 우리가 통화 정책과 금융 안정성의 관계를 미처 이해하지 못했다는 점만은 인정했다. 그러나 경기 전망이 어둡다는 점을 감안하면 아무것도 하지 않는 것에도 상당한 위험이 있는 것이 사실이었다(재닛 옐런이 회의에서 이렇게 주장했다).

그러나 나는 이런 상황에서도 위원회의 우려를 인식하여 대량 채권 매입의 유효성과 비용에 관해서는 우리가 배워야 할 점이 아직 있고, 그 결과에 따라 우리 계획을 계속할지에 관한 관점도 달라질 수 있다고 언급했다. 결론적으로 나는 상황과 결부된 무제한 방식을 지금 추진할 때라고 판단했지만, 매입 종료 시한을 특정 지표, 예컨대 실업률과 연동하라고 위원회를 압박하지는 않았다. 오히려 어느 정도 유연성을 유지하기 위해, QE3를 종료하기 위해서는 그전에 노동 시장 전망이 상당히 개선되어야 한다는 정도의 정성적 표현을 사용하는 쪽을 지지했다.

아울러 우리가 '매입의 효험과 비용을 적절히 고려하여' 향후 매입 속도를 결정할 것이라고 말하자고 제안했고 여기에 많은 사람이 동의했다. 이 표현은 일종의 면책조항이었다. 채권 매입을 끝낼 수 있다는 여지를 남겨두면서도 그 이유를 경제적 목적이 충족되어서가 아니라 프로그램의 효과가 없거나 비용이 지나치다고 우리가 판단하는 경우라고 밝힌 셈이었다. 원래는 이런 면책조항을 포함하고 싶지 않았다. 실패를 자인하는 모습으로 보일 수 있어서였다. 더구나 매입 정책의 비용이 이익을 넘어서는지를 판단하고 이를 알리는 일도 쉽지 않았다. 그러나 이 표현은 우리가 무한 반복의 함정에 빠지는 것이 아닌가 걱정하던 FOMC 참가자들을 안심시킬 수는 있었다.

우리는 저금리 지속 의지를 재확인한다는 목적을 위해 QE3를 발표한 것 외에도 2012년 12월에 연방기금금리에 관한 포워드 가이던스에 변화를 꾀했다. QE3 매입 계획과 마찬가지로 금리 안내 역시 경제 성과와 결부시키는 방식이었지만, 이 경우에는 그것을 정량화하기가 좀 더 쉬웠다(정책 금리 변화에 대한 이해와 경험이 더 쌓인 덕분이었다). 우리는 시카고 연방준비은행 찰스 에번스가 제시한 공식을 바탕으로, 또 2015년 중반까지 이어졌던 저금리 예측을 대신하여, 최소한 다음의 조건이 성립하는 한 연방기금금리가 낮은 수준을 유지할 것으로 본다고 발표했다. 첫째, 실업률이 6.5퍼센트가 넘는 수준을 유지한다. 둘째, 향후 1, 2년간 인플레이션 전망이 2.5퍼센트 이하에 머무른다. 다시 말해, 우리는 연초에 공언한 '균형적인 접근'과 어울리게, 실업률을 낮추는 데 조금 손해를 보더라도 새로운 인플레이션 목표에 다소 더 큰 비중을 두기로 한 것이었다.◆ 여기서 중요한 대목은 새롭게 제시한 조건은 기준선이지 방아쇠가 아니라는 점이었다. 투자자와 외부 비평가 중에는 이 둘의 차이를 혼동하는 경우가 종종 있다. 우리는 실업률이 6.5퍼센트가 되면 반드시 금리를 올리겠다고 말하지 않았다. 우리가 한 말은 실업률이 6.5퍼센로 떨어질 때까지는 금리 인상을 '고려하지' 않겠다는 것이었다. 실제로 FOMC는 나중에 실업률이 5퍼센트까지 내려간 상황에서도 연방기금금리 목표를 올리지 않았다. 그러니 돌이켜보면 우리가 제공한 포워드 가이던스는 훨씬 더 강력한 기준이었던 셈이다.

우리가 막대한 통화 완화 정책을 추진한 것은 대체로 2011년 8월에서 2012년 12월까지였다. 시작 당시에는 좀 더 강력한 시간 의존형 안내를 제시했고, 마지막은 QE3 계획하에 총 850억 달러의 무제한 매입과 상황 결부형 포워드 가이던스를 결정하던 시기였다. 새로운 조치에는 경제 발전 속도가 계속해서 실망스러운 상황이 반영되어 있었다. 그런 와중에도 나는 새로운 정책 수단에 대한 우리의 이해도가 비록 완전하지는 않지만, 계속 발전된다는 것을 확인했다. 이는 비용과 효과의 균형을 깨뜨려가며 행동에 나섰던 4년간의 경험에서 얻어진 것이었다.

◆　위원회에서 발표된 SEP에 따르면 2015년 말 실업률이 6.5퍼센트에 가까웠기 때문에 위원회가 언급한 것처럼 새 가이던스는 시간 의존형 안내에 일관된다.

긴축발작

안타깝게도 FOMC 위원 다수의 QE3에 대한 인내심은 내 기대에 미치지 못했다. 게다가 2013년 내내 QE3를 지속한다는 방안이 무려 11 대 1이라는 압도적인 표 차이로 지지를 얻었음에도 말이다. 반대표를 던진 사람은 캔자스시티 연방준비은행 에스더 조지Esther George 총재 한 사람뿐이었다(연초에 투표인단 구성이 바뀌어 제프리 래커는 표결에 참여하지 않았다). 그러나 QE3가 도입될 당시 다른 FOMC 위원들이 잠깐씩 내비쳤던 의구심이 이후 연준의 대차대조표가 비대해지는 것과 함께 커지는 것 같았다.

2013년 3월 회의에서 경제분석가들은 새로운 연구 결과를 발표하면서 다시 한번 채권 매입이 장기이자율을 내려 경제에 도움이 되며, 잠재비용은 보통 수준으로 충분히 감당할 수 있는 정도라는 의견을 제시했다. 그러나 위원회는 QE3에 착수한 지 불과 몇 개월이 지났을 뿐인데 생각이 바뀐 듯한 모습을 보였다. 4월 10일에 발표된 3월 회의록에는 위원 다수가 매입 속도 둔화에 관한 논의가 '향후 몇 차례 회의 중 어느 시점에 시작될' 수 있다고 생각하는 것으로 나타났다.[14]

나는 평소에도 학자적 견해에 따라 일본은행이 과거 1990년대에 혁신적인 통화 정책이 되었을 수도 있었을 조치에 성의 없는 태도를 보인 것을 비판해온 터였다. 무엇보다 은행의 양면적 태도는 시장 참여자의 기대에 미치는 정책 효과를 떨어뜨리고 나아가 경제에도 악영향을 미친다는 것이 내 주장의 골자였다.[15] 나는 FOMC 내부의 의견 불일치가 계속되면 똑같은 일이 벌어지게 될까 걱정스러웠다. 그런데 내 생각과는 달리 다른 문제가 불거졌다. FOMC의 유력 인사들이 매입 제한을 공공연히 주장하고, 일부 위원이 2013년 말 혹은 그전에라도 QE3 둔화를 지지한다는 내용이 3월 회의록으로 공개된 상황에서도, 시장 관계자와 설문조사에 따르면 투자자 중에는 QE3가 현재 속도대로 2014년까지는 충분히 계속되리라고 보는 사람이 많다는 것이었다. 나는 이런 괴리 상황을 심히 우려하지 않을 수 없었다.

나는 의장이 된 이래 위원회의 결정과 계획을 외부에 알리는 일이 날이 갈수록 까다롭고 섬세한 노력이 필요하다는 것을 깨닫고 있었다. 우선 연준이 경기 회복과 일자리 창출을 지원한다는 변치 않는 의지를 전달하고자 했다. 특히 재정 정책마저 도움보다는 방해가 되는 현실에서 이런 노력은 더욱 중요했다. 그러는 한편으로, 경기가 개선된다는 조짐이 보이기 시작했다. 실업률은 2012년 9월에 QE3를 발표하기 직전의 8.1퍼센트에서 2013년 4월에는 7.5퍼센트로 떨어졌다. 또한 매입이 불러올 잠재적 부작용을 점점 더 걱정하는 위원회 때문에, 나는 매입 속도 둔화를 시장 일각의 예상보다 일찍 검토할 수도 있다고 말해야만 했다. QE3 지속에 필요한 조건이 정성적, 주관적 표현으로 설명되다 보니 오해의 소지가 많았던 것도 사실이다.

내가 매입의 유연성을 확보하고자 한 최초의 시도는 2013년 5월 22일 의회 합동경제위원회Congress's Joint Economic Committee 증언에서였다. 연준의 채권 매입 속도는 기본적으로 경기 진척 상황에 달렸다고 말했다. 5월 FOMC 성명에 포함된 포워드 가이던스 부분을 다시 언급하면서 설사 매입이 중단되더라도 FOMC는 연방기금금리 인상을 서두르지 않을 것이라고 강조했다.

질의응답으로 넘어가자 의원들은 QE3의 단계별 축소는 언제쯤 시작되느냐고 추궁했다. 나는 궁지에 몰릴 때마다 매입 프로그램의 목표(노동 시장 전망의 상당한 개선)에 집중하며 말했다. "우리가 지속적인 개선을 확인하고 앞으로도 그 추세를 유지하리라고 확신한다면 다음 몇 차례 회의에서라도 매입 속도를 늦추는 조치를 착수할 수 있습니다." 물론 단서를 다는 것도 잊지 않았다. "단, 그런 경우라 하더라도 우리가 무조건 완전한 중단을 목표로 삼는다는 뜻은 아닙니다. 우리는 경기 변화 상황을 보며 그 이상의 방안을 구상할 것이며, 그에 따라 매입 속도는 올릴 수도, 내릴 수도 있습니다."[16]

뉴스 기사는 내가 말한 '다음 몇 차례 회의에서' 매입 속도를 '늦출 수' 있다는 말을 부각했다. 그날 오후 늦게 공개된 FOMC의 4월 회의록에는 위원회 내부에서 긴장이 고조되고 있음이 드러나 있었다. 회의록에 따르면 한편으로는 FOMC 위원 다수가 QE3 도입 이후 노동 시장이 성장하고 있다고 보면서도, 여전히 '많은 사람'은 향후 추가 성장이 있어야 매입 속도 둔화가 가능하다고 보는 것으로 알려졌다. 그러나 회의록에는 정반대로, '일부' 위원은 시장 개선의 증거가 충분하다면 '빠르면 6월 회의'에서라도(바로 다음 달이었다) 매입 흐름을 하향 조정하는 데 찬성한다고 되어 있었다.[17] 그날 연준이 밝힌 내용을 요약하자면, 매입 속도 하향 조절을 연내에 시작할 수도 있지만, 그러기 위한 조건은 여전히 확실치 않다는 것이었다. 시장은 이를 강경파가 득세한 것으로 해석했다. S&P500 지수는 완만한 내림세를 보이며 5월 22일부터 6월 5일까지 3.5퍼센트 하락했다. 10년물 국채 수익률 변동 폭은 좀 더 커서 4월 30일과 5월 1일에 열린 회의부터 6월 회의 때까지 0.5퍼센트포인트나 움직였다.

새로운 경기 전망이 발표된 데 이어 내 기자회견이 나왔던 6월 FOMC 회의는 중요한 전환점이 되었다. 경제 뉴스는 다소 고무적인 내용을 담고 있었고, SEP에 포함된 FOMC 위원들의 향후 2년간 실업률 전망도 전에 비해 감소한 수치였다. 위원회의 일반적인 관측은 실업률이

2014년 중반까지 7퍼센트대로 내려간 후, 2015년 초에는 6.5퍼센트에 도달한다는 것이었다. 특히 6.5퍼센트는 위원회가 금리 인상을 고려하는 기준으로 제시했던 그 수치였다. 6월 회의부터 위원회는 7퍼센트 실업률을 노동 시장 개선이 QE3 시작 당시에 비해 상당히 진행된 기준으로 보기 시작했다. 실무보고서는 주요 거래자들을 대상으로 한 설문조사 결과, QE3의 지속 기간을 보는 시장과 연준의 시각 차이가 줄어든 것으로 보였다. 그 원인은 나의 공개 발언과 전망의 일부 개선 때문인 것 같았다.

설문조사에 나타난 거래자들의 예상은 매입 속도 둔화가 2013년 12월부터(물론 2013년 9월도 이미 가능성으로 제기되고 있었다) 시작되어, 2014년에는 완전히 종료된다는 것이었다. 그런 결과는 2014년 어느 시점에 실업률이 7퍼센트에 도달하면 채권 매입을 중단할 것으로 보고 있던 우리 경제 전망과도 비슷하게 맞았다.

여러 논란에도 결론이 나지 않는 토론이 끝난 후, FOMC는 발표 내용을 바꾸지 않기로 하고, 그 대신 나에게 회의 후 기자회견에서 우리 계획을 설명해달라고 요청했다. 나에게 맡겨진 과제는 우리가 전망하는 경기 개선 조건에 따라 매입 속도를 늦출 수 있는 시나리오를 설명하는 것이었다. 위원회도 동의한 사항은 다음과 같았다. 즉 7퍼센트 실업률을 노동 시장 개선의 지표로 언급할 수 있지만, 실업률 외에도 노동 시장 개선을 파악하는 다른 요소가 있으므로 매입 종료 시한을 꼭 실업률 7퍼센트에 못 박지 않아도 된다는 것이었다.

나는 기자회견에 나가 FOMC의 분기별 전망과 우리 계획을 설명하면서 어디까지나 그것은 경기 변화 상황에 따라 달라진다고 강조했다.

다음은 내가 했던 말이다. "앞으로 확보할 데이터가 전체적으로 이 전망과 부합한다면, 위원회는 현재로서 월간 매입 속도를 연말까지 다소 늦추는 것이 적절하리라고 예상합니다. 그리고 이후 데이터도 현재 경기 전망과 대체로 일치한다면 매입 속도를 내년 상반기까지 단계적으로 계속 줄여 중반까지는 매입을 종료할 수 있습니다. 이 시나리오에서 자산매입이 최종 중단되면 실업률은 7퍼센트 근처가 될 것입니다. 위원회가 이 프로그램을 발표했을 당시 실업률이 8.1퍼센트였던 것을 생각하면 상당한 개선이 이루어진 수준이지요." 그리고 다시 한번 강조했다. "단기금리 인상으로 제동을 거는 방식은 아직도 먼 미래의 일입니다."[18]

나는 사무실로 돌아오면서 기자회견을 통해 우리의 가장 큰 목표를 달성했다는 생각이 들었다. 내가 설명한 QE3의 속도 둔화와 종료에 대한 계획은, 우리가 조사한 바에 따르면 시장의 기대치와 아주 근접한 것이었다. 실제로 최근 FOMC 회의록에 드러난 위원회의 시각으로 보면 많은 사람이 연말까지 매입을 중단하는 편을 선호하는 것 같았지만, 그와 달리 나는 2014년까지 매입이 이어질 것으로 본다고 말한 셈이다. 더구나 매입 속도를 둔화시키는 것이 우리가 연방기금금리를 곧 다시 올릴 계획을 뜻하는 것이 아님을 다시 강조했다. 위원회가 원하는 것과는 상당히 다른 방향이었다.

그러나 시장의 반응은 부정적이었다. 하루 만에 10년물 국채 수익률이 0.1에서 0.2퍼센트포인트 사이로 올랐고 주가는 2퍼센트나 떨어졌다. 장기 움직임은 더욱 우려스러웠다. 5월 합동경제위원회에서 내가 증언했던 때로부터 9월까지, 10년 만기 수익률은 2퍼센트에서 3퍼센트로 상승하며 상승 폭이 1퍼센트포인트를 다 채웠다. 통화 상황도 상당히 위축되었다. 1994년 채권 '대학살'을 떠올리게 한 이 현상은 결국 '긴축발작taper tantrum'이라는 이름으로 불리게 된다. 나는 이런 시장 반응에 적잖이 당황했다. 매입 속도 둔화를 언급하면 어느 정도 반응이 있을 줄은 알았지만,

내가 설명한 내용은 시장의 기대와 근접한 것이었으므로 반응의 폭이 최소한에 머물 줄 알았다.

돌이켜보면 당시 주요 거래자 대상의 설문조사는 채권보유자의 전체 시각을 반영한 것이 아니었다. 매입이 훨씬 오래 계속되리라고 본 거래자도 분명히 있었다. 심지어 'QE여 영원하라'라는 구호도 있을 정도였다. 그런 사람들은 어느 날 QE3가 유한하다는 사실을 알게 되자 보유하고 있던 장기 국채를 모두 팔았다. 예상치 못한 팔자 주문이 시장에 충격파를 던졌다. 우리 메시지가 제대로 전달되지 않았다는 또 다른 신호는, 내 기자회견이 끝난 후, 시장에서 비교적 만기가 가까워진 연방기금금리가 오르기 시작한 것이었다. 시장은 연준이 채권 매입을 축소한다면 단기금리도 따라 오를 것이라고 해석했다는 뜻이었다. 시장 상황은 우리가 금리 인상은 고려하지도 않을 것이라고 말했던 조건이었는데도 말이다.

다음 달, FOMC의 동료 위원들과 나는 오해를 불식시키기 위해 나섰다. 우리가 전한 메시지는 통화 정책은 지금도 앞으로도 상황에 따라 크게 달라지는 속성이 있다는 것이었다. 매입 속도를 늦추는 일은 경기 회복이 늦어지면 얼마든지 뒤로 미룰 수 있다. 그리고 설사 추가 매입이 중단되더라도 연준이 보유한 막대한 채권은 앞으로도 계속 장기금리를 억누르는 요인이 된다. 무엇보다 나는 5월 증언과 6월 기자회견에서도 말했듯이 단기금리가 QE3 종료 후에도 오랫동안 낮은 수준에 머물 것이라는 점을 재차 강조했다. 마침내 우리 메시지가 먹혔고, 금융시장은 다시 진정세로 돌아섰다.

9월에 이르자 시장에는 FOMC가 매입 속도를 늦춘다고 발표할 것이라는 기대가 널리 퍼졌다. 그러나 온건파의 기대와 달리 우리는 발표를 연기함으로써 노동 시장의 성장이 계속될 때까지 완화 정책을 충분히 이어간다는 신호를 분명히 보냈다. 또 하나 걱정은 연방정부 폐쇄 가능성이었는데 결국 10월 1일부로 현실화됐다. 2013년 12월, 마침내 우리는 QE3의 단계적 축소를 향한 첫 단계로서 월간 매입 규모를 850억 달러에서 750억 달러로 줄인다고 발표했다. 6월에 내가 이미 밝혔듯이, 매입 규모의 점진적 축소는 2014년까지 계속되어 10월에 종료하는 것으로 되어 있었다. 한편 우리는 이자율 정책을 채권 매입과 분리하기 위해 2012년 12월에 강화된 포워드 가이던스를 발표했다. 즉 실업률이 6.5퍼센트 아래로 내려가더라도 '상당 기간' 금리를 낮게 유지할 것이며, 특히 인플레이션이 2퍼센트 목표 아래로 떨어져도 마찬가지일 것이라고 약속했다.

다행히 긴축발작이 미국 경제 회복에 뚜렷한 피해를 준 것 같지는 않았다. 우리는 원래 실업률이 QE3가 끝나는 2014년 중반까지 7퍼센트까지 떨어질 것으로 예상했었다. 그러나 실제로는 그보다 나은 뉴스가 들려왔다. 실업률은 우리가 매입 속도를 늦춘다고 발표한 2013년 12월에 이미 6.7퍼센트에 도달해 있었다. 그리고 2014년 10월에 매입이 끝났을 때는 실업률이 5.7퍼센트에 도달해 QE3를 발표할 당시보다 2.5퍼센트포인트 정도 내려가 있었다. 경제 성장률 역시 세금 인상과 지출 삭감이라는 재정 역풍 속에서도 2013년 내내 2.5퍼센트라는 비교적 강한 추세를 이어갔다. 어떤 기준으로 보더라도 노동 시장과 경제 전반의 전망에서 상당한 개선이 이루어진 것이 분명했다. 커뮤니케이션상의 착오에도 불구하고 통화 정책이 개선에 공헌한 것은 분명했다.

긴축발작은 신흥국 경제에 훨씬 더 부정적인 영향을 미쳤다. 연준이 미국 금리 인하를 밀어붙이면, 일부 투자자는 높은 수익률을 찾아 신흥국의 문을 두드리는 편을 택한다. 그렇게 자금이 유입된 신흥국의 통화는 강세로 돌아서고, 그에 따른 주가 및 기타 자산 가격 상승과 은행 대출 증가가 호황으로 이어지기도 한다. 반대로 연준이 미국 금리를 올리면(긴축발작 상황에서는 그 기대만으로도) 정반대의 과정이 진행된다. 미국의 긴축에 따른 1990년대 멕시코와 아시아 금융위기에서 지켜봤듯이, '핫머니hot money', 즉 단기투자금이 신흥 시장을 탈출하면 해당국 통화 가치가 급격히 절하되고(국내 인플레이션을 유발한다), 주가가 하락하며, 은행 대출이 줄어든다. 특히 해외 자금을 바탕으로 대규모 무역 및 재정 적자를 유지하거나 금융 규제 체제가 미비한 국가들은 더욱 취약하다. 2013년에 이런 긴축발작의 충격이 유난히 심했던 브라질, 인도, 인도네시아, 남아프리카공화국, 터키를 이른바 '5대 취약국Fragile Five'이라고 한다.

인도의 상황은 시카고대학 교수와 IMF 수석 이코노미스트를 역임한 라구람 라잔Raghuram Rajan이 중앙은행 총재에 오르면서 진정 국면으로 돌아섰다. 그는 인도 통화 정책에 신뢰를 불어넣고 금융개혁을 제도화했다. 라잔은 이후 유려한 논리로 선진국(특히 미국) 통화 정책을 자주 비판했다. 그는 선진국이 신흥국으로 유출되는 자본에 충분한 주의를 기울이지 못했다고 주장했다. 라잔은 연준이 미국 경제의 이해를 위해 간혹 강력한 조치에 나서야 한다는 사정을 부인하지는 않았으나, 세심하고 예측 가능한 방식으로 자본 유출 최소화에 힘써달라고 주문했다. 나로서는 미국의 정책이 자본 유출에 미치는 잠재 효과는 연준의 투명성을 증대하라는 또 하나의 강력한 주장인 셈이었다.

나는 긴축발작에서 몇 가지 교훈을 얻었다. 지금 와서 생각해보면, 우리는 채권 매입의 속도 둔화와 종료에 대해 처음부터 정확한 기준을 제시했을 수도 있었다. 그뿐만 아니라 채권 매입 및 단기이자율 변경과 관련된 진행 순서에 대해서도 더 많은 정보를 제공했더라면 좋았을 것이다. 이상적으로는 말이다. 안타깝게도 추가 QE의 이익과 비용과 관련된 불확실성과 내부의 의견 불일치로 더 구체적인 지침에 관한 합의가 어려워진 면이 있다. 게다가 2013년에는 부적절한 시장 정보 때문에 시장의 기대치와 우리의 전망이 일치한다고 오해한 일도 있었다. 그때 이후 연준은 설문조사를 비롯한 정보 수집 활동을 확대하며 이런 오해가 빚어지지 않도록 더욱 세심한 노력을 기울여왔다.

그러나 긴축발작의 근본 원인은 2012년에 경제에 정작 필요했던 것과 FOMC 위원 대다수가 제공하려던 것이 서로 일치하지 않았기 때문이다. 나는 무제한 QE가 올바른 정책이었다고 믿고 있으며, 의사소통의 문제가 있었음에도 결국 그 정책은 경제와 노동 시장에 도움이 되었다. 그러나 그 프로그램의 효과를 극대화하기 위해서는 '무엇이든 한다'라는 자세가 필요했는데, 결국 나는 이 점을 위원회 구성원들에게 설득하는 데 실패했다. 긴축발작은 QE3하에서 무제한 자산매입의 동기가 되는 '무엇이든 한다'라는 논리와 그 논리를 관철하지 못한 우리의 망설이는 태도가 서로 맞지 않아 빚어진 일이었다. 사실 그 논리는 시장 참여자들이 널리 수긍하고 있었는데도 말이다.

우리는 이제 채권 매입의 효과성을 입증해주는 상당한 증거를 확보했고, 비록 그 비용이 0은 아니더라도 충분히 감당할 수준이라는 확신을 얻었다. 2020년 팬데믹 사태에 대한 연준과 여러 중앙은행의 대응에서도 알 수 있듯이, 오늘날 통화정책결정자는 결국 주요 경제 위기에 대응하고 정책결정자와 시장 사이의 불일치를 줄이기 위해서는 '무엇이든 하려는' 의지를 갖추게 되었다.

연준의 변화

2014년 1월에 연준 의장으로서 마지막 회의를 주재했다. 물론 내가 연준을 이끈 8년이라는 시간은 위기와 그 여파로 점철된 과정이었다. 그러나 내가 임기 만료를 앞두고 전미경제학회American Economic Association, AEA 연설에서 설명했듯이, 내가 남겼던 유산의 상당 부분은 다음 3가지 분야에서 연방준비제도를 하나의 기관으로 바꾼 것이었다.[19]

첫째, 투명성과 의사소통이다. 내가 의장으로 있는 동안 연준은 목표와 전망, 정책 계획과 관련하여 훨씬 많은 정보를 공개했다. 가장 큰 변화는 우선 인플레이션 목표를 도입한 것과, 정책 원칙을 공식 천명한 것, 〈경제전망요약〉을 대폭 확대하여 경기 변수와 정책 금리의 장기 전망을 공개한 것, 그리고 회의 후 공식 기자회견 같은 것들이다. 더 크게 보면 연준은 이제 금융시장 참여자의 범위를 넘어 미국의 일반 대중을 상대로 연준의 여러 조치를 더 적극적으로 설명하고 있다.

둘째, 금융 안정을 위협하는 요소에 더욱 체계적인 주의를 기울이게 되었다. 2007년부터 2009년까지의 위기는 간혹 발생하는 사안에 개별 대응하는 것이 아니라 금융 안정을 위협하는 제반 요소를 다루는 일이 연준과 중앙은행의 핵심 과제라는 사실을 명백히 보여주었다. 연준은 이제 위기 이전에 비해 훨씬 체계적인 방식으로 금융 시스템을 감시하고 있다. 2010년에 나는 연준 내에 금융안정실Office of Financial Stability을 창설하여 이런 감시 활동을 감독하고 연준 내부와 기타 기관의 업무 조율을 관할하는 임무를 부여했다. 연준 수석 이코노미스트 넬리 리앙Nellie Liang이 초대 국장을 맡았다. 현재 금융안정실은 부Division로 승격하여 통화 정책 분석, 경제 분석 및 전망, 은행 감독을 담당하는 부서와 어깨를 나란히 하게 되었다. 이 부서는 연준 이사회와 FOMC의 직속 관할하에 있고, 제롬 파월 의장이 이끄는 연준은 금융 안정 위험을 진단한 결과를 정기 보고서로 발간하기 시작했다.

셋째, 연준 의장에 재임하는 동안 우리가 새롭게 개발하거나 확대한 정책 수단들은 주로 필요에 따라 이루어진 일이었다. 연준 최초로 대량 채권 매입을 시도한 것이나 좀 더 명시적인 포워드 가이던스를 도입한 일 등이 그것이다. 그뿐만 아니라 우리가 금융위기 시기에 도입하거나 확대한 대출 수단 중에는 연방준비제도법 13조 3항의 긴급 권한에 속하거나 대공황 시기 후 처음 사용하는 것도 있었다. 이를 통해 연준은 은행뿐만 아니라 다른 금융기관, 나아가 비금융 기업에까지 대출을 확대했다. 물론 이런 수단이 연준이 경제에서 차지하는 역할과 독립성에 어떤 효과를 안겨다 주었는지는 여전히 논란의 대상이지만, 그로 인해 오늘날의 연준이 과거에 비해 훨씬 더 큰 권한을 (좋든 나쁘든) 사용하게 되었다는 점만은 분명하다.

21세기의 통화 정책

: 이륙에서 코로나 팬데믹까지

8

이륙

재닛 옐런은 오바마 대통령에 의해 내 후임으로 지명되어 2014년 2월 3일에 취임함으로써 연준 역사상 최초의 여성 의장이 되었다. 연준에서 오랜 경력을 쌓은 옐런은 금융위기와 그 후속 기간을 거치며 나와 긴밀히 협력했다. 나는 그녀가 의장에 지명된 것을 기쁜 마음으로 지켜보았다.

옐런은 그 어떤 전임자보다 그 자리에 어울리는 적합한 경력을 갖추었다. 어쩌면 여성으로서 경제 정책을 결정하는 특별한 책임을 맡기 위해 그보다 더 뚜렷한 자질은 없을 것이다. 그녀는 1974년 여름에 연준의 객원 이코노미스트가 되면서 연준에서의 경력을 처음 시작했다. 이후 1977년부터 1978년까지 경제 보좌관으로 다시 연준에 복귀했는데, 그것은 또 다른 의미로 그녀의 인생을 바꾸는 계기가 되었다. 연준의 카페테리아에서 그녀와 만났던 조지 애컬로프George Akerlof가 이후 그녀의 남편이자 여러 저서의 공동 저자가 되었기 때문이다. ◆ 그러나 나도 그랬듯이, 그녀는 원래 경제학 교수 출신으로 하버드대학을 시작으로 런던정경대학과 캘리포니아대학 버클리 캠퍼스에서 학생들을 가르친 경력이 있다.

옐런은 연준 이사를 역임했고(1994년부터 1997년까지), 1997년부터 1999년까지는 클린턴 대통령의 경제자문위원회 위원장을 맡았다. 그녀는 어려운 시기에 샌프란시스코 연방준비은행 총재를 맡음으로써 FOMC의 위원이 되기도 했다. 그리고 2010년에는 연준 부의장이 되었다. 그녀는 이런 역량을 바탕으로 정책 수립에 기여했고, 2012년에 인플레이션 목표를 공식 도입하는 등 연준의 커뮤니케이션 향상 노력을 주도했다. 옐런은 나중에 바이든 대통령의 재무장관이 됨으로써 유례없는 경력에 또 하나를 더하게 된다.

옐런이 의장에 오르면서 부의장직이 공석으로 남게 되었다. 국제적인 경험과 평판을 보유한 강력한 이인자를 원했던 옐런은 나의 오랜 은사이기도 한 스탠리 피셔를 대통령에게 추천했다. 피셔는 옐런과 마찬가지로 케인스 경제학의 현대화에 공헌한 학계의 주역 중 한 사람이다. 연준 지명자가 으레 그렇듯이 그는 해외에서 정책 관련 경력을 쌓은 바도 있다. 그는 2005년부터 2013년까지 이스라엘 중앙은행 총재를 역임했다.

연준 관측가들은 옐런의 경험과 학문 연구, 정책 이력으로 볼 때 그녀가 의장으로서 온건 노선을 택할 것이고, 따라서 연준의 양대 의무 중 최대 고용에 더 비중을 둘 것으로 판단했다. 1946년 8월생인 그녀는 브루클린의 노동자 계층 거주 지역인 베이리지Bay Ridge에서 자랐다. 의사였던 그

◆ 　　그는 정보의 비대칭성이 시장에 미치는 악영향에 대한 연구로 2001년에 노벨 경제학상을 받았다.

녀의 부친은 주로 부두 노동자를 비롯한 블루칼라 노동자 주민을 치료했다. 예일대학 대학원에서 그녀를 지도했던 제임스 토빈James Tobin 교수는 케인스학파의 대표적인 학자로서(1981년 노벨상 수상자이기도 하다), 케네디 대통령에게 친고용 노선의 케인스 정책을 도입하도록 설득한 자문단의 일원이었다. 토빈의 영향을 받은 옐런의 학문 연구도 정부가 불황에 적극적으로 대처해야 한다는 관점을 지지하는 방향이었다. 또한 옐런은 금융위기 기간과 그 이후에도 연준이 통화 완화 정책을 지속하여 노동 시장의 건전성을 하루빨리 회복해야 한다고 일관되게 주장한 사람이다.

실업률 감소에 깊이 천착한 옐런의 인식은 분명히 옳았으나, 의장으로서 복잡한 균형을 다루는 일은 새로운 도전이었다. 그녀는 자신이 놓인 처지가 앨런 그린스펀과 대체로 유사하다는 사실을 알게 되었다. 그린스펀의 전임자 폴 볼커가 택할 수밖에 없었던 정책 방향은 분명했다. 긴축 통화로 인플레이션을 통제하는 것이었다. 비록 깊은 불황이라는 대가가 따랐으나 인플레이션이 성공적으로 진정된 상황에서, 그린스펀에게 주어진 더욱 까다롭고 힘든 과제는 볼커 시대의 성과를 하나로 통합하는 것이었다. 즉 인플레이션을 낮게 유지하면서도 경제의 성장과 안정을 추구하는 것이었다. 그 점에서는 나도 마찬가지였다. 볼커처럼 나도 의장으로 있는 동안 추구해야 할 정책 방향이 명확했다. 필요한 수단을 모두 동원하여 통화 완화를 추진함으로써 실업을 줄이고 인플레이션을 부추기는 것이었다. 그린스펀이 그랬듯이 옐런이 맡은 주요 과제도 그동안 이룩된 성과를 보존하고 더욱 확장하여 경제와 통화 상황을 정상으로 회복하는 일이었다. 정상이란 곧 실업률을 낮추고, 인플레이션을 2퍼센트대에 머물게 하며, 단기금리를 제로 이상으로 끌어올리는 것이었다.

그런 경제적 이상을 달성하기 위해서는 글로벌 금융위기 이후 시행된 비전통적인 통화 정책으로부터 언제 어떤 방식으로 빠져나올지를 세심하게 판단할 수 있어야 했다. 많은 중앙은행이 단기금리를 제로에 가까운 (혹은 그 아래) 수준으로 밀어붙였지만, 옐런이 의장이 되던 당시 그중 어떤 곳도 제로 금리 정책을 되돌리는 데 성공하지는 못했다. 과연 그 일을 제대로 해낼 수 있는지에 많은 것이 달려 있었다. 금리 인상의 시기나 속도를 너무 서두르면 회복에 찬물을 끼얹어 금리를 제로 수준으로 다시 떨어뜨릴 위험이 있고, 반대로 너무 늦어도 인플레이션을 유발하거나 금융 안정을 해칠 우려가 있었다.

위기 대응 체제에서 벗어나고자 한 시도는 나의 의장 임기가 끝날 무렵이었던 2013년 12월에 처음 시작되었다. 당시 우리는 QE3 매입 속도의 둔화를 결정했고, 단 노동 시장의 개선이 지속된다는 조건을 달았다. 마지막 매입은 옐런 의장 시대인 2014년 10월에 이루어졌다. 이로써 글로벌 금융위기 이후 연준의 대차대조표가 급격히 비대해지던 추세가 마감되었다. 그 시점에서 대차대조표 총액은 4조 5000억 달러로서 2007년 8월의 8750억 달러에 비해 엄청나게 부풀어 오른 규모였다. 연준이 만기 도래 채권을 계속 새로운 채권으로 교체하면서 대차대조표는 한동안 2014년 10월 정도의 수준을 유지했다.

향후 궁극적인 과제는 연준의 채권 보유고를 줄이고 연방기금금리를 인상하면서도 경기 회복세를 유지하는 것이었다. 긴축 정책의 이런 양면은 모두 생각보다 더디게 진행되었다. 진행 속도가 느려진 데에는 국제적 상황이 미국의 전망을 어둡게 하는 환경도 반영되어 있었다. 그뿐만 아니라 여기에는 연준의 지속적인 미국 경제 재평가 결과도 반영되어 있었다. 즉 자연이자율이 오래도록 하락세를 이어왔다는 정책결정자의 인식, 경제가 인플레이션을 촉발하지 않고도 아주 낮은 실업률을 유지할 수 있게 된

점, 그리고 인플레이션의 움직임 자체가 근본적으로 달라졌다는 점을 꼽을 수 있다. 옐런과 그 동료들이 '뉴 노멀'을 인지하던 당시는 그들이 생각했던 것처럼 기존 통화 정책이 그리 확장적이지도 않았고, 노동 시장도 별로 견고하지 않았다.

이륙 준비

새 의장의 과제 중 그래도 간단한 것이 있다면 QE3 매입 속도를 계속 늦추는 일이었다. 연방기금금리의 향후 방향에 관한 위원회의 포워드 가이던스를 끊임없이 갱신하는 일은 좀 더 세심한 주의가 필요했다. 내가 FOMC 마지막 회의를 주재하던 당시에 나온 포워드 가이던스에도(첫선을 보인 것은 QE3 채권 매입을 발표하던 2012년 12월이었다) 위원회가 금리 인상을 고려하는 실업률 기준선은 여전히 6.5퍼센트였다. 물론 우리는 실업률 기준선을 충족한 후에도 첫 금리 인상이 있기까지는 '꽤 오랜 기간'이 필요하다는 단서를 달아놓기는 했었다. 2014년 초까지만 해도 6.5퍼센트 기준선은 곧 도달할 것 같았으므로, 긴축 가능성도 눈앞에 다가온 것처럼 보였다. 실제로 2014년 3월에 옐런이 의장으로서 첫 정례회의를 주재할 때만 해도 실업률은 이미 6.7퍼센트에 접어들었고, FOMC 위원 대다수는 연말까지 기준선 아래인 6.1이나 6.3퍼센트로 내려간다고 보고 있었다.

이미 언급했듯이, 우리는 6.5퍼센트 실업률을 방아쇠가 아니라 기준선으로 제시했다. 다시 말해, 6.5퍼센트 실업률에 도달했다고 해서 꼭 금리를 인상한다는 것은 아니라는 뜻이다. 실제 긴축 결정은 경기 회복의 지속성과 당시의 인플레이션 전망에 대한 FOMC의 판단에 따라 달라지는 것이다. 옐런이 걱정했던 것도 바로 기준선과 촉발 요인의 차이를 사람들이 오해할 소지가 있다는 점이었다. 기존의 안내로 시장 가격이 긴축이 무르익은 시점보다 미리 움직일 가능성은 충분히 있었다. 그녀는 제로 금리를 탈출하는 작업은 언제가 되든 무척 까다로운 일이라는 점을 알고 있었다. 시장에 어떤 영향을 미칠지 알 수 없는 데다 경제도 여전히 취약한 상황이었기 때문이다. 3월 정례회의 전에 열린 FOMC 화상회의에서, 그녀는 인내심을 발휘할 필요가 있다고 강조했다. "여러분 모두 경기 상황에서 보이는 수많은 '헛된 기대'에 주의 깊고 냉정한 시각을 유지해주기를 당부드립니다."[1]

2014년 3월 회의 후에 나온 성명은 예상대로 채권 매입 속도를 추가로 줄인다고 발표하면서, 매입 속도를 '신중한 절차'에 따라 줄여갈 것이라는 점을 다시 강조했다. 더욱 중요한 것은 옐런의 연준이 제시하는 연방기금금리에 관한 포워드 가이던스 내용이 달라졌다는 점이다. 위원회는 6.5퍼센트 실업률 기준을 철회하고, "자산매입 프로그램을 종료한 후에도 상당 기간, 특히 인플레이션 전망이 위원회의 2퍼센트 장기 목표 아래에 머무는 한" 제로 수준 금리를 계속 유지하겠다고 말했다. 채권 매입 종료 시점을 2014년 가을로 본다면, 이는 최초 금리 인상이 넉넉잡아 2015년이나 되어야 이루어진다는 점을 시사하는 말이었다. 이 성명은 또 금리 인상이 시작되더라도 그 속도는 천천히 진행될 것이며, 따라서 연방기금금리도 정책 금리의 기준으로 널리 쓰이는 자연이자율을 밑도는 수준에 '당분간' 머무를 것이라는 점을 최초로 시사했다.

회의 후 기자회견에 나선 옐런은 "상당 기간"이라는 표현을 "대략 6개월 정도"로 정의했다.[2] 그 말은 곧 최초 금리 인상 시점이 2015년 초라는 뜻으로, 시장의 다수가 예상하던 것보다는 확실히 이른 편이었다. 기자의 돌발 질문에 임기응변으로 나온 이 대답은 평소 꼼꼼하고 주의 깊은 커뮤니케이터로 알려진 옐런에게는 보기 드문 실수였다. 이에 시장은 비록 잠깐이지만 투매로 반응했다. 이제 2015년은 연방준비제도가 2006년 이후 처음으로 정책 금리를 인상하는 첫해가 될 것이라는 소문이 돌기 시작했다.

2008년에 제로 수준 금리와 QE 채권 매입을 시작한 이래 우리는 늘 출구 전략을 논의했다. 그 목적은 우리가 언젠가는 정상적인 정책 기조로 복귀한다는 점을 시장에(그리고 우리 자신에게) 확신시키는 것이었다. 위원회는 2011년 6월 회의록에서 최종 출구 전략에 관한 원칙을 몇 가지 제시했다. 그 원칙은 옐런 시대에 들어와 더 정교하고 분명하게 다듬어졌다. 2014년 9월, FOMC는 '정책 정상화를 위한 원칙과 계획'이라는 문서를 발표하면서 QE3 매입의 종료가 임박했으며, 금리 인상 가능성도 가시권에 들어왔다고 확인해주었다.[3]

이 문서는 통화 정책이 정상으로 돌아오면 연방기금금리가 주요 정책 수단으로 다시 자리 잡을 것이며, 연준의 자산 규모 변화는 단지 보조 역할에 그친다고 확인해주었다. 연준은 수십 년간 연방기금금리를 관리해온 경험이 있었으므로, 시장 참여자들은 FOMC가 보내는 금리 신호를 어떻게 해석해야 하는지 알고 있었다. 2008년 연방기금금리가 실질 최저한도에 다다랐을 때 우리는 양적완화에 나서는 것 외에는 별다른 방도가 없었다. 그러나 QE는 효과가 무딘 수단이었다. 그 효과성과 잠재적 부작용에 관한 논란은 2014년까지도 이어지고 있었다. FOMC는 연준 자산 대신 연방기금금리를 정책 수단으로 삼는 날이 오기를 고대했다.

위원회는 2011년에 제시한 기본 방침에 따라 먼저 연방기금금리를 인상하는 데 동의했다. 그 방법은 은행이 연준에 맡긴 지급준비금의 이자율을 올리는 것이었다. 연방기금금리가 오르고 필요시 금리를 인하할 여지가 확보되면, 연준의 대차대조표 규모를 줄일 수 있다. 발표된 원칙에는 이를 달성하는 방법으로 연준이 만기 채권을 신규 채권으로 대체해온 관행을 멈추는 방안이 담겼다. 만기 도래 채권이 줄어들면 연준은 보유 채권을 전량 매각하지 않고도 자산 규모를 줄일 수 있다.

새로 제시된 출구 원칙은 최종 대차대조표 규모를 구체적으로 제시하지 않았다. 그러나 QE에 대한 내외부의 비판을 의식한 듯, 원칙에는 장기적으로 연준이 통화 정책을 '효율적이고 효과적으로' 수행하는 데 필요한 것 이상의 채권은 보유하지 않을 것이라고 되어 있었다. 위원회는 한동안 그 말의 정확한 의미를 두고 논쟁을 벌였다. FOMC는 또 궁극적으로 연준이 보유하는 증권은 주로 국채가 될 것이라는 말도 했다. 모기지 담보증권 보유량은 적어도 정상화 후에는 최소화하여, 다른 분야를 희생해가며 주택 건설 및 판매 시장에 과도하게 유리한 정책은 펴지 않을 것임을 분명히 했다.

이륙 지연, 이륙 달성

경기 회복은 2014년까지 이어졌다. 2015년 3월에 위원회가 열린 시점에 실업률은 5.4퍼센트까지 내려와, 당시 FOMC 위원들이 자연실업률로 보고 있던 5에서 5.2퍼센트 범위와 그리 멀지 않은 수준이었다. 완전 고용이 눈앞에 온 것 같았다. 통화 정책의 진척이 느리고 제로 수준의 연방기금금리도 자연이자율과는 거리가 먼 상황에서(2015년 3월에 FOMC 위원들은 자연이자율을 3.5에서 3.75퍼센트 사이라고 봤다) 위원회 대다수는 머지않아 금리 인상에 착수해야 한다고 생각했다. 샌프란시스코 연방준비은행 존 윌리엄스 총재는 나중에 이렇게 말했다. "배를 부두에 정박할 때 해안을 향해 힘껏 달리다가 엔진을 세게 뒤로 돌리는 사람은 아무도 없다. 정박할 때는 배가 부두에 닿기 전에 먼저 속도를 늦추는 것이 정답이다."[4] 이 주장은 마틴, 볼커, 그린스펀 등 전임 총재들이 수용했던 인플레이션 선제 타격론을 떠올리게 했고 위원회에 있던 거의 모든 사람의 마음을 사로잡았다. 2015년 3월에 발표된 '점 도표'에서 중간값을 기준으로 따져보면 2015년에 0.25퍼센트포인트 금리 인상이 두 차례 진행된 후 2016년에 추가로 네 번 더 진행되는 것으로 나와 있었다.

이에 따라 FOMC는 2015년 3월 발표에서, 오랫동안 기다려온 연방기금금리 인상이 비록 당장은 아니나 곧 진행될 수 있다고 밝혔다. 그런데 사실 위원회는 연방기금금리 목표를 2015년에 두 번, 2016년에 네 번 올린 것이 아니라, 목표 범위만 2015년과 2016년에 각각 한 번씩 올렸다. 이제 금리가 더 이상 제로 근처에 머물지는 않았지만, 역사에서 시야를 좀 더 넓혀보면 정상 금리 회복은 예상보다 훨씬 먼 이야기인 것 같았다.

어떻게 된 일이었을까? 지나고 보니 옐런의 '헛된 기대'를 조심하라는 말이 선견지명이었다. 첫째, 국제 상황이 미국에 영향을 미쳐 금리 인상을 지연시켰다. 그러나 국제적 역풍이 가라앉는 동안에도 연준 정책결정자들은 위기 후 미국 경제 정상화에 필요한 기본 가정을 다시 검토하고 있었다.

중국의 평가 절하

해외발 첫 충격은 전혀 예상치 못했던 중국에서 터져 나왔다. 중국은 원래 글로벌 금융위기에서도 비교적 무사히 빠져나온 나라였다. 중국의 경제성장은 세계적 불황 속에서도 인상적인 수준을 유지했는데, 막대한 재정 패키지와 정부 주도형 은행 대출 급증이 그 원인이었다. 더 근본적으로 보면 중국은 지난 30년간 정부의 중앙계획과 탈중앙화된 시장을 결합한 개발 전략의 덕을 봐왔다. 수십 년 전에 중앙집중형 계획에 의존했던 소련처럼, 중국 역시 중공업과 공공 기반 시설에 투자를 집중했고, 정부가 선호하는 국영기업에 주요 역할을 맡겼다. 민간 소비를 억제하여 국민 저축률이 상승했고, 수백만에 달하는 농촌 근로자가 도시로 이주하여 제조와 건설 분야에 종사하도록 권장했다. 그러나 소련과 달리 중국 모델은 시장의 힘에 일정한 역할을 부여하는 것이었다. 시간이 흐르면서 물가는 수요와 공급에 따라 결정되었고, 이는 국내 민간기업과 해외 기업이(제한은 있었지만) 중국이라는 거대 시장을 두고 국영기업과 경쟁을 벌이는 바탕이 되었다.

중국은 핵심 산업을 수출 주도형으로 운영함에 따라 시장 규율을 적용하기도 했다. 특히 2002년에 세계무역기구World Trade Organization, WTO에 가입한 것이 결정적인 계기가 되었다. 일본이나 한국 등의 다른 아시아 국가처럼 중국도 처음에는 저가 공산품부터 수출했다. 그러나 기업들이 세계 시장에서 경쟁 원리를 배우고 점차 세계적 공급망에 통합되어가면서 중국은 폭넓은 고부가가치 상품을 수출하기 시작했고 세계 무역에서 점점 지배적인 위치를 차지했다.

중국의 수출 전략에 더욱 힘을 실어준 것은 말썽 많은 환율 정책이었다. 중국은 자국 통화인 위안화 가치를 철저히 통제해왔다. 처음에는 달러화 대비 환율을 고정하다가 2005년 7월부터는 점진적 조정을 허용했다. 중요한 점은 중국이 급성장 기간 내내 해외 통화 대비 위안화 가치를 낮게 유지하여 수출품에 가격 우위를 제공했다는 사실이다. 그러나 금융위기 이후에 중국이 점차 위안화 강세를 허용하면서 이런 추세에 변화가 찾아왔다. 변화의 요인 중에는 중국의 무역 상대국이 가하는 외교적 압박, 위안화를 국제 주요 통화로 만들고자 하는 중국의 야망(그러기 위해서는 통화 가치가 시장의 힘에 따라 달라져야 한다), 그리고 기존의 수출주도형 성장을 내수 확대 중심으로 전환하는 결정이 있었다.[5] 2015년 당시 일부 경제학자들은 위안화 가치가 너무 상승하여 중국의 수출을 저해하는 수준에 도달할 것으로 전망하기도 했다. 한편 연준은 미국의 이자율을 올리고자 했으므로 자본 유입이 늘고 달러도 강세를 보였다. 이것은 중국 통화의 과대평가 문제를 더 악화시켰다. 위안화 가치는 더 이상 달러화에 고정되지 않았으나 여전히 밀접하게 연동되어 있었으므로, 유로나 엔을 상대로 한 달러 가치가 상승할수록 위안화도 따라 올랐다.

2013년 3월에 시진핑이 중국 국가주석의 자리에 올랐다. 그는 개혁 연장을 공언하며 야심 찬 경제 목표를 제시했다. 그러나 오랫동안 과열된 성장을 이어온 경제는 시진핑에게 심각한 불균형을 안겨준 것도 사실이었다. 정부가 오랫동안 국내 소비와 투자를 촉진해온 결과 2008년부터 기업과 소비자 대출이 급증했고, 이는 중공업 분야의 생산 능력 과잉과 부동산 공급 과다로 이어졌다. 이후 경기를 진정시키고 신용 호황의 고삐를 죄고자 했던 시도는 대성공을 거두었다. 중국 주식시장은 2015년 6월부터 3주 동안 상하이종합지수가 30퍼센트나 떨어지는 것을 계기로 하락세로 돌아섰다. 2013년에 7.8퍼센트였던 경제 성장률이 2015년에 6.9퍼센트까지 내려가자(그래도 여전히 높은 수준이었다) 해외 및 중국 투자자들의 자금이 해외로 빠져나가며 위안화 가치를 끌어내리는 압력으로 작용했다.

2015년 8월 11일, 중국의 중앙은행인 중국인민은행은 단 두 문장으로 이루어진 성명을 통해 환율 결정 시스템의 변경을 알리며 위안화 가치를 1.9퍼센트 절하한다고 발표했다. 그러자 다음 날에는 위안화 가치가 1퍼센트 더 떨어졌다. 이 절하 발표는 비록 절대 규모로는 크지 않았으나 상당한 추가 절하가 이루어질 것이라는 공포를 주었다. 더욱 심각했던 것은 위안화 평가 절하가 투자자들에게 중국 경제가 지금까지 예상했던 것보다 더 심각한 둔화를 겪을 것이며, 이것이 세계 경제에도 큰 타격이 될 것이라는 우려를 안겨준 점이었다. 곧바로 전 세계 주가가 급락했다.

이 사태가 미국 경제와 연준의 정책에 어떤 영향을 미칠지는 불확실했다. 충격적인 위안화 가치 절하 이전까지, 시장에서는 FOMC가 2015년 9월부터 제로 수준 금리를 인상하리라는 예상이 널리 퍼져 있었다. 그러나 이 사태 후로는 불확실한 일이 되었다. 연준 리더들 사이에서도 공공연하게 의견이 나뉘는 이례적인 일이 일어났다. 8월 26일, 뉴욕 연방준비은행 윌리엄 더들리William Dudley 총재가 기자회견을 통해 말했다. "9월 FOMC 회의에서 정상화 개시 결정이 나올 것이라는 전망은 몇 주 전에 비해 설득력이 떨어진다고 생각합니다."[6] 그의 발언은 다우존스 지수가 10퍼센트 하락한 후 거래일 기준 닷새 후에 나온 것이었다. 더들리의 발언 후 주가가 이틀 동안 6퍼센트 넘게 반등했다. 그런데 스탠리 피셔 부의장은 잭슨홀에서 CNCB의 스티브 리즈먼과의 인터뷰를 통해 "나는 지금 당장은 어떤 가능성이 설득력이 있는지 없는지 미리 결정할 생각은 없습니다"라면서도, 아직 최종 결정이 나지 않은 9월 금리 인상에 대해 "꽤 가능성이 있다"고 덧붙였다.[7] 뉴욕 연방준비은행 총재와 연준 부의장은 연준에서 의장 다음으로 영향력이 큰 인사라는 것이 세간의 인식이므로 이들의 공개 발언은 위원회가 이 결정을 두고 치열한 씨름을 벌이고 있음을 보여주는 것이었다.

결국 위원회는 9월 회의에서 연방기금금리를 손대지 않았다. 발표문에는 중국을 가리켜 "해외 상황을 예의 주시하고 있다"고 되어 있었다. 그러나 17명 위원 중 13명은 연말까지 금리 인상이 있을 것으로 내다보고 있었다. 옐런은 기자회견에서 위원회가 움직이지 않은 이유에 대해 중국의 통화 가치 절하 이후 금융 상황이 위축되어(주가 하락과 달러화 절상) 미국 경제가 둔화할 가능성이 있기 때문이었다고 설명했다. 그러나 위원회도 시장 참여자들과 마찬가지로 중국 통화 절하가 더 큰 약세로 이어져 중국 수출에 의존하는 기타 신흥국에까지 영향을 미칠지는 확신할 수 없었다. 미국 통화 정책이 곧 긴축으로 돌아선다고 생각하는 사람은 거의 없었으므로 잠시 관망해보는 것도 나쁘지 않은 것 같았다.

12월 회의 때까지 상황은 더욱 분명해졌다. 중국에 관한 우려가 진정되었고, 미국 경제 전망은 호전되었으며, 금융시장도 반등을 시작했다. FOMC는 거의 10년 만에 처음으로 연방기금금리 목표 범위를 0.25퍼센트에서 0.5퍼센트 사이로 상향 조정했다. 기자회견에 나선 옐런은 위원회가 이륙liftoff[금리 인상을 의미한다—옮긴이]을 시작할 기준으로 삼은 조건(노동 시장의 상당한 개선과 인플레이션이 2퍼센트 수준으로 향한다는 타당한 확신)이 충족되었다고 말했다. 실업률은 2015년 11월에 5퍼센트에 도달하여 대침체 시기의 정점에서 절반으로 내려왔다. 그녀는 위원 다수가 2018년까지 인플레이션이 연준 목표에 도달할 것으로 보지 않는다고 인정했으나, 그린스펀의 선제 타격 전략을 떠올리는 내용의 설명을 덧붙였다. "FOMC의 정책 정상화 개시가 너무 늦어진다면 결국 언젠가는 경기 과열로 인플레이션이 목표를 훨씬 상회하는 것을 막기 위해 갑자기 긴축 정책을 꺼내 들수밖에 없을 것입니다. 긴축을 갑자기 서두르다 보면 경기를 불황에 빠뜨릴 위험이 커지게 됩니다."[8] 다시 말해 완전 고용을 달성하고 유지하는 최선의 방법은 인플레이션을 안정적으로 관리하는 것이다.

이 논리에 따라, FOMC 위원들은 금리가 더디지만 착실하게 오른다는 전망을 계속 유지했다. 즉 2016년에 0.25퍼센트포인트 인상을 네 번 하고 2017년에 다시 네 번 더 한다는 것이었다. 그렇게 인상되면 연방기금금리는 2퍼센트를 돌파한다. 그래도 여전히 낮은 편이지만 적어도 제로 근처의 최저한도 수준은 벗어나는 것이라고 볼 수 있다. 그러나 이 전망 역시 곧 너무 대담한 것임이 밝혀진다.

미니 불황과 브렉시트

2015년 말의 첫 번째 금리인상 이후에도 연준의 금리인상이 곧바로 이어지지는 않았다. 첫째, 연방기금금리가 여전히 낮은 수준이었음에도 FOMC는 여러 연설과 금리 전망을 통해 긴축 기조를 최소한 2년 정도는 더 이어간다는 뜻을 내비쳤다. 통화 정책에서 말이 행동 못지않은 영향력이 있음을 보여주기라도 하듯, 시장과 경기가 동시에 부정적으로 반응했다. 연준의 긴축 계획은 여전히 회복 단계에 있는 경제에 비해 지나친 감이 없지 않았다.

2018년 9월 〈뉴욕타임스〉 칼럼에서 닐 어윈Neil Irwin은 2015년 12월 금리 인상의 여파를 다루면서 이를 "2015년과 2016년의 미니 불황"이라고 불렀다. 그는 연준의 조치가 나온 몇 주간의 상황을 이렇게 설명했다. "당시 세계 시장이 전하던 메시지는 그렇게 빠른 편이 아니라는 것이었다. 달러는 강세를 유지했고, 물가 하락세도 그대로였으며, 1월 말에서 2월 초까지 S&P500 지수는 9퍼센트 가까이 떨어졌다. 채권금리가 내려가며 미국이 불황 위험에 노출되었다는 인식이 강해졌다."[9] 2016년 초에 경제 성장이 계속되고 실업률도 계속 내려간 것은 사실이지만, 기업 투자, 에너지 및 농업(유가와 상품 시세 하락), 그리고 제조업에서는(달러 강세로 수출이 위축되었다) 미니 불황의 증거가 나타나고 있었다. FOMC는 금융 상황의 위축과 일부 성장 둔화 조짐에 주목하여 2016년 1월 회의에서도 연방기금금리를 변함없이 그대로 두었다.

미니 불황과 이에 따른 금융 불안이 오래가지 않았던 데는 그 후 크게 두 가지 변화가 따랐기 때문이다. 첫째, 2월 말 상하이에서 G20 재무장관 및 중앙은행 총재 회의가 열린 지 이틀 후에, 중국이 경제 회복 조치에 나섰다. 중국은 은행의 현금 및 유동성 보유 자산 기준을 낮추어 대출을 활성화했다. 아울러 향후 통화 관리 방침을 분명히 밝힘으로써 위안화 추가 절하 우려를 잠재웠다. 둘째, FOMC가 1월에 이어 3월 회의에서도 연방기금금리를 현행대로 유지했을 뿐 아니라 온건 기조에 더 다가서는 전망을 제시했다. 정책결정자들이 전망하는 2016년 금리 인상 횟수가 네 번에서 두 번으로 줄어든 것이다. 연준의 태도가 더욱 조심스러워지고 달러 강세가 미국 수출을 더 둔화시킬 것이란 전망이 줄어들자 시장의 불안 심리도 잠잠해졌다.

1985년에 볼커 의장의 노력으로 체결된 플라자 합의는 당시 과대 평가된 것으로 보였던 달러 가치를 낮추는 것이 목적이었다. 당시 합의는 공식적으로 공개된 것이었으나, 시장 관측자들은 이번 2016년 상하이 G20 회담에서 비공식적으로 비밀리에 진행된 이른바 '상하이 합의'가 교착에 빠진 것이 아닌가 하고 추측하기 시작했다. 이번 합의 역시 플라자 합의처럼 달러 가치를 내리는 것이 목적이었다. 이론적으로 달러 가치가 내려가면 여기에 연동된 위안화의 과대평가가 해소되어 중국에 도움이 된다. 이는 다시 미국의 부진한 제조업에 도움이 되고, 상품 가격이 오르면서 농업과 에너지 생산업에도 혜택이 돌아간다. 추측에 따르면 연준은 통화 완화기조에 더 다가서기로 하는 대신 중국이 더 이상 위안화를 평가절하하지 않는다는 약속을 받아냈다는 것이다. 아마 일본과 유럽도 이 합의에 관여하여 달러 대비 자국 통화를 절하하지 않기로 한 것 같다.

옐런은 어윈과의 인터뷰를 통해 상하이에서 미국과 중국 관계자가 세계 경제에 관해 폭넓은 대화를 주고받았음을 인정하면서, 이는 국제회의 관례상 늘 있는 일이라고 했다. 그러나 비공개 합의 같은 일은 없었다고(약속이나 공식 협정은 전혀 없었다고) 말했다. 그런 종류의 회의에 여러 번 참석해본 나도 그 말이 사실이라고 생각한다. 어떤 연준 의장도 그런 합의는 절대로 할 수 없다. 그것은 FOMC의 결정과 의회의 감독 권한을 부당하게 침범하는 일이다. 옐런은 FOMC가 어떤 합의에 찬성할지, 또는 개별 위원의 금리 전망이 그에 부합할지 미리 장담할 수 없다. 당시 떠돌던 음모론은 차치하고라도 어쨌든 중국과 미국의 정책은 2016년 초에 통화 확대 방향으로 나아갔다.

2016년 봄에 영국이 유럽연합 탈퇴를 선언한 이른바 브렉시트Brexit는 미국의 통화 정책 정상화를 더욱 지연시키는 요인이었다. 6월 23일로 예정된 국민투표는 순조롭게 진행되었고, '찬성'으로 결정된 그 결과가 금융 시장과 세계 경제에 어떤 영향을 미칠지에 관한 우려는 FOMC에 금리를 그대로 유지할 이유를 제공했다. 결국 브렉시트 찬성 결과에 따른 금융 혼란으로 옐런은 포르투갈에서 열리는 유럽중앙은행 연례 포럼 방문 계획을 취소했다. 브렉시트에 관한 불확실성은(언제 어떤 형식으로 진행될지, 경제에 어떤 영향을 미칠지) 그 후 몇 년간 계속되었다.

'뉴 노멀'을 진단하다

옐런은 의장이 된 지 2년 반이 지난 2016년 중반까지 연방기금금리 인상을 결정하는 회의를 주재한 것이 단 한 번에 불과했다. 이는 FOMC 위원 대다수는 물론, 옐런 자신조차 예상치 못한 일이었다. 이렇게 속도가 늦어진 이유는 주의를 기울일 만한 사정이 있었던 데다, 뜻하지 않은 해외 상황도 가세했기 때문이다. 그러나 여기에는 미니 불황이 제시하는 또 하나의 힌트가 있다. 즉 긴축 정책은 애초에 너무 야심 찬 계획이었으며, 미국 경제의 구조적 변화로 좀 더 신중한 접근이 필요했다는 것이다. FOMC 참가자들 역시 옐런과 그 후임인 제롬 파월 시대를 거치면서 점차 이런 관점을 향해 나아갔다.

〈워싱턴포스트〉의 일런 무이Ylan Mui는 2016년 7월에 게재된 "연방준비제도가 모든 것을 재고하는 이유"라는 기사에서 연준의 변화하는 시각을 집중 조명했다.[10] 무이의 말에 따르면 연준은 내가 의장으로 있던 시기와 옐런의 임기 초기에 걸쳐, 대침체로부터의 회복이 비교적 늦어지는 이유를 '역풍'의 결과로 설명해왔다는 것이다. 여기에는 억제적인 재정 정책, 여전히 부진한 신용시장, 주택시장 붕괴 이후 팔리지 않은 주택의 누적 현상이 포함된다. 그런데 이런 판단에는 역풍이 해소되면 성장이 시작된다는 생각이 기본 전제로 깔려 있다고 볼 수 있다. 그러나 시간이 흐르면서도 여전히 성장이 늦어지면서, 연준 당국자들은 이제 경제의 장기 성장 잠재력 자체가 쇠퇴하고 있을 가능성에(래리 서머스의 구조적 장기침체 가설과 부합한다) 좀 더 비중을 두게 되었다.

경제의 장기적 성장 잠재력을 결정하는 요소로는 두 가지를 들 수 있다. 하나는 노동 인력의 규모이고, 다른 하나는 그 노동자가 생산하는 상품 및 서비스의 양(노동생산성)이다. 그런데 이 두 요소의 성장률이 대침체를 거치며 모두 둔화했다. 노동력 성장이 둔화한 원인은 주로 베이비붐 세대의 고령화 같은 인구 구성의 변화로, 이는 이미 예전부터 예상된 것이었다. 그러나 생산성 둔화는 그렇지 않다. 나를 포함한 FOMC의 여러 사람이 생산성 저하가 금융위기의 영향 중 하나라고 봤다. 그리고 우리는 위기가 물러나면 생산성 증대가 다시 회복되리라고 기대했다. 그러나 어떤 사람들은 이런 추세가 앞으로 더 이어지리라고 보았다. 예를 들어 2016년에 출간된 로버트 고든Robert J. Gordon의 명저《미국의 성장은 끝났는가The Rise and Fall of American Growth》는, 제2차 세계대전 직후 수십 년 동안 미국의 생산성이 급증한 것은 역사적으로 매우 드문 일로서, 제트비행기에서 텔레비전에 이르는 유례없이 많은 신기술이 상업적으로 이용된 결과라고 주장했다. 즉 그전까지는 전쟁과 불황으로 이런 기술이 상업적으로 이용되지 못하고 있었을 뿐이라는 것이다.[11] 따라서 고든의 주장에 따르면 최근의 생산성 성장 둔화는 궤도에서 벗어난 것이 아니라 단지 원래 추세로 되돌아간 것뿐이다. 최근 수십 년간 우리 일상생활에 등장한 신기술이 과거 20세기 중반에 비해 특별히 혁신적이지 않다는 점에서(인터넷이 대대적으로 선전하는 내용에도 불구하고) 고든의 주장은 확실히 옳다. 물론 그의 주장이 향후 일이십 년 후까지도 맞아 들어갈지는 인공지능, 생명과학 분야의 혁신을 생각하면 그리 확실하게 단언할 수 없다.

어쨌든 원인과 상관없이 금융위기 이후 10년간 성장 잠재력이 둔화했다는 것은 신규 자본 투자의 수익률이 낮아졌다는 말이며, 이 사실은 자연이자율 R*가 눈에 띄게 떨어진 이유를 설명해줄 수 있다(세계적 저축률 증가나 완만한 인플레이션 등 다른 요소도 있다). 연준 관계자는 1980년대부터 자연이자율이 대폭 감소했다는 사실을 이미 알고 있었다. 실질 최저한도 금리가 문제가 된 이유도 바로 여기에 있었다. 우리가 새롭게 안 사실은 금융위기 이후에 자연이자율이 유독 더 떨어졌다는 사실이었다.

FOMC의 시각으로 보면, 자연이자율이 더 떨어진다는 전망은 긴축정책을 더 늦출 수 있는 명분이 되는 일이었다. 자연이자율이란 정의상 금리를 정상적인 수준으로 되돌리는 절차가 종료되는 지점이므로, R*가 더 낮아진다는 것은 연준이 목표로 삼는 고용과 인플레이션 수준을 달성하기 위한 긴축 정책을 그만큼 덜 추진해도 된다는 뜻이었다. 더구나 정책 금리의 효과는 금리가 자연이자율 수준보다 얼마나 더 낮아졌는가를 기준으로 가늠할 수 있다. 자연이자율이 낮아지면 제로 수준에 맞춰놓은 연방기금 금리는(절댓값으로 보면 낮은 편이지만) FOMC가 생각하는 것만큼의 효과를 발휘하지 못할 수 있다. 따라서 옐런이 여러 연설과 기자회견에서 언급하기 시작했듯이, 긴축 정책을 천천히 추진해야 하는 이유 중에는 자연이자율이 낮아진 것도 중요하게 작용하던 셈이다. 낮은 이자율이 정상이 된 '뉴 노멀'의 시대를 맞이하여, 금리를 정상 수준으로 되돌리는 정책의 성격이 과거와 사뭇 달라진 현실은 이후 연준의 커뮤니케이션에서 빈번하게 등장하는 주제가 되었다.

자연실업률 u*에 대한 재검토 작업도 정책 결정에서 자연이자율 못지 않게 중요한 일이었다. FOMC의 모든 구성원은 대 인플레이션의 역사적 과정과 정책결정자들이 실업률을 4퍼센트 이하로 떨어뜨리기 위해 애썼던 일을 알고 있었다. 이는 오늘날 경제학자들이 당시의 자연실업률로 판단하는 수준보다 훨씬 낮은 수치다. 우리는 그 당시의 경험으로, 실업률을 너무 낮은 수준으로 너무 급하게 떨어뜨리려다 보면 인플레이션을 촉발하고 경제를 불안하게 만들 위험이 있음을 알고 있었다.

2016년의 자연실업률은 어느 정도 수준에 와 있었을까? 한편으로 일부 학자들은 대침체의 심화에 따라 근로자의 업무 수준과 기업의 수요가 서로 어긋나고 경제에 불확실성이 증대하기 때문에 적어도 일시적으로는 자연실업률이 상승할 가능성을 걱정하고 있었다.[12] 그런데 반대로, 노동 인구의 고령화나(나이가 많고 경력이 있는 노동 인력의 실업률이 더 낮다) 기업과 근로자의 매칭 기회 증대는(예컨대 취업 사이트) 자연실업률을 낮추는 요소가 분명했다. 자연실업률은 직접 관찰할 수 없고 수많은 요인의 영향을 받으므로, 경제학자들은 한동안 우리가 쓰는 u* 추정치가 상당히 부정확할 수밖에 없다고 간주했다.[13]

엘런은 마침 고용 경제학을 연구한 경험을 바탕으로 실업률은 노동 시장의 부진을 가늠하는 유일한 척도가 될 수 없으며 특히 심각한 압박이나 구조적 변화를 겪는 시기에는 더욱 그렇다고 주장하기도 했다. 그녀는 공개 발언을 통해서도 인구 대비 노동력 비율이나 정규 근로 희망자 중 파트타임 근로자 비율, 자발적 퇴직률(다른 일자리를 찾을 수 있다는 근로자의 자신감을 나타내는 지표)을 노동 시장을 파악하는 대안적 지표로 제시했다.[14] 연준 관측자들은 연준이 노동 시장 상황을 보는 관점을 이해하기 위해 엘런의 노동 시장 '계기판'을 꾸준히 참고했다.[15]

2016년 중반에 이르러 실업률은 5퍼센트 아래로 떨어진 후 계속 하락 추세를 보이고 있었다. 실업률의 지속적인 하락에도 불구하고 인플레이션이 안정을 유지함에 따라, FOMC 위원들은 자연실업률 전망을 하향 조정하기 시작했다. 자연실업률이 낮아진다는 것은 경제가 인플레이션을 촉발하지 않고도 열기를 회복할 수 있다는 뜻으로(자연이자율이 낮아지는 것과 비슷한 상황이다), 긴축을 이어갈 필요가 점점 줄어드는 것을 의미했다. 오히려 FOMC는 인내심을 발휘하며 인플레이션을 걱정할 필요 없이 노동 시장이 강세로 돌아서기를 기다릴 수 있게 되었다.

FOMC가 이 두 핵심 변수를 재평가한 결과는 분기별 〈경제전망요약〉에도 나타난다. 이 자료에 포함된 위원들의 연방기금금리 장기 전망과 실업률 장기 지속 전망은 자연실업률 전망으로도 해석할 수 있다. 2012년부터 2021년까지의 전망 변화를 다음 표에서 볼 수 있다.[16]

이 기간에 자연실업률과 자연이자율에 대한 FOMC의 전망은 모두

표 8.1. FOMC의 장기 실업률 및 이자율 전망.

연도	자연실업률(%)	자연이자율(%)
2012	5.2-6.0	4.25
2013	5.2-6.0	4.0
2014	5.2-5.5	3.75
2015	5.0-5.2	3.75
2016	4.7-5.0	3.0
2017	4.5-4.8	3.0
2018	4.3-4.6	2.9
2019	4.0-4.4	2.5
2020	4.0-4.3	2.5
2021	3.8-4.3	2.5

출처: 매년 6월에 발간되는 〈경제전망요약〉. 자연실업률은 장기 실업률 전망이다(상위 3개, 하위 3개 전망을 제외한 중앙값 사용). 자연이자율은 장기 연방기금금리 전망이다(중간값 기준).

하락하는 것을 알 수 있다. 이런 재평가 결과에 비춰보면 옐런의 임기 첫 3년간 금리 인상 속도가 왜 늦었는지를 쉽게 알 수 있다. 위원회는 경제에 필요한 긴축의 정도를 실시간으로 파악했고, 그에 따라 인내심을 발휘할 수 있었다.[17]

필립스 곡선은 죽었는가?

옐런 시대의 정책 사고는 자연이자율과 자연실업률 수준을 넘어 더 큰 질문으로 이어졌다. 그것은 1960년대 이래 연준의 인플레이션 모델의 바탕이 되어온 필립스 곡선이 여전히 타당한가 하는 질문이다. 해설가들의 표현을 빌리자면 '필립스 곡선은 죽었는가?'라는 질문이다.

주지하는 바와 같이 필립스 곡선은 (임금이나 소비자가격 면에서) 인플레이선과 둔화 지표, 예컨대 실업률과의 관계를 나타낸다. 이 곡선을 관찰하면 고용과 생산품 시장이 튼튼할 때 임금과 물가가 급격히 오르는 것을 볼 수 있어 실업률과 인플레이션 사이에 상충관계가 성립한다는 것을 알 수 있다.

전통적인 필립스 곡선은 1960대 말에 미국에서 인플레이션이 증가한 원인을 설명해주는 것 같았다. 그러나 1장에서 살펴봤듯이, 1970년대에 들어와서도 여전히 높은 인플레이션이 유지되면서 경제학자들은 원래 곡선에서 두 가지를 수정했다. 첫째, 전통적 필립스 곡선에는 경제가 주로 수요 충격에 반응하며 이에 따라 물가와 고용은 같은 방향으로 움직인다는 가정이 놓여 있었다. 그러나 유가 급등 사례에서 보듯, 공급에서도 충격이 발생한다. 공급 충격은 물가를 올리지만 고용은 떨어뜨려 스태그플레이션을 유발한다(인플레이션과 실업의 동반 상승). 둘째, 전통적인 필립스 곡선에서는 인플레이션 기대의 변화도 무시되었다. 그러나 1970년대처럼 사람들이 경험을 통해 높은 인플레이션을 예상할 때는 그 예상이 자기실현적 사이클을 유발할 수 있다. 근로자는 구매력을 보존하기 위해 임금 상승을 요구하고, 기업은 높은 비용을 감당하기 위해 가격을 올리려 하기 때문이다.

전통적인 필립스 곡선은 1980년대 초까지도 강력한 영향력을 발휘했다. 당시는 볼커가 이끄는 연준이 높은 인플레이션을 끌어내리기 위해 긴축을 밀어붙인 결과 실업률이 대폭 증가한 상황이었다. 그러나 경제학자들은 1990년이나 혹은 그전부터 필립스 곡선 자체의 속성으로 인해 인플레이션이 상당히 특이한 움직임을 보여왔다는 점에 동의했다. 1990년대에도 1960년대처럼 높은 성장률과 낮은 실업률이 동시에 관찰되었으나, 1960년대와 달리 인플레이션은 낮은 안정세를 유지했다. 이런 현상은 그린스펀의 노련한 운영의 결과일 수도 있었으나, 자연실업률이 하락한 것도 원인 중 하나였다. 다만 당시로서는 이 부분을 미처 이해하지 못했을 뿐이다. 그러나 적어도 지금 와서 생각해보면 인플레이션 현상 자체가 달라진다는 것을 강하게 시사하는 증거가 있다. 최소한 두 가지 뚜렷한 방식으로 말이다.

첫째, 1990년경 이후부터 인플레이션은 과거에 비해 단기 실업률 변화에 민감하게 반응하지 않았다(다른 경기 둔화 지표에 대해서도 마찬가지다). 이를 그림으로 표현하면 필립스 곡선(인플레이션과 실업의 단기적 관계)이 '평평해졌다'고 말할 수 있다.[18] 인플레이션이 노동 시장 부진에 둔감하게 반응하는 현상은 대침체와 그 후의 회복기를 거치면서도 여전했다. 그리고 2008년 이후로는 더 둔해졌다. 내가 의장으로 있던 시기에도 실무 관측가들과 FOMC 위원들은 과거 20년 동안 인플레이션의 움직임을 충분히 지켜보았음에도 금융위기 이후에 인플레이션의 하락 추세가 너무 완만한 데 대해 놀라움을 금치 못했다. 실업률이 무려 10퍼센트로 뛰어올랐음에도 말이다.[19] 옐런의 임기에 들어와 연준이 긴축 정책을 준비하던 시기에 인플레이션의 수수께끼가 다시 떠올랐다. 단 이번에는 다른 방향이었다. 노동 시장이 개선되고 있었음에도 인플레이션은 목표치에도, 연준의 전망에도 미치지 못했다. 자연실업률 전망을 내리고 다양한 특수 변수를 동원하여 전망의 차이를 일부 설명할 수 있었지만, 많은 사람의 눈에는 전통적인 필립스 곡선이 아무런 이유도 없이 궤도를 벗어난 것으로 보였다.

인플레이션 현상에서 보인 두 번째 중요한 변화는 역시 1990년경 이후로 인플레이션이 해가 갈수록 안정세를 보인다는 점이었다. 큰 폭의 유가 변동 같은 경제적 충격으로 인플레이션이 잠시 위아래로 요동친 적은 있었으나 이내 원래 궤도로 복귀할 뿐, 1970년대처럼 평소와 다른 수준으로 벗어나는 일은 없었다.[20] '정상화' 정책에는 인플레이션을 2퍼센트 목표로 다시 끌어올린다는 조건이 포함되었으므로, 옐런이 이끄는 연준은(경제 연구자들도 마찬가지로) 인플레이션의 역학이 이렇게 달라진 이유와 과정을 이해하기 위해 노력했다.[21]

인플레이션과 실업의 관계에 관한 최근의 실증적 연구에 따르면 필립스 곡선은 여전히 유효하다는 결론이다. 예를 들어 해외 각국과 미국, 특히 대도시 지역의 데이터를 분석한 결과는 인플레이션과 각종 둔화 지표가 비록 과거보다는 약해졌으나 여전히 일정한 관계를 맺고 있음을 보여준다.[22] 그러나 실업과 인플레이션 사이의 관련성이 약해진 이유에 대해서는 의견이 나뉘고 있다. 필립스 곡선이 평평해진 이유가 경제 구조의 변화와 관련 있다고 하는 연구 결과도 있다. 예컨대 일부 학자들은 세계화가 진행되면서 필립스 곡선이 평평해졌다고 주장한다. 세계 각국에 상품을 수출하고 국내 시장에서도 해외 기업과 경쟁해야 하는 기업으로서는 국내 경제 상황이 아무리 바뀌어도 쉽게 가격을 올릴 수 없다는 것이다.[23] 인플레이션이 둔화 지표에 덜 반응하게 된 이유 중 또 하나의 타당한 설명은 오늘날의 소비자들은 시장의 힘에 영향을 덜 받는 상품과 서비스를 구매한다는 것이다. 예를 들어 의료 서비스는 가격이 주로 정부 정책에 따라 결정되는 특성이 있다.[24] 또 다른 가능성은 유연 근무제 증가, 가족 구성원 간 노동 분담에 대한 사회적 기대 저하를 포함하는 노동 시장의 오랜 변화로, 현대인은 경제 상황의 변화에 따라 노동 인력에서 이탈하거나 복귀하는 과정이 과거보다 자유로워졌다는 설명이다. 요컨대 노동 시장의 공급 탄력성이 증가했기 때문에 수요 변동에 따른 임금의 변화폭이 과거에 비해 줄었다는 것이다.

실업률 변동에 따른 인플레이션의 단기 반응성이 약화한 이유를 완전히 설명하기는 어렵지만, 우리는 인플레이션 현상에서 보이는 또 다른 중요한 변화를 이해하게 되었다. 이를테면 인플레이션이 공급 면의 큰 충격이 없는 한 장기적으로 안정된 경향을 보인다는 것이다. 이런 변화에 대한 가장 설득력 있는 설명은 다름 아닌 통화 정책의 실행에서 찾을 수 있다. 특히 1980년대에 볼커가 인플레이션 전쟁에서 이기며 연준의 신뢰도를 회복한 일을 들 수 있다. 볼커가 값비싼 대가를 치르며 인플레이션을 잠재운 후 30년 동안 연준은 계속 인플레이션을 낮고 안정적으로 관리했고, 이로써 대중의 인플레이션 기대도 낮은 수준에 붙잡아둘 수 있었다. 통화 정책이 신뢰를 얻을 때 사람들은 단기적 인플레이션 변화에 일희일비하지 않고 언젠가 다시 제자리로 돌아오리라고 믿는다(악순환과는 반대 방향의 자기실현 과정이다).[25]

인플레이션 역학이 이렇게 달라진 것이(필립스 곡선의 평탄화와 인플레이션 기대의 안정화) 통화 정책과 경제에는 어떤 의미가 있는 것일까? 긍정적인 면으로는 인플레이션이 더욱 안정되고 실업 변동에 반응하지 않게 됨으로써, 통화정책결정자는 불황에 대해 더 큰 시야를 가지고 완화 정책을 실행할 수 있게 되었다. 똑같은 이유로 불황이 일어나더라도 그것 때문에 인플레이션이 지나치게 낮은 수준으로 떨어지지는 않을 것이다. 인플레이션 기대가 안정적 수준을 유지하면 통화정책결정자 역시 유가 상승 같은 일시적 공급 충격이 오더라도 이를 관통하는 시야를 얻음으로써 그런 충격이 인플레이션 기대를 부추겨 1970년대처럼 장기적 인플레이션 상승을 초래하리라는 걱정을 하지 않아도 된다(2020년부터 2021까지 이어진 팬데믹의 영향으로 광범위한 공급 충격이 오래 이어지고 다시 경제가 재개된 경험은 우리에게 더욱 어려운 과제를 제기했다). 결국 최근 수십 년간 인플레이션 현상에서 일어난 변화 덕분에 정책결정자는 좀 더 안정적인 인플레이션과 더 건강한 노동 시장을 달성했다고 볼 수 있다. 이런 결과야말로 1980년대에 볼커가 인플레이션 억제력에 관한 연준의 신뢰를 회복한 데 따른 가장 중요한 성과라고 볼 수 있다.

그러나 부정적인 면도 분명히 있다. 평평해진 필립스 곡선은 인플레이션이 더 이상 경기 과열을 나타내는 믿을 만한 지표가 아니라는 뜻이다. 설혹 인플레이션이 지나치게 높아졌더라도 그것을 목표 수준으로 다시 내리는 데 필요한 실업이라는 대가가 과거에 비해 더 커져야 하는지도 모른다. 또 비록 연준이 인플레이션 억제력과 관련된 신뢰도 덕분에 단기적으로는 완화 정책을 추진할 자유를 얻을 수 있겠지만, 장기적으로 그 신뢰도는 마치 금융 자본처럼 제대로 유지하지 못하면 점차 소진될 것이다. 연준은 여전히 인플레이션이 목표에서 너무 크게, 너무 오랫동안 벗어나지 않도록 관리해야 하며, 일부 충격에 노출된 후에도 반드시 제자리로 돌아오도록 해야 한다. 이를 위해 인플레이션 목표를 공식화하고, 장기적인 인플레이션 목표 달성 방법을 규정하는 정책 체계를 수립하며, 인플레이션 기대의 변화를 주의 깊게 관찰하고, 무엇보다 물가 안정을 끝까지 지켜내야 한다. 이 모든 것이 어우러질 때 인플레이션에 대한 연준의 신뢰도를 유지할 수 있다.

금리 인상 재개

2016년 중반, 실업률이 계속 하락하고 미니 불황이 끝나면서 위원회 내부에서는 이제 행동에 나서야 한다는 압력이 고조되었다. 브렉시트 투표 직전이었던 6월만 해도 FOMC는 현행 금리를 유지하자는 안을 만장일치로 가결했었다. 그러나 7월 회의에서 캔자스시티의 에스더 조지가 현행 유지안에 반대표를 던졌다. 9월에는 클리블랜드의 로레타 메스터Loretta Mester와 보스턴의 에릭 로즌그렌이 합세했다. 현행 금리 유지안은 통과되었으나, FOMC의 기준에 비춰볼 때 찬반 7 대 3 표결은 거의 아슬아슬한 수준이나 마찬가지였다(투표 위원 두 명은 공석이었다).

위원회는 9월 금리를 현행대로 유지했으나, 발표문에는 노동 시장 개선과 경제 성장이 가속된다는 언급을 포함함으로써 위기 이후 2차 금리 인상이 멀지 않았음을 강하게 시사했다. "위원회는 연방기금금리 인상 가능성이 강화되었다고 판단하나, 목표를 향해 더 진전한다는 증거가 보일 때까지 당분간 기다려보기로 했습니다." 실제로 17명의 FOMC 위원 중 14명은 연말까지 최소한 한 차례 0.25퍼센트포인트 금리 인상이 있을 것으로 전망했다.

추가 금리 인상이 유력하다고 전망했다면서 왜 FOMC는 9월에는 인상하지 않았을까? 옐런은 이미 그린스펀의 인플레이션 선제 타격론을 언급한 바 있었다. 그런데 이제 그녀는 마치 실질 최저한도 금리와 유사한 변화가 발생하자 그린스펀의 위기관리 방식을 향해 살짝 한 발 나아간 것이었다. 그녀가 기자회견에서 한 주장은, 연방기금금리가 제로 수준에 있으므로 위험의 효과가 비대칭적이라는 것이었다. 만약 경제가 예상했던 것보다 더 강세를 보여 인플레이션에 상향 압박을 가하기 시작한다면 연준은 언제라도 금리를 약간 올려 이를 상쇄할 수 있다. 그러나 예상보다 경기가 약세라고 판명되면 금리가 이미 제로 수준에 있으므로 연준은 마땅히 대처할 수단이 없다. 적어도 전통적인 방법으로는 말이다. 이런 비대칭성 때문에 조심스러울 수밖에 없다는 것이 그녀의 주장이었다. 그런데 그녀의 말속에는 인플레이션이 발생하더라도 서서히 그 모습을 드러낼 것이며, 따라서 이를 통제하기 위해 금리 인상을 급하게 서두를 필요가 없다는 가정이 놓여 있었다. 그 가정은 옳았다. 근원 인플레이션이 여전히 2퍼센트 아래에서 변동하고 있었기 때문이다.

12월 14일에 위원회가 마침내 금리 인상에 나섰을 때, 실업률은 당시 FOMC가 전망하는 자연실업률과(참여자 전망치 중간값 기준으로 4.8퍼센트였다) 거의 같은 수준인 4.7퍼센트까지 떨어져 있었다. 연방기금금리 0.25퍼센트포인트 인상안은(목표 범위는 0.5퍼센트에서 0.75퍼센트 사이였다) 만장일치로 가결되었다. 그러나 회의 후 발표문 내용은 여전히 온건한 표현을 사용하고 있었다. 추가 금리 인상은 점진적으로 진행될 것이라고 말한 다음 "연방기금금리는 당분간 장기적으로 도달할 수준 아래로 유지될 가능성이 크다"고 재차 강조했다. 즉 자연이자율 아래라는 말이었다.

그러나 연방기금금리 전망치 중간값은 그리 온건하지 않았다. 〈경제전망요약〉은 2017년에 세 차례 금리 인상을 예상했다. 이번에는 점 도표의 전망대로 이루어졌다. 위원회는 3월, 6월, 12월에 각 0.25퍼센트포인트씩 연방기금금리를 인상하여 연말 목표 범위는 1.25퍼센트에서 1.5퍼센트 사이가 되었다. 2017년 1월에는 실업률이 4.1퍼센트까지 떨어지며 경기가 위축에서 벗어나는 모습을 보였다.

2017년에는 연준의 대차대조표 규모가 드디어 줄기 시작했다. FOMC는 앞선 정책 원칙 발표에 이어 6월에는 이를 더욱 확대한 세부 추진 내용을 발표했다. 10월부터 시작하는(QE3가 종료되고 정확히 3년이 지난 후였다) 만기 채권 수익금 중 일부만 신규 채권에 재투자하는 방안도 포함되었다. 매월 대차대조표 축소 규모에 한도는 있었으나, 감축 규모는 향후 점차 늘려갈 수 있다고 되어 있었다. 이미 예고했던 대로 연준은 만기가 도래하지 않은 채권은 팔지 않을 계획이었다. 이런 소극적이고 예측 가능한 방식을(필라델피아 연방준비은행 패트릭 하커Patrick Harker 총재는 이를 '페인트칠이 마르기를 기다리는 것'처럼 신나는 일이라고 표현했다) 취한 이유는 시장의 불확실성을 최소화하기 위해서였다.[26] 정책결정자들은 시장 참여자들이 긴축발작 당시처럼 연방기금금리의 향후 방향을 불필요하게 추론하지 않기를 기대했다. 그러나 이 계획에는 대차대조표 감축이 언제 끝나는지에 대한 안내는 여전히 빠져 있었다. 그것은 몇 가지 미지의 변수에 달려 있었다. 무엇보다 위원회는 단기금리를 통제하는 최선의 방법을 구체적으로 결정해야 했다. 그 말은 곧 대차대조표 규모가 어느 정도가 되어야 하는지 결정해야 한다는 뜻이었다.

위원회의 '페인트칠이 마르기를 기다리는' 방식은 이 과정이 매우 느리다는 것을 뜻했다. 실제로 대차대조표 감축의 대부분은 2018년에 제롬 파월이 의장에 취임하고도 2년이 지난 후에야 이루어졌다.

정치: 대 의회 관계와 트럼프의 재지명 결정

내가 의장으로 있는 동안 연준은 항상 정치적 공격 대상이 되었다. 특히 의회는 연준을 향해 위기 이전의 규제 실패에 대해, 위기 동안에는 파산에 몰린 금융기관에 대한 구제 및 기타 특별 조치에 대해, 그리고 연준의 양적완화와 기타 통화 수단에 대해 끊임없이 비판했다. 의회와의 껄끄러운 관계는 옐런 시대에 와서도 변함이 없었다.

내 임기에서도 그랬듯이 공화당 의원들이야말로 가장 열성적인 비판자들이었다. 물론 민주당 의원도 이따금 연준의 규제 정책이 지나치게 은행을 편드는 것이라고 날카롭게 비판했다. 옐런은 취임 후 8일이 지난

2014년 2월 11일, 의회와의 갈등이 과연 어떤 것인지 제대로 맛을 봤다. 그날은 의장이 상하원 연준 감독위원회에 나가 반기별 〈통화정책보고*Monetary Policy Report*〉에 관해 증언해야 하는 날이었다. 연준 의장의 증언은 세 시간 내외로 끝나는 것이 보통이었다. 그러나 그날 하원 금융서비스위원장이었던 텍사스주 공화당 의원 젭 헨설링Jeb Hensarling은 마치 신고식이라도 치르듯, 무려 여섯 시간이나 청문회를 이어가며 옐런을 녹초로 만들었다. 물론 그 대부분은 적대적인 힐책으로 채워졌다.

옐런이 임기 내내 의회와 싸웠던 내용의 상당수는 지엽적인 것으로, 적어도 연준이 언제 어떻게 긴축 통화 정책을 펴느냐 하는 중요한 결정과는 별 상관이 없는 문제였다. 예를 들어 공화당 하원의원들은 2014년 10월에 옐런이 소득 불평등에 대해 연설한 것을 두고 맹공격을 퍼부었다. 공화당원들의 눈에 그 연설은 민주당을 편드는 것으로 보였기 때문이다(옐런은 자신의 연설에는 정책 제안이 담겨 있지 않았다고 답변했다). 헨설링은 또 2012년 10월에 FOMC의 비공개 정보 누출에 관한 정보를 여러 차례 공개적으로 요구하면서 연준에 대한 부정적인 뉴스가 나오도록 만들어 옐런을 압박하기도 했다. 그때는 내가 의장으로 있던 시기였다. 당시 메들리 글로벌 어드바이저Medley Gobal Advisors라는 회사가 발간한 투자 뉴스레터에 QE3에 관한 FOMC의 고민이 담긴 비공개 정보가 실린 일이 있었다. 내가 내부 조사를 지시했지만 누설 출처는 밝혀지지 않았다. 그러나 상품거래위원회가 내부자 거래 혐의로 조사를 시작했고, 결국 그 문제를 연방 지방검찰청에 회부했다. 지방검찰청은 이에 대해 수사를 진행했으나 고발로 이어지지는 않았다. 2017년 4월 4일, 리치먼드 연방준비은행 제프리 래커 총재가 갑자기 사임하면서 그가 뉴스레터 기자에게 비공개 논의 내용을 말해주었다고 시인했다.[27]

연준은 의회와 늘 다투면서도 옐런의 임기에 입법과 관련한 큰 변화를 이루어냈다. 랜드 폴 상원의원(공화당 켄터키주)은 연준 감사 법안을 계속해서 밀어붙였다. 그 법안이 통과되면 연준의 통화 정책 결정이 의회의 심사 대상이 될 운명이었다. 엘리자베스 워런Elizabeth Warren(민주당 매사추세츠주)과 데이비드 비터David Vitter(공화당 루이지애나주) 두 상원의원이 2015년에 제출한 법안은 연준이 금융위기에 맡아야 할 최종 대부자의 역할을 더욱 제한하는 것이었다. [28] (그들은 연준의 대출을 미국의 평범한 중산층과 중소기업을 희생시켜 거대 금융기관을 구출하는 불공정한 행위로 보았다. 그러나 그들은 중소기업의 건전성이 금융 시스템의 작동에 달렸다는 점은 생각하지 않았다) 두 법안은 모두 통과되지 않았다.

2016년 9월, 헨설링이 금융선택법Financial CHOICE Act을 제출했다. 이 법안은 이후 2017년 6월에 공화당이 다수였던 하원에서 통과되는 법안의 개정안 성격을 띠고 있었다. 주요 골자는 2010년 도드-프랭크 법으로 이루어진 개혁 일부를 이전으로 되돌리자는 것이었다. 여기에는 랜드 폴의 연준 감사 법안이 또 들어가 있었다. 이 법안의 가장 과격한 내용은 FOMC가 수학적인 정책 규칙을 발표하여 이자율 선택의 정당성을 입증해야 하고, 회의를 열 때마다 그 내용을 상하원 연준 감독위원회와 회계감사원에 보고해야 한다는 것이었다. 정책 규칙은 존 테일러가 개발한 것으로, 연방기금금리의 변화를 단지 현재 수준의 인플레이션과 실업에만 관련짓는 간단한 규칙이었다. FOMC는 이 규칙에 따라 금리를 결정해야 하고, 여기에서 벗어나면 그 이유를 반드시 입증해야 한다는 것이었다.

헨설링이 제출한 법안은 통화 정책의 운영 수단이 규칙이냐 재량권이냐 하는 해묵은 이슈를 다시 꺼내 들게 했다. 이미 언급했듯이, 정책 규칙 옹호론자들은 그것이 연준의 이자율 결정에 예측 가능성과 책임감을 증진시킨다고 주장한다. 반대론자는 이에 대해 규칙을 사용하면 정책결정 자가 예외적인 상황이나(예컨대 금융 패닉) 경제 구조의 변화에 대처할 여지 가 없어지거나 줄어든다고 맞선다. 옐런은 2017년 1월 스탠퍼드대학에서 열린 한 학회에서 규칙 옹호론에 강력하게 반박했다. 그 자리에는 대표적 인 규칙 옹호론자 존 테일러도 참석했다.[29] 그는 간단한 정책 규칙이 "보편 적인 지침을 제공하는 데는 도움이 된다"고 인정하면서도 이를 기계적으 로 따르는 것은 매우 나쁜 결과로 이어질 수 있다고 주장했다. 그녀는 당 시 실업률과 인플레이션율을 기준으로 표준 테일러 규칙을 적용하면 연방 기금금리가 FOMC가 타당하다고 판단한 수준보다 훨씬 높아진다는 것을 보여주며 FOMC가 그것과 다른 선택을 했던 이유를 설명했다. 아울러 테 일러 규칙이 시사하는 내용은 연방기금금리의 값에 제한될 뿐이다. 그것 은 단기금리의 실질 최저한도도, 양적완화 같은 대안 수단의 사용 가능성 도 설명하지 않는다.

금융선택법안은 법제화되지 않았다. 그러나 옐런과 헨설링은 규칙 문제를 두고 일종의 화해에 도달했다. 연준은 반기 〈통화정책보고〉에 별 도 기획을 마련하여 연준의 정책 결정 과정에서 간단한 규칙이 차지하는 역할을 다룬 다음, FOMC의 정책 결정과 대안 규칙의 예측치를 서로 비교 했다. 2017년 7월 청문회에 나온 헨설링은 이 기획 자료를 보고 매우 "용 기를 얻었다"고 말하면서도, 연준의 정책이 그 기사에 나온 규칙에서 멀어 진 이유를 더 자세히 설명해달라고 요구했다.[30]

2012년에 공화당 대선 후보가 연준과 나를 개인적으로 맹비난했듯 이, 2016년 대선 운동에서도 옐런에 대한 공격이 이어졌다. 도널드 트럼프 후보는 옐런에게 "매우 정치적인 인물"이라고 비판하며 그녀가 오바마에 게 잘 보이기 위해 이자율을 낮게 유지했고, "가짜 주식시장을 만든" 것을

"부끄럽게 생각해야" 한다고 말했다.[31] 대선 직전에는 TV 광고에 나와 반유대주의적 색채가 진한 발언을 하기도 했다. 그 광고는 연방준비제도의 문장紋章을 보여주며 트럼프의 정적인 힐러리 클린턴과 함께 세 명의 금융계 인사를 비방하는 내용을 담았다. 골드만삭스의 로이드 블랭크페인Lolyd Blankfein 회장, 헝가리계 미국인 투자자 조지 소로스, 그리고 옐런이었다. 불길한 음악이 깔리며 트럼프가 "글로벌 특수 이해자들"이라고 말하는 동안 화면에는 옐런의 사진이 나왔다.[32]

트럼프는 대통령에 당선된 후 연준을 한동안 그대로 내버려 뒀다. 그는 취임한 지 18일째를 맞이하던 2017년 2월 7일에 백악관 집무실에서 옐런을 잠깐 만났다. 〈월스트리트저널〉은 익명의 소식통을 인용하여 그는 이 만남에서 옐런에게 지금까지 연준을 훌륭하게 이끌어왔고 그녀가 자신과 같은 "저금리파"라고 말했다고 보도했다.[33] 트럼프는 임기 전반까지 자신의 트윗에서 연준이나 통화 정책에 관해 언급하지 않았다. 아마도 이는 그의 경제자문위원회에서 첫 위원장을 맡았던 게리 콘Gary Cohn의 영향 때문으로 보였다. 옐런은 의장직에서 물러난 후 어떤 인터뷰에서 트럼프는 임기 동안 공적으로든 개인 차원이든 연준에 영향을 미치려 하지 않았다고 말했다.[34]

옐런의 4년 임기는 2018년 1월까지였다. 트럼프는 비록 선거운동 기간에 격렬한 비판을 퍼붓기는 했지만, 그가 같은 '저금리파'인 옐런을 재지명할 가능성은 충분해 보였다. 선례도 충분했다. 폴 볼커, 앨런 그린스펀, 그리고 나까지, 최초 지명한 대통령과는 반대 정당에 속한 대통령에 의해 재지명되었다. 트럼프의 선택이 네 명으로 압축되었다는 말이 흘러나왔다. 옐런, 존 테일러, 연준 이사를 역임한 케빈 워시, 현 연준 이사인 제롬 파월이었다. 네 명 모두 행정부 내에 지지자들이 있었으나, 스티브 므누신 재무장관이 파월을 강력하게 지지했다.

대선 운동 시절부터 옐런을 공화당 사람으로 바꿀 수 있다고 말해온 트럼프는 2017년 11월 2일에 그 말대로 파월을 2018년 2월에 연준 의장에 지명하겠다고 발표했다. 관례를 깨고 옐런은 로즈가든에서 열린 지명식에 초대받지 못했다. 언론 보도에 따르면 행정부는 파월을 옐런과 같이(트럼프도 마찬가지로) 통화 정책 면에서 온건 성향에 가깝지만, 행정부의 규제 완화 철학에 더 공감할 수 있는 인물로 인식했다는 것이었다. 이와 반대로 옐런은 2017년 8월의 잭슨홀 연설에서 위기 이후에 이루어진 금융개혁에 찬사를 보내며 위기에서 얻은 교훈을 늘 "기억에 생생히 되새기자고" 호소했다.[35]

9

파월과 트럼프

3대 연속 경제학 박사 출신이 거쳐 간 연준 의장 자리에 그들과는 좀 다른 경력을 지닌 제롬 파월이 취임했다. 워싱턴 DC 출생인 파월은 프린스턴 대학과 조지타운대학 법학대학원을 졸업했다. 대학원 시절에는 학내 법학 지 편집장을 맡기도 했다. 이후 투자회사 딜런 리드 앤 컴퍼니Dillon, Read & Company에 입사하여 니컬러스 브래디Nicholas Brady 회장의 제자가 되었다. 브 래디가 조지 H. W. 부시 대통령의 재무장관에 지명되자 파월도 그를 따라 워싱턴으로 와서 재무부 고위직을 맡았다. 파월은 재무부 재직 시절 살로 몬브러더스의 한 거래인이 신규 국채 경매에 허위로 입찰한 사건이 일어 났을 때 이 회사에 대한 조사와 제재 업무를 총괄했다. 파월은 1997년부터 2005년까지 워싱턴 소재 사모펀드 사 칼라일 그룹의 파트너로 일했다. 칼 라일을 떠난 후에는 워싱턴에 있는 초당파 정책센터Bipartisan Policy Center에서 방문 학자로 일했다. 그때는 마침 의회가 연방정부 채무 한계를 두고 옥신 각신하던 2011년이었고, 그는 무대 뒤에서 국가 채무 지급불능 사태가 초 래할 위험을 의원들에게 알리는 일을 했다.

오바마 대통령은 2012년 5월에 파월을 연준 이사로 지명했었다. 오바마는 공화당 사람인 파월과 민주당 성향의 하버드대학 교수 제러미 스타인을 함께 지명함으로써 스타인이 추인될 가능성을 높였다. 당시 의장이던 나는 두 사람의 지명을 반겼다. 두 사람 모두 훌륭한 역량과 맡은 바 직책을 성실히 수행할 의지를 갖추고 있었다. 나는 내 집무실에서 그들을 종종 만나(토요일 아침마다 열리는 준 정기모임이 있었다) 정책 결정과 경제 문제를 논의했다.

나는 2012년에 QE3가 발표되기 전부터 스타인과 파월에게 추가 양적완화를 지지해달라고 부탁했지만, 두 사람 모두 이에 대해 의혹을 거두지 않았었다. 연준 이사 엘리자베스 듀크나 일부 연방준비은행 총재도 그랬지만 스타인과 파월도 QE3의 효과성과 금융 안정에 미칠 잠재적 위험을 걱정했다. FOMC의 의견이 나뉜 것은 나중에 무제한 QE에 전폭적으로 몰두하지 못하는 모습으로 드러났고, 결국 이것이 우리의 커뮤니케이션을 흐리고 2013년의 긴축발작을 초래하는 원인이 되었다. 그러나 파월은 이론에만 매몰된 사람은 아니어서 이후 이렇다 할 금융위기나 심각한 부작용 없이 회복이 지속되자 자신의 관점을 바꾸기도 했다. 2015년 2월, 아직 연준 이사였을 당시 파월은 어떤 연설에서 이렇게 말했다. "저는 추가 자산 매입의 효과와 위험과 관련하여 지나친 의혹을 표현해왔습니다. 그러나 냉정하게 데이터를 살펴볼 필요가 있습니다. 지금까지 드러난 증거만 놓고 보면 이런 정책이 가져온 이익이 상당하고, 위험은 아직 현실화되지 않았다는 것이 분명합니다."[1]

파월은 연준 이사로 5년 넘게 일하는 동안 그의 능력과 헌신을 충분히 입증했다. 그는 통화 정책에도 깊이 몰두했지만, 금융 규제나 모든 거래와 그 기록의 바탕이 되는 금융 '기반구조' 같은, 훨씬 빛이 덜 나고 매우 전문적인 분야에도 똑같이 열정을 쏟았다. 그는 이런 노력으로 새로운 직무에 필요한 자격을 갖춰나갔다. 파월은 트럼프 대통령의 연준 의장 지명을 받은 후, 상원에서도 84 대 13이라는 초당파적 지지를 얻으며 추인되었다. 파월은 2018년 2월 5일에 열린 취임식에서 연준의 독립성을 "오직 최선의 증거만을 바탕으로 객관적인 결정을 내려온 오랜 초당파적 전통"이라고 표현하며 그 중요성을 강조했다.[2]

연준을 이끌어갈 새 얼굴은 파월만이 아니었다. 트럼프는 2017년 7월에 노련한 정책결정자이자 투자자인 랜들 퀄스Randal Quarles를 감독부의장에 지명했다(도드-프랭크 법에 따라 신설된 직책이었다). 트럼프는 2018년 4월에 컬럼비아대학의 저명한 경제학자 리처드 클라리다Richard Clarida를 연준 부의장으로 지명했다. 윌리엄 더들리가 사임한 뉴욕 연방준비은행 총재직에는 2018년 6월부로 샌프란시스코 연방준비은행 총재였던 존 윌리엄스를 지명했다. 그는 연준과 샌프란시스코 연방준비은행에서 오랫동안 통화 정책에 몸담아온 경제학자다.

앞 장에서도 언급했듯이, 행정부의 관점에서 파월이 옐런보다 나은 주된 이유는 그가 대통령의 규제 해제 의제에 좀 더 열린 태도를 지녔기 때문이다. 그러나 파월은 규제에 관한 한 백 보 양보하더라도 중도 노선을 고수하는 정도였다. 그는 퀄스와 함께 규제 부담을 완화하고 연준의 각종 규정과 감독을 합리화할 방안을 찾아 나섰다. 여기에는 거대 은행을 제외한 모든 은행에 대해 자본 및 스트레스 테스트 요건을 간소화하는 방안도 포함되었다. 오바마가 지명한 연준 이사 중 마지막으로 남아 있던 레이얼 브레이너드Lael Brainard는 파월의 임기에 제출된 다수의 규제 변경안에 반대하며, 이런 변화가 실현되면 꼭 필요한 보호 기능마저 무너질 것이라고 주장했다. 실제로 파월은 옐런(혹은 브레이너드)에 비하면 규제를 철폐하자는 쪽에 가까웠고, 그의 재임기에 중요한 규제 정책이 도입된 일은 거의 없었다. 그러나 한편으로 그는 도드-프랭크 법이나 위기 이후의 각종 국제 협약으로 강화된 규제 체계를 굳이 해체할 생각도 별로 없었다. 그는 "모든 아이디어가 중요한 핵심 개혁을 지키기 위한 것입니다"라고 말했다.[3]

'정상화'를 향한 새로운 노력

파월은 곧 통화 정책에 관한 계획을 밝혔다. 대통령의 선호와 상관없이 더 중립적이고 '정상적인' 정책 기조를 향해 점진적으로 나아가겠다는 내용이었다. 2018년 3월에 그가 의장으로 주재한 첫 회의에서 FOMC는 다시 한 번 연방기금금리 목표를 0.25퍼센트포인트 올리는 안을 만장일치로 가결함으로써 이제 목표 범위는 1.5퍼센트에서 1.75퍼센트 사이가 되었다. 회의 참여자 15명 중 12명은 0.25퍼센트포인트 인상이 2018년에 두세 번 더, 그리고 2019년에는 그보다 많을 것으로 전망하고 있었다. 파월은 기자회견에서 이렇게 말했다. "통화 정책의 점진적 조정은 경제 건전성에 공헌해 왔고 앞으로도 계속 그럴 것입니다."[4] 그는 옐런의 임기인 10월에 시작된 연준 대차대조표 규모 감축도 계속 진행될 것이라고 말했다.

FOMC 위원들은 추세선을 넘는 성장과 낮은 실업률이 지속될 것으로 전망했고 그 부분적인 이유로 지난 12월에 트럼프가 법인세와 개인소득세를 인하할 뜻을 비침으로써 경기 부양 잠재력이 증대된 점을 들었다. 이 점은 긴축 정책을 지속할 명분이기도 했다. 트럼프가 무역전쟁의 선제 공격을 감행한 데서 오는 위험이 일부 있었으나, 파월은 현재까지 관세는 전체 경제 전망에 큰 영향을 미치지 않고 있다고 짚었다. 6월에 위원회가 연방기금금리 목표를 다시 0.25퍼센트포인트 올림으로써 이제 금리 목표 범위는 1.75퍼센트에서 2퍼센트 사이가 되었다.

트럼프 대통령은 파월을 지명하면서 이렇게 칭찬한 바 있다. "그는 강하고, 헌신적이며, 똑똑한 인물입니다." 대통령은 파월이 임기를 시작하고 5개월 반이 지나는 동안 그의 통화 정책에 대해 일언반구도 하지 않았다. 밀월 기간은 2018년 7월 19일이 되어 끝났다. 그날 트럼프는 CNBC와의 인터뷰에서 연준의 금리 인상에 대해 "기분이 그리 좋지 않다"고 말했다. 다음 날 트럼프는 트윗을 통해 이렇게 한탄했다. "미국은 달러가 매일매일 강세를 보이는 와중에도 금리를 올리고 있다. 우리의 강력한 경쟁 우위를 갉아먹는 일이다." 중국과 유럽연합을 겨냥한 말이었다.[5] 연준의 정책 결정을 향한 그의 공개 비판은 계속 이어졌다. 소수의 예외를 제외하면 모두 닉슨 이후 역대 대통령들이 지켜온 규범에서 한참 벗어난 언행이었다. 트럼프의 불만은 그가 대선 과정 내내 통화 완화 정책이 "가짜" 주식시장을 만들어왔다고 했던 자신의 주장도 뒤집었다.

파월의 트럼프 대응 전략은 다면적 성격을 띠고 있었다. 그가 취임 연설에서나, 그전에 지명이 발표되었을 때부터 기회 있을 때마다 공개적으로 강조해온 것은, 연준이 독립성을 보장받아야 하는 이유는 객관적인 데이터와 분석을 바탕으로, 또 눈앞의 정치적 고려 없이 공공의 이익을 위해 결정을 내릴 수 있기 때문이라는 것이었다. 그는 연준이 하는 일과 그 이유를 사람들이 더 잘 이해할 수 있도록 연준의 정책 결정을 '알기 쉬운 언어로' 설명하고자 노력했다. 그는 FOMC 회의가 열릴 때마다 끝난 후에는 항상 기자회견을 열 것이며, 이를 2019년 1월부터 시작한다고 발표했다. 즉 옐런과 내가 분기별로 했던 기자회견이 연간 8회로 늘어나는 것이었다. 그는 또 연준이 관여할 사안이 아닌 정책에 대해서는 일절 언급을 삼갔다. 심지어 경제에 직접적인 위험을 조성하고 수많은 경제학자로부터 성토의 대상이 되고 있던 대통령의 무역전쟁에 대해서도 마찬가지였다. 그는 트럼프나 그 밖의 정치인으로부터의 비판에 직접 대응하지 않는 모습을 일관되게 보였다. 마지막으로, 그리고 무엇보다 파월은 의회와의 관계를 돈독히 유지하여 연준의 정책에 대한 지지를 끌어내는 방식으로 대통령의 공격을 상쇄했다. 그는 한 인터뷰에서 말했다. "국회의사당 바닥이 닳도록 열심히 다니며 의원들과 만나겠습니다."[6] 옐런과 나도 국회의원들과 전화 통화나 일대일 면담에 상당한 시간을 할애하며 우리의 전략을 설명하고 질문에 답했다. 그러나 파월은 이런 노력을 전혀 새로운 차원으로 끌어올렸다. 그의 노력은 의회와의 관계가 전보다 훨씬 개선되는 성과로 나타났다. 공화당이나 민주당을 막론하고 말이다.

파월은 의장이 되고 처음으로 열린 2018년 8월 잭슨홀 회의 연설에서 자신의 통화 정책 방식을 정의했다. 그는 정책결정자는 항상 경제 구조에 만연한 불확실성을 염두에 두어야 한다고 강조했다.[7] FOMC가 전망하는 자연실업률(u^*)과 자연이자율(R^*)이 항상 달라진다는 점은 그런 불확실성을 잘 보여주는 사례. 그는 우리의 지식에는 한계가 있으므로 유능한 정책결정자일수록 겸허하고 유연해야 한다고 주장했다. 따라서 그는 옐런 시대 연준의 수정주의에서 한 단계 더 나아갔다. 즉 옐런 시대에 R^*와 u^*를 비롯한 결정적 변수의 전망치를 재평가했다면, 그는 정책결정자가 항상 새로운 데이터에 대응하여 정책을 조정할 수 있는 열린 태도를 갖추어야 한다고 강조했다. 그 데이터가 비록 그들의 경제 모델과 맞지 않더라도 말이다(오히려 그런 경우일수록 특히 더).

파월은 연설에서 R^*와 u^*를 언급할 때 이를 천체 항법에 대입하여 설명했다. "별을 보면서 항해하는 일은 얼핏 간단한 것처럼 들립니다. 그러나 실제로 별을 사용한 정책 운용이 최근 들어 부쩍 어려워진 이유는, 별의 위치에 관한 가장 정확한 판단조차 큰 폭으로 변화해왔기 때문입니다. 별의 위치가 우리가 생각한 것과 전혀 다른 경우도 많았습니다." 파월은 '별'의 추정치를 너무나 진지하게 받아들일 때 빠지기 쉬운 함정의 예로 1970년대 정책결정자들이 그들의 자연실업률 전망을 과신함으로써 대 인플레이션이 초래된 일을 들었다. 반대로 앨런 그린스펀의 데이터에 기반한 위험 관리 방식은 정책결정자들이 경제의 불확실성을 정면으로 응시하게 해줌으로써 1990년대에 연준이 인플레이션 없는 성장 강세를 촉진하는 바탕이 되었다고 했다. 당시 나는 그의 연설을 들으면서, 파월이 모델 주도형 전망과 정책 분석 대신 좀 더 경험적인 방식을 선호한다는 인상을 받았다. 즉 그는 현장에서 나오는 경제 데이터와 생생한 정보를 깊이 파고드는 그린스펀 방식을 더 신뢰하는 것 같았다. ◆

이 모든 것은 단기 정책을 결정하는 데 어떤 의미가 있었던 것일까? 수년간 인플레이션은 연준이 필립스 곡선 모델을 바탕으로 예측한 값을 밑돌았고, 심지어 여러 차례 모델을 수정했음에도 마찬가지였다는 사실을 볼 때, 파월은 아마도 그런 모델과 '별'의 위치를 바탕으로 긴축 통화를 멈추거나 늦추기에는 불확실한 점이 있다고 생각했을지도 모른다. 그러나 그는 연설에서 자신은 그런 추론을 끌어내지 않았다고 분명히 밝혔다. 오히려 그는 불확실성을 피할 수 없는 것이 사실이라면 긴축을 너무 서둘

◆ FOMC는 이미 오래전부터 인적 교류로부터 얻은 현장 정보를 참고해왔고, 그런 정보를 간추린 〈베이지 북Beige Book〉이라는 보고서를 회의가 열리기 전마다 발간해왔다. 따라서 파월이 정성적 정보를 강조한 것은 전혀 새로운 방향을 수립했다기보다는 기존 전략을 더 발전시킨 것으로 보아야 한다.

러도, 너무 늦춰도 위험한 것은 마찬가지라고 주장했다. 따라서 그는 옐런의 점진적 인상 정책을 계속 이어가면서 경제 상황을 면밀히 주시하고 민첩하게 조정할 준비를 하는 것이 최선의 정책 방안이라고 결론 내렸다. 파월의 연설에서 예고한 바대로 FOMC는 9월에 연방기금금리 목표 범위를 2퍼센트에서 2.25퍼센트 사이로 다시 인상했다.

2018년 9월 회의는 리처드 클라리다가 부의장이 되어 처음으로 참석한 회의였다. 그가 취임하면서 7명 정원의 연준 이사 중 불과 3명만 채워졌던 기간이 9개월에서 멈췄다. 그 3명은 파월, 퀼스, 브레이너드였다. 11월에 미셸 보먼Michelle Bowman이 합류하면서 이사진은 5명으로 늘었다. 보먼은 캔자스주 금융위원회 위원과 그녀의 가족이 운영하는 지역 은행의 부행장을 지냈으므로, 도드-프랭크 법에 규정된 연준 이사 중 한 명은 지역 은행의 재직 또는 감독 경험이 있어야 한다는 요건을 충족하는 인물이었다.

트럼프는 퀼스, 클라리다, 보먼 외에도 상식적인 자격을 갖춘 연준 이사 후보를 2명 더 지명했었다. 카네기멜론대학 경제학 교수이자 리치먼드 연방준비은행 이코노미스트를 역임한 마빈 굿프렌드Marvin Goodfriend와 연준의 금융안정부장을 지낸 경제학자 넬리 량Nellie Liang이 그들이었다. 굿프렌드가 지명된 뒤 상원의 민주당 의원들과 공화당 랜드 폴 의원의 반대에 부딪히며 시간이 지나갔다(굿프렌드는 2019년 11월에 암으로 세상을 떠났다). 량은 금융계 로비스트들과 상원 공화당이 반대하자 2019년 1월에 이사직을 스스로 고사했다. 그녀는 나중에 바이든 정부의 옐런 재무장관 밑에서 국내 금융 담당 차관이 되었다.

파월의 의장 첫해가 끝나가던 2018년 12월 19일, FOMC가 연방기금금리 목표를 2.25에서 2.5퍼센트 사이로 인상했다. 이것은 2년 전 옐런 시기에 긴축 정책이 시작된 후 아홉 번째이자 파월이 의장이 된 후로는 네 번째의 0.25퍼센트포인트 인상이었다. 이번 인상안 역시 만장일치로 가결되었다. 결국 이것이 최고 수준의 연방기금금리였다는 사실은 나중에 가서야 알게 되었다. 위원회가 고용 및 인플레이션 목표와 함께 "연방기금금리 목표 범위의 점진적 인상 기조도 계속될 것"이라던 과거의 지침을 바꾸지 않았는데도 그랬다.

그해 가을에 시장은 변동성이 커져서 12월의 발표가 나기 2주 전에 다우존스 지수가 8.3퍼센트나 떨어졌다. 이런 시장 움직임을 의식한 파월은 기자회견에서 FOMC의 금리 인상과 추가 인상 전망에 대해 온건 성향에 가까운 신호를 던졌다. "최근 경기 상황을 보면 우리가 몇 달 전에 생각했던 것에 비해 다소 호전되는 신호가 감지됩니다." 그는 9월 회의 이후에 '드러나는 일부 역전 기류'에 주목했다. 예컨대 세계 경제의 성장 완화, 금융시장 변동성 증대, 트럼프의 감세로 인했던 부양 효과의 축소, 그리고 금융 상황의 전반적 위축이 여기에 포함되었다. 이어서 그는 위원회가 추가 금리 인상 계획에서 물러나는 데 필요한 기준이 낮아졌음을 강하게 암시했다. 그는 최근 인상으로 연방기금금리가 "위원회가 제시한 장기 정상 금리 전망 범위의 최저한도에 도달했다"고 말했다.[8] 이 발언은 지난번 금리 인상이 발표되고 일주일 뒤인 10월 초에 PBS의 주디 우드러프Judy Woodruff와 가진 인터뷰에서 했던 말과 뚜렷이 대비되었다. 당시 그는 이런 말로 시장을 요동치게 했다. "현재 상황은 아마도 중립과는 거리가 먼 것 같습니다."[9] 한편 파월은 연준의 대차대조표 감축 계획에 대해서는 "자동 조종 장치"라고 표현하여 이 문제에는 유연성이 발휘될 여지가 없다는 뜻을 비쳤다.[10]

타격을 완화하기 위한 파월의 이런 노력에도 불구하고, 시장은 확실히 연준의 긴축이 너무 빨리, 멀리 간다고 생각했다(옐런 시대의 미니 불황 사건과 유사하게 반응했다). 2018년의 네 차례 금리 인상과 2019년의 추가 인상 약속, 그리고 대차대조표 규모 축소의 지속(거래자들은 이를 두고 '양적긴축 quantitative tightening'이라고 불렀다)은 상당한 긴축 전망에 힘을 실어주었고, 이는 파월의 잭슨홀 연설이나 그가 기자회견에서 언급한 경기 역전과는 도무지 어울리지 않는 것으로 보였다. 그 발표와 기자회견이 나온 당일에 다우존스 지수는 1.5퍼센트 더 떨어졌다. 12월 회의 후 시장은 계속 침체했다. 이는 연준의 상황뿐만 아니라 세계적 성장 둔화와 미중 무역 갈등, 기업 수익에 대한 불투명한 전망, 여기에 트럼프와 민주당 의원 사이에 멕시코 국경 장벽 건설을 두고 벌어진 예산 교착도 원인으로 작용했다. 트럼프나 민주당이나 어느 쪽도 물러설 조짐이 없는 가운데 12월 22일부터 사상 최장기간(35일간)을 기록하게 되는 연방정부 폐쇄(셧다운) 사태에 돌입했다.

12월 21일자 〈블룸버그뉴스〉는 파월 해임안을 논의했다고 보도했으나, 이 조치가 법적으로 타당한지는 의문이었다. 연준 이사를 해임하기 위해서는 '구체적인 사유'가 있어야 했다. 단순히 정책 차이가 아니라 뚜렷한 법규 위반 혐의가 있어야 한다는 뜻이다. 트럼프의 보좌관들은 그 보도를 부인하느라 동분서주했다. 그러나 대통령은 불편한 심기를 뚜렷이 드러냈다. 12월 24일, 주식시장이 연전연패를 거듭하는 상황에서 그는 트윗에 이런 내용을 남겼다. "연준은 힘은 세지만 점수를 못 내는 골프선수처럼 보인다. 그린에 공을 못 올리니 퍼팅을 할 수가 없다."

정책 전환

연말 주식시장 하락으로(1931년 이후 최악의 12월 장세였다) 파월과 동료들은 2018년의 네 차례 금리 인상과 추가 인상 약속이 경제 성장이 둔화하고 무역 갈등이 악화하는 상황에서 지나친 조치였음을 더욱 확신하게 되었다. 그는 정책 변화의 신호를 알려야 했다. 마침 그는 2019년 1월 4일에 애틀랜타에서 열리는 전미경제학회 연례 회의에 참석하기로 되어 있었다(옐런과 나도 참석할 예정이었다). 전문 경제학자 모임의 대표가 곧 선출되는 자리였으므로, 나는 〈뉴욕타임스〉의 닐 어윈 기자에게 우리 세 명을 한자리에서 인터뷰할 기회를 마련해달라고 부탁했다.

어윈이 파월에게 던진 첫 질문은 "2019년과 그 후 전망을 어떻게 보고 계십니까?"였다. 파월은 미리 적어 온 메모를 보면서, 최근 노동 시장이 개선된 점을 인정하면서도 여전히 "금융시장은 서로 다른 신호를 보내고 있습니다. 시장 하락 위험, 세계 경기, 특히 중국의 성장 둔화, 무역 협상 지속 여부, 워싱턴발 총체적 정책 불안에 대한 우려의 신호가 나오고 있습니다"라고 말했다.[11]

파월은 지난 8월 잭슨홀 심포지엄에서 했던 언급을 되새기듯, 통화 정책의 "상당 부분은 위기관리가 차지합니다"라고 말한 다음 덧붙였다. "특히 우리가 지켜본 바 앞으로도 인플레이션에 큰 움직임이 없을 것으로 보이므로 인내심을 가지고 향후 경기 변화를 좀 더 지켜볼 예정입니다." 그는 2016년에도 위원회의 중간값 전망치는 네 차례 금리 인상을 예고했지만, 막상 미니 불황이 닥쳤을 때 위원회가 실제로 인상한 횟수는 한 번뿐이었다는 점을 상기시켰다. "올해도 2016년과 같으리라는 보장은 없습니다. 하지만 제가 말씀드릴 수 있는 것은 우리는 정책을 신속하고 유연하

3부 21세기의 통화 정책

게 조정할 것이며, 경제를 뒷받침하는 데 적절하다고 판단되는 모든 수단을 동원할 준비가 되어 있다는 점입니다."

가장 중요한 메시지는 정책적 인내를 발휘하겠다는 말이었다. 즉 가까운 미래에는 추가 금리 인상이 없다는 뜻이었다. 시장은 안도의 숨을 쉬었고, 그날 바로 다우존스 지수가 3.3퍼센트 뛰었다. FOMC도 그다음에 열린 2019년 1월 30일 회의 후 발표를 통해 연방기금금리 변동은 없다고 말하면서 파월의 메시지를 그대로 반복했다. "위원회는 향후 연방기금금리 목표 범위를 조정하는 것이 적절한지를 결정하는 데 인내심을 발휘할 것"이라고 말한 것이다. 위원회는 그 회의에서 경기 전망을 발표하지는 않았으나, 그다음에 열린 3월 회의에서 발표한 금리 전망 중간값은 2019년에는 인상이 없고 2020년에 한 번 있는 것으로 나타났다. 위원회는 또 별도의 성명에서 대차대조표 감축 운용 방식은(시장의 우려를 샀던 그 '양적긴축'이다) 12월에 파월이 한 표현과는 달리 "자동 조종 장치"가 아니라고 분명히 못 박았다. FOMC는 오히려 경기나 금융 상황에 따라서는 대차대조표 축소 계획을 중단할 준비가 되어 있다고 밝혔다. 시장 신호와 전망 변화에 대응하여 이루어진 이 정책 전환은 매우 급격하기는 했으나, 한편으로 파월이 강조한 데이터에 유연하게 대응하는 정책 결정 방식과 부합하는 것이기도 했다.

그러나 정책 결정을 둘러싼 정치 환경은 온통 걱정투성이였다. 1월 기자회견에서 〈로스앤젤레스타임스〉의 짐 푸잔게라Jim Puzzanghera는 연준이 완화 정책으로 돌아선 것이 "대통령의 요구에 굴복한 결과"냐고 물었다. 파월은 이렇게 대답했다. "우리는 항상 우리가 옳다고 생각하는 일을 할 것입니다. 우리는 우리가 하는 일에 정치적 사안을 고려하거나 논의하지는 않습니다. 아시다시피 우리도 인간이므로 실수할 때가 있습니다. 그러나 우리는 인격과 성실성 면에서는 실수하지 않습니다."[12]

트럼프와 무역전쟁 그리고 보험료 인하

2019년에 파월과 FOMC 위원들은 대통령의 끊임없는 압력을 헤쳐나갔다. 그들은 트럼프의 요구에 '굴복'하지도 않아야 했지만, 그렇다고 독립성을 드러내려는 욕구 때문에 자칫 그들의 결정이 왜곡되는 일도 없어야 했다.

12월에 트럼프가 파월 해임을 고려했다는 소문이 퍼진 후, 대통령 보좌관들은 두 사람의 면담을 주선하기 시작했다. 트럼프와 파월은 2017년에 파월 지명이 발표된 이래 그리 많은 대화를 나눈 적이 없었다. 2019년 2월 4일 트럼프의 초대로 파월과 클라리다 부의장이 트럼프와 므누신 재무장관이 함께한 백악관 만찬 회동에 참석했다.

닉슨과 번스의 대실패 후, 역대 연준 리더들은 대체로 백악관과 적당한 거리를 유지하려고 노력해왔다. 정부와의 소통은 주로 재무장관이나 수석급 경제관료를 상대로 이루어졌다. 그러나 연준 의장과 대통령 사이에 비공식 만남이 전혀 없었던 것은 아니다. 나도 의장 시절에 1년에 몇 차례 부시 대통령과 오찬을 함께했다. 사실 나는 의장이 되기 전에 부시 정부에서 일했던 적도 있다. 오바마 대통령과도 자주 만나 주로 경제 전망과 규제 문제를 상의했다. 그러나 트럼프 대통령이 워낙 공개 비판을 일삼고 그가 연준의 정책 전환에 영향을 미쳤다는 시장의 의혹이 있던 상황에서, 그 만찬 모임은 부당한 간섭이 오가는 자리라는 인상을 줄 위험이 있었다.

오해를 미리 방지하기 위해(그리고 대통령의 트윗으로 어떤 오해가 생기기 전에) 연준은 만찬 회동이 끝나자마자 보도자료를 발표했다. 내용은 이런 것이었다. "파월 의장은 (만찬석상에서) 지난주 기자회견 발언과의 일관성을 유지했다. 그는 통화 정책에 관한 자신의 기대는 언급하지 않았고, 다만 정책 방향은 전적으로 향후 새롭게 입수되는 경기 정보와 그에 따른 전망에 전적으로 달려 있다고 말했다." 이 보도자료는 FOMC의 결정이 "오직 주의 깊고 객관적이며 초당파적인 분석 결과에만 바탕을 둔다"는 점을 재차 강조했다.[13]

얄궂게도 대통령이 연준을 향해 노골적인 불만을 표시한 덕이랄까, 연준의 의사결정이 독립적이고 비정치적이라는(비록 온건 노선에 가까운 전환이 있었지만) 파월의 반복된 주장이 신빙성을 얻었다. 트럼프가 인터뷰와 트윗에서 하는 발언은 점점 더 공격적이고 구체적인 표현이 되어갔다. 행정부 관료들도 이따금 가세했다. 3월 29일, 국가경제위원회 래리 커들로 Larry Kudlow 위원장이 연준을 향해 당장 금리를 0.5퍼센트포인트 내리라고 촉구했다. 4월 5일에는 대통령이 기자에게 연준이 금리를 인하해야 한다고 말했고, 4월 30일에는 자신의 트윗에 연준이 기준 금리를 1퍼센트포인트 내리면 경제가 "로켓처럼 날아오를 것"이라고 썼다. 6월 11일에는 그의 트윗에서 "그들(연준 관계자들)은 아무것도 모른다"라는 말까지 나왔다. 파월은 3월 8일과 4월 11일에 트럼프의 전화를 받았다. 그리고 11월에 다시 한번 백악관에서 트럼프와 므누신을 만났고, 연준은 이번에도 회동 직후에 그 결과를 선제 발표했다.

트럼프의 전술이 얼마나 불쾌한 것이었는지는 이루 말할 수 없을 정도다. 특히 연준의 독립성을 묵묵히 존중해주던 전임 대통령들에 비하면 훨씬 그렇다. 미끼를 물면 안 된다는 사실을 너무나 잘 알고 있던 연준 관계자들은 언론이 대통령의 트윗이나 발언에 관한 의견을 물을 때마다 어쩔 수 없이 대응하면서도 이를 악물고 잘 참아냈다. 지난 수십 년간 대통령이 아무리 강력하게 설득해도 연준의 정책에 영향을 미치는 데 큰 효과가 없었다. 그러나 이번만은 달랐다. 모든 대통령이 연준에 영향력을 미치기 위해 사용했던 더 직접적인 수단은 바로 이사 지명 권한이었다. 트럼프가 아무리 연준을 향해 짜증을 부렸어도 초기에 지명한 파월, 클라리다, 퀄스 같은 인물들은 매우 상식적이고 적격인 인사였으며, 상원에도 환영받아 쉽게 승인이 났다. 이후에 지명한 마빈 굿프렌드와 넬리 량도 비록 둘 다 끝까지 진행되지는 않았지만, 훌륭한 선택이었던 것만은 분명하다. 그러나 2019년 봄에 대통령은 방법을 바꾸어 연준 이사회의 남은 두 공석에 전통적인 자격을 갖추지 않은 강경 충성파를 지명했다. 그는 스티븐 무어Steven Moore와 허먼 케인Herman Cain의 이름을 한껏 치켜세웠다. 무어는〈월스트리트저널〉편집인을 지낸 TV 해설가로, 보수 성향인 헤리티지 재단에서 일한 적 있는 인물이며, 케인은 갓파더스피자 체인의 최고경영자 출신으로 2012년 공화당 대선 후보로 나선 경력이 있다. 둘 다 트럼프 지지자로 평소 대통령이 주창하는 금리 인하를 강하게 외치는 사람들이었다. 그러나 두 사람 모두 상원 공화당 핵심 의원들의 우려를 사면서 공식 지명에까지 이르지는 못했다. 우려의 내용은 그들의 자격이나 정책적 관점이 아니라 두 사람의 개인적 이력과 관련하여 향후 연준의 독립성에 나쁜 영향이 드리울 수 있다는 것이었다. [14] (케인은 나중에 코로나-19 바이러스 양성 판정을 받았고 2020년 7월에 사망했다)

2020년 1월, 트럼프는 다시 한번 비전통적 인사를 연준 이사에 지명한다. 그 이름은 바로 보수 성향의 작가 주디 셸턴Judy Shelton이다. 오랫동안 금본위제 회귀를 주장해왔던(또 다른 극단 노선으로 예금보험 철폐를 주장했다) 셸턴은 일생에 걸쳐 고수해온 강경 태환화폐 우선주의를 트럼프의 금융완화 노선으로 금세 바꾸었다. 셸턴과 함께 지명된 인물은 전통적 자격을 갖춘 크리스토퍼 월러Christopher Waller였다. 그는 노터데임대학 교수 출신으로 당시 세인트루이스 연방준비은행 연구책임자로 일하고 있었다. 그러나 셸턴도 상원의 지지를 받지 못했는데, 이번에는 그녀의 정상을 벗어난 관점과 그마저도 일치하지 않는 모습이 원인이었다. 그녀는 결국 이사 지명에서 탈락했다(월러는 2020년 12월에 최종 승인되었다). 사실 트럼프의 정책 성향을 지지하면서도 승인을 얻어낼 후보는 많았는데도, 트럼프는 워낙 괴짜에 가까운 인물을 선호하는 바람에 결국 연준의 통화 및 규제 정책에 간접적인 영향을 미칠 기회를 스스로 날려버렸던 셈이다.

트럼프는 통화 정책에 참견하는 것을 넘어, 당파를 막론하고 과거 행정부가 모두 지니고 있던 보편적 국제주의 관점을 한꺼번에 거부함으로써 경제에 불확실성을 가중하는 우를 범했다. 그는 동시에 여러 전선에서 무역전쟁을 펼치며 다수의 무역 상대국과 다양한 상품군에 관세를 신설하거나 인상했고, 이는 또 다른 보복 관세 인상을 촉발했다. 연준의 경제학자들이 무역전쟁의 영향을 전망하기란 매우 어려운 일이었다. 표준적인 경제학 이론에서 국가 간 무역이 쌍방에게 이익이 된다고 하는 이유는 그 덕분에 각 나라는 자국이 비교 우위를 지는 상품이나 서비스에 생산을 집중할 수 있기 때문이다. ◆ 그런데 대통령은 무역에 대해 제로섬의 관점을 들이대며 A라는 나라가 B 나라에 수출하는 양이 수입량보다 많으면 A가 이기

◆　　이른바 비교우위론이라는 이 관점을 처음 제시한 사람은 19세기의 영국 경제학자 데이비드 리카도David Ricardo다. 비교우위론은 자유 무역이 모든 이에게 유리하다고 주장하지 않는다. 다만 무역이 창출하는 흑자가 충분히 크므로 이론상 무역에서 이익을 얻은 측이 손해 본 측에 보상을 제공할 수 있다고 본다. 그런데 실제로는 그런 일이 거의 없으므로 자유 무역은 누군가에게(예컨대 수입품과 경쟁해야 하는 산업의 근로자) 손해를 끼치는 것이 현실이다.

고 B는 진다고 주장하는 셈이었다. 더 크게 보면 그는 무역 제한을 정치적 목적을 달성하는 수단, 예컨대 상대 체제를 고립시키는 무기로 본 것이다. 의회는 무역전쟁과 관련하여 대통령에게 상당한 재량권을 부여했고, 그 결과로 트럼프는 관세를 거의 마음대로 부과했다(또는 부과하겠다고 위협했다).

대통령이 주도한 무역 분쟁은 2018년 내내, 그리고 2019년 초까지 정도의 차이를 보이며 계속되었다. 2019년 5월 5일, 트럼프는 이미 2000억 달러 규모의 중국 수입 상품에 부과한다고 발표했던 10퍼센트 관세를 징벌적 규모인 25퍼센트로 올린다고 선언했다. 5월 30일에는 멕시코가 미국 국경을 통한 중앙아메리카 이민자들의 밀입국을 계속 허용한다면 멕시코 상품 전체에 25퍼센트 관세를 부과하겠다고 위협했다. 5월의 같은 기간에 다우존스 지수는 6.4퍼센트 하락했다.

트럼프가 촉발한 것과 같은 보복 무역전쟁이 벌어지면 소비자들은 수입 상품에 부과되는 관세로 인해 고물가에 직면한다. 또한 곧 보복 관세가 이어지므로 수출업자들(예를 들면 미국 농산물업자) 역시 상품 수출에 어려움을 겪게 된다. 관세로 인해 경쟁 수입품 가격이 올라서 이익을 보는 국내 생산자도 물론 있을 것이다. 이런 직접적인 영향은 비교적 측정이 쉽다. 무역 제한 조치 이후에 무역 상품의 가격과 교역량이 어떻게 변화했는지만 살펴보면 되기 때문이다. 정부의 주장과는 달리 실제 조사 결과에 따르면 관세로 인한 비용은 주로 미국 소비자와 기업이 부담하는 것으로 나타났다.[15] 트럼프도 내심 이 점을 알았기 때문에, 중국이 미국산 대두에 금수 조치를 내렸을 때처럼 무역전쟁으로 손해를 입은 농가에 보조금을 지원하라고 지시했다. 2020년까지 이렇게 지급된 보조금 규모가 500억 달러에 달함으로써 농가 소득의 3분의 1을 초과했다.[16] 관세는 곧 미국의 세금 인상으로 이어졌지만, 인상의 직접적인 효과가 미국의 고용이나 인플레이션에 상당한 영향을 미칠 정도로 크거나 광범위하지는 않았다.

무역전쟁에 따른 더 큰 비용은 비록 간접적일 수는 있겠지만, 그것이 미국의 세계화와 다른 나라, 특히 중국과의 관계에 불확실성을 낳았다는 점이다.[17] 그동안 세계 경제는 점점 통합되는 추세를 보여왔고, 그것은 소비자가 구매하는 상품 및 서비스의 무역 증대에만 그치지 않았다. 세계 규모의 공급망이 발달하고 생산 프로세스가 점차 국경을 가로지르면서 생산업자들은 여러 나라로부터의 공급에 의존하게 되었다. 트럼프의 무역 정책이 이렇게 복잡하고 상호의존적인 시스템에 장기적으로 어떤 영향을 미칠지는 그 누구도 알 수 없었다. 무역전쟁이 의외로 빠르게 해결되어 세계 무역에 미치는 변화가 미미한 수준에 그치거나, 심지어 미국의 무역 상대국들로부터 유익한 양보를 얻어낼 수도 있을 것이다. 그러나 어쩌면 이것이 더욱 개방적인 무역을 향한 추세를 되돌림으로써(극단적인 경우, 미국 경제와 중국을 비롯한 여러 무역 상대국 사이에 '디커플링decoupling[탈동조화]'이 발생할 수도 있다) 여러 나라의 생산 비용이 증가하고, 생산량과 평균 생활 수준이 퇴보할지도 모를 일이다.

시장이 불확실성에 매우 심하게 반응한다는 것은 주식시장만 봐도 알 수 있다. 불확실성은 경제 전체에도 나쁜 영향을 미친다. 예를 들어 기업은 자본 투자나 고용을 뒤로 미루고 해외 공급자와 시장에 대한 정보를 확실히 파악할 때까지 기다린다. 실제로 FOMC는 2019년 5월 회의에서 1분기 기업 투자가 침체했고, 6월과 7월에도 최근 미국 기업에 대한 법인세 인하에도 불구하고 투자가 여전히 약세에 머물렀음을 확인했다. 유럽과 일본 경제도 마찬가지로 침체를 겪었고, 역시 무역 불안이 중요한 요소로 작용했다.

FOMC 참가자들이 무역전쟁이 재정 부양 감축과 세계 경제 약세를 통해 2019년 봄의 미국 경제 후퇴에 미친 영향을 진단하면서 아울러 주목한 것은 채권시장에서 일어나는 수익률 곡선 역전 현상이었다. 수익률 곡선 역전은 장기이자율(예를 들면 10년물 국채 수익률)이 단기이자율(예컨대 3개월 만기 국채 수익률) 아래로 내려갈 때 발생한다. 국채 수익률은 3월에 잠깐 역전된 후 5월에 더욱 뚜렷한 역전 추세를 보이며 여름까지 계속되었다. 이로써 8월 말 기준 10년 만기 수익률이 3개월 수익률보다 0.5퍼센트포인트 아래로 떨어졌다.

정책결정자와 시장 참여자들이 주목했던 이유는 수익률 곡선 역전이 불황의 전조인 경우가 많았기 때문이다. 왜 그럴까? 우선 한 가지 설명은 수익률 곡선 역전이 긴축 통화 정책의 신호라는 것이다. 단기이자율이(이것은 미래의 단기이자율에 대한 평균 기대 수준을 반영한다) 통화 정책의 현재 기조를 가늠하는 척도라면 장기이자율은 자연이자율 R*의 대용물이라고 볼 수 있다. 이 논리에 따라 수익률 곡선이 역전되면 통화 정책이 긴축으로 돌아서고(단기이자율이 자연이자율을 상회한다) 이는 곧 불황의 전조가 될 수 있다. 다시 말해, 수익률 곡선 역전은 채권 거래자들이 연준이 향후 몇 년에 걸쳐 단기이자율을 인하할 것으로 본다는 것으로, 결국 그들이 경기 침체를 예상한다는 뜻이 된다.

수익률 곡선 역전이 이번 경우에도 불황을 예고한 것이었는지에 관해서는 폭넓은 논쟁이 있었다. 다른 변수, 예컨대 유럽과 일본에서 진행되던 양적완화나 여전히 비대한 규모를 보이고 있던 연준의 대차대조표도 장기이자율이 전 세계에 걸쳐 비정상적으로 낮은 이유로 볼 수 있었다. 또 하나 가능한 요소는, 인플레이션의 현재 수준과 미래 전망이 모두 낮은 상황에서 장기 채권 보유자들이 인플레이션 위험을 상쇄할 추가 수익을 추구하지 않았다는 점도 들 수 있다. 그러나 무역전쟁의 불확실성과 경기 침체를 알리는 다른 지표와 더불어 수익률 곡선 역전 현상은 너무 강한 긴축 정책을 유지하고 있던 연준에 걱정거리를 안겨주고 있었다. 6월 4일 시카고에서 있었던 한 연설에서, 파월은 금리 인하를 고려하고 있다는 의사를 처음으로 내비쳤다. "우리는 최근의 (무역 관련) 변화가 미국 경제의 전망에 던지는 시사점을 예의 주시하고 있으며, 언제나 그랬듯이 경기 확대를 유지하기 위해 적절하다고 판단되는 일을 할 것입니다."[18] 이 발언에 반응하여 곧 다우존스가 2.1퍼센트나 상승했다.

그러나 트럼프는 아랑곳하지 않고 다시 압박을 높였다. 6월 18일, 〈블룸버그뉴스〉는 백악관이 파월의 의장직을 박탈하고 연준 이사직에만 머물게 하는 법적 방안을 검토하고 있다고 보도했다. 트럼프는 그날 기자에게서 파월을 강등하고자 하느냐는 질문을 받고 이렇게 답했다. "글쎄요, 어떻게 될지 한번 지켜봅시다."

2019년 6월 19일, 위원회는 연방기금금리 목표 범위를 2.25에서 2.5퍼센트 사이로 유지한다는 안을 9 대 1로 가결했다. 세인트루이스 연방준비은행 불러드 총재가 0.25퍼센트포인트 인하를 주장하며 이 안에 반대했다(파월 임기 중에 처음으로 나온 반대표였다). 그러나 점 도표에는 위원회의 정서가 바뀌고 있음이 뚜렷이 드러났다. 2019년 말까지 금리 인상이 없으리라고 보는 참가자가 가까스로 과반을 기록하기는 했으나, 17명 중 7명이 연말까지 두 차례 금리 인하가 있다고 전망했고, 한 번 있을 것으로 본 사람이 1명이었다. 파월은 기자회견에서 위원회 내에 통화 완화 정책을 당장 해야 한다는 의견은 "그리 강하지 않다"고 말했다.[19] 그러나 그는 대통령의 무역 정책이 지닌 장점에 대해서는 언급을 피하는 대신, 그로 인해 기업의 불확실성이 더욱 커지고 금융시장에 침체 심리가 확대되고 있다고 말했다. FOMC가 어느 쪽으로 기울고 있는지는 분명했다.

기자회견에서 〈워싱턴포스트〉의 헤더 롱Heather Long 기자가 트럼프의 강등 위협에 대해 어떻게 생각하느냐고 파월에게 물었다. 그는 이렇게 대답했다. "저에게 4년의 (의장) 임기가 보장되어 있다는 것은 법적으로 뚜렷한 사실입니다. 저는 끝까지 최선을 다할 생각입니다."[20]

예고된 금리 인하와 연준 대차대조표 감축 조기 종료는 다음 회의가 열린 6월 말에 결정되었다. 파월은 기자회견에서 금리 인하를 설명하며 "경기 하방 리스크를 예방하기 위한 것"이라고 말했다.[21] 다시 말해, 둔화 추세가 아직 뚜렷하지는 않지만, 무역 불확실성과 세계 경제 둔화 및 기타 요소들이 미국 경제에 가하는 위협을 금리 인하로 차단하겠다는 뜻이었다. 이 말은 1년 전에 파월이 잭슨홀 연설에서 칭송했던 앨런 그린스펀의 위험 관리 방식과 비슷하게 들렸다. 그는 그다음 달에 있었던 자신의 두 번째 잭슨홀 연설에서도 다시 그린스펀 방식을 칭송했다. 두 명의 FOMC 위원은 반대표를 던졌다. 회의록에는 캔자스시티의 에스더 조지가 '결정적인 약세 전망'의 증거가 나와야 금리 인하가 정당화될 수 있다고 말한 보험 성격의 주장이 담겨 있었다. 보스턴의 에릭 로즌그렌은 반대 의견으로 금리를 너무 많이 내리면 금융 안정 위험이 증대될 수 있다는 우려를 제기했다.

늘 그렇듯이 시장 참여자와 다른 연준 관측자들은 이번 금리 인하에 이어 다른 조치가 나오는지 추측해보려고 했다. 기자회견에서 파월이 말한 것으로만 보면 연준의 통화 완화 의지는 제한적인 것 같았다. 그러나 그가 금리 인하를 가리켜 "기적적인 조정"이라고 한 것과는 어울리지 않게 이것은 이후 오래도록 이어지는 금리 인하의 시작에 불과했다.[22] 다음 날인 8월 1일, 트럼프는 중국산 수입품에 추가 관세를 부과하겠다고 위협했고, 중국은 8월 5일부터 미국산 농산물 수입을 중단했다. 무역전쟁에 연준의 별다른 추가 조치가 없을 것이라는 인식이 더해지면서, FOMC 회의가 열렸던 7월 30일과 31일 이전부터 8월 14일까지 다우존스 하락 폭은 6.3퍼센트에 달했다.

금리 인하에도 불구하고 트럼프는 계속 연준 의장을 공격했다. 지난 10년간 연준으로서는 겪어보지 못한 일이었다. 8월 14일에 그는 파월을 "멍청이clueless"라고 불렀다. 8월 19일에는 파월을 "끔찍할 정도로 비전이 모자란 사람"이라고 비판했다. 8월 22일, 트럼프는 독일이 마이너스 금리 국채를 판매하면서 미국에 대해 경쟁 우위를 확보했다고 주장했다. 물론 마이너스 금리 국채는 강점이라기보다 유로 지역의 부진을 보여준다는 것이 더 사실에 가까운 설명이다. 그것은 민간 투자 기회의 부족과 경제의 불확실성에 노출된 유럽 투자자들의 자금 도피처 수요, 유럽중앙은행이 유로 지역 경제를 부양하기 위한 공격적인 노력을 반영하는 것이었다.

8월 23일, 파월이 잭슨홀에서 연설하는 바로 그날, 트럼프는 "우리의 가장 큰 적은 누구입니까?"라는 질문을 던졌다. 파월이냐, 중국의 시진핑 주석이냐고 묻는 말이었다. 그 트윗은 심지어 파월이 연설에서 한 번 이상의 추가 금리 인하 가능성을 시사하기 직전에 나온 것이었다. 파월은 "우리는 경기 확대를 유지하기 위해 적절하다고 판단되는 일을 할 것"이라고 말하기 전에 추가 중국 관세, 금융 혼란을 언급한 데 이어 "강경 브렉시트의 가능성 증대, 홍콩 긴장 고조, 이탈리아 정부 파산" 등 지정학적 위험을 상세히 열거했다.[23] 8월 28일, 트럼프는 연준이 경쟁국들과 상대할 "정신자세"가 턱없이 부족하다고 말했다. 9월 11일에는 연준을 향해 "이자율을 제로 이하로 내리도록" 촉구한 후, 두 번째 트윗을 통해서는 FOMC에 "얼간이들Boneheads"이라는 딱지를 붙였다.

9월 회의에서 FOMC는 예상대로 한 번 더 연방기금금리 목표를 0.25퍼센트포인트 인하하여 목표 범위는 이제 1.75에서 2퍼센트 사이가 되었다. 7월 회의와 마찬가지로 위원회는 성명에서 "확대를 유지하기 위해 적절한 행동"을 할 것이라고 말해, 추가 인하 가능성을 열어두었다는 점을 분명히 했다. 파월은 9월 18일의 기자회견에서 다시 한번 완화를 향한 예방 논리를 언급했다. 그는 "중간 주기 조정"이라는 표현을 사용한 것과 관련된 질문에 대해 과거 1995-1996년과 1998년의 사례를 제시했다. 둘 다 그린스펀 임기 중의 일이다. 그 당시에도 0.25퍼센트포인트 금리 인하가 세 차례씩 진행된 바 있었다. 곧 다가올 회의에서 세 번째 금리 인하가 결정될 수 있다는 추론은 2019년에는 추가 금리 인하가 없을 것이라는 FOMC 위원들의 전망 때문에 어느 정도 현실성이 떨어지는 것 같았다. 그러나 세 번째 금리 인하는 다음 회의가 열린 10월 30일에 실제로 이루어졌다. 그러나 이번에는 위원회의 발표에서 '적절한 행동'이라는 문구가 빠졌다. 최소한 당분간은 추가 완화 조치가 없을 것이라는 신호였다. 파월의 기자회견에서도 그 점이 확인되었다. 그는 통화 정책이 이제 "제 자리를 잡았고", 정책 변경은 "우리 전망에 대한 중요한 재평가"가 있어야만 가능하다고 말했다.[24]

7월부터 10월까지 이어진 세 차례 금리 인하는 분명히 효과가 있는 것 같았다. 금리 인하 직전까지 금융시장 가격은 상당한 경기 둔화 가능성을 가리키고 있었다. 그런 우려는 10월에 이르러 완연하게 사라졌다. 경제 성장과 고용 창출이 증가했고 금융시장도 안정을 되찾았다. 주목할 점은 채권 수익률 곡선이 더 이상 역전되지 않았다는 사실이다. 채권 거래자들이 불황을 예상하지 않는다는 뜻이었다. 전체적으로 볼 때, 2019년의 3단계 통화 조치(전환, 중단, 선제 금리 인하)는 무역전쟁을 비롯한 기타 불확실성

속에서도 경제 회복에 일정한 역할을 했다. 파월이 이끄는 연준이 저 유명한 연착륙을 무사히 해낸 듯 보였다. 1990년대 중반에 앨런 그린스펀이 그랬던 것처럼 말이다.

그러나 파월이 2019년에 했던 정책이 비록 그린스펀과 닮았던 것은 분명하지만, 여름부터 가을까지 이어졌던 세 차례 금리 인하가 그린스펀의 관점에서 볼 때도 과연 예방적 인하라고 볼 수 있는지는 논란의 여지가 있다. 예를 들어 1998년 아시아 금융위기 시기에 그린스펀이 했던 금리 인하는 성장과 고용에 닥칠 위험을 예방하는 데 공헌했지만, 다른 예방 정책과 마찬가지로 인플레이션 위험 증대라는 추가 부담을 유발한 것도 사실이다. 경기 둔화가 뚜렷하지 않을 때는 그린스펀도 금리 회복에 나서서 결국 1998년의 저점을 기준으로 총 1.75퍼센트포인트나 금리를 인상한 것도 바로 이런 이유 때문이었다. 반대로 파월의 금리 인하가 정당화될 수 있는 근거는 선제 예방에 나설 환경 변수가 별로 없었다는 점이었다. 경기 둔화가 진행되고 있었고, 인플레이션도 잠깐을 제외하면 목표치를 밑돌았던 데다 상승 동력도 별로 없었다. 따라서 진정한 의미의 선제 인하와 달리, 2019년의 금리 인하에는 추가 부담이 따르지도 않았고(에릭 로즌그렌이 금융 안정성을 우려한 것을 제외하면) 인하된 금리가 조만간 역전될 전망도 별로 없었다. 물론 용어보다는 결과가 더 중요하다. 그 당시 정책 변화를 어떤 이름으로 부르든, 2019년 말까지 연준은 복잡한 주변 환경에 민첩하게 대응함으로써 고통스러운 경기 둔화가 일어날 뻔한 상황을 무사히 피해냈다고 볼 수 있다.

연준 청문회: 전략 검토

중앙은행이 정책 결정을 규정하는 사상체계나 전략을 주기적으로 검토하는 것은 그리 드문 일이 아니다. 캐나다 은행은 5년마다 정책 체계를 재검토하고, 일본은행은 2016년의 검토 결과를 토대로 장기이자율 목표('수익률 곡선 통제')를 곧바로 도입하는 등 정책 방향에 중대한 변화를 가져왔다. 연준은 그런 검토 작업을 단편적으로만 수행해왔다. 최근의 예로는 2012년에 인플레이션 목표를 도입한 일을 들 수 있다. 그러나 정책결정자와 연준의 경제분석가들은 금융위기 이후의 정책 변화에 온 정신을 빼앗겨 좀 더 종합적이고 체계적인 자기 진단은 엄두도 못 내는 형편이었다.

2018년에 경제가 어느 정도 호전되고 연방기금금리가 제로를 탈출하면서, 지난 10년을 되돌아보고 교훈을 얻을 때가 되었다는 인식이 무르익었다. 11월에 파월은 연준은 다음 해를 자신의 의무를 실현하는 데 사용하는 "전략과 수단, 의사소통 방식을 재검토하는" 시기로 삼겠다고 선언했다. 그리고 그 검토 작업에는 "광범위한 이해당사자까지 대상에" 포함될 것이라고 밝혔다.[25]

파월은 클라리다 부의장에게 검토 작업의 책임을 맡겼다. 클라리다는 2019년 2월의 연설에서 검토는 법에 명시된 연준의 양대 의무를 근거로 진행될 것이라고 밝혔다. 그는 또 위원회가 설정한 인플레이션 목표 2퍼센트는 그 의무에 "가장 부합하는 것"이라고 말함으로써 금리 목표 인상을 정책적 자연이자율(R*)을 실질 최저한도 이상으로 올리는 수단으로 삼자는 일부 경제학자들의 주장을 일축했다.[26] 클라리다는 검토 작업이 세 가지 질문을 중심으로 이루어질 것이라고 말했다. 첫째, 연준은 2012년에 도입된 인플레이션 목표 전략을 계속 고수해야 하는가? 특히 연준이 실질 최저한도의 제약에 대처하는 데 도움이 되는 방향으로 정책 체계를 바꾸는 것이 가능한 일인가? 둘째, 포워드 가이던스와 양적완화라는 새로운 수단이 위기 이후에 효과적으로 작동해온 것은 사실이나, 최저한도에 대한 우려가 점증하는 상황에서 과연 그 수단의 효과가 충분하다고 볼 수 있는가? 필요한 경우 부양 효과를 충분히 발휘하기 위해, 연준은 해외 중앙은행이 이미 채택하고 있는 수단 중 일부를 추가로 도입해야 하는가? 마지막세 번째로, 연준은 정책의 의사소통과 관련된 방식을 조정해야 하는가?

파월이 약속한 청취 확대는 워싱턴의 연준 본부와 전국에 분산된 연방준비은행에서 개최된 총 15회의 공개 '연준 청문회'를 통해 실현되었다. 이 자리에 초대된 참여자 명단은 연준의 자문 역할을 담당했던 기존 인사(경제학자, 시장 참여자, 금융계 및 기업계 인사)의 범위를 훨씬 넘어 지역개발 전문가, 노조 관계자, 소수인종과 고령층을 대변하는 각계 리더, 그리고 일반시민을 포괄했다. 정책결정자들은 이 기회를 통해 연준의 정책이 월가의 금융기관 같은 특수 이해집단이 아니라 보편적인 대중의 이익에 복무하는 것임을 더욱 절실히 깨닫게 되었다. 이 메시지는 파월이 여러 기자회견과 증언에서 통화 정책 결정을 '평이한 언어'로 설명하려고 노력했던 것과 딱 맞아떨어졌다. 연준 청문 행사에 참석한 정책결정자들은 연준과 그 정책에 대한 대중의 인식에 대해서도 더 많은 것을 배우게 되었다. 그들은 견고한 노동 시장이 광범위한 혜택을 불러온다는 말을 계속해서 들었다. 근로자에 대한 수요가 늘어나면 특히 저소득 및 소수 계층을 중심으로 더 많은 사람이 노동력으로 흡수된다. 인플레이션도 낮은 상태였고 다시 뛰어오를 조짐도 별로 없었으므로, 파월과 FOMC 동료들은 이런 경청의 기회를 통해 언론을 상대로 더욱 튼튼한 노동 시장을 강하게 약속할 수 있었다.

검토 작업은 순조롭게 진행되어 2020년 중반까지 마무리될 예정이었으나 코로나-19 사태가 터지면서 종료에는 수개월이 더 소요되었다. 팬데믹이 유발한 또 한 차례의 불황도 이 검토의 결론이 더욱 적절하고 긴급하게 된 이유였다.

머니마켓의 혼란

한편, 더 전문적이고 중요한 이슈가 나타나 FOMC의 관심을 사로잡았다. 향후 통화 정책을 실현하는 수단이자 그 운영 체계로도(정책 체계와는 반대되는 개념이다) 인식되는 방법에 관한 문제였다. 그것은 바로, 정책결정자들이 일정 범위의 연방기금금리 중 하나를 선택하여 정책을 결정했다 하더라도, 어떤 방법으로 그 기금금리를 같은 범위 내에서 유지되도록 할 것인가 하는 문제였다. 통화 정책이 효과를 발휘하려면 연준이 단기이자율을 적당한 범위 내에서 통제할 수 있어야 한다는 것은 자명한 이치다. 더구나 운영 체계를 선택하는 문제는 장기적으로 연준의 대차대조표 규모가 어느 정도가 되어야 하는가와 밀접한 관련이 있다.

금융위기 이전에 FOMC는 이른바 '지급준비금 부족scarce reserves' 체제를 통해 통화 정책을 운용했다. 연준은 금융 시스템 내에 지급준비금 공급량을 조절하여 연방기금금리를 통제했고, 이를 위해 국채를 공개시장에 내다 팔아 지급준비금을 줄이거나, 다시 사들여 지급준비금을 늘리는 방식을 사용했다. 이 방식을 사용하기 위해서는 은행의 지급준비금 수요를 주의 깊게 관찰하고 있어야 했다. 예를 들어, 지급준비금 수요가 증가하는 시기는 주로 휴가를 맞이하여 소비자 지출이 증가하는 시기나 분기별 세금 납부 기간과 맞물리게 된다. 은행의 지급준비금 수요는 늘 변동하므로 뉴욕 연방준비은행은 공개시장에 자주(거의 매일) 참가하여 연방기금금리 목표를 유지한다.

2008년의 양적완화를 계기로 연준은 사실상 운영 체계를 '풍부한 지급준비금ample reserves' 체제로 전환했다. 연준의 채권 매입 자금은 은행지급준비금을 발행하여 마련한 것이었으므로, 위기 이후에 은행들이 보유한 준비금 총액은 과거에 비해 훨씬 더 늘어났다. 지급준비금이 일일 보유 필요량을 훨씬 넘어설 정도가 되자 은행들은 더 이상 다른 은행에 지급준비금을 빌릴 필요가 없었고, 따라서 기금금리는(은행 간 할인율) 제로에 가까운 수준으로 떨어졌다. 물론 2008년부터 2015년까지 제로 수준 금리가 이어진 것은 FOMC가 경제 성장을 지원하고 인플레이션을 목표 수준에 묶어둔 노력에도 부합하는 것이었다.

긴축 통화 정책을 시작할 때가 되었을 때, 연준은 필요할 경우 기금금리를 인상할 수 있어야 했다. 그런데 금융 시스템 내에 지급준비금이 과다한 상황이었으므로 공개시장을 통한 전통적인 방법으로는 이것이 불가능했다. 연준은 그 대안으로 은행이 보유한 지급준비금에 지급하는 이자율을 올려서 기금금리를 인상하는 방안을 모색했다. 2008년에 의회가 처음으로 승인한 권한을 사용하면 가능한 일이었다. 그러나 2008년에도 그랬듯이 일부 기술적인 요인으로 지급준비금 금리와 기금금리 사이에 불일치가 발생했다. 연준은 단기금리에 대한 통제력을 향상하기 위해 2013년 9월에 머니마켓펀드나 GSE 같은 일부 비금융 기관 중 자격을 갖춘 곳을 대상으로 촉진 규정을 마련했는데, 그 덕분에 이들은 사실상 단기 자금을 연준에 예치할 수 있게 되었다. 이 예치금에는 연방기금금리보다 약간 낮은 이자가 추가로 붙었는데, 이를 익일물 역환매 조건부 채권 금리overnight reverse repurchase rate, ONRRP라고 한다. 연준은 지급준비금 금리와 ONRRP 금리라는 두 종류의 이자율을 관리함으로써 금리 인상 착수 시기에 금융 시스템 내에 지급준비금이 넘쳐나는 상황에서도 기금금리를 성공적으로 관리할 수 있었다.

이제 긴축에 착수한 상황에서 FOMC는 새롭게 조성된 지급준비금 풍요 체제를 계속 유지할 것인지, 아니면 위기 이전의 지급준비금 부족 방식으로 돌아갈 것인지를 결정해야만 했다. 2019년 1월, FOMC는 풍부한 지급준비금 방식을 영구히 도입하기로 했다. 이 체계는 운용 면에서 더욱 간단한 것이었다. 이 틀에서는 정책 금리를 목표 수준으로 유지하기 위해 지급준비금 공급량을 꾸준히 감시하거나 조정할 필요가 없었다. 이것은 각국 중앙은행이 오랫동안 풍부한 지급준비금 방식을 운용해온 이유 가운데 하나이기도 했다. 더구나 여기에는 중요한 다른 장점도 최소한 두 가지가 더 있었다. 첫째, 연준은 언젠가는 또 QE라는 방법을 꺼내 들어 연준의 대차대조표 규모와 은행지급준비금 양을 확대할 수 있다. 실제로 그런 경우가 온다면 풍부한 준비금 체제는 출구 전략을 모색할 때 기금금리를 인상하는 데 도움이 된다. 2015년부터 2018년까지 그랬던 것처럼 말이다. 둘째, 풍부한 지급준비금 방식이 의미하는 대로 금융 시스템에 지급준비금 규모가 늘어나면 패닉이 몰려와도 은행이 단기 자금 부족에 취약해질 가능성이 낮아지므로 결국 금융 안정성이 고취되는 효과가 있다. 실제로 글로벌 금융위기 이후에 도입된 새로운 규제 제도는 은행이 지급준비금을 포함한 유동성 자산을 이전보다 훨씬 더 많이 보유하도록 규정하고 있다.

풍부한 지급준비금 방식의 도입은 또 연준의 대차대조표 규모가 과거에 비해 훨씬 더 비대해진 상태가 영구히 지속된다는 것을 의미한다. 이 방식에서는 은행의 필요를 충분히 만족할 만큼의 지급준비금을 공급하며, 그 필요도(규제 및 예방적 측면에서) 금융위기 이후에 엄청나게 증대했다. 한편 FOMC는 2011년 6월에 마련한 출구 전략 원칙에서 대차대조표 규모를 통화 정책의 효율적인 운용에 필요한 수준 이상으로 확대하지 않겠다고 확언한 바 있었다. 이런 조건을 종합해보면 연준은 대차대조표 규모와 관련해 거의 모든 상황에서 은행지급준비금을 풍부하게 보장할 정도로 크면서도 그것보다 훨씬 크지는 않은 수준을 목표로 한다고 볼 수 있다.

모든 상황에서 은행의 필요를 충족하는 지급준비금이 과연 어느 정도인지는 누구도 알 수 없으므로, 연준 대차대조표의 이상적인 규모는 시행착오를 통해 결정될 수밖에 없다. 2019년 3월에 열린 다음 회의에서 FOMC는 은행지급준비금 보유량과 연방기금금리 시장 움직임을 예의 주시하면서 5월부터 대차대조표 감축 속도 둔화에 착수하겠다고 발표했다. 연준이 실제로 감축을 중단한 8월에 총자산 규모는 약 3조 7500억 달러로, 금리 인상을 시작한 2017년 10월의 4조 5000억 달러에 비해 훨씬 줄어든 상황이었다. 은행지급준비금 축소 폭은 훨씬 더 커서 최고치를 기록했던 2014년 10월의 2조 8000억 달러에서 2019년 9월 중순에는 1조 4000억 달러까지 내려와 있었다. 연준이 은행을 대상으로 조사한 결과 불편함이 없는 최소 지급준비금 수준은 약 9000억 달러 정도였다. 풍부한 지급준비금 방식에서 가정하는 편안한 최소 수준이 1000억 달러 이상임을 감안하면 지급준비금 공급액은 적절한 것 같았다.[27]

그러나 그 결론은 오류가 있는 것으로 드러났다. 2019년 9월, FOMC가 열리던 도중에 환매채 시장 대란이 발생하여 평소 연방기금금리에 가까운 수준으로 거래되던 환매 금리가 급등했다. 기금금리 목표 범위의 최고치가 2.25퍼센트였는데 환매 금리가 무려 10퍼센트 정도로 치솟은 것이었다. 파월은 9월 18일 회의 후 정기 기자회견에서 환매 금리가 폭등한 이유를 시장의 유동성 수요 급증으로 설명했다. 채권 거래자들이 매입하는 신규 발행 국채가 늘어난 것도 한몫했다는 것이었다. 그러나 더 큰 의문은 폭등한 환매 금리가 왜 그 자리에 머물러 있는가 하는 것이었다. 이론적으로 은행은 연준에 예치해둔 자신의 지급준비금을 2퍼센트 남짓한 이자에 찾아서 그 돈을 환매 시장에 대출해주면 약 10퍼센트의 이자를 벌 수 있다는 말이었다. 그렇게 유입된 현금은 다시 인상된 환매 금리를 되돌리는 힘으로 작용한다. 그런데 은행이 이렇게 하지 않는다는 사실은 연준의 판단이 잘못되었을 가능성을 시사하고 있었다. 어쩌면 은행들은 규제상의 제약이 두려워 2019년 9월에 자신들이 충분한 지급준비금을 보유하고 있다는 사실을 믿지 못했을지도 모른다. 최소한 환매채 시장에 상당한 자금을 대출해줄 정도가 안 된다고 본 것이 틀림없었다. 연준의 대차대조표 규모 감축, 그리고 그에 따른 은행지급준비금 하락은 너무 앞서 나간 조치였던 셈이다.

환매채 시장은 그 막대한 규모와 여러 금융기관이 널리 이용한다는 현실 때문에 연준의 이자율 결정을 경제 전체로 확산하는 연결고리 역할을 하고 있었다. 다행히 연준에는 이 시장의 기능을 정상으로 회복할 수단이 있었다. 단기적으로는 주저하는 은행들을 대신해 연준이 환매채 시장에 자금을 공급하는 대신 국채를 담보로 맡아두는 것이었다. 이 방식은 지급준비금 부족 체제하에서 전통적인 공개시장이 수행하던 기능과 매우 유사한 것이었다. 단, 규모가 훨씬 더 컸다. 그리고 익일 만기뿐만 아니라 장기 채권도 제공했다. 작전은 주효했고, 환매채 시장 변동성은 진정되었다.

장기적으로 유동성 부족 문제의 해결책은 연준의 대차대조표를 다시 확대하여 은행지급준비금을 늘리는 것이었다. FOMC는 10월 11일 회의 도중에 발표한 성명에서 지급준비금 공급량과 대차대조표를 다시 확대하기로 했으며, 이를 위해 매월 6000억 달러의 단기 국채 매입을 최소

2020년 2분기까지 이어가겠다고 밝혔다. 아울러 뉴욕 연방준비은행이 환매채 시장에 임시 자금을 투입하는 조치도 계속 이어가기로 했다. FOMC의 발표는 이런 조치가 통화 정책의 변경을 의미하는 것이 아니며(특히 이 조치는 장기 채권 매입을 포함하지 않으므로 양적완화와는 무관했다), "오로지 기술적인 조치"임을 강조했다. 그러나 그 효과는 상당했다. 2020년 1월 말, 대차대조표 규모는 약 4조 2000억 달러에 달했고, 은행지급준비금은 9월 중순에 비해 2000억 달러가 많은 1조 6000억 달러 규모가 되었다. 연준의 개입으로 머니마켓은 안정성을 회복했지만, 대차대조표 규모 감축은 과감히 멈추었다.♦ 연준은 단기이자율을 확고하게 통제하는 과정에서 대차대조표 규모의 뉴 노멀을 정립하는 결과도 함께 얻어냈다.

♦ FOMC는 2021년 7월에 장기적인 해결책을 발표했다. 그것은 두 종류의 대기성 환매채 제도를 수립하는 것이었다. 하나는 주요 거래자(궁극적으로는 다른 예금기관)를 대상으로 하는 제도였고, 다른 하나는 해외 중앙은행을 비롯한 해외 공식기관에 대한 것이었다. 이 제도는 환매채 시장 참여자에게 대출을 제공함으로써 시장의 기존 대출 기관 자금이 부족해지더라도 환매채 금리가 급등하는 것을 예방하는 데 목적이 있었다.

10

팬데믹

환매채 시장의 소동과는 별개로, FOMC는 낙관적인 전망으로 2020년을 시작했다. 파월은 1월 29일의 기자회견에서 경기 확대 추세가 지난 11년간 최고 수준을 기록했고 실업률(12월에 3.6퍼센트를 기록했다) 역시 역사적 저점에 머물렀다고 말했다. 시장의 신뢰는 소비자의 지출로 이어졌고, 무역과 관련된 불확실성도 감소했으며, 세계 경제 성장도 안정세로 접어든 신호를 보내고 있었다. FOMC 참가자들의 최근 기금금리 전망은(지난 12월 회의에서) 긴 정책 휴지기를 가리켰고 이는 곧 연착륙을 기대하는 것이었다. 참가자들의 전망 중간값은 2020년에는 금리 인상이 없는 대신 2021년과 2022년에 각각 한 차례씩 0.25퍼센트포인트 인상으로 나타날 뿐이었다. 파월은 위원회 전망에 따르면 "향후 입수되는 경기 정보가 대체로 일관된 경향을 보이는 한" 금리 변화는 없을 것 같다고 말했다.[1] 즉 통화 정책은 당분간 멈춘 상태였다.

그러다가 변화가 발생했다. 중국 우한에서 신종 코로나바이러스가 발발했다는 뉴스가 신년 초를 장식했다. 파월은 이 사태가 미국 경제에 일부 위험을 초래하고 있으며, 연준은 상황을 "매우 주의 깊게 관찰하는 중" 이라고 말했다.[2] 그러나 파월이 걱정하는 위험은 간접적이고 제한적인 것처럼 보였다. 예를 들어 중국 내의 질병과 봉쇄가 무역 상대국, 특히 인근 아시아 국가에 영향을 미칠 수도 있었다. 연준이 파악한 상황은 대다수 보건당국의 그것을 옮기는 수준이었고, 그들은 1월 내내 그리고 2월에 들어서도 상당 기간 질병이 세계로 확산할 위험은 그리 심각하게 여기지 않았다.

그러나 2월 말에 이르자 상황은 매우 다르게 변해 있었다. 2월 23일 일요일, 이탈리아에서 코로나바이러스로 인한 대규모 발병 사태 후 북부 11개 도시가 봉쇄 조치에 들어가며 세계적 감염 전파 우려가 제기되었다. 2월 25일에는 애틀랜타에 본부를 둔 질병통제예방센터Centers for Disease Control and Prevention, CDC가 미국 내 발병 가능성을 경고했다. 금요일인 2월 28일자 〈뉴욕타임스〉는 "기타 14개국 발병 사례의 근원은 이탈리아로 추정된다"[3]는 기사와 함께 캘리포니아와 오리건에서도 출처가 알려지지 않은 사례가 확인되었다고 전했다. 이제 코로나바이러스는 더 이상 남의 일이 아니었다.

금융시장이 폭락했다. 2월 마지막 주에 미국 주가는 12퍼센트 넘게 떨어지며 2008년 이후 가장 큰 주간 낙폭을 기록했다(3월 말 다우존스 지수 누적 하락 규모는 원래 가격의 3분의 1을 잃어버리는 수준이었다). 2월 28일에는 10년물 국채 수익률이 역사상 최저 수준인 1.13퍼센트까지 떨어졌다. 그리고 3월 9일에는 0.54퍼센트가 되었다. 위기 기간에 흔히 보이던 패턴에 비춰볼 때 국채 수익률 하락은 투자자들이 안전한 도피처로 여기는 미국 국채로 몰려든다는 뜻이었다. 2월 28일에 파월은 네 문장으로 된 성명서를 통해 코로나바이러스의 "진화하는 위험"을 언급하면서 연준은 "경제를

지탱하기 위해 적절한 수단과 조치를 동원할 것"이라고 약속했다.[4]

이례적인 성명과 함께 등장한 '적절한 조치'라는 표현은 FOMC가 다음 정례회의 이전에라도 이자율을 인하할 수 있다는 신호였다. 그리고 실제로 사흘 후인 3월 2일에 FOMC는 긴급 화상회의를 열어 기준금리를 0.5퍼센트포인트 인하하기로 결정했다. 다음 날 아침 그 결정이 발표된 후 서둘러 마련된 기자회견에서 파월은 미국 경제의 펀더멘털은 여전히 건실하나, 위험에 관한 전망이 크게 변화하여 10월에 정했던 금리 변화 기준을 충족할 정도가 되었다고 말했다. 그 시점에서도 유행병의 진척과 경제에 미칠 피해의 정도는 여전히 불투명한 상황이었다. 물론 그 영향이 관광이나 여행 등 일부 산업 분야에 국한될 수도 있지만, 한편으로는 경제 전반의 광범위한 봉쇄 사태를 초래할 가능성도 있었다. 실제로 그런 사태가 벌어진다면 금리 인하는 단지 간접적인 도움이 될 수 있을 뿐이었다. 투자자와 기업의 확신을 뒷받침하고 금융 상황의 안정에 도움이 된다는 의미에서 말이다. 그러나 역시 위험이 고조되고 시장 신호에 경고등이 켜지는 상황에서 FOMC는 더 이상 기다리고 있을 수만은 없었다.

이후 몇 주가 지나면서 세계 경제를 향한 바이러스의 위협은 더욱 분명해졌다. 3월 11일, 세계보건기구는 총 114개 국가에 11만 8000명의 환자를 발생시킨 코로나-19를 세계적 팬데믹으로 선언했다.[5] 같은 날 트럼프 대통령은 유럽발 미국 여행을 차단한다고 발표했다. 또 미국 국립보건원 산하 국립알레르기·감염병연구소 소장을 오랫동안 맡아온 앤서니 파우치 Anthony Fauci 박사는 의회에서 "이 사태가 앞으로 더 악화할 것"으로 전망했다.[6] 유럽 일부 국가는 봉쇄 조치를 발효하여 일부 필수 근로자를 제외한 모든 사람을 자택에 머물도록 했다. 미국의 수많은 기업과 학교가 문을 닫고 별도의 공지가 있을 때까지 직원과 학생들을 가정으로 돌려보냈다. 미국 보건당국은 전염을 늦추기 위해 대규모 '사회적 거리두기'를 권고했다. 가능한 집에 머물며 대규모 모임을 자제하고 다른 사람과 최소 2미터의 간격을 두라는 것이었다. 이 조치의 목적은 '곡선의 평탄화', 즉 신규 발병 속도를 늦추어 보건 체계가 질식하는 사태를 막는 데 있었다. 3월 말까지 미국 내 감염 확인 사례가 10만 건을 넘어섰고(몇 주 전까지는 1000건 단위였다) 각 주와 도시는 '외출 금지령'을 공식화하기 시작했다. 실제로 시간이 지날수록 미국과 세계 전체의 상황은 훨씬 더 악화했다.◆ 경제 활동이 사상 최악으로 위축될 상황이 불가피해 보였다.

팬데믹 공포

경제적 위험이 급증하고 금융시장의 변동성이 급격히 확대되는 일은 2008년 위기의 아픈 기억을 다시금 떠올리게 했다. 3월 9일에 이어 12일에도 이어진 주가 폭락으로 뉴욕증권거래소는 서킷 브레이커circuit breaker(긴급 일시 매매 정지)를 발동해야만 했다. 국채 시장의 혼란은 대중의 눈에 쉽게 띄지 않았지만 어쩌면 훨씬 더 위험할 수도 있었다. 언뜻 보기에 안전성과 유동성을 두루 갖춘 미국 국채에 대한 투자자의 수요는 2월부터 3월 초까지 장기 국채 수익률을 낮게 유지하는 원동력이었으나, 3월 9일부터 (세계보건기구가 글로벌 팬데믹을 선언하기 며칠 전이었다) 국채 시장 상황이 급격

◆　〈뉴욕타임스〉의 코로나19 현황에 따르면 2022년 초 현재 전 세계 누적 발병 사례는 3억 건, 사망자 수는 500만 명이 넘는 것으로 나타났다. 미국의 발병 사례는 6000만 건, 사망자는 80만 명을 상회한다.

히 악화하기 시작했다. 가격과 수익률이 크게 요동치며 유동성이 증발하자 평범한 규모의 거래조차 매우 어렵고 비싼 일이 되어버렸다. 채권시장 변동성 지표는 금융위기 이후 최고치에 달했고 채권 연동형 파생상품에 과도하게 의존하던 시장들은 작동이 거의 멈출 지경에 이르렀다.

금융시장의 변동성 확대는 시장 참가자들의 패닉 상태가 심화되고 있음을 보여주는 신호였으며, 이를 촉발한 것은 바이러스 확산 소식을 전하는 암울한 뉴스였다. 갑자기 모든 사람이 더 안전한 단기 금융 자산을 선호하기 시작했다. 연준 금융감독 담당 부의장 랜들 퀄스는 이를 두고 "현금을 향한 질주"라고 했다. 현금을 확보하는 가장 빠른 방법은 장기 채권을 매각하는 것이었다. 그것은 원래 바로 이 목적으로 보유하던 상품이었다.[7] 경영환경의 불확실성에 대응할 목적으로 기업들이 크레딧라인 한도 내에서 대출을 요구할 때를 대비해, 은행들은 신속하게 현금을 확보할 필요가 있었다. 금융자산의 변동성이 확대되는 가운데, 헤지펀드 등 레버리지 비율이 높은 투자자들 또한 신속하게 현금을 확보할 필요성이 높아졌다. 자산관리자들은(비교적 유동성이 떨어지는 회사채에 투자한 뮤추얼펀드 등) 겁에 질린 투자자들의 인출 요구에 응하기 위해 또 현금이 필요했다. 보험사를 비롯한 금융기관도 전반적인 위험 노출도를 줄이기 위해 (주식과 채권 대신) 현금 비중을 높이려고 했다. 그리고 외국 정부와 중앙은행은 외환 시장에서 자국 통화를 방어하기 위해 또는 국내 은행에 대출해주기 위해 달러가 필요했다.

대개 시장 참여자들이 국채를 팔면 시장조성기관인 은행과 딜러들이 이를 매입한 후 다른 구매자가 나타날 때까지 보유한다. 그러나 2020년 3월에 시장조성기관들은 이미 막대한 금액의 신규 국채를 감당하기도 버거운 실정이었다. 정부는 눈덩이처럼 늘어나는 재정 적자를 국채 발행 자금으로 메우려 했다. 여기에 각종 자본 규제상의 제약과 스스로 설정한 위험 한계 기준도 사정을 더욱 악화하는 요소였다. 그들은 밀려드는 팔자 주문에 질식해버렸다. 매도자는 넘쳐나고 매수자는 거의 사라지게 되자 시장 상황은 혼돈으로 빠져들었다.

국채 시장의 혼란은 금융 시스템 전반에 파문을 일으켰다. 장기 국채는 금융시장에 안전성과 유동성, 수익을 제공하는 것 외에도(정상적인 상황이라면) 다양한 역할을 담당한다. 국채는 모든 종류의 채권에 기준 수익률을 제시하며, 현금 마련 및 기타 자산매입을 위한 담보 역할과 금융 위험에 대한 헤지 수단이 된다. 패닉에 사로잡힌 투자자들이 국채마저 투매에 나선 마당에 회사채나 지방채, 모기지 담보부채권 같은 기타 장기 채권이야 말할 것도 없었다. 이 중요한 시장에서 금리는 급등했고, 유동성은 얼어붙었으며, 신규 발행은 무너지고 말았다. 2008년 리먼 사태 직후에 그랬던 것처럼 머니마켓펀드에서 뱅크런이 시작되었고 상업어음 시장도(다수 기업이 단기 대출에 의존하는 시장이었다) 붕괴 조짐을 보였다.

시장의 혼란은 기업과 가계, 지방정부의 신용 시장 접근과 부채 상환에 대한 공포를 부채질했다. 〈월스트리트저널〉은 3월 중순의 시장 혼란 상황이 2008년 당시보다 더 심각하다고 묘사하면서 이렇게 보도했다. "3월 16일까지만 해도 금융 시스템의 붕괴가 얼마나 임박했는지 깨닫는 사람은 거의 없었다." 바로 다우존스 지수가 13퍼센트 하락한 날이었다. 이 기사는 시티그룹의 단기신용 책임자 애덤 롤로스Adam Lollos의 표현을 소개했다. "2008년 금융위기를 슬로모션으로 진행되는 자동차 사고에 비유한다면, 이번은 쾅! 하는 정면충돌입니다."[8]

연준은 2008년의 교훈을 깊이 되새기며 최종 대부자의 역할을 신속하게 발휘하기 시작했다. 연준은 이미 환매채 시장에 혼란이 몰아닥쳤던

9월부터 시장에 자금을 투입해왔지만, 팬데믹 이전부터 서서히 그 규모를 줄이고 있었다. 3월 12일, 연준은 그동안의 자세를 바꾸어 침몰 직전의 은행과 거래기관들에 대출을 급격히 늘리는 대신 국채를 담보로 받았다. 3월 16일까지 뉴욕 연방준비은행의 공개시장 대출 창구는 매일 1조 달러의 익일 대출에 더해 1조 달러의 장기 대출을 추가로 제공했다. 그 전날 연준은 거래기관과 국채 시장을 더 뒷받침하기 위해 최종 매입자의 역할까지 도맡아 채권을 매입한 후 연준의 포트폴리오에 완전히 편입했다. 연준은 2008년에 MBS를 매입했던 일을 떠올리듯, 국채 5000억 달러와 MBS 2000억 달러를 매입한다고 발표했다.

3월에는 해외 중앙은행과 정부들이 국채 주요 판매자가 되었다. 그들이 자국 금융 시스템의 달러 부족 현상을 해소하려는 동기가 그 일부 원인이었다(2008년과 마찬가지로 해외 은행은 여전히 달러를 주요 거래 수단으로 삼고 있었다). 그리고 역시 이전 위기에서처럼 연준은 세계시장의 달러에 대해서도 최종 대부자의 역할을 맡았다. 연준은 해외의 압박으로 미국 시장의 혼란이 악화하는 일을 막기 위해 스와프 협정을 통해 해외 중앙은행에 달러를 제공하고 해외 통화를 담보로 받았다. 글로벌 금융위기 당시 미국은 해외 14개 주요 중앙은행과 스와프 협정을 맺어둔 바 있었다. 그중 가장 중요한 해외 5개 중앙은행과 맺은 협약은 영구적 성격을 띠었다. 3월 19일, 연준은 십수 년 전에 스와프 거래를 한 적이 있던 9개 국가와의 협정을 추가로 회복했다. 4월 말까지 해외 중앙은행으로 4000억 달러가 넘는 돈이 빠져나갔다.[9] 이에 더하여 연준은 해외 당국이 활용할 수 있도록 특별 환매채 제도를 수립하여 공식 스와프 협정 없이도 국채를 담보로 달러를 빌려주어 채권을 전량 매각하는 일을 막았다. 연준은 이 모든 조치를(환매채 시장과 거래기관에 대출 제공, 국채와 MBS의 직접 매입, 스와프 협정) 필요할 때까지 지속한다는 점을 분명히 했다.

한편 FOMC는 팬데믹이 경제에 미친 영향을 진단하려고 노력했다. 유례없는 충격으로 불확실성이 높아졌다. FOMC는 일요일인 3월 15일에 화상회의를 열었다. 다음 주 화요일과 수요일로 예정된 정례회의까지 기다릴 시간도 없었다. 경제분석가들은 단일 예측 대신 두 가지 대안 시나리오를 준비했다.[10] 둘 다 2분기에 경제가 불황으로 빠져든다는 내용이었다. 사람들이 사회적 거리두기로 직장을 떠나 집에 머물고 소비를 줄이는 현실을 감안하면 당연한 일이었다. 첫 번째는 3분기에 경제가 견고한 회복세로 접어든다는 시나리오였다. 이른바 V자 회복이었다. 두 번째 시나리오에서는 불황이 연말까지 이어진다고 봤다. 두 시나리오 모두 실업률의 급격한 증가를 관측했다. 둘 다 조만간 인플레이션이 꺾인다고 봤고, 이는 외출 금지령에 따른 수요 부진, 유가 하락, 그리고 달러가 투자자들의 도피처가 되어 강세를 보인 결과였다.

전망이 계속 나빠지는 가운데 FOMC는 연방기금금리 목표 범위를 1퍼센트포인트 내려(2주 전에 0.5퍼센트포인트 내린 데 이은 추가 조치였다) 0-0.25퍼센트로 결정했다. 이로써 금리는 2008년 위기 상황과 같은 저점에 도달했다. 위원회는 "경기가 최근 사태를 벗어나 최대 고용과 물가 안정이라는 목표를 향한 궤도에 접어들었다고 확신할 때까지" 금리를 제로 수준으로 계속 유지할 것이라고 밝혔다. 매우 정성적이고 모호한 지침이었다. 위원회가 불황의 깊이와 지속 기간을 도저히 확신할 수 없다는 현실을 반영한 것이었다. 그러나 파월은 기자회견에서 FOMC가 오랫동안 저금리를 유지할 것이라는 점을 분명히 했다. 파월은 또 연준이 최근에 국채와 MBS를 대량 매입한다고 발표한 사실을 언급했다. 그는 이 계획의 주된 목적은 위험에 닥친 금융시장의 안정을 꾀하는 데 있으며, 또 한 차례의 양적완화를 알리는 것은 아니라고 설명했다. 새로운 매입 계획의 대상은 일련의 만기 채권인 데 반해, 금융위기 시대의 양적완화는 장기 채권을 집중 매수하여 장기이자율을 끌어내리려 했다는 점에 차이가 있었다. 그러나 시장은 대량 채권 매입의 부활은 시장 상황이 개선된 후에 경기 회복을 뒷받침하는 지속적인 QE 프로그램의 바탕이 될 수 있다고 해석했다.

연준은 팬데믹 위기에 맞서 대단히 신속하고 단호하게 대처했으나, 코로나바이러스가 경제에 미친 치명적인 영향은 그보다 훨씬 더 크고 중요했다. 3월 15일 회의가 열렸던 바로 그 주간에 경제 활동이 위축된 속도는 사상 유례가 없을 정도였다. 외출 금지령을 내리는 주와 도시가 점점 더 늘어나면서 비필수 사업은 모두 영업을 중단했고, 스포츠 및 오락 행사는 줄줄이 연기되었으며, 여행 및 관광 관련 소비도 모두 무너졌다. 노동부는 나중에 그 주간에 등록된 근로자들의 실업급여 신규 신청 건수가 300만 건이 넘었다고 보고했다. 이는 대침체 시기의 주간 최고 기록보다도 무려 다섯 배나 많은 숫자였다.

2020년 불황에 한 가닥 희망이 있었다면, 그것은 이번에는 미국의 금융 시스템이 2008년보다 훨씬 많은 자본과 유동성을 갖추고 있다는 점이었다. 연준과 재무부가 주말마다 나서서 파산 직전의 기관들을 일으켜 세우려고 개입할 필요가 없었다. 그럼에도 2020년 3월에 대출기관들은 엄청난 불확실성에 직면했고, 이는 가계와 기업 대출자뿐만 아니라 산업 전체의 금융 회복력까지 포함되었다. 팬데믹 이후에 과연 호텔과 식당, 쇼핑센터, 항공사들이 정상 운영을 회복할 수 있을까? 혹시 질병의 공포가 그대로 이어져 우리가 일하고 쇼핑하며 등교하는 방식이 이전과 전혀 달라진 새로운 세상이 펼쳐지는 것은 아닐까? 이런 환경에서 신용위험을 평가한다는 것은 거의 불가능한 일로 보였다. 이런 불확실성의 그늘이 드리워지자 은행의 튼튼한 재무 상태에도 불구하고 신규 대출 동결 위협이 확산되었다.

연준은 금융 시스템의 신용 촉진과 확신 보존을 위해 2008년 각본으로 다시 돌아가 금융기관과 비금융 기관 모두에 대해 최종 대부자의 역할을 자임하고 나섰다. 3월 15일 회의에서는 대출 창구 조건을 완화하여 은행에 대출을 독려했다. 며칠 후에는 연방준비법 13조 3항에 명시된 금융위기 시 긴급 대출 권한에 따른 몇 가지 프로그램을 발동한다고 발표했다. 연준은 다시 상업어음매입기금CPFF을 통해 기업에 단기 대출을 제공하게 되었다. 프라이머리딜러 신용창구Primary Dealer Credit Facility, PDCF는 다양한 담보물을 근거로 채권 거래기관에 대출을 제공했다. 머니마켓펀드 유동성 지원창구Money Market Mutual Fund Liquidity Facility는 머니마켓펀드가 투자자들의 상환 요청에 대응하는 데 필요한 현금을 지원했다(이 기구는 은행에 신용을 제공해 그들이 펀드로부터 자산을 매입하도록 했다). 그다음 주에 연준은 또 하나의 긴급 프로그램인 자산담보부증권 대출기구Term Asset-Backed Securities Loan Facility, TALF를 부활시켜 가계와 기업의 신용채권을 지원했다. 이 프로그램은 이미 법률적, 운영적 세부 사항이 마련되어 있었으므로 신속히 가동될 수 있다는 장점이 있었다.

금융 안정에 있어 가장 중요한 면은 아마도 국채 시장의 질서를 회복하기 위한 연준의 지속적인 노력이었을 것이다. 3월 23일에 연준은 국채와 GSE, 그리고 MBS 매입을 무제한 이어가겠다고 발표했다. "시장의 원활한 작동과 통화 정책의 효과적인 전달을 뒷받침하는 데 필요한 양만큼"이라는 설명이 따랐다. 아울러 주거용MBS뿐 아니라 봉쇄 기간에 쇼핑센터와 사무용 건물이 문을 닫으면서 심한 압박을 받고 있던 상업용부동산담보대출 채권도 매입 대상에 포함한다고 발표했다. 3월 첫 주부터 7월 말까지 연준은 국채 약 1조 8000억 달러와 GSE 발행 MBS 6000억 달러를 매입하여 다른 모든 구제 프로그램을 합한 것보다 훨씬 큰 규모를 기록했다.

연준은 시장의 안정을 돕기 위해 규제 권한을 발동하기도 했다. 4월 1일에 연준은 대형 은행의 국채 대비 최소 현금 보유 및 연준에 예치하는 지급준비금 한도 요건을 잠정 유예하기로 했다. 이런 변화는 해당 금융기관을 포함한 계열 거래기관들이 국채 거래에 대해 시장 조성자의 역할을 담당할 동기를 제공하는 한편, 지급준비금이 과다 증대하여 대출이나 시장 조성에 사용될 은행 자본이 묶일 가능성도 막는 일거양득의 조치였다.

팬데믹의 전 세계적 영향을 반영하듯, 해외 주요 중앙은행들도 강력한 개입에 나섰다. 3월에 영란은행은 정책 금리를 0.1퍼센트 인하했고, 은행 대출 촉진 프로그램을 확대했으며, 국채 매입을 재개했다.[11] 나아가 영란은행은 영국 재무부와 함께 코로나기업재정기금Covid Corporate Financing Facility, CCFF을 설립하여 기업에 단기신용을 직접 제공하기 시작했다. 일본은행 역시 자산매입을 증대하여 상업어음과 회사채를 매입했으며, 기업에 대한 은행의 대출을 독려하는 기구를 창설했다.[12]

크리스틴 라가르드 신임 총재가 이끄는 유럽중앙은행은 해외 중앙은행 중에서 가장 적극적인 움직임을 보였다.[13] ECB는 이미 마이너스 0.5퍼센트 수준이던 정책 금리를 더 내리지 않는 대신, 기존의 채권 매입 프로그램을 극적으로 확대했다. 3월, ECB는 7500억 유로 규모의 팬데믹 긴급 매입 프로그램을 신설했고, 6월에는 이를 1조 3500억 유로로 증대하는 한편, 기존의 프로그램도 추가 확대했다.[14]

무엇보다, ECB의 새로운 긴급 프로그램은 과거의 QE보다 더 유연하고 공격적이었다는 점이 중요하다. 유럽 채무 위기 당시 ECB는 국채 시장 안정을 위해 이미 2010년부터 어려움에 빠진 유로 지역 각국의 부채를 매입한 바 있었다. 그러나 우리가 지켜봤듯이 ECB는 2015년 1월 이전까지 대규모 장기 채권 매입을 통화 정책 수단으로 삼는 본격적인 미국식 QE를 도입하지는 않았다. 그것을 미룬 이유는 독일을 비롯한 북부 유럽 국가의 정치적 반대와 유럽연합의 창립 조약에 따라 정부의 통화자금 조달을 금지하는 법률에 저촉될 것을 우려했기 때문이다. ECB는 QE를 시작하면서 정치적, 법적 위험을 줄이기 위해 제한적으로 진행하는 데 주의를 기울였다. 예를 들면 정부 부채의 매입으로 유로 지역의 일부 국가가 다른 나라에 비해 더 유리한 결과를 낳지 않도록 말이다. 그와 달리 팬데믹 시기의 프로그램에서는 ECB가 채권을 매입하는 시기와 만기는 오직 시장과 경제 상황에 따라 결정되었고, 어떤 나라의 부채를 매입할지, 또 어떤 비율로 할지를 엄격하게 규정하지는 않았다. 특히 ECB의 정규 QE 프로그램과 달리 그리스의 부채는 적격으로 분류되었다.

민간 신용 확대를 부양하기 위해 ECB는 2020년에 은행 대출 보조금을 대폭 확대하여 유자격자에게 대출을 확대한 은행을 대상으로 마이너스 1퍼센트라는 낮은 금리에 장기 자금을 제공했다.[15] 수많은 은행이 이 혜택을 받았다. 재정 면에서도 정치 혁신이 이루어졌다. 7월에 유럽연합 지도자들은 총 7500억 유로의 구제 패키지를 발동하여 심각한 타격을 입은 회원국에 대출과 보조금을 지원하기로 합의했다.[16] 팬데믹은 유럽에서 글로벌 금융위기와 국채 위기에서도 없던 재정 및 통화 정책 면에서의 혁신이 일어나는 계기가 되었다.

3차 긴급예산법

3월 27일, 트럼프 대통령은 총 2조 2000억 달러 규모의 초당파 긴급 재정 프로그램인 케어스 법Coronavirus Aid, Relief, and Economic Security Act, CARES Act에 서명했다. 그 프로그램은 코로나바이러스 퇴치를 위해 경제 전반이 당분간 봉쇄 상태에 머물러야 하는 상황을 전제로 하는 것이었다. 케어스 법의 주목적은 이런 봉쇄 상황에서 국민과 기업의 생존을 보장하고 불필요한 일자리 손실과 파산을 최소화하는 것이었다. 여기에는 개인과 가계에 제공되는 5000억 달러 규모의 지원금(실업보험을 관대하고 포괄적으로 운영하고, 성인은 최대 1200달러, 아동은 최대 500달러까지 직접 제공하는 지원금이 반영되었다), 1500억 달러의 주 및 지방정부 대상 지원금, 1500억 달러 규모의 의료체계 지원금, 그리고 3500억 달러 규모의 급여보장프로그램Paycheck Protection Program, PPP 기금이 포함되었다. 중소기업청이 운영하는 PPP는 500인 이하 사업장에 대출을 제공한 후, 기업이 직원에게 급여 지급을 계속하는 동안 상환을 면제해주는 프로그램이었다.

연준의 시각에서 보면 케어스 법이 가장 적절히 사용된 예는 4540억 달러가 연준의 긴급 대출 자금으로 할당된 것이었다. 금융위기 당시 연준은 연방준비법 13조 3항의 긴급 대출 권한을 수시로 동원했다. 이 법은 13조 3항에 의한 대출은 '특별하고 위급한 경우'에 한해, 시장의 혼란으로 인해 정상적인 통로로 신용 서비스를 활용할 수 없는 대출자에게만 허용한다고 규정했다. 13조 3항 대출은 연준이 타당한 상환을 기대하기에 충분한 담보나 보증이 필요했다. 우리가 AIG를 비롯한 여러 기업을 대상으로 인기 없는 구제책을 펴기 위해 13조 3항의 권한을 동원한 데 대한 대응으로 등장한 2010년 도드-프랭크 법은 연준의 대출 권한을 추가로 제한하여 담보 요건을 강화하고 단일 대출자에게 대출을 제공하는 것을 금지했다(정교한 자격 등급을 마련하여 대출 대상 후보에 최소 5개 이상을 포함해야 했다). 이 법은 또 연준이 13조 3항 프로그램을 동원하려면 그 전에 재무장관의 재가를 받아야 한다고 규정했다. 도드-프랭크 법이 의회를 통과했을 때 이미 나를 포함한 수많은 금융위기 전문가들은 새로운 제약 요건이 또 다른 금융 긴급상황에서 연준이 대출 권한을 사용하는 데 장애가 될 수 있다고 우려했었다.

그러나 이번 케어스 법에서 의회는 연준의 대출 권한을 경제가 팬데믹을 벗어나는 데 유용한 방편으로 인식했다. 이 법으로 책정된 4540억 달러를 결국 재무부는 연준이 수립한 새로운 13조 3항 프로그램을 뒷받침하는 용도로 쓸 수 있었다. 어느 정도 손실이 나더라도 재무부가 이를 충분히 흡수할 수 있다고 판단한 연준은 위험도가 다소 큰 기관에 대출해주면서도 전액 상환을 기대할 수 있어야 한다는 13조 3항 요건을 충족할 수 있었다. 의회의 입장에서 보아도 이는 훌륭한 장점을 갖고 있다. 재무부에 책정된 지원금은 대출 전액이 아니라 잠재 손실액만 부담하는 데다, 그마저도 연준을 거치는 것이었으므로 상승효과를 기대할 수 있었다. 재무부 할당금 4540억 달러를 근거로, 연준은 대출 제공 가능 금액을 최소 2조 3000억 달러 정도로 추산했다. 의회 관점의 또 다른 이점은, 연준이 지닌 금융 및 신용시장에 대한 전문성과 초당파적이며 정치적으로 독립된 기관이라는 평판에 있었다. 트럼프 행정부에 대한 민주당 사람들의 불신을 생각하면 매우 중요한 고려사항이었다.

대출 권한 행사에 대한 의회의 수용은 연준에 팬데믹 위기에 대처하는 강력한 새 무기를 제공해준 셈이었지만, 동시에 연준으로서는 또 다른 위험을 떠안은 것이기도 했다. 만약 프로그램이 실패한다면 연준의 평판과 정치적 입지는 크게 흔들릴 수도 있었다. 반대로 성공한다면 과연 의회는 장차 위기와 상관없이 연준이 그들이 선호하는 수혜자에게 대출을 제공하라고 명령함으로써 연준의 독립성을 훼손할 가능성도 있을까? 연준은 촉박한 일정 속에서 새로운 대출 프로그램을 수립하는 데 따른 실무적인 어려움도 해결해야만 했다. 그럼에도 연준은 계속 진행해야 할 충분한 이유가 있었다. 무엇보다 팬데믹이 연준의 경제적 목표와 금융 안정에 대단히 심각한 위협을 던지고 있었기 때문이다. 더구나 이 법은 연준에게 대출 조건과 대상 자격 등을 포함하는 프로그램 구성을 재무부와 협의하여 최종결정할 권한을 부여하고 있었다. 또 13조 3항 대출은 법적으로 오직 '특별하고 위급한 경우'나 신용시장이 제 기능을 발휘하지 못하는 경우에만 허용한다고 규정하고 있으므로, 긴급상황이 종료되면 연준도 이 프로그램을 중단해야 한다는 주장의 강력한 근거가 되고 있었다. 파월의 연준은 이 과제를 모두 수용하고 대출 수단(특히 비금융 대출 기관을 위한 프로그램) 마련에 뛰어들었다. 그 범위는 연준이 글로벌 금융위기에 수행했던 것을 훨씬 뛰어넘는 것이었다.

케어스 법에 따라 연준의 대출 대상이 되는 유자격 범위는 크게 세 종류로 나뉘었다. 대기업, 주정부 및 지방정부, 그리고 중소 사업체였다. 연준은 직접 대출 방식과 투자자들로부터 기존 채권을 매입해서 회사채 및 지방채 시장을 지원하는 방식을 모두 사용했다. 대기업과 지방정부를 위한 프로그램은 대성공을 거두어 해당 시장이 빠르게 정상 기능을 회복했다. 연준이 대출 제공이나 채권 매입을 시작하기도 전에 단지 프로그램 기구를 발표한 것만으로 금리 스프레드가 줄어들었고 회사채 및 지방채 발행량이 정상 수준에 가깝게 증가했다. 아무도 대출해주지 않더라도 연준만은 해줄 준비가 되어 있다는 약속이 투자자들에게 시장으로 돌아올 확신을 안겨준 것이었다.

연준의 발표가 이토록 놀라운 위력을 발휘한 것은 2012년에 유럽중앙은행 마리오 드라기 총재가 ECB는 유로를 지키기 위해 "무엇이든 할 것"이라고 약속한 장면을 떠올리게 했다. 드라기가 곤경에 처한 국가에 대해 필요하다면 부채를 매입하겠다고 약속한 데 이어 ECB는 무제한 국채 매입Outright Monetary Transaction, OMT이라는 새로운 프로그램을 발표했다. 그러나 ECB는 이 프로그램하에서 그 어떤 국채도 살 필요가 없었다. 발표만으로 확신이 회복되어 곤경에 처해 있던 유로존 국가의 지급 이자율이 거의 하룻밤 사이에 급격히 내려갔다. 연준의 회사채와 지방채 프로그램도 이와 유사한 효과를 발휘하여 실제 대출량이 대출 한도에 훨씬 못 미쳤음에도 목표를 달성할 수 있었다. 범위를 넓혀보면 연준이 3월부터 국채와 MBS를 매입하는 등의 방법으로 개입하기 시작했던 것이 투자자들에게 다시 위험을 감수하도록 설득할 수 있었다고도 볼 수 있다. 거기에는 주식시장 투자자도 포함된다. 덕분에 주식시장은 여름 중반부터 그전의 폭락을 완전히 만회하고 다시 상승하기 시작했다.

중소기업(주식시장이나 채권시장에 접근하기 어려운 다양한 사업체)에 대한 대출은 훨씬 더 어려운 과제였다. 연준은 4월 9일에 중소기업 대출 프로그램Main Street Lending Program, MSLP을 발표하고 750억 달러 규모의 국채를 여기에 할당했다. ◆ 연준은 시중은행에 연준이 설정한 기준으로 평가와 대출 제

◆   '중소기업'이라는 표현이 다소 어울리지 않기는 했다. 최대 고용 인원 1만 명, 연매출 25억 달러 미만(나중에는 이 기준도 최대 1만 5000명, 50억 달러 미만으로 각각 올랐다)의 기업체도 대출 자격이 부여되었기 때문이다. 이보다 작은 규모의 기업체는 PPP 같은 다른 프로그램으로 지원할 수 있었다. 후자의 경우, 연준이 먼저 은행에 PPP 대출상품을 만들도록 한 다음(중소기업청이 보증해주었다), 그 상품을 액면가에 담보로 받는 방식이었다.

공 업무를 맡기기로 했다. 그 이유는 대출 대상자에 관한 정보량뿐만 아니라 다량의 소규모 대출을 운영하는 데 따르는 인력과 경험 면에서 은행이 연준보다 훨씬 적합했기 때문이다. 연준은 발생한 모든 대출에 대해 95퍼센트의 지분을 매입하여 대출과 관련된 은행의 위험을 거의 모두 제거하는 한편, 은행에 나머지 5퍼센트 지분을 부여함으로써 대출의 질을 높일 수 있는 동기를 제공했다. 이를 통해 중소기업에 합리적인 조건으로 생존하는 데 필요한 신용 서비스를 제공하고자 했다. 이후 비영리단체에도 같은 방식으로 자격이 주어졌다. 더 작은 규모의 사업체를 대상으로 하는 PPP와 달리 중소기업 대출은 비록 상환기간은 다소 길었으나 면제 대상이 아니었다. 상환 만기는 처음에는 4년, 나중에는 5년으로 연장되었다.

중소기업 대출은 조건을 설정하기가 꽤 까다로웠다. 우선 대출자들이 매력을 느낄 만큼 문턱이 낮아야 했다. 그렇지 않으면 대출보다는 차라리 보조금을 택하는 편이(상환할 필요가 없다) 생존에 더 유리한 기업들이 다수였기 때문이다. 한편으로는 대출을 실행하는 은행에도(그들은 대출상품을 만들고 제공하는 수고와 함께 5퍼센트만큼의 위험을 떠안는다) 매력을 제공해주어야 했고, 그러면서도 재무부의 기대 손실을 어느 정도 제한할 수 있을 만큼은 문턱이 높아야 했다. 재무부는 일반적으로 위험에 대해 보수적인 태도를 보인다. 이 모든 조건을 충족하면서도 재무 구조나 금융계와의 관계가 서로 다른 여러 유형의 기업과 비영리단체를 수용하는 유연성을 발휘해야 했으므로, 이 프로그램은 너무나 어려운 일이었다. 중소기업 창구 개시는 늦어졌다. 6월 15일 전까지 대출 기관 신청 접수를 받지 않았다. 창구 개시를 불과 일주일 앞두고 연준은 대출금 최소한도를 낮추고, 최대한도는 높이며, 대출 기한도 연장하고, 원금 상환 기한도 1년에서 2년으로 늘리면서 대출 조건을 완화했다. 연준은 10월 30일에 조건을 한 번 더 완화했다. 대출 최소한도는 10만 달러까지 내려왔다. 그러나 은행과 대출자 모두 참여가 저조했다.

의회의 대규모 재정 프로그램과 연준의 조치는 미국인의 소득과 신용시장을 지켜냄으로써 팬데믹으로 인한 경제 피해를 줄였다. 전미경제분석국NBER은 2020년 2월에 시작한 팬데믹 불황으로, 1854년부터 기록된 미국의 경기 순환 역사에서 최장기간 이어진 128개월간의 호황이 막을 내렸다고 말한다. 2분기 실질 생산량은 미국 역사상 최악의 하락을 맞게 된다.◆

노동 시장은 극적인 손실에 시달렸다. 공식적인 봉쇄령이 내려지기 전부터도 감염이 두려워 집 밖으로 나서지 않는 사람들이 많았다. 약 3분의 1의 근로자들은 원격 근무라도 계속할 수 있었지만, 나머지 대부분은 그렇지 않았다. 실업률은 15년 만에 최저치였던 2월의 3.5퍼센트에서 4월에는 14.7퍼센트로 뛰어올라 월간 데이터 집계가 시작된 1948년 이래 최고 기록을 달성했다. 사실 이것조차 실제에 못 미치는 숫자였다. 실업률 통계를 산출하는 노동통계국Bureau of Labor Statistics, BLS도 인정하듯이, 전체적인 봉쇄 상황에서 고용 인원을 제대로 파악하기가 어려웠으므로 '실제' 실업률은 아마도 공식 기록을 훨씬 넘어섰을 것이다. 노동통계국이 실업 근로자 중 통계에 잡히지 않은 숫자를 교정하기 위해 다른 방법으로 계산해본 결과, 4월 '실제' 실업률이 무려 19.7퍼센트에 달할 수도 있는 것으로 나타났다. 그 한 달 안에 취업인구 감소 수는 2070만 명을 기록했고, 이는

◆ 위축이 깊었던 것에 비해 그 기간은 비교적 짧아서 4월에는 경기가 다시 살아났다. NBER은 나중에 불황이 지속된 기간은 2개월에 불과했다고 발표했다. 이 또한 미국 역사상 최단기간의 불황이라는 신기록에 해당한다.

3월 전체 피고용 근로자의 13퍼센트가 넘는 충격적인 수치였다.

팬데믹 불황은 그 근원과 심각성이라는 면 외에도 아주 특별한 일이었다. 제조업과 주택시장에 가장 큰 피해가 가는 다른 불황과 달리, 이번에는 사람들과의 만남이 필수적인 서비스 업계가(소매유통, 관광 여행, 술집, 음식점 등) 직접적인 타격을 입었다. 이들 업계는 여성, 소수 계층, 저소득 근로자의 비중이 높았기에 더 피해가 심해졌다. 이런 점에 주목해 이번 사태를 'K자 불황'이라고 부르는 사람도 있었다. 부유층은 유독 피해가 크지 않았던 데 비해 저소득 계층에 직격탄이 떨어졌다는 것이었다.

3월의 극적인 단계를 지난 후 FOMC는 통화 정책 면에서 관망세로 들어갔다. 위원회는 추가 정책 방안을 검토했으나 높은 불확실성을 들어 실제 조치는 취하지 않았다. 사실 그 시점에서 통화 정책이 금융 및 신용 시장 안정과 금융 상황 완화 등 지금까지 달성했던 것보다 더 큰 일을 할 수 있을지도 의문이었다. 바이러스가 걷잡을 수 없이 퍼지는 상황에서 이자율이 조금 달라졌다고 해서 과연 사람들이 쇼핑과 외식을 더 하거나 기업의 투자와 고용이 늘어날 수 있을까? 설사 그렇게 된다고 한들, 밖에 나가서 옷을 사고 외식하는 등의 정상적인 경제 활동조차 건강상의 위험이 있는 상황에서 과연 그것이 바람직할까? 파월이 5월 13일 기자회견에서 반복해서 강조한 말은 이후 그의 주문처럼 되어버렸다. "연준이 가진 것은 대출 권한이지, 소비 능력이 아닙니다."[17] 그는 의회와 행정부를 향해 더 많은 재정적 지원을 늘리는 방안을 검토해달라고 촉구했다. 이는 인도적인 이유와 함께 경제에 미치는 장기적인 피해, 즉 '흉터'를 줄이기 위함이었다. 예를 들면 수많은 소규모 사업체의 봉쇄, 기업과 근로자의 관계 단절, 업무 능력의 손실, 실업 인구와 노동 시장의 연계성 파괴로 인한 상처 말이다. 평소 파월에 비해 낙관적인 경제 전망을 꾸준히 강조해온 트럼프 대통령이 그날 기자에게 말했다. 그는 연방 지출을 증대해달라는 파월의 요청에 큰 비중을 두지 않는다고 말하면서도 연준이 지난봄에 기울인 노력에 대해서는 마지못해 인정했다. "그는 지난 몇 개월간 아주 훌륭하게 일해왔습니다. 저는 그를 MIP라고 부르고 싶습니다. 기량이 가장 크게 발전한 선수Most Improved Player 말입니다."[18]

4월 말과 5월에 접어들어 경제가 어느 정도 나아진 것 같았다. 주와 도시 단위에서 외출 금지령이 걷히기 시작했다. 5월에는 280만 명이 일자리를 되찾으면서 공식 실업률이 13.2퍼센트, 조정 기준으로는 16.3퍼센트가 되었다. 회복세는 여름까지 이어졌다. 6월과 7월에는 660만 명이 추가로 일자리를 얻어 공식 실업률은 10.2퍼센트까지 떨어졌다.

그러나 여전히 팬데믹 이전 수준에 비하면 전체 취업인구는 훨씬 못 미쳤고, 실업률은 훨씬 높았다. 여름과 가을을 지나 몰아닥친 2차 전염의 파고가 회복을 늦추면서 수많은 학교와 기업이 문을 열지 못했다. 파월은 기자회견과 증언을 통해 불충분하고 고르지 못한 회복이 미칠 장기적 위험을 강조했다. 파월은 세부 내용에서는 의회와 보조를 맞추려고 애쓰면서도, 초기의 강력한 재정 지원이 충분치 못했을 수도 있다는 점을 강조했다.

11월 대선이 다가오면서 의회와 행정부는 재정 조치를 두고 교착 상태에 빠졌다. 수많은 의견 대립 중에서도 주정부와 시정부에 추가 지원금을 제공하자는 안을 민주당 측은 적극적으로 압박한 데 비해, 행정부와 공화당 다수 의원이 끝까지 반대하고 있었다. 지방정부는 침체로 인해 매출세와 소득세 수입이 급감하여 큰 어려움에 빠져 있었다. 대침체 시기에도 지방정부의 지출 삭감이 회복을 방해한 적이 있어 연준 정책결정자들은 같은 일이 되풀이되지 않을까 심히 우려하고 있었다.

많은 우려에도 불구하고 3분기에 접어들면서 경제는 무너진 기초를 상당 부분 복구하고 있었다. 3월과 4월의 급격한 하락 이후 2020년 2분기 실질 생산량은 2019년 동기 대비 약 9퍼센트 떨어졌다. 그에 비해 3분기에는 전년 대비 불과 3퍼센트 낮은 수준으로 급격히 회복했다. 실업률도 계속 하락해서 11월 공식 실업률이 6.7퍼센트에 도달했다. 연준의 통화 완화 정책은 주택시장 강세를(주택담보대출 금리가 역대 최저 수준으로 내려갔다) 촉진하고 목돈이 들어가는 소비자 지출, 예컨대 자동차 수요 등을 끌어올리는 효과를 통해 경제 회복에 기여했다. 그러나 경기가 정상으로 돌아오기에는 아직도 너무 먼 상태였다. 11월을 지나면서도 일자리 회복 수는 3월과 4월에 잃어버린 2200만 명의 절반을 가까스로 넘긴 상태였다. 여기에 바이러스의 재유행과 재정 지원의 쇠락이 겨우내 회복의 발목을 잡았다. 취업 인구는 12월에는 사실상 하락하다가 1월 들어 겨우 완만히 증가했을 뿐이다.

새로운 정책 체계

팬데믹의 등장으로 연준이 진행해오던 통화 정책의 체계와 수단, 커뮤니케이션에 관한 재검토 작업은 미뤄질 수밖에 없었다. 그러나 2020년 8월 말, 온라인으로 개최된 잭슨홀 회의에서 파월은 정책 체계에 중요한 변화가 있다고 선언했다. 이 변화는 위기에 대한 통화 대응에 즉각적인 영향을 미칠 수 있는 것이었다.[19]

경제 상황이 훨씬 더 좋았던 2018년 11월에 전략 검토를 시작했던 이유는 경제와 정책 환경의 장기적인 변화를 위해서였다. 자연이자율의 지속적인 하락은 글로벌 금융위기 이후에도 분명히 계속되어, 정책결정자들이 불황에서 단기금리의 인하 범위를 줄이는 계기가 되었다. 침체기에 동원해야 할 통화 정책의 이런 한계는 고실업과 낮은 인플레이션이 점점 더 자주 발생하고 더 오래 이어지는 위험을 초래했다. 좀 더 긍정적으로 보면, 자연이자율의 하향 이동, 즉 필립스 곡선이 평탄해지고 인플레이션 기대가 안정된 덕분에 연준은 노동 시장의 활성화를 추구하면서도 과도한 인플레이션은 크게 걱정할 필요가 없는 여유를 누리게 되었다. 파월이 연설에서 언급했듯이, 연준이 전국 각지에서 개최한 청문회 행사에 참석한 사람들은 노동 시장의 강세가 안겨주는 혜택이 크고 광범위하다는 점을 강조했다. 이 혜택은 특히 경험과 능력이 부족한 소수 계층과 저소득 및 중간소득 계층에 집중되는 특성이 있다. 따라서 파월은 최대 고용은 "광범위하고 포용적인 목표"로 인식되어야 한다고 말했다.

검토 결과를 근거로, FOMC는 정책 체계에 두 가지 주요 변화를 승인했다. 첫째, 인플레이션 목표를 추구함에 있어, 이후로는 과거 인플레이션 목표 미달분을 만회하려고 노력한다(단 초과분은 제외). 만약 대침체 이후의 경기 확대 기간에 그랬던 것처럼, 인플레이션이 2퍼센트에 미치지 못하는 시기가 한동안 이어진다면 위원회는 "일정 기간 2퍼센트를 약간 넘는" 수준의 인플레이션을 허용한다는 것이다. 새로운 방식의 목적은 인플레이션을 평균 목표에 가깝게 유지하는 데 있었다. 이와 달리 전통적인 인플레이션 목표 방식에서는 정책결정자가 과거의 목표와 현실의 차이나 그 지속 기간은 무시하고 향후 목표를 달성하는 데만 관심을 기울인다. 지난 일은 잊어버린다는 것이다.

파월은 새로운 오차 보상 전략을 '유연한 평균 인플레이션 목표제

flexible average inflation targeting, FAIT'◆라고 불렀다. 유연성은 몇 가지 측면으로 나눠 설명할 수 있다. 위원회는 양대 의무와 2012년에 도입한 방식을 따르기 위해서는 인플레이션과 고용을 함께 고려해야 한다. 아울러 새롭게 설정한 목표 초과 정책을 설명하는 구체적인 공식이 없다는 점에서도 유연성을 띤다고 할 수 있다. 예를 들어 위원회는 인플레이션율 평균을 측정하는 구체적인 기간을 특정하지 않았다. 그뿐만 아니라 "2퍼센트를 약간 넘는"이나 "일정 기간"이라는 말이 어느 정도를 말하는지 숫자로 정의하지도 않았다. 이런 용어의 정의는 경제 전망과 위원회의 판단에 달려 있다. 중앙은행의 커뮤니케이션이 으레 그렇듯이, 구체성의 부족은 곧 정책의 유연성과 판단의 범위를 지키는 수단이 되지만, 동시에 커뮤니케이션의 오류와 시장의 오해가 증가하는 요인이 되기도 한다.

파월은 유연한 평균 인플레이션 목표제가 만약 시장의 이해와 신뢰를 얻을 수만 있다면 통화 정책이 실질 최저한도의 한계를 극복하는 데 분명히 도움이 될 것이라고 말했다. 특히 FOMC가 인플레이션이 2퍼센트 목표 아래에 머물러 있던 기간이 지난 다음에는 그보다 약간 높은 수준으로 운영하겠다고 약속한 것은 곧, 인플레이션과 고용이 낮은 수준에 머문 기간 후에 경기가 회복되는 상황에서는 이자율을 '더 낮게 더 오래' 유지하

◆ 2020년 9월에 발표된 FOMC 지침으로 증보된 '유연한 평균 인플레이션 목표제'는 2017년에 내가 제안한 '한시적 물가 수준 목표제' 전략과 매우 유사하다Bernanke, 2017a, b. 버냉키, 킬리, 로버츠의 논문에 따르면 한시적 물가 수준 목표는 실질 최저한도로 정책의 제한을 받을 때 경제 성과를 향상할 수 있음을 보여준다(Bernanke, Kiley, and Roberts, 2019). 물론 이 전략은 일반 대중이 아니라 금융시장 참여자로부터만 이해와 신뢰를 받는다는 한계가 있다. 과거 시카고 연방준비은행 찰스 에번스도 유사한 제안을 한 적이 있다(Evans, 2012). 이 방식은 13장에서 더 자세히 다룬다.

겠다는 약속과 같은 것이었다. 더 낮고 더 오래라는 약속은 신뢰만 얻는다면 설사 단기금리가 최저한도에 다다르더라도 장기이자율을 아래로 끌어내려 경기 부양에 힘을 실어줄 수 있다. 더구나 새로운 방식은 인플레이션을 평균 2퍼센트 주변에 머물게 관리하므로, 가계와 기업의 인플레이션 기대를 목표에 가깝게 묶어둘 수도 있다. 인플레이션 기대가 안정되면 인플레이션 관리가 훨씬 더 쉬워지고 이자율이 너무 낮게 떨어지는 것을 방지해주므로 추가 금리 인하를 위한 여유를 확보하는 데도 도움이 된다. 반대로 기존의 인플레이션 목표 방식에서는 인플레이션이 2퍼센트 아래로 떨어지는 경우가 잦아지면서 평균 인플레이션, 나아가 인플레이션 기대까지 FOMC의 목표 아래로 내려갈 수 있는 위험이 있었다.

연준의 체계에 일어난 두 번째 중요한 변화는, 완전 고용 목표를 달성하기 위한 더욱 적극적인 방식이었다. 파월은 연설에서 이제부터 통화 정책은 고용 수준이 최대 수준에서 '벗어날 때'(부족과 초과를 모두 포함한다)가 아니라 그 수준에서 '떨어질 때'만 대처하겠다고 말했다. 다시 말해 FOMC는 이제부터는 단순히 실업률이 낮거나 떨어졌다고 해서 긴축 정책을 취하지는 않겠다는 뜻이었다. 앞으로 긴축이 발동되는 경우는 오직 '인플레이션이 원치 않게 오르거나' 혹은 기타 위험, 예컨대 금융 안정에 미치는 영향 등이 동반될 때뿐이다.

윌리엄 맥체스니 마틴 이후 역대 연준 의장들은 인플레이션에 대해 선제 타격 전술을 즐겨 써왔다. 즉 높은 인플레이션의(노동 시장의 과열도 포함된다) 선행 조건이 갖춰지기 전부터 긴축 정책을 시작하는 것이다. 이런 조치의 명분은 통화 정책의 효과가 시차를 두고 나타나므로 위원회가 너무 오래 기다리면 '인플레이션 곡선에 뒤처져' 나중에 급격한 금리 인상을 동원할 수밖에 없다는 위험에 있었다. FOMC는 이 두 번째 체계 변화를 통해 선제 타격 전술을 실제로 중단할 수 있었다. 이후 FOMC는 현재의 낮은 실업률이 반드시 미래의 높은 인플레이션으로 이어진다는 전제만으로 긴축 정책을 시작하지는 않게 되었다.

새로운 방식에는 자연실업률 u^*의 전망과 관련된 높은 불확실성에 FOMC가 점점 더 관심을 기울이게 된 현실이 반영되어 있었다. 2018년에 파월이 잭슨홀 연설에서 '별을 보면서 항해하는 일'로 묘사했던 그 u^* 말이다. 인플레이션에 대한 선제 타격 전술의 시기와 효과를 잘 맞추기 위해서는 정책결정자들이 전망하는 자연실업률이나 자연이자율이 타당한 값이어야 한다. 그렇지 않으면 인플레이션 전망에 사용되는 필립스 곡선 모델의 정확성이 떨어질 가능성이 크다. 우리는 이미 팬데믹 이전에 이런 일을 경험한 적이 있다. 그런데 FOMC는 새로운 전략을 도입하면서 u^* 값에 대해 다소 경험적인 관점을 취했다. 이제 위원회는 인플레이션을 비롯한 기타 과열 신호를 통해 최대 고용에 도달했다는 증거가 분명하게 드러나기 전까지는 실업률을 낮추기 위한 노력을 계속할 수 있게 되었다. 이 전략에는 인플레이션이 지나치게 높이 뛰어 급격한 정책 대응을 동원해야 할 위험이 따른다는 점은 부인할 수 없다. 그러나 FOMC는 평평해진 필립스 곡선과 안정된 인플레이션 기대를 근거로 그런 위험은 크지 않다고 판단했다. 그보다는 노동 시장의 강세를 추진하면서도 유럽과 일본을 괴롭혔던 지나치게 낮은 인플레이션을 피할 수 있다는 장점을 훨씬 더 크게 평가했다.

위원회는 '장기 목표와 정책 전략에 관한 성명Statement on Longer-Run Goals and Policy Strategy'(2012년에 인플레이션 목표를 도입할 때 처음 발표되었다) 개정안을 만장일치로 가결하여 새 전략을 공식화한 후, 향후 5년 주기로 정책 체계를 검토한다는 계획과 함께 이를 발표했다.✦ 파월은 8월 연설에서 가까운 시기에 이어질 정책 조치를 구체적으로 언급하지는 않았다. 그러나 9월 FOMC 회의에서 나온 추가 지침에서 위원회는 다음 세 가지 조건이 충족될 때까지 제로 수준 금리를 계속 유지할 것이라고 밝혔다. 첫째, 노동 시장 상황이 위원회가 판단하는 완전 고용과 일치할 때, 둘째, 인플레이션이 2퍼센트까지 오를 때, 셋째, 인플레이션이 "2퍼센트를 약간 초과하는 수준에서 당분간 자리 잡을 때"였다. 그 회의에서 발표된 위원회의 금리 전망을 보면 FOMC 참가자 대다수가 이 세 가지 조건이 향후 3년 이상 충족되지 않을 것으로 본다는 것을 알 수 있었다.

위원회는 12월에 채권 매입 계획에 관한 지침도 발표하면서 국채와 MBS 보유량을 매월 최소 1200억 달러까지 늘리는 계획을 "최대 고용과 물가 안정을 추구하는 위원회의 목표가 상당히 진척될 때까지" 이어간다고 약속했다. '상당히 진척될 때까지'가 어느 정도인지 정의하지 않았다는 것은 이와 유사한 표현이 2013년에 긴축발작을 초래했음을 생각하면 다소 놀라운 누락이었다. 당시 연준과 시장의 커뮤니케이션이 어긋나면서 수익률과 변동성이 급격히 증가했었다. 그러나 위원회는 QE를 지속하는 의지에 있어서는 2013년에 비해 훨씬 단합된 모습을 보여주었고 매입을 둔화

<hr>

✦   2021년 7월에 유럽중앙은행도 1년 반에 걸친 검토 끝에 통화 정책 전략 개정안을 발표했다. 그러나 개정 폭은 연준에 미치지 못했다. 개정안은 인플레이션 목표를 "2퍼센트보다 조금 낮은 수준"이라고 한 기존의 표현을 삭제했다. 2퍼센트를 최고 한도라고 보는 관점 대신 2퍼센트를 중간값으로 보고 그보다 약간 높거나 낮은 수준도 모두 바람직하다는 관점을 택한 것이다. 인플레이션 전망을 긴축 정책 시기 결정의 수단으로 삼는 방식은 계속 유지하기로 했다. ECB의 새 전략은 연준의 변화에 영향을 받았으나, 2020년 이후 새로 도입된 전략보다는 이전의 '구식' 대칭 전략에 더 가깝다고 볼 수 있다.

하기 전에는 시장에 충분한 경고를 제공해주겠다고 약속했다. 전체적으로 보아 2020년 말에 연준의 메시지는 통화 정책이 당분간 현행을 유지할 가능성이 크다는 내용이었다.

연준의 새로운 체계와 그것이 시사하는 완화 정책은 당시 재정 조치와 일치하지는 않았다. 그러나 11월에 민주당 조 바이든이 대통령에 당선되면서 상하원에 대한 실질적 지배력을 확보했다. 그에 따라 레임덕을 맞이한 상원에서 12월에 9000억 달러가 넘는 추가 재정 지원 패키지가 통과되었다. 더 중요한 점은 몇 종류의 효과적인 백신이 개발되어 팬데믹을 통제할 수 있다는 희망이 생긴 것이었다.

케어스 법에 따라 마련된 연준의 각종 대출기구는 12월 31일에 갱신이 필요했는데, 므누신 재무장관은 이를 종료하는 편을 택했다. 파월은 성명에서 유감의 뜻을 비쳤으나 결국 재무부 분담금을 상환하는 데 동의하고 대출기구를 통한 신규 대출과 채권 매입을 중단했다. 의회는 12월 재정 패키지의 일부로 므누신의 결정을 확정하면서도 연준의 13조 3항 관련 권한이 팬데믹 이전의 그것에 비해 추가 제한되는 일은 없을 것이라는 점을 분명히 했다. 따라서 케어스 법과 상관없는 13조 3항 관련 대출기구, 예컨대 상업어음 프로그램은 당분간 운영을 계속할 수 있게 되었다. 시장 참여자들은 프로그램 종료를 담담히 받아들였다. 또 다른 긴급상황이 오면 언제든지 재개된다는 믿음이 있었던 것으로 보인다. 시장의 반응은 정작 케어스 법 기구를 통해 제공된 대출 규모가 별로 크지 않았다는 결과와(실제 대출액은 대출기구가 제공할 수 있는 이론적 최대한도인 2조 3000억 달러에 비해 매우 적었다) 일치하는 것이었으나 연준과 재무부가 제 기능을 발휘하지 못하는 시장을 뒷받침할 준비가 되었음을 분명히 보여주었다. 2021년 6월, 연준은 케어스 법 기구를 통해 취득한 회사채의 매각 의사를 발표했다.

2021년 1월에 들어선 바이든 행정부는 별로 지체하지 않고 3월에 총 1조 9000억 달러 규모의 미국 구조 계획American Rescue Plan을 승인하여 가계, 기업, 주정부 및 지방정부에 대한 추가 지원에 나섰다. 새롭게 마련된 이 강력한 구호 재정은 이전의 재정 조치 및 억눌린 소비 수요와 함께 (일부 추산에 따르면 팬데믹 기간에 누적된 추가 저축액이 2조 달러가 넘는다고 한다) 2021년 초반의 소비 및 고용 창출에 동력을 제공했다. 여기에 이른 여름까지 전국 규모의 백신 프로그램이 접종을 원하는 거의 모든 성인을 대상으로 진행되었고, 백신 회의론자와 거부자는 소수에 머물렀다.

바야흐로 경기 호황의 바탕이 마련된 것 같았다. 2021년 1월 회의에 모인 FOMC 참가자들은 4분기 실업률은 4.5퍼센트, 연간 성장률은 7퍼센트의 견고한 추세를 보일 것으로 전망했다. 여름이 지나면서 고용이 급격히 성장해서 6월과 7월에 각각 100만 개에 가까운 일자리가 늘어났다. FOMC는 새로운 체계와 정책 지침에 따라 금리를 제로 수준에 묶었고 채권 매입도 계속 진행했다.

그러나 재정과 통화의 강력한 지원에도 불구하고 경기 회복이 생각했던 것보다 순탄하지는 않았다. 2021년 말에 실업률은 3.9퍼센트까지 내려갔지만, 그것은 단지 잠재 근로자들이 실제 근로 인구로 잡히지 않아서 드러난 결과일 뿐이었다. 여름의 상승에도 불구하고 전체 고용 인원은 팬데믹 이전 최고치에 비해 거의 360만 명이나 모자라는 수준에 머물렀다. 여기에 사업 재개 시기가 분야별로 다르고 아직 근무 현장으로 복귀하지 못한 사람이 많은 데서 오는 고용 회복의 불균형 때문에 고용자의 수요와 일할 수 있는 근로자 수가 서로 어긋났다. 결국 부족한 일자리 수가 수백만에 이르면서도, 한편에서는 수많은 고용주가 인력 부족을 호소하는 기막힌 광경이 연출되었다. 노동력 공급을 떨어뜨리는 요소로는 학교 폐쇄와 보육 기회 부족으로 일자리로 돌아오고 싶어도 그럴 수 없는 부모들이 있었다. 이민자가 줄어든 것도 한 원인이었다. 그리고 실직자가 좋은 일자리를 찾기 위해 더 많은 시간을 낼 수 있도록 정부가 제공하는 혜택도 부족했다. 여전히 존재하는 건강의 위험도 큰 이유였다. 특히 여름에 접어들면서 나타난 변이 바이러스가(여름에는 델타 변이, 연말에는 오미크론 변이 바이러스가 기승을 부렸다) 미국의 코로나-19 발병률에 다시금 불을 지피고 있었다(변이 바이러스가 맹위를 떨치면서 2021년 연준 잭슨홀 회의도 2년 연속 온라인으로 개최되었다). 한편 정상적인 근무 일과에서 멀어진 지 1년 반이 넘어가면서 자신의 직업 선택이나 일과 삶의 균형 문제를 다시금 되돌아보며 가정에서 아이들을 가르치거나 아예 은퇴를 택하는 사람이 많아진 것일지도 몰랐다.

인플레이션은 또 다른 위험을 낳고 있었고, 이 문제는 점점 더 걱정스러운 것이기도 했다. 래리 서머스, 올리비에 블랑샤르Olivier Blanchard(전 IMF 수석 이코노미스트), 제이슨 퍼먼Jason Furman(전 오바마 대통령 경제자문위원장)과 같은 일부 경제학자들은 강력한 재정 부양과 축적된 가계 저축에 통화 완화 정책이 더해져 경기 과열이 초래될 수 있다는 점을 걱정하고 나섰다. 그 결과 1970년대 같은 인플레이션이 부활하거나 연준의 성급한 긴축으로 경제와 시장에 혼란이 올 수도 있다는 것이었다. 실제로 인플레이션이 FOMC 위원들의 예상보다 훨씬 더 빨리 일어나기 시작해서 직전 12개월 코어 PCE 인플레이션은 2021년 말에 이르러 5퍼센트에 근접했다(식품 및 에너지 가격을 포함하는 더 일반적인 소비자 물가 지수로 측정한 값에 따르면, 그달 인플레이션율은 지난 40년 이래 가장 충격적인 7퍼센트에 달했다). 2021년 중반에 연준 관계자들은 인플레이션이 자신들의 예상보다 빠르게 움직인다는 점을 인정하면서도 이런 급등세는 대체로 경제 재개와 관련된 일시적 요소의 결과로 보인다고 주장했다. 예컨대 팬데믹 기간에 직격탄을 맞은 산업 분야(호텔, 항공)에서 보이는 가격 하락 추세의 역전이나, 공급망 병목 현상 (예를 들면 세계적 반도체 부족으로 자동차 생산이 둔화하여 신차와 중고차 가격이 올랐다), 그리고 경제 활동이 재개되면서 유가를 비롯한 일부 품목 가격이 상승하기 때문이라는 것이었다.

더구나 연준 관계자의 주장에 따르면 2021년 상황과 1960년대와 1970년대의 인플레이션 사이에는 또 다른 중요한 차이가 있다. 팬데믹 위기 전의 실업률이 인플레이션 압력 없이도 3.5퍼센트라는 낮은 수준을 보였다는 점을 감안하면 위원회가 이전 시대 정책결정자들이 그랬던 것처럼 자연실업률을 과소평가했을 리 만무하다는 것이다. 공급망이나 고용 공급의 혼란 등을 비롯한 2021년의 공급망 충격은 시간이 지나면서 바이러스만 잘 통제되면 다시 해결될 것으로 보였다. 더구나 2021년의 연준은 1960년대와 1970년대에 비해 사정이 훨씬 나은 편이다. 인플레이션 기대가 훨씬 안정적인 데다 주의 깊게 감시되고 있으며, 연준 정책의 독립성과 관련된 문제도 전혀 없었다. 인플레이션 급증이 한시적이리라는 연준의 관점을 뒷받침하듯이, 2021년의 중기 인플레이션 기대는(가계 및 기업 대상 설문조사와 물가연동국채 수익률을 근거로 측정했다) 물가 상승률이 급등하는 상황에서도 대체로 완만한 수준에 머물렀다.

그럼에도 예상치 못했던 높은 인플레이션 지표로 FOMC와 백악관 내의 우려가 커졌고, 연말을 향해 갈수록 위원회의 관점도 점점 강경론으로 기울어갔다. 2021년 9월의 점 도표에는 위원회 절반이(9명) 첫 금리 인상을 2022년 말로 전망하는 것으로 나타났다(3월에는 4명, 6월에는 7명이었다). 7월 회의록에는 자산매입 축소가 '올해' 시작될 것으로 전망하는 참가자가 많다고 기록되어 있었다.[20] 그리고 11월에 실제로 축소 개시 발표가 나왔고 12월 회의에서 위원회는 속도를 더욱 높여 자산매입 절차를 2022년 3월 마감을 기준으로 줄여간다고 발표했다. 이 발표로 금리 인상이 3월쯤 시작될 가능성이 열렸다. 2021년 11월 점 도표는 FOMC 참가자 18명 전원이 2022년 말까지 최소한 한 차례 금리 인상이 있을 것으로 전망하며, 12명은 최소 세 차례로 전망한다는 것을 보여주었다.

전체적으로 보면 팬데믹 불황으로부터의 매우 비정상적인 회복이 연준의 새로운 체계에 어려운 과제를 안겨주고 있었다. 기록적인 재정 부양과 고르지 못한 경제 재개, 그리고 고용과 인플레이션의 비정상적인 움직임은 예측과 대중 커뮤니케이션을 특히 어렵게 만드는 요인이었다. 중기 인플레이션 기대는 잘 통제되고 있었으나, 2021년의 인플레이션 급증을 사람들이 어떻게 해석하느냐에 따라 인플레이션 기대가 다시 불안해질 가능성도(그렇게 되면 인플레이션이 좀 더 지속될 것이다) 전혀 배제할 수는 없었다. FOMC는 새로운 FAIT 체계에 따라 인플레이션 목표를 한시적으로 상향 조정해둔 터였다. 그러나 이 상향 이동폭이 너무 커지고 너무 오래 갈 수 있다는 위험이 있었다. 과연 그런 결과를 피할 수 있느냐에 연준의 예측 능력과 신뢰도가 달려 있었다.

파월의 임기는 2022년 초로 끝날 예정이었다. 그는 팬데믹 이전과 그 기간의 통화 정책 운용 능력과 2020년 3월의 팬데믹에 대처한 모습, 그리고 그가 보여준 리더십과 정치적 수완 덕분에 민주당과 공화당을 막론해 많은 이들로부터 찬사를 받았다. 연준에 합류할 때만 해도 통화 정책의 초보자에 불과했던 그는 의장이 된 후에는 20세기의 선배들이 전혀 예상하지 못했던 광범위한 정책 수단과 전략을 적극적으로 선보이며 21세기 중앙은행가로서의 완벽한 모습을 보여주었다. 그는 기자회견과 연준 청문회 등의 프로그램을 통해 폭넓은 대중에게 다가감으로써 연준이 더욱 개방된 모습으로 탈바꿈하는 데도 기여했다.

그러나 재지명이 반드시 확실하다고 볼 수는 없었다. 엘리자베스 워런 상원의원(민주당 매사추세츠주)이 주도한 좌측의 비판론은 그가 규제 정책에 충분히 적극적이지 못했다는 데 초점을 맞추었고, 2020년에 일부 FOMC 위원이 의심스러운 채권 거래에 관련되었다는 사실이 드러나면서 파월이 공들여 쌓아온 연준의 제도적 완전성이라는 이미지가 흐려질 위기에 처해 있었다.

추수감사절 사흘 전에, 바이든 대통령이 파월을 의장에 지명한다고 발표했다. 오바마가 지명한 이사 중 유일하게 연준에 남아 있던 레이얼 브레이너드가 역시 2022년 초에 임기가 끝나는 클라리다의 후임으로 부의장에 지명되었다. 브레이너드는 일약 차기를 내다보는 강력한 도전자로 부상했다. 그녀의 통화 정책 관점은 파월과 유사했으나, 민주당 인사들은 그녀가 금융 규제와 기후 문제에 더 강경한 성향을 지니고 있다고 봤다. 바이든은 파월을 선택하면서 직무의 연속성을 중시한 한편, 반대파 인사라도 성공한 연준 의장은 다시 지명한다는 전통을 회복시킨 셈이었다. 대통령은 파월과 브레이너드를 지명한 데 이어 연준 이사와 재무부 관료를 역임한 새라 블룸 래스킨Sarah Bloom Raskin을 금융감독 담당 부의장에 임명했고, 저명한 경제학자 리사 쿡Lisa Cook과 필립 제퍼슨Philip Jefferson을 공석으로 남아 있던 이사진의 두 자리에 앉혔다.

의장직을 4년 더 맡게 된 것은 물론 영광스러운 일이었지만, 파월은 승리에 취해 있을 시간이 없었다. 파월과 동료들은 고물가와 코로나 변종 바이러스가 경제에 미친 위협에 맞서 연착륙을 유도할 방안을 다시 한번 찾아내야만 했다.

21세기의
통화 정책

: 앞으로 다가올 일

11

2008년 이후 연준의 정책 수단: 양적완화와 포워드 가이던스

21세기 통화정책결정자들이 마주한 세상은 20세기 선배들의 그것과는 사뭇 다르다. 이 '뉴 노멀'의 세상에서 지나치게 낮은 인플레이션은 높은 인플레이션만큼이나 골치 아픈 일이며, 너무 낮은 자연이자율 역시 단기금리 인하의 여지를 제한함으로써 전통적인 통화 정책의 효능을 최소화한다. 그렇다면 정책결정자들이 이런 도전에 맞서 택할 수 있는 대안은 무엇일까? 2007년에서 2009년까지의 금융위기와 그 이후에 연방준비제도가(그리고 해외 중앙은행이) 전통적인 금리 인하 방안을 모두 소모한 뒤 꺼내든 방안은 두 가지였다. 첫째, 대규모 양적완화를 통해 장기이자율을 내렸고, 둘째, 포워드 가이던스를 점차 명시적으로 제공하여 미래 통화 정책에 대한 시장 기대를 형성하고 이를 통해 금융 상황에 영향을 미치고자 했다. 팬데믹이 진행되는 동안 연방준비제도와 다른 나라의 중앙은행들은 다시 이런 수단에 깊이 의존하게 되었다.

이런 대안 수단은 얼마나 효과를 거두었을까? 그것이 초래한 비용과 위험은 어떤 것이었을까? 자연이자율이 과거에 비해 훨씬 낮아진 상황에서 QE와 포워드 가이던스는 과연 충분한 효과를 거둘 수 있을까? 금융위기 당시 우리가 연준에서 이런 수단을 도입할 때는 드러난 증거를 바탕으로 최선의 판단을 내리려고 애쓰는 것 외에 다른 방법이 없었다. 그러나 그간 미국과 해외에 걸쳐 상당한 경험이 축적된 오늘날에 와서는, 이런 수단과 사용 방법에 관한 지식이 훨씬 더 많이 밝혀져 있다.

결론부터 말하자면 2008년 이후 도입된 대안적 통화 정책의 효과를 입증해주는 증거가 풍부하게 확보되었다는 사실이다(공식 연구와 실증적 경험을 종합한 결과다). 이런 수단은 단기금리를 더 이상 내릴 수 없을 때 상당한 부양 효과를 더해주며, 무엇보다 그에 따른 부작용도 충분히 감당할 정도에 그친다. 결국 이런 수단은 미국을 비롯해 점점 더 많은 나라에서 영구적인 통화 정책 수단의 일부로 편입되고 있다. 그런가 하면 연준의 2008년 이후 정책 수단은 모든 면에서 충분하다고 볼 수는 없다. 특히 극심한 불황에서나 자연이자율이 아주 낮을 때는 그 한계가 뚜렷하다. 이 점은 자연스럽게 통화 정책과 경제 안정 정책의 효과를 더 보편적으로, 더 일관되게 향상하는 다른 방법은 없는가 하는 질문으로 이어진다.

양적완화

'양적완화'라는 용어는 다양한 종류의 프로그램을 지칭하는 데 사용되어왔다. 여기서 내가 정의하는 QE는 중앙은행이 장기 채권을 대량으로 매입하여 장기이자율 저하와 금융 상황의 호전, 나아가 완전 고용과 물가 안정을 비롯한 거시경제적 목적을 달성하려는 정책을 말한다.

이 정의에서는 예컨대 2001년부터 시작된 일본은행의 채권 매입 같은 사례는 제외된다. 물론 그 프로그램이 최초로 '양적완화'라고 불린 정책이었고 거시경제적 목표를 가지고 있었던 것도 틀림없으나, 주요 매입 대상이 단기 채권이었고 주목적도 장기이자율 인하가 아니라 은행지급준비금과 통화 공급량을 늘리는 데 있었다(일본의 통화 정책은 통화 공급량과 물가 사이에 직접적인 관계가 성립한다는 너무 단순하고 결함이 있는 이론에 의지한 것이었다). 내가 정의하는 QE에서는 특정 금융시장의 안정에만 초점을 맞춰 채권을 매입하는 정책도 배제된다. 예를 들면 유럽 국가 채무 위기 당시 유럽중앙은행이 곤경에 처한 일부 나라의 부채를 집중적으로 매입한 것이나, 2020년 3월에 파월이 연준의 최종 매입자 역할을 자처하며 국채와 정부보증 MBS를 매입한 것과 같은 사례다. 그러나 마지막 사례가 보여주듯이, 시장 안정화 수단으로 시작한 매입 프로그램이 경기 안정화 수단으로 발전할 수도 있으므로 두 유형의 프로그램은 서로 뚜렷하게 구분 짓기 힘들 때가 많다.

미국에 도입되던 당시 QE는 일종의 최후의 수단으로서, 과연 어느 정도의 효과가 있을지, 혹은 어떤 비용과 위험이 잠재해 있을지가 모두 불확실했다. 이에 대한 정치적 비판 역시 만만치 않았다. 그럼에도 QE는 별다른 부작용 없이 유용성을 입증하면서 널리 인정받기 시작했다. 놀랍게도 파월이 이끄는 연준이 팬데믹에 따른 불황과 그 회복 과정에 거의 5조 달러에 가까운 대규모 채권을 매입한 일에 대해서는 의회나 그 어떤 곳에서도 별다른 반발이 없었다. 마찬가지로 팬데믹 사태는 영란은행과 유럽중앙은행에 의한 새로운 채권 매입을 촉발했고, 이 프로그램은 해당 기관뿐만 아니라 정치인과 일반 대중의 폭넓은 지지를 얻었다(일본은행은 자산매입을 중단한 적이 없었고 팬데믹 기간에도 계속 그 정책을 이어갔다). 또 글로벌 금융위기나 대침체를 거치면서도 QE를 전혀 사용하지 않았던 중앙은행들

도(캐나다 은행, 호주 준비은행 및 기타 개발도상국 중앙은행들이 여기에 포함된다)
팬데믹 기간에는 이 수단을 도입했다. ◆

QE는 어떻게 효과를 발휘하는가?

경제학자들은 QE가 어떤 방식으로 효과를 발휘하는지, 혹은 과연 효과가
있기는 한 것인지를 놓고 많은 토론을 벌여왔다. FOMC가 채권 매입을
처음으로 검토하던 당시에도 일부 경제학자들은 QE가(따지고 보면 이것은
그저 특정 금융자산[은행지급준비금]을 다른 자산[장기 채권]으로 교환하는 것에 불과
하다) 자산 가격이나 경제에 미치는 효과가 크지 않거나 아예 없다고 주장
했다.[1] 심지어 나도 2014년에 이렇게 말한 적이 있다. "QE에 대해 이해할
수 없는 점은 실제로는 효과가 있는데, 이론적으로는 그렇지 않다는 사실
이다."[2]

그러나 QE는 현실에서 그 효과를 입증하고 있으며, 크게 두 가지 채
널을 통해 금융시장에(그리고 이를 통해 경제 전체에) 영향을 미친다. 하나
는 포트폴리오 균형 채널portfolio-balance channel이고 다른 하나는 신호 채널
signaling channel이다.[3] 우리는 2008년과 2009년에 연준의 1차 QE를 계획할
때 두 채널을(둘 사이에는 양자택일이 아니라 상호보완적 관계가 성립한다) 모두

◆   레부치, 하틀리, 히메네즈가 수행한 팬데믹 시기 21개국의 QE 발표에 관한 연구를 보면
     선진국의 QE가 효력을 잃은 사례는 없으며, QE로 인한 장기 채권 수익률 영향은 개발
     도상국에서 오히려 더 크게 나타난다는 사실을 알 수 있다(Rebucci, Hartley, and Jiménez,
     2020).

적극적으로 검토했다.

포트폴리오 균형 채널이란, 중앙은행이 장기 채권을 매입하면 일반 대중이 보유하는 채권 공급량이 줄어들어 가격이 오르고 수익률이 낮아진다는 직관적인 개념을 말하는 것이다. 이 개념의 바탕에는 투자자들은 자신이 보유하는 금융자산의 위험과 기대 수익뿐만 아니라 해당 자산의 다른 특성에도 관심을 기울인다는 전제가 있다. 만약 사람들이 사과와 배의 차이에 관심이 없다면(다 같은 과일로 인식한다면) 두 상품의 공급량 비율을 변경하더라도 가격에는 영향이 없을 것이다. 그러나 사과의 신맛을 더 좋아하는 사람이 있고 배의 단맛을 선호하는 사람도 있는 경우, 배의 공급량을 줄이면 배 가격은 사과 가격에 비해 더 오를 것이다. 같은 논리로 어떤 투자가가 특별히 '선호하는 자산'이 있다면(즉 특수한 전문성이나 거래비용, 규제, 유동성이나 만기 선호도, 혹은 기타 이유로 특정 자산을 더 선호한다면), 그 자산의 공급량 비중을 변경함으로써 그들의 자산에 영향을 줄 수 있다."◆

실제로 많은 투자자가 위험과 수익률 외에도 다른 이유로 특정 유형의 자산을 선호한다. 예를 들어 연기금 관리자는 먼 미래에 은퇴 근로자에게 고정 금액을 지급해야 한다는 사실을 알기 때문에, 안전하고 수익을 예측할 수 있는 장기 자산, 예컨대 장기 국채 등을 선호한다. 머니마켓펀드는 단기 국채나 신용등급이 높은 기업의 상업어음과 같은 단기 유동성 자

◆　물론 이것이 끝은 아니다. 어떤 투자자가 위험과 수익률 외에 특정 자산을 보유하려는 동기가 있다고 해도 다른 투자자는 그렇지 않을 수도 있다. 후자에 해당하는 투자자 집단은 그저 수익률이 높은 자산은 사고 낮은 자산은 팔기 때문에 그들이 QE의 효과를 일부 가로챌 수 있다. 그러나 바야노스와 빌라의 연구에서도 드러났듯이, 이런 영향은 제한적이라고 볼 수 있다. 이익을 중간에서 가로채는 투자자라고 해도 무제한의 위험을 감수할 의지나 능력이 없는 것이 현실이기 때문이다(Vayanos and Vila, 2021).

산을 주로 보유한다. 이는 규제 요건을 충족하려는 목적도 있지만 그들의 주주가 상환을 요청하면 비교적 쉽게 매각하여 대응할 수 있기 때문이다. 투자은행은 국채나 MBS 등의 자산을 보유하는 경향이 있는데, 이것은 단기 대출이 필요할 때 담보로 사용할 수 있는 등의 장점 때문이다.

연준이 진행한 QE 방식은 장기 국채와 정부보증 MBS를 대량 매입하고, 매입 대금은 은행지급준비금을 발행하여 지급하는 것이었다.◆◆ 배의 상대적 공급을 줄이니까 가격이 올라갔듯이, 중앙은행의 매입으로 장기 국채나 MBS의 순 공급량이 줄어들자 투자자들은 가격을 올렸다. 나아가 국채나 MBS를 매각한 투자자들이 그와 유사한 자산, 예컨대 신용등급이 높은 장기 회사채 등으로 옮겨감에 따라 그런 자산의 가격도 따라 올랐다. 이것이 바로 포트폴리오 균형 채널의 본질이다. QE가 장기 수익률에 미치는 영향력은 투자자들이 다른 자산의 공급 변화에 대응하여 자신의 보유량을 조정함으로써 구현된다. 단기금리가 거의 제로에 다다른 상황에서도 정책결정자는 QE를 통해 장기이자율을 내릴 수 있었고, 그러면서도 이 자율은 최소한 미국에서는 대침체와 뒤이은 회복기를 거치는 동안에도 제로를 넉넉히 웃돌았다(실제로 항상 1.5퍼센트를 초과했다).

이런 직관적인 논리에서 한 가지 주의할 점은 미국에서 유통되는 국채와 MBS의 공급량이 수조 달러에 이를 정도로 막대하다는 사실이다. 금융위기 기간과 그 후에 발생한 연방 재정 적자가 국채 공급량 증대에 가세했고, 여기에는 장기 채권도 포함된다. 그 결과, 경제에 충분한 변화를 이루어냄으로써 장기이자율에 영향을 미치기 위해서는 연준이든 해외 중앙

◆◆ 　연준은 만기 연장 프로그램 운영에서는, 은행지급준비금을 발행한 것이 아니라 연준의 포트폴리오에 포함된 단기 국채를 매각하거나 상환하여 장기 국채 매입 자금을 마련했다.

그림 11.1. 연방준비제도 채권 보유 현황, 2007년부터 2021년.

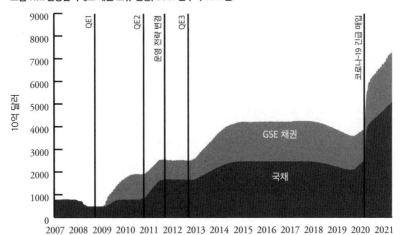

그림은 연방준비제도의 국채 및 GSE 발행 채권 보유 현황이다. 세로선은 채권 매입 프로그램의 발표 시기와 내용을 나타낸다.

출처: 연방준비제도 및 연방준비은행 경제 데이터(FRED).

은행이든 엄청난 양의 채권을 매입해야만 했다. 예를 들면 2014년 10월에 연준이 QE3를 종료할 당시 QE 프로그램 전체를 통한 순 채권 매입 총액은 약 3조 8000억 달러였다. 2014년 10월에 연준이 보유한 약 2조 5000억 달러의 국채는 미국인 전체가 보유한 국채의 약 37퍼센트였다. 연준의 채권 보유액은 파월의 연준이 팬데믹 불황에 대처하기 시작하면서 또 한 번 크게 올랐다. 그림 11.1에 2007년 이후 연준의 국채 및 MBS 보유 규모가 나타나 있다.

　민간 시장의 상대적 채권 공급량에 미치는 효과 외에 QE는 이른바 '신호 채널'이라는 것을 통해서도 효과를 발휘한다. 대규모 QE 프로그램의 발표는 정책결정자가 완화 정책과 낮은 단기금리를 오랫동안 유지한다는 것을 보여주는 강력한 신호가 된다. QE가 왜 완화 정책을 지속한다는 이 메시지를 단지 말로만 하는 것보다 더 설득력을 발휘하는지에 관해서는 다양한 설명이 제시되어왔다. 일부 경제학자들은 대규모 QE 프로그램이 하나의 기관인 중앙은행으로서는 감당해야 할 대가가 크기 때문이라는 점을 지적했다. 장기이자율이 예상치 못하게 오르는 경우 중앙은행이 보유한 채권 가치가 하락하여 자본 손실의 위험과 이에 따른 정치적 비판이 초래된다. 중앙은행이 포트폴리오상의 자본 손실을 피하려는 열망은 최소한 이론상으로는 정책결정자가 긴축 정책을 성급하게 추진하지 않으려는 동기가 된다. 따라서 투자자들은 QE를 중앙은행이 경제 지원을 지속하려는 진정성의 증거로 보게 된다.[4]

이 설명은 물론 논리적일 뿐 아니라 어느 정도 장점도 있지만, 내 경험에 비춰볼 때 QE가 가진 신호 효과의 근원은 좀 더 현실적인 데 있는 것 같다. 그것은 바로 중앙은행이 정책을 어떤 순서로 배열하는가에 대한 투자자의 믿음이다. 시장 참여자는 중앙은행이 채권 매입을 계속하는 한 단기금리를 올리지 않으리라고 믿는다. 결국 중앙은행이 한편으로는 긴축 정책을 유지하면서(금리를 올리면서) 다른 한편으로 통화를 풀어준다는 것은(채권 매입 지속) 상식적으로 이치에 맞지 않기 때문이다. QE 프로그램은 대개 연 단위는 아니더라도 최소 몇 분기는 지속되는 데다 너무 빨리 끝나는 일도 드물므로(그렇게 되면 정책결정자의 신뢰에 손상이 간다) QE를 시작하거나 연장하면 단기 정책 금리 최초 인상 시기에 대한 기대가 뒤로 미뤄진다. 따라서 양적완화 발표는 효과적인 포워드 가이던스 수단으로, 저금리를 유지하겠다는 정책결정자의 약속에 힘을 실어준다. 투자자는 이것을 저금리가 예상보다 오래 지속된다는 신호로 보고, 다시 장기이자율을 더 내릴 동기로 삼는다.

QE가 포트폴리오 균형을 통해서든, 신호 효과를 통해서든, 일단 장기이자율을 끌어내리는 힘으로 작용하기 시작하면 정상적인 시기에 통화 완화를 통한 방식과 대략 비슷하게 경기 부양 효과를 일으킨다. 예를 들어 주택담보대출 금리가 내려가면 주택 수요가 증가하거나, 기존 주택 소유자의 가처분소득이 증가한다. 대출을 갈아타서 상환 비용을 낮출 수 있기 때문이다. 회사채 금리가 낮아지면 자본 비용이 줄어들어 공장 및 시설 투자 동기가 증대된다. 장기금리가 떨어져도 주택이나 주식 등의 자산 가격이 올라가는 경향이 있다. 그렇게 되면 사람들이 좀 더 부자가 된 듯한 느낌이 들어 소비 지출이 활성화된다. 이를 '자산 효과wealth effect'라고 한다.[5] 그리고 다른 모든 조건이 같다면 이자율이 내려가면 미국으로의 투자 유입이 줄어들어 달러화의 가치가 낮아지고 이는 다시 미국의 수출을 촉진하는 효과를 발휘한다. 이런 과정이 합쳐지면 국내에서 생산되는 상품과 서비스의 수요가 증대되고, 이는 미활용 자본과 노동력을 다시 시장으로 돌아오게 만드는 힘이 된다.

QE의 본질과 그 작동 방법을 설명한 이상, QE가 아닌 것이 무엇인지 살펴보는 것도 도움이 될 것이다. 양적완화가 정부 지출과 같지 '않은' 이유는, 중앙은행이 매입하는 것이 상품이나 서비스가 아니라 이자가 붙는 금융자산이라는 데 있다. 나는 의장 재임 시절 언론에서 QE 매입과 정부 지출을 한데 묶어 경제 지원에 사용되는 통화와 재정 프로그램의 '비용'을 따지는 장면을 볼 때마다 대단히 짜증스러웠던 기억이 있다. 이런 관행은 전혀 사리에 맞지 않는 행태다. 양적완화는 생활필수품이나 자동차를 사는 가계 지출에 비유하면 안 된다. 그 가정이 정부 채권을 사서 저축에 보태는 일이 오히려 더 가까운 비유라고 할 수 있다.

같은 이유로, 이미 언급했듯이 QE는 '돈을 찍어내는 일'과도 전혀 다르다. 양적완화는 전체 통화량에 직접적인 영향을 미치지 않는다. 통화량은 사람들이 보유하고자 하는 현금의 총량에 따라 결정된다. QE가 반드시 전체적인 통화 공급량 지수를 높이는 것도 아니다. 통화량 증가는 은행과 가계의 행동 같은 몇 가지 변수에 의존한다. 예를 들어 통화 공급량을 측정하는 이른바 M2 지수가(여기에는 현금과 당좌예금, 저축예금, 머니마켓펀드의 총계가 포함된다) 금융위기 이후 연준이 QE 프로그램을 운영할 때 잠시 완만하게 증가한 적이 있었지만, 2020년에 사람들이 정부 지원 프로그램으로 받은 자금을 은행 계좌에 넣을 때도 바로 이 지수가 급격히 증가했다.

QE 사례 연구: 초기 증거

이론적인 주장을 차치하더라도, QE의 유효성은 어디까지나 실증적인 문제에 속한다. QE의 효과성에 관한 거의 모든 증거는 대침체 시기에 나온 것들이다. 물론 최근 들어 팬데믹 시기의 증거도 일부 접수되고 있기는 하다.[6]

QE에 관한 초기 증거는 사례 연구를 통해 밝혀졌다. 이것은 기초적인 연구 수단이다. 금융경제학의 전형적인 사례 연구 방법은 특정 사건이나 발표를 중심으로 그 전과 후의 동일한 자산 가격을 비교해보는 것이다. 자산 가격은 새로운 정보에 민감하게 반응하는 편이므로, 전과 후를 비교하는 방법은 투자자들이 특정 사건의 경제적 결과를 어떻게 파악하는지를 알아보는 유용한 수단이다. QE 프로그램은, 최소한 발표했던 초기에는 크고 광범위한 효과를 거둔 것이 분명하다. 예를 들어 2008년 11월에 연준의 모기지 담보부채권 매입 발표는 해당 채권의 수익률에 강력한 영향을 미쳤고, 결국 담보부채권 금리의 상당한 저하라는 성과를 거두었다. 더구나 포트폴리오 균형 이론에 의하면 그 발표는 장기 국채 수익률의 급격한 하락에도 영향을 미쳤다고 볼 수 있다. 장기 국채는 MBS의 매우 가까운 대체상품이다.

표 11.1. QE1 발표를 중심으로 본 자산 가격과 수익률 변화.

2년 만기 국채	-0.57
10년 만기 국채	-1.00
30년 만기 국채	-0.58
모기지 담보부채권	-1.29
AAA 등급 회사채	-0.89
S&P500 주가지수	2.32

주: 가뇽, 래스킨, 르마치, 색이 파악한 5개 일자의 일일 반응 합계(Gagnon, Raskin, Remache, and Sack, 2011). 각 행은 국채, 모기지 담보부채권, 회사채의 수익률 변화를 퍼센트포인트로, 주가지수 변화를 퍼센트로 보여준다.[8]

정책 활동에 관한 정보가 늘 한꺼번에 나오지는 않기 때문에, 일부 사례 연구에서는 자산 가격의 누적 변화를 몇 가지 핵심 일자를 중심으로 관찰하기도 한다. 2010년 3월에 경제분석가들이 FOMC에 제출한 한 보고서는 연준이 적합한 정보를 발표한 일자를 중심으로 자산 가격의 변화를 관찰하여 QE1의 효과를 평가한 것이었다.[7] 조사 대상이 된 사건은 2008년 11월 25일에 우리가 발표한 MBS 매입 계획, 연준이 국채를 매입할 가능성을 제기했던 2008년 12월 1일의 내 연설, 그리고 QE1의 대규모 확대 계획을 발표했던 2009년 3월 18일의 FOMC 성명이었다. 그 보고서가 고려한 또 다른 유의미한 FOMC 회의 일자로 2009년 1월의 한 회의를 들 수 있는데, 그때는 연준이 분명히 행동에 나서리라는 기대가 팽배했는데도 아무런 조치가 없어서 시장을 놀라게 했던 날이었다. 표 11.1에는 중요한 정보가 공개된 다섯 개의 날짜별 핵심 자산 가격과 수익률의 총 효과가 나타나 있다. 위에서부터 다섯 개 행은 수익률 변화가 퍼센트포인트로, 맨 아래 행은 주가 변화가 퍼센트로 나타나 있다.

이 표를 보면 2008년 말과 2009년 초에 발표된 것 중 QE1과 관련된 정보가 큰 효과를 발휘했음을 알 수 있다. (5개 핵심 날짜에 걸쳐) 10년 만기 채권 수익률이 1퍼센트포인트나 하락했고 GSE가 발행한 모기지 담보부 채권 수익률은 1퍼센트포인트가 넘는 비율로 떨어진 것에서 확인된다. 이런 변화는 해당 상품의 가격과 수익률의 평소 일일 변동 추이에 비해 몇 배나 더 큰 것으로, 상당한 경제적 효과가 나타난 것으로 볼 수 있다. 연준이 직접 매입하지는 않았으나 장기이자율의 보편 추세와 통화 정책에 민감한 자산(회사채와 주식) 역시 발표 후에 큰 폭의 움직임을 보여준다. 달러화 가치도 QE1 이후 급격하게 하락했다(표에 나타나 있지는 않다). 같은 시기 영란은행의 QE 도입에 관한 사례 연구에서도 주요 발표 일자에 영국 장기 국채 수익률이 총 약 1퍼센트포인트 하락하는 등 상당한 유사성이 관찰되었다.[9]

미국과 영국의 첫 QE에 대한 시장의 강력한 반응은 정책결정자들을 고무시키기에 부족함이 없었다. 이에 따라 그들은 중앙은행의 자산매입이 금융 상황에 미치는 효과가 크지 않다거나 전혀 없을 것이라는 전망을 정면으로 부인했다. 그러나 경제학자들은 이런 결과를 모든 QE 프로그램에 단순히 확대 적용하는 데는 조심스러운 태도를 보였다. 거기에는 최소한 두 가지 이유가 있었다.[10]

첫째, 연준의 QE1의 강력한 결과와 달리, 이후에 진행된 QE들에 관한 사례 연구는 그 정도의 극적인 효과를 보여주지 않았다. 한 예로 금융경제학자 아르빈드 크리슈나무르티Arvind Krishnamurthy와 아넷 비싱요르겐센Annette Vissing-Jorgensen이 2010년 11월의 QE2 발표에 대한 시장 반응을 관찰한 연구를 들 수 있다.[11] 2개 핵심 일자를 중심으로 자산 가격 변화를 조사한 그들은 10년 만기 국채 수익률의 총하락 폭이 상대적으로 평범한 0.18퍼센트포인트에 머물렀다는 사실을 발견했다. 이는 6000억 달러의

QE2 채권 매입 총액이 QE1 매입 금액의 3분의 1에 불과하다는 점을 고려하더라도 시장에 미치는 효과가 QE1의 추산 효과보다는 더 작음을 보여주는 결과였다. 미국과 다른 나라의 이후 QE 프로그램에 관한 또 다른 사례 연구를 보더라도 금융 효과는 크지 않은 편이었다. 이런 결과에 대한 한 가지 해석은 QE1 같은 초기 프로그램이 큰 효과를 보인 주된 이유는 도입된 시기의 금융 변동성이 예외적으로 컸고, 초기 프로그램이 그것을 진정시키는 데 도움이 되었기 때문이라는 것이다. 만약 이 해석이 옳다면 좀 더 정상적인 시기에는 QE의 쓰임새가 제한될 수도 있다는 뜻이다.

사례 연구를 대할 때 조금 더 신중해야 하는 두 번째 이유는, 그 속성상 이것이 아주 짧은 기간의 시장 반응만 포착한다는 점에 있다.♦ 어쩌면 시장 참여자들은 QE처럼 새로운 정책에 관한 정보를 충분히 파악하기까지 좀 더 오랜 시간이 필요할지도 모른다. 따라서 아주 짧은 기간의 자산 가격 반응만 측정하는 사례 연구는 QE의 장기적인 효과를 반영하지 못할 수도 있는 것이다. 만약 그렇다면, 그리고 QE의 효과가 사실은 기껏해야 한시적일 뿐이라면, 역시 채권 매입은 경제에 지속적인 도움을 주지 못한다는 결론이 나온다.

'QE 효과가 한시적일 가능성'이라는 주장의 변형된 버전도 있었다. 좀 더 장기적인 관점의 이 주장은 장기 국채 수익률이 QE1 발표 이후 엄청난 초기 반응을 보였음에도 연준이 약속했던 매입을 실제로 시작한 이

♦ 표 11.1은 하루 동안의 결과이다. 일부 사례 연구는 발표 시간을 중심으로 불과 30분 정도의 짧은 시간을 관찰 대상으로 삼았는데, 여기에는 그날 일어났을지도 모를 정책과 관련 없는 다른 사건의 영향을 줄일 수 있다는 장점이 있으나, 한편으로는 시장이 정책 정보를 꽤 빨리 수용한다는 가정도 포함되어 있다.

후에 꾸준히 내려가지는 않았다는 점을 지적했다. 실제로 우리가 QE1 매입을 종료했던 2010년 초에 10년 만기 국채 수익률은 매입 확대를 발표했던 2009년 5월보다 약 0.5퍼센트포인트 더 '높았다'. 혹시 투자자들은 이때쯤 자산매입이 효과가 없다는 사실을 알고 있었던 것일까? 만약 QE 효과가 지속적이지 않다면 그것은 경제에 큰 도움이 되지 않을 것이라는 결론이 여기서 다시 나온다.

QE 사례 연구의 이런 비판론은 중요하다. 그러나 이후의 수많은 연구로 확인된 바에 따르면 결국 이런 주장은 QE의 효과성을 약화하지는 못하는 것으로 밝혀졌다. 다음 섹션에서도 설명하겠지만, 연구자들이 시장이 대체로 후속 QE를 예상했었다는 사실을 중점적으로 관찰해본 결과, QE는 시장이 정상 기능을 발휘하는 상황에서도 계속해서 효과를 발휘한다는 증거가 나타났다. 더구나 우리가 활용할 수 있는 최선의 이자율 결정 모델에서 나온 증거에서도 장기이자율에 미치는 QE의 효과가 한시적이 아니라 오래 지속된다는 것이 확인되어 단기금리가 최저한도의 제약을 받는 상황에서도 QE가 유용한 수단임을 뒷받침했다.

후속 QE는 실제로 효과가 없는가?

사례 연구가 제기했던 첫 번째 의구심은 후속 QE의 달러당 효과가 초기 양적완화에 비해 작으므로 QE의 효과성이 금융시장이 위기에 처한 상황에만 한정된 것일지도 모른다는 것이었다. 우리가 QE를 표준적인 통화 수단으로 삼기 위해서는 시장이 정상적으로 작동할 때도 그것이 이자율을 낮춰주고 전반적인 금융 상황을 개선해준다는 확신이 필요하다.

사례 연구의 바탕에 자리한 핵심 가정 중 하나는, 사건이나 발표가 시장을 놀라게 한다는 것이다. 그런데 시장의 시선은 항상 미래를 향하고 손에 들어온 정보를 수용하므로, 누구나 예상하던 사건은 발표되더라도 자산 가격에 큰 영향을 미치지 않는다. 발표 자체가 아무리 중요한 것이라고 해도 말이다. 이 논리에 따르면 후속 QE의 효과가 상대적으로 약한 것은 이후의 프로그램이 더 예상하기가 쉬웠고, 따라서 투자자들이 이를 이미 가격에 반영했기 때문이라고 설명할 수 있다. 그때는 이미 투자자들이 양적완화의 내용과 중앙은행의 의지를 더 많이 이해하고 있었기 때문이다.

금융위기 이후(QE1과의 차이점이다) 미국의 후속 QE가 발표될 즈음에 수많은 사람의 기대를 받고 있었다는 것은 오늘날 시장 참여자를 대상으로 조사한 결과로도 알 수 있는 사실이다. 뉴욕 연방준비은행은 정례 FOMC 회의 전마다 매년 여덟 번씩 채권 매입을 포함한 통화 정책에 관한 주요 거래기관들의(그들이 국채 시장을 형성한다) 기대를 조사한다. 예를 들면 2010년 11월에 QE2 발표가 있기 전에 거래기관들은 연준이 프로그램을 도입할 가능성을 88퍼센트로 보고 있었다. 여기에는 나를 포함한 FOMC 위원들의 사전 언질도 반영되어 있다고 볼 수 있다. 더구나 거래기관들은 프로그램의 규모를 연준이 실제로 선택한 것보다 평균적으로 더 크게 예상하고 있었다.[12] 그러므로 막상 발표 당일에 시장 반응이 크지 않았다는 것은 그리 놀라운 일이 아닌 셈이다.

사례 연구 방식을 조정하여 시장 기대의 변화까지 고려할 수도 있을까? 이론적으로 QE 프로그램이 시장에 미치는 전체적인 효과를 측정하려면, 공식 발표 당일만이 아니라 공개적으로 드러난 발표 일자 중에 그 프로그램에 관한 '어떤' 정보라도 담긴 일자가 있으면 모두 연구 대상으로 삼으면 된다. 그러나 현실적으로는 이 기준에 부합하는 일자가 너무 많다는 문제가 있다. 예를 들어 경제 데이터나 다른 뉴스가 시장의 전망을 바꾸어 결과적으로 새로운 QE의 가능성에도 영향을 미칠 수 있는 날은 무수히 많다. 사례 연구에 기준에 부합할 가능성이 있는 일자를 모두 포함하면 QE에 관한 시장 기대에 영향을 미치는 모든 뉴스를 포착할 수는 있겠지만, 그와 동시에 QE와 상관없는 뉴스도 많이 포함될 것이다. 결국 이 방법은 자산 가격에 미치는 QE의 효과만 따로 가려낼 수 없으므로 뚜렷한 결과를 제시해주지 못한다.

더 확실한 방법은 사례 연구에서 시장의 정책 기대치를 직접 관찰 대상으로 삼는 것이다. 다음에 있을 QE 프로그램의 규모와 구성, 시기에 관한 시장의 기대를 우리가 알았다고 가정해보자. 그런데 만약 중앙은행이 그것과 상당히 다른 프로그램을 발표한 경우, '예상과 다른' 발표에 대한 자산 가격의 변화는 우리가 전체 프로그램의 효과를 추론하는 데 도움이 될 것이다. 물론 이 방법에는 시장의 기대를 꽤 정확하게 측정해야 한다는 전제가 있다.

연준의 주요 거래기관 대상 설문조사는 그런 기대를 파악하는 하나의 근거다. 그러나 경제학자들 역시 투자자 조사나 언론 보도 등을 이용하여 기대 지표를 구성할 수 있다. 예를 들어 유럽중앙은행의 로베르토 디샌티스Roberto DeSantis는 경제신문 기사를 바탕으로, ECB가 점증하는 디플레이션 우려에 대응하여 2015년 1월에 전격적으로 시작한 대규모 QE가 시장에 미친 효과를 추산한 적이 있다.[13] 6개월 전부터 ECB 정책결정자들과 언론에서 흘러나온 발언은 QE 프로그램이 임박했음을 알리고 있었으므로, 정작 공식 발표가 (미국의 후속 QE와 마찬가지로) 시장에 미친 효과는 평범한 수준에 그쳤다. 더구나 이 프로그램에 관한 추가 뉴스도 시간이 흐르면서 계속 나왔고, 여기에는 규모와 지속 기간 등 도입의 구체적인 사항과 변경된 내용이 모두 포함되었다. 시장 기대치를 구분해내기 위해 디샌티스는 ECB나 양적완화와 관련된 키워드를 중심으로 〈블룸버그뉴스〉 기사를 집중적으로 분석했다. 그는 이런 방법으로 ECB의 발표 전과 후에 언론과 시장이 QE에 주목한 정도를 나타내는 측정 지표를 만들어냈다.

디샌티스는 이 지표를 사용하여 시장의 정책 기대치를 측정한 다음, 장기이자율의 변화 중 예상치 못한 정책 발표에 반응한 부분만 따로 가려냈다. 그는 이를 통해 ECB의 2015년 QE 프로그램이 10년 만기 국채 수익률을 누적 평균 0.63퍼센트포인트 내렸다는 결론에 도달했다. 이런 감소폭은 경제적으로 상당히 중요한 것으로, 미국과 영국의 초기 QE에 대해 프로그램의 규모 차이를 조정한 후 진행한 사례 연구의 추정치와 비교될 만한 수치였다. 시장의 영향은 유럽 금융시장에 압박이 없었던 2015년 초였음에도 몇 년 전과 다름없이 발생했다.

디샌티스 등의 연구는 발표 당시 QE 프로그램의 전체 규모와 투자자들의 기대치 사이에 유의미한 차이가 있다는 사실을 전제로 하지만, 사실은 반드시 그렇지는 않을 수도 있다. 그러나 투자자들은 QE 프로그램의 전체 규모를 예상하더라도, 중앙은행이 구체적으로 '어떤' 종류나 등급의 채권을 매입할지는 여전히 알 수 없다. QE의 작동 방식 중 하나는 다양한 자산의 상대적 공급량에 영향을 미치는 것이므로(포트폴리오 균형 효과), 특정 채권을 대량으로 매입한다는 뉴스는 표적 대상에서 제외된 자산에 비해 해당 자산의 가격을 올리고 수익률을 떨어뜨리게 된다. 이런 차별적 효과는 포트폴리오 균형 채널의 강도를 판단하는 또 하나의 방법이다.

이런 통찰을 바탕으로 상당한 연구가 진행되었고, 다양한 사건과 국가의 데이터가 집약된 하나의 연구 집합체를 형성했다.[14] 예를 들어 2013년에 마이클 케이힐, 스테파니아 다미코, 캔린 리, 존 시어즈까지 연준 경제분석가들이 수행한 포괄적인 연구는, 유통되는 모든 국채 가격의 일별 변동 데이터를 사용하여 각 QE 프로그램을 발표할 때 매입 채권의 구성 변화가 시장에 미친 효과를 조사한 것이었다. 그들은 연준의 계획에 예상치 못한 변화가 있었는지 파악하기 위해 '주요 거래기관 조사'와 시장에서 나오는 언급을 참고했다.

그들의 방식을 살펴보자. 2010년 11월 3일, FOMC는 6000억 달러 규모의 국채 매입을 발표했다(QE2). 시장은 대체로 QE2를 예상했으므로, 이 발표가 국채 수익률에 눈에 띄는 영향을 미치지 못한 것은 그리 놀라운 일이 아니었다. 앞에서도 이미 언급한 바와 같다. 그러나 같은 시간에 뉴욕 연방준비은행은 그 6000억 달러를 서로 만기가 다른 다양한 채권에 어떻게 할당할지에 관한 정보를 발표했다. 이 발표는 시장 참여자들을 놀라게 했다. 만기가 10년부터 30년 사이인 채권 매입 비중이 QE1에서는 15퍼센트였는데 이번에는 고작 6퍼센트에 불과했기 때문이었다. 그다음에 일어난 일은 포트폴리오 균형 채널의 효과를 잘 보여준다. 연준의 매입 구성 계획을 알리는 뉴스가 나오자마자 만기 10년 미만 채권(예상보다 매입 비중이 더 커진 채권)이 만기가 더 긴 채권에 비해 가격이 오르고 수익률이 하락했다. 투자자들이 QE2에서는 장기 채권의 매력이 떨어진다는 사실을 금세 깨달았기 때문이다.

케이힐과 공동 연구자들은 이 방식을 좀 더 폭넓게 적용하여 QE2와 만기 연장 프로그램이 장기 수익률을 내리는 효과가 QE1과 거의 비슷하다는 사실을 발견했다. 후속 프로그램이 실행되던 시기는 금융시장이 위기 상황에 있던 것도 아니었는데 말이다. 이런 결과는 영국 등에 관한 다른 사례 연구에서도 그대로 나타남으로써 시장 기능이 정상일 때도 QE의 효과가 여전하다는 사실을 다시 한번 시사한다.[15]

연준의 QE 매입 프로그램은 국채의 만기별 구성뿐 아니라 국채와 GSE 발행 모기지 담보부채권의 매입 비중도 달리했다. 예를 들어 QE1에서 매입한 대상은 대부분 MBS와 GSE였던 반면, QE2와 만기 연장 프로그램에서는 국채만 매입했다. 포트폴리오 균형 효과가 실제로 작동하고 국채와 MBS의 비중 변화가 충분히 예상되지 않았다면, 아마도 QE1이 MBS 수익률을 떨어뜨린 효과가 후속 프로그램에서보다 더 컸을 것이다. 그리고 그런 효과가 실제로 구현된 것으로 보이는 근거는 앞에서 언급한 크리슈나무르티와 비싱요르겐센의 Q1과 QE2를 비교한 논문에서도 찾을 수 있다.

같은 맥락에서 연구자들은 연준의 QE가 GSE 발행 MBS와 '점보'(거액의 원금) 모기지 담보부채권 수익률에 미치는 상대적 효과도 살펴봤다. 전자는 연준이 법적으로 매입할 수 있는 상품이고, 후자는 법률상 GSE의 매입이 허용되지 않아 연준의 매입 대상에도 포함될 수 없다. 포트폴리오 균형 효과가 예견하는 대로, MBS를 대량으로 매입하는 연준의 QE 프로그램(QE1)은 GSE 발행 MBS의 수익률을 점보 모기지 담보부채권 수익률보다 훨씬 더 큰 폭으로 끌어내렸다. 그에 비해 MBS를 전혀 매입하지 않는 QE 프로그램(QE2)이 두 종류의 모기지 담보부채권 수익률에 미친 영향은 전혀 차이가 없었다.[16] 이런 사실은 포트폴리오 균형 채널이 위기 이후의 QE에서도 효과가 지속되었다는 의견을 뒷받침하는 것이었다.

비록 포트폴리오 균형 채널이 더 깊이 연구되기는 했으나 QE는 단기 금리가 낮은 수준에서 오래 머무를 것이라는 메시지를 통해서도 효과를 발휘하는 것으로 여겨진다. 이것이 바로 신호 효과다. 이 채널의 중요성을 확인해주는 사례 연구도 일부 존재한다. 이런 연구는 예상치 못한 QE 발표가 나올 때 단기이자율 전망에 대한 시장 기대가 달라진다는 것을 보여준다. 주로 시장 참여자들이 금리 변동 전망에 투자하는 선물시장을 연구 대상으로 삼은 결과다.[17] 2013년의 '긴축발작'은 그 자체가 신호 효과를 보여준 일종의 사례 연구였다고도 볼 수 있다. 물론 의도한 결과는 아니지만 말이다. 내가 시장 참여자들에게 우리가 진행하던 채권 매입 속도가 곧 늦어질 수 있다고 경고하자, 투자자들도 그들이 예상하던 연방기금금리 최초 인상 시기를 앞당겼고, 그에 따라 장기금리도 같이 올랐다. 긴축발작은 QE가 실제로 매우 강력한 신호 효과를 발휘한다는 사실을 보여준다.

QE 효과는 한시적인가?

지금까지 우리는 시장이 후속 QE에 상당한 기대를 지니고 있다는 것을 안 이상, 금융 상황이 개선되거나 중앙은행의 자산 규모가 비대해지더라도 QE 효과가 감소하지 않는다는 것을 확인했다. 그럼에도 사례 연구의 증거에 대한 보편적인 반대 의견은 여전히 남아 있다. 즉 이런 연구는 QE 발표가 자산 가격과 수익률에 단기간의 효과를 미치는 것을 보여줄 뿐이라는 것이다. 그런 효과가 정말 한시적이라면 QE는 경제 부양의 효과적인 수단이 될 수 없을 것이다.

이런 주장의 가장 큰 결점은 금융위기 이후 시장 참여자들이 매력적인 수익 기회를 조직적으로 무시했다고 가정한다는 점에 있다. 물론 그럴 가능성은 지극히 희박하다. QE 발표가 주가와 채권 가격에 미치는 영향이 정말로 단기간에 그칠 것으로 생각했다면 현명한 투자자들은 그 반대로 투자해서 돈을 벌었을 것이다. 그런 투기가 실제로 발생했다는 증거는 거의 없다. 만약 있었다고 해도 그로 인해 QE가 이자율에 미치는 효과가 금세 역전되는 모습이 눈에 띄었을 테지만, 역시 그런 일도 일어나지 않았다. 이런 점에서 투자자들은 전문적인 예측기관의 관점과 일치했으며 그들 대부분은 QE에 대해서도 국채 수익률에 크고 장기적인 효과를 미친다

고 보았다(회사채 등 다른 자산의 수익률에 대해서도 마찬가지였다).[18]

오히려 투자가들은 어쩌면 처음에는 QE 효과가 지속되리라고 생각 했다가, 시간이 지나 그렇지 않다는 것을 알게 되면서 초기의 수익률 효과 가 역전되었을지도 모른다. 예를 들면 이미 언급했듯이 연준이 QE1을 확 대한 2009년 3월부터 QE1을 종료한 2010년 초까지 10년 만기 국채 수익 률은 하락한 것이 아니라 증가했다.

이 주장에 대한 한 가지 대응 논리는, 장기이자율과 자산 가격은 일 반적으로 통화 정책 외의 여러 가지 요소, 예컨대 재정 정책, 세계 경제 상 황, 그리고 시장 정서의 변화 등에 반응한다는 것이다. 2009년 6월에 내 가 FOMC에서 말했듯이, 나는 QE1이 진행되면서 수익률이 오른 현상을 실패가 아니라 우리 정책으로 인해(오바마 행정부의 재정 부양과 주요 은행의 스 트레스 테스트 성공 같은 다른 조치와 함께) 일반 대중의 경제에 대한 확신이 늘 어나고 있다는 신호로 봤다. 물가 연동 채권 수익률과의 비교에 따르면 QE1을(그리고 QE2도) 진행하는 동안 10년 만기 수익률이 향상된 것은 대 부분 높은 인플레이션 기대를 반영한 것이었다. 우리가 인플레이션에 대 해 걱정했던 것이 너무 낮게 떨어질 가능성이었다는 점을 생각하면 이것 은 바람직한 결과다.

그러나 이런 비평에 더욱 깊이 대응하기 위해서는 우리가 장기이자 율을 중앙은행 채권 매입과 어떻게 관련지어야 하는지를 더 자세히 생각 해보면 된다. 비판론의 가정은 만약 QE의 효과가 실제로 존재한다면 중 앙은행이 활발히 채권을 사들이는 동안 장기이자율이 다른 때보다 더 낮을 수밖에 없다는 것이다. 이런 가정에 따르면(장기이자율을 결정하는 것이 중앙은행의 매입 흐름이라는 의미에서 이를 '유동 관점flow view'이라고 부르기도 한다) 연준이 QE1 매입을 열심히 진행하는데도 장기이자율이 떨어지지 않는다면 QE는 효과가 없다는 결론이 나온다.

그러나 만약 QE의 효과가 모든 증거로 입증된 포트폴리오 균형 채널을 통해 발휘된다면, QE와 장기이자율의 관계는 유동 관점이 제시하는 것처럼 단순한 것이 아니라 훨씬 더 복잡할 수밖에 없다. 포트폴리오 균형 이론에 따르면 중앙은행의 채권 매입은 구매할 수 있는 장기 채권 공급량(즉, 유통량)에 변화를 줌으로써 장기이자율에 영향을 미친다. QE의 이런 '보유량 관점'에서, 특정 시점에 채권 매입이 수익률에 미치는 효과는 현재의 매입 속도가 아니라 중앙은행에 누적된 채권의 총량과 그것이 앞으로 얼마나 오래 남아 있을 것인가에 달려 있다. 금융시장은 미래 전망에 따라 움직이므로, 포트폴리오 균형 이론과 이에 따른 보유량 관점이 의미하는 것은 특정 시점의 장기이자율 또한 '미래'의 중앙은행의 매입을 보는 시장의 기대에 따라 달라진다는 것이다.[19]

포트폴리오 균형 이론이 시사하듯이, 시장 기대와 중앙은행의 현재 채권 보유량이 모두 장기 수익률에 영향을 미친다는 사실은 QE의 효과를 실증적으로 분석하기가 매우 어렵다는 점을 의미한다. 그러나 바로 이런 일에 조심스럽게 도전한 연구가 다수 존재한다. 그중 한 가지 방식은 사례 연구 대신 모든 만기의 국채 수익률을 대상으로 만든 정교한 모델을 사용한다(국채 수익률의 '기간구조term structure'라고 한다). 이 연구가 제시하는 질문은 기본적으로 다음과 같다. 다양한 만기별로 이자율을 결정하는 여러 요소, 예컨대 거시경제적 상황이나 유통되는 채권의 총량을 우리가 안다고 가정할 때, 금융위기 이후에 '만약 QE가 없었다면' 우리는 국채 수익률의 기간구조가 어디에 있을 것으로 전망했을까? 이 질문으로부터, 여러 만기별 실제 이자율과 모델로 예측한 값의 차이는 국채 시장에 미치는 QE 효과의 추정치를 제공해준다.

2018년에 제인 이리그Jane Ihrig, 엘리자베스 클리Elizabeth Klee, 칸린 리 Canlin Li, 조 카초벡Joe Kachovec까지 연준 경제분석가들은 이 방법을 사용하여 국채 수익률이 연준의 누적 국채 보유량 및 미래 기대 보유량과 어떤 관계가 있는지를 연구한 논문을 발표했다.[20] 그들은 미래 QE 매입에 대한 시장 기대치를 측정하는 타당한 지표를 개발했다.[21] 아울러 신규 국채 발행량 추산치를 도입했는데, 이것은 연준의 매입이 투자자가 구매할 수 있는 국채 공급량에 미치는 영향을 부분적으로 상쇄하는 값이다.[22] 그들은 또 위기 이전 데이터를 근거로 수립된 모델에 의존하여 QE가 금융 패닉을 진정시키고 시장 기능을 개선한 효과를 추정치에서 배제했다(그들의 분석은 신호 효과도 고려하지 않았다).

연구진은 이런 요소를 종합한 결과를 바탕으로 연준의 채권 매입이 국채 수익률에 상당하고 장기간 지속되는 효과를 미친다는 것을 밝혀냈다. 그들의 추정치가 제시하는 바에 따르면 QE1은 10년 만기 수익률을 0.34퍼센트포인트 끌어내리는 데 지속적인 효과를 보였고, 여기에 QE2, 만기 연장 프로그램, QE3가 더해지면서 처음에는 0.73퍼센트포인트 더 하락하다가, 나중에 연준이 만기 채권을 자체 대차대조표에 편입한다고 발표한 후에는 추가로 더 하락했다. 이런 추산은 다른 연구와 마찬가지로 후속 QE 프로그램과 첫 프로그램 사이에 달러당 효과에 차이가 없다는 것을 보여준다.◆ 어떤 QE 프로그램이든 시간이 지나면서 매입한 채권이 만기에 도달하고 연준의 재무제표가 비대해지면서 효과가 떨어지는 것은 사실

◆　이런 결과는 표 11.1에 나타난 QE1 사례 연구 결과에 비하면 적은 편이지만, 불확실한 통계를 고려하면 사례 연구 논문과 대체로 유사하다고 볼 수 있다. 또 QE가 장기간 지속성을 보일 뿐만 아니라 경제에 미치는 효과도 상당하다는 것을 보여준다.

이나, 연구진은 이 프로그램에서 연준 매입이 10년 만기 국채 수익률에 미친 누적 효과를 QE가 종료된 2014년 10월 기준으로는 1.2퍼센트포인트가 넘고, 2015년 말에도 여전히 1퍼센트포인트 정도일 것으로 추산했다. QE의 보유량 관점에 따라 진행된 미국과 해외의 다른 연구를 보더라도 상당히 유사한 결과가 나왔음을 알 수 있다.[23]

경제적 결정(가계의 주택 구매나 기업의 공장과 시설에 대한 투자) 중에는 장기이자율에 의존하는 것이 많으므로 같은 폭의 하락이라도 장기이자율 쪽이 아주 짧은 기간의 연방기금금리에 비해 경기 부양에 더 큰 효과를 보이는 경향이 있다. 실증적 거시경제 모델로부터 유도한 경험법칙에 따르면 10년 만기 수익률의 1퍼센트포인트 하락은 연방기금금리를 3퍼센트포인트 낮추는 힘을 발휘한다고 한다.[24] 이런 근사치를 적용하면 금융위기 이후 연준의 QE는 실질 최저한도에 가까운 수준에서도 연방기금금리에 3, 4퍼센트포인트의 추가 하락 효과를 안겨다 준다.

요컨대 지금까지 이루어진 연구 결과는 장기이자율과 중앙은행의 채권 매입 사이의 관계가 매우 복잡하다는 것을 보여준다. 이는 과거와 미래의 매입 기대가 모두 이자율에 영향을 미치기 때문이다. 그러나 이런 관계를 고려하더라도 QE가 장기이자율에 미치는 효과가 장기적으로 지속될 뿐 아니라 경제적으로도 상당하다는 것을 뚜렷하게 보여주는 증거가 있다. 아울러 매입에 대한 '기대'가 중요하다는 것은, 다시 한번 중앙은행의 커뮤니케이션이 중요하다는 점을 시사한다. 경제에 필요한 이상 QE를 계속한다는 확고한 의지는, 모호하고 의지가 의문스러운 방식에 비해 대체로 효과가 더 크다.

포워드 가이던스

최근 들어 연준과 거의 모든 주요 중앙은행은 QE 외에도 포워드 가이던스를 많이 활용하고 있다. 정책결정자들이 경제와 정책에 관한 전망을 적극적으로 알리고 있다는 것이다. 중앙은행의 커뮤니케이션은 여러 형태로 다양한 상황에서 이루어진다. 정책결정자의 연설과 증언, 정책 미팅의 회의록, 그리고 연준의 반기별 〈의회 제출 통화 정책 보고서〉나 영란은행의 분기별 〈인플레이션 보고서〉 같은 정기 간행물이 있다. 그러나 연방준비제도가 제시하는 가장 강력하고 관심도 높은 지침은 역시 FOMC가 발표하는 회의 후 성명이다. 의장은 기자회견에서 이 내용을 자세하게 설명한다.

포워드 가이던스를 적극적으로 활용하게 된 동기는, 무엇보다 금융 상황이 현재의 단기 정책 금리뿐 아니라 미래 이자율에 대한 시장의 기대에 의존한다는 통찰에서 비롯되었다. 기금금리가 더 오를 것이라는 시장 참여자의 믿음은 장기금리도 함께 끌어올리는 힘이 되어 금융 상황을 더 어렵게 만든다. 같은 논리로 그들이 미래에 기금금리가 내려갈 것으로 전망하면 장기금리도 따라 내려간다. 포워드 가이던스가 시장의 기대에 영향을 준다는 점에서 이것은 또 하나의 정책 수단이라고 볼 수 있다.

포워드 가이던스의 대상은 대체로 금융시장이 되지만, 원칙적으로 중앙은행에서 나오는 발표는 전체 일반 대중의 기대에도 영향을 미친다. 예를 들어 완화 정책에 대한 계획이 발표되면 이론상 가계와 기업은 성장을 좀 더 낙관하게 되어 현재의 소비와 투자, 고용이 증가한다. 최근 전 세계 중앙은행들이 일반 대중을 상대로 정책 전망을 직접 발언하는 일이 잦아진 이유 중에는 투명성이나 대중을 향한 책임도 있지만 바로 이 포워드 가이던스의 중요성을 새로이 인식했기 때문이다. 그러나 이런 노력이 언젠가는 열매를 맺을 수 있다 하더라도, 현재까지 드러난 증거에 비춰보면 적극적인 투자자가 아닌 평범한 사람들의 기대는 주로 개인적인 경험에 따라 형성된다고 보는 편이 더 정확하다. 예컨대 노동 시장이나, 주로 구매하는 상품이나 서비스의 가격 변동에 대해서 말이다.[25] 연준 경제분석가들은 그들이 만든 경제 모델에서 포워드 가이던스의 효과를 시뮬레이션할 때 주로 전제로 삼는 가정이 두 가지 있다. 하나는 시장 참여자와 일반 대중 모두 이 안내를 듣고 이해한다는 것이고, 다른 하나는 시장 참여자(투자에 적극적으로 참여하고 금융자산을 거래하는 사람)만 그렇게 한다는 것이다.[26] 안내의 효과를 보수적으로 파악할 때는 시장 참여자만 안내에 관심을 기울인다는 가정에 더 비중을 두고 시뮬레이션한다.

중앙은행의 리더들은 오래전부터 미래 정책을 향한 기대의 중요성을 이해하고 있었지만, 1990년 중반 이전까지 연준 관계자들은 그런 기대에 적극적으로 영향을 미치려고 한 적이 거의 없었다.[27] FOMC는 그린스펀 재임 시기에 회의 후 성명을 발표하기 시작했으나, 그마저도 처음에는 금리 변화가 있을 경우로 한정되었다. 이후 시간이 지나면서 정책결정자들의 심중을 넌지시 알리는 내용이 성명에 포함되기 시작했다. 그린스펀 시대의 포워드 가이던스는 정성적이고 때로는 간접적인 표현이 담기기도 했으나, 그럼에도 시장의 기대와 금융 상황에 상당한 영향을 미치는 것 같았다. 2005년에 리펏 구르카이나크Refet Gürkaynak, 브라이언 색, 에릭 스완슨 Eric Swanson이 발표한 논문은 1990년부터 2004년까지 FOMC의 성명이나 기타 커뮤니케이션에 뒤이은 5년 및 10년 만기 국채 수익률 변화 사례 중 4분의 3 이상이 기금금리의 예상치 못한 변경이 아니라 기금금리의 '미래 방향'에 관한 새로운 지침이(명시든 암시든) 그 원인이었던 것으로 추정했다.[28] 알다시피 FOMC의 포워드 가이던스 활용 빈도는 2008년부터 최저한도의 제약으로 정책결정자가 단기금리 인하를 경기 부양 수단으로 삼기 어려워진 이후로 더욱 두드러졌다.

예측 대 약속

현실적으로 중앙은행의 지침은 여러 측면에 따라 달라진다. 시카고 연방 준비은행 찰스 에번스 총재와 같은 은행의 이코노미스트 제프리 캠벨Jeffrey Campbell, 조나스 피셔Jonas Fisher, 알레한드로 후스티니아노Alejandro Justiniano가 2012년에 발표한 논문은 포워드 가이던스의 차이를 델포이Delphic와 오디세우스Odyssean로 구분하여 설명했다.[29] 델포이 안내는(델포이에 있던 아폴론 신전의 신탁에서 따왔다) 단지 정보를 전달하여 대중과 시장이 정책결정자의 경제 전망과 잠정적인 정책 계획을 잘 이해하도록 돕는 데 목적이 있다. 즉 델포이 안내는 경제와 정책에 대한 중앙은행(혹은 정책결정자 개인)의 예측일 뿐, 특정 행동에 대한 약속이 아니다. 반대로 오디세우스가 사이렌의 유혹을 이겨내기 위해 스스로 돛대에 몸을 묶었듯이, 오디세우스 안내는 정책결정자가 마치 돛대에 자신을 묶듯이 미래에 어떤 정책을 구체적으로 하겠다고 말하거나 최소한 매우 강하게 예측하는 것이다.

델포이 안내는 이자율이 최저한도의 제약을 받는 상황과 상관없이 언제든 도움이 될 수 있다. 오히려 1990년경 이후로는 더 나은 델포이 안내를 제공하고자 하는 열망이 중앙은행의 투명성을 추구하는 세계적인 추세에 동기를 제공해주었다. 델포이 안내의 기본적인 논리는 투명성이 향상되면 정책결정자가 전망 변화에 어떻게 대처하는지를 시장이 이해하는 데 도움이 되므로 금융과 경제 상황에 대한 정책결정자의 영향력이 증대된다는 것이다. 예를 들어 회의 후 성명이나 회의록에 나타난 FOMC의 경제 전망이 예상보다 더 비관적이라면 시장은 최소한 당분간은 정책 방향이 완화 쪽으로 기울 것이라고 짐작할 수 있다. 연준의 〈경제전망요약〉은 해외 중앙은행이 제공하는 유사한 예측 및 보고서도 그렇듯이 경제와 정책에 관한 정책결정자의 전망을 전달하는 또 다른 통로이다. 이런 종류의 안내는 중앙은행이 미래를 보는 최선의 판단일 뿐, 어떤 약속도 포함하지 않는다는 점에서 델포이 안내로 분류할 수 있다.

델포이 안내는 어디까지나 예측이므로 경제 전망을 담은 새로운 데이터나 정보가 나타나면 충분히 달라질 수 있다. 앞에서 말했지만, 가끔 논란이 되는 델포이 안내가 있는데 그것은 바로 SEP에 실리는 FOMC 참가자들의 기금금리 전망이다. 위원 개인별 금리 전망을 도표에 점으로 표시했다고 하여 이를 '점 도표'라고도 한다. FOMC 참가자들은 회의가 열리기 전에 각자 전망을 개별적으로 제출한다. 따라서 점 도표는 향후 몇 년간 통화 정책이 어떤 방향으로 진행될 것인가에 대한 참가자 개인의 관점이 집약된 것이다(위원회 전체의 의견이 아닐 수도 있다는 말이다). 따라서 여기에는 참가자 개인이 현재 판단하는 전망과 개인적 정책 선호도가 반영된다. 외부 해설가들은 이따금 점 도표를 하나의 정책 약속으로 해석할 때가 있는데 그것은 오해다. FOMC의 금리 전망은 현재 경제 전망에 한정된 것으로, 전망의 변화와 함께 금리 전망도 달라진다. 이 점은 모든 정책 예측이 마찬가지다. 즉 점 도표가 위원회 전체 의견이 아니라 위원 개인의 전망을 반영한다는 점은 차치하고라도 점 도표는 오디세우스(약속)가 아니라 델포이(언제든 바뀔 수 있는 예측) 안내다. 더 넓게 보면 델포이 안내의 목적은 정책결정자가 경제 분석의 근거로 삼는 요소를 보여줌으로써 시장 참여자와 다른 사람들이 중앙은행과 같은 관점에서 생각하도록 돕는 것이

다. ◆

그에 반해 오디세우스 안내는 주로 단기금리가 최저한도에 머무르는 상황에서 쓰임새를 발휘한다. 단기금리를 더 이상 내릴 수 없을 때도 정책 결정자는 시장 참여자를 설득하여 장기이자율에 하방 압력으로 작동할 수 있다. 단기 정책 금리를 낮은 수준으로 유지하는 기간을 시장이 예측했던 것보다 더 오래 이어간다는 의지를 보여주는 것이다. 이른바 '더 낮게, 더 오래' 정책이다. 오디세우스 안내는 더 낮고 더 오래간다는 약속을 분명하게 전달하며, 만약 신뢰를 얻는다면 최저한도 금리 상황에서도 시장의 기대를 금융 상황이 호전되는 방향으로 이끌 수 있다.

오디세우스 안내는 특정 방향으로 정책을 추진한다는 약속이거나 최소한 강한 의도를 알리는 말이므로 모호하기보다는 명확하고 입증할 수 있는 표현으로 전달할 때 훨씬 더 효과가 크다. 글로벌 금융위기 직후 FOMC가 내놓았던 포워드 가이던스는 '오랫동안'이라는 정성적인 표현을 사용했다. 구체적인 내용이 빠진 이 안내는 효과가 떨어질 수밖에 없었다. 많은 예측가가 위원회 대다수가 의도했던 것보다 더 이른 시간에 금리 인상이 있을 것으로 기대했기 때문이다. 결국 FOMC는 지나치게 강경론으로 흐르는 예측을 불식시키고자 좀 더 정확하고 강제적인 오디세우스 안내를 꺼내들어야 했다. 처음에는 특정 시점이 될 때까지(시간 의존형 안내),

---

◆ 점 도표의 유용성 여부와 나란히 제기되는 논점 중 하나는, FOMC 참가자들이(전원 출석 시 19명이다) 잦은 발언과 인터뷰를 통해 경제와 정책에 관한 개인적인 전망을 밝히는 것이 과연 연준의 메시지에 도움이 되는가, 해가 되는가 하는 문제다. 다양한 관점이 위원회의 메시지를 흐릴 때도 있으나, 순전히 내 생각을 말하자면 다양한 목소리는 현재 진행되는 논의의 미묘한 분위기를 일반 대중이 이해하는 데 도움이 될뿐 아니라 여러 가지 관점이 검토되고 있다는 점을 알려주는 장점을 가진다고 생각한다.

곧이어서는 실업률이 특정 수준까지 떨어지기 전까지는(상황 결부형 안내) 금리 인상이 없다고 약속했다. 더 강력해진 안내는 시장의 정책 기대에 바람직한 효과를 발휘했고, 결국 금융 상황에까지 영향을 미쳤다. 연준의 안내가 좀 더 분명해진 데 대한 반응으로, 전문 예측가들은 위원회가 첫 금리 인상을 승인할 것으로 예상한 지점까지 실업률 전망을 계속해서 내렸다. 정책을 꾸준히 지속한다는 메시지가 드디어 받아들여졌다는 신호였다.[30]

팬데믹 기간에 FOMC가 내놓은 포워드 가이던스는 더 강하고 좀 더 명확한 안내라는 추세를 계속 이어갔다. 2020년 9월부터 위원회는 제로 수준에 있던 금리를 인상하지 않을 것이며, 그 시기를 "노동 시장 상황이 위원회가 판단하는 최대 고용과 인플레이션이 2퍼센트에 도달한 후 당분간 2퍼센트를 약간 넘는 수준에 자리 잡을 때까지"라고 명시했다. SEP에 실린 위원회 개인별 실업률 및 인플레이션 전망과 정책결정자의 연설 및 증언으로 보완된 이 지침은 금리 인상의 조건과 그 이후의 동향에 관해 상당한 정보를 제공해주었다.[31] 초기 증거는 연준의 커뮤니케이션이 2020년 8월에 발표된 더욱 폭넓은 정책 체계와 합해지며 의도했던 효과를 거두었음을 보여준다. 예를 들어 연준이 새로운 안내를 발표한 후에 설문조사를 해본 결과 주요 거래기관과 시장 참여자들은 FOMC가 최저한도에 있던 금리를 인상하는 시기의 인플레이션을 상당히 높게, 실업률은 낮게 전망했음을 보여주었다.[32] 이 사실은 당시 시장이 저금리가 수년간 유지될 것으로 전망했다는 점에서, 포워드 가이던스가 먼 미래의 정책 기대에도 영

향을 미칠 수 있다는 점을 재확인했다. ◆

FOMC는 2020년 9월에 기금금리 계획의 여러 면에 관해 상당히 상세한 내용을 밝히기는 했지만, 다른 면에서는 모호한 점이 많았다. 특히 위원회는 '약간 넘는 수준'과 '당분간'이라는 표현을 구체적으로 정의하지 않음으로써 인플레이션 초과 관리의 규모와 기간을 장래 정책결정자들의 재량에 맡겼다. 또한 위원회는 채권 매입의 안내를 추가로 제시했던 2020년 12월에는 목표를 향한 "상당한 추가 진전"을 달성한다는 다소 모호한 기준과 매입 계획을 결부시켰다(QE3를 떠올리는 방식이었다). 이런 모호성은 오디세우스 안내의 여러 사례에 명백히 나타나는 상충관계를 반영한다. 한편으로 매우 구체적인 약속은 시장에 분명하게 전달된다는 장점도 있지만, 그것을 어겼을 때도 분명하게 눈에 띄기 때문에 정책결정자는 이를 어기기가 더욱 어려워진다. 다른 한편으로는 이토록 불확실한 세상을 살아가면서 정책결정자가 예상치 못한, 혹은 비정상적인 환경에 대응하는 능력을 쉽게 양보하지 못하는 것도 충분히 이해된다. 따라서 오디세우스 안내에는 면책조항이 담기는 경우가 많다. 예를 들어 2020년 9월에 FOMC는 성명에서 "위원회의 목표 달성을 방해하는 위험이 드러날 경우" 정책을 조정할 준비가 되어 있다고 말했다(과도한 부채 누적과 같은 금융 안정성 위험을 언급한 것 같다). 또 다른 예로 2012년에 위원회가 발표한 조항에서는 QE3의 지속 기간을 결정할 때 프로그램의 "효능과 비용 가능성"을 고려할 수 있다고 밝힌 적이 있다. 중앙은행 책임자는 약속과 유연성 사이의

◆   2020년 8월의 인플레이션 폭등은 예상보다 이른 긴축으로 이어졌다. 그렇다고 이것이 포워드 가이던스와 부합하지 않는 것은 아니다. 포워드 가이던스는 상황 결부형이기 때문에 미래 정책은 경제의 변화 상황과 연결된다.

상충관계에서 균형을 취하는 법을 아직도 배우고 있다.

금융위기 이후에 연준이 겪은 일은 더 큰 범위에서 전 세계 중앙은행이 커뮤니케이션을 더 유용한 정책 수단으로 삼는 법을 배워온 과정을 잘 보여준다. 금융위기 이후 중앙은행이 보냈던 가장 강력한 신호의 예는 뭐니 뭐니해도 2012년 7월에 마리오 드라기가 유로를 구하기 위해서라면 "무엇이든 하겠다"고 말한 일이겠지만, 유럽중앙은행과 다른 중앙은행은 그것 외에도 좀 더 표준적인 안내를 광범위하게 활용해왔다. ECB는 2013년 7월부터 공식 안내를 시작하면서 주요 핵심 금리가 "오랫동안 낮은 수준에" 머무를 것으로 본다고 말했다(연준이 포워드 가이던스 초기에 '오랫동안'이라는 표현을 사용했던 장면을 떠올린다).[33] 이렇게 시작했던 ECB의 안내는 점차 세련되게 발전하면서 ECB 이사회가 전망하는 각종 정책 금리뿐만 아니라 채권 매입, 만기 채권의 재투자, 은행 특별 대출 프로그램, 그리고 여러 정책 수단 사이의 관계 등을 폭넓게 다루었다.

일본은행도 최근 들어 포워드 가이던스를 대폭 활용하면서(위기 이전 시대에 포워드 가이던스를 가장 먼저 도입한 선구자였다) 저금리 기조의 장기 지속과 2퍼센트를 근소하게 초과하는 인플레이션 목표 운영을 약속해왔다. 영란은행과 캐나다 은행 및 기타 주요 중앙은행들 역시 좀 더 명확하고 오디세우스 형태에 가까운 안내를 활발하게 사용했다. 해외 중앙은행 사례에 관한 실증 연구에 따르면 중앙은행의 발언은 최저한도 제약 환경에서도 시장의 불확실성 감소와 경기 부양에 모두 도움이 된다고 한다.[34] 약간 과장된 표현이지만 나는 종종 통화 정책이 98퍼센트의 말과 2퍼센트의 행동이라고 말하기도 한다. 중앙은행이 최근 수십 년 동안 배운 가장 중요한 교훈이 있다면 훌륭한 커뮤니케이션이 효과적인 정책 수립을 낳는다는 것이다.

안내의 신뢰도

경기 부양의 효과를 극대화하기 위해 오디세우스 안내는 저금리를 시장 참여자가 기대했던 것보다 더 오래 유지하겠다는 정책결정자의 의도를 알려야 한다. 예를 들어 시장이 제로 수준의 금리가 2년 정도 유지하리라고 예상한다면 정책결정자가 제로 금리를 1년 유지한다는 약속은 금융 상황 개선에 아무 도움이 되지 않는다. 오히려 더 부진에 빠뜨릴 가능성이 크다.

오디세우스 안내가 효과를 거두기 위해서는 중앙은행이 먼 미래에 할 행동을 약속해야 하므로, 그런 약속이 얼마나 신뢰를 얻을 수 있는가 하는 문제가 제기된다. 몇 년 후의 경제 상황은 충분히 달라질 수 있으므로 정책결정자는 과거에 했던 약속을 어기려는 유혹에 빠지기 쉽다. 혹은 정책결정자 자신이 바뀔 수도 있다. 임기가 끝나면 새로운 사람이 그 자리를 맡게 되니 말이다. 시장 참여자가 중앙은행의 약속이 실제로 이루어질 것인지 의심한다면(오디세우스 안내가 신뢰를 잃으면) 그 약속은 바람직한 효과를 거둘 수 없을 것이다.

중앙은행이 안내의 신뢰도를 강화하는 방법은 무엇일까? 약속을 명확하고 검증할 수 있는 표현으로 하면 도움이 된다. 어겼을 때 눈에 쉽게 띄기 때문이다. 그러나 우리는 일상생활에서도 약속하는 사람의 말보다는 그 사람의 평판을 보고 약속의 신뢰도를 판단하는 것이 보통이다. 똑같은 원리가 중앙은행의 약속에도 그대로 적용된다. 중앙은행의 신뢰도는 핵심 정책결정자의 개인적 평판이나 의사소통 기술에도 어느 정도 영향을 받지만, 정책결정자도 자신이나 그 후임자를 절대적으로 구속할 수는 없으므로 기관의 평판도 마찬가지로 중요해진다. 정책결정자는 기관의 평판을 의식하기 때문에 전임자가 한 약속까지도 끝까지 지키려는 동기가 있다. 그래야 중앙은행의 평판을 보존하고 미래의 약속에도 신뢰를 얻을 수 있

다는 것을 그들도 알기 때문이다.[35]

　명확한 안내와 일관된 약속 이행 외에도 중앙은행의 신뢰를 결정하는 데는 최소한 두 가지 요소가 더 있다. 첫째, 전체적인 정책 체계가 마련되어 있는 것이 중요하다. 이것은 명시적이든 암묵적이든 중앙은행이라는 조직 내부의 폭넓은 합의와 정책 방식을 규정하는 원칙이다. 체계는 개별적인 안내에 큰 범위의 맥락을 부여하여 시장이 구체적인 안내의 바탕이 되는 논리를 이해할 수 있게 해주며 정책결정자가 약속에서 벗어나는 일을 막아준다. 인플레이션 목표나 이와 유사한 체계가 정책결정자에게 '제한적인 재량권'을 부여한 것을 생각해보라. 파월 시대의 연준이 2020년에 유연한 평균 인플레이션 목표를 만장일치로 도입한 일은 FOMC가 위원회의 리더십에 변화가 오더라도 전체적인 방법론을 계속 유지할 것이라는 점을 시사한다.

　둘째, 단기적 정치 압력으로부터 중앙은행의 독립을 지켜냄으로써 신뢰도를 강화할 수 있다. 특정 정파성이 두드러진 정책결정자는 선거철이 다가오거나 정치적 분위기가 바뀌는 상황에서 3, 4년 후의 정책 약속에 신뢰를 얻기란, 물론 불가능하지는 않겠지만 무척 힘들다. 게다가 그들은 반대파가 한 약속을 군이 지키려고 하지 않을 것이다. 정책결정자의 긴 임기나 초당파성에 큰 가치를 두는 정신 등은 모두 연준의 독립성에 기여하는 요소로서, 먼 훗날까지 연준의 약속에 신뢰를 더해준다.

　이 장에서는 QE와 포워드 가이던스를 따로따로 기술했지만, 경험에 따르면 이 둘은 서로 밀접하게 얽혀 있다. 한편으로 QE는 정책 금리의 유력한 행보를 알림으로써 효과를 발휘하는 측면이 있다(신호 효과). 사실 중앙은행은 QE와 금리의 연관성을 점점 더 분명히 드러내는 추세다. 예컨대 채권 매입이 마무리되기 전까지는 금리 인상이 없다고 약속하는 것에서도 알 수 있다. 다른 한편으로 정책결정자는 미래 QE에 관한 안내를 제공하거나 자산 보유량을 금리 수준과 연동하기도 한다. 예를 들어 FOMC는 2017년 6월에 연방기금금리 인상이 "충분히 자리 잡을 때까지" 연준의 대차대조표 규모 축소를 시작하지 않을 것이라고 밝혔다. QE와 포워드 가이던스는 너무나 밀접한 관계를 맺고 있어 그 둘이 자산 가격에 미치는 효과를 뚜렷이 구분하는 것은 그리 간단한 일이 아니다. 그러나 이 두 가지 수단은 서로 시너지를 발휘하며 단기금리가 정책 수단으로서 더 이상 의미 없는 시대에 통화정책결정자들의 중요한 무기가 되고 있다.

12

연준의 정책 수단은 충분한가?

중앙은행이 QE와 포워드 가이던스를 통해 실질 최저한도 금리 조건에도 불구하고 금융 상황을 호전시킬 수 있다는 확신이 생겼어도 여전히 중요한 문제들은 남았다. 첫째, 이런 수단은 과연 정책결정자가 고용과 물가를 큰 폭으로 개선하는 성과를 달성하는 데도 도움이 되는가? 특히 저금리를 유지하며 아무런 조치를 하지 않는 대안 수단에 비해서 말이다. 다시 말해, 이런 대안 수단은 최저한도가 초래한 통화 정책의 한계를 보완해주는가? 그리고 그렇다면 그 효과는 어느 정도인가? 둘째, 부작용 가능성을 고려할 때, 이 수단은 비용 효과 면에서도 검증이 되었는가? 혹시 이런 수단의 비용과 위험이 그 쓰임새를 제한하지는 않는가?

QE와 포워드 가이던스의 경제 효과

연구자들이 QE와 포워드 가이던스의 경제 효과를 파악하는 한 가지 방법은 역사적 경험을 살피는 것이다(물론 제한적이기는 하다). 이런 수단을 적극적으로 활용하는 미국과 다른 나라의 경제 성과는 과연 그렇지 않았을 때보다 뚜렷이 낫다고 장담할 수 있을까?

QE, 포워드 가이던스 그리고 대침체

팬데믹 불황으로부터의 회복이 여전히 진행되는 동안 거의 모든 것이 대불황과 이후의 회복에 초점을 맞추고 있었고, 당시 연준과 주요 국가의 중앙은행은 처음으로 대규모의 QE를 동원하며 점차 명확한 포워드 가이던스를 제시하고 있었다.

이런 수단의 사용에도 불구하고 깊은 불황과 더딘 회복이 이어졌고, 거의 모든 경우 인플레이션은 중앙은행의 목표 수준 아래에서 꼼짝도 하지 않았다는 것을 우리는 안다. 다른 한편으로는 최저한도 문제가 없었던 위기 이전 시대에도 통화 정책은 결코 불황을 피하는 수단이 된 적이 없었고, 단지 그 정도를 완화하거나 회복 속도를 좀 빠르게 하는 데 그쳤을 뿐이다. 더구나 통화 정책은 대침체 이후의 경기 확대 추세를 결정하는 여러 인자 중 하나에 불과하다. 미국에서 회복이 늦어지는 데 영향을 미친 요인으로는 여러 가지를 들 수 있다. 주택시장 붕괴가 신규 건설에 미친 부진 효과, 유럽 국채 위기가 미국의 무역과 금융시장에 불러온 여파, 2009년 재정 패키지로 인한 이른 내핍, 그리고 생산성 성장 둔화가 그 예다. 회복이 비록 빠르지는 않았으나 보기 드물게 꾸준히 이어져서 결국 미국 역사상 최장기 경기 확대를 기록했다. 여전히 남는 질문은, 이 모든 요소를 종합할 때 새로운 수단은 과연 얼마나 도움이 되었는가 하는 것이다.

경제학자들은 당연히 이런 주장에 동의하지 않았다. 일부 연구는 QE와 포워드 가이던스가 금융위기 이후에 최저한도의 제약을 상당히 극복했음을 보여준다. 이 연구에 따르면 통화 정책은 최저한도의 한계 속에서도 평소와 다름없이 대침체 이후에 노동력과 자본을 다시 시장으로 돌아오게 만드는 힘이 되었다고 한다. 2017년 존 퍼널드John Fernald, 로버트 홀Robert Hall, 제임스 스톡James Stock, 마크 왓슨Mark Watson이 브루킹스 연구소에서 발표한 논문에 따르면 회복 속도 둔화의 이유는 정체된 생산성 증대와 베이비붐 세대의 고령화에 따른 노동력 참여율 하락으로 설명된다고 한다.[1] 이런 추세는 모두 위기 이전에 자리 잡은 것이다. 또한 연구자들은 실업률을 포함하는 자원 활용 지표가(성장 잠재력보다는 주로 통화 정책에 더 큰 영향을 받는다) 비교적 정상적인 속도로 회복되었다고 언급하기도 했다.◆ 만약 대불황으로부터의 회복이 유례없을 정도로 비정상적이지 않았다면, 충격의 크기와 경제의 성장 잠재력을 생각할 때 어쩌면 추가 수단을 포함한 통화 정책이 최저한도 금리에 그토록 심각하게 제한되지는 않았을지도 모른다.

그러나 위기 이후에 대한 평가는 대부분 좀 더 복합적인 결론을 내린다. 2015년에 연준 경제분석가들인 에릭 엥겐Eric Engen, 토머스 로바크 Thomas Laubach, 데이비드 레프스나이더David Reifschneider가 발표한 논문이 좋은 예다.[2] 그들은 미국 경제에 대한 연준의 주요 예측 모델인 FRB/US를 사용하여 위기 이후 연준 정책의 경제 효과를 시뮬레이션했다. FRB/US 같은 상세한 경제 모델을 통해 연구자들은 통화 정책 이외의 요소인 재정

◆　예를 들어 실업률 갭(실업률에서 의회예산국이 추산한 자연실업률을 뺀 값)은 정점이었던 2009년부터 2019년까지 분기당 약 0.14퍼센트포인트씩 하락하여 제2차 세계대전 후 불황 시기와 거의 같은 수준을 기록했다. 같은 기간 장년층의 고용 대비 인구 비율은 저점 이후 분기당 0.12퍼센트포인트씩 증가하여 1973년부터 1975년까지, 그리고 1981년부터 1982년까지의 불황 후 회복기보다 눈에 띄게 느린 편이었지만, 1990년부터 1991년과 2001년 등 다른 불황 때와는 유사한 수준을 보였다.

정책과 해외 경제 상황 등을 분리하여 관찰할 수 있다. 연구진은 QE와 포워드 가이던스가 합쳐져 금융 상황의 개선에 공헌했지만, 2011년 이전까지 회복 속도를 충분히(금리 인하로 달성한 수준 이상으로) 끌어올리지는 못했다는 사실을 발견했다. 그들은 2009년과 2010년에 새로 도입된 수단의 경제 효과가 제한적이었던 이유로 세 가지를 제시했다. 첫째, 연준의 초기 포워드 가이던스는 저금리가 오래 지속된다는 시장의 기대를 끌어내기에 효과적이지 않았다. 둘째, QE의 효과는 연준의 채권 보유량이 증가하고 투자자들이 추가 자산매입을 예상하기 시작하면서 서서히 축적되는 형태로 나타났을 뿐이다. 세 번째로, 무엇보다 통화 정책이(전통적이든, 새로운 형태이든) 충분한 효과를 보이기 위해서는 항상 시간이 필요하다.

그러나 연구진은 2011년 즈음에는 새로운 수단이 회복을 눈에 띄는 속도로 진전시켰음을 발견했다. 만약 연준이 금리를 제로 수준으로 내린 채 QE나 포워드 가이던스를 동원하지 않았을 때와 비교하여 2015년 초에 실업률이 1.25퍼센트포인트 낮고 조금 후에는 인플레이션이 약 0.5퍼센트포인트 높은 수준을 보였던 것은 모두 이런 수단 덕분이었다. 이런 효과는, 비록 시기는 늦어졌지만 실로 대단한 수준이라고 볼 수 있다. 예를 들어 연준의 FRB/US 모델에서는 연방기금금리가 1퍼센트포인트 낮아질 때 실업률을 끌어내리는 효과를 0.25퍼센트포인트 미만이라고 본다. 새로운 정책 수단의 추산 효과에 비하면 5분의 1에 불과한 수준이다.[3]

이 두 논문은 대침체로부터의 회복을 연구한 미국과 다른 나라의 많은 연구 중 일부에 불과하다. 나는 이런 연구 결과로부터 두 가지 결론을 도출한다. 이는 2020년 FOMC가 발표한 전략 검토의 일부로 작성된 경제분석가들의 보고서에서도 소개된 바 있다.[4] 첫째, 긍정적인 면을 살펴보면 글로벌 금융위기 이후 QE와 포워드 가이던스는, 예컨대 금리를 제로로 인하한 후 아무 정책 조치도 취하지 않았다는 가정에 비해 결국 유의미한 경제 효과를 거둔 것이 사실이다. 연준이 새로 도입한 정책 수단은 지출과 고용을 자극했을 뿐 아니라 시장의 확신과 위험 감수 성향, 그리고 신용 흐름에도 부양 효과를 미쳤다. 다른 나라와 비교해보더라도 미국과 영국처럼 초기부터 새로운 수단을 적극적으로 사용한 나라는 비교적 강하고 지속적인 회복을 통해 인플레이션 목표에 가까이 다가섰음을 알 수 있다.

둘째, 그렇다고 새로운 수단이 최저한도가 부과한 제한을 모두 상쇄했을 가능성은 크지 않은 것으로 보인다. 이런 결과는 QE와 포워드 가이던스의 본질적 한계를 보여주는 것일 수도 있지만, 우리가 이 수단을 활용한 방법을 반영하는 측면도 있다. 연준은 초기에 조심스러운 태도를 보였고, 특히 QE에 대해서 그랬다. 우리는 새 수단이 과연 효과적인지, 그에 따른 비용과 위험은 무엇인지에 대해 거의 아무것도 아는 것이 없었고, 특히 초기에는 경제적 전망에 관해 유독 확신이 없었다. 그랬으니 시장 참여자들도 연준과 다른 중앙은행의 변화하는 정책 전략을 이해하는 데 시간이 필요했다. 시간이 지나 새로운 수단에 대한 우리의 이해가 깊어지고, 경제를 돕기 위해 더 많은 일을 할 수 있고, 또 그래야 한다는 점을 우리가 인식하면서 QE와 포워드 가이던스를 더욱 적극적으로 활용했고, 실제로 더 큰 효과를 거두었다.

이런 관찰 결과는 대침체로부터의 회복 초기 단계의 경기가 훨씬 더 약세였음을 의미할 수도 있지만, 우리의 경험에 따르면 새로운 정책 수단이 훨씬 더 효과적일 수 있음을 보여주는 것이기도 하다. 연준은 여기서 배운 교훈을 2020년 팬데믹 불황의 대응에 활용할 수 있었다.

팬데믹 시기의 새로운 정책 수단

아무런 예고 없이 닥친 팬데믹의 충격은 그때까지 무사했던 경제를 일거에 무너뜨렸다. 파월이 이끄는 연준은 2020년 3월에 발생한 금융시장 격동의 대응책으로서 국채와 모기지 담보부채권에 대해 최종 매입자의 역할을 감당했고, 해외 중앙은행과 스와프 협정을 수립했으며, 2008년 위기 시대에 가동했던 프로그램을 부활시켜 핵심 금융시장과 기관에 유동성을 공급했다. 연준은 의회의 지지에 힘입어 연방준비법 13조 3항에 따른 긴급 권한을 발동하여 기업과 지방정부, 중소기업을 상대로 대출 지원에 나섰다.

경제에 미치는 충격을 흡수하기 위해 통화정책결정자들은 QE와 포워드 가이던스를 사용했지만, 그들은 우리가 금융위기 당시 그랬던 것보다 이 수단을 훨씬 더 빨리 그리고 강력하게 펼쳤다. FOMC는 3월에 기금금리를 제로 수준으로 내린 후, 막대한 양의 국채(장기뿐 아니라 모든 만기)와 GSE 발행 모기지 담보부채권을 매입하기 시작했다. 2020년 12월에는 정책 목표 달성을 향해 '상당한 추가 진전'이 있을 때까지 채권 매입을 계속한다고 약속했다. 8월에 평균 인플레이션 목표라는 유연한 체계를 도입한 이후로 점차 포워드 가이던스에 구체적인 내용을 담기 시작한 FOMC는, 시장을 향해 당분간 기금금리가 제로 수준에 머물 것이라고 설득하기도 했다. 파월 의장이 팬데믹 초기에 기자회견에서 밝힌 바와 같이, FOMC는 "금리를 인상한다는 생각은 아예 떠올리지도 않았다."[5] 연준의 조치와 안내를 반영하기라도 한 듯이 팬데믹 충격 전에 2퍼센트 바로 아래에 있던 10년 만기 국채 수익률이 2020년 나머지 기간에는 1퍼센트에 훨씬 못 미치는 수준에 머물렀다. 2021년에 들어와 백신 접종률의 증가와 강력한 재정조치로 성장과 인플레이션 기대가 증대하면서 수익률은 다시 올랐다.

연준의 통화 조치는 경제 회복 속도를 높이는 데 도움이 되었을까? 팬데믹 불황은 그 성격이 워낙 독특해서 어떤 진단도 쉽지 않을 것은 분명하다. 특히 FOMC 위원들은 금융 상황을 완화한다고 해서 과연 무슨 도움이 될 수 있는가 하는 질문에 답해야 했다. 사람들이 일과 쇼핑을 꿈도 못 꾸는 이유는 이자율 문제가 아니라 주지사와 시장의 봉쇄령과 바이러스에 대한 대중의 공포였기 때문이다. 게다가 백신 접종이 시작된 후에도 분야별로 들쑥날쑥한 사업 재개 상황은 통화 정책과 재정 정책을 모두 어렵게 만들고 있었다. 추가 감염의 유행과 공급망의 혼란, 업무 복귀 지체 등의 요소가 성장을 늦추고 인플레이션을 부추겼다.

그럼에도 초기 증거는 통화 수단을 통한 대처가 경제를 원래대로 회복시키는 데 도움이 되었다는 것을 보여준다. 주목할 점은 백신 접종이 시작되기 전이었던 2020년 하반기에 거의 누구도 예상하지 못했을 정도로 빠른 회복이 진행되었다는 사실이다. FOMC는 짧은 금융 패닉이 있었던 3월에는 경제 전망을 제시하지 않았으나 6월에는 연간 실질 성장률이 (2019년 4분기부터 2020년 4분기까지) 마이너스 6.5퍼센트, 4분기 실업률은 9.3퍼센트에 이를 것으로 전망했다. 7월 초에 의회예산국이 내놓은 전망도 2020년 연간 성장률 5.9퍼센트, 4분기 실업률 10.5퍼센트로 비슷한 수준이었다.[6] 이런 예측은 3월에 통과된 케어스 법의 기대 효과로 설명되면서 민간의 다른 예측과도 유사한 수준을 보였다.

경제는 예측을 상당히 뛰어넘는 성과를 보였다. 가을과 겨울에 바이러스 발병률과 입원율이 급격히 증가하고 연말까지 추가 재정 조치가 나오지 않았음에도 2020년 GDP 하락은 2.5퍼센트에 그쳤고(전망치보다 4퍼센트포인트나 높은 수준이었다), 4분기 실업률은 7퍼센트 아래로 떨어졌다. 물론 이 정도도 여전히 약세를 벗어난 수준은 아니었고, 실업률 저하도 적극적인 구직 인원이 부족한 현실을 반영한 것이기는 했다. 그러나 전망에 비해 성과는 고무적이었고, 미국의 회복세는 다른 주요 선진국보다 나은 수준이었다. 2020년에 인플레이션은 떨어졌지만(개인 소비 지출 물가 기준은 2019년의 1.6퍼센트에서 2020년에는 1.3퍼센트로 떨어졌다), 인플레이션 기대는 여전히 2퍼센트 목표에 꽤 근접한 수준을 유지했다.

2020년의 성과가 기대보다 나았던 데는 몇 가지 원인을 들 수 있다. 우선 미국의 직장과 학교가 서둘러 재개되었고 케어스 법의 혜택이 예상보다 컸을 가능성도 있다. 무엇보다 통화 정책의 영향이 뚜렷이 눈에 띈다. 회복을 주도한 것은 이자율에 민감한 분야에서 나타난 이익 강세였다. 그중에서도 주택시장은 2020년 말에 30년 만기 주택담보대출 금리가 2.7퍼센트 아래로 떨어진 것이 주효했다. 금리에 민감한 다른 분야에서도 급격한 회복이 관찰되어 제조업, 무역(하반기 들어 달러 환율이 서서히 내렸다), 기업 설비투자, 내구성 소비재 등 팬데믹 이전 수준의 활력을 되찾은 곳도 많았다.

통화 완화는 민간 신용 시장이 활력을 되찾고, 기업 파산 빈도나 신용등급 하락도 등으로 구성된 금융 스트레스 지수가 하락하는 효과도 거두었다.[7] 모든 종류의 대출자들이 신용시장을 활용할 수 있게 되자 성장과 고용도 탄력을 받았다. 그뿐만 아니라 주가를 비롯한 기타 자산 가격이 초기의 폭락을 거의 모두 회복하면서 가계와 기업의 자산 건전성이 개선되고 소비 의지와 능력이 증대되었다.

2021년에 생산량과 고용의 강한 증가세가 계속된 것은 새로운 재정 정책도 있었지만 계속된 통화 완화 정책 덕분에 가능했다. 그러나 이미 살펴봤듯이 공급 면의 제약과(세계적인 반도체 공급 및 선적 능력 부족) 질병에 대한 두려움(신종 바이러스 유행)은 하반기 인플레이션 급등과 불확실한 경제 전망의 원인이 되었다. FOMC는 초기의 안내에 이어 정책 지원 철회에 착수할 의사를 선언하며, 우선 채권 매입의 속도를 늦추기로 했다. 위원회가 맞이한 어려운 과제는 공급 충격이 불러온 인플레이션이 노동 시장 회복을 질식시킬 정도로 오래 지속되지 않도록 하는 일이었다.

2020년 중반에 시작되어 2021년까지 이어진 강한 회복세의 근원을 분석하는 데는 더 많은 시간과 연구가 필요할 것이다. 그러나 팬데믹 불황과 그 회복은, 위기 기간에도 통화 정책이 여전히 유용한 무기가 될 수 있다는 관점을 대체로 지지한다. 심지어 불황이 시작되었을 때 연준이 금리 인하에 대해 가지고 있던 여지가 제한적이었어도 말이다.[8]

정책 결정의 여유에 미치는
자연이자율의 역할

과거를 돌아보는 관점은 매우 소중하지만, 미래는 어떨까? 팬데믹 불황에서의 회복 이후에 21세기 통화 정책은(단기금리 인하, QE, 포워드 가이던스 및 기타 수단이 포함된다) 연준과 다른 중앙은행의 목적을 얼마나 달성할 수 있을까? 새로운 통화 수단의 효과를 결정하는 요소는 많지만, 우리는 그중에서도 (명목) 자연이자율 R^*의 수준이 핵심 결정 인자라는 사실을 알고 있다. 자연이자율이 중요한 이유는 통화정책결정자가 정책을 운용하는 여유에 영향을 미치기 때문이다.

예를 들어 자연 단기이자율이 2.5퍼센트라고 가정해보자(역시 인플레이션 조정값이 아닌 명목 이자율, 즉 시장 이자율 기준이다). 실제로 이것은 FOMC 참가자들이 최근 몇 년 사이에 전망한 값이다. 이 수준이 계속 이어진다면 정상적인 시기에는 장기이자율 평균값도 2.5퍼센트가 될 것이다. 여기서는 채권 위험 프리미엄(투자자들이 장기 채권을 보유할 때 요구하는 추가 수익률) 같은 복잡한 요소는 제외하기로 한다. 이제 경제가 불황의 충격을 맞이했다고 해보자. 만약 자연 정책 금리가 2.5퍼센트라면 평균적으로 (역시 정상적인 시기에) 중앙은행에 주어진 금리 인하의 여유는 2.5퍼센트포인트가 된다. 금리하한이 제로라고 가정할 때 말이다. (2020년 초 팬데믹 불황에 대응하여 파월의 연준이 기금금리를 1.5퍼센트포인트 인하했을 때는 2019년에 이미 0.75퍼센트포인트 '보험성 인하'를 한 뒤였다)

금융위기 이전 수십 년 동안, 연준이 불황에 대응하여 기금금리를 인하한 폭은 주로 5에서 6퍼센트포인트 정도였다. 자연이자율이 2.5퍼센트라면 전통적인 단기금리 인하로는 흔히 찾아오는 불황에 그리 큰 효과를 발휘하지 못할 것이 뻔하다. 특히 불황이 찾아왔을 때 하필 기금금리가 자연이자율을 밑도는 경우라면 더욱 그렇다. 그렇다면 한 가지 질문이 생긴다. 기금금리가 제로인 경우, QE와 포워드 가이던스로 달성할 수 있는 추가 정책 여유는 얼마나 되는가? 이 질문에는 단기이자율을 제로까지 내린다고 해서 장기이자율까지 제로가 되지는 않는다는 가정이 들어가 있다. 그것이 바로 단기금리가 최저한도에 도달하더라도 장기금리는 대개 제로를 상회하므로 QE와 포워드 가이던스를 통해 추가 자극을 제공할 수 있는 이유다.

나는 2020년에 어떤 연구를 진행하면서 이 문제를 살펴보기 위해 연준의 FRB/US 모델을 사용하여 미국 경제가 1970년 이후 우리가 흔히 지켜본 충격을 수시로 맞이한다는 가정하에 수백 번 시뮬레이션해본 적이 있다.[9] (여기에는 대침체로부터 촉발된 충격도 포함되었으나, 연구는 팬데믹 전에 마무리되었다) 나는 경제 침체와 인플레이션에 대한 과거의 평균적인 통화 정책 대응을 가정하면서도, 기금금리가 최저한도에 도달할 때는 연준이 QE와 포워드 가이던스를 우리가 대침체의 회복기에 했던 것보다 더 강력하게 사용했다는 가정을 보탬으로써, 이런 대체 수단은 더 강력하고 적극적으로 사용할수록 효과가 크다는 최근의 정설에 부합하고자 했다.[10] 또 한 가지, 연준은 포워드 가이던스 수단을 미래 정책 금리와의 연동을 위해, 채권 매입은 인플레이션 및 실업률(상황 결부형 안내)과의 연동에 활용한다고 가정했다. 나는 모든 모델 시뮬레이션마다 경제 성과가 얼마나 연준의 완전 고용 목표를 충족하거나 초과하는지, 또 2퍼센트 인플레이션 목표를 맞추는지를 측정했다.

이 연구의 가장 큰 결론은 QE와 저금리 지속 정책 의지를 알리는 포워드 가이던스를 합한 효과가 약 3퍼센트포인트의 정책 운용 여유를 창출한다는 것이었다. 다시 말해 자연이자율이 2.5퍼센트라면, QE와 포워드 가이던스의 강력한 사용으로 연준이 얻는 통화 위력의 합계는 전통적인 금리 인하의 대략 5.5퍼센트포인트에 해당한다. 최저한도 문제가 대두되기 전에 전형적인 불황에 대처하던 통화 위력과 맞먹는 규모다. 그러나 평소보다 훨씬 더 깊은 불황에서는 5.5퍼센트포인트보다 더 큰 정책 대응이 필요하므로, 새로운 통화 정책 수단을 강력하게 동원하더라도 최저한도 효과를 완전히 상쇄하기에는 부족할 가능성이 크다.

'3퍼센트포인트'라는 나의 경험법칙은 여러 실증 연구와도 대체로 일치한다. 여기에는 QE의 포트폴리오 균형 효과 및 신호 효과에 관한 연구, 또는 FRB/US 및 기타 경제 모델을 사용한 연구가 모두 포함된다.[11] 그러나 QE와 포워드 가이던스 효과의 모델 수립에 너무 많은 가정이 포함된 점에서 오는 불확실성은 피할 수 없다. 새로운 수단으로 확보된 정책 여유가 3퍼센트포인트 미만일 수도 있고, 그것이 경제 상황이나 금융시장에 따라 달라질 가능성도 충분히 존재한다. 그 점은 미래 정책 대응을 계획할 때 참고할 바탕임과 동시에 더 많은 정책 여유를 안겨주는 새로운 방법을 끊임없이 탐구해야 할 동기이기도 하다.

반대로, 나의 연구를 비롯하여 QE와 포워드 가이던스에 관한 다수의 표준 분석은 어쩌면 이런 수단의 전체적 효과를 과소평가한 것인지도 모른다. 예를 들어 QE가 은행의 자산 건전성을 강화하여 더 많은 대출로 이어졌다는 증거가 있는데, 이런 가능성은 내 연구를 포함한 전통적 분석에서 잘 검토되지 않은 것이 사실이다.[12] 더구나 내 시뮬레이션은 단순화를 위해 연준이 국채만 매입한 것으로 가정했으므로 MBS 매입의 추가 효과를 배제했던 데다, 포워드 가이던스가 시장 기대에 미치는 효과도 보수적으로 가정했다(QE의 신호 효과도 무시했다). 14장에서 살펴보겠지만, 통화 정책은 위험 감수 채널을 통해서도 경제에 영향을 미치는데 이것은 대다수 정책 시뮬레이션에서 거의 고려되지 않는다. 전체적으로 나는 3퍼센트포인트 경험법칙이 타당하고 보수적인 시작점이라고 생각한다.[13]

자연이자율 R*값은 총 통화 위력을 결정하는 데 도움이 되나, 정책결정자에게 또 하나의 불확실성을 안겨주는 원천이기도 하다. R*값은 눈에 보이는 것이 아니라 단지 추정치일 뿐이며, 우리가 이미 살펴봤듯이 연준이 추정하는 이 핵심 변수의 값은 시간이 지나면서 대폭 하락했다. 미국의 거의 모든 연구 논문은 현재 시점의 명목 자연이자율을 2에서 3퍼센트 사이로 보고 있다. 이는 연준이 2021년에 추산한 2.5퍼센트와 일치하는 값이다. 인플레이션을 고려한 실질 자연이자율은, 인플레이션 기대가 연준의 2퍼센트 목표와 가깝다고 볼 때 0에서 1퍼센트 사이가 된다. 그러나 R*의 하락 추세가 계속된다면, 즉 R*가 과대평가 상태라면, 그것은 QE와 포워드 가이던스를 활용할 수 있음에도 최저한도가 통화 정책의 위력을 제한할 수 있는 또 하나의 이유가 될 것이다.

나의 3퍼센트포인트 경험칙은 미국 경제에 관한 모델을 시뮬레이션한 것이므로 다른 나라 경제에 곧바로 적용할 수는 없다. 그러나 최소한, 해외 중앙은행이 QE와 포워드 가이던스, 그리고 어쩌면 다른 수단까지도 그들의 정책 도구에 포함해야 한다는 증거는 충분히 존재하고, 실제로 그들 다수가 그렇게 하고 있다. 다른 나라를 위한 또 다른 중요한 교훈이 있다면 통화 정책이 불황에 대응할 여유를 확보하기 위해서는 자연이자율이 너무 낮아서는 안 된다는 것이다. 현재 전 세계적으로 실질 수익률이 너무 낮은 상황이므로 자연이자율이 더 낮게 떨어지지 않게 하는 최선의 방법은 인플레이션(그리고 인플레이션 기대)이 목표 아래로 너무 많이 내려가지 않게 관리하는 것뿐이다.[14] 다시 말해 인플레이션 목표를 충족시키는 것이 중요한 이유는 물가 안정 달성뿐만 아니라 통화 정책의 금리 인하 여유를 확보함으로써 부정적인 경제 충격에 효과적으로 대응할 필요가 있기 때문이다.

안타깝게도 일부 주요 해외 국가에서는 인플레이션 목표를 꾸준히 달성하는 것이 무척 어려운 일이었다. 유로 지역의 경우 최소한 팬데믹 공급 충격 이전까지는 인플레이션과 인플레이션 기대가 2퍼센트 약간 아래라는(최근에는 단순하게 2퍼센트라는 표현으로 바뀌었다) ECB의 인플레이션 목표에 훨씬 못 미치는 수준에 머무르던 기간이 한동안 지속되었다. ◆[15] 유럽

◆ 미국에서도 그랬듯이 거의 모든 주요 선진국의 인플레이션이 2021년에 급증했고 특히 영국과 유로 지역에서 두드러졌다. 이는 팬데믹에 따른 공급의 제약과 높은 에너지 가격의 결과다. 그런 요인이 점차 해소된다면 이들 나라의 인플레이션은 목표보다 훨씬 아래로 내려갈 것이다.

의 인플레이션과 인플레이션 기대가 미국에 비해 낮았던 이유는 글로벌 금융위기에 뒤이은 국채 위기가 있었던 데다 ECB의 저금리 지속 의지를 전하는 포워드 가이던스와 QE 사용이 늦어졌기 때문이다. 일본에서는 수십 년간 제로 수준에 머물러온 인플레이션 혹은 디플레이션 때문에 사람들의 인플레이션 기대가 매우 낮은 수준에 머물러왔다. 그런 기대심리를 끌어올리는 것은 2013년경 이후의 매우 적극적인 통화 정책으로도 너무나 어려운 일이었다. 유럽과 일본의 경우, 인플레이션과 인플레이션 기대를 목표 수준으로 끌어올리기 위해서는 향후 더 큰 재정 지원 노력이 필요할 것이다. 그렇게 되면 자연이자율이 오르고 따라서 통화 정책 역량도 증대될 것이다.

새로운 정책 수단의 비용과 위험

QE와 강력한 포워드 가이던스는 정책에 위력을 더해주지만, 그에 따른 의도치 않는 비용과 위험도 함께 따져봐야 한다. 특히 양적완화가 글로벌 금융위기 이후 처음 도입될 당시에는 연준 내외부에서 많은 걱정이 있었다. FOMC는 대침체의 회복이 지속되는 내내 이에 따를 비용과 위험을 논의했다. 그중에는 금융 안정에 미칠 위험, 인플레이션과 인플레이션 기대가 걷잡을 수 없이 커질 가능성, QE로부터의 출구 전략 과정에 있을지 모를 어려움, 핵심 채권시장 기능에 미칠 수 있는 부작용, 연준의 막대한 채권 포트폴리오에서 자본 손실이 발생할 위험이 모두 포함되었다. 일부 FOMC 참가자들은 이런 위험이 다름 아닌 기금금리를 제로 수준에서 수년간 이어간다는 포워드 가이던스를 통해 더욱 증폭될지도 모른다고 걱정하기도 했다. 이제 미국과 해외를 막론하고 상당한 경험을 얻게 된 이상, 우리는 새로운 통화 수단이 안고 있는 이런 잠재적 비용과 위험에 대해 어떤 말을 할 수 있을까?

QE와 저금리를 지속하는 포워드 가이던스에 관한 많은 걱정이 결국 근거가 없는 것으로 드러났다. 심각한 경고에도 불구하고 이런 정책 때문에 과도한 인플레이션이 지속되는 일은 없었다. (2021년의 인플레이션 증가는 QE 외에 다른 몇 가지 요인이 있었다. 이를테면 팬데믹과 관련된 재정 정책이나 공급 면의 부정적 효과가 있다) 그와 반대로 2008년부터 2020년까지 미국과 다른 주요 국가의 인플레이션은 대체로 너무 낮은 수준에 머물렀는데, 이는 경제 부진과 최저한도의 영향으로 설명된다.

QE로부터의 출구 전략도 지금까지는 큰 문제가 되지 않았다. 적어도 기술적 관점에서는 말이다. 옐런 시대의 연준이 긴축 정책을 시작할 때 연준의 지급준비금 이자 지급 능력은 그렇게 비대했던 대차대조표 규모에도 불구하고 기금금리를 인상하는 데 아무 어려움이 없었다. 연준은 기금금리가 일단 제로 수준을 벗어난 다음에는 상환한 원금을 보유 채권에 재투자하던 과정을 중단함으로써 대차대조표 규모를 축소할 수 있었다. 2019년 9월에 환매채 시장으로 불똥이 튄 것을 보면 아마도 연준은 대차대조표 규모와 은행지급준비금 공급량을(혹시 있었더라도) 너무 많이 줄인 것으로 보이기까지 한다. 그런 점에서 연준의 대차대조표는 2019년에 완전히 정상화되어 새롭게 바뀐 '풍부한 지급준비금' 운영 체계에 부합하는 수준으로 돌아갔고, 2020년에 팬데믹 위기로 채권 매입을 또 시작할 때까지 그 상태를 지속했다. 금융위기 이후에 QE를 재빨리 도입한 또 하나의 해외 주요 중앙은행인 영란은행도 적절한 시기에 금리를 인상하는 데 아무런 기술적인 문제가 없었다.

QE가 미국 채권시장의 기능을 저해할지도 모른다는 우려 역시 아무런 증거가 없다. 예를 들어 민간 매입자나 매도자가 밀려난다거나, 특정 채권에 발행 부족 사태가 온다거나 하는 일이 전혀 없었다. 오히려 유동성을 공급하여 확신을 키우고 금융기관의 재무 상태를 강화함으로써 QE가 글로벌 금융위기와 유럽 국가 채무 위기 동안에 시장 기능을 개선했을 가능성이 더 크다. 2020년 팬데믹 충격 초기에 연준이 채권 매입에 나선 일은(엄밀히 말하면 QE라고는 할 수 없다. 적어도 초기에는 그 목적이 통화 자극은 아니었기 때문이다) 금융과 신용시장이 정상 기능을 회복하는 데 분명히 도움이 되었다. 비록 연준의 포트폴리오에 손실 위험은 남아 있지만 그럴 위험은 그리 크지 않다. 만약 향후 실제로 손실이 난다고 해도 그것은 팬데믹이 일어나기 10여 년 전에 이미 연준이 재무부에 이관한 8000억 달러가 넘는 순이익, 경제가 호전되면서 늘어난 세제 수입, 국채 조달 금리 인하의 효과를 나란히 놓고 따져봐야 할 문제다.[16] 어쨌든 통화 정책의 목적은 높은 고용과 물가 안정을 달성하는 것이지 재무부에 수익을 안겨주는 것이 아니다.

흔히 언급되던 이런 위험은 이제 무시해도 되는 수준으로 보인다. 적어도 필요한 경우 QE와 저금리 지속 안내의 사용을 피해야 할 이유가 되기에는 많이 부족하다. 그러나 다른 이슈에 대한 논란은 여전히 진행 중이다. 여기서는 그중 네 가지를 소개한다. 첫째, 이른바 새로운 통화 수단과 금융 불안 사이의 연관성, 둘째, QE, 나아가 통화 완화 전체가 경제적 불평등을 초래한다는 인식, 셋째, QE가 자본시장 신호를 왜곡한다는 불만, 넷째, 통화 완화가 좀비 기업을 만들어낸다는 우려.

금융 불안

통화 완화와 금융 불안정의 관계는 뜨거운 논란을 일으키는 주제다. 간단히 말해, 지속적인 통화 완화는 민간 시장의 위험 감수 성향을 촉진하여 침체에 빠진 경제를 회복시키는 데 도움이 되지만, 한편으로 시간이 흐를수록 금융 불안의 위험을 키우기도 한다. 대다수 경제학자와 정책결정자는 금융 불안 위험은 금융 규제나 감독 등 그에 맞는 목표 수단으로 다루어야 하며, 통화 정책은 가격 안정과 고용이라는 고유의 목적을 추구하도록 내버려 둬야 한다는 데 의견을 같이한다. 가장 큰 논점은 규제와 다른 목표 수단이 과연 충분한가, 만약 그렇지 않다면 통화정책결정자들이 금리를 정할 때 금융 불안을 어느 정도나 고려해야 하는가 하는 점이다.

이에 관한 좀 더 폭넓은 논의는 다음 장에서 다루기로 하고, 여기서는 우선 QE와 포워드 가이던스가 '특별히' 더 금융 불안을 증대시키는가 하는 문제를 집중적으로 살펴보겠다. 이런 대체 수단들이 저금리를 오래 유지한다는 점 외에 금융 안정과 관련하여 우려할 만한 측면이 과연 있는가? 그 답은 최소한 지금까지는 그렇지 않다는 것이다.

우선 QE와 포워드 가이던스가 다른 통화 완화 수단에 비해 위험 감수를 더 자극하는 이유에 관해서는 두 가지 주장이 있다. 첫째, QE는 민간 투자자에게 자신의 포트폴리오를 재편하도록 유도함으로써 효과를 발휘하기도 한다는 것이다. 국채와 MBS를 연준에 판 투자자는 아마도 그 수익금의 일부를 다른 자산을 사는 데 쓸 것이고, 그중 일부는 연준에 판 자산보다 위험도가 더 큰 것도 있을 것이다. 이런 포트폴리오 재편성 덕분에 QE는 중앙은행이 매입하지 않은 회사채 같은 채권에도 영향을 미칠 수 있다. 자산 재편성 효과는 많은 투자자가 QE가 시장 유동성을 강화한다고 보는 이유도 설명해준다. QE 매입은 매도자가 다른 채권을 매입하는 데 사용하는 기금에 유동성을 제공한다. 그 채권은 아마도 위험도가 더 높은 자산일 것이다.

QE로 인해 일부 투자자의 자산 포트폴리오 위험이 더 높아질 수도 있지만, 순수 효과만 따지면 사실 QE는 민간 시장의 금융 위험을 줄이는 역할을 한다. 두 가지 방법을 통해서다. 첫째, QE는 은행 시스템에 준비금을 투입하고 같은 양의 장기 채권을 덜어낸다. 장기 채권은 은행지급준비금보다 위험도가 더 높다. 장기금리가 달라짐에 따라 가치가 급변하기 때문이다. 경제학자 리카르도 카바예로Ricardo Caballero와 귀네스 캄베르Gunes Kamber는 금융위기 이후 QE는 이전에 투자자들이 안고 있던 순수 위험도를 연준이 흡수하도록 함으로써 평균적인 민간 포트폴리오의 위험을 줄이는 역할을 했다는 사실을 발견했다.[17] 둘째, QE는 장기이자율을 내리고 대출 기업의 재무 상태를 강화함으로써 기존의 회사채 및 그와 유사한 자산의 위험도를 낮춘다.[18] QE 유형의 정책이 발휘하는 안정 효과는 2020년 3월에 연준이 국채와 MBS를 대량 매입하여 시장에 유동성을 공급하고 변동성을 가라앉히면서 더욱 두드러졌다.

새로운 통화 수단과 금융 불안을 관련짓는 또 다른 주장은 포워드 가이던스를 통해(그리고 QE의 금리 신호 효과를 통해서도) 투자자들이 단기 저금리가 한동안 이어지리라는 확신을 얻는 모습을 지켜보면서 나왔다. 이 주장에 따르면 저금리를 지속한다는 안내 때문에 투자자는 정책 금리가 단기간에 변할 걱정을 덜 수 있어 지나친 위험을 감수할 배짱이 생긴다. 예를 들어 저금리 지속 안내는 투자자가 단기 자금을 빌려 고수익 장기 상품에 투자하는 이른바 '차입 거래'에 뛰어들게 만든다. 한편 이것과 비슷하게, 2004년과 2006년 사이에 오랫동안 금리 인상이 계속되면서 예측 가능성이 증대될 때도 투자자들이 미래 금리 방향을 과신하여 조심성이 떨어지는 모습이 시장 불안의 원인이 되었다는 주장도 있다.

그런데 이런 주장은 한 가지 중요한 점을 놓치고 있다. 저금리가 오랫동안 계속되는 환경에서도 대다수 금융자산과 실물 자산의 만기 기대치는 정책결정자의 포워드 가이던스 범위를 훨씬 넘어선다는 사실이다. 따라서 아무리 단기 저금리가 한동안 보장되더라도(최소한 그럴 가능성이 크더라도) 대부분의 자산 가격은 장기 전망을 알리는 경제 뉴스에 따라 움직이게 된다. 샌프란시스코 연방준비은행 총재를 지내고 현재 뉴욕 연방준비은행 총재가 된 존 윌리엄스와 에릭 스완슨의 연구는 2008년에 연준이 기금금리를 제로 수준으로 내린 후에도 장기이자율은 위기 이전과 다름없이 고용 뉴스나 기타 경제 뉴스에 따라 등락을 거듭했다는 사실을 보여주었다.[19] 바로 이 점 때문에 실제로는 포워드 가이던스가 차입 거래나 이와 유사한 전략의 본질적인 금융 위험을 해소해주지 않는다. 이런 거래는 대개 평소에는 작은 수익만 안겨주다가 정작 결정적인 순간에 큰 손실을 초래하는 것이 보통이다. 차입 거래를 통한 수익 기회는 포워드 가이던스의 신뢰도에 따라 불확실성이 감소할 때마다 이것이 곧바로 장기 자산 가격에 반영되면서 더욱 줄어든다. 특히 포워드 가이던스는 투자자가 장기 자산에서 벌 수 있는 위험 프리미엄을 낮추기 때문에 차입 거래의 잠재 수익도 따라서 줄어든다. 요컨대 저금리를 지속한다는 포워드 가이던스가 저금리 정책이 창출한 것 이상의 과도한 위험 감수를 보상한다는 증거는 없다.

내 결론은 QE와 포워드 가이던스가 일반적인 통화 완화에 비해 금융 안정에 상당한 위험을 더해주지는 않는다는 것이다. 이런 수단은 위기 시기나 심각한 경제 침체로 민간 시장이 큰 위험을 감수하기는커녕 너무 보수적인 태도를 보일 때 더 많이 사용된 것이 사실이다. 그런 환경에서는 새로운 수단이 (확신을 제공하고, 재무 건전성을 강화하며, 신용시장 접근도를 향상함으로써) 금융 안정에 위험을 키우기보다 줄일 가능성이 더 크다.

경제적 불평등

FOMC의 논의가 통화 정책의 분배 효과를 꾀한다는 시각이 있으나, 사실은 연준의 양대 의무와 정책 수단의 세밀하지 못한 속성 때문에 위원회는 전반적인 경제 성과에 초점을 맞추게 된다. 일부 비판론자들은 통화 정책으로 인해 상대적으로 분배가 무시되는 결과가 문제라고 주장한다. 그들은 QE나 포워드 가이던스 같은 통화 완화 정책이 경제적 불평등을 초래하는 경향이 있으므로 사용을 자제해야 한다고 주장한다.

이런 목소리는 나올 때마다 주의를 끌지만, 사실은 설득력이 없는 주장이다. 통화 정책은 경제 회복을 촉진하고 고용과 임금, 시설투자, 세수를 증진하여 폭넓은 혜택을 제공한다. 경제 호전으로 얻은 광범위한 이익과 원치 않는 인플레이션 완화의 위험이나 심지어 디플레이션 함정을 줄여주는 점을 생각하면 침체기의 통화 완화 정책은 설사 불평등을 키우는 것이 사실이라 하더라도 정당화되기에 충분하다.

그러나 거의 모든 연구는 통화 정책의 모든 채널을 고려할 때 확대 정책이 분배에 미치는 효과는 크지 않으며 오히려 불평등의 총량을 감소시킨다고 말한다. 특히 불평등을 소득이나 소비를 기준으로 측정했을 때 말이다. 무엇보다 노동 시장 활성화로 인한 혜택은 소수 그룹과 저소득 계층에 압도적으로 집중되는 반면, 불황이 이어지면 그런 계층과 업무 기술과 경력이 부족한 사람들의 근로 기회가 줄어 경제적 불평등이 심화한다.[20] 이 점은 파월의 연준이 개최한 연준 공청회Fed Listens를 통해 분명히 널리 알려졌다. 그 행사를 통해 청취한 내용은 더 높은 수준의 고용을 달성하고 유지하는 방향으로 정책 체계를 바꾸는 계기가 되었다. 노동 시장 강화가 안겨주는 광범위한 혜택 때문에 친노동 그룹은 수요가 약세를 보일수록 통화 완화가 저소득 계층에 해가 되기는커녕 도움이 된다고 보고 통화 확대 정책을 선호하는 편이다.

이런 주장에 대해 자주 제기되는 질문이 두 가지 있다. 첫째, 통화 완화가 은퇴자나 이자 소득으로 살아가는 저축자에게 피해를 주지는 않는가? 둘째, QE를 비롯한 통화 완화가 주가 상승을 부추겨 부의 불평등을 초래하지 않는가?

첫 번째 질문에 관해서는 이자 소득에 많이 의존하는 은퇴자나 저축자가 있는 점은 사실이지만(따라서 그들은 저금리에 취약하다), 그런 상황이 보편적이지는 않다는 점이다. 2021년 중반 현재 국민소득계정에 따르면 전체 개인 소득에서 차지하는 순이자수익 비율은 8퍼센트에 불과하다. (기금 금리가 최근 최고치를 기록했고 QE가 아직 도입되기 전이었던 2019년 초의 비교 수치는 9퍼센트였다) 은퇴자 중에서 가장 형편이 어려운 사람들은 주로 사회보장연금이나 노인의료보험Medicare 같은 정부 지원에 의존하는데 그런 지원금은 이자율의 변화에 민감하지 않다.◆ 2013년 리처드 콥키Richard Kopcke 와 앤드루 웹Andrew Webb의 연구는 더 넓은 시각으로 접근했다. 그들은 2007년부터 2013년까지 가장의 연령이 60세에서 69세인 가정의 투자 수익 감소를 추산했다. 그 당시는 경제가 약세를 보이고 통화 정책이 급격한 완화로 돌아섰던 때다.[21] 그들은 2007년 소득 대비 보유자산 규모 5분위 구간 전체에서, 0에서 6퍼센트에 이르는 투자 수익 하락이 관찰되었으며,

---

◆ 사회보장연금은 미국 거의 모든 노령인구의 은퇴 전 소득 대비 은퇴 후 소득 비율을 안정시키고 노인 계층의 빈곤율을 낮추는 데 효과를 보였다(Devlin-Foltz, Henriques, and Sabelhaus, 2016).

비교적 형편이 넉넉한 가정에서(금융자산 소유율이 높다) 하락으로 인한 피해가 더 컸음을 발견했다.

이렇게 통화 완화의 효과가 비교적 크지 않은 이유 중에는 그들이 은퇴를 시작할 때 보유한 자산 중 최소한 일부는 이자율이 떨어질 때쯤이면 이미 가치가 올라 있거나 안정적인 경우가 많기 때문이다. 예를 들어 2019년 현재 노동연령 가구 중 회사 고용보험이나 은퇴연금 가입자 비중은 60퍼센트였고(소득 하위 50퍼센트에 해당하는 가구도 그중 40퍼센트가 채 안 되었다) 주택 소유 가구 비중도 65퍼센트에 달했다. 주식 소유는 다른 자산에 비해 특정 소득 수준에 집중되는 경향을 보였으나 2019년 당시 직접 소유든 은퇴연금에 포함된 형태든 주식을 조금이라도 보유한 가구는 53퍼센트에 달했다(소득 하위 50퍼센트 가구의 주식 소유 비율도 31퍼센트였다).[22]

더구나 은퇴자를 포함한 저축자들은 경제적으로 많은 역할을 맡는 경우가 많은데 그 역시 적절한 통화 완화의 혜택을 받기 때문에 가능하다. 예를 들어 노동 시장이 개선되면 자녀들이 일자리를 구하거나 본인이 직접 직업 전선에 나설 기회를 얻을 수 있다. 경제 상황이 나아지면 주택을 팔거나 가족 사업을 하는 데도 유리하다. 사실 그들은 저축자이면서 한편으로는 대출자이기도 하다. 따라서 이자율이 낮아지면 주택담보대출을 갈아타는 등의 방법으로 혜택을 누릴 수 있다. 통화 완화의 영향을 제대로 평가하려면 경제에 미치는 모든 효과를 고려해야 한다는 것을 여기서도 알 수 있다.

두 번째 질문에 대해, 주가가 오르면 부의 불평등이 심화한다는 것은 사실이다. 좀 더 부유한 사람일수록 직접 소유든, 은퇴연금에 포함된 형태든 주식 소유 비중이 크다.[◆] 그러나 주가 상승의 원인은 꼭 통화 정책뿐만 아니라 경제 성장과 고용을 증대하려는 그 어떤 경제 정책도 될 수 있다. 주가에 긍정적인 영향을 미치는 정부의 모든 정책을 깎아내리는 것은 터무니없는 일이다. 더구나 고소득 인구가 주식을 많이 소유한 것은 물론 사실이지만, 중산층 가정에 중요한 다른 형태의 부도 많이 존재한다. 예컨대 주택이나 소규모 사업체의 지분 같은 것들이다. 경기가 살아나고 이자율이 낮아지면 이런 형태의 부도 증가한다. 어떤 경우든, 미국에서 부의 불평등의 장기적 심화를 걱정한다면 통화 정책을 무력화하는 것 말고도 훨씬 더 직접적이고 효과적인 해결책이 있다는 것을 알아야 한다. 그것은 자본 소득에 무거운 세금을 물리는 것이다. 연준이 부의 불평등을 부추긴다고 비판하는 사람들이 문제를 훨씬 직접적으로 해결하는 이 방법을 제안하지 않는 것이 놀라울 뿐이다.^{◆◆}

분명히 말하지만, 이런 현실을 소개하는 이유는 엄연히 존재하는 빈부격차 문제를 외면하려는 것이 아니다. 특히 인종 간 부의 격차가 크고 (오래 누적된 차별의 결과이며, 그중에는 정부의 책임도 있다) 지속적이라는 사실은 더욱 큰 문제다.[23] 그러나 미국에서 불평등 문제가 대두된 것은 최소한 1970년대부터였으며, 특히 이자율의 등락과는 아무런 상관도 없는 일이

◆ 연준의 〈소비자금융조사〉에 따르면 최상위 소득 10분위에 속하는 가계 중 90퍼센트가 직간접적으로 주식을 소유하고 있다.

◆◆ 다소 미묘한 점은, 이자율이 낮으면 주가가 오르기도 하지만, 동시에 수익도 낮아지는 것을 뜻한다는 사실이다. 즉 주주가 받아 가는 주당 배당 소득이 줄어든다는 뜻이다. 주가가 많이 올랐는데도 수익이 떨어진 현상을 반영하듯, 세인트루이스 연방준비은행의 FRED 데이터베이스에 따르면 개인당 자산소득이 GDP에서 차지하는 비율은 1990년의 17퍼센트에서 현재는 13퍼센트로 떨어졌다.

다. 이런 장기적 추세는 여러 힘의 요소들이 서서히 변화해온 결과다. 예컨대 기술 변화와 세계화, 그리고 노동 시장의 변화로 근로자의 협상력이 줄어든 점도 여기에 포함된다. 따라서 불평등 문제는 종합적인 정부 정책을 통해서만 효과적으로 해결할 수 있다. 예를 들어 저소득 계층을 더 지원하는 재정 프로그램(세제, 주거 이전 및 기타 재정지출), 주택시장, 보건의료, 교육의 접근 기회를 확대하는 정책이 필요하다. 통화 정책이 불평등 감소에 가장 크게 공헌하는 방법은 경제 회복을 돕고 실업률을 낮게 유지하는 것이다.

시장 왜곡

2010년에 FOMC에 보낸 공개서한으로 유명해진 사람과 같은 일부 비판론자들은 통화 완화 정책, 특히 QE가 이자율을 '왜곡'하는 등의 시장 신호를 통해 경제 효율성에 해를 끼친다고 주장한다. 이 관점에 따르면 연준은 시장에 간섭하지 말고 이자율과 자산 가격을 자율에 맡겨야 한다는 것이다.

그러나 명목 화폐 제도하에서(통화 가치가 금과 같은 실물로 보장되지 않는 제도를 말한다) 중앙은행이 자산 가격과 수익률을 시장 자율에 전적으로 일임하는 것은 불가능한 일이다.◆ 이자율과 통화 공급량을 정하는 '어느 정도'의 정책이 반드시 존재해야 하며 이런 정책은 다시 시장의 성과에 영향을 미칠 수밖에 없다. 더구나 통화 정책은 이자율과 자산 가격에 영향을 미치는 유일한 요소가 아니다. 정부 지출과 과세 제도, 재무부가 발행한 국채

◆　실제로는 대공황 전의 금본위제하에서조차 중앙은행에는 어느 정도 이자율을 관리한다는 관점이 있었다. 특히 금 보유량이 지나치게 많아져서 금과 화폐 사이의 교환 비율을 미리 정해진 태환율 근처로 유지하기가 어려울 때는 그 필요성이 두드러졌다.

의 만기에 관한 결정, 금융 규제, 그리고 기타 다양한 정부 정책이 모두 영향을 미친다.◆◆ 현대 경제에서 자산 가격과 수익률이 정책의 영향에서 완전히 자유로운 '순수한' 시장 성과란 존재하지 않는다.

아마도 비판론자들은 통화 정책이 좀 더 소극적인 형태로 변해야 한다고 주장할 것이다. 예를 들어 연준은 은행 시스템 전체의 지급준비금 총량을 고정한 채 물가와 고용의 변화에 전혀 대응하지 않을 수도 있을 것이다. 물론 그럴 수도 있겠지만 그렇게 되면 채권 거래기관들이 할 일이 많이 없어질 것이다. 그들이 다룰 정보(중앙은행의 커뮤니케이션도 포함된다) 자체가 줄기 때문이다. 그러나 극단적으로 소극적인 정책을 추구한다면 최대 고용과 물가 안정이라는 연준의 양대 의무는 거의 필연적으로 포기해야 할 텐데, 왜 그런 일이 자본의 효율적인 배분과 바람직한 경제적 성과로 이어지는지를 설명하기는 어려울 것이다. 사실 경제의 효율성을 달성하기 위한 가장 기본적인 요건은 노동력을 포함한 경제 자원을 최대한 가동하는 것이다.

좀비 기업

시장 왜곡의 한 변형이라 할 수 있는 이 주장은, 통화 완화 정책이 길게 이어지면 이른바 '좀비 기업'의 발호를 부추기게 된다는 것이다. 좀비 기업이란 실질적으로 파산한 것이나 다름없는(미래 수익의 현재 가치를 포함한 자산이

◆◆　물론 QE는 재무부의 채권 만기 결정과 가장 가깝다. 정부의 대차대조표를 병합한다고 생각해보자. 즉 재무부와 연준의 자산과 부채를 병합한다면, QE는 결국 단기 정부 부채(이자를 지급하는 은행지급준비금)를 장기 정부 부채(국채)와 교환하는 일이 되는 셈이다. 이런 관점으로 보면 QE가 자산 가격에 미치는 효과는 재무부가 발행한 채권의 평균 만기를 단축하는 결정과 유사하다.

부채보다 적은 상태) 회사가 어떻게든 연명해나가는 기업을 말한다. 좀비 기업 문제는 일본에서 처음 확인되었으나, 후속 연구를 통해 다른 나라에서도 이런 현상이 발생한다는 주장이 나왔다.[24] 일본의 이자율이 아주 낮은 상태로 오래 지속되면서 근본적으로 파산을 맞이했음에도 여전히 부채 이자를 갚을 수 있는 회사가 나타났고, 은행으로서도 그런 부채에 지급불능 선언을 할 수 없는 상황이 벌어졌다. 이를 영원히 생명을 이어간다는 뜻으로 '에버그리닝evergreening'이라고 한다. 좀비 기업이 경제 성장과 효율에 미치는 악영향은 그들의 생산성이 낮다는 점뿐만 아니라 더 효율적인 기업에 돌아가야 할 시장을 그들이 차지함으로써 효율적인 기업의 수익과 투자, 고용을 줄이는 역할을 한다는 데 있다.

일반적으로 이자율이 낮아지면 그렇지 않았다면 자금을 조달할 수 없었을 저생산성 기업에도 자금이 돌아가게 된다. 그러나 그런 결과가 곧 자본의 비효율적 배분이라고 볼 수는 없다. 예를 들어 저금리의 원인이 전 세계적으로 바람직한 저축액의 규모가 높은 수익을 안겨주는 투자 대상보다 더 커졌기 때문이라면 그 저축액의 일부는 저수익 투자 대상으로 흘러갈 수밖에 없고, 그것이 그 자본의 최선의 쓰임새가 된다. 마찬가지로 이자율이 낮은 이유가 경제 침체와 통화 완화 정책 때문일 경우, 자원을 저수익 투자에 배분하는 것 말고 할 수 있는 일은 활용하지 않고 그대로 내버려 두는 것이다. 따라서 저생산성 기업에 자금을 제공하는 것이 곧 자원의 비효율적 배분은 아니다. 그렇다면 최선의 쓰임새는 무엇인가라는 질문을 던질 수밖에 없다. 잘못된 자원 배분이란 말에는, 어떤 이유로든 자금을 구하지 못했으나 생산성이 더 높은 대안 투자 대상이 있다는 전제가 필요하다. 저금리 자체는 고수익 투자 대상의 자금 조달을 막는 것이 아니라 쉽게 해주는 요인이다.

낮은 이자율이 '좀비 정신'을 부추기고 자원의 비효율적 배분에 관여하는 경우는 오직 금융 시스템과 금융 규제상의 다른 문제가 동반될 때뿐이다. 일본의 경우, 가장 큰 문제는 은행의 자본 부족 사태와(이전에 시작한 은행 개혁이 마무리되지 않았다) 취약한 은행 감독 체계가 복합되었다는 것이다. 규제 실패는 은행이 좀 더 생산적인 투자 대상에 돌아가야 할 자본을 좀비 기업에 너무 많이 배분하는 결과로 나타났다. 자본 부족 상태에 빠진 은행으로서는 대출 손실을 인정하지 않으려는 동기가 생긴다. 하지만 그랬다가는 신고된 자본이 줄어들어 제재를 받는다. 이런 이유로 손실을 공식적으로 인정하는 시기를 뒤로 미루는 에버그리닝 현상이 일어났던 것이다. 물론 당시 상황에서 유능한 감독자의 입장으로는 은행이 적절한 자본을 보유하도록 하고 악성 부채는 신속히 인정하고 보고하도록 독려할 수밖에 없었을 것이다(은행과 좀비 기업의 정치적 압력도 감독 기관이 소극적인 태도를 보인 이유였을 수 있다). 요컨대 낮은 이자율이 에버그리닝이 쉽게 일어나는 요인이었을 수 있지만, 일본의 경우 더 근본적 문제는 은행의 부적합한 자본 상태와 은행 감독에 있었다는 것이다. 좀비 기업 문제와 관련해서는 이자율을 최대 고용과 물가 안정에 부합하는 수준 이상으로 올리는 것보다는 규제와 시장 실패를 다루는 것이 문제를 해결하는 더 직접적인 방법이다. 최근 연구에 따르면 미국에서는 좀비 기업이 큰 문제가 되지 않는다고 한다. 다만 팬데믹 위기를 겪는 기업 지원 프로그램으로 인해 나중에 이 문제가 불거질 소지는 있다.[25]

요약하면 QE와 포워드 가이던스는 정책 금리를 더 이상 인하할 수 없는 상황에서도 상당한 경기 부양 효과를 발휘한다. 그리고 이런 정책에 따르는 비용은 감당할 만한 수준으로 보인다.[26] 오늘날 연준과 다른 모든 중앙은행은 QE와 포워드 가이던스를 기본적인 정책 수단의 요소로 보고,

위기 상황뿐 아니라 언제든 필요하다면 동원할 수 있다고 생각한다. 그러나 이런 수단만으로 언제나 충분하지는 않으며, 특히 심각한 경제 침체 상황에서는 추가 수단이 필요할지도 모른다. 따라서 통화정책결정자들은 새로운 수단과 전략을 찾는 일을 계속하고 있다.

13

정책 강화 방안: 새로운 수단과 체계

양적완화와 포워드 가이던스를 강력하고 체계적으로 사용하면 기준금리가 제로 수준이라 하더라도 3퍼센트포인트의 추가적인 금리인하가 단행된 것 같은 경기 부양 효과를 낼 수 있다. 그러나 늘 그렇듯이 그런 추가 화력으로도 모든 환경에 대응하기에는 부족할 수 있다. 특히 명목 자연이자율 R*가(요컨대 연준의 정책 여유가) 현재 전망보다 낮은 것으로 판명되는 경우라면 말이다. 정책결정자는 고용과 인플레이션이 목표에 미치지 못하는 상황에 대비해서 추가 방안을 찾는 노력을 게을리하지 않아야 한다.

충분한 가능성이 있는 대안도 정치적 문제로(의회로부터 추가 승인을 얻어야 하는 경우) 쉽게 도입하지 못하기도 한다. 예를 들어 해외 중앙은행이 사용해온 방법 중에 마이너스 자연이자율이나 수익률 곡선 통제 같은 것들은 연준도 고려해볼 만하다. 그리고 지난 수년간의 변화 상황을 바탕으로 마련된 대안적인 정책 체계는 포워드 가이던스에 명료함과 신뢰도를 더해줄 수 있을 것이다.

그러나 이런 강화 수단이 마련되더라도 미래의 통화 정책이 팬데믹 불황과 같은 심각한 침체 상황에 대응하기 위해서는 여전히 재정 정책과의 긴밀한 협력이 필요하다. 재정 정책은 번거로운 정치적 절차의 방해를 받지만, 자연이자율이 낮은 상황에서도 (혹은 그런 상황에서 더욱) 위력을 발휘한다는 장점이 있다. 그리고 목표 그룹이나 산업 분야를 정확히 겨냥할 수 있다는 점에서는 통화 정책보다 훨씬 뛰어난 것도 사실이다. 통화 정책과 재정 정책의 협력과 관련하여 다소 낯선 가능성 중에는 이른바 헬리콥터 머니와 현대 통화이론이라는 것도 있다. 한마디로 이것은 통화 정책과 재정 정책의 전통적 역할을 서로 바꾸어보라는 것이다.

새로운 수단:
해외 경험으로부터의 교훈

연방준비제도뿐 아니라 다른 주요 중앙은행(특히 영란은행, 유럽중앙은행, 일본은행)도 글로벌 금융위기와 뒤이은 대침체, 그리고 팬데믹 쇼크 같은 21세기 통화 정책의 도전에 맞서왔다. ECB는 국채 위기와 유로 지역의 불완전한 통합 문제와도 싸워야 했고, 일본은행은 이미 1990년대 중반 이후부터 저금리와 낮은 인플레이션과 싸우던 상태에서 글로벌 금융위기를 마주했다.

4대 주요 중앙은행이 21세기의 위기에 대응한 방식은 유사했으나 그 시기는 조금씩 달랐다. 2007년부터 2009년까지의 금융위기와 2020년 봄의 팬데믹 패닉을 맞이해 그들은 모두 최종 대부자의 역할을 적극적으로 감당하며 금융 상황과 금융기관의 안정을 추구했고, 민간 신용 시장을 지원하는 프로그램을 개발, 확장했다. 그들 중앙은행은 모두 단기금리 인하라는 전통적인 통화 정책 수단이 효력을 잃자 경기 부양을 위한 다른 방법을 모색했다. 그들 모두 연준 방식의 QE를 도입하여 장기 채권 매입을 통한 장기이자율 인하와 전체적인 금융 상황 개선에 나섰다. 모두 포워드 가이던스를 점차 명확히 표현하여 단기 정책 금리와 채권 매입에 관한 계획을 시장에 알렸다.

해외 중앙은행은 연준이 사용하지 '않은' 정책 수단을 고안하기도 했다. 그들의 시도는 연준이 동료 중앙은행으로부터 얻은 교훈으로 자신의 정책 무기를 더욱 확대할 가능성을 열어주었다. 해외 중앙은행이 사용한 대안 수단 중에 연준이 검토할 수 있는 것은 네 가지 정도가 있다. QE를 통한 폭넓고 다양한 금융자산 매입, 대출 자금 지원 프로그램, 마이너스 이자율, 수익률 곡선 통제가 그것이다.[1] 이런 대안 수단이 QE와 포워드 가이던스를 대체할 수는 없으나, 적절한 환경이 갖춰진다면 유용한 정책 공간을 확충해줄 수 있을 것이다.

QE를 통한 폭넓은 금융자산 매입

연준은 민간 신용 시장이 심각한 혼란에 빠진 경우에만 적용되는 연방준비법 13조 3항의 긴급 대출 권한을 발동하는 경우가 아닌 한, 매입할 수 있는 채권에 엄격한 제한을 받는다. 연준이 QE 프로그램을 통해 매입한 채권도 국채 그리고 정부가 보증하고 패니메이나 프레디맥 같은 GSE가 발행한 모기지 담보부채권에 한정되었다.◆ 연준은 13조 3항의 권한을 동원해 다른 채권을 산 적도 있다. 2007년부터 2009년의 위기와 2020년에는 상

◆　　QE 프로그램에서 사용된 적은 없지만, 연준은 단기 지방채권을 매입할 권한도 있다.

업어음을, 2020년에는 회사채, 지방채, 은행 대출상품을 매입했다. 그러나 이 두 경우에 연준이 대안 자산을 매입한 것은 비교적 규모도 크지 않았고 신용시장이라는 특수한 대상의 붕괴를 막기 위한 것이었으며, QE 및 통화 정책과는 법적으로나 개념적으로 구분된 조치였다.

다른 주요 중앙은행의 QE 프로그램도 연준과 마찬가지로 국채나 정부보증 부채를 매입 대상으로 삼는다. 그러나 법적 제한이 상대적으로 덜한 해외 중앙은행에서는 다른 유형의 자산을 매입하는 일도 드물지 않다. 회사채, 상업어음, 커버드 본드covered bond(유럽 은행들이 발행하는 일종의 모기지 담보부채권이다), 심지어 (일본은행의 경우) 민간기업의 주식과 부동산투자신탁 지분까지 여기에 포함된다. 예컨대 회사채를 매입하는 논리는 글로벌 금융위기와 그 후 연준이 모기지 담보부채권을 매입한 논리와 같다. 두 경우 모두 중앙은행의 매입은 해당 채권의 수익률을 낮추고 대출과 소비를 장려한다. 회사채의 경우는 자본 투자를, MBS는 주택시장 및 기타 부동산 시장을 부양하는 것이 목적이다. 그리고 정부 채권 매입이 관련 자산의 수익률에 영향을 주듯이, 중앙은행이 다른 자산을 매입하는 것도 그 효과가 넓게 퍼져나간다. 예컨대 높은 등급의 회사채를 매입해도 지방채나 고위험군 회사채 같은 다른 채권의 수익률이 같이 따라서 내려간다.

이미 지적했듯이, 정부 부채 외의 금융자산 매입은 해외에서 진행된 QE의 작은 부분일 뿐이며 그 효과에 관한 실험적 증거도 매우 제한된 것이 현실이다. 그러나 기존의 증거를 보면 다양한 채권을 대상에 포함하면 QE의 위력이 강화된다는 것을 알 수 있다. 예를 들어 스테파니아 다미코 Stefania D'Amico와 이리나 카민스카Iryna Kaminska의 연구는 영란은행의 회사채 매입으로 회사채 수익률과 영국 정부 부채 수익률 사이의 스프레드가 줄고 회사채 신규 발행 건수가 늘었다는 것을 보여준다.[2] 이런 효과는 연준의 MBS 매입으로 주택담보채권 수익률과 국채 수익률 스프레드가 줄어 담보채권 재융자와 주택 판매 및 건설이 촉진된 효과에 비견된다.

이미 언급했듯이, 다른 주요 중앙은행과 달리 연준에는 정상적인 통화 정책 속에서 여러 가지 다양한 자산을 매입할 권한은 포함되어 있지 않다. 회사채, 지방채, GSE가 발행하지 않은 주택담보채권 및 기타 대안 자산을 위기와 상관없는 QE 프로그램으로 매입하려면 연준은 의회의 승인을 받아야 한다. 과연 연준은 그래야 할까?

QE로 매입할 수 있는 자산의 목록을 확대해야 한다고 가장 강력하게 주장하는 사람들은 그렇게 함으로써 연준이 채권 매입의 목표를 더 뚜렷이 정할 수 있고 효과를 극대화할 수 있다고 말한다. 글로벌 금융위기 이후에 연준은 다행히 모기지 담보채권 매입 권한이 있었다. 그 위기는 바로 주택담보대출 시장 붕괴로 촉발된 것이었다. 그러나 미래의 위기나 불황에서는 주택시장 외 다른 분야에 어려움이 집중될 수도 있다. 더구나 비록 잠깐이었지만 2020년 케어스 법하에서 연준이 회사채, 지방채, 은행 대출을 매입하는 방안을 의회가 기꺼이 승인해주려 했던 일은 10년 전에 비해 의회가 연준의 권한을 확대하는 데 열린 태도를 보여줄지도 모른다는 점을 시사한다.

반면에, 위기가 아닌 시기에 QE 매입 프로그램에 회사채를 포함하는 것은 연준이 지켜온 기준을 넘어설 수도 있다. 첫째, FOMC가 가능한 한 신용 배분을 직접 하지 않으려고 했던 이유는 그러다 보면 어쩔 수 없이 특정 대출자에게 특혜를 안겨줄 수 있기 때문이었다. 대침체 이후에 위원회가 주로 장기 국채를 보유하고 모기지 담보채권 보유량을 최소한으로 줄이려고 했던 이유도 바로 이 때문이었다. 그렇게 해야 주택시장이 다른 투자 대상보다 장기적으로 유리해지는 일을 피할 수 있었다. 둘째, 민간 분야나 지방정부의 부채를 매입하는 데는 (국채나 정부보증 MBS와 달리) 신용위험이 따른다. 연준이 이를 꺼리는 이유는 거기서 발생하는 손실은 재무부에 돌아가는 수익 감소와 직결되기 때문이다.

이런 우려가 매입 대상 확대 가능성을 부인하는 것은 아니다. 예컨대 회사채를 사면서 특정 회사나 산업 분야가 유리해지는 위험을 최소화하려면 연준은 그런 채권 중에서 폭넓고 다양한 포트폴리오를 구성하여 사면 된다. 2020년에 13조 3항 권한으로 회사채 매입 창구를 운영했을 때처럼 말이다(그러나 그 경우도 채권을 발행할 여건이 갖춰지지 않은 중소기업에 비해 대기업에 유리한 면이 있기는 하다). 포트폴리오의 다양한 분산화, 그리고 시장 악화 시기에 연준이 매입할 민간 채권 수익률이 평균 이상이 될 것이라는 점은 연준의 신용 손실 노출을 최소화하는 효과도 있다. 그뿐 아니라 회사채를 비롯한 민간 부채 수익률은 불황이나 금융이 불안한 시기에 지급불능 위험의 증가보다 훨씬 더 크게 오르는 경향이 있다.[3] 통화 완화도 기업의 디폴트 위험을 줄여주므로 연준의 회사채 인수에 따르는 위험도 같이 줄어든다.[4]

이 모든 조건에도 불구하고 연방준비제도는 정책 여유에 상당한 제한이 따르지 않는 한 당분간 민간 분야 부채 매입 권한을 QE 프로그램에 포함해달라고 의회를 압박하지는 않을 것이다. 국채와 MBS 매입만으로도 이미 연준은 그 파급효과를 통해 지방채권과 민간 시장 수익률에 상당한 영향력을 행사하고 있다. 또 다양한 금융자산을 매입할 권한을 얻으면 의회가 연준에 정치적 영향력을 지닌 대출자의 채권을 매입하라거나 반대로 싫어하는 기업의 채권을 사지 말라고 압박할 경우 연준의 독립성을 굽혀야 하는 일이 발생할 수도 있다.[5] 파월 의장이 팬데믹 위기 기간에 연준의 회사채 및 지방채 매입은 제한적이고 한시적이라는 점을 자주 강조했던 것도 바로 이런 이유였던 것 같다. 의회가 2020년 말에 케어스 법에 따라 마련된 연준의 13조 3항 대출기구의 갱신 여부를 두고 논의한 것은 연준에게 광범위한 자산을 매입할 권한을 영구히 부여하는 것이 정치적으로 민감한 문제로서, 금융시장에 대한 연준의 역할 강화를 보수파들이 반대했음을 보여주는 일이다.

대출 자금 지원

주요 해외 은행은 QE를 통해 다양한 금융자산을 매입한 것 외에 은행에 대출 자금을 지원하기도 했다. 영란은행이 사용한 용어를 따서 이를 대출 자금 지원funding-for-lending 프로그램이라고 한다. 주요 목적은 주식과 채권 시장에 접근하기 어려운 대신 은행 대출에 깊이 의존하는 일반 가계나 중소기업을 돕는 데 있었다.

영란은행과 영국 재무부가 공동으로 대출 자금 지원 계획을 처음 발표한 것은 2012년 6월이었다. 이 계획에 따라 영란은행이 여러 은행에 제공한 자금은 가계와 비금융 기업에 대한 은행의 대출 증가로 이어졌으므로, 저비용 자금 공급량은 그에 따른 대출 증가 폭에 따라 달라졌다. 첫 프로그램은 이후 몇 차례에 걸쳐 확대되다가 2018년 1월에 종료된 후 팬데믹을 맞아 일부 조정된 형태로 다시 모습을 보였다.

유럽중앙은행의 대출 자금 지원 프로그램은 글로벌 금융위기와 이후 발생한 국채 위기 당시의 최종 대부자 활동으로부터 발전된 것이었다. 2008년 10월에 ECB는 장기 재융자 프로그램long-term refinancing operations, LTROs을 마련했다. 은행들은 ECB로부터 고정금리 자금을 무제한으로(적절한 담보를 제시하는 조건) 대출받을 수 있었다. 처음에는 금리가 4.25퍼센트였고 최대 상환기간은 6개월이었으나, ECB는 시간이 지나면서 금리를 내리고 상환기간은 연장했으며 담보 요건도 완화했다. 처음에는 은행에 제공하는 대출에 사용처를 제한하는 조건은 없었으나 마리오 드라기 총재 시절인 2014년 6월부터 ECB는 은행의 신규 대출에 제공하는 LTRO의 조건을 강화하기 시작했다. 드라기 시절에 목표targeted LTROTLTRO라는 형태로 바뀐 후 은행들은 최장 4년까지 저금리 자금을 빌릴 수 있게 되었지만, 은행이 유리한 금리로 빌릴 수 있는 자금의 최대치는 그들이 비금융 기업과 가계에 제공한 순수 대출액 규모에 따라 달라졌다.

TLTRO 프로그램은 몇 차례 규모가 확대되면서 점점 더 조건이 완화되었다. 팬데믹에 대응하여 드라기의 후임 크리스틴 라가르드가 이끄는 ECB는 은행에 제공하는 장기 자금 금리를 '마이너스' 1퍼센트까지 내리면서, 저리 자금은 신규 대출에 사용해야 한다는 조건을 다시 한번 달았다. 일본은행도 은행에 대한 저리 자금 지원과 기업 직접 대출 등 다양한 프로그램을 운영했다. 대출 자금 지원 프로그램이 다른 통화 정책 수단을 보완하는 중요한 역할을 해왔음은 증거를 통해 충분히 알 수 있다. 은행이 빌려 간 돈과 대출 순증가액으로 측정한 대출 이용률은 특히 유럽에서 큰 수치를 보였고, 이 프로그램이 은행의 자금 조달 비용을 낮추었고, 민간 분야로 향하는 대출이 증대했으며, 다른 통화 조치가 경제로 향하는 통로를 열어주는 효과를 발휘했다는 사실이 여러 연구에서 확인되었다.[6]

주요 중앙은행 중에서 대침체 이후 회복 시기에 대출 자금 지원 프로그램을 도입하지 않은 곳은 연준이 유일했다. 이사회와 FOMC가 가능성을 검토했으나 은행 및 시장 관계자들과의 논의 후 포기하는 쪽으로 가닥을 잡았다. 우리가 들은 바로는 신규 대출 프로그램의 제약은 자금 비용이 아니라(미국의 은행들은 위기 이후에 자본 구조 개편을 거치며 민간 시장에서 이미 저렴한 비용으로 자금을 빌릴 수 있었다) 대출자들의 신용도와 위기 이후 더 엄격해진 신용 기준에 있었다. 결과적으로 우리는 좋든 싫든 이 개념을 더 이상 추진하지 않았다.

그러나 2020년 팬데믹으로 신용시장에 대한 연준의 역할이 최소한 한동안은 엄청나게 증가했다. 의회와 재무부의 지원에 힘입어 연준은 13조 3항의 권한을 발동하여 몇몇 한시 기구를 설립하여 기업과 지방정부 및 기타 대출자를 향한 신용 흐름을 유지했다. 그중 하나인 중소기업 대출 프로그램MSLP의 의도는 해외의 대출 자금 지원 프로그램처럼 은행에 의존하는 대출자들을 향한 대출을 늘리려는 것이었다.

그러나 중소기업 대출 프로그램의 구조는 해외 프로그램과 중요한 차이점이 있었다. 해외의 대출 자금 지원 제도는 저리로 자금을 제공했으나 가계와 기업을 향한 융자는 대출 은행의 대차대조표에 남는 것이었다. 반면에 중소기업 대출 프로그램에서는 연준이 모든 대출의 지분을 95퍼센트나 사들여 보유함으로써 상환 불능의 위험을 거의 모두 떠안는(이 목적으로 자금을 맡긴 재무부를 대신하는) 구조였다. 납세자의 신용위험을 대신 책임지는 것이었으므로 연준은 대출자의 자격을 규정하는 수많은 조건을 대출 조건에 포함했다. 은행이나 대출자로서는 이런 조건과 규정이 마음에 들지 않을 가능성이 충분했고, 따라서 중소기업 대출 프로그램이 생각보다 이용률이 저조한 결과를 낳았다. 더구나 위험을 감수할 만한 자본과 능력을 갖춘 은행들은 연준이 위험 공유 계획을 제시해도 굳이 그것 때문에 대출상품을 발행할 동기가 없었다. 스티븐 므누신 재무장관은 케어스 법에 따라 승인된 13조 3항 프로그램을 2020년 말에 모두 종료했다.

연준은 팬데믹 기간의 대출 프로그램을 통화 정책의 일부로 보기보다는 긴급 금융 안정 수단이라고 생각했다. 이런 차이는 이 프로그램이 13조 3항의 권한과 의회가 특별 편성한 재무부 기금에 의존한다는 점에 잘 나타나 있다. 그러나 앞으로는 특별 대출 프로그램이 기존 통화 정책 수단의 보완 역할을 충분히 해낼 수 있을 것으로 보인다. 예를 들어 신용 경색이 경제 회복에 걸림돌이 되거나 은행 대출 시장이 압박받는 상황에서는 연준이 저리의 장기 자금을 은행에 제공하되 그 양은 은행이 가계 및 중소기업에 대출해주는 만큼까지로 하고, 그 대출을 담보로 확보할 수 있을 것이다. 은행에 대출해주는 돈은 연준의 대출 창구를 활용하면 되므로 어떤 경우든 13조 3항의 권한이나 재무부 자금은 필요 없을 것이다(연준은 13조 3항 긴급 권한을 발동하지 않고는 기업이나 기타 비금융 대출자에게 직접 돈을 빌려줄 수 없다).

이 방법은 필요할 때는 언제든 실행할 수 있는 데다, 무엇보다 절차가 단순하다는 장점이 있다. 유일하게 정해두어야 할 조건은 연준의 할인율과 연준이 제공하는 저리 자금에 걸맞은 대출 종류다. 대출 자금 지원 프로그램의 가장 큰 단점은 할인율이 은행지급준비금 이자보다 낮으면(그럴 가능성이 크다) 은행 대출에 포함된 보조금 성격 때문에 연준의 수익이 줄고 결국 재무부에 돌려줄 돈도 줄어든다는 점이다. 재무부와 의회가 연준의 이런 사실상의 보조금 지급을 반대할 것인지 여부는 경제 상황에 달린 문제다. 이것과 관련된 문제로, 단기금리가 제로 수준이라면 연준은 사실상 은행의 대출 확대를 위해 그들에게 이자를 지급해야 한다(예를 들어, 은행에 마이너스 금리로 자금을 제공). 실제로 팬데믹 기간에 ECB가 그렇게 했다. 그런 상황이 실제로 벌어진다면 은행의 신규 대출 자금을 연준의 대출 창구를 통해 마이너스 금리로 빌려주기보다는, 참여 은행의 신규 대출 금액에 해당하는 그들의 지급준비금에 대해 이자를 올려주는 방식이 좋을 것이다.

마이너스 이자율

ECB, 일본은행, 유로 지역 외 일부 유럽 국가(스웨덴, 덴마크, 스위스)의 중앙은행은 단기 정책 금리를 제로 이하로 내렸다. 구체적인 방식은 중앙은행에 예치된 은행들의 지급준비금에 요금을 부과하는 것이었는데, 이것이 곧 마이너스 금리와 같은 것이었다. 은행들은 이 요금을 피하고자 다른 자산으로 옮겨갔고, 그러자 그 자산의 수익률도 따라 내려가면서 일부는 마이너스가 되기도 했다. 사람과 기업들이 마이너스 수익을 피하려면 이자율이 제로인 현금으로 보유하면 되므로, 마이너스 금리를 그보다 더 많이 내릴 수는 없었다. 그러나 은행이 대규모 거래를 하루에 수백 건씩 처리해야 하는 번거로움은 차치하고라도 소비자와 기업이 예를 들어 200억 달러나 1000억 달러 같은 큰 금액을 거래하거나 저축하는 것은 너무나 불편하고 비쌌기 때문에, 금리가 제로 이하로 많이 내려가지 않았음에도 자금이 대규모로 현금으로 몰려가는 일은 없었다.♦ 단기(3개월) 이자율을 예로 들면 스웨덴은 마이너스 0.75퍼센트, 스위스에서는 마이너스 0.85퍼센트였다. 주요 중앙은행 중에서 마이너스 금리에 가장 크게 의존한 곳은 ECB였다. 2014년에 처음 마이너스 금리를 도입한 후 점점 그 폭을 늘려가다가 2019년 9월에는 은행지급준비금에 지급하는 이자율이 마이너스 0.5퍼센트까지 내려갔다.[7]

    그동안 제한된 범위에서 운영되어온 경험에 비춰볼 때, 마이너스 정

♦   케네스 로고프는 2017년에 출간된 자신의 책《화폐의 종말 *The Curse of Cash: How Large-Denomination Bills Aid Crime and Tax Evasion and Constrain Money Policy*》에서 정부가 현금, 특히 보관이 불편한 거액 현금 사용을 줄이기 위해 노력하면 더 큰 폭의 마이너스 금리도 가능하다고 주장했다.

책 금리는 그 목적을 달성한 것으로 보인다. 이를 통해 은행 대출의 이자율과 머니마켓 금리 그리고 장기이자율이 모두 낮아졌다. 전반적인 금융 상황 개선 효과도 있었다. 따라서 마이너스 금리는 단기이자율의 실질 최저한도를 낮춰줌으로써 최소한의 통화 정책 공간을 확보해주는 효과를 발휘한다. 최저한도 문제는 앞으로 오랫동안 걱정거리로 남아 있을 것으로 보이므로 정책의 추가 여유를 만들어준다는 것은 꽤 유용한 역할이 될 수 있다.

그러나 마이너스 금리에는 논란이 있다. 은행에 맡긴 돈보다 찾는 돈이 더 적은 것이 불공평하다는 사람부터 대출자가 이자를 내기는커녕 오히려 받는다는 것에 혼란스러워하는 사람도 많다. 하지만 마이너스 금리가 그리 불합리하지 않다는 것은, 모든 경제 결정에서 투자 수익이나 대출 비용을 제대로 측정하려면 명목(혹은 시장) 이자율이 아니라 실질 이자율, 즉 명목 이자율에서 인플레이션을 뺀 값을 따져봐야 한다는 점을 이해하면 쉽게 알 수 있다. 역사적으로도 마이너스 실질 이자율을 드물지 않게 찾아볼 수 있다. 인플레이션이 명목 이자율을 넘어설 때는 늘 이런 상황이 벌어졌다. 예를 들어 CPI 인플레이션이 6퍼센트를 넘어서고 기금금리가 제로 수준에 다다랐다는 뉴스가 머리기사를 장식하던 2021년 말에 '실질' 연방기금금리는 대략 마이너스 6퍼센트 정도였다. 더구나 투자자로서는 예컨대 0.1퍼센트와 마이너스 0.1퍼센트는 수익 면에서 별 차이가 없었다. 그럼에도 사람들이 마이너스 금리에 대해 보이는 분노나 혼란이 정치적 반대 의사로 해석되는 경우가 많았으므로, 중앙은행으로서는 이를 선뜻 도입하기가 어려웠다.

좀 더 실질적인 반대 의견은 마이너스 금리가 금융 안정성에 관한 위험을 키운다는 것이다. 예를 들어 은행들은 마이너스 금리로 자신의 수익이 줄어들어 결국 자본과 대출 여력에 영향을 미친다는 불만을 제기한다. 은행의 가장 큰 걱정은 자신이 받은 마이너스 이자를 지급준비금에 전가하지 못할 가능성이다. 예금주들이 자신의 당좌계좌나 저축예금에 붙는 마이너스 금리에 반발하면 은행은 그 차이를 어디선가 메꿔야 한다. 실제로 경제학자들은 '역전 금리'가 존재할 수도 있다고 주장한다. 금리가 그 아래로 내려가면 마이너스 금리가 은행의 자본과 은행 대출에 미치는 부작용으로 인해 오히려 정책의 순효과는 경제 위축으로 나타난다는 것이다.[8]

그러나 실제로는 마이너스 금리가 은행 수익에 심각하게 손해를 입혔다는 증거는 최소한 아직은 보이지 않는다.[9] 오히려 마이너스 금리는 은행의 수익성을 개선하는 것이 사실이다. 만약 마이너스 금리가 중앙은행에 정책의 추가 여유를 제공하여 경제 호전으로 이어진다면 은행은 그에 따른 수익 증대와 신용 손실 감소라는 이익을 얻는다. 낮은 이자율은 은행이 보유한 포트폴리오의 자산 가치를 증대하는 한편, 도매금융과 채권발행 같은 예금 외의 자금 마련 비용을 낮춰준다. 아울러 중앙은행들은 마이너스 금리가 은행 수익에 미치는 영향을 완화할 수 있는 방법을 찾아왔다. 예를 들어 일본은행과 ECB는 일정 수준을 넘어서는 은행지급준비금에 대해서만 마이너스 이자를 부과하는 '금리차별제도tiering'를 도입했다.

연준은 마이너스 금리 도입을 검토해야 할까? 연준 관계자들은 마이너스 단기금리(은행지급준비금에 요금을 부과하는 방식)를 적용할 권한을 가지고 있다고 믿지만, 아직은 이 방법을 그리 선호하지 않는 것 같다. 우리는 2010년에 이 방법을 잠깐 검토하고 포기한 적이 있었다. 당시 우리는 마이너스 금리로 얻는 이익이 제한적이라고 판단했다. 경제분석가들의 보고는 금리가 마이너스로 너무 크게 떨어지면 미국인은 현금을 비축하려 할 것이므로, 연방기금금리가 마이너스 이하로 내려갈 수 있는 최대폭은 많아야 0.35퍼센트일 것으로 추정했다.[10] 우리는 금융 안정 위험도 생각하지 않을 수 없었다. 은행보다는 머니마켓펀드가 더 걱정이었는데, 다른 나라보다 미국에서는 이 시장이 금융 시스템에서 더 중요한 역할을 감당하고 있다. 우리는 이 시장에서 자산 수익이 마이너스로 떨어지면 투자자들의 뱅크런이 발생할까 봐 두려웠다. 옐런 의장과 파월 의장을 거치면서 진행된 논의에서도 마이너스 금리를 지지하는 큰 변화는 감지되지 않았다. 최소한 그것 외에 쓸 수 있는 방법이 아직 남아 있는 한 말이다.

물론 나는 이런 조심스러운 사정을 모두 이해하지만, 마이너스 금리를 아예 논외로 치부하는 것은 현명한 일이 아니라고 생각한다. 미국이 끈질긴 저금리의 덫에 빠져들리라고 생각지는 않지만, 만약 그런 상황이 벌어진다면 마이너스 금리는 유용한 수단이 될지도 모른다. 그런 극단적인 경우가 아니더라도 마이너스 단기금리를 아예 고려조차 하지 않는다면 연준이 QE나 다른 방법을 통해 장기금리를 아주 낮은 수준으로 관리하는 일이 예상외로 어려운 경우가 올 수도 있다.[11] 장기금리는 대개 시장이 예상하는 미래 단기금리보다 약간 더 높은 경우가 많으므로 통화정책결정자가 단기금리를 제로 이상으로 유지하겠다고 굳게 약속하면 장기금리의 바탕을 마련하는 것과 같은 효과가 있다. 마이너스 정책 금리 가능성에 관해 긍정적 의미의 모호성을 유지하는 것이 좀 더 나은 전략이라고 생각한다. 물론 정치적 역풍은 각오해야 한다.

수익률 곡선 통제

해외에서 사용된 방법 중 연준이 검토해볼 수 있는 마지막 선택지는 2016년 9월에 일본은행이 도입했던 '수익률 곡선 통제yield curve control'다. 수익률 곡선 통제는 명칭 그대로 다양한 만기의 정부 채권 이자율에 대해 단기금리를 고정하거나(전형적인 정책 결정 방법이다) 장기 채권 수익률의 목표 범위를 정하는 방식으로 관리하는 것을 말한다. 예를 들면 일본은행이 2016년에 10년 만기 일본 국채 수익률을 제로 범위로 유지하겠다고 발표한 것이 이에 해당한다. 말하자면 일본은행은 언제든지 국채를 제로 수익률에 해당하는 가격에 사서 목표를 달성하겠다고 약속한 셈이었다. 전통적인 QE에서 중앙은행은 매입할 채권의 규모를 발표하고, 이후의 이자율 변화는 시장에서 결정된다. 수익률 곡선 통제는 일반적인 접근방식을 뒤바꾼 QE의 한 형태라고 생각하면 된다. 정책결정자가 채권의 수익률 목표를 정한 다음, 그 수익률을 지키기 위해 매입해야 할 채권의 양은 시장이 알아서 결정하는 셈이다.

수익률 곡선 통제는 일반적인 QE에 비해 몇 가지 잠재적인 이점이 있다. 첫째, 이 방식의 관리 목표인 장기이자율은 다양한 투자와 지출에 관한 결정과 직결되므로 정책결정자가 제공하고자 하는 부양 효과를 좀 더 정밀하게 가늠할 수 있다. 둘째, 시장 참여자들이 중앙은행의 수익률 목표 달성 의지를 믿는다면 실제로 중앙은행이 채권을 대량으로 매입하지 않고도 채권 수익률을 목표치 근처에 묶어둘 수 있다.◆ 사실상 채권 수익률 고정 계획을 발표하는 것은 일종의 포워드 가이던스의 역할을 한다. 중앙은행이 자신의 자산을 동원해 그것을 강제하겠다는 것이므로 포워드 가이던스에 구속력을 더하여 신뢰도를 높인 것으로 볼 수 있다.

◆　일본은행이 수익률 곡선 통제를 도입한 것도 바로 이 점을 고려했기 때문이다. 일본은행이 매입을 계속 이어가다 보면 더 이상 살 국채가 남아 있지 않을 위험이 있었다.

사실 연준도 1942년부터 1951년까지 재무부-연준 협약에 따라 수익률 곡선 통제에 해당하는 방식을 도입해본 적이 있다. 연준은 그 기간에 정부의 전쟁 부채 자금 비용을 줄이고자 단기 국채 금리를 고정하고(그 기간 내내 0.375퍼센트를 유지했다) 장기 정부 채권에는 0.25퍼센트의 상한선을 두었다. 내가 의장으로 재임하는 동안 FOMC는 당시 사례를 면밀하게 검토하며 실질 최저한도 상황의 정책 운용에 참고할 만한 점이 있는지 살펴봤다.[12] 그 결과 우리는 1951년 이전의 경험에도 불구하고 장기 채권 수익률을 고정하거나 상한선을 두는 방식은 오늘날의 미국에는 그리 타당하지 않거나 최소한 권장할 만한 것이 못 된다는 결론을 내렸다.

예를 들어 연준이 10년 만기 국채 수익률을 1퍼센트로 고정한다고 해보자. 이 정책이 성공하려면 시장 참여자들이 연준은 어떤 상황에서도 향후 10년 동안 단기금리를 1퍼센트로 유지하리라고 믿을 수 있어야 한다. 그러나 10년이라는 긴 시간 동안 경제 전망이 변하거나, 연준의 커뮤니케이션으로 인해 시장 참여자들이 향후 10년간 연준의 정책이 달라질지도 모른다고 생각하면 고정금리에 대한 신뢰는 흔들리게 된다. 예를 들어 인플레이션이 예상치 못하게 증가하여 시장 참여자들이 보기에 연준이 기금금리를 2퍼센트로 올려 그 수준을 유지할 것 같다면 어떻게 되겠는가? 그렇게 되면 연준이 발표한 수익률 목표와 상관없이 장기 채권 수익률도 2퍼센트를 향하게 된다. 연준으로서는 이미 발표한 수익률 목표를 포기하거나 유통되는 채권의 지분을 대량으로 매입해서 목표를 관철하려고 할 것이다. 그렇게 매입량을 늘리면 결국 기존 정책의 출구 과정이 심각한 혼란에 빠지고 연준은 막대한 자본 손실에 노출되고 만다.

그렇다면 1951년 이전의 연준, 혹은 오늘날의 일본은행은 어떻게 채권을 대량으로 매입하지 않고도 장기 채권 수익률을 고정할 수 있었을까?

오늘날 미국이 그 두 경우와 다른 점은 정부 채권시장의 깊이와 유동성에 있다. 예를 들어 일본 정부 채권의 다수는 단지 수익성 때문만이 아니라 규제를 비롯한 여러 이유로 은행과 기타 기관이 보유하고 있다. 그리고 일본 국채의 거래량은 발행량에 비해 꽤 적은 편이다. 1951년 이전의 미국 국채 시장도 그 후에 비해 유동성과 활력이 낮았다. 반대로 오늘날 미국 국채의 거래 규모는 세계적으로 막대하다. 국채 시장의 깊이와 유동성이 예전과 달리 너무나 크기 때문에 연준의 장기 국채 수익률 목표와 시장의 미래 기금금리 사이에 조금만 차이가 발생해도 연준은 막대한 채권을 사들여야만 하는 것이다.

연준이 10년 만기 수익률을 목표로 삼는 것은 도저히 무리라 하더라도, 약 2년이나 3년 후의 국채 수익률을 고정하는 방식은 타당할 수도 있다. FOMC도 그 정도 단기금리에 대해서는 충분히 약속할 수 있을 것이다. 2년이나 3년 후의 수익률을 최저한도와 가까운 수준에 묶어둔다고 발표하면 금리에 대한 강력한 포워드 가이던스가 될 것이다. 꼭 지켜야 하는 약속을 하는 셈이다. 연준은 2020년 전략 보고서에서 일정한 수익률에 채권을 매입한다고 약속하는 방식의 중기 이자율 목표나 상한선 제도를 검토했다.[13] 시장이 이미 연준이 낮은 정책 금리를 일정 기간 유지한다고 믿는 상황이라면 중기 수익률 곡선 통제가 더해줄 효과는 별로 없는 것이 사실이지만, 만약 위원회가 연방기금금리에 대한 포워드 가이던스 효과가 떨어진다고 생각할 때가 오면 이 방법을 진지하게 검토하리라고 예상한다.

대안 정책 체계

수익률 곡선은 포워드 가이던스를 강화하는 한 가지 방법이다. 또 하나의 방법은 포워드 가이던스를 더 큰 범위의 정책 체계에 포함하여 정책결정자가 다양한 경제 상황에 대한 계획을 마련하는 기본 요소로 삼는 것이다. 분명한 정책 체계가 마련되면 시장 참여자들은 안내가 나오기 전에도 미리 어떤 형식으로 발표될지 더 잘 알 수 있다. 그들은 안내에서 벗어나는 정책이 나오는 상황과 그 방법을 이해하게 된다. 그리고 안내가 한 번 발표되면 쉽게 철회되지 않는다는 사실을 더 확신하게 된다. 요컨대 좋은 정책 체계는 정책의 일관성과 예측 가능성을 증진하고 특히 안내에 힘을 실어준다.

연준은 초창기 금본위 주의에서 최근 그린스펀의 위험 관리 방식에 이르기까지 오랫동안 다양한 통화 이론과 체계를 따라왔다. 그러나 FOMC는 2012년 1월에 이르러서야 공식적인 정책 체계를 도입했다. 당시는 인플레이션 목표를 2퍼센트로 정하고 물가 안정과 고용에 대한 '균형 접근'을 설명할 때였다.[14] FOMC가 2020년에 지지한 '유연한 평균 인플레이션 목표제flexible average inflation targeting, FAIT'도 바로 이 2012년의 체계 위에서 마련된 것이었다. 인플레이션과 인플레이션 기대의 평균을 목표 근처에서 유지하기 위해 한시적으로 목표를 초과하면 다시 그 아래로 조정한다는 내용이었다. 또 FOMC는 새로운 체계에 따라, 인플레이션에 대한 선제 타격 작전은 실업률이 떨어질 때만 가동한다고 솔직하게 한 발 물러서기도 했다.

연준이 FAIT를 도입한 것은 변화하는 경제 환경에 대응하는 차원이었다. 자연이자율이 하락하면서 최저한도가 정책을 제한할 가능성이 커졌고, 실업률이 과거보다 낮은 수준을 유지하면서도 인플레이션을 촉발하지 않는 상황이 점점 현실화되고 있었다. 물론 경제 환경은 앞으로도 계속 변화할 것이고 연준의 체계도 그에 따라 발전할 것이다(2021년 폭등한 인플레이션이 얼마나 지속될지, 자연이자율은 또 어떻게 변화할지에 많은 것이 달렸다). 파월 의장은 FAIT를 발표할 당시 연준이 5년을 주기로 체계를 재검토할 계획이라고 말했다. 이런 토의 과정에서 또 다른 정책 체계가 위원회의 시선을 끌게 될지도 모른다. 그리고 FOMC가 비록 최근 검토에서는 인플레이션 목표 인상안을 배제했지만, 외부 경제학자들은 연준이 최저한도 문제에 대처하기 위해 목표 인상안을 계속 긍정적으로 검토할 것으로 보기도 한다.

인플레이션 목표제의 변형

이미 도입되었거나 아직 구상 중인 정책 체계 중에는 소비자 물가의 변화폭이나 그 변화율을 목표로 삼는 방안들이 있다. 우리는 이것을 인플레이션 목표의 변형된 형태로 생각할 수 있다. 그중에 대표적인 것들은 각각의 장단점을 안고 있다.

2012년 1월에 FOMC가 도입한 체계는 나라별로 조금씩 차이는 있지만, 지금도 전 세계 공통의 체계로 자리 잡고 있다. 중앙은행은 이 체계를 이용하여 특정 인플레이션 목표나 목표 범위를 숫자로 정하고, 중단기 달성 계획을 세운다. 이 기간은 상황에 따라 다르지만 대개 2년에서 3년 정도가 된다(그러나 최저한도가 정책 금리에 영향을 미치므로 금리를 목표 아래로 운영하는 기간이 이보다 훨씬 더 길게 이어지는 경우가 많다). 표준 인플레이션 목표제를 도입한 중앙은행들은 실제로는 유연한 방식으로 운영한다. 즉 그들은 물가 안정 외에 다른 목표도 함께 정한다. 2012년에 우리가 밝힌 원칙은

FOMC가 최대 고용과 물가 안정을 함께 추구한다고 강조했고, 이는 연준의 양대 의무와도 부합하는 것이었다. 우리는 두 목표가 대체로 상호보완적이라고 생각했다. 특히 인플레이션이 낮고 안정적이면 경제와 노동 시장이 개선된다. 만약 인플레이션을 목표 수준으로 유지하는 것이 인플레이션 기대의 안정에 도움이 된다면 통화정책결정자는 고용 수준이 하락할 때 인플레이션 안정을 해치지 않고 강력하게 대응하는 역량이 증대되는 셈이다. 우리는 두 목표가 서로 충돌할 때는 각각의 경중을 비교하여 균형 있는 접근 방식을 취하겠다고 말했다.

일반적으로 인플레이션 목표를 정하는 가장 중요한 목적 중 하나는 책임감과 투명성을 증대하기 위한 것이다. 인플레이션 목표를 가진 중앙은행은 대체로 그들의 경제 전망과 정책 분석, 그리고 정책 기대에 관한 폭넓은 정보를 제공한다. 수치적인 인플레이션 목표와 그들의 정책 계획과 논리에 관한 투명성은 규율과 예측 가능성을 더해주면서도 중앙은행이 뜻밖의 환경에 대응하는 능력까지 모두 제거하지는 않는다. 프레더릭 미슈킨과 내가 쓴 논문의 표현을 빌리자면, 인플레이션 목표와 같은 체제는 통화정책결정자에게 "제한된 재량권"을 발휘하도록 해준다.[15]

인플레이션 목표를 설정한 중앙은행은 이미 발표한 목표 근처로 인플레이션율을 유지하려 노력하지만, 그것은 정책의 실수와 불황, 공급 쇼크, 또는 기타 요소로 인해 얼마든지 목표에서 벗어날 수 있다. 그런 일이 일어났을 때 통화정책결정자는 어떻게 대응해야 하는가? 이 질문에 대한 대답은 인플레이션 목표제의 여러 변형들을 구분하는 데 도움이 된다.

표준 인플레이션 목표하에서라면 대답은 비교적 간단하다. 목표를 초과하는 것이나 미달하는 것이나 똑같이 문제가 된다. 이른바 인플레이션의 '대칭성'이다. 그러므로 일반적인 방식에서는 인플레이션이 어떤 이

유로든 목표에서 벗어나면 정책결정자는 점진적으로 목표로 돌아오도록 하는 것을 목표로 삼는다. 어느 정도로 점진적이어야 하는가는 노동 시장의 상황, 위험 전망, 이자율과 최저한도의 거리 및 기타 요소에 따라 달라질 수 있다. 그러나 중요한 것은 표준 인플레이션 목표하에서 정책결정자는 이미 벌어진 목표 오차의 크기나 지속 시간을 보상하려고 하지는 않는다는 점이다. 시작 지점이 어디였든 적절한 시간 내에 목표로 돌아오기만 하면 된다. 지나간 일은 잊자는 것이다.

대안적 인플레이션 목표제 중 하나인 '물가 수준 목표price-level targeting'가 제시하는 대응 방식에는 뚜렷한 차이가 있다(학자들은 이미 많이 연구했으나 아직 이를 도입한 중앙은행은 없다). 이 체계하에서 중앙은행은 물가 수준을 (인플레이션율 자체가 아니다) 주로 상향 곡선을 그리는 고정된 경로에 가까이 유지하려고 한다(표준 인플레이션 목표와 마찬가지로 이 방식을 도입한 중앙은행도 정책 결정에 고용을 비롯한 다른 목표를 고려하지만, 여기서는 단순화를 위해 무시하기로 한다).

특정 소비재 품목의 초기 가격이 100달러라고 하고, 중앙은행이 세운 물가 수준 목표가 그 품목 가격이 연간 2퍼센트 상승하는 것이라고 가정해보자. 모든 일이 계획대로 진행되었다면 그 품목의 가격은 (대략) 당해 연도에는 100달러, 2차 연도는 102달러, 3차 연도에는 104달러가 되는 식으로 계속 이어질 것이다. 그런데 만약, 예상치 못하게 2년 차의 품목 가격이 102달러가 아니라 101달러에 머물렀다고 해보자. 즉 1차 연도와 2차 연도 사이의 인플레이션율이 2퍼센트가 아니라 1퍼센트로 바뀐 것이다. 이런 경우에 중앙은행은 어떻게 대응해야 할까?

오차가 발생한 후에 표준 인플레이션 목표를 도입한 중앙은행이라면 그저 인플레이션율을 2퍼센트로 되돌리려고만 할 것이다. 중앙은행은 2차 연도에 이미 실현된 101달러라는 물가 수준으로부터 3차 연도에는 대략 2퍼센트 더 높은 103달러를 달성하려고 노력하게 된다(4차 연도에는 105달러가 되는 식이다). 그러나 물가 수준 목표제에서 중앙은행은 물가가 가능한 한 '원래' 목표 경로에 가까이 다가가도록 노력한다. 그러므로 2차 연도에 물가가 101달러까지만 올랐다면 중앙은행은 3차 연도에는 물가 수준이 104달러에 올라서도록 노력한다. 그래야 물가가 원래 궤도로 돌아오기 때문이다. 이를 인플레이션으로 표현하면 물가 수준 목표하의 중앙은행은 2차 연도의 인플레이션율 1퍼센트를 이듬해에는 (대략) 3퍼센트로 맞추려고 한다. 물가 수준 목표제를 도입한 중앙은행은 2퍼센트 목표에서 벗어난 인플레이션을 완전히 보상함으로써 평균 2퍼센트 인플레이션을 장기간에 걸쳐서라도 유지하고자 한다. ◆

이 방식을 찬성하는 사람들이 물가 수준 목표의 장점으로 제시하는 것은 다음과 같다.[16] 첫째, 미래 모든 시점의 특정 물가 수준이 목표 대상이 되고, 또 물가 경로에서 벗어난 오차는 완전히 상쇄하고자 하므로, 이 방식은 장기적으로 생활비의 불확실성을 낮출 수 있어 가계와 기업이 계획을 세우기가 쉬워진다. 둘째, 호황과 불황의 원인이 오직 총수요의 변동뿐이라면(예컨대 소비자나 정부의 지출 변화), 물가 수준 목표는 표준적인 인플레이션 목표에 비해 경제 안정에 미치는 효과가 훨씬 크다.

두 번째 장점을 쉽게 설명하기 위해 수요 하락이 불황을 초래한다고 가정하고, 과거 수치 사례와 필립스 곡선의 논리에 따라 불황 때문에 인플레이션도 2퍼센트에서 1퍼센트로 하락했다고 가정해보자. 표준 인플레이

◆ 이 예에서 보상 기간은 1년으로 가정하였다. 실제로 중앙은행이 원래 물가 수준 경로를 회복하는 기간은 노동 시장 상황 등의 판단에 따라 이보다 늦어질 수도 빨라질 수도 있다.

4부 21세기의 통화 정책

션 목표제라면 중앙은행은 통화 완화를 통해 인플레이션을 2퍼센트로 회복하고 일자리 손실도 만회하려고 노력할 것이다. 그러나 물가 수준 목표를 세운 중앙은행은 통화를 더욱 완화하여 인플레이션을 2퍼센트보다 '더 많이' 올림으로써 초기 인플레이션 미달량을 만회하고, 이를 통해 물가 수준이 원래 궤도로 돌아오는 데 초점을 맞출 것이다. 물가 수준 관리는 결국 더 강력한 완화 정책으로서, (이 정책에 대한 시장 기대와 함께) 경제가 최대 고용으로 더 빨리 돌아오게 하는 데도 도움이 될 것이다. 물가 수준 관리가 시사하는 저금리 지속 정책은 단기금리가 최저한도에 묶여 있는 상황에서 특히 더 도움이 된다. 그럴 때일수록 완화 정책이 오래 유지된다는 확신을 시장에 심어주는 것이 중요하기 때문이다.

물가 수준 목표제에는 몇 가지 단점이 있다. 표준 인플레이션 목표에 비해 시장과 대중을 향해 설명하기가 어려우므로 효과와 신뢰가 덜하다. 또 물가 수준 목표는 급격한 유가 상승이나 팬데믹 시대의 공급망 혼란과 같은 공급 쇼크로 일어난 불황에서는 잘 작동되지 않을 수도 있다. 물가 수준 목표를 정한 중앙은행은 공급 충격으로 뛰어오른 물가 수준을 완전히 상쇄하려고 할 텐데 그러려면 인플레이션을 한시적으로 장기 평균 '아래로' 끌어내려야 하고, 그러다 보면 가뜩이나 공급 쇼크로 경제가 불황인 상황에 상당한 긴축 정책을 펼쳐야 할지도 모르기 때문이다.

이 두 번째 단점을 다시 보완한 것이 인플레이션 목표의 세 번째 변형인 한시적 물가 수준 목표temporary price-level targeting, TPLT다. 나는 2017년에 이 방법을 제안했고, 2019년에는 연준 이사회의 마이클 카일리Michael Kiley, 존 로버츠John Roberts와 함께 발표한 논문에서 이를 평가한 다음 수정된 변형을 소개했다.[17] 이름에서 알 수 있듯이 TPLT는 기본적으로 물가 수준 목표와 같으나 단기금리가 최저한도에 도달한 특수 상황에만 적용된다는 점이 다르다. 나는 그 논문에서, 기금금리가 최저한도에 도달했을 때 연준은 직전의 인플레이션 목표 미달량이 평균 인플레이션 2퍼센트로 회복될 때까지는 금리를 계속 그 수준으로 유지해야 한다고 주장했다. 내 제안에 따르면 평균 인플레이션이 2퍼센트로 복귀한 후에는 연준이 기금금리를 최저한도 지점에서 끌어올릴 수 있다.◆ 아마 긴축이 지연됨으로써 인플레이션이 한동안 목표를 상회할 수도 있겠지만 TPLT하에서 연준은 결국 인플레이션을 2퍼센트로 돌아오게 하는 것을 목표로 삼게 된다.

한시적 물가 수준 목표 수립에는 최저한도 금리 상황에서 강력한 저금리 지속 정책을 펼친다는 전제가 있다. 정상적인 물가 수준 목표제와 다른 점이다. 또 한 가지, TPLT하에서는 인플레이션 목표를 초과하더라도 곧바로 그 아래를 겨냥하지 않는다. 앞서 설명한 일반 물가 수준 목표제에서 공급 쇼크로 인한 인플레이션 목표 초과를 반드시 전부 되돌리려 할 때 일어나는 모순을 피하려는 것이다. 아울러 TLPT에서는 정책 목표가 물가 수준이 아니라 인플레이션율로 표현되므로 일반적인 물가 수준 목표 방식보다 시장과 대중을 상대로 설명하기가 더 쉬울 수 있다.

한시적 물가 수준 목표를 도입하기 위해서는, 기금금리가 최저한도일 때 반드시 인플레이션 평균이 2퍼센트로 돌아온 뒤에 FOMC가 기금금리 인상을 검토해야 한다. 그렇다면 인플레이션 평균을 계산하는 기간은 어느 정도여야 하는가? 나의 원래 제안은 정책 금리가 최저한도에 처음 도

◆　TPLT에서 평균 인플레이션이 2퍼센트로 회복하는 것은 기금금리를 최저한도에 끌어올리기 위한 선결 조건이다. 노동 시장이 충분히 개선되지 않는다면 연준은 금리를 최저한도 수준에 더 오래 유지하는 편을 선택해야 할 것이다. 아울러 평균 인플레이션이 계속 2퍼센트를 유지하는지 확인한 후에 기금금리를 올려야 한다.

달한 뒤부터 인플레이션이 미달한 총량을 회복한 후에 기금금리를 인상해야 한다는 것이었다. 그러나 연준 이사 레이얼 브레이너드는 그런 계획에 따르면 연준이 인플레이션 목표의 지속적인 초과를 받아들일 수밖에 없고, 그렇게 되면 인플레이션 기대에 불안을 초래할 수 있다는 점을 지적했다.[18] 나는 이후 카일리 및 로버츠와의 공동 연구에서 연준의 FRB/US 경제 모델 시뮬레이션을 사용하여 인플레이션 평균이 직전 연도에 비해 2퍼센트가 오를 때까지만 기다리면 기금금리를 최저한도에서 끌어올려도 좋다는 사실을 발견했다. 이 전략은 평균적으로 인플레이션과 실업 모두에 대해 좋은 결과를 낳았다.

2020년 9월 FOMC 성명에 포함된 연준의 2020년 FAIT 체계는 인플레이션 목표제의 이런 변형에 담긴 요소를 모두 반영하고 있다. FAIT는 2012년에 도입된 표준 방식에 따라 2퍼센트 인플레이션 목표, 인플레이션과 고용 목표에 모두 대응하는 유연성, 위원회의 전망과 정책 계획에 관한 투명성을 모두 유지한다. 그러나 위원회가 2018년부터 2020년까지 발표한 전략 검토에서는 표준 인플레이션 목표제가 자연이자율의 하락과 그로인해 최저한도에 자주 봉착하는 문제를 제대로 다루지 못하는 것으로 결론 내렸다. 특히 최저한도의 제약으로 연준이 불황과 낮은 인플레이션에 효과적으로 대처하지 못한다면(QE와 기타 새로운 수단을 동원하더라도) 표준 인플레이션 목표를 도입하더라도 인플레이션은 여전히 목표보다 아래 수준에 머무는 시간이 많을 것이다. 지나치게 낮은 인플레이션이 만성화되면 인플레이션 기대도 따라 내려오므로 자연이자율이 더 낮아지고 연준의 정책 여유도 위축된다.

연준의 새로운 체계는 표준 인플레이션 목표제에서 나타나는 인플레이션의 하방 편향 문제를 TLPT와 정상적인 물가 수준 목표제의 요소를 모두 결합하여 해결하고자 한다.[19] 기금금리가 최저한도에 있을 때, FOMC는 TPLT 전략에 따라 평균 인플레이션이 2퍼센트에 이를 때까지 긴축을 시작하지 않는다. 위원회는 또 노동 시장 상황이 최대 고용에 해당하여 금리 인상에 착수할 수 있는 조건이 무엇인지도 특정하여 인플레이션이 지속적으로 2퍼센트로 복귀할 수 있도록 해야 한다.

금리가 일단 최저한도의 속박에서 풀려나기 시작하면 연준은 FAIT에 따라 인플레이션이 당분간 목표를 살짝 넘어서는 수준에 머물도록 기금금리를 관리한다. 목적은 평균 인플레이션을 2퍼센트 근처에서 유지하고 인플레이션 기대도 그 수준에 묶어두는 것이다. 정책결정자가 인플레이션이 목표에 미달한 기간을 이후의 초과 달성으로 만회한다는 일반적인 원칙은 물가 수준 목표제의 정신과 같은 것이다. FAIT와 정상적인 물가 수준 목표와의 차이는, FAIT에서는 인플레이션이 목표를 넘어서더라도 FOMC가 이를 목표 미달로 상쇄하려고 하지 않는다는 데 있다. 이런 비대칭 전략은 그 자체로는 인플레이션을 평균적으로 끌어올리는 효과가 있지만, 원래 의도는 최저한도의 제약이 만들어낸 인플레이션의 하방 편향을 상쇄하고자 한 것이었다.

FAIT 체계는 인플레이션이 낮아진 세상을 위해 고안되었으나, 2021년에 팬데믹이 유발한 거대한 공급 쇼크의 도전을 맞이했다. 이 충격으로 인플레이션은 목표를 훌쩍 뛰어넘었다. 이런 환경에서 FAIT가 포함하는 의미는 표준 인플레이션 목표의 그것과 매우 흡사하다. 인플레이션 기대를 안정적으로 묶어둘 수만 있다면 통화정책결정자는 충분히 인내하며 공급 쇼크가 잦아들기를 기다릴 수 있다는 것이다. 그러나 인플레이션 기대가 제자리를 벗어나는 조짐이 보인다면 정책은 인플레이션과 그 기대를 목표 근처에서 유지할 필요와 노동 시장 회복을 촉진할 필요 사이에서 균형점을 찾아야 한다.

FAIT를 도입한 전체적인 배경은 인플레이션이 너무 높은 게 아니라 너무 낮은 경향(2퍼센트 목표 아래)이 있다는 점을 FOMC가 걱정했기 때문이다(낮은 자연이자율, 평평한 필립스 곡선, 낮은 자연실업률, 최저한도 직면 위험의 증가). 일본과 그보다 다소 덜한 유로 지역의 경험은 인플레이션이 너무 낮아질 때 발생하는 문제를 보여준다. 최근 인플레이션 움직임(목표 초과, 미달, 적중)은 연준이 다음에 정책 체계를 재검토할 때 FAIT의 유지 혹은 수정 여부에 관한 결정에 중요한 참고 요소가 될 것이다.

명목 GDP 목표제

인플레이션 목표제와 그 변형만이 유일한 정책 체계가 될 수 있는 것은 아니다. 이에 대한 대표적인 대안으로서 FOMC가 다음번 체계 재검토 시 다루어볼 수 있는 것은 이른바 명목 GDP 목표제nominal GDP targeting(명목 GDP란 한 나라 안에서 생산되는 상품과 서비스의 화폐가치 합계를 의미한다)라는 것이다. 명목 GDP 목표제에도 여러 변형이 존재하지만, 기본 아이디어는 말 그대로 중앙은행이 정하는 목표가 인플레이션이 아니라 명목 GDP가 된다는 데 있다. 여기서는 중앙은행이 명목 GDP 증가율의 고정 목표를 정하는 경우를 살펴보면서, 표준 인플레이션 목표제에 비유하여 과거의 목표 미달이나 초과를 보상하지 않는다는 점을 설명한다. ◆

◆　　앞에서 설명한 인플레이션 목표제의 변형과 다른 점은 그 체계에서는 중앙은행이 인플레이션 목표를 정하는 방식에서 가격 수준 그 자체를 목표로 삼는다는 것이다. 비유적으로, 명목 GDP 목표제는 명목 GDP의 성장률이나 그 수준 중 어느 것이나 목표로 삼을 수 있다. 인플레이션 목표와 물가 수준 목표 사이에서 선택하는 것과 유사한 문제를 제기하는 대안인 셈이다.

명목 GDP 증가율은 그 정의상 실질 생산 성장률과 인플레이션율의 합계와 같다(여기서 인플레이션은 소비자 물가뿐만 아니라 GDP를 구성하는 모든 상품과 서비스의 가격을 기준으로 측정된다). 인플레이션 대신 이 변수를 목표로 삼는 데는 몇 가지 장점이 있다.

첫째, 중앙은행이 실질 성장과 (그에 따라 고용 성장까지) 인플레이션을 모두 중시한다는 신호를 분명하게 전달할 수 있다. 이 점은 연준의 양대 의무에 부합하는 고려 사항이기도 하다. 유연한 인플레이션 목표를 지지하는 사람들 역시 고용을 고려하는 것이 사실이나, 명목 GDP 목표제 지지론자들은 성장률을 목표에 명시함으로써 중앙은행이 고용과 소득의 지속적인 확대 의지를 강조할 수 있다고 주장한다. 실제로 임대료나 주택담보 상환금 같은 고정 금액을 지급해야 하는 사람들에게는 명목 소득의 안정이 인플레이션 안정보다 더 중요할 수 있다.

둘째, 명목 GDP 목표제는 경제에 충격이 온 뒤에 통화 정책이 올바른 방향으로 가게 하는 압력으로 작용하는 경향이 있다. 예를 들어 불황으로 실질 성장률이 줄어든 경우, 명목 GDP 성장을 정상으로 유지하기 위해서는 성장과 인플레이션이 더 증가해야 하고 따라서 통화를 더 완화하는 정책이 필요하다. 반대로, 공급 쇼크로 인한 인플레이션 증가와 실질 성장률 저하는 스태그플레이션 성격을 띠므로 중앙은행이 반드시 긴축 정책을 추진해야 하는 것은 아니다. 왜냐하면 그런 경우 높은 인플레이션과 낮은 성장이 명목 GDP 성장에 미치는 효과는 상쇄되기 때문이다.

셋째, 명목 GDP 성장에 목표를 두면 중앙은행이 자연이자율 하락에 대처하는 데도 도움이 된다. 실질 자연이자율은 경제 성장률 추세에 따라 오르내리는 경향이 있는데 이는 실질 자본 투자 수익률이 경제가 빠르게 성장할 때 더 커지기 때문이다. 이제 성장률 추세와 실질 자연이자율이 각각 1퍼센트 하락한 경우를 살펴보자. 고정 인플레이션 목표를 정한 중앙은행의 관점에서, 실질 자연이자율 1퍼센트 하락은 명목 자연이자율 R^*도 1퍼센트 하락했다는 뜻이고, 이는 중앙은행이 완화 정책을 추진할 힘을 더 제한하는 결과가 된다. 그러나 명목 GDP 성장은 실질 생산 성장과 인플레이션의 합계이므로 명목 GDP 목표제를 도입한 중앙은행은 1퍼센트 하락한 경제 성장 추세를 상쇄하기 위해 시간이 지나면서 인플레이션율을 1퍼센트 더 높이는 데 초점을 맞출 것이다. 인플레이션과 인플레이션 기대가 높아지면 (성장 추세가 하락하더라도) 명목 자연이자율 R^*는 떨어지지 않을 것이고, 따라서 금리 인하의 여유 공간을 지킬 수 있다.

대침체의 회복이 늦어지던 시기인 2011년 11월 회의에서, FOMC는 명목 GDP 목표 도입을 검토한 적이 있었다(그리고 기각했다).✦✦ 우리 결론은 정책 체계에 그 정도로 극적인 변화를 허용하는 데는 더욱 엄격한 기준이 필요하다는 것이었다. 그리고 표준 인플레이션 목표에 비해(FOMC는 이미 이 체계를 암묵적으로 사용하고 있었고, 두 달 후에 공식적으로 도입했다) 명목 GDP 목표의 잠재적 이점이 생각보다 그리 뚜렷하지 않다고 판단한 것도 있었다. 특히 표준 인플레이션 목표제는 FOMC에 유연성을 부여하여 인플레이션과 고용 목표의 적절한 균형을 취할 수 있지만, 명목 GDP 목표는 사실상 인플레이션과 성장에 언제나 같은 비중을 두어야 한다. 이 점에서 뉴욕 연방준비은행 윌리엄 더들리 총재는 명목 GDP 목표를 추구하는 것만으로는 FOMC가 양대 의무를 충족할 수 있다는 보장이 없다고 지적했다. 예를 들어 5퍼센트의 명목 GDP 성장은 3퍼센트의 실질 성장과 2퍼센트

✦✦　위원회 논의의 대부분은 성장률보다 명목 GDP 수준에 대한 목표를 설정하는 데 초점이 맞춰졌지만, FOMC의 유보적인 의견 중 많은 부분이 어느 쪽이든 적용될 것이다.

의 인플레이션에 해당하여 만족스러운 결과라고 할 수 있으나, 동시에 제로 성장과 5퍼센트 인플레이션도 명목 GDP와는 일치하나, 결코 만족스러운 결과라고는 볼 수 없다.

FOMC 참가자들은 현실적인 측정 문제를 지적하기도 했다. 명목 GDP 데이터 계산은 분기별로 나오므로 이를 참고하는 데 상당한 시간이 지체되는 데다 광범위한 조정이 필요한 경우도 많아 시의적절한 정책 결정이 어려워진다는 문제가 있다. 이런 우려에도 불구하고 다양한 형태의 명목 GDP 목표제는 오랫동안 많은 경제학자의 지지를 받아왔다.[20]

인플레이션 목표의 상향

낮은 자연이자율과 최저한도 제약을 해결하는 또 다른 방법은 표준 인플레이션 목표를 유지하되 목표를 상향 조정하는 것이다. 만약 연준이 인플레이션 목표를 2퍼센트가 아니라 4퍼센트로 정하고 이를 성공적으로 운영한다면, (피셔의 법칙에 따라) 투자자들이 인플레이션에 해당하는 보상을 추가로 요구하므로 명목 이자율의 전체적인 수준도 2퍼센트포인트만큼 따라 올라가게 된다. 자연이자율 R*가 2퍼센트포인트 오르면 연준은 상당한 정책 여유를 얻게 되어 깊은 불황이 왔을 때도 전통적인 금리 인하만으로 더욱 효과적으로 대처할 수 있으므로 QE나 기타 새로운 정책 수단을 동원할 필요가 줄어든다.[21]

이 방법은 인플레이션 목표를 단순히 올리기만 하면 되므로 간편하다는 장점이 있으나, 여기에는 상당한 비용과 불확실성도 함께 따른다. 높은 수준에 계속 머무르는 인플레이션은 그 자체로 경제에 큰 비용을 초래한다(물론 그 비용이 어느 정도인가에 대해서는 경제학자마다 의견을 달리한다). 이 방법은 시장 경제의 핵심이라 할 가격 시스템에 혼란을 가중하고, 장기적인 계획을 더욱 어렵게 한다(예컨대 은퇴자금을 저축하는 사람이나 자본 투자를 고민하는 기업). 현실적으로 의회에 있는 많은 이들은 인플레이션 목표가 오르는 것을 두고 연준의 가격 안정 의무와 어긋난다고 볼 가능성이 크다.

목표를 올리는 것은 또 다른 점에서 아주 까다로운 일이 될 수도 있다. 예컨대 인플레이션 기대가(오랜 경험을 통해 연준의 2퍼센트 목표 근처에 정착되어왔다) 변동성에 노출되면 금융과 경제에 불안을 초래할 수도 있다. 그뿐만 아니라 사람들이 인플레이션 목표가 경제 상황이나 다른 요소에 따라 주기적으로 변할 수 있다고 생각하면 인플레이션 기대를 새로운 목표에 다시 묶어두기가 점점 더 어려워진다. 높은 인플레이션 목표가 과연 타당한지도 분명치 않다. 연준이 인플레이션을 현재의 2퍼센트 목표까지 끌어내리느라 오랫동안 고생해온 점을(2021년의 비정상적인 상황은 예외로 하고) 생각한다면 말이다. 높은 인플레이션 목표가 믿을 만하지 않다면, 즉 시장 참여자가 그 목표를 한시적이라고 생각한다면 원했던 자연이자율 상승은 결국 이루어지지 않을 것이다.

이런 이유로 FOMC는 전략 검토에서 인플레이션 목표 인상 방안을 처음부터 배제했다. 그러나 위원회가 결국 도입하게 된 FAIT 체계에서는 2퍼센트 인플레이션 목표에서 한시적으로 약간 초과하는 것을 허용한다는 것이므로 사실상 이 방향으로 한 발 내디딘 셈이라고 할 수 있다. 2012년부터 자리 잡은 표준 인플레이션 목표 체제하에서 FOMC는 최저한도 상황이 한동안 진행된 후에는 인플레이션을 2퍼센트로 회복하려고 시도하게 된다. FAIT 체제에서는 같은 상황에서 위원회가 인플레이션을 최소한 한동안은 2퍼센트 목표를 상회하는 수준으로 유지하려고 시도한다.

통화 정책과 재정 정책의 조율

합리적인 사고를 하는 사람이라면 이미 금리가 최저한도에 가까운 상황에서 통화 정책의 효과를 키우려는 시도가 과연 열매를 맺을 수 있는지, 아니면 이미 그런 노력은 수익 감소 지점을 통과했는지를 두고 의견이 나뉠 수 있을 것이다. 이런 문제는 차치하고라도, 최저한도를 점점 더 당연하게 받아들이는 분위기 속에서, 경제 안정을 위해서는 재정 정책(정부 지출과 세제의 변화)의 비중을 높여야 하며, 깊은 불황에서는 더욱 그럴 필요가 있다는 의견이 특히 중앙은행장 사이에서도 폭넓은 공감대를 형성하고 있다. 일부 경제학자들은 여기에서 한 발 더 나아가 저금리가 보편화된 상황이 통화 정책에 안겨주는 한계를 생각할 때 재정 정책을 불황에 대처하는 주요 수단으로 삼고 통화 정책은 보조 수단에 그쳐야 한다고 주장하기도 한다.[22]

재정 정책은 경제 안정의 수단으로서 몇 가지 이점을 지니고 있다. 첫째 통화 정책과 달리 재정 정책은 낮은 자연이자율에서도 효과가 크게 달라지지 않는다. 오히려 이자율이 낮아지면 정부 부채 조달 비용이 줄어들어 확대 재정 정책의 매력이 더 커진다. 이 점과 관련하여 오래전부터 확대 재정 정책에 제기되어온 우려는, 정부가 가용 저축액을 흡수하고 이자율을 더 높이는 방식으로 대출을 통해 지출이나 감세 비용을 조달하는 것은 저축액의 다른 용도인, 예컨대 기업의 공장 및 시설 투자 같은 기회를 '밀어내 버리는' 효과를 초래할 수 있다는 것이었다. 그러나 이자율이 이미 낮다면 가치 있는 민간 투자는 자금 조달에 큰 어려움이 없으므로 금융 시장에서 배제될 위험이 크다고는 볼 수 없다. 더구나 확대 재정 정책으로 혹시 장기이자율이 올라가더라도 저축자가 벌어들이는 소득이 오르고, 오른 자연이자율만큼 통화 정책의 여유가 늘어나는 이점이 있다.

통화 정책에 비해 재정 정책은 경제 내에 가장 도움이 필요한 인구집단이나 산업 분야를 집중적으로 겨냥할 수도 있다. 예를 들어 팬데믹 기간에 가동된 총 2조 2000억 달러의 케어스 법은 경제 전반을 지원한 것은 물론, 보건의료 분야와 위기의 피해가 더 컸던 그룹, 예를 들어 실업 근로자와 중소기업에 특별 예산을 배분하기도 했다. 이와 달리 통화 정책은 경제 전체의 건전성을 강화하면서 가장 도움이 절실한 근로자와 기업에 거시경제 상황이 파급효과를 미치기를 바랄 뿐이다.

재정 정책은 경기 순환에 대처하는 수단으로서 지니는 단점도 있다. 필요시에 언제든지 신속한 조정이 가능한 통화 정책과 달리, 정부 지출과 세제 정책은 쉽게 바꿀 수 없다. 수천 개의 항목으로 구성된 연방 재정은 다양한 목적과 장기적인 약속, 세밀하게 진행된 타협이 포함되어 있어 단기적으로 재정 정책의 유연성을 떨어뜨리는 원인이 된다. 예를 들어 프로젝트 계획 기간이 너무 긴 탓에 기반 시설이나 국방 분야의 지출을 단기간에 확대하기가 힘들 뿐 아니라, 세제 정책의 잦은 변화는 경제적 의사 결정을 왜곡하여 가계와 기업의 계획에 혼란을 초래한다. 실업보험이나 지방정부 보조금 같은 이전지출의 증대는 비교적 신속하게 진행되지만, 이 경우에도 관료주의나 물리적 어려움으로 기금이 최종 수령자에게 도달하는 시기가 늦어지는 경우가 허다하다. 최근에는 케어스 법에 따라 마련된 실업보험 연장 혜택이 각 주에 따라 상이하거나 노후화된 실업보험 체계로 인해 혼란을 겪은 일이 있다.

인플레이션과 실업을 목표로 재정 정책을 운용하는 데 있어 더 심각한 문제는 정부 지출 계획과 과세 정책이 복잡한 정치 환경을 통해 만들어진다는 점이다. 미국의 경우, 재정 조치는 수시로 튀어나오는 협상에 시달린 뒤에도 행정부와 상하원의 찬성이 필요하며, 이것은 서로 다른 정당의 통제 영역에 속기기 일쑤다. 최근의 경험은 미국의 정치 체제가 주요 긴급 사태에서 막대한 재정 프로그램을 가동할 수 있음을 확인해주기도 했으나 (오바마 대통령이 서명한 2009년 미국 경기 회복 및 재투자법, 2020년에 트럼프 대통령이 승인한 케어스 법), 다른 상황에서는 정파 간의 문제로 정체와 지연에 쉽게 노출되는 경우가 많다.[23] 초당파적 성격과 정치적 독립성을 갖춘 중앙은행이 경제 전망 변화에 따라 통화 정책을 신속히 조정하고 이에 따라 대응하는 모습은 재정 정책의 이런 약점과 극명한 대조를 이룬다. 바로 이런 이유로 경제 안정을 오로지 재정 정책에만 의존하는 것은 현명하지 못한 일이다.

그럼에도 불구하고 재정 정책이 경제 침체 해결을 위해 더 큰 책임을 맡을 필요가 있다는 것은 분명해 보인다(실질 최저한도 금리가 앞으로도 통화 정책의 상당한 제약이 될 것으로 보이므로). 그렇다면 여기서, 통화 정책과 재정 정책을 조율하는 과정이 필요한가라는 질문이 제기된다. 만약 그렇다면 그 방법은 무엇일까? (나는 주요 금융위기와 팬데믹, 기타 국가적 긴급상황에 중앙은행이 정부와 긴밀히 협조해야 한다는 것을 당연한 명제로 받아들인다)

통화와 재정 사이에 정책 조율이 이루어지는 가장 기본적인 형태는 비공식적인 대화다. 연준 의장과 재무장관은 정기적인 만남을 통해 경제와 금융의 변화 상황에서 가능한 입법 조치에 이르는 다양한 의견을 교환한다. 행정부 및 의회와의 대화를 통해 연준은 재정 및 기타 경제 정책의 변화 가능성을 전망할 수 있고, 이를 통해 FOMC는 경제 전망과 정책적 사고에 관한 지식을 얻는다. 연준 의장은 다시 의회와 행정부에 연준이 보는 경제와 폭넓은 정책 전략을 알려준다.

일반적으로 오늘날 연준과 의회 사이의 관계는 의회가 주도하고 연준이 이를 따른다. 즉 FOMC는 재정 정책을 상수로 받아들이고 그에 따라 통화 정책을 조정한다. 번스와 그린스펀 시대에 연준 의장이 재정 정책 계획의 구체적인 내용까지 활발하게 관여한 행동은 오늘날에 와서는 백악관이나 연준 모두 결코 적절한 것으로 여기지 않는다. 그러나 최근의 연준 의장들도 경제적 긴급상황에 통화 정책만으로 충분히 대응할 수 없다고 판단할 때는 목소리를 높이고 있다. 예를 들어, 팬데믹 기간에 파월 의장은 기회 있을 때마다 초기의 케어스 법을 넘어서는 추가 정책 지원을 호소했다. 나도 대침체로부터의 회복기에 의회가 재정 지원 정책에서 내핍으로 전환했을 당시 몇 차례 같은 일을 했다. 그러나 파월처럼 나 역시 구체적인 조치를 언급하거나 액수를 제안하지 않으려고 조심했다.

파월과 내가 조심스러운 태도를 보인 이유는 연준 수장의 재정 정책에 관한 언급은 불가피하게 균형에 영향을 미치는 행동이기 때문이다. 한편으로는 재정에 관한 결정은 비선출직인 연준 의장이 아닌 국회의 책임이므로, 연준이 개입하는 듯한 인상은 그들의 분노를 일으킬 소지가 충분하다. 다른 한편으로 중앙은행장은 경제에 관한 분석 자료와 정보를 쥐고 있어 재정 정책의 필요성을 조언하기에 충분한 처지다. 물론 재정정책결정자가 그 조언을 듣지 않아도 상관없다. 더구나 재정 정책 결정은 연준이 자신의 양대 의무를 충족하는 능력과 직결된다. 내가 생각하는 올바른 균형은, 경제 안정을 위해 재정 조치가 필요할 때는 연준이 공개적으로 발언하는 대신, 구체적인 재정 프로그램을 둘러싼 당파적인 논쟁에서는 어느 한 편을 드는 발언을 피하는 것이다.

통화와 재정 사이의 조율은 입법기관이 연준에 재정 권한을 위임했을 때도 발생할 수 있다(연준에 이미 주어진 권한의 결과로 암묵적일 수도 있고 새로운 입법을 통할 수도 있다). 모든 통화 정책에는 재정적인 요소가 있다. 이자율의 변화는 정부의 부채 조달 비용에 영향을 주기 때문이다. 그러나 전체적으로 보면 연방준비제도는 해외 중앙은행에 비해 암묵적이든 명시적이든 재정에 관한 재량권이 적은 편이다. 예를 들어, 이미 살펴봤듯이 해외 중앙은행들은 정상적인 운영의 하나로 신용위험이 있는 회사채를 매입할 수 있다. 이런 매입은 일종의 재정 정책과도 같은 의미를 띤다. 이런 자산에서 발생하는 손익은 중앙은행이 국고에 미치는 수익과도 연결되기 때문이다(연방준비제도는 장기 채권을 보유함으로써 위험을 안는다. 장기 채권은 시간이 지남에 따라 가치가 변하기 때문이다. 그러나 연준이 정상적인 통화정책 결정을 통해 신용 위험을 안는 경우는 없다). 유럽중앙은행이 목표 장기 재융자 프로그램targeted long-term refinancing operations, TLTROs을 통해 자신의 포트폴리오 일부를 시중은행의 대출 지원금으로 사용하는 것은 중앙은행의 재정적 재량권을 보여주는 또 하나의 예다. 즉 일반적인 관점에서는 통화 정책과 재정 정책의 구분이 유연하다는 것이다. 그런 구분은 사실 정치와 규범 그리고 제도적 정비에 달린 문제다. 입법기관도 상황이 허락된다면 그런 구분을 바꿀수 있다.

케어스 법을 통해 연준의 몇 가지 긴급 대출 프로그램에 지원 기금을 책정한 일은 의회가 (재무부와 함께) 선례를 깨고 연준에 재정 권한을 위임한 사건이었다. 이 지원을 통해 연준은 13조 3항의 대출 권한과 재무부의 승인을 활용하여 채권을 매입했고, 손실이 발생할 수도 있는 조건으로 대출을 (은행 시스템을 통해) 제공할 수 있었다. 이런 대출금 지원으로 연준은 팬데믹 초기에 금융시장 안정화를 위한 추가 수단을 확보하게 되었다. 중요한 점은 연준이 대출자의 자격 결정을 포함하여 이런 프로그램을 설계할 권한을 충분히 부여받았다는 사실이다. 따라서 새로운 과제로 인해 정책의 독립성이 위태로워졌다는 느낌은 전혀 들지 않았다.

그러나 이런 대출 프로그램이 한시적이었다는 점은 케어스 법이 규정한 한계나 13조 3항 긴급 권한의 테두리 안에서 정해졌다는 점에서 분명히 드러났다. 게다가 공화당은 이 프로그램이 2020년 이후까지 계속되는 방안에 반대했다. 아마도 바이든 대통령 재임 시에 연준이 그들의 마음에 들지 않는 목적에 대출을 제공할 것을 우려한 것 같다. 이 프로그램을 둘러싼 논쟁에서 분명한 점은 미국 정치에서 통화 정책과 재정 정책을 구분하는 선을 어디에 그을 것이냐 하는 문제는 여전히 논란이 진행 중이라는 사실이다.

해외 은행이 사용한 몇 가지 정책 수단은(대출 자금 지원 제도나 QE를 통한 다양한 채권 매입 등) 적어도 암묵적으로는 연준에 재정과 관련된 재량권을 더해준다(다양한 채권을 살 수 있으려면 법률적 변화가 따라야 한다). 최저한도로 인한 제한을 생각하면 이런 수단이 추가되어야 한다는 주장은 경제적인 의미에서 탄탄한 논거가 된다. 그러나 정치적 관점에서 보면 연준이 재정적 유연성을 추구하기 위해서는 몇 가지 조건이 충족되어야 한다. 첫째, 의회가 연준의 재정적 재량권 증대가 의미하는 바를 이해하고 이를 수용해야 한다. 예를 들어 연준이 재무부로 이관하는 수익금 같은 문제다. 둘째, 새로운 권한에 연준의 재정 정책에 관한 독립성을 해치거나 연준이 양대 의무를 추구하는 노선에서 벗어나게 할 만한 조건이 붙어서는 안 된다. 특히 연준 정책결정자들은 새로운 수단의 목적이 신용시장 전체의 기능과 경제 전반의 성과를 개선하는 것일 뿐, 특정 대출 대상자에게 신용 자산을 배분하려는 의도가 아님을 확신할 수 있어야 한다.

헬리콥터 머니

지금까지 주요 선진국에서 흔히 사용되어온 제한된 종류가 아니라 좀 더 포괄적인 형태의 통화-재정 조율 방안을 지지하는 경제학자들도 있다. 나는 머지않은 미래에 좀 더 생경한 형태의 조율 방안이 선을 보이는 일은 최소한 미국에서는 없으리라고 생각한다. 그러나 극단적인 조건에서라면 이런 대안 정책이 적절할 수도 있을 것이다.

가장 대표적인 예 중 하나가 헬리콥터 머니helicopter money다. 이 표현과 개념은 밀턴 프리드먼의 생각에서 온 것이다.[24] 만약 미래의 언젠가 경제가 계속된 낮은 인플레이션이나 심지어 디플레이션에 시달리고 단기금리와 장기금리가 모두 제로에 가까워져서, 통화 정책만으로는 고유의 목적을 달성할 수 없는 상황이라고 가정해보자. 그런 경우, 프리드먼이 했던 사고 실험대로 관계 당국이 막 찍어낸 통화를 헬리콥터에 실어 하늘에서 뿌린다면 사람들은 당연히 이것을 재빨리 주워 모을 것이다. 이제 사람들이 새 돈을 마구 써대기 시작하면 물가가 오를 것이고, 그렇게 디플레이션은 끝난다는 것이 프리드먼의 주장이었다.

프리드먼의 동화 같은 이야기를 좀 더 현실감 있게 다듬어보자면, 헬리콥터 머니의 상황을 디플레이션 위협에 대응하는 효과적인 방안 중 하나라고 이해해볼 수 있다(혹은 그렇지 않을 수도 있다). 현대 미국의 상황에 이 방안을 대입한다면 두 단계로 진행될 것이다. 우선 첫 단계에서 의회는 막대한 세금 환급 계획을 승인하여 즉각 광범위한 인구를 대상으로 지급을 시작한다. 이해를 돕기 위해 환급 프로그램의 규모는 5000억 달러라고 해보자. 정상적인 환경에서라면 재무부는 5000억 달러의 정부 채권을 추가로 발행하여 민간 투자자에게 매각한 돈으로 환급금을 마련할 것이다. 그러나 그렇게 하는 대신 두 번째 단계로, 연준이 환급 자금을 직접 공급한다고 가정하자. 이를 실행하는 방법은 간단하다. 연준에 5000억 달러의 재무부 계좌를 추가로 개설하면 된다. 재무부는 이 계좌에서 현금을 인출하여 사람들의 예금계좌에 송금해준다. 똑같은 방식을 거꾸로 할 수도 있다. 재무부가 5000억 달러의 영구 채권을 제로 금리로 발행하면 연준이 이를 매입한 다음 연준에 있는 재무부 계좌에 신규 채권 보증금으로 예치하는 것이다. 이 두 단계를 합하면(연준의 대차대조표를 확대한 돈으로 감세 재원을 마련한 것이다) 프리드먼의 사고 실험을 현실화한 것과 같다.

이 현실판 헬리콥터 머니는 최저한도 상황의 경제에 어떤 영향을 미칠까? 첫 번째 단계인 세금 환급은 표준적인 재정 정책으로, 그 효과가 잘 알려져 있다. 환급금은 사람들의 소득을 올려 지출과 경제 활동을 자극한다. 그러나 세금 환급이 정부 채권을 일반에 매각하는 일반적 방식이 아니라 연준이 제공한 자금으로 이루어졌다는 사실이 추가적인 부양 효과를 나타낼까? 놀랍게도 연준의 자금을 사용했다고 해서 더 크게 달라질 것은 별로 없다.[25]

헬리콥터 머니에 연준이 관여한 효과가 크지 않은 한 가지 이유는, 비록 그 돈을 연준이 마련했지만, 장기적으로 재무부 입장에서 세금 환급은 '공짜 돈'이 아니기 때문이다. 그 이유는 다소 미묘하다. 그것은 연준이 기금금리를 통제하는 방식과 관련이 있다. 사람들이 환급금을 지출하든 저축하든 그들이 추가로 얻은 돈은 결국 지급준비금이라는 형태로 은행 시스템 내에 존재하게 된다. 따라서 앞의 예에서, 헬리콥터 머니를 뿌린 후에 은행지급준비금은 5000억 달러만큼 증가한다.

어느 시점에서(환급금으로 인해 경제 사정이 호전되므로 원래 계획보다는 빨라질 가능성이 크다) 연준은 기금금리를 제로에서 올리고자 할 것이고, 그 방법은 은행지급준비금 이자를 올리는 것이다. 이때 지급준비금에는 환급금으로 발생한 5000억 달러가 포함되어 있다. 연준이 은행에 이자로 지급하는 돈만큼 재무부에 송금해야 할 수익금은 줄어든다. 따라서 재무부는 간접적으로 추가 이자 비용을 감당하는 셈이다.◆ 연준의 자금을 썼지만, 환급금으로 사용한 기금의 이자는 사실 재무부가 내는 것이다. 실제로 연준이 은행에 지급한 준비금 이자는 재무부가 발행하는 단기 국채 이자와 거의 비슷하므로, 재무부는 단기 국채를 일반에 직접 발행하여 환급금을 마련하는 방식에 비해 연준에서 자금을 조달함으로써 제한된 비용 절감을 누릴 뿐이다. 세금 감면 수혜자의 관점에서도 연준의 자금으로 환급받는다고 해서 (표준적인 국채 발행 방식과) 그리 다를 것은 없다. 요컨대 오늘날 미국에서 세금 환급 자금을 연준이 직접 제공하는 것은 같은 금액을 국채 발행으로 조달하는 것에 비해 뚜렷한 추가 부양 효과는 없다.

　이 결론에는 몇 가지 단서 조건이 있다. 첫째, 방금 했던 주장은 정부가 연준에서 자금을 조달하는 것 외의 대안이 단기 채권 발행이며, 이때 이자율은 연준이 은행지급준비금에 지급하는 이자율과 거의 같다고 가정한 것이다. 만약 정부가 세금 환급 자금을 단기 채권이 아니라 장기 채권을 발행해서 마련한다면, 장기 채권 공급량 증가는 그 채권의 수익률을 끌어올리게 되므로 정부나 민간 분야의 대출 비용도 따라 오를 것이다. 연준은 이런 효과를 해소하기 위해 QE 매입을 통해 장기 채권을 사들임으로써 이자율 상승으로 밀어내기 효과가 일어나 세금 환급 효과가 무산될 위험을 피할 수 있다. 여기서 주목할 점은 헬리콥터 머니를 실행하는 전체적인 과정에 반드시 통화 정책과 재정 정책 간의 조율이 필요하지는 않다는 사

◆　현재 일본은행과 ECB가 사용하는 방법을 따른다면, 연준은 일정 수준 이하의 은행지급준비금에 이자를 지급하지 않는 방식으로 기금금리를 관리할 수 있다. 그렇게 되면 눈에 보이지 않는 재무부의 조달 비용을 줄일 수 있다. 다만 이것은 은행에 간접 조세를 부과해야만 가능한 방법인데, 의회는 직접 부과 방식을 택하려고 할 것이다.

실이다. 결국 정부의 세금 환급과 연준의 충분한 QE를 통해 그 뒤에 따르는 장기이자율 인상을 어떻게 피하느냐가 관건이다.

둘째, 연준이 자금을 공급한다는 발표가 심리적 효과를 발휘할 수도 있다. 예를 들어 연준이 QE를 통해 장기이자율 상승을 막겠다는 의지를 보여줌으로써, 재정정책결정자가 그렇지 않았을 경우보다 더 큰 규모의 세금 환급안을 입법화할 수도 있고, 경제의 펀더멘털에 달라진 것이 없음에도 사람들의 인플레이션 기대가 올라갈 수도 있다. 또 다른 가능성은 통화와 재정의 공동 조치를 발표함으로써 연준이 인플레이션과 함께 정부의 자금 조달 비용까지 신경 쓸 수도 있다는 가정하에 기존에 생각했던 것보다 저금리를 더 오랫동안 지속할 것이라는 기대가 시장에 형성될 수 있다는 것이다. 이런 심리 효과를 예측하기는 어려운 일이다.

또 하나의 대안은 재정 권한을 아예 배제하는 것이다. 그래서 나타난 제안 중에 이른바 '국민을 위한 QE'라는 것이 있다. 이것은 중앙은행이 직접 일반에 현금을 나눠 주는 것이다. 국민을 위한 QE는 경제학적으로 헬리콥터 머니와 동등한 것으로, 그 효과도 연준이 같은 금액을 세금 환급 자금으로 제공하는 것과 같다. 그러나 국민을 위한 QE를 옹호하는 주장이 될 만한 것으로는, 중앙은행이 입법기관보다 부양이 필요한 양이나 시기를 더 잘 판단할 수 있다는 점을 들 수 있다. 그래도 내가 아는 한 이 방식은 어떤 나라에서도 불법에 해당한다. 공공 기금을 배포하는 행위는 중앙은행이 아니라 입법기관의 특권이기 때문이다. 현실적으로도 의회가 그런 권한을 다른 곳에 위임할 가능성은 극히 낮은 데다, 그럴 만한 이유도 충분하다.

헬리콥터 머니 효과가 전통적인 부채 조달 방식의 세금 환급, 또는 거기에 QE를 더하여 혹시 있을 장기이자율 상승을 상쇄하는 방안과 유사하다는 결론은 다소 놀라운 것이다. 우리는 1920년대 독일에서 최근에는 베네수엘라에 이르는 다양한 국가의 사례로부터, 정부가 자금을 조달하여 지출이나 감세로 쓴 결과가 높은 인플레이션이나 심지어 초인플레이션까지 초래했다는 사례를 들어왔다. 이런 사례에서의 차이점은 중앙은행이 독립적이 아니라 정부에 종속된 존재였다는 데 있다. 독립된 중앙은행은 물가 안정에 최우선을 두므로 중앙은행의 인플레이션 목표가 위협받는 상황에서는 정부의 지출에 적응하는 것을 멈추고 긴축 정책에 착수한다. 독립성을 얻지 못한 중앙은행은 정부가 요구하는 대로 계속해서 통화를 발행하고 저금리를 언제까지나 유지하는 것 외에 다른 선택지가 없다. 그런 경우 정부가 재정적 필요를 물가 안정보다 우선시한다면 결과는 걷잡을 수 없는 인플레이션으로 나타난다. 중앙은행이 아니라 정부가 통화 정책을 좌우하고 물가 안정을 자신의 재정적 요구에 종속시키는 상황을 '재정 우위fiscal dominance'라고 한다. 재정 우위하에서 헬리콥터 머니는 곧 인플레이션이다. 그러나 오늘날 미국은 그런 상황과 거리가 멀다.

이론적으로는 완전히 독립된 중앙은행과 재정 우위 사이의 어느 중간 지대에서 헬리콥터 머니가 효과를 거두면서도 초인플레이션 위험을 유발하지 않는 상황을 상상할 수도 있을 것이다. 예를 들어 인플레이션이 특정 수준, 예컨대 3퍼센트에서 계속 유지되는 경우에만 중앙은행에 독립적인 운영 권한을 부여하는 법안을 정부가 통과시켰다고 해보자.◆ 이 예에서, 인플레이션이 3퍼센트 아래로 내려가면 중앙은행은 정부 재정 적자 비용을 제로 금리로 무제한 발행해야 하지만, 인플레이션이 3퍼센트를 통과하

◆　이러한 방식이 효과를 발휘하려면, 인플레이션의 임계 수준이 중앙은행이 완전히 독립적으로 정책을 수립하고 선택할 수 있는 수준보다 높아야 한다.

는 순간부터는 중앙은행이 자유롭게 이자율을 올려 추가 인플레이션을 막을 수 있다. 이 방식은 이론적으로는 가능하나 현실적으로는 심각한 우려를 제기한다. 정부가 중앙은행의 독립성을 돌려주겠다는 약속을 지키지 않을 수도 있다. 혹은 정부의 의도는 정말 중앙은행의 독립성을 돌려주려는 것이었음에도, 약속을 지키지 않을지도 모른다는 시장의 두려움이 불안한 인플레이션 기대를 만들 수도 있다.

현대통화이론

대다수 경제학자는 재정 우위를 피해야 할 것으로 본다. 그러나 현대통화이론modern monetary theory, MMT의 지지자들은 재정 우위의 한 형태가 경제를 관리하는 가장 좋은 방법이라고 주장한다.[26]

현대통화이론은 진보적 민주당 정치인들의 주목을 받아왔고, 그중에는 상원의원 버니 샌더스(무소속, 버몬트주)와 하원의원 알렉산드리아 오카시오 코르테즈(민주당, 뉴욕주)의 이름이 포함되어 있다. 현대통화이론은 이론적 명제와 정책 제안의 혼합체라고 할 수 있다(정부가 보편적인 일자리를 보장해야 한다는 등). 여기서는 그중에서도 지지자들이 통화 정책과 재정 정책의 관계를 보는 관점에 대해서만 다루고자 한다.

MMT 지지자들의 주장을 한마디로 표현하자면 중앙은행의 독립성을 제거하고 재정 우위를 제도화하자는 것이다. 그들이 보기에 통화 정책의 책무는 이자율을 낮은 수준에 고정한 채 언제까지나 유지하는 것이다. 그 수준이 만약 제로라면 통화를 통한 자금 조달과 부채로 조달한 정부 지출 사이의 차이점은 사실상 사라진다. 모든 정부 부채에 물어야 할 이자는 제로가 되기 때문이다. 한편 재정 정책은 다른 모든 목표보다 경제 안정, 그중에서도 물가 안정을 책임져야 한다. 재정 당국은 경제 안정을 추구하기 위해 과세 및 지출 정책뿐 아니라(예컨대 세금 인상은 개인 구매력을 떨어뜨려 인플레이션 통제에 도움이 된다), 물가 관리나 고용 보장 같은 다른 정책을 동원할 수도 있다.

MMT 지지자들이 이런 체제에서 특정 연도의 정부 예산 적자 수준이 정확하게 어느 정도인지는 중요한 문제가 아니라고 하는 말은 옳다. 예산 관점에서 적자가 중요하지 않은 이유는 (중앙은행이 이자율을 영원히 제로로 유지한다면) 정부 부채 조달 비용이 공짜이기 때문이다. 정부가 모든 정책을 총동원하여 높은 고용과 낮은 인플레이션을 유지할 수 있다고 가정한다면 현재 적자도 경제 안정을 달성하는 데 있어 별로 중요한 문제가 아니다. 지금까지는 아무 문제가 없다.

그러나 일부 관측자는 "예산 적자는 중요하지 않다"라는 MMT의 결론을 정부가 높은 세금을 부과해야 하는 등의 경제적 결과에 상관없이 무제한의 지출을 할 수 있다는 말로 오해해왔다. 그 말은 옳지 않다. 경제 정책이 경제의 잠재력에 영향을 미치는 것은 사실이지만 결국 한 나라의 생산 능력 총량은 한정되어 있다. 산술적으로도 정부가 막대한 양의 자원을 사용한다면 민간 영역에 돌아갈 자원은 줄어든다. 또한 민간과 공공을 불문하고 상품과 서비스의 총수요가 경제의 생산 능력을 훨씬 초과한다면 인플레이션은 불가피한 일이 된다. 임금과 물가의 인상을 인위적으로 억누르지 않는 한 말이다. 그러나 이 경우, 수요 압력은 공급 부족과 병목 현상으로 나타난다. 1970년대에 닉슨 행정부가 물가를 통제하려고 했을 때 일어난 현상이 바로 그것이다. 요컨대 정부가 경제 안정을 위해 경제 정책을 사용한다는(특히 인플레이션을 낮게 유지한다는) MMT의 가정에는 정부가 지출할 수 있는 범위에 분명히 한계가 있다는 사실이 숨어 있다.

또한 현실적으로, 재정 권한만으로 경제 안정을 책임지고 통화 정책은 순수하게 수동적인 역할만 한다는 것은 현명한 일이 아니다. 재정 정책은 안정화의 수단으로 강점을 지니고 있으며 자연이자율이 낮을 때라면 재정 정책에 좀 더 많이 의존하는 것도 타당한 일이다. 그러나 정치적 의사 결정의 복잡성 때문에 재정 정책은 경제 전망의 변화에 유연하고 신속하게 대응할 가능성이 극히 낮다. 따라서 연준이 이자율을 영원히 제로에 묶어두고 불황과 인플레이션에 맞서 싸울 책임을 포기해야 하는 시스템에서는 거의 필연적으로 경제가 불안해지고 인플레이션이 치솟게 될 것이다. 통화 정책과 재정 정책에는 경제 안정을 위한 저마다의 역할이 있다.

요약하면, 통화 정책은 자신의 수단과 체계의 잠재력을 증대하는 한편, 재정 정책과 협력하기 위해 많은 방법을 모색할 수 있다. 개선된 체계는 통화 정책을 더욱 강력하게 만들고 예측 가능성을 높여줄 수 있다. 연준은 또 해외 중앙은행이 사용했던 몇 가지 수단을 고려해볼 수도 있다. 대안 수단과 관련하여 가장 불확실한 점은 기술적 타당성이 아니라 정치와 지배구조에 있다. 입법기관과 중앙은행은 독립적인 중앙은행이 통제하는 통화 정책과 의회 및 행정부의 영역인 재정 정책 사이의 구분에 관해 의견을 모아야 할 것이다.

또한 실질 최저한도가 통화 정책을 제약하는 현실에서, 재정 정책은 최대 고용을 유지하고 인플레이션이 지나치게 낮아지는 것을 막는 일에 과거보다 더 큰 역할을 해야 할 가능성이 크다. 재정 정책의 효과성은 '자동 안정기'를 더 많이 사용할수록 증대될 것이다. 즉 정부의 지출이나 세제를 경제 지표와 연동하여 운영함으로써 필요가 닥치기 전에 미리 가동되게 하는 것이다. 예를 들면 의회는 실업률이 미리 정해둔 일정 수준을 넘어서면 자동으로 실업급여 인상 방안을 미리 입법화하는 것이다. 자동 안정기는 경제 상황을 바탕으로 작동하므로 정치적 교착 상황에서도 재정 정책의 대응력과 균형감을 키워주고 취약성을 낮춰준다. 그러나 그동안 의회는 이런 방식에 별 관심을 보이지 않았다. 재정 정책이 경기 상황에 유연하게 대처할 수 있게 크게 변화하지 않는 한, 통화 정책은 앞으로도 경제 안정을 달성하는 중요한 수단이 될 것이다.

14

통화 정책과 금융 안정

1913년에 연준이 설립될 당시에는 현대적 의미의 통화 정책 운용이 아니라(당시는 금본위제가 맹위를 떨치고 있었다), 주로 금융 패닉 예방과 최종 대부자의 역할 감당이 주목적이었다. 월터 배젓의 격언에 나오는 처방처럼, 은행에 돈을 맡긴 사람이나 다른 단기 대출 기관이 확신을 잃어 현금을 되찾으려고 할 때 중앙은행의 역할은 금융기관에 '자유롭게 대출해주고', 그들의 건전한 대출상품이나 기타 손상되지 않은 자산을 담보로 받는 것이다. 연준이 최종 대부자로서 제공하는 이런 대출은 무너진 민간의 자금 조달 기능을 대신함으로써 지불 능력이 있는 은행이 파산하는 사태를 막고, 남아 있는 예금주들이 뱅크런에 뛰어들지 않게 하며, 은행 자산의 헐값 매각에 제동을 걸고, 그 사이에 은행이 신규 자본을 조달할 여유를 제공함으로써 패닉을 가라앉힌다.

기본적인 논리는 같으나 연준의 최종 대부자 전략은 미국 금융 시스템의 구조에서 발전했다. 연준이 설립될 당시, 신용을 제공하는 주체는 거의 모두 은행이었고 뱅크런은 금융 시스템의 안정에 가장 큰 위협이었다.

그러나 2007년에 이르자 거의 모든 신용은 채권시장과 비은행 금융기관, 즉 그림자금융을 통해 유통되었다. 이런 상황에서 연준은 글로벌 금융위기 당시 최종 대부자 역할을 확대하여 광범위한 금융시장과 기관, 나아가 일부 비금융 기업에까지 대출해줄 수 있는 긴급 권한을 사용했다. 짧은 기간 극심하게 닥쳤던 2020년 3월의 금융위기 당시, 연준은 한 발 더 나가 국채와 다른 채권을 사들이는 최종 매입자의 역할까지 맡았고, 또한 (의회의 지원으로) 기업과 지방정부 그리고 중소기업에 신용을 지원하기도 했다.

물론 글로벌 금융위기와 팬데믹은 모두 특별한 권한과 광범위한 대응이 필요했지만, 연준은 이미 오래전부터 금융 시스템을 감시하면서 안정에 대한 위험이 등장할 때마다 이에 대처해왔다. 그러나 역사적으로 연준의 개입은 늘 즉흥적이었고, 통화 정책과는 동떨어진 별도의 지적 영역에서 이루어진 경우가 많았다. 물론 1990년대 아시아 위기 당시 정책결정자들이 경제에 미치는 금융 혼란의 효과를 상쇄하기 위해 통화 수단을 동원한 예외가 있기는 했다. 그러나 21세기에 들어오면서 연준은 금융 안정을 추구하는 역할에 관한 생각을 바꾸기 시작했다. 연준의 전통적인 최종 대부자 역할이 확대된 것도 그중 일부다. 좀 더 근본적으로는 금융 산업에서 일어난 폭발적인 성장과 혁신 그리고 규제 완화로 금융 불안이 연준의 양대 의무에 점점 더 큰 위협으로 등장한다는 배경이 있었다. (더불어 자연이자율의 하락이 통화 정책의 충격 대처 능력을 제한하고 있었다) 실제로 많은 정책결정자는 금융 안정 유지를 연준이 추구해야 할 의무의 '사실상의' 세 번째 요소로 인식하고 있다. 그것 없이는 최대 고용과 물가 안정을 꾸준히 달성할 수 있다는 희망이 거의 사라지기 때문이다.

이런 변화는 연준의 내외부에서 금융 불안과 적절한 대처 방안에 관한 논쟁을 격화시켰다. 시장 심리의 변화, 금융 혁신, 규제 실패가 불안의 원인으로 지목되었다. 그러나 통화 정책에는 과연 문제가 없었을까? 통화 정책이 금융 시스템에 위험을 초래하고 이를 증폭했을 가능성은 없을까? 만약 그렇다면 통화 정책 운용 방식은 바뀌어야 하는가? 금융 규제와 같은 비통화 정책이 시스템적인 금융 위험을 통제하고 통화 정책을 대체하는 일도 가능할까? 이것이 바로 오늘날 중앙은행이 당면한 가장 어려운 질문들이다.

금융 불안과 경제적 결과

〈파이낸셜타임스〉가 발간하는 '알파빌Alphaville' 칼럼에는 오랫동안 '호두가 여기 있다. 언제 부서질까?'라는 제목으로 FT 필진이 바라보는 금융시장의 기이하고 비이성적인 행태에 관한 기사가 게재되어왔다. 이런 기사들을 읽어보면 재미도 있고 때로는 유익한 내용도 많았다. 그러나 이런 사례가 가끔 알파빌 칼럼이 던지듯 광범위한 금융 위험을 알리는 것으로 볼 수 있을까? 시장 전반에 위험을 감수하는 분위기가 고조되면 특정 자산이나 거래가 적정량을 초과할 수 있는 것은 사실이다. 그러나 금융위기가 그리 흔한 일이 아니지만, 놀랍게도 자산 가격이 평소와 다른 모습을 보이는 것은 〈파이낸셜타임스〉의 칼럼이 말하는 것처럼 그렇게 이해할 수 없는 일은 아니다.◆ 즉 이런 현상이 이상 신호일 가능성은 별로 크지 않다는 뜻이다. 실제로 특정 금융시장에서 보이는 일정 정도의 변동성이나 설명하기

◆　　잘 알려진 예로 1월 효과가 있다. 1월에 다른 달에 비해 주가 상승률이 높게 나타나는 현상이다. 하지만 연구자들에 의해 널리 알려지면서 그 효과가 약해졌다.

힘든 가격은 정상이며 건전한 경제와 매우 부합하는 일이다.

　반대로 시스템적인 금융 불안은(금융 시스템의 기능 전반에 미치는 위협으로, 실물[비금융] 경제로 옮겨 갈 가능성이 아주 크다) 정책 면에서 큰 걱정거리다. 시스템적 금융 사건, 예컨대 글로벌 금융위기나 2020년 3월의 팬데믹은 드물지만 엄청난 피해를 미칠 수 있다. 시스템적 사건의 발생 가능성을 줄이고, 그런 사건이 일어났을 때 상황을 개선하는 일은 정책결정자의 높은 우선순위가 틀림없다.

　그러나 시스템적 금융 사건을 예방 또는 대응하려면 우선 그것을 알아볼 수 있어야 한다. 어떤 사건이 안정에 가장 큰 위협을 초래할까? 미래에는 틀림없이 새로운 위협이 모습을 드러낼 것이다. 금융 시스템을 향한 사이버공격도 걱정스러운 가능성 중 하나다. 그러나 새로운 위협이 어떤 것일지 추측하기보다, 여기서는 역사적으로 중요했고 대중과 언론의 주목을 받았던 두 종류의 사건을 비교해본다. 그것은 바로 주식시장 버블과 신용시장의 성쇠다. 둘 다 충분히 심각한 지경에 이를 때는 경제 전반에 위험을 초래한다. 그러나 역사적 증거는 신용의 호황과 불황이 상업 및 주거용 부동산 버블과 맞물리면 훨씬 위험한 사건이 될 수 있음을 보여준다.

주식시장 버블

주식시장의 호황과 붕괴는(그 실상에 따라 버블로 불리기도 하고, 심지어 호황 중에도 그런 경우가 있다) 극적이며, 심한 경우 역사적인 사건이 될 수도 있다.◆

◆　'버블'을 정의하는 방법에는 여러 가지가 있다. 가장 표준적인 것 중 하나는, 버블이 형성될 때 사람들은 어떤 자산의 근본적으로 유리한 특성보다는 오직 가격이 계속 오른다고 생각하는 이유만으로 구매한다는 것이다.

많은 사람이 대공황을 떠올릴 때 1929년의 주식시장 붕괴를 그 상징으로 여긴다. 마찬가지로, 2001년의 기술주 버블 붕괴 역시 패기만만했던 1990년대와 활력을 잃은 2000년대를 구분하는 전환점으로 인식되는 경우가 많다.

주식 버블의 원인에는 심리적 요인과 경제적 요인이 함께 섞여 있다. 따라서 이를 예측하거나 파악하기는 무척 어렵다. 급격하고 지속적인 주가 상승은 팽배한 낙관주의와 경제가 새로운 시대에 접어들었다는 믿음에서 기인하는 경우가 많다. 1920년대에는 새로운 대량생산 소비재가 쏟아지고 임금과 여가가 늘어나면서 낙관주의에 불을 지폈다. 1990년대 말의 거품 역시 인터넷 혁명이 완전히 새로운 산업을 조성하고 구시대의 산업을 혁신할 것이라는 대중적 믿음을 반영한 것이었다. 돌이켜보면 1920년대와 1990년대의 낙관주의가 모두 잘못된 것은 아니었다. 두 경우 모두, 새롭게 등장한 기술들은 사회와 경제에 막대한 영향을 미쳤다. 또 매우 큰 수익성을 보여주기도 했다. 그러나 둘 다 낙관주의는 너무 성급했거나 여러 사건이 개입하면서 길을 잃었고, 곧이어 급격한 주가 하락이 발생했다.

주가에 영향을 미치는 다른 요소도 있다. 통화 정책이 그중 하나다. 통화 완화 정책은 주로 주가를 올리는 힘으로 작용한다. 경제 전망이 개선되고, 미래 수익을 할인하는 이자율이 내려가며, 이 장에서 살펴보겠지만 위험에 대한 투자자의 내성이 증가하기 때문이다. 실제로 통화 완화가 실물 경제에 미치는 영향은 자산 가치 상승에서 오는 측면도 있다. 그러나 실증적인 연구에 따르면 거의 모든 경우 통화 정책이 주가에 직접적으로 미치는 영향은 그리 크지 않다(물론 경제 개선으로 인해 장기간에 걸쳐 나타나는 간접 영향은 그렇지 않다).[1] 얄궂게도 가장 강력한 직접 효과는 긴축 정책으로 인해 주가가 붕괴했을 때 사주 보인다. 1929년과 2001년이 그 예다.

주식시장 버블이 주식 투자자 개인의 포트폴리오가 아니라 경제 전체에 초래하는 위험은 어떤 것이 있을까? 물론 자산 가격의 큰 변화에서 오는 경제적 효과가 분명히 존재한다. 주가 상승은 가계의 부와 심리를 끌어올려 소비자 지출에 영향을 미친다. 또 기업의 자금 조달이 쉬워지므로 시설 투자의 촉진제 역할을 할 수도 있다. 같은 논리로, 주식시장이 급격하게 하락하면 지출과 투자가 둔화할 것으로 예상할 수 있다. 그러나 주가의 상승과 하락은 물론 큰 관심사이기는 하나 금융 불안의 가장 큰 위험 요소로 볼 수는 없다는 것이 역사적 증거가 확인해주는 사실이다. 그것이 신용시장의 광범위한 붕괴를 동반하지 않는 한 말이다.

예를 들어, 2003년에 발표된 프레더릭 미슈킨과 유진 화이트Eugine White의 연구에 따르면 1900년 이후 미국 주식시장에서 확인된 열다섯 번의 붕괴 사태마다 약 1년 이하의 기간에 걸쳐 주가가 하락한 폭은 최소 20퍼센트를 넘어섰다고 한다.[2] 이런 규모에도 불구하고, 주가 하락이 경제에 미친 영향은 놀랍게도 그리 크지 않았다. 심지어 그 후에 경제 둔화가 전혀 일어나지 않았던 경우도 있다. 1946년부터 1947년까지 주가가 25퍼센트 떨어졌을 때, 1961년부터 1962년까지는 23퍼센트, 그리고 1987년 10월 그린스펀 신임 의장 취임 직후 단 하루 만에 23퍼센트가 떨어졌던 경우가 모두 여기에 해당한다. 약한 침체만으로 지나갔을 때도 있다. 예를 들면 1969년부터 1970년까지 30퍼센트, 2000년부터 2001년까지 23퍼센트 하락했을 때다. 미슈킨과 화이트의 연구가 발표된 후인 2020년 초에 주가가 30퍼센트 넘게 폭락한 일은 당연히 팬데믹의 원인이 아니라 결과겠지만, 어쨌든 그 사태도 재빨리 회복되었고 이듬해에는 다시 시장 신고가를 기록했다.

이와 반대로, 주가 붕괴가 모두 무해한 것은 아니다. 1929년의 붕괴

뒤에는 대공황이 찾아왔고, 2008년부터 2009년의 주가 폭락 후에는 대침체가 기다리고 있었다. 왜 똑같이 주가가 폭락했는데 어떤 때는 경제 위축으로 이어졌고 어떤 때는 그렇지 않았을까? 미슈킨과 화이트에 따르면 그 원인은 폭락이 독립적인 사건이냐(어쩌면 '비이성적 과열'의 사례 중 하나), 은행과 신용시장에 가해지는 광범위한 압력을 동반했느냐에 있다고 한다. ◆ 1987년처럼 신용시장의 붕괴를 동반하지 않은 주가 하락의 경우, 가계의 부와 심리에 미치는 경제적 효과도 물론 있겠지만 전체적인 영향력은 제한적일 가능성이 크다. 반대로 주식시장 붕괴 원인 혹은 결과가 은행과 신용시장을 비롯해 금융 시스템 전반에 넓게 퍼진 압력이라면, 급격하고 갑작스러운 불황이 찾아올 가능성이 매우 커진다.

1929년과 2008년부터 2009년까지의 경험은 주식시장 붕괴를 더 큰 맥락에서 보는 것이 중요하다는 점을 알려준다. 흔히 생각하는 것과 달리 대다수 경제사학자는 1929년의 호황과 붕괴가 비록 극적인 사건이었던 것은 분명하지만 그것만이 대공황의 원인이었다고는 생각하지 않는다. 주식시장 붕괴 후에 경제가 둔화한 것은 맞지만 공황으로 빠져든 것은 1930년과 1931년에 미국과 여러 나라에서 은행 시스템이 스스로 무너진 후의 일이었다. 오늘날 경제사학자들은 대공황의 주원인이 1929년의 주식시장 붕괴가 아니라 국제 금본위제의 불안정성과 반복된 금융위기라고 본다.[3] 금본위제의 붕괴는 자국 통화를 금과 연동했던 나라에서 소비자 물가의 디플레이션을 불러왔고, 1920년대 말 연준의 잘못된 판단에 따른 긴축 정

◆ 미슈킨과 화이트는 저위험 회사채와 고위험 회사채 수익률 사이의 스프레드를 바탕으로 금융 압력 지수를 측정한다. 이 스프레드 값이 증가하면 고위험 대상자에게 대출을 제공하려는 의지나 능력이 줄어든다는 뜻이므로 신용 경색 상황과 상관관계가 성립한다.

책이(오히려 주식시장을 냉각시키려는 것이었다) 이를 더욱 악화시켰다. 미국에서 1930년 말, 유럽에서는 1931년 봄부터 시작된 뱅크런이 통화 공급량 붕괴를 가속하면서 디플레이션이 더욱 악화하고 가계와 기업의 신용 이용이 위축되었다. 그러므로 1929년 주식시장 붕괴가 대공황의 징조를 알렸고 그것이 부와 심리에 미친 효과가 침체를 악화시킨 것은 틀림없지만, 그것이 경제 붕괴의 주원인은 아니었다.

2008년과 2009년에는 깊은 불황에 이은 주가 급락으로 2008년 5월부터 2009년 3월까지 주가가 절반으로 내려앉았다. 그러나 1929년의 주가 붕괴가 그랬듯이 이번 하락도 단독으로 일어난 사건이 아니었다. 이번 사태는 신용시장의 광범위한 붕괴가 원인이자 그것이 더욱 증폭된 결과였고, 이를 촉발한 것은 서브프라임 모기지의 위기와 도매금융 시장의 뱅크런이었다. 2008년부터 2009년까지의 주식시장 붕괴는 대침체의 단일 원인이 아니라 다른 요인들을 반영하는 거울이었다.

신용 호황과 불황

역사적으로 경제에 더 큰 위험을 초래하는 요인은 신용 호황과 불황이다. 신용이 호황일 때 대출과 레버리지의 급격한 증가는 상업 및 주거용 부동산 가격의 급등을 동반한다. 대출 확대는 주가 상승과 마찬가지로 합리성이 결여된 심리적 요인이 주도하며 펀더멘털은 단지 이를 정당화하는 역할을 하거나, 아니면 이 둘의 복합 작용으로 일어나곤 한다. 신용 호황 중에 어느 것이 '좋고 나쁜 것'인지를 판별하는 것은 주가 상승이 버블이냐 아니냐를 묻는 것과 다름없이 어려운 일이다. 그러나 신용 호황이 불황으로 변할 때 경제에 미치는 위험은 매우 클 수 있고, 특히 불황이 부동산 가격과 맞물리는 경우는 더욱 그렇다.

이 문제 역시 역사적 경험에서 핵심 증거를 찾을 수 있다. 오스카 호르다Òscar Jordà, 모리츠 슐라릭Moritz Schlarick, 앨런 테일러Alan Taylor까지 경제사학자들은 1870년부터 시작되는 데이터를 바탕으로 17개 선진국 사례를 연구한 결과, 부동산 투기로 인해 발생한 신용 호황과 뒤이은 금융위기 사이에 상당한 연결성이 있으며, 이런 위기 뒤에는 주로 깊은 불황과 더딘 회복이 따른다는 것을 발견했다.◆4 물론 신용과 주택시장이 호황에서 불황으로 급전직하한 사실은 2007년과 2009년 사이의 글로벌 금융위기의 단면을 여실히 보여주는 장면이었다.

부동산과 이와 관련된 신용시장의 호황과 불황이 경제에 미친 효과는 왜 주가 붕괴보다 더 심각했을까? 한 가지 이유로 주식은 주로 좀 더 부유한 사람들이 별도의 은퇴 계좌로 소유한다는 점을 들 수 있다. 반대로 미국에서는 거의 모든 가정이 집을 소유하고 있고, 그들에게는 주택 자산이 전체 재산에서 큰 비중을 차지한다. 대개 수익이 크지 않은 사람일수록 자기 재산에서 차지하는 지출 비중이 큰 경향이 있으므로 주택 자산의 변화는 평균적으로 비슷한 크기의 주가 변화에 비해 소비 지출 합계에 더 큰 효과를 미친다.5 한 예로, 글로벌 금융위기 직전에 미국 주택소유자들의 주택담보대출이나 재융자 현금화 등을 통한 주택 자산 이용 능력은 주택 자산과 소비 지출을 밀접하게 연동시키고 있었다.

그러나 이런 자산 효과보다 더 중요한 것은 주택을 비롯한 부동산 자산은 그 취득 자금을 대출로 조달하는 비중이 주식 보유에 비해 훨씬 크다

◆ 또한 이 연구자들은 그들이 연구에 사용한 오랜 기간의 범위와 여러 나라의 많은 사례를 통해, 주식시장 붕괴는 신용시장의 대규모 붕괴가 동반된 경우에만 뒤이은 불황을 설명하는 요인이 될 수 있다는 미슈킨과 화이트의 결론을 재확인했다.

는 점이다. 대부분의 가계는 주택 모기지가 전체 부채에서 절대 비중을 차지하며, 주택 및 상업용 부동산을 담보로 삼는 대출도 거의 모든 은행과 대출 기관의 자산에서 큰 비중을 구성한다.[6] 주택과 기타 부동산 가격이 붕괴하고 여기에 열악한 대출 관행이 가세하면 주가 하락보다 훨씬 크고 광범위한 금융 압력을 초래할 가능성이 크다. 소득이 줄고, 담보대출 부담이 커지며, 주택 자산이 줄어드는 주택소유자들이 주택 상환금을 계속 납부하려면 소비 내구재와 여러 상품에 대한 지출을 급격히 줄일 수밖에 없다.[7] 수요 하락은 다시 생산과 고용 저하를 초래하여 초기 효과를 악화시키고 이런 고통을 주택시장 외 다른 영역으로 확산시킨다. 마찬가지로, 주택 및 기타 부동산 담보대출에서 발생한 손실은 금융기관의 수익과 자본에 피해를 초래해 그들의 대출 역량과 의지를 저하시킨다. 최악의 경우 2007년부터 2009년 사이에 그랬듯이 금융 패닉이 일어난다. 단기 자금을 제공하는 기관이 철수하면서 파산과 헐값 매각을 강제하여 대출과 자산 가격은 더 떨어진다.

요컨대 주식시장이 하락했어도 다른 금융 압박이 없는 경우 경제에 미치는 효과는 주식소유자들에게 더 가난해진 기분을 안겨주어 지출이 하락하는 모습으로 드러난다. 같은 크기의 하락이 신용과 부동산에서 발생하면 지출에 더 큰 직접 효과를 보이며, 금융 압박이 고조되면 대출자와 대출 기관 모두 긴축을 선택하여 더 강력한 2차 효과를 초래할 수 있다. 최악의 경우, 신용 불황은 전면적인 금융 패닉을 촉발하여 막대한 경제적 피해를 일으킨다.

정책결정자는 어떻게 대처해야 할까? 상호배타적이지 않은 두 가지 중요한 방법이 있다. 하나는 통화 정책을 사용하여 금융 안정 위협을 해소하는 것이다. 다른 하나는 규제와 감독 권한을 동원하여 위험이 치명적인 수준에 이르지 않도록 예방하는 방법이다.

통화 정책과 위험 감수

통화 정책을 통해 금융 안정 위협에 대처해야 한다는 주장은 통화 정책과 민간 분야의 위험 감수 성향이 서로 연결되어 있다는 명백한 사실에 기초한다.

전통적인 거시경제 분석에서 통화 정책은 대출 비용에 영향을 미침으로써 그 효과가 작동한다고 본다.◆ 예를 들어 다른 조건이 모두 같다면, 자본 비용이 낮을 때 새로운 공장 투자의 수익성이 더 크며, 주택담보대출 금리가 낮을 때 주택 마련이 더 쉬워진다. 전통 모델에서는 사람들의 위험 감수 성향이(원칙적으로는 이것도 대출이나 투자 결정에 영향을 미친다) 시간에 따라 달라지는 점은 대개 고려하지 않는다.

그러나 점차 드러나는 증거에 따르면 대출 기관과 대출자, 투자자의 위험 감수 성향은 시간에 따라 변화하며, 통화 정책의 영향을 받는다. 즉 완화 정책은 더 적극적인 위험 감수 성향과 관련이 있다. 통화 완화가 적극적인 위험 감수 태도로 이어지는 경향은 '통화 정책의 위험 감수 채널risk-taking channel of monetary policy'로 불려왔다. 예를 들어 다른 조건이 모두 같을 때, 통화 완화 정책은 은행이 위험도가 높은 대상자에게 대출을 더 쉽게 제공하는 요인이 된다.[8] 투자자 역시 위험 자산을 보유하려는 성향이 더

◆   연준이 개발한 FRB/US 같은 표준적인 거시경제 모델에서, 통화 정책의 영향은 자산 효과나 달러화 교환 가치에 미치는 효과를 통해서도 실현된다.

강해진다. 이자율이 낮아지면 그런 자산을 보유하기 위해 요구되는 추가 수익률이 떨어지기 때문이다.

2005년에 나는 케네스 쿠트너Kenneth Kuttner와의 공동 연구를 통해, 통화 완화가 주가를 올리는 원리는 투자자가 주식을 보유하는 데 필요한 위험 프리미엄을 낮추는 것임을 발견했다.[9] 이와 유사한 결과를 보여주는 2015년의 새뮤얼 핸슨Samuel Hanson과 제러미 스타인Jeremy Stein의 연구에서는 연방기금금리 인하가 투자자들이 장기 채권 보유 위험에 필요한 보상 수준을 낮춤으로써 장기 채권 수익률에 미치는 통화 완화의 효과가 증폭된다는 사실이 밝혀졌다.[10]

통화 완화 정책은 왜 사람들이 위험을 감수하는 성향을 높여줄까? 작동 방식에는 몇 가지가 있다. 첫째, 통화 완화가 경제 상황을 개선하여 사람들의 실질 소득이나 소득 전망이 높아지면 그들은 재정 문제에 좀 더 안심하게 되어 위험 감수에 따르는 걱정도 적어진다. 예를 들어 투자자는 일이 잘못되어 손해를 보더라도 충분히 감당할 만하다고 생각되면 위험도가 높은 주식을 살 가능성이 더 커진다. 반대로 재정적 여유가 부족한 투자자는 보수적인 성향을 보이게 된다. 더구나 통화 정책은 호황기에 더 안전한 경제 환경을 조성함으로써 투자자가 위험한 투자를 감행하는 의지를 더욱 강화할 수 있다. 예를 들어 완화 정책에 대한 지속적인 지지를 확신하는 분위기가 더해진다면 최악의 시나리오에 대한 투자자의 두려움을 낮춰 위험 자산에 대한 추가 투자가 촉진된다.

둘째, 통화 완화 정책은 자산 가치를 끌어올려 대출 기관과 대출자의 재무 상태를 개선함으로써 신규 신용의 흐름을 촉진한다. 이때 위험도가 더 높은 대출자도 신용시장에 합류한다. 은행의 자산 건전성이 향상되면 신규 대출에 대한 규제가 완화되고 은행이 저금리 비보험 자금을 더 쉽게 조달할 수 있다. 대출자도 재무 상태가 개선되면서 신용도가 개선된다. 주택소유자는 주택의 자산 가치가 올라 추가 담보대출 자격을 받기 쉬워지고, 담보를 더 많이 제공할 수 있게 된 기업은 더 좋은 조건에 대출받을 수 있다. 경기 순환을 통한 재무 건전성의 변화는 이른바 금융촉진작용financial accelerator이라는 원리의 핵심에 해당한다.[11] 이것은 마크 거틀러Mark Gertler, 사이먼 길크리스트Simon Gilchrist, 그리고 내가 함께 명명한 개념으로, 경제가 호전되면 가계, 기업, 은행의 금융 상황이 개선되어 대출과 차입, 투자가 증가한다는 것이다.

지금까지 살펴본 대로 통화 완화가 위험 감수 성향을 높이는 것이 꼭 문제가 되는 것은 아니다. 불황이 찾아오면(특히 금융위기 이후의 불황) 민간 분야의 위험 감수 성향은 높기보다는 너무 낮은 경우가 일반적이다. 은행을 비롯한 여러 투자자가 현금을 비축한 채 웅크리고 있기보다는 합리적인 선에서 위험을 감수할 분위기를 마련해주는 것이 중요하다. 그것이 바로 정책결정자들이 기회 있을 때마다 대중의 확신이 회복의 선결 조건이라고 말하는 이유다. 그러나 좋은 일도 지나치면 해가 될 수 있다. 통화 정책이나 다른 경제 정책으로 장기적인 금융 안정성에 도움이 될 정도를 넘어선 위험 감수 성향을 유발해서는 안 된다. 통화 완화를 통해 지나치게 낮아진 위험 감수 성향을 회복시킬 수 있는 것처럼, 똑같은 정책으로 그 정도가 지나칠 위험도 충분히 존재한다.[12]

위험 감수 성향이 한 번 촉발되면 항상 과잉으로 치달을 수 있는 이유 중 하나는 현실을 살아가는 사람들은 경제 상황에 대해 충분한 정보를 바탕으로 합리적인 행동을 하는 존재가 아니라는 것이다. 예컨대 지나간 일을 금세 잊어버리기도 하고(혹은 경험 부족), 최근의 추세를 확대 적용하거나 증거를 선택적으로 해석하여 자신의 선입견에 맞추려는 사람도 많다.

주식이나 주택 가격이 한동안 급등하면 투자자나 주택소유자들은 그런 오름세가 앞으로도 계속되리라고 짐작한다.[13] 기억이 오래가지 않고 추정적인 사고를 하다 보니 사람들은 최근 경제 상황이 안정적이었으니 앞으로도 계속 안정적일 것이라고 생각하기도 한다. 경제학자 하이먼 민스키 Hyman Minsky는 비교적 잠잠한 상태가 오래 이어지면 잠재적 위험이 증가한다는 유명한 말을 했다. 왜냐하면 사람들은 그런 안정된 상태가 앞으로도 계속될 것으로 생각하여 오히려 위험을 차곡차곡 쌓기 때문이다. 그러다가 어느 날 거대한 부작용이 발생해 그동안 안주했던 터전이 크게 흔들리는 '민스키 모멘트Minsky Moment'를 겪게 된다.[14]

심리학적 증거에 바탕을 둔 이런 주장을 비판하는 사람들은, 다른 이들의 인지 오류를 이용하는 정교한 투자자도 존재하므로, 투자자 개개인은 아니더라도 시장은 집단 지성을 활용하여 합리적으로 대응할 수 있다는 반론을 제기한다. 앞에서 내가 언급한 마이클 루이스의 《빅쇼트》라는 책에는 글로벌 금융위기가 오기 전에 소수의 투자자가 서브프라임 모기지에 반대로 투자한 이야기가 담겨 있다. 만약 많은 사람이 그 행동을 따라 했더라면 시장의 열기를 식히는 데 도움이 되었을 것이다.[15] 그러나 책에서도 말하듯이, 남달리 냉정한 투자자조차 그들의 관점을 뒷받침할 정보가 충분치 않거나, 혹은 자신이 워낙 똑똑해서 '버블을 타다가도' 폭락 전에 도망칠 수 있다고 생각한다면, 시장은 결국 합리적이지 못한 평범한 사람들의 결정에 좌우될 것이다.

위험 감수가 과잉으로 치달을 수 있는 또 하나의 이유는 잘못된 보상이다. 이것은 정부 규제 제도의 구조적 모순이나 거래자, 자산관리자, 대출 담당자에 적용되는 보상 체계의 결함에 기인한다.[16] 대형 금융기관에서 일하는 거래자들은 자신의 거래 수익을 근거로 보너스를 받는 데 비해, 손실에 대해서는 그만큼의 책임을 지지 않는다. 일이 잘못되면 언제든 회사를 떠나면 그만이기 때문이다. 이런 보상 구조 때문에 거래자들은 얼마든지 더 큰 위험을 감수할 수 있다. 마찬가지로 고수익을 신고하는 머니마켓펀드는 더 많은 투자자를 끌어들일 수 있고, 관리 수수료도 더 많이 벌어들인다. 펀드매니저들은 더 큰 수익을 달성하고자 더 큰 위험도 마다하지 않는다. 그중에는 투자자들의 눈에 보이지 않는 위험도 포함된다(그런 상품이 대개 복잡하고 불투명한 금융 장치와 결부된다는 사실도 일부 원인이 된다). 우리 시장 시스템이 비효율적이고 위험을 부추기는 요소를 포착하면 충분히 걸러낼 것으로 생각하는 사람도 있을 것이다. 그러나 금융 기술은 하루가 다르게 변모하는데 금융 분야의 규제 도입은 더디기 그지없어 위험한 보상 구조를 포착하고 제거하는 시장의 능력이 줄어드는 것이 현실이다.[17]

어떤 경우에는 비이성적 믿음과 잘못된 보상 구조가 복합적으로 작용하기도 한다. 예를 들어 이자율이 아주 낮은 상황에서는 투자자들이 '수익률 달성'에 사로잡혀 사상 최고의 평균 수익을 달성하기 위해 지나친 위험을 무릅쓰는 장면을 심심찮게 목격할 수 있다. 만약 투자자들이 역사적인 평균 수익률을 '정상'이나 '공정'한 것으로 간주하여 이를 달성하기 위해 부적절한 위험을 기꺼이 짊어진다면 이런 행동은 심각한 심리적 요소가 될 수 있다. 또 다른 예로, 어떤 보험회사나 연기금 회사가 추구하는 수익률이 장기 계약에 따라 약정된 것일 수가 있다. 아마도 금리가 더 높을 때 체결하여 현재 상황으로는 고수익을 올리지 않고는 달성할 수 없는 수준일지도 모른다. 그런 경우 안전하지만 낮은 수익으로는 실패할 것이 뻔하므로 원하는 수익을 달성하는 데 필요한 위험을 감수할 수밖에 없다. 그런 위험이 보험계약자나 연금수급자가 원하는 수준보다 훨씬 크더라도 말이다.[18]

수익률에만 매달리는 이런 행동은 더 생각해볼 점이 많다. 예를 들어 수익률을 달성하려는 행동은 이자율이 낮은 상황에서는 몇 년간이고 계속 이어질까? 저금리가 오랫동안 계속되면 투자자들이 인식하는 '정상' 이자율도 내려갈 것이고 수익률 달성에 대한 압박도 줄어들 것이다. 마찬가지로 저금리가 계속되면 연기금과 보험회사는 이런 '뉴 노멀'을 반영하여 계약 조건을 갱신하려는 강한 동기를 얻게 된다. 제로 금리가 오랫동안 계속된 일본에서는 금융기관들이 과도한 위험을 감수하려는 경향을 보이지 않는다. 마찬가지로, 투자자들이 '정상' 금리를 명목 금리나 (인플레이션을 조정한) 실질 금리 중 어느 쪽으로 판단할지도 불분명하다. 원칙적으로는 투자자들이 실질 금리를 중시하겠지만, 현재 금리와 그들에게 익숙한 금리를 비교해보면 여전히 명목 금리로 판단할 가능성도 있다. 저금리 지속 통화정책이 위험 감수 성향에 미치는 효과를 분명히 이해하려면 이런 문제들을 잘 해결할 수 있어야 한다.

위험 감수가 과잉될 수 있는 또 다른 이유는 대출자와 대출 기관, 그리고 투자자들로서는 자신의 결정이 시스템 전체의 안정에 미치는 효과를 고려할 만한 보상이 별로 없기 때문이다. 예를 들어, 호황기에 많은 돈을 빌리는 주택 구매자나 회사들도 위기가 찾아오면 지출을 대폭 줄일 것이다. 주택소유자나 기업의 입장에서는 대출 결정을 내릴 때 각자의 지출이 경제 전반의 소비 하락에 영향을 미쳐 불황을 초래할 위험까지 고려할 동기가 전혀 없다. 증권 중개인도 마찬가지로 단기 대출을 통해 고위험 신용상품을 매수하면서도 위기가 찾아오면 보유 채권을 재빨리 팔아야 하는 자신의 사정이 투자자 전체의 수익에 미치는 영향은 전혀 고려하지 않는다. 자신의 위험 감수 행동이 전체 금융 안정에 미치는 영향을 사람들이 무시하는 것을 충분히 이해할 수 있듯이, 사회 전체적 관점에서는 그들이

떠안는 위험이 너무 커 보이는 것도 사실이다.◆

　　요컨대 통화 정책의 위험 감수 채널은 투자자, 대출 기관, 대출자에게 각자의 안전지대를 떨치고 나와 적절한 위험을 감수하도록 장려함으로써 경제 회복을 촉진하는 데 도움이 된다. 그러나 심리적, 제도적 이유로 인해 통화 정책이 위험 감수를 향한 출발 총성을 한번 울리고 나면 언제든지 과잉으로 치달을 수 있다. 그렇다면 중앙은행은 통화 완화 정책을 불황에 대처하는 용도로 쓰지 말아야 하는 것일까? 아니면 최소한 빈도나 강도를 줄여야 할까?

거시건전성 정책

누군가는 그렇다고 주장하겠지만, 아직 해답은 명확하지 않다. 통화 정책이 위험 감수 성향에 영향을 미친다고 해서 그것이 꼭 금융위기의 주원인이라거나 위기를 방지하는 가장 효과적인 수단이라는 뜻은 아니다. 예를 들어 19세기의 고질적인 은행 패닉이나 대공황을 촉발했던 세계 위기는 모두 오늘날의 적극적인 통화 정책이 등장하기 전인 금본위제하에서 발생한 일이었다. 1951년에 재무부와 연준이 협정을 맺은 이후 2007년부터 2009년에 걸쳐 금융위기가 오기까지의 긴 시간은, 적극적인 통화 정책이 등장하는 한편, 거시경제의 안정을 위협할 만큼 심각한 위기는 비교적 드

◆　　경제학자들은 이런 현상을 '외부 효과externality'라고 한다. 개인이나 기업이 공공의 이익을 고려할 동기가 없는 상황을 말한다. 공장 주인이 오염 물질을 강에 방류하면서 하류에 사는 사람들에게 일어날 일을 생각하지 않는 것에 비유할 수 있다.

물었던 것이 특징인 시대였다. 최소한 선진국에서는 말이다. 더구나 앞에서 이미 언급했듯이 통화 정책이 2007년부터 2009년까지의 위기를 초래한 원인으로서의 비중은 그리 크지 않다고 보는 경제학자들이 대다수다. 전체적으로 통화 정책은 사람들의 위험 감수 성향에 영향을 미치는 것으로 보이나, 다른 요소도(금융 시스템의 구조, 금융 규제의 효과성, 대중의 심리 등) 위기의 빈도와 심각성에 영향을 미친다.

더구나 앞서 말한 것처럼 적극적 통화 정책이 금융위기를 예방하거나 완화하는 것이 사실이든 아니든, 통화 정책의 방향을 기존의 경제적 목표에서 다른 것으로 바꾸는 데 드는 비용은 명확하다. 통화 정책은 제대로만 운영되면 효과적이고 유연한 경제 안정 수단이 될 수 있다. 통화 정책에 지금보다 수동적인 역할을 부여한다면 지나치게 높은 인플레이션이나 너무 낮은 고용을 초래하면서도 금융 안정에는 별다른 성과가 없을 가능성이 크다.

그러므로 우리는 통화 정책을 활용하는 방법을 바꾸기 전에 시스템적인 금융 위험에 대처한다는 목적에 더 부합하는 다른 정책이 과연 있을까 하는 질문을 먼저 던져야 한다. 금융 시스템 전반의 안정을 달성하는 데 목적을 둔 모든 정책을(통화 정책 외) 이른바 거시건전성 정책macroprudential policy이라고 한다.[19] 반대로 일부에서 미시건전성 정책microprudential policy이라고도 하는 전통적인 규제 정책은 개별 금융기업과 시장의 안정성과 효율, 공정성을 추구할 뿐, 시스템 전반의 안정을 명시적으로 고려하지는 않는다. 두 가지 정책 모두 금융 시스템의 안정과 원활한 작동을 위해 각자의 역할을 맡고 있다.

2007년부터 2009년의 위기 이전에도 거시건전성 정책을 규제 체계의 일부로 운영한 나라도 있었으나 이 방법에 지대한 관심이 집중된 것은 바로 그 위기 이후였다. 여러 나라에서 거시건전성 정책을 추진할 공식 위원회가 설치되었고, 국제적 규제 기구들은 우수 사례를 공포하고 세계 규모의 협조 체제를 구축했다. 미국에서도 상당한 진척이 있었으나 미시건전성 규제 사이에 메우기 힘든 공백도 여전히 남아 있다.

미국의 거시건전성 정책

미국의 금융 규제 개혁은 글로벌 금융위기 당시 미국 규제 시스템의 결함을 해결하기 위한 시도로 진행되었다. 정치적 문제와 역사적 사건, 그리고 금융시장의 끊임없는 변화가 복합적으로 작용한 결과, 위기가 오기 전까지 미국의 금융감독은 분열되고 고르지 않았다. 복수의 규제기관이 서로 중복되는 관할권을 행사하는 금융기관과 시장이 있는가 하면, 실질적인 규제가 미치지 않는 영역도 존재했다. 심지어 규제당국이 과도한 위험 감수 성향을 방치하거나 우선순위를 높게 두지 않는 경우도 있었다.

공백과 중복은 차치하고, 위기 이전의 규제 체계에는 근본적인 결함이 있었다. 각 규제기관이 담당하는 기관이나 시장이 너무 좁게 정의되었고, 자신의 세력권 바깥의 일에 대해서는 아무런 책임이 부여되지 않았다. 한편 위기는 시스템 전반의 취약성을 드러냈고 이런 차원의 문제점을 규제 관점에서 담당할 기관은 단 한 곳도 없었다. 그 어떤 규제기관도 이른바 금융의 유동화가 미치는 광범위한 위험을 이해하고 책임질 곳이 없었다. 예컨대 리먼브러더스 같은 투자은행의 파산이나 머니마켓펀드의 뱅크런 사태가 미치는 의미를 끝까지 추적할 곳이 없었다는 말이다. 한마디로 시스템 전체를 총괄하여 책임지는 주체가 전무했다.

금융위기 이후, 전 세계 입법기관과 규제당국은 전반적인 규제 수준을 강화하는 한편, 금융 시스템의 각 구성 요소에 한정된 감독 제도만으로는 전체적인 안정성을 보장할 수 없다는 점에도 눈을 떴다. 이에 대한 대처 방안으로 새로운 거시건전성 체계가 수립되어 시스템의 안정을 감시, 촉진하는 한편, 여전히 긴급한 과제인 개별 기업과 시장의 안정, 효율, 공정성을 보장하는 일에도 긴장을 늦추지 않았다. 새로 도입된 거시건전성 정책은 크게 두 가지 범주로 나뉜다. 첫째, 구조structural 정책이다. 다른 말로는 순환총괄through-the-cycle 정책이라고도 하는 이것은, 금융 시스템 전반의 충격을 견뎌내는 회복탄력성을 강화하는 데 목적을 둔다. 구조 정책은 한 번 자리를 잡으면 경기 순환이나 시장 변화에 따라 변화하지 않는다. 둘째, 순환cyclical 정책은 경제와 금융 상황의 변화 또는 안정을 위협하는 긴급상황에 대응하여 달라진다.

미국의 2010년 도드-프랭크 법은 거시건전성 관점을 담은 규정을 다수 선보였다. 예를 들어 기만적인 서브프라임 대출이 금융 시스템 전체에 미치는 결과가 현실화된 것은 도드-프랭크 법이 소비자금융보호국Consumer Financial Protection Bureau을 설립하여 특정 형태의 모기지 대출을 금지한 바탕이 되었다. 그러나 거시건전성 관점이 반영된 가장 결정적인 규정은 금융안정감독위원회Financial Stability Oversight Council, FSOC라는 새로운 규제심의기구를 설립하여 금융 안정 위험에 대한 감시 및 대응 책임을 맡긴 것이었다.

재무장관을 수장으로 세운 FSOC는 연방준비제도, 증권거래위원회SEC, 연방예금보험공사FDIC까지 핵심 규제기관들의 활동을 조율한다(FSOC의 의결 위원은 모두 10명이다). 이들 기관 중 일부는 금융 시스템 감시를 위한 자원을 대폭 확충하기도 했다. 금융위기 이후에 연준 내부에 설립된 금융안정부는 금융 시스템에 미치는 위험을 분석하고 그 결과를 연준 이사회와 FSOC에 보고한다. FOSC와 연준은 각각 금융 안정 위험에 관한 보고서를 정기적으로 발간하고 정책 대응 방안을 수립한다. 또한 도드-프랭크 법에 따라 재무부 내에 설립된 금융조사국Office of Financial Research은 FOSC의 업무를 돕는 데이터를 수집, 분석하고 자체 연간 보고서를 발간한다.

금융 시스템은 수요, 혁신, 규제 인센티브에 대응하여 늘 변화하므로 규제당국자에게 끊임없는 도전을 제기한다. 예를 들어 은행 대출에 대한 규제를 강화하면 시스템이 더 안전해질 것으로 생각하는 사람이 많지만, 사실은 엄격해진 규정 때문에 위험한 대출이 시스템 내에서 상대적으로 규제가 느슨한 영역에 집중되는 결과만 낳는 경우가 많다. 의회는 금융 산업의 발전에 걸맞은 규제 역량을 확보하기 위해, 시스템에 중대한 영향이 있다고 판단되는 특정 비은행 금융기관이나 활동을 연준의 추가 감독 대상으로 직접 지정할 권한을 FOSC에 부여했다. 이에 더하여 FOSC는 개별 규제기관에 권고를 '따르거나 해명하도록' 요구함으로써 영향력을 행사할 수 있는 권한도 아울러 얻었다. 해당 기관은 FOSC의 권고를 수용하거나, 그렇지 않을 경우라면 이유를 설명해야 했다.

도드-프랭크 법은 또 이른바 강제청산권한orderly liquidation authority이라는 법률 체계를 마련하여 붕괴 위기에 처한 금융기관 문제에 체계적으로 대응할 수 있게 했다. 한마디로 제2의 리먼브러더스 사태를 막자는 것이었다. 일반적인 파산 절차의 목적은 파산 기업의 채권자에게 돌아갈 최종 권익을 최대화하는 데 있다. 그에 반해 강제청산권한은 연준과 FDIC 및 기타 기관이 파산을 맞이한 기업의 상태를 호전시켜 무분별한 파산이 시스템의 안정에 미치는 위험을 막는 권한까지 부여한다. 이 규정의 대상이 된 기업은 위기를 안전하게 극복하겠다는 방안이 담긴 '회생 의지'를 규제기관을 상대로 증명해야 한다. 이런 기업이 청산이나 구조조정 질차에 착수할 때는 자산으로 전환되는 특별한 형태의 채무를 발행해야 한다. 이런 질서 정연한 파산 절차가 대형기업의 붕괴가 시스템에 미칠 영향을 없앨 수는 없으나, 2008년의 리먼브러더스 사태와 같은 혼란을 방지하는 데는 도움이 될 것이다.

또 하나의 핵심적인 거시건전성 개혁으로 마련된 바젤 III 협약은(이 방안을 협상한 장소가 스위스 바젤이라는 데서 따왔다) 도드-프랭크 법과 함께 은행이 갖춰야 할 자본과 유동성 요건을 대폭 상향함으로써 금융 시스템에서 은행이 차지하는 핵심 역할을 강조했다. 바젤 III는 시스템에 중요한 영향을 미치는 대형 은행은 다른 은행에 비해 더 많은 자본과 유동성을 갖춰야 한다고 규정한다. 미국에서는 은행에 정기적인 스트레스 테스트를 거쳐 최소한의 규제 요건을 충족하는 것은 물론, 극심하게 악화한 경제와 금융 상황에서도 대출을 계속 제공할 수 있는지를 판단하는 방식으로 은행 자본 요건을 더욱 강화하였다(연준은 2020년 팬데믹 기간에 은행이 배당금을 지급하거나 주식을 되살 수 있도록 허용할지를 판단하기 위해 스트레스 테스트를 활용했다. 이 두 경우 모두 은행 자본이 감소하는 결과가 발생한다). 은행의 자본과 유동성의 전체적인 증가는 구조적 거시건전성 정책에 속하나, 스트레스 테스트를 바탕으로 적용되는 자본 요건은 순환 정책의 결과다. 스트레스 테스트는 경제와 금융에 미치는 위험 중 규제기관이 현재 가장 우려하는 시나리오를 바탕으로 진행되기 때문이다. 또 다른 순환 거시건전성 정책은(연준이 사용할 수 있는 정책이나, 팬데믹 이전에 있었던 장기간의 경기 확대 시에도 사용한 적이 없었다) 은행 감독 기관이 경기 확대 시기에 은행에 자본 확충을 요구하도록 되어 있다. 이런 경기 순환 대응 자본을 한 번 축적해놓으면 위기나 불황이 찾아왔을 때 꺼내 쓸 수 있다.

이상에서 설명한 것을 포함한 일련의 개혁을 통해 미국에서는 거시건전성 관점의 감독 기능이 강화되었다. 그렇다면 이것으로 과연 충분할까?

미국 거시건전성 정책의 약점

눈에 띄는 발전을 이룩했음에도, 미국 거시건전성 정책에는 여전히 약점이 존재하고, 이는 금융 시스템의 위험 요소가 되고 있다. 물론 이 약점을 보완하는 것은 가능하나, 그러기 위해서는 입법기관과 규제당국의 진정한 의지가 필요하다.

금융안정감독위원회의 구조와 권한

도드-프랭크 법은 FSOC가 나서서 금융 시스템을 감시하고 잠재적 위험에 대한 대응을 총괄하도록 규정했다(오바마 행정부는 원래 이 책임을 연준에 맡기려고 했으나, 금융위기 당시 연준이 수행한 구제 활동이 대중의 지지를 얻지 못했다는 정치적 반발 때문에 행정부의 방안은 무산되었다). 그러나 FSOC의 구조와 권한의 한계가 이 기관의 고유한 의무를 수행하는 데 장애가 된다. 특히 FSOC의 수장이 재무장관이라는 점은 정치적 정당성을 부여하는 측면도 있으나, 한편으로는 위원회의 활동이 재무장관의 우선순위와 정치 성향에 좌우될 수도 있다는 것을 의미한다.[20] 예를 들어 스티브 므누신 재무장관의 지휘하에 있던 FSOC는 트럼프 행정부의 우선순위에 따라 규제 해제 방향의 활동을 선보였으나, 이는 금융 시스템의 안전이라는 면에서는 일보 후퇴한 것으로 평가할 수 있다.

중요한 사실은, 트럼프 행정부 시기에 FSOC가 도드-프랭크 법이 부여한 특정 비은행 금융기관이나 활동을 시스템에 중대한 영향이 있는 대상으로 지정할 권한을 한 번도 사용하지 않았다는 점이다. 실제로 행정부는 보험회사 메트라이프가 제기한 소송에 법원이 의심스러운 판결을 내렸음에도 이에 항소하지 않음으로써 이후 도드-프랭크 법에 따른 금융기관 지정이 매우 어렵게 된 측면이 있었다. 트럼프 행정부 임기 말에 시스템에 중대한 영향을 미친다고 지정된 회사는 단 한 곳도 없었다(지정된 회사가 몇 군데 있었으나 구조조정 또는 경영권 교체 후에 모두 해제되었다).

FSOC가 지닌 또 하나의 약점은 이것이 별도의 기관이 아니라 각기 독립적인 권한을 유지하는 규제기관들이 모여 구성된 하나의 위원회라는 사실이다. 각 기관의 수장들은 분기별로 한 번꼴로 모여 서로의 관점과 정보를 교환한다. 그리고 앞에서 언급했듯이 이 위원회는 개별 기관에 특정 행동에 관한 압력을 행사할 권한이 있다. 그러나 이런 회의체 성격으로는 긴박한 위험에 대처하는 속도가 느릴 가능성이 있다.

게다가 고집이 센 기관이라면 위원회가 금융 안정을 위해 제시한 권고안을 무시할 수도 있다. 아무리 위원회의 모든 구성원의 지지를 받은 권고안이더라도 말이다. 오바마 행정부 시절 FSOC가 머니마켓펀드 시장을 개혁하려던 시도가 바로 그런 예다. 2008년 당시 머니마켓펀드는 엄청난 뱅크런에 시달린 채 재무부와 연준의 긴급 지원이 필요한 상황이었다. 머니마켓펀드의 담당 규제기관은 SEC다. FSOC는 머니마켓펀드의 뱅크런 위험을 해소하는 개혁안을 권고했으나, SEC는(이 기관은 금융 안정의 의무가 없으며, 역사적인 이유로 위험 감수를 제한하는 것을 자신이 해야 할 일로 보지 않는 편이다) 자신에게는 그럴 만한 권한이 충분하지 않다고 주장하며 일을 차일피일 미루더니 결국 제한된 변화를 도입하는 데 그쳤고, 문제는 해결되지 않았다.♦ 연준과 재무부 및 기타 기관에 소속된 경제 전문가들은 SEC의 개혁이 적절하지 않으며 머니마켓펀드 투자자들이 뱅크런을 할 동기가 여전히 사라지지 않았다는 것을 잘 알고 있었다. 그리고 실제로 2020년 3월에 일부 머니마켓펀드는 뱅크런을 겪었다. 분명히 추가 개혁이 필요한 상황이지만, 새로운 입법은 고사하고 SEC의 적극적인 협조조차 요원하다.♦♦

주택 및 모기지 시장

FSOC와 그 회원 기관들 역시 주택과 상업용 부동산 시장의 신용 호황을 억제할 수단이 마땅히 없다. 호황이 경제에 도움이 되는지 판단하기란 결코 쉬운 일이 아니나(2007년부터 2009년 사이에 절실히 깨달았듯이), 신용 호황이 불황으로 급변하면 금융 시스템의 불안을 야기하고, 새로운 신용 흐름을 가로막으며, 자금압박에 처한 대출자들의 소비가 줄어들 수 있다. 종합적인 거시건전성 체계는 규제기관이 신용 호황을 완화하고 시스템이 불황에서 생존하도록 돕는 수단을 제공한다.

위기 이후에 마련된 미국의 거시건전성 정책이(은행 자본 요건 강화, 은행 스트레스 테스트[신용 호황과 불황의 시나리오가 포함되었을 것이다], 강제청산권한이 여기에 포함된다) 시스템이 회복탄력성을 갖추는 데 도움이 되었음은

♦ 예를 들면 SEC의 개혁 조치 중에 '출구' 제도라는 것이 있었다. 뱅크런에 직면한 머니마켓펀드가 투자자의 인출 요구에도 상환을 유예할 수 있다는 제도이다. 그러나 이 제도는 출구가 닫히기 전에 더 빨리 찾아야겠다는 심리를 조성하여 뱅크런을 부추기는 역할을 했다. 더구나 이 개혁안은 기관 투자자가 이용하는 펀드에만 적용되고 소매 투자자는 제외되었다

♦♦ 이 글을 쓰는 현재, 개리 겐슬러 의장이 이끄는 SEC는 머니마켓펀드의 뱅크런 위험을 해소하는 추가 개혁안을 검토 중이다.

의심의 여지가 없다. 도드-프랭크 법도 한 일이 있다. 모기지 대출 기준을 대체로 강화했고, 저신용 모기지로 증권을 만들어 파는 회사들이 부분 소유권을 유지하도록 했으며(직접투자 요건), 소비자금융보호국을 설립했다. ◆ 이런 노력에도 불구하고 나는 지금도 미국 규제기관에 주택 및 신용 시장에서 점차 증가하는 버블에 대처할 맞춤형 수단이 부족하다고 생각한다.

　신흥국과 선진국을 포함한 여러 나라가 과도한 부동산 가격과 모기지 대출을 겨냥하여 거시건전성 정책을 도입해왔다. 예를 들어 일부 국가에서는 모기지 대출이용자의 주택담보대출비율이나 총부채상환비율의 최대치를 정할 뿐 아니라 그런 제한을 경제 변화에 따라 가변적으로 적용하기도 한다. 또 다른 규제기관 중에는 대출 기관이 제공하는 계약금의 하한선이나 모기지의 총부채상환비율의 상한선을 두는 곳도 있고, 주택 가격이나 신용이 급격히 오른다고 판단할 때는 은행의 대출 증가에 상한선을 두거나 자본 요건을 상향 조정하기도 한다. 이런 유형의 정책이 주택 가격, 모기지 대출, 은행 신용의 증가 속도를 줄임으로써 위기가 닥칠 위험을 줄인다는(경제 전체의 비용을 최소화한다는) 증거가 있다.[21]

그림자금융

미국의 거시건전성 체계에서 특히 걱정스러운 약점은 아직도 그림자금융 분야에 적절한 감독이 부재하다는 점이다. 그림자금융의 과도한 위험 감

◆　GSE도 향후 위상 변화에 따라 주택담보대출의 규칙과 요건을 조정하여 호황과 불황의 완화에 도움이 되는 일에 중요한 역할을 맡을 수 있다. GSE의 담당 규제기관도 FSOC의 회원 기관이다.

수는 2007년부터 2009년 위기의 핵심 원인이었다. (베어스턴스와 리먼브러더스 같은) 투자은행의 단기 조달 자금을 포함한 (부외 특수목적회사 같은) 기타 신용 자산 보유회사의 증발 사태로 인한 자산 헐값 매각은 모기지뿐만 아니라 거의 모든 민간 신용시장에 영향을 미쳤다.

그림자금융이 초래한 위험을 낮추는 노력은 의회와 시장 변화 양쪽에서 일부 진척이 있었다. 위기 이전에 운영되던 5대 주요 투자은행 중 하나는 파산했고(리먼), 두 곳은 대형 은행에 인수되었으며(베어스턴스와 메릴린치), 나머지 둘은 은행지주회사로 변모함으로써(모건스탠리와 골드만삭스) 어쨌든 연방정부 은행규제기관들의 품으로 돌아왔다. 연방준비제도 역시 환매채 시장의 기능 개선 조치에 나섰고, 규제기관들은 은행이 부외 회사를 통해 기업에 고위험 대출을 제공하는 관행에 제동을 걸었으며, 금융안정위원회(국제 규제 기구)는 전 세계 그림자금융을 정기적으로 감시하기 시작했다. 도드-프랭크 법도 그림자금융의 사용 비중이 높은 금융파생상품 시장의 안전과 투명성을 개선했다. 그러나 이런 개혁이 아직 불완전하며, 따라서 여전히 심각한 위험이 상존한다고 걱정할 만한 이유가 있다. ◆◆[22]

이런 우려는 2020년 3월에 팬데믹의 위협이 시장에 모습을 드러내면서 현실화됐다. 3월에 그림자금융 업계는 2008년의 붕괴에 버금가는 뱅크런과 헐값 매각을 경험하며 극심한 변동성과 시장 기능의 장애를 초래했다. 평소 가장 안전하고 유동성이 양호한 것으로 인정받던 미국 국채 시장에마저 말이다. 앞에서 지적했듯이 머니마켓펀드에서 2008년을 떠올리는 듯한 투자자들의 펀드런이 일어나면서 SEC의 앞선 개혁이 턱없이

◆◆   이런 우려를 표명한 사람 중에는 재닛 옐런도 있다(2018). 그녀는 2021년에 재무장관으로서 FSOC를 이끌게 된다.

부족했다는 사실이 재확인되었다. 채권펀드에서도 같은 일이 일어났다. 이 분야는 상대적으로 유동성이 떨어지는 회사채를 보유하면서도 투자자에게는 현금이 필요할 때면 언제든 인출할 수 있다고 안심시키던 시장이었다. 특정 유형의 헤지펀드 중에는 환매채 시장의 대출을 이용하여 거의 100 대 1에 가까운 부채자본비율을 올리던 곳이 있었는데, 이곳 역시 막대한 손해로 채권을 헐값에 내놓으며 매도 압박을 가중했다. 이런 사태에서 연준이 긴급 대출을 발동하고 국채와 모기지 담보채권을 대량으로 매입하는 등의 극적인 조치를 내놓은 것만이 유일하게 시장을 안정시킬 수 있었다. 연준의 긴급 개입으로 도덕적 해이와 불확실성을 초래한 것은 단기적으로 경제를 보호하기 위한 필요악이었을지도 모르지만, 적절한 사전 규제로 애초에 위기가 발생하지 않도록 하는 것에 비할 수는 없을 것이다.

2020년 팬데믹은 그림자금융의 구체적인 문제점을 뚜렷이 드러냈다. 그중에는 기존의 법적 권한으로 해결할 수 있는 것도 있다. 더 큰 문제는 개별 그림자은행들이 모여 전체적으로 (시장에 현금 유동성을, 투자자에게 수익을, 대출자에게는 신용을 제공한다는 점에서) 은행 시스템의 기능을 수행할 수는 있겠지만, 이 시장에는 은행 시스템에 해당하는 규제가 존재하지 않는다는 것이다. 예컨대 위기 후에 진행된 개혁으로 시중 은행의 자본 요건이나 자금 조달 안전성이 강화된 효과가 그림자금융 분야에는 대체로 적용되지 않고 있으며, 그들의 투자와 대출에 대한 규제기관의 감시는 여전히 제한적일 뿐이다. 이런 불균형은 어떤 논리로도 정당화될 수 없다. 사실 이런 규제 미비가 이 분야에 위험한 행동이 스며드는 것을 부추긴다. 그림자금융 기관들이 보유하는 위험 자산에는 반드시 자본 요건과 레버리지 제한이 적용되어야 한다. 거기에는 그들이 보유한 포트폴리오의 위험도가 반영되어 있기 때문이다. 또 투자자에게 신속한 현금 유동성을 약속하는 기관에 대해서는 충분한 유동성 보유량을 확보하거나 투자자가 뱅크런을 할 동기가 생기지 않는 방식의 투자 제안이 이루어지도록 규제해야 한다.[23]

위기 대처 수단

거시건전성 정책이 위기의 빈도와 심각성을 낮출 수는 있지만 완전히 없애지는 못한다. 따라서 우리에게는 위기가 발생했을 때 이에 대처하는 적절한 수단이 필요하다. 미국의 도드-프랭크 법에 규정된 강제청산권한은 규제기관이 파산 위험에 놓인 비은행 금융기관이라는 시스템적 문제를 해결할 때 이 과정을 금융 안정을 고려하여 예측 가능한 방식으로 진행할 수 있게 해준다. 다른 나라에서도 파산 기업 문제의 해결 수단을 새로 만들었고, 다국적 기업의 파산 가능성에 대해서도 여러 나라가 협력하여 대비 방안을 모색하고 있다. 예를 들면 합동 롤플레잉 연습을 하기도 한다. 물론 환영할 일이다. 한편 비은행 금융기관을 상대로 한 강제청산권한은 연방예금보험공사FDIC가 파산 은행을 해결하는 권한에 비해 유연성이 떨어진다. 또 FDIC가 은행을 폐업하거나 매각할 때와 달리 규제기관은 비은행 기업 문제에 기존의 보험기금을 활용할 수 없다. 정부가 감당한 비용은 모든 일이 마무리된 후 금융업계가 평가 수수료라는 형태로 대신 부담한다. 2008년보다는 진일보한 것이지만 청산 권한은 여전히 검증이 필요한 단계라고 할 수 있다.

다른 위기 수단들은 혼합된 형태로 존재한다.[24] 2008년과 2009년의 긴급구제 이후 의회는 연준과 재무부, 기타 정책 결정기관이 과거에 위기를 통제하기 위해 활용했던 수단들을 축소했다. 도드-프랭크 법은 연준이 13조 3항 긴급 권한을 동원해 압박에 처한 단일 기업에 대출을 제공하는 일을 금지함으로써 이 권한을 제한했다(일정 등급 내의 모든 기업에 대출 프로그램을 개방하는 경우는 허용되었다). 지금은 13조 3항 권한의 모든 대출은 연준 이사회와 함께 재무장관의 승인까지 얻어야 한다. 도드-프랭크 법은 더 나아가 대출 창구를 이용하는 대출 기업(2년 간격)과 13조 3항 대출 프로그램의 수혜 기업(프로그램 종료 후 1년 이내)에 관한 정보를 공개하도록 규정했다. 의회가 더 높은 투명성을 요구하는 것은 충분히 이해하나, 이런 엄격한 보고 요건은 연준으로부터 대출받는 데 따르는 오명을 증대하여 중앙은행이 위기 시에 최종 대부자로서의 고유한 역할을 하기가 더욱 어려워지는 원인이 된다. 마찬가지로, FDIC가 신규 발행 은행 채권을 보장하는 프로그램이나 재무부가 머니마켓펀드를 위해 마련한 보험 프로그램 등 위기 당시 성공적으로 운영되었던 대처 수단들 역시 사라지거나 여러 가지 추가 제한 조항에 묶이게 되었다.

물론 의회는 필요에 따라 긴급 권한을 회복할 수 있고, 실제로 2020년 케어스 법을 통과시키면서 연준의 13조 3항 대출 프로그램을 확대할 때 그렇게 했다. 그러나 금융위기의 속도가 워낙 빠르므로 경제에 미치는 영향이 입법기관의 눈에 들어올 때는 이미 금융시장 혼란이 상당히 진행된 후일 경우가 많다. 입법 과정의 지체나 정치적 교착은 장차 발생할 위기가 경제와 재정에 미치는 비용을 크게 증대시킬 수 있다.

긍정적으로 보면 연준은 2007년과 2009년 사이, 그리고 2020년에 일어난 위기에서 많은 것을 배웠다. 이런 교훈은 2020년에 명확히 드러나 연준의 빠르고 적극적인 대처의 바탕이 되었다. 연준은 의회가 대출 역량을 확대하기도 전에 13조 3항의 권한을 적용했다. 파월이 이끈 연준은 글로벌 금융위기 당시 취했던 조치를 바탕으로 구축된 기존의 권한을 공격적으로 활용하기도 했다. 해외 중앙은행과 맺은 통화 스와프를 통해 전 세계가 달러를 확보할 수 있게 했고, 수조 달러 규모의 환매채 작전을 펼쳐 시장의 유동성을 유지했으며, 국채와 모기지 담보채권을 대량 매입하여 시장을 뒷받침했다. 이를 통해 (기존의 수단을 새롭고 창의적인 방식으로 활용함으로써) 연준은 새로운 법률적 제한에도 불구하고 위기 대처 수단을 효과적으로 확대해왔다.

미국의 거시건전성 정책은 2007년부터 2009년의 위기 이전까지만 해도 실용적 목적이 존재하지 않았던 데 비해 많은 진전을 이루었다. 역사상 처음으로 금융 안정에 미치는 위험을 일상적으로 감시, 분석하고, 새로운 금융 상품이나 규제 조치가 광범위한 시스템에 미치는 의미를 분석하며, 강제청산권한과 같은 수단을 활용할 수 있게 되었다.[25] 이제 은행 시스템의 건전성은 대폭 향상되었고, 시스템에 위험을 초래하는 그림자금융 분야의 기관이나 활동을 규제 제도의 틀 안에 수용할 수단이 정부에 주어졌다. 비록 아직 충분히 활용된다고는 볼 수 없지만 말이다. 한편으로 미국은 (세계에서 가장 정교하고 다양한 금융 시스템을 보유하면서도) 여전히 거시건전성 수단의 개발과 적용 면에서 해외 여러 국가에 뒤처져 있다. 정부가 대규모로 시장에 개입한 일이 15년도 안 되는 사이에 두 번이나 있었다는 사실이 문제의 심각성을 보여준다. 좋은 뉴스는 다양한 해외 사례가 금융 분야의 긴급상황을 예측하고 대처하는 미국의 체계를 더 발전시키는 데 유용한 모델을 제공해준다는 사실이다.

통화 정책 대 거시건전성 정책

거시건전성 정책의 단점은 통화 정책이 금융 안정에 더욱 초점을 맞추어야 하는가라는 질문을 다시 한번 제기한다. 통화정책결정자는 이자율을 결정할 때 부상하는 금융 위험을 고려해야 하는가? 통화 완화가 미래의 불안 가능성을 증대한다는 논리를 근거로 뚜렷한 위험이 없는데도 통화 완화 정책의 전반적인 빈도를 줄여야 할까?

나를 포함한 거의 모든 전현직 통화정책결정자의 이 질문에 대한 대답은, 원칙적으로는 그렇다는 것이다. 그러나 현실에서는 이런 결론을 쉽게 받아들이기 어렵다. 왜 그럴까? 나는 2002년 10월에 연준 이사가 된 후 첫 연설에서 기초적인 회의론을 제기한 일이 있다.[26] 당시는 인터넷 버블이 터져 2001년 불황에 단초를 제공한 지 얼마 안 된 시기였으므로, 내 주장의 핵심 질문은 연준이 과연 이자율 인상을 주식시장 버블의 형성 여부를 파악하고 확인하는 데 사용해야 하는가라는 것이었다. 그러나 내 논리는 다른 금융위기에도 적용된다. 당시 나는 그 연설에서 통화 정책이 금융 안정의 위험을 미리 내다보는 도구로 적절하지 않은 이유를 세 가지로 제시했다.

첫째, 연준은 결코 버블을 확실하게 파악할 수 없으며, 어떤 경우라도 주가나 다른 자산 가격의 '적절한' 수준을 판단하는 최종 결정자가 되려고 해서는 안 된다. 둘째, 우리가 이해하는 통화 정책과 안정 위험 사이의 관련성은 정책의 유용한 지침으로 사용하기에는 너무나 제한적이다. 과거 역사를 돌아보더라도 통화 정책을 통해 버블을 확인하려던 시도는 완만한 하락 정도가 아니라 시장 붕괴로 이어진 경우가 많았다. 대표적인 예가 1920년대 말에 연준이 주가를 내리려던 시도가 1929년에 폭락을 초래한 일이었다. 셋째, 통화 정책은 무딘 도구다. 이자율 변화의 영향은 경제 전반에 미치며, 특정 시장이나 일부 과열된 영역만 따로 겨냥할 수 없다. 1920년대에 뉴욕 연방준비은행을 이끌던 벤저민 스트롱이 말했듯이,

한 아이가 잘못했다고 집의 모든 자녀를 벌준다는 것은 이치에 맞지 않는 다.[27] 통화 정책으로 버블을 터뜨리거나 다른 금융 안정 위험을 해결하려 는 시도는 그것으로 경제 전체를 살리려는 것만큼이나 고통스러운 결과를 낳는다. 버블을 통제할 만큼의 긴축 정책은 그 자체로 머지않아 일자리와 성장, 인플레이션에도 부정적인 영향을 미치기 때문이다.

나는 이 마지막 논점을 강조했다. 버블과 대출 호황이 발생하는 이유 는 투자자가 비정상적으로 커진 수익이 계속되리라고 믿기 때문이다. 따 라서 나는 주가나 다른 자산 가격의 급격한 증가세를 잠재우기 위해서는 급격한 긴축 통화가 필요하다고 주장했다. 그러나 갑작스러운 긴축은 원 치 않은 경제적 부작용을 초래한다. 이후 시간이 흘러 2010년에 열린 연준 의 잭슨홀 회의에서 그 예시를 제시하는 논문이 한 편 발표되었다. 영란은 행의 경제학자 찰스 빈Charles Bean, 마티아스 포스티안Matthias Paustian, 아드리 안 페날베르Adrian Penalver, 티머시 테일러Timothy Taylor의 연구 결과였다. 그들 은 연준이 주택 버블의 대처 방안으로 2003년부터 2006년까지 연방기금 금리를 2퍼센트포인트 더 높게 유지했더라면 어떤 일이 벌어졌을까를 예 측했다. 성장 둔화의 간접 효과와 높은 금리라는 직접 효과를 모두 고려 한 결과, 그들은 다른 요소로 인한 신용 및 주택 가격 상승이 그렇지 않았 을 경우에 비해 미미한 정도에 그쳤을 것이라는 결론을 내렸다.[28] 그러나 2003년부터 금리를 2퍼센트포인트 인상하며 시작한 긴축 통화 정책은 분 명히 2001년의 불황으로부터의 회복을 심각하게 늦추어 디플레이션 위험 을 증대시켰을 것이다. 이런 결론과 일치하듯이, 경제학자 오스카 호르다, 모리츠 슐라릭, 앨런 테일러는 2002년부터 2006년까지 발생했던 주택 버 블을 피하려면 연준이 기금금리를 8퍼센트포인트 인상해야 했으리라고 추정했다.[29]

나는 2002년 연설에서 통화 정책을 일상적인 금융 안정 수단으로 사용하는 방안에는 반대하면서도 금융 안정을 유지하는 것이 가장 중요한 일이라는 사실은 인정했다. 그 대안으로 금융위기 통제에 '적합한 수단'을 사용해야 한다고 주장했다. 그리고 그 수단은 주로 규제와 감독, 그리고 최종 대부자의 권한일 것이다.

20년이 지난 지금도 나는 여전히 내가 한 말에 별로 틀린 점이 없다고 생각한다. 그러나 그 후로 많은 일이 벌어졌고 특히 2007년부터 2009년 사이에 일어났던 엄청난 위기를 규제기관이 막아내지 못했던 것도 분명한 사실이다. 또한 위기 이후에 금융 규제가 강화되기는 했지만, 아직 가야 할 길은 멀다. 우리는 통화 정책의 위험 감수 채널, 금융위기의 원인과 경제에 미치는 영향, 실질 최저한도가 위기 이후 통화 정책에 가하는 제약에 관해 2002년보다 더 많은 것을 알게 되었다. 이런 문제를 새롭게 보는 것은 분명히 가치 있는 일이다.

대세를 막아서는 정책

나의 2002년 연설에 대한 반론 중 하나로, 중앙은행은 고용과 인플레이션의 전망 변화에 대응만 할 것이 아니라 통화 정책을 사용해 금융 위험, 다른 말로는 '금융 불균형financial imbalance'이 고조되는 것을 막아야 한다는 주장이 있다. 이른바 '대세를 막기lean-against-the-wind, LATW' 같은 방식을 주창하는 사람들은 글로벌 금융위기 이전부터 있었다. 국제결제은행의 클라우디오 보리오Claudio Borio와 윌리엄 화이트William White가 2003년 연준의 잭슨홀 회의에서 이 방식의 핵심 개념을 설명한 적이 있다.[30] 2008년 이후 이 방식은 자연스럽게 더 큰 주목을 받게 되었다.

대개 LATW 찬성자들은 전통적인 정책 체계를 크게 바꾸어야 한다고 생각하지 않는다. 그들은 통화 정책의 궁극적인 목적이 물가 안정과 높은 고용이라는 점에도 동의한다. 사실 그들은 불황이나 과도한 인플레이션 자체가 금융 불안의 원인이 될 수 있다는 점을 인정한다. 예컨대 은행 시스템을 약화하고, 대출자의 지급불능을 유발하며, 시장에 변동성을 더함으로써 말이다. 그러나 그들은 전통적 방식의 약점을 다음과 같이 주장한다. 즉 통화 완화의 단기 효과에만 몰두하다 보니 장기적으로는 통화 완화가 초래한 금융 위험이 경제를 망칠 가능성을 간과한다는 것이다. 그들은 통화 정책을 사용하여 금융 안정 위협에 선제 대응하는 것은 정책결정자의 시야가 충분히 장기적인 한, 연준의 양대 의무에 얼마든지 부합한다고 본다.

LATW 옹호론자는 거시건전성 등의 규제 정책이 금융 불안에 대처하는 최전선에 나서서 금융 시스템의 회복탄력성을 증대하고 새로운 위험을 해결해야 한다는 점에서도 전통주의자와 생각이 같다. 그러나 그들은 규제 정책이 항상 위기의 위험을 해소할 수 있다고는 생각하지 않는다. 즉 다른 수단이 필요할 수도 있고, 비록 완전하지는 않지만 통화 정책도 대안이 될 수 있다는 뜻이다. LATW 옹호론자들은 금융 안정 위험을 잠재우는 데 필요한 이자율 인상 폭이 앞서 내가 언급한 계산 정도로 클 것이라는 데에도 회의적인 태도를 보인다. 그들은 통화정책결정자가 안정 위협을 무시하지 않으리라는 것을 투자자들이 깨닫는다면 과도한 위험을 감수하지는 않을 것이라고 주장한다.

그렇다면 LATW 통화 정책이 전통적인 방식과 실제로 다른 점은 무엇일까? LATW 정책에도 크게 두 가지 범주가 있다는 점을 이해할 필요가 있다. 그중 하나는 내가 '상시적 LATW'라고 부르는 것이다. 이 방안을 지지하는 사람들은 금융위기가 고조되는 것은 대개 눈에 보이지 않으므로 통화 정책은 '항상' 금융 불균형이 일어날 가능성을 염두에 두고 있어야 한다고 주장한다. 이 방법에 따르면 정책결정자는 금융 안정을 위협하는 징조가 눈에 보이지 않더라도 통화 완화를 너무 오래 이어가지 않도록 노력해야 한다.[31] 또 하나의 범주로 '상황적 LATW'라는 것이 있다. 이것은 상시적 LATW와 대조적인 것으로, 이 방법에서는 통화정책결정자가 눈에 띄는 위험 감수 징후에 대응하게 된다. 예를 들어 주택 가격이나 주가나 신용이 비정상적으로 급등하는 경우다(내가 2002년 연설에서 주식시장 버블을 확인하는 데 통화 정책을 사용한 예를 든 것은 바로 상황적 LATW를 염두에 둔 것이었다).

상시적 LATW 정책

상시적 LATW 정책 지지자들은 경제 성과가 바람직한 수준에 못 미치거나 심각한 금융 위험이 뚜렷하지 않더라도 통화 완화 정책을 사용하는 데는 주의해야 한다고 경고한다. 이 관점에 따르면 통화 완화 정책은 마치 강력하고 효과적이지만 불확실하고 위험한 부작용이 따를 수도 있어 절대적으로 필요한 경우에만 사용해야 하는 약물과도 같다.

2013년에 연준 이사 제러미 스타인이 했던 유명한 연설은 이런 상시적 방법과 궤를 같이하는 것으로, 저금리 지속 통화 정책을 너무 자주 사용하면 금융 시스템의 취약성을 증대시킬 수 있다는 내용이었다.[32] 스타인이 강조한 것은 정책결정자가 과도한 대출과 위험 감수를 제때 감지해내기란 현실적으로 너무나 어려운 일이라는 점이었다. 예를 들어 헤지펀드를 비롯한 여러 자산 관리 회사들은 복잡한 파생 금융기법을 동원해 높은 레버리지의 기능적 대체물을 달성하거나 거액의 위험한 도박을 벌이는데, 이를 규제기관이 확실히 파악하고 제한하기란 너무나 까다로운 경우가 많

　　　　　　　　　　　　　　　4부 21세기의 통화 정책

다. 이런 관점에서 상시적 LATW 방식은 저금리 정책의 사용을 제한하는 것으로, 금리를 인상함으로써 대출자가 위험한 투자를 통해 자금을 조달하려는 모든 종류의 동기를 줄여준다는 이점이 있다. 스타인이 언급했듯이 높은 이자율은 규제기관이 미처 보지 못하거나 권한이 제한된 곳까지 '빈틈없이 파고들어' 시스템 전체의 위험 감수 수준을 낮춰준다.

과도한 위험 감수를 찾아내거나 해결하기 힘든 경우가 있다는 스타인의 말은 옳다. 그러나 그런 위험에 대해서도 나는 거시건전성과 규제 정책의 사용을 포기하기에는 이르다고 생각한다. 규제기관은 그림자금융을 감시하는 역량을 증대할 필요가 있다. 예를 들면 자산관리회사에 자사의 포트폴리오를 공개하거나 스트레스 테스트를 거치도록 의무화하는 방법도 있다. 그런 단계까지 가지 않더라도 기존의 정책으로 금융의 회복탄력성을 폭넓게 개선한다면(예를 들어 은행 시스템을 비롯한 금융기관이 충분한 자본을 갖추도록 한다면) 예상치 못한 충격에 맞서는 시스템의 내성을 향상하는 데 큰 도움이 될 것이다.

또 다른 질문은 스타인이 걱정했던 것과 같은 위험 감수 행동이 연준의 가장 큰 관심사인 경제의 전반적인 안정성에 위협이 되는가 하는 것이다. 금융 안정에 미치는 위험이 심각한 경제 침체를 불러올 정도로 크다면, 그런 위험은 대개 아무런 이유 없이 찾아오는 것이 아니라 신용이나 주택 가격의 대폭 상승 등을 포함하는 경제 데이터에 항상 먼저 반영되기 마련이다.◆ 정책결정자의 눈에 잘 보이는 것은 주로 가짜 부정 신호가 아니라 가짜 긍정 신호인 경우가 많아서(주가나 주택 가격 상승은 사실 시스템에 미

◆　시스템 외부에서 시작된 위험은 예외다. 2020년 팬데믹이나 혹은 미래에 있을지도 모를 대규모 사이버공격 등을 들 수 있다.

치는 위험은 아니다), 이럴 때는 위험을 알리는 사전 예고도 없이 안정을 해치는 충격이 닥친다.

　상시적 LATW를 지지하는 또 하나의 주장은 한마디로 '안정이 불안을 키운다'는 말로 요약된다. IMF의 연구를 통해 공식화된 이 관점에 따르면, 경제 안정에는 단기적인 것과 장기적인 것이 있고 이 둘 사이에는 상충관계가 성립한다는 것이다.[33] 특히 중앙은행이 고용과 인플레이션의 단기적 목표를 '너무 성공적으로' 달성해서 경제와 시장의 안정성이 증대되면 투자자는 마음 놓고 위험을 감수하게 되므로, 이것이 다시 장기적으로 금융과 경제의 불안을 초래하는 불씨가 된다. 이런 관점은 이른바 '대안정기Great Moderation'(1980년대부터 글로벌 금융위기까지 오랫동안 경제가 비교적 안정되었던 시기를 말한다)가 과도한 위험 감수를 초래해 위기의 바탕이 되었다는 주장을 떠올린다.[34] 아울러 자기만족을 키우는 경기 순환이 오랫동안 지속된 후에는 반드시 위기가 온다는 하이먼 민스키의 주장도 연상된다. 상시적 LATW 지지자들의 말에서 얻어야 할 정책적 교훈은 연준이 단기 인플레이션과 고용 목표를 추구할 때 공격적인 태도를 다소 줄일 필요가 있다는 것이다. 연준이 단기 불안은 어느 정도 수용할 자세를 보인다면 투자자들의 자기만족 성향이 줄어들 것이고, 따라서 금융위기가 찾아올 위험도 줄어든다. 그 결과, 역설적으로 경제의 장기적 안정성이 더 향상된다.

　단기적인 경제 안정이 장기적으로 금융 불안을 키운다는 관점에는 어느 정도 진실이 있는 것이 사실이다. 물론 아직 뚜렷한 증거는 없지만 말이다. 그러나 이런 가정이 사실이라 하더라도, 나는 통화정책결정자가 의도적으로 단기적 경제 불안을 수용해야 한다는 데는 동의할 수 없다. 노골적으로 말하자면 '안정이 불안을 키운다'는 관점은 경제의 어느 영역(금융 분야)은 항상 경제의 나머지 영역을 향해 극단적인 위험을 키우고 있으며, 그런 위험을 통제하는 유일한 방법은 통화정책결정자가 단기적인 경제 성과가 나빠지는 것을 '의도적으로' 수용함으로써 투자자의 자기만족을 제한해야 한다는 뜻이 된다. 아마 거의 모든 사람은 이런 논리를 본말이 전도된 것이라고 볼 것이다. LATW 옹호론자인 보리오와 화이트는 앞에서 언급한 2003년 논문에서, 금융 불안 위험이 증가하게 된 이유 중 상당 부분이 1970년대부터 전 세계적으로 시작된 금융 분야의 규제 철폐와 자유화 경향에 있다고 지적했다. 금융 분야의 위험이 그토록 큰 것이 사실이라면, 당시 안정이 불안을 키운다는 가설을 신봉했던 사람들은 통화 정책에 초점을 맞출 것이 아니라, 종합적인 금융 규제 개혁을 더 일관적이고 강하게 주장하는 데 그들의 에너지를 쏟아붓는 것이 맞았을 것이다.

상시적 LATW 정책과 인플레이션 선제 타격 사이의 유사점을 생각해보는 것도 참고가 된다. 2020년 이전까지 연준은 주로 경제와 노동 시장은 활기를 띠지만 인플레이션은 아직 오르지 않았을 때 금리 인상을 시작했다. 당시 연준의 리더들은 이런 선제 정책으로 인플레이션이 목표를 초과한 뒤에 연준이 대응해야 하는 위험이 줄어들어 장기적으로는 성장과 고용이 더욱 안정되는 결과로 나타난다고 믿었다. 그러나 2020년에 FOMC는 성급한 긴축 정책은 너무 큰 위험을 초래한다는 이유로 인플레이션 선제 타격 계획을 부인했다. 상시적 LATW는 결국 선제 긴축 정책으로 이어지게 된다. 즉 오늘의 고용 증가를 포기하는 대신 미래의 금융 불안 위험을 줄이자는 것이다. 금융 불안은 인플레이션보다 더 예측하기가 어렵고 다른 수단으로도 어느 정도 해결할 수 있으므로, 인플레이션 선제 타격에 반대하는 연준의 주장은(현재의 노동 시장 강세는 미래의 인플레이션 감소 전망과 바꾸기에는 너무 소중하다) 사실 상시적 LATW에 더 맞는 내용이라고 봐야 한다. 사실 상시적 LATW를 계속 사용하면 고용과 인플레이션이 목표치 아래에 머무는 현상이 만성화되어 인플레이션 기대가 떨어지게 된다.

상황적 LATW 정책

상시적 방법의 대안인 상황적 LATW는 통화 정책을 금융 위험의 가시적 지표와 연동한다. 예컨대 급격한 신용 증가 같은 것들 말이다. 이 방법에서는 통화정책결정자가 금융 안정의 심각한 위험을 확인하고 이를 다른 수단으로는 관리할 수 없을 때만 통화 정책으로 대응하게 된다.

앞에서 언급한 2002년의 내 연설에서, 나는 연준이 시장의 버블이나 금융위기의 다른 전조를 통화 정책이 소용이 있을 정도로 확실히 파악할 수 있다는 생각에 회의적 견해를 제기한 바 있다. 그런데 이후 드러난 증거들을 보면서는 생각이 바뀌어왔다. 금융 시스템의 안정성에 미치는 위험을 파악하는 것은 어려운 일이나, 그동안 그것을 감시하는 역량과 의지에 진보가 있었다. 연방준비제도 내외부의 학자들은 잠재적 위험을 진단하는 체계와 새로운 통계기법을 개발했다.[35] 이 책에서 소개한 연구는 19세기부터 시작되는 데이터를 근거로 금융위기와 깊은 침체가 오기 전에 신용 호황이 있었던 경우가 많다는 사실을 나는 제시한다(물론 항상 그렇지는 않다). 하버드대학 연구팀이 수행한 다른 연구에서도 비슷한 결론이 나왔다. 로빈 그린우드Robin Greenwood, 새뮤얼 핸슨, 안드레이 슐라이퍼Andrei Shleifer, 제이콥 쇠렌센Jakob Sørensen은 1950년 이후 총 42개 국가의 데이터를 사용하여 조사한 결과, 신용 및 자산 가격이 3년간 급증하면 그 후 3년 동안 위기 발생 확률이 증가한다는 사실을 발견했다.[36]

자산 버블이나 불건전한 신용 호황을 포함한 금융위기를 실시간으로, 그것도 어느 정도 확실하게 파악하기는 불가능하다(이 점에서는 2002년의 내 연설이 여전히 옳다고 생각한다). 그러나 때로는 특정 시점에 위기의 징후가 높은지 낮은지 추정할 수 있다는 증거는 점점 축적되고 있다. 만약 심각한 금융 불안을 최소한 어느 정도는 예측할 수 있고, 거시건전성이나 다른 규제 정책으로도 이런 위험을 충분히 완화할 수 없으며, 나아가 통화 정책을 사용하여 위기의 징후를 유의미하게 감소시킬 수 있다면, 그럴 때는 상황적 LATW 정책에 타당성이 있다고 할 수 있다. 적어도 이론적으로는 말이다. 이 방식을 현실에 적용하기 위해서는 여전히 필요한 정보가 너무 많다. 예를 들어 특정 위험 지표에 대응하여 통화 정책을 얼마나 강력하게 오랫동안 사용해야 하는가 하는 것들이다.

이상적으로는 역사적 사례에서 이런 문제에 관한 지침을 얻을 수 있다. 그러나 현실적으로 통화 정책만으로 붕괴를 촉발하거나 경제에 피해를 주지 않고 호황이나 버블을 성공적으로 가라앉힌 사례는 흔치 않다. 2010년에 스웨덴의 중앙은행인 릭스방크는 높은 실업률과 낮은 인플레이션 상황임에도 주택 가격과 가계 부채의 상승을 우려하여 금리를 인상했다. 그러나 대세를 막아서는 이 시도는 그에 따른 경제 둔화라는 실패로 돌아갔다. 릭스방크는 태도를 바꾸어 금리를 마이너스 수준까지 내리고 양적완화에 착수했다. 이보다 더 모호한 경우는 2012년에 노르웨이 중앙은행인 노지스 뱅크Norges Bank가 보인 태도였다. 당시 노지스 뱅크는 금융 안정과 관련된 이유로 앞으로는 통화 정책에 인플레이션 목표뿐 아니라 이자율이 정상 수준에서 벗어난 정도까지 고려하겠다고 선언했다.[37] 특히, 거시경제 지표상으로는 통화 완화 정책이 필요한 상황이었음에도 중앙은행은 금융 불안을 줄일 수 있는 것보다 금리 수준을 약간 더 높게 유지했다. 이런 정책이 어떤 도움이 되는지는 잘 알 수 없다. 노르웨이 중앙은행은 2017년에 금융 안정 위험이 줄어들었다고 선언하며 정책을 전환했다.

위험이 실제로 줄었는지, 그렇다면 어느 정도인지는 정확히 알기 힘들다. 2021년, 뉴질랜드 정부는 중앙은행이 통화 정책을 결정할 때 주택 가격을 고려한다고 발표했다. 그러나 정부의 동기는 경제 안정이 아니라 주택 구매의 용이성에 있었다. 뉴질랜드 준비은행은 주택 가격 목표를 구매 용이성에 맞추면 전체적인 경제 목표를 달성하는 일이 어려워진다고 주장하며 (맞는 말이다) 그보다 나은 대처 방안은 주택 공급량을 늘리는 것이라고 말했다. 요약하면 LATW 통화 정책의 실행이나 효과성에 관해 우리가 참고할 만한 역사적 성공 사례는 거의 없다. 반대로 거시건전성 정책을 사용하여 신용과 주택 호황을 완화하는 데 성공한 사례는 이제 세계적으로 흔하게 찾아볼 수 있다.

경제학자들은 역사적 사례 대신, 계량경제학 모델을 사용하여 상황적 LATW를 검증해왔다. 이런 연구는 주로 기대 비용과 LATW의 이점을 비교한 결과를 토대로 이루어진 경우가 많았다. 적극적인 LATW 긴축 정책의 가장 큰 비용은 인플레이션과 고용 성과가 단기간 악화한다는 점이다.♦ 이점은 미래의 위기가 장기간에 걸쳐 경제에 피해를 초래할 위험이 줄어든다는 것이다. 이론상 우리가 이런 비용과 이점 사이의 이상적인 균형점을 달성하는 정책을 찾아낸다면, 대세를 막아서는 최적의 강도를 결정할 수 있다.

초기의 유력한 연구 중 하나로, 경제학자이며 스웨덴의 통화정책결정자로 직접 일했던 라스 스벤손Lars Svensson의 분석을 들 수 있다(스벤손은

♦　경제 모델에 흔히 포함되지는 않으나 비용이 될 수 있는 것으로 신용이나 자산 가격 증가의 종료를 들 수 있다. 이것은 버블은 아니지만, 경제 펀더멘털의 수준을 알려준다. 또는 펀더멘털로 정당화되는 것보다 더 심한 붕괴의 촉발도 포함된다.

정책결정자로서 릭스방크의 LATW 적용 시도를 강력하게 반대했다).[38] 스벤손은 LATW의 효과를 조사하기 위해 릭스방크의 주요 경제 모델을 사용하여 통화 정책이 실업률과 신용 증가에 미치는 효과를 추정했다. 스벤손은 이 방법을 금융위기 위험의 대용물로 판단했다. 그리고 이 모델에 다음과 같은 가정을 추가했다(역사적 증거를 근거로 삼았다). LATW 정책을 도입하지 않았을 때의 금융위기 빈도, 위기의 평균 지속 시간, 위기가 실업률에 미치는 효과, 그리고 신용 증가량 변화가 위기 발생 확률에 미치는 효과 등이었다. 그는 이런 요인을 모두 종합하여 LATW 방식 선제 긴축 정책의 경제 효과를 예측했다. 그런 다음 그 비용(단기 실업률 상승)과 이점(위기 발생 위험 저하)을 평가했다. 그 결과, 그는 정량적으로 LATW 정책의 비용이 이점을 훨씬 능가한다는 사실을 발견했다. 미국 경제 모델을 사용한 연구에서도 일반적으로 적극적인 통화 정책을 이용하여 금융 안정성을 높이려는 시도는 비용과 이점을 비교할 때 정당화되지 않는 것으로 알려져 있다.♦♦

　　스벤손의 연구는 2002년의 내 연설에 나타난 직관적인 내용과 일치한다. 주가 버블이나 과도한 신용 증가를 억제할 정도로 큰 금리 인상은 단기적으로 경제에도 그만큼 큰 비용 부담을 안겨준다는 것이다. 그러나 이 논리의 잠재적 약점은, 통화 정책이 현재의 경제 상황에 미치는 효과를 아무리 잘 예측하더라도, 긴축 통화가 미래의 위기 발생 위험에 미치는 효

♦♦　　예를 들어 2019년에 연준의 실무 연구자 안드레아 아헬로Andrea Ajello, 토머스 로버크 Thomas Laubach, 데이비드 로페즈 살리도David López-Salido, 다이스케 나카타Taisuke Nakata의 연구에 포함된 기초 시뮬레이션 결과로는 금융 안정 위험에 대한 통화 정책 대응의 최적 수준이 제로에 가까운 것으로 나타났다.

과나 그 위기의 경제적 비용은 잘 알 수 없다는 데 있다.[39] 예를 들어 스벤손은 위기가 경제에 미치는 효과가, 물론 심각하다고 하면서도 한시적이라고 가정했다. 그러나 글로벌 금융위기 이후 많은 나라에서 회복이 더뎠던 것을 생각하면 위기가 경제에 미치는 효과가 스벤손의 가정보다 훨씬 오래 이어질 가능성이 있다. 만약 그렇다면 위기를 피하는 데서 오는 이점은 스벤손의 가정보다 상당히 더 커지게 된다.[40] 한편 스벤손 자신도 지적했듯이 긴축 정책은 그 자체로 위기의 경제 둔화 효과를 악화시킬 수 있다. 신용 경색의 효과로 인한 경제 둔화를 우리가 지금도 피부로 느끼듯이 말이다.

이런 불분명한 점은 다소 실망스럽다. 지금까지 우리가 얻은 지식을 바탕으로 내가 내린 잠정적인 결론은 다음 두 가지다. 첫째, 거의 모든 상황에서 규제 정책과 거시건전성 정책은 금융 안정 위험에 대처하는 가장 효과적이고, 잘 파악된, 그리고 가장 목적에 부합하는 수단이다. 이런 수단은 금융 시스템의 전체적인 회복탄력성을 강화할 수 있고, 특정 위협에 맞춤형으로 구사할 수도 있으며, 경제에 미치는 부작용 또한 대체로 제한적이다. 정책결정자들은 이런 맞춤형 수단을 적극적으로 사용해야 한다. 그리고 이런 정책으로도 충분치 않을 때는 권한 확대를 위해 목소리를 높여야 할 필요도 있다.◆ 특히 모든 금융 규제기관은 금융 안정을 그 의무로 삼아야 하며, 과도한 위험 감수는 그것이 금융 시스템의 어느 영역에서 발

◆ 2019년에 연준의 전략 보고서의 일부로 제출된 논문에서, 아닐 카시야프Anil Kashyap와 캐스퍼 시거트Caspar Siegert는 의회 위원회를 구성하여 금융위기의 예방과 대응에 동원할 수단을 종합적으로 검토하라고 촉구했다. 허버드와 콘은 브루킹스 연구소와 시카고대학 경영대학원이 후원한 금융 안정 태스크포스의 활동 결과를 제출했다(Hubbard and Kohn, 2021).

생하는지와 상관없이 감시와 해결의 대상이 되어야 한다.

그러나 둘째, 현재의 지식 수준에 비춰볼 때, 통화 정책이 금융 안정 위험에 대처하는 다른 정책 수단의 보조 역할에 그치는 상황도 배제할 수는 없다. 이런 경우가 그리 흔치는 않겠지만, 그에 따른 상충관계를 자세히 분석해서 대응해야 할 것이다.

그런 관점에서 보면 FOMC가 2020년에 발표한 정책 목표와 전략에 관한 성명은 금융 안정을 실업이나 인플레이션과 동등한 목표로 취급하지는 않았다. 그러나 그 성명은 "위원회의 목적 달성을 지연할 수 있는 금융 시스템의 위험"이 정책결정자가 중시하는 위험의 전체적인 균형에 반드시 포함되어야 한다고 명시했다. 이 공식 성명은 FOMC가 인지된 금융 위험에 반응하여 통화 정책을 대폭 변화하지도 않을 것이고, 통화 대응을 촉진할 만한 위험이 어떤 것인지 특정하지도 않을 것임을 시사한다. 그러나 이 성명은 정책을 종료할 상황이 아니라면 위원회가 금융 안정 위험을 막아섬으로써 일종의 보험 조치에 착수할 수도 있다는 가능성을 열어놓았다.

국제적 금융 파급효과

국가 간 금융 상황은 부분적으로 주요 중앙은행들의 통화 정책을 통해 서로 연결된 면이 있다. 연준의 조치는 영향력이 특히 더 크고, 신흥국 경제는 그 영향을 가장 많이 받는 편에 속한다. 2013년의 긴축발작은 물론 극단적인 사례지만, 더 보편적인 현상의 단면을 드러내는 것이기도 했다.

헬렌 레이Hélène Rey가 소개한 세계 금융 사이클이라는 개념이 있다. 이 것은 멕시코 회사채에서 남아프리카공화국의 주식에 이르는 전 세계 위험 자산이 같은 방향의 흐름을 보이는 경향을 말한다.[41] 레이를 비롯한 여러 학자는 미국 통화 정책의 변화가 이런 세계적인 순환에 상당한 영향을 미친다는 사실도 발견했다. 연준이 통화를 완화하면 전 세계의 위험 감수 성향이 증대하고, 위험 자산의 가격이 올라가며, 신흥 시장으로 자본이 유입된다. 연준이 긴축으로 돌아서면 이 모든 흐름이 역전된다.

연준의 정책이 왜 세계 금융 상황에 영향을 주는지 밝히는 것은 어려운 일이 아니다.[42] 미국 경제의 규모는 막대하며, 미국이 보유한 자본시장은 세계에서 가장 크고 유동성이 풍부하다. 이 시장에 접근하기 위해 많은 외국 정부와 기업들은 달러로 돈을 빌린다. 다시 말해 그들의 금융 건전성은 달러화 가치의 변화, 즉 미국의 이자율에 따라 영향을 받는다. 전 세계 거의 모든 정부가 보유한 국제 지급준비금은 달러이며 (양 당사자 모두 미국 측이 아님에도) 국제 무역의 결제 통화도 달러다. 각각 IMF와 BIS에서 수석 경제자문역을 담당하는 토비아스 아드리안Tobias Adrian과 신현송의 보고에 따르면 미국 통화 정책이 완화 자세를 보이면 국제 은행들은 달러화 레버리지 비율을 높이고 위험도가 높은 대출자에게 제공하는 대출을 증대한다. 통화 정책 위험 감수 채널의 국제판인 셈이다.[43] 그 결과 특히 신흥국 시장 대출자에게 흘러 들어간 달러화는 해외 통화 가치와 위험한 해외 자산의 가격을 올린다. 그러나 미국 통화 정책이 긴축으로 돌아서면 국제 은행들은 달러화 대출을 축소하여 해외 통화 가치 하락과 자본 유출 감소로 이어진다.

연준의 의무는 미국 경제에 초점이 맞춰져 있지만, 연준은 해외에 과도한 변동성을 일으킬 조치를 피하는 데에도 분명히 관심이 있다. 결국 그 영향이 미국의 경제와 시장에 흘러 들어오기 때문이다. 연준은 변동성을 피하거나 최소화하기 위해 정책 계획을 분명하게 알려 해외의 시장과 정책결정자들이 적응할 시간을 주려고 노력한다. 그리고 2020년 3월과 같은 금융 압박 상황에서는 미국 시장의 영향과 세계적인 역할을 확대하여 강력한 정책 대응을 해나가는 것이 무엇보다 중요하다.

신흥시장 국가 역시 세계 금융 사이클에 대한 취약성을 줄이는 행동을 할 수 있다. 가장 직접적으로는 자국의 경제 펀더멘털을 개선하여 자본 흐름의 급격한 변동을 완화할 수 있다. 지난 수십 년간 많은 나라가 재정과 무역 적자를 줄여 경제 체질을 강화하고, 중앙은행의 독립성을 보호하며, 금융 규제를 개선하고, 환율 유연성의 증대를 허용하며, 구조 개혁에 착수하는 등의 노력을 기울여왔다. 이런 변화는 세계 금융 상황이 부진할 때도 그 나라가 성장을 지속할 수 있다는 사실을 투자자들에게 설득시키는 데 도움이 된다.

거시건전성 정책은 세계 금융 사이클의 위험을 낮출 수도 있다. 예를 들어 IMF는 오래전부터 해외 투자가 성장을 촉진한다는 논리 아래 신흥국을 향해 외국 자본의 흐름에 무제한 개방하라고 압박했다. 그러나 금융 위기 이후 IMF는 신흥 시장 경제가 표적 자본관리(금융 자본의 유출입 제한)를 통해 세계 금융 사이클 효과를 완화하고자 하는 노력에 좀 더 공감하게 되었다. 마찬가지로 신흥국 정책결정자들은 자국 은행과 비금융 기업의 달러화 대출에 대한 감독을 확대했다. 선진국과 신흥국 경제는 G20이나 금융안정위원회 같은 기구를 통해 세계적 위험을 감시하고 글로벌 시스템의 회복탄력성을 강화하기 위해 함께 협력하고 있다.

연방준비제도로서는 국제적 차원의 영향으로 금융 안정을 보존하기가 그만큼 더 어려워졌다. 거시건전성 정책이 국제적 맥락에서 더 어려운 이유는 미국 규제기관이 해외발 위험을 관찰하고 반응하는 능력에는 제한이 있기 때문이다. 게다가 여러 나라의 규제기관들이 서로 조율하는 과정이 필요하므로 일은 더욱 복잡해진다. LATW 통화 정책을 하나의 전략으로 사용하려는 시도 역시 정책결정자들이 국내뿐만 아니라 세계적으로도 그 효과를 책임져야 하므로 더 까다로운 일이 된다.

일반적으로 통화 정책과 규제 정책, 그리고 금융 안정 사이의 연관성에 관한 우리의 이해는 흔히 생각하는 것과 달리 훨씬 제한적이다. 연구자와 정책결정자가 해야 할 일이 너무나 많이 남아 있다. 정책결정자와 국회의원들 역시 금융위기를 예측하고 방지하기 위해 미국의 규제 시스템을 재설계하는 일이 이제 막 시작한 것에 불과하다는 점을 이해해야 한다. 나는 금융 안정이 물가 안정 및 최대 고용과 더불어 연준의 법률적 의무에 공식적으로 포함될 것이라는 일부의 전망에는 동의하지 않는다. 그러나 앞으로 머지않은 장래에 금융 분야의 불안정은 21세기 중앙은행의 가장 큰 관심사가 될 것이다.

15

연준의 독립성과
사회적 역할

연준은 경제와 금융 안정이라는 자신의 목표를 달성하기 위해 혁신과 실험을 계속할 것이다. 그러나 정책의 기술적 어려움 외에도 연준은 하나의 기관으로서 상당한 과제를 앞에 두고 있다. 연준은 자신의 소중한 독립성을 유지할 수 있을까? 그리고 과연 그래야만 할까? 연준은 기술의 진보, 기후변화, 점증하는 사회 정의에 관한 요구에 어떻게 대응할 것인가?

연준의 독립성

연방준비제도는 흔히 독립성을 갖춘 기관으로 묘사된다. 이 말은 연준이 완전히 자율적인 존재이거나, 민주주의적 책임이 없거나, 정치권과 담쌓은 관계라는 뜻이 아니다. 연준은 정치 시스템의 산물이다. 그 권한과 구조(그리고 존재 자체)는 연방준비제도법이 규정한 것으로, 의회가 언제든지 개정할 수 있다. 연방준비제도의 이사진은 정치권에서 지명하며, 의장을 비롯한 리더들은 증언과 공식 보고서, 그리고 사적인 연락을 통해 입법기관에 연준의 행동과 계획을 끊임없이 알린다. 내가 의장으로서 가진 마지막 기자회견에서 후임자에게 남길 조언을 요청받고 말했듯이 "의회는 우리의 상사"다.[1] 경제와 금융 시스템에 미치는 영향력을 (때로는 구원자로, 때로는 희생양으로) 생각할 때, 연준은 정치권의 이해와 깊은 관련이 있는 존재다.

연준에 가해지는 정치권의 실질적인 제한에도 불구하고 실제로 연준은 독립 기관이다. 최소한 지금까지는 그렇다. 의회는 연준의 목표(물가 안정과 최대 고용)를 정하고 폭넓은 감독 권한과 책임을 부여한다.◆ 그러나 연준은 오랫동안 상당한 '사실상의' 정책적 독립성을 누려왔다. 금리를 결정하고 여러 조치를 단행하며 자신의 의무이기도 한 목표를 추구해왔고, 무엇보다 정치적 간섭이 최소한으로 제한되었다.

여러 나라와 달리 미국에는 중앙은행의 독립성을 명시적으로 보장하는 법률이 없다. 그러나 실제로 연준의 독립성은 연준 초기에 마련된 몇 가지 법률 규정으로 보호되고 있다. 연준 이사의 오랜 임기, 대통령이 정치적 견해 차이를 이유로 이사를 해임할 수 없다는 사실, 그리고 연준이 의회의 자금 지원에 의존하지 않고 자신이 보유한 채권의 수익으로 운영 자금을 조달할 수 있는 권한이(의회가 이를 감독한다) 모두 이런 보호 규정에 포함된다. 이런 규정이 오랫동안 존중받아왔다는 사실은 의회 대다수 구성원과 닉슨 이후 대통령들이(극소수의 예외로 트럼프를 들 수 있다) 굳게 지켜온, 독립된 중앙은행이 경제와 정치에 모두 이익이 된다는 믿음을 반영하

◆ 연준은 목표를 해석하는 데 있어 실무적으로 어느 정도 융통성이 있다. 예를 들어, FOMC는 2012년에 '물가 안정성'을 2퍼센트 인플레이션으로 정의했고, 2020년에는 고용 목표에 대해 '광범위하고 포괄적인' 특성을 강조했다.

는 것이다. 연방준비제도의 전국적 기반 또한 그 독립성을 지지해준다. 지역별 연방준비은행의 총재와 이사진은 지역의 정치 및 비즈니스 리더들과 긴밀한 관계를 유지하며, 그들은 중요한 순간마다 연준의 권한을 수호하는 데 발 벗고 나선다.

미래를 전망할 때 연준의 독립성이 제기하는 두 가지 질문이 있다. 첫째, 오늘날의 경제적, 정치적 환경 속에서 연준의 정치적 독립은 여전히 정당성을 지니는가? 만약 그렇다면, 연준은 정치적 반대에 맞서 그 독립성을 지켜낼 수 있을까?

물론 중앙은행의 독립성을 뒷받침하는 이론에는 깊은 뿌리가 있지만, 이 점을 지지하는 오늘날의 공통된 인식은 대 인플레이션의 경험으로 강화되었다. 번스가 이끌던 연준이 닉슨 행정부에서 독립성을 잃은 데서 온 부정적 효과는 뚜렷했다. 그때의 경험과 이후 치열하게 독립을 추구하던 볼커의 연준이 인플레이션 진압에 성공한 것이 바탕이 되어, 연준의 독립성은 정치인들이 단기간에 경제를 과다자극하려는 유혹에 맞서는 든든한 방어벽으로 인식되었다.

독립된 중앙은행이 정치인보다 경제의 장기적인 이익을 고려하기에 더 나은 처지에 있다는 생각은 지금도 여전히 진실로 여겨진다. 그러나 과도한 인플레이션을 막기 위해 꼭 독립성이 필요하다는 구체적인 주장으로 들어가면 그 호응도는 예전만 못하다. 팬데믹 이후의 회복기에 인플레이션 증가를 겪었음에도 21세기 통화정책결정자는 인플레이션이 너무 높은 것보다는 지나치게 낮은 것을 더 걱정할 때가 많다. 더구나 팬데믹 이전에 파월의 연준이 트럼프 행정부로부터 금리 인하 압력을 받은 일을 제외하면, 최근 수년간 중앙은행이 마주한 정치적 반대는 연준이 무엇을 더하라는 것보다는 좀 덜 하라는 내용이 더 많았다. 금융위기 이후에 공화당 의원들의 양적완화를 향한 비판이나, 독일이 유럽중앙은행의 QE 프로그램에 반대한 일이 그 예다.

그러나 연준의 독립을 이어가야 한다는 논리에는 번스와 닉슨 사이에 벌어졌던 갈등을 되풀이하지 말자는 것만 있는 것이 아니다. 의회는 통화 정책에 관한 결정을 계속해서 독립된 중앙은행에 위임해야 할 충분한 이유가 (실무적으로도 정치적으로도) 있다.

실무적 관점에서 볼 때 통화 정책에 관한 결정에는 전문적 역량과 지식이 필요하다. 훌륭한 의장이나 FOMC 위원이 되기 위해서는 경제학 박사학위만 필요한 것이 아니라(실제로 최고 수준의 연준 관계자 중에는 박사학위가 없는 사람도 있다), 복잡한 경제적 이슈와 개념에 대한 이해, 여기에 경제와 금융시장을 관찰하는 데 평생을 바쳐온 경험이 합해져야 한다. 더구나 통화 정책은 시간에 민감한 특성이 있다. 변화하는 경제와 금융 상황에 맞춰 신속하고 정확하게 대응해야 하며, 특히 긴급상황에서는 그 필요가 더욱 절실하다. 또한 시장과 일반 대중에 지속적이고 일관된 메시지를 적시에 알려야 한다. 국회의원에게는 통화 정책을 성공적으로 관리할 만한 시간도 없고, 훈련도 전무하다는 사실은 전혀 비판 거리조차 되지 못한다. 의회가 통화 정책을 연준에 맡기는 이유는 내가 우리 집 부엌 수리를 위해 배관공을 부르는 이유와 같은 셈이다. 나는 물론 수리 결과에 대한 책임을 배관공에 묻지만, 구체적으로 그 일을 어떻게 했는지를 두고 뒤늦게 이러쿵저러쿵하지는 않는다. 통화 정책은 어려운 일이고, 연준도 실수할 때가 있지만, 경제 분야의 전문성과 정책 결정의 경험을 갖춘 곳으로 중앙은행 외에 또 다른 기관은 워싱턴에 존재하지 않는다.

그러나 전문성에 관한 주장만으로는 충분하지 않다. 그런 우려는 재무부나 또 다른 정치 기관에 통화 정책을 운용하는 데 필요한 전문성을 갖추도록 하면 해결될 것이다. 예를 들어 영국과 일본에서는 실제로 1990년 대까지만 해도 재무장관이 통화 정책을 총괄 감독했다. 재무부가 통화 정책을 관리해야 한다는 주장이 있다면 아마도 민주주의적 책임감이 더 크고, 통화 정책의 재정적 의미를 더 주의 깊게 고려하며, 통화 정책과 재정 정책을 조율하기에 더 나은 위치에 있다는 점이 포함될 것이다. 그러나 여전히 통화 정책을 정치권에서 통제한다는 것이(그렇게 되면 결국 대통령이 이 자율 결정의 최종 권한을 가질 것이다) 현명한 생각은 아니다.

통화 정책 운용은 상당한 지연 시간을 들여 완화하기도 하고 긴축하기도 하는 등 수년에 걸쳐 펼쳐지는 활동이다(글로벌 금융위기 이후에 완화 정책을 펴다가 다시 긴축으로 돌아선 과정에는 10년이 넘는 시간이 필요했다). 따라서 통화정책결정자가 정책의 연속성과 일관성을 유지하기 위해서는 장기적인 시야가 필요하다. 대통령의 뜻에 따라 복무해야 하는 재무장관은 너무 빨리 교체되는 경우가 많다. 나는 연준 의장으로 일하면서 공화당 측 2명, 민주당 측 2명까지 총 4명의 재무장관과 함께 일했고, 그린스펀은 7명이었다. 더 근본적으로는 2년마다 선거가 돌아오는 미국의 정치 시스템과 끊임없이 변화하는 언론의 기류는 장기적 전망을 유지해야 하는 정책 결정과 어울린다고 볼 수 없다. 독립된 중앙은행은 인플레이션 기대를 굳게 유지하고, 신뢰도 높은 선제 전망을 발표하며, 예측 가능하고 일관된 정책 및 정책 체계를 수립하는 일을 정치권에 속한 기관보다 더 잘할 수 있다.

정치권에 편입된 통화 당국은 정책의 동기와 시기에 관해 더 많은 비판과 의혹을 마주할 것이라는 점도 문제다. 그런 기관이 발표하는 경제 예측이 과연 객관적이고 믿을 만할까? 정치화된 기관은 이자율 조정의 시기도 단기적인 정치 이익에 맞추려는 유혹에 빠지지 않을까? 정치권이 통제함에 따라 경제 전체의 이익보다 강력한 이해집단의 영향이 우세해지지 않을까? 재무부와 연준이 협정을 맺었던 1951년 이전에 그랬듯이 정치적 기관이 높은 고용과 물가 안정 추구라는 가치 대신 정부 부채 비용을 관리하기 위해 이자율을 변경하려고 하지 않을까? 오늘날의 정파적 편향성과 신뢰 부족 상황을 고려할 때, 통화 정책을 정치권과 분리해야 할 필요성은 오히려 과거보다 더 커진 것 같다. 팬데믹 시대에 의회가 주요 대출 프로그램을 연준에 맡긴 것은 중앙은행의 전문성과 함께 정파에 상관없는 정책 결정에 대한 의회의 확신도 반영되었음이 틀림없다.

나는 연준이 자신의 목적 달성에 대한 책임을 유지하는 한편 정치적 독립도 지켜낼 수 있으리라고 어느 정도 낙관한다. 연준의 독립과 권한은 금융위기 이후의 후폭풍과 트럼프의 트위터 공격을 거치면서도 무사히 살아남았다. 그것만으로도 사실은 연준의 독립이 그리 취약하지 않다는 증거가 된다(물론 이론적으로는 의회가 언제든지 뒤집을 수 있다). 바이든이 파월을 지명하여 2기 임기를 보장함으로써 상대 당 대통령이 지명한 의장을 재지명하는 전통으로 돌아온 것도 또 하나의 희망적인 신호다. 그럼에도 불구하고 21세기 연준의 독립에 엄존하는 위험은 과거 어느 때보다 더 커진 것이 현실이다. 금융위기는 좌우를 막론하고 중앙은행을 보는 평판에 심각한 손상을 입혔다. 좌파 진영에는 긴급구제 당시 월스트리트에 호의적인 태도를 보였다는 인상을 주었고, 우파 진영에는 통화 정책이 너무 위험하고 실험적으로 보였다. 그리고 양쪽 모두에게는 애초에 위기 자체를 막지 못한 점이 크게 작용했다. 포퓰리즘의 부상은 그것이 지닌 음모론이나 엘리트 계층에 대한 불신으로 인해, 연준 같은 기술관료적 초당파 기관에 특히 더 큰 위협을 안겨준다.

연준의 리더들은 이 기관이 정치적 맥락 속에 존재하며 일정한 정치적 역할이 있다는 사실을 항상 인식해왔다. 정치인들과 개인적 관계를 구축하며 그들에게 질문과 우려의 기회를 제공하는 것은 연준 의장이 해야 하는 중요한 일 중 하나다. 앨런 그린스펀은 양당의 대통령 및 의회 지도자들과 골고루 친분을 쌓았고, 제롬 파월은 국회의사당을 '바닥이 닳도록' 부지런히 드나들었다. 그러나 최근에는 연준도 투명성을 향상하고 대중에게 더 다가가는 면모를 보이면서 기관의 성격이 많이 바뀌었다.

내가 의장으로 있을 때 연준의 투명성을 향상하려고 했던 초기의 동기는 시장에 대한 커뮤니케이션을 개선하여 통화 정책의 예측 가능성과 효과성을 높여보자는 것이었다. 그러나 금융위기 이후의 정치적 격랑 속에서 나는 투명성과 대중에게 다가서는 노력이 연준의 정책을 설명하고 지지를 구축하는(그럴 수 있기를 희망했다), 더 큰 목적에 부합할 수 있다는 점을 깨달았다. 나는 연준의 오랜 전문가 미셸 스미스Michelle Smith 공보실장과 함께 우리 메시지의 청중을 금융시장 참여자와 워싱턴 관계자의 한계를 넘어 폭넓게 확대했다. 내 후임자들도 연준의 의사소통 범위를 넓히며 정책 결정을 좀 더 평이한 언어로 전달하여 연준의 정책이 어떻게 미국 중산층에 도움이 되는지 보여주었다. 사람들이 연준과 이곳에서 하는 일을 더 잘 이해하면 그들이 연준의 독립성을 지지해줄 것이라는 믿음으로 연준은 앞으로도 이런 노력을 계속해나갈 것이다. 12개의 연방준비은행과 그들이 지역사회에 튼튼히 뿌리 내린 기반은 이런 노력에 중요한 역할을 할 것이다.

연준의 확대 방향:
신기술에서 사회적 이슈까지

연준 앞에는 더 많은 과제가 남아 있다. 새로운 기술 발전에 발맞춰야 하고, 기후변화에서 인종 간 불평등까지 이르는 긴급한 사회 문제에 관여해야 한다.

신기술과 연준

연준은 정교한 기관으로, 끊임없이 진화하는 신기술을 수용하여 자신의 직무를 개선하기에 유리한 위치에 있다. 예를 들어 연준 경제분석가들이 관찰 대상으로 삼는 경제 분야는 점점 늘고 있다. 이것은 신용카드 결제 대금, 공항 검색대를 통과하는 승객, 식당 좌석 배정, 온라인 검색 주제, 그 외 수많은 지표를 측정하는 데이터를 방대하고 신속하게 이용함으로써 가능하다. 이런 마이크로 수준의 '빅 데이터'는 팬데믹 시기에 경제 활동을 측정하는 데 특히 유용했다.

연준은 또 은행 규제기관으로서 역할을 위해 첨단 기술 분야의 전문성을 강화했다. 예를 들어 연준은 은행이 사용하는 머신러닝 알고리즘을 감독하여 대출자와 관리 분야의 잠재적 위험을 걸러낸다.[2] 이런 종류의 인공지능 수단은 신뢰할 만하며 충분한 투명성을 갖추고 있을까? 인공지능이 소수 계층의 신용 신청자에 대해 편견을 보이지는 않는가? 연준은 특히 은행과 금융기관을 향한 정교한 사이버공격의 빈도가 증가하는 데 주목해왔다. 은행 시스템은 그 속성상 상호연결성이 매우 높으며 이런 점 때문에 해커들이 공격할 만한 지점들을 많이 만들어낸다. 시스템 보호를 지원하고자 연준의 은행 감독 담당 부서는 재무부와 다른 기관의 사이버보안 전

문가들과 협력하여 은행의 방어 체제를 점검한다. ◆3

　　연준은 지불 시스템에 결정적인 역할을 담당한다. 재무부의 재정 대리자로서 정부에서 가계와 기업에 이르는 모든 지불 절차를 관리한다. 연준은 2020년 케어스 법이 승인한 거의 모든 구제금 전달 과정, 예를 들어 직접 예금, 수표, 선불카드 등의 통로를 모두 감독한다.4 연준은 수표발행인의 은행에서 영수인의 은행까지의 자금 이동 과정을 추적하는 은행 수표 추심 기능을 오래전부터 담당해왔다. 이를 위해 연방준비은행뿐만 아니라 전국에 수표를 실어 나르는 항공 편대까지 포함해 한꺼번에 막대한 양의 수표를 선별하는 작업이 필요했다. 현재 수표 추심 기능은 모두 전자화되었다.

　　사람들은 자신이 받아야 할 돈이 손에 들어오기까지 연준이 어떤 역할을 하는지는 잘 모르는 반면, 수표가 발행된 후에 현금을 찾기까지 지연되는 시간은 잘 알고 있다. 하루하루 급료를 받아 살아가는 가정이나 현금 흐름을 가까스로 관리하는 소기업에 송금 지연은 큰 어려움이 될 수 있다. 연준은 이런 지연을 해소하기 위해 페드나우FedNow라는 서비스를 개발하여 전국 어느 은행을 통해서도 하루 24시간 거의 실시간으로 결제할 수 있게 준비하고 있다.5 이 서비스를 통해 무엇보다 정부 구제금 대상자들이 (자연재해 피해자 등) 즉시 혜택을 누릴 수 있게 될 것이다.

　　다소 추측에 가깝지만, 연준은 종이 화폐의 대체 수단이 될 '디지털 달러'를 개발할 수 있다. 디지털 화폐 시스템은 여러 가지 방법으로 구축할

◆　　연준도 사이버 사기로부터 자신을 지켜야 한다. 2016년에 해커들이 방글라데시 중앙은행 시스템에 침투하여 뉴욕 연방준비은행의 방글라데시 계좌에 가짜 지불 요청을 한 일이 있다.

수 있다. 연준이 기존 은행 시스템이나 지불에 특화된 새로운 핀테크 기업과 협력하여 시스템을 구성하는 방안도 그중 하나다(가장 유력한 방법이다). 예를 들어 사람들은 기존의 시중 은행 계좌를 통해 중앙은행의 디지털 결제 시스템을 이용할 수도 있다. 개념적으로 가장 간단한 방법은 모든 가계와 기업이 당좌계좌에 해당하는 서비스를 연준에서 가입하는 것이다. 연준의 자산이 현금과 마찬가지가 되어 모든 기업과 개인이 연준 계좌를 통해 실시간 결제에 이용할 수 있다. 예컨대 핸드폰 앱을 이용하는 방법도 있다. 현금 거래와 달리 디지털 달러 거래는 아마도 기록을 남길 것이다. 물론 익명이나 미추적 계좌도 가능하겠지만 말이다. 연준이 지원하는 디지털 화폐는 현금이나 수표에 비해 안전성, 편리성, 즉각성, 송금 보장 등의 중요한 이점이 있다. 국제간 결제의 속도를 단축하고 비용을 낮춰줄 수 있다. 미국에서 일하는 외국 근로자가 고국의 가정에 송금하는 경우도 당연히 포함된다. 디지털 달러는 금융 포용성을 촉진하는 기능도 있다. 은행 계좌가 없는 사람이라면 연준 시스템에 등록하도록 설득할 수 있다(수수료 걱정이 없다는 점도 포함하여).

해외 여러 중앙은행이 디지털 화폐를 구상하고 있으나, 현재까지 중국인민은행만 현장 테스트를 하는 단계까지 나가 있다. 연준은 현재 디지털 화폐의 기술 타당성을 검토 중이나 의회의 지침에 따라 아주 조심스러운 진전을 보이고 있을 뿐이라고 밝힌 바 있다. 이렇게 신중한 태도를 보이는 데는 기술이나 설계에 관한 문제만 있는 것이 아니다. 연준 정책결정자는 이런 혁신이 금융 시스템과 경제에 미치는 시사점을 고민할 수밖에 없다. 예를 들어 거래 기록을 남기는 디지털 화폐가 궁극적으로 종이 화폐를 대체하게 된다면 탈세와 자금 세탁, 마약 거래, 기타 불법적인 거래가 급감할 것이다. 그러나 한편으로 이런 환경은 프라이버시를 침해할 소지가 있다. 투자자들이 금융 시스템 내에 위험의 징후를 감지하자마자 (아주 안전한) 디지털 화폐로 쉽게 옮겨 갈 수 있으므로 결국 디지털 현금이 금융 불안을 초래할 것이라고 걱정하는 사람도 있다. 연준은 디지털 현금이 신용카드 네트워크 등 기존 결제 시스템과 어떻게 상호작용하게 될 것인지, 그리고 디지털 화폐와 전통적인 은행 계좌 간의 경쟁이 은행의 수익성과 자금 조달에 어떤 영향을 주는지도 이해해야 한다.

또 다른 이슈는 디지털 화폐가 통화 정책과 재정 정책에 미치게 될 영향이다. 그것은 분명한 이점을 제공해준다. 예를 들어, 모든 사람이 연준에 계좌를 보유한다면 세금 환급, 구제금, 기타 정부 지급금을 실시간으로 전달할 수 있다. 디지털 계좌에 이자를 지급할 수 있게 설계한다면 연준은 디지털 머니에 지급되는 이자를 변경함으로써 이자율 결정의 효과를 강화하고 속도를 높일 수 있다.

중앙은행 디지털 화폐는 비트코인을 비롯한 이른바 암호화폐와는 매우 다르다. 암호화폐는 중앙은행이 아니라 주로 탈중앙화 기술(블록체인)을 통해 만들어지고 관리된다. 2009년에 비트코인이 선보인 이래 많은 암호화폐의 가치가 급등했고 이를 지지하는 사람들은 이것이 달러나 유로 등의 중앙은행 화폐를 대체할 것이라고 칭송했다.◆ 비트코인을 비롯한 유사

◆ 이 부분의 내용은 비트코인 같은 암호화폐에 시장 결정 가치라는 변수를 적용한 것이다. 비트코인과 달리 일부 암호화폐는 달러를 비롯한 명목 화폐나 명목 화폐로 표시된 자산에 가치를 고정하기도 한다. 이른바 스테이블코인이라고 하는 이런 암호화폐가 새로운 결제 방식의 기초가 될 수도 있으나 이들은 기존 화폐에 연동되어 있으므로 그런 화폐에 대체 위협이 되지 않는다. 여전히 남아 있는 중요한 질문은 스테이블코인 사용자를 보호하기 위해서는 어떤 규제가 필요한가 그리고 이런 코인이 금융 불안의 원천이 되지 않도록 하는 방법은 무엇인가 하는 것늘이다.

자산이 통화 정책에 중요한 의미가 있을까?

　대답은 최소한 가까운 미래에는 그렇지 않다는 것이다. 비트코인 등의 암호화폐는 금과 같은 투기 자산으로 받아들여졌지만, 이것이 실제 돈은 아니다. 달러와 같은 성공적인 화폐는 일상 거래에서 사용할 수 있고 소비자가 구매하는 물건을 기준으로 상대적 가치가 안정되어 있다. 가장 대표적인 암호화폐조차 이 두 기준 어느 것과도 거리가 멀다. 사람들은 슈퍼마켓 상품을 비트코인으로 사지 않으며(비트코인 거래는 예컨대 일상적인 신용카드 구매에 비해 훨씬 비싸다), 비트코인을 기준으로 한 일상 용품과 서비스 가격은 너무나 큰 폭으로 변한다. 그러므로 달러를 비롯한 주요 명목 화폐는 비트코인처럼 가치가 유동적인 암호화폐에 주요 결제 수단의 자리를 내어줄 위험이 없다.◆ 만에 하나 비트코인이나 기타 유사한 암호화폐가 여러 민간 거래에서 달러를 대체한다고 하더라도 정부의 과세 기준이나 자체 결제 통화가 달러라는 사실은 미국 통화의 계속된 수요를 보장한다. 달러가 널리 사용되는 한 통화 정책은 기존의 방식대로 유효할 것이고, 연준의 조치에 대응하는 암호화폐의 가치는 다른 자산들의 가치와 같을 것이다.

　비트코인 등의 암호화폐가 달러화를 대체한다는 지극히 가능성이 떨어지는 상황이 실제로 벌어진다면 어떻게 될까? 그런 시나리오에서 경제는 사실상 금이 비트코인으로 바뀌었을 뿐, 19세기 금본위제와 같은 상황으로 회귀할 것이다(물론 정부의 승인이나 중앙은행의 관여는 없다). 비트코인을 기준으로 한 일반 상품이나 서비스 가격은 비트코인의 공급량과 수요

◆　비트코인과 이와 유사한 자산에는 추가적인 단점이 있다. 만드는 데 대량의 에너지를 사용한다는 점, 그리고 돈세탁에서 랜섬웨어에 이르기까지 불법 활동에 자주 사용되므로 향후 훨씬 더 엄격한 규제에 직면할 위험이 높다.

에 따라 결정되며 이는 금본위제에서 금의 공급과 수요가 상품 가격을 결정했던 것과 같다. 예를 들어 비트코인 공급량 증가가 경제 성장보다 느리다면 상품의 비트코인 가격은 시간이 갈수록 하락한다. 비트코인 본위제에서 물가나 고용의 안정을 목표로 삼는 통화 정책은 타당성을 잃게 된다. 중앙은행의 통화량에 대한 통제권이 없기 때문이다. 대중은 정부에 경제 안정 노력을 기대하므로 비트코인 본위제는 정치적인 이유로 지속가능성을 잃게 된다. 1930년대에 이르러 금본위제가(당시에도 이것이 적극적인 통화 정책을 제한한 요인이었다) 더 이상 지탱할 수 없었던 것처럼 말이다.

연방준비제도와 사회

경제와 금융 시스템의 안정에 연준이 중요한 역할을 한다는 사실은 이 기관이 다른 긴급한 과제를 해결하는 데도 도움이 되느냐는 질문을 제기한다. 예컨대 기후변화로 인한 환경적, 사회적, 경제적 비용은 점점 더 분명해지고 있다. 또 다른 측면에서 팬데믹 위기는 미국 사회의 깊은 균열을 겉으로 드러냈다. 이런 균열 중에는 점점 더 격차가 벌어지는 소득과 자산의 불평등, 계층 간, 세대 간 이동성의 제한, 보건의료 이용률의 고질적인 격차, 교육, 경제적 기회가 있다. 흑인, 히스패닉, 기타 소수인종은 가장 불리한 조건에 시달려왔다. 연준은 이런 문제 해결에 도움이 될 수 있을까?

한편으로 연준이 매우 강력한 면모를 보이는 분야도 있지만, 중대한 사회 문제를 개선할 역량이 입법적 의무와 연준이 가진 수단의 한계로 인해 제한되기도 한다. 민주정치 체제에서는 연준 이사와 같은 지명직 관료가 아니라 유권자로부터 선출된 대표자가 국가적 우선순위를 정해야 한다. 이 사회의 가장 어려운 문제를 해결하는 일은 연준의 역량과 소관을 훨씬 넘어선다. 다른 한편으로는, 연준에게 기회와 수단, 그리고 건설적으로 공헌할 수 있는 법적 권한이 있고, 정치 지도자와 국민이 정한 방향과 일치한다면, 문제 해결에 나서야 한다.

예를 들어 기후변화 문제에 잠재적으로 유용한 정책(예컨대 탄소세나 탄소 거래, 탄소 저감 기술 보조금, 건물 및 시설 보강 사업 등)은 연준이 결정할 일이 아니다. 그것을 결정할 권한은 의회에 있다(그리고 환경보호청 등 의회가 지정한 기관). 그러나 연준은 이 문제에 공동 노력을 통해 공헌할 수는 있다. 예를 들어 연준은 기후변화에 관한 연구와 회의를 후원해왔다. 연준은 또 은행 규제기관으로서, 영란은행을 비롯한 주요 중앙은행의 주도에 따라 기후 위험을 은행의 포트폴리오와 자본 요건 평가 항목에 포함시켰다. 이런 제도가 자리 잡으면 기후변화 위험에 처한 자산(예컨대 범람원이나 허리케인 지대에 속한 자산)은 은행이 상각하도록 강제하거나, 온난화(정유 회사가 발행한 채권 등) 제한 정책의 영향을 받게 될 것이다. 유럽중앙은행과 다른 곳에서 도입한 다른 조치로는, 온난화에 중대한 영향을 미치는 회사의 채권을 매입하지 못하도록 하는 방안이 있다. 그러나 연준은 다른 주요 중앙은행과 달리 정상적인 정책 결정 과정에서도 회사채를 매입할 수 없으므로 이 이슈는 미국에서는 실제적인 중요성은 그리 없다고 볼 수 있다. 현재까지 연준은 기후변화의 효과를 경제 전망이나 통화 정책 분석에 포함하지 않고 있다. 그런 효과는 예측하기 힘들거나 잘해야 아주 장기간에 걸쳐 나타난다고 봤기 때문이다. 그러나 기후변화가 성장과 생산성에 미치는 단기적 효과가 좀 더 분명해진다면 연준의 관행도 바뀔 수 있을 것이다.

불평등과 사회적 이동 문제에 관해서는 지금까지 살펴봤듯이 연준은 한 가지 매우 중요한 공헌을 할 수 있다. 통화 정책을 이용해 계속해서 높은 수준의 고용을 촉진하는 것이다. 노동 시장이 활성화되면 그 혜택은 소수 그룹과 저소득 계층, 그리고 직업 경력이 부족한 사람들에게 집중된다.

노동 수요가 성장하면 노동 시장에서 소외되었다가 일자리로 복귀하는 사람이 늘어나고, 그들은 경력을 쌓고 사회적 관계를 형성할 수 있으므로 다시 노동 시장이 약세로 돌아서더라도 삶의 질 향상에 도움이 된다.

연준은 통화 정책 외에도 더욱 평등한 사회를 위해 도움이 될 수단을 가지고 있다. 연준은 여러 지역개발 기구와 정기적인 교류를 이어오고 있다. 지역개발 금융기관과 소수 그룹 소유의 은행들이 그 예다. 연준은 이런 조직에 교육 프로그램과 기술 지원을 제공하여 구성원들의 생활 개선에 기여한다.[6] 연준은 또 '1977년 지역재투자법Community Reinvestment Act of 1977'의 실무 기관 중 하나다. 예금 취급 금융기관들은 이 법에 따라 영업 지역 내 공동체의 신용 수요에 대응하도록 되어 있다.[7] 워싱턴의 연준과 각 지역 연방준비은행의 연구진도 노동 시장과 인종 격차에 관한 데이터를 수집하여 연구를 진행한다. 예를 들어 연준이 정기적으로 보고하는 '소비자금융조사Survey of Consumer Finances'는 미국의 자산과 소득 불균형에 관한 기초 데이터다.

연준은 자체적으로도 다양성과 형평성을 증진하여 모든 관점이 정책 결정에 반영되도록 보장하고, 더 나아가 경제학 직종의 포용성 향상에 힘쓰고 있다. 연준은 한때 다양성을 공식 목표로 정하여 최대한의 공정한 결과를 거두었다. 1990년부터 2021년까지 19명의 남성과(그중 한 명은 흑인이었다) 18명의 여성이 연준 이사를 역임했다(두 명의 여성인 재닛 옐런과 앨리스 리블린Alice Rivlin, 그리고 한 명의 흑인 남성 로저 퍼거슨Roger Ferguson이 연준 부의장으로 재직했다. 옐런은 재직 기간 중 여성으로는 세 번째로 부의장에 올랐다. 둘 다 흑인 경제학자인 리사 쿡Lisa Cook과 필립 제퍼슨Philip Jefferson은 같은 해에 이사로 지명되었다). 이사진의 지명 주체는 연준이 아니라 대통령이므로 연준 경제분석가들의 인적 구성이 연준의 다양성 노력을 반영하는 데 더 나은 지표라 할 수 있다. 2019년 브루킹스 연구소의 조사에서 연방준비제도에서 일하는 경제학 박사 중 24퍼센트는 여성이었고, 약 25퍼센트는 소수인종이었다.[8] 그러나 브루킹스는 소수인종의 정의를 폭넓게 적용했다. 2021년 〈뉴욕타임스〉의 제나 스미알렉Jeanna Smialek 기자의 기사는 연준이 단 두 명의 흑인 경제학자를 고용했을 뿐이라고 지적했다.[9] 이런 다양성 부족 현상은 경제학 분야에 공통적인 현상을 드러내는 측면이 있다. 경제학 분야는 과학 기술 직종에 비해 여성과 소수 인종의 유인, 개발, 승진 면에서 뒤처진 편이었다. 그러나 공공기관이자 세계에서 가장 많은 경제학자를 고용하는 집단인 연준은 이런 상황을 개선할 특별한 책임이 있다. 연준은 앞으로도 다양성을 갖춘 실무자를 유인하고, 더욱 재능있는 소수 인종과 여성이 이 분야에서 일할 수 있도록 육성책을 확보해야 할 것이다.

연준: 과거와 미래

폴 고갱이 그린 '우리는 어디에서 왔는가? 우리는 누구인가? 우리는 어디로 가는가?'라는 제목의 유명한 그림이 있다. 이 책은 미국의 중앙은행에 던지는 이 질문에 대답하고자 했다. 팬데믹 위기에서의 놀라운 활약이 보여주듯이, 연방준비제도는 윌리엄 맥체스니 마틴과 아서 번스 시대 이후 엄청난 변화를 겪어왔다. 연준은 정책 수단과 전략, 커뮤니케이션을 대폭 개조했다. 변화하는 정치적 기류를 헤쳐오며 정책의 독립성을 지켜냈고 그러면서도 행정부 및 의회와 협조하여 위기에 대응하고 다른 여러 국가적 우선순위를 뒷받침했다.

　연준이 마틴부터 파월에 이르기까지 정책 수단과 방법에 놀라운 변화를 이룩한 것은 대부분 연준의 권한이나 의무, 또는 경제학적 사고를 혁신한 데서 온 결과가 아니었다. 역사적 기록에서 알 수 있듯이, 그것은 지난 70여 년에 걸쳐 장기적으로 진행되어온 경제적, 정치적 발전 과정이 연준과 그 정책을 재구성해왔기 때문이다.

연준의 정책과 경제 구조의 변화로 인한 인플레이션의 변화는 그런 핵심 발전 과정이 처음으로 선보인 것이었다. 1980년대 폴 볼커가 인플레이션을 상대로 거둔 승리는 인플레이션 통제를 통화 정책의 최고 우선순위로 다시 자리매김했고, 연준의 신뢰도를 회복했으며, 연준의 정책적 독립성이 안겨주는 혜택을 보여주었다. 고질적인 실업률이 뚜렷하게 하락하는 등, 경제 구조의 유리한 변화의 도움을 받은 앨런 그린스펀은 폴 볼커의 성과를 확고히 한 후 인플레이션을 안정시키고 인플레이션 기대를 정착시키는 일에 박차를 가했다. 나의 임기 중에 연준은 인플레이션 목표와 최대 고용을 달성하는 방법을 담은 공식 체계를 수립했고, 제롬 파월 시대에는 그 체계를 더욱 다듬었다.

인플레이션 통제는 미국 통화 정책 결정에서 여전히 핵심적인 역할로 남게 될까? 연준은 최근 몇 년간 인플레이션을 너무 강조하느라 고용을 소홀히 했다는 비판을 들어왔다. 이런 비판은 어느 정도 진실이라고 할 수 있다. 1960년대와 1970년대의 대 인플레이션 이후 통화정책결정자들은 평범한 수준의 인플레이션에도 과민반응을 보였다. 그들은 인플레이션 기대의 고삐가 풀리고 시간이 지나면서 심각한 인플레이션 문제로 커질까 봐 두려웠다. 이후 오랫동안 이런 우려는 몇몇 강경론적 정책 실수로 이어졌다. 마찬가지로, 연준이 2012년 정책 원칙에서 천명한 '균형 접근'과 그것이 의미하는 대로 양대 의무의 두 측면에 동등한 비중을 두는 것이 높은 고용과 노동 시장 활성화의 사회석 혜택을 충분히 인정하지 못한 것이라고 주장하는 사람들이 있었다. 연준은 이런 우려에 대응하여 2020년에 정책 체계를 재검토했다. 특히 파월의 연준은 인플레이션 선제 타격 전략을 포기하면서 인플레이션의 변동과 한시적인 인플레이션 목표 초과를 허용하여 높은 고용을 꾸준히 달성하는 데 초점을 둘 것이라고 밝혔다.

노동 시장 강세의 폭넓고 지속적인 혜택을 연준의 체계와 정책에 반영해야 하는 것은 분명하다. 그러나 연준이 양대 의무의 나머지 하나인 물가 안정을 무시하는 일은 없을 것이다(그래서도 안 된다). 인플레이션을 안정적으로 유지하는 일은 경제에 미치는 이익뿐만 아니라(예를 들면 시장 기능을 개선하고 장기적 계획을 촉진한다) 높은 수준의 고용이 계속 이어지는 데도 결정적인 역할을 한다. 안정적인 인플레이션과 제대로 자리 잡힌 인플레이션 기대는 고용을 뒷받침한다. 통화 정책이 노동 시장을 위태롭게 하는 충격에 더욱 유연하게 대처할 수 있기 때문이다. 예를 들어 인플레이션의 걱정을 던 중앙은행은 공급 충격을 '살펴볼' 여력이 생기거나 불황에서 완화 정책을 더욱 강력하게 추진할 수 있다. 인플레이션이 오르더라도 지속되지는 않는다는 믿음이 있기 때문이다. ◆ 연준은 FAIT 체계를 유지할 수도 있고 장차 일부 손볼 수도 있겠지만, 장기적으로 건강한 경제와 노동 시장을 촉진하는 점을 생각하면 어렵게 얻어낸 인플레이션의 믿음을 유지하는 데 주의를 기울여야 한다.

◆   더 넓게 보면 건전한 통화체계는 경제학자들이 '명목기준지표nominal anchor'라고 부르는 정책 목표를 갖추어야 한다. 이 목표는 장기간에 걸쳐 일반적인 물가 수준을 낮추는 데 도움이 된다. 13장에서 언급했듯이 통화정책결정자들이 고려해볼 만한 대안적 명목기준지표로는 물가 수준이나 명목 GDP가 있다. 일부 국가에는 고정 환율이 명목기준지표가 된다. 명목기준지표 선택의 중요성은 역사적 교훈에서 잘 알 수 있다. 이것은 통화 정책과 그에 따른 경제적 변화를 형성하는 데 도움이 된다.

연준과 그 정책을 형성한 두 번째 발전 과정은 장기간에 걸친 자연이자율 R^*의 하락이다. 이런 하락 추세는 인플레이션과 인플레이션 위험이 낮아졌다는 점을 일부 반영한다. 그러나 실질(인플레이션 조정) 이자율도 상당히 하락하여, 1980년대 중반 이후 지금까지 대략 3퍼센트포인트나 떨어졌다.[10] 저금리 환경은 경제의 여러 분야에 영향을 미치는데 대표적으로 대출 기관과 대출자가 그 영향을 가장 크게 받는다. 최저한도의 영향 아래 놓인 연준과 다른 나라의 중앙은행들에 자연이자율 하락은 단기금리 인하라는 전통적인 방법으로 경기 약세를 떠받치는 능력이 제한된다는 의미가 있다. 다행히 양적완화나 더욱 명확하고 장기적인 포워드 가이던스와 같은 새로운 정책 수단의 효과가 증명되어 연방기금금리 3퍼센트포인트 인하에 대략 맞먹는 정책 화력을 더할 수 있었고, 그러면서도 원치 않는 부작용은 제한적인 수준에 그쳤다. 그러나 새로운 수단이 확보되었음에도 현재 수준의 R^*에서 통화 정책만으로는 깊은 불황에 대처할 수 없을 가능성이 크다.

자연이자율이 어떻게 변화하는가에 많은 것이 달려 있다. 자연이자율 하락세가 계속 이어지는 원인인 인구구조와 기술적 요소를 생각하면 채권 시장의 이자율도 상당 기간 낮은 수준에 머무를 것으로 보인다. 나는 실제로 자연이자율이 낮은 수준을 유지한다면 연준이 새로운 정책 수단을 계속 개발하거나 다른 중앙은행으로부터 도입하리라고 본다. 여러 가지 방안이 있는데, 우선 연준은 수익률 곡선 통제를 통해 금리를 더 확실하게 약속하는 방식으로 포워드 가이던스를 강화할 수 있다. 또 경제 상황이 악화할 때 사용할 대출 보조금 프로그램을 개발할 수도 있다. 그리고 연준은 완만한 수준의 마이너스 단기금리 가능성에 문을 열어둘 수도 있다. 그러나 자연이자율이 계속해서 낮은 수준을 유지하거나 심지어 더 떨어진다면 깊은 불황이 올수록 재정 정책에 더 크게 의존하는 일은 불가피해 보인다. 아마도 지금으로서는 정치적 가능성이 희박하겠지만 재정 정책의 자동 안전장치(경제 약세 징후를 포착할 때 자동으로 촉발되는 세제 및 지출 규정)를 더 개발한다면 통화 정책의 효능이 떨어진 공백을 어느 정도 메울 수 있을 것이다.

그러나 자연이자율이 계속 낮은 수준에 머물지, 더 떨어질지는 확실하지 않다. 인플레이션이 다소 높은 점, 미국과 해외에서 막대한 정부 적자 비용을 조달해야 할 필요, 장기 채권 보유 위험에 대한 보상 프리미엄이 증대한 점은 모두 미래에 자연이자율이 올라갈 수 있는 이유가 된다. 더욱 추측에 가깝지만 여러 신기술은(인공지능, 뉴그린 에너지 기술, 양자 컴퓨터, 바이오 기술의 발전) 생산성 둔화를 회복하고 투자 기회 부족 상황을 종식할 잠재력을 가지고 있다. 무엇보다, 생산성 개선은 생산량 증대와 생활 수준 향상을 가속화할 것이다. 그러나 성장과 투자의 증가 추세로 인한 자연이자율 증가는 통화 정책에 더 큰 전망을 제공해줄 것이다.

연준의 수단과 전략을 형성한 세 번째 장기 추세는 아마도 가장 걱정스러운 발전 과정이라 할 수 있는 금융 불안 위험의 증가다. 이런 위험을 초래한 요소 중 상당수는 회복되거나 고치기 어려울 것이다. 금융 규제의 구조적 약점(위기 이후의 개혁에도 불구하고), 금융 분야의 급격한 혁신, 그리고 끊임없이 증가하는 세계 금융 시스템의 복잡성, 투명성, 상호연결성이 그 예다. 금융 안정을 보존하고 금융위기가 초래할 수 있는 경제적 피해를 막기 위해 연준은 위기에 대처할 수단을 확대해왔고, 이는 글로벌 금융 위기와 2020년 3월 팬데믹 사태의 대처를 통해 증명되었다. 연준은 거시건전성 관점을 도입하여 금융 시스템 전체를(직접 규제 책임이 없는 시장과 기관도 포함된다) 체계적으로 감시하며 안정에 미치는 위험을 파악하고 있다. 아울러 통화 정책과 민간 시장의 위험 감수 성향이 어떤 연관성을 맺고 있

4부 21세기의 통화 정책

는지 계속 연구하고 있다.

입법기관과 규제당국은 글로벌 금융위기 이후 이룩된 발전에 큰 공이 있으나, 2020년 3월 사태에서 드러났듯이 중요한 규제 공백은 여전히 남아 있다. 미국 규제기관은 중대한 시스템적 위험에서 지켜내야 할 권한과 의무가 여전히 부족한 상태다. 특히 주택과 그림자금융 분야에서 그렇다. 연준은 자신이 지닌 전문성과 신뢰를 생각할 때 남아 있는 공백을 더 적극적으로 드러내고 의회와 FSOC의 다른 회원 기관이 행동에 나서도록 압박해야 한다. 특히나 위험 감수 성향은 언제나 시스템 내에서 규제가 가장 약한 부분으로 흘러가게 된다. 따라서 비슷한 기능을 수행하는 금융회사는 규제도 비슷하게 받아야 한다는 원칙을 훨씬 더 진지하게 생각해보아야 한다. 연준의 시각에서 볼 때 거시건전성 규제가 강화되면 금융 안정의 부작용이 줄어들어 적극적인 통화 정책을 더 안전하고 효과적으로 사용할 수 있을 것이다.

연준은 경제와 정책에 관한 도전 외에, 대중적 인지도가 증가한 상황과도 싸워야 한다. 최근의 금융위기와 경제 위기의 대처에 주도적인 역할을 맡음으로써 한때 겉으로 드러나지 않았던 이 기관은 이제 전 국민이 주목하는 대상이 되었다. 그런 점에서 이제는 1996년과는 너무나 달라진 세상이 되었다. 당시 앨런 블라인더 연준 부의장은 다음과 같이 말했다. "수백만 명의 미국인은 아직도 연방준비제도가 정부 소유의 삼림 야생동물 보호 기관인 줄 알고 있다고 합니다. 어쩌면 그래서 이곳에 그토록 많은 황소, 곰, 매, 비둘기가 한데 어울려 더없이 행복한 하모니를 이루는지도 모르겠군요."[11] 연준의 리더들은 모든 미국인에게 지금보다 더욱 가까이 다가가야 할 것이다. 가서 그들의 관심사를 듣고, 연준의 정책을 설명하며, 연준의 비정치적이고 독립적이며 객관적인 정책 결정 과정이 장기적으로 경제에 이익이 된다는 사실을 보여주어야 한다. 연준은 과거에도 그랬듯이 앞으로도 분명히 실수할 것이다. 그러나 제롬 파월이 말했듯이, 연준은 인격과 성실성에서는 실수하지 않는다는 것을 앞으로도 계속 보여주어야 한다.

4부 21세기의 통화 정책

부록

제언 요청

독자 여러분의 의견을 겸허하게 듣고자 합니다. 필자가 다루지 않은 중요한 이슈나 잘못된 부분에 대해 지적해주시면 감사하겠습니다. 좀 더 깊이 다루기를 원하는 주제가 있다면 그것도 말씀해주시기를 바랍니다. 통화정책을 둘러싼 환경이 점점 더 복잡해지고 변화하고 있다는 점을 생각할 때 새롭게 제기되어야 할 문제도 있을 것입니다. 책에 관한 질문이나 의견은 http://benbernankebook.com/feedback으로 보내주시면 됩니다. 여러분의 의견은 다음 판을 위한 귀중한 참고로 삼겠으며 선별된 질문과 의견에 대한 필자의 의견은 공개된 사이트에 게시할 것입니다. 여러분의 피드백에 미리 감사드립니다.

벤 버냉키

감사의 말

많은 분이 이 프로젝트에 도움과 격려를 보내주었다. 금융위기를 돌아본 전작 《행동하는 용기》에서 열심히 도와주었던 데이브 스키드모어가 이번에도 상당한 편집 실력과 연방준비제도에 대한 그의 지식을 바쳐 이 책을 더욱 명료하고 정확하게 만들어주었다. 그의 힘든 노력, 그리고 소중한 아이디어와 제안에 감사드린다. 마이클 웅, 세이지 벨즈, 핀 슈렐, 타일러 파월, 에릭 밀스타인이 이 책과 몇몇 연구 프로젝트를 통해 뛰어난 연구 지원을 베풀어준 덕에 이 책이 나올 수 있었다. 이 자리를 빌려 감사드린다. 이 재능 있는 젊은이들과 함께 일할 수 있었던 것은 큰 기쁨이었다. 그들의 이름이 장차 더욱 빛나게 되리라고 확신한다.

이 책의 초고를 미리 읽어준 빌 잉글리시, 마크 거틀러, 아닐 카시야프, 돈 콘, 데비 루카스, 프레더릭 미슈킨, 에인절 유비드, 데이비드 베셀, 그리고 MIT 세미나에 참석해서 유익한 제언을 주신 분들께 감사드린다. 브루킹스 연구소와(나는 이 연구소 재정통화정책연구센터 수석펠로우로 재직 중이다) MIT의(2020년부터 2021년까지 동대학 금융정책연구센터 펠로우로 일했다) 지원에 감사드린다.

W. W. 노튼 출판사와 특히 브렌던 커리 편집자(전작《행동하는 용기》에서도 나와 함께 일해주었다)에게 원고에 제공해준 제언과 출간 전 과정을 곁에서 안내해주신 데 대해 감사의 뜻을 전한다. 뛰어난 전문 능력으로 도와주신 프로젝트 편집자 레베카 호미스키, 제작 책임자 애나 올러, 아트디렉터 잉수 리우, 카피에디터 칼라 반웰, 홍보담당 레이철 살츠만, 부편집인 캐럴린 애덤스에게 감사드린다. 법률 자문 로버트 바넷과 출판 에이전트 마이클 오코너의 훌륭한 조언과 안내에 감사드린다.

이 책을 팬데믹 기간에 집필하느라 주로 집에서 일했다. 안 그래도 힘든 시기에 책을 쓴다고 짜증을 낸 남편 곁을 무던히 견뎌낸 아내 애나에게 감사드린다. 그녀는 언제나 그랬듯이 변함없는 지지와 공감을 베풀어주었다.

마지막으로 연방준비제도에 있는 친애하는 벗이자 전 동료들께 감사를 전한다. 연준은 미국의 경제와 금융 시스템을 강화하고 지켜낸 놀라운 기관임에도, 그에 상응하는 이해와 감사를 받지 못하는 안타까운 경우가 많다. 부디 이 책이 그런 상황을 조금이나마 치유할 수 있기를 바란다.

이 책은 많은 종류의 자료를 참고했다. 연설, 보고서, 기사, 도서 및 논문, 연구 보고서, 경제 데이터 등이다. 이 책에 자주 등장하는 출처와 링크를 아래에 안내했다.

연방준비제도 기록물

연방준비제도이사회 웹사이트 www.federalreserve.gov는 광범위한 역사 정보와 현재 정책에 관한 정보를 제공한다.

- 연방공개시장위원회에 관한 정보로는 정책 회의록, 회의 후 성명 자료 및 실행 기록, 의장 기자회견 원고, 그리고 FOMC 위원들의 분기 경제 전망 등이 있다. http://www.federalreserve.gov/monetarypolicy/fomccalendar.htm
- FOMC 역사 자료(회의 원고 및 경제분석가들 보고서 포함) http://

www.federalreserve.gov/monetarypolicy/fomc_historical.htm

- 연방준비제도 기자회견, 대출 창구 회의록, 자산매입 프로그램 설명, 긴급 기구 승인 자료 등. https://www.federalreserve.gov/newsevents/pressreleases.htm

- 연방준비제도이사회의 〈의회 제출 통화 정책 보고서〉는 매년 2회 개최되는 의장의 의회 증언에서 발표되는데, 통화 정책과 경제 전망에 관한 내용을 다루며 연준 경제분석가들의 금융 분야 변화 분석이 담긴다. http://www.federalreserve.gov/monetarypolicy/mpr_default.htm

- 2006년 이후 연준 이사의 연설 자료. https://www.federalreserve.gov/newsevents/speeches.htm

  그리고 1996년 중반부터 2005년까지. https://www.federalreserve.gov/newsevents/speech/speeches-archive.htm

- 2006년 이후 연준 이사의 의회 증언. https://www.federalreserve.gov/newsevents/testimony.htm

  그리고 1996년 중반부터 2005년까지. https://www.federalreserve.gov/newsevents/testimony/testimony-archive.htm

- 연방준비제도 경제 조사 기록물 시스템Federal Reserve Archive System for Economic Research, FRASER, 세인트루이스 연방준비은행: FRASER는 미국 경제, 금융, 은행 역사에 관한 디지털 도서관이다. 특히 연방준비제도의 역사에 초점을 둔다. FRASER의 핵심 기록물을 열람할 수 있으며, 1996년 이전 연방준비제도에 관한 법률 및 기타 기록물과 연방준비제도의 연설 및 의회 증언이 담겨 있다. https://fraser.stlouisfed.org/

- 연방준비제도 구두 인터뷰 히스토리: FOMC 전 위원 및 연준 경제분석가들과의 인터뷰 원고로, 2013년 연방준비제도 100주년을 기념하여 진행되었다. https://www.federalreserve.gov/aboutthefed/centennial/federal-reserve-oral-history-interviews.htm
- 연방준비제도 역사에 관한 에세이와 관련 출처: https://www.federalreservehistory.org/

기타 공공 기록물

- 상원 및 하원 청문회 기록: http://www.gpo.gov/fdsys/browse/collection.action?collectionCode=CHRG

데이터 출처

- FRED, 세인트루이스 연방준비은행 : FRED는 금융 및 거시경제 데이터에 관한 데이터베이스이다. 이 자료는 일련의 데이터를 도식화 및 조작할 수 있는 도구를 함께 제공한다. FRED에서 열람할 수 있는 핵심 지표로는 실업률 및 취업인구, 국내총생산GDP, 소비자물가지수CPI, 개인소비지출PCE 물가지수, 개인 소득, 유가, S&P 및 다우존스 산업평균 주가지수, 국채 이자율, 전 국민 국채 보유량, 주택 가격(케이스-실러 20개 도시 복합 주택가격지수로 측정한 값) 등이다. https://research.stlouisfed.org/fred2/
- 연준의 대차대조표에 관한 데이터는 연방준비제도 H.4.1 발표 자료에서 구했다. http://www.federalreserve.gov/releases/h41/
- 이 책에 사용된 다른 데이터의 출처는 주에서 밝혔다.

서론

1. Transcript of Powell's press conference, January 29, 2020, 1.

2. Transcript of Powell's press conference, January 29, 2020, 11.

3. Transcript of Powell's press conference, March 3, 2020, 1.

4. Powell (2020b).

5. Friedman and Schwartz (1963).

6. 대공황에 미친 금본위제의 역할에 관해서는 다음을 참고하라. Eichengreen (1992), Bernanke (2000), and Ahamed (2009).

7. Eichengreen and Sachs (1985).

8. Bernanke (2002b).

9. Fischer (1995). Fischer used the term *instrument independence* rather than policy independence.

1 ──── 대 인플레이션

1. Phillips (1958). 임금과 실업률 사이의 관계에 관한 기초적인 개념은 필립스의 논문보다 오래된 것이다. 최소한 어빙 피셔Irving Fisher의 1926년 논문까지 올라가는데, 이 논문은 1973년에 재간행되었다.

2. Samuelson and Solow (1960).

3. "John F. Kennedy on the Economy and Taxes." *John F. Kennedy Presidential Library and Museum*, accessed November 20, 2020, https://www.jfklibrary.org/learn/about-jfk/jfk-in-history/john-f-kennedy-on-the-economy-and-taxes.

4. *The American War Library*, accessed November 24, 2020, http://www.americanwarlibrary.com/vietnam/vwatl.htm.

5. Hooper, Mishkin, and Sufi (2020). 원래 의료보험법에서는 정부가 의사들의 의료 관련 결정에 개입하는 것을 금지하여 비용 절감에 대한 제한 가능성을 원천 봉쇄했다.

6. Fair (1978).

7. Dam and Shultz (1977).

8. Bernanke (2008a).

9. Friedman (1968).

10. Phelps (1968).

11. 고든은 인플레이션의 현대적 모델을 실험적으로 연구했다(Gordon, 2013). 옐런의 논문도 참고하라(Yellen, 2015).

12. Hodgson (August 20, 1998).

13. For more on the story of the Accord, see Hetzel and Leach (2001) and Romero (2013).

14. 연방준비제도 경제 조사 기록물 시스템(FRASER)에서 다음 참고. "Joint Announcement by the Secretary of the Treasury and the Chairman of the Board of Governors, and of the Federal Open Market Committee, of the Federal Reserve System," March 4, 1951.

15. Binder and Spindel (2017).

16. Hetzel and Leach (2001).

17. Volcker (2018).

18. 마틴의 발언을 그대로 인용하면 다음과 같다. "우리의 목적은 인플레이션이나 디플레이션이 어느 쪽을 향하든 그것을 저지하는 것이지만, 우리가 그 방향을 인위적으로 조성하지는 않는다." 마틴의 상원 금융통화 위원회 증언이 담긴 1956년 1월 20일자 FRASER 기록물 참고(FRASER, Martin's testimony to the Committee on Banking and Currency, U.S. Senate, January 20, 1956).

19. In FRASER, see Martin's address to the New York Group of the Investment Bankers Association of America, October 19, 1955.

20. In FRASER, see Martin's testimony before the Committee on Finance, U.S. Senate, August 13, 1957.

21. Romer and Romer (2002).

22. Hetzel (2008). Chapter 6.

23. Okun is cited in Orphanides and Williams (2013).

24. 오늘날 오쿤의 법칙 계수 추정치는 3보다는 2에 더 가깝다. 오쿤의 법칙에 관한 더 자세한 내용은 다음 참고. Owyang and Sekhposyan (2012).

25. 오르파니데스와 윌리엄스는 대 인플레이션 시대에 정책결정자들이 지니고 있던 자연이자율에 관한 확고한 신념의 결과를 연구했다(Orphanides and Williams, 2013). 오르파니데스는 이 시기에 나온 u*에 대한 추정치에 오류가 있음을 지적한 최초의 학자다(Orphanides, 2003).

26. Binder and Spindel (2017).

27. Cited in Granville (June 13, 2017).

28. Granville (June 13, 2017).

29. Hetzel (2008). Chapter 7.

30. Federal Reserve Board Oral History Project: Interview with J. Dewey Daane, former Board member (June 1, 2006), 37.

2 ——— 번스와 볼커

1. 번스의 견해에 대해서는 다음 참고. Hetzel (1998) and Wells (1994).

2. Abrams (2006).

3. Ferrell (2010), 38.

4. Hetzel (1998).

5. Ferrell (2010), 34-35. Burns (1970) advocated controls in a speech at Pepperdine University.

6. Steelman (2013).

7. Burns (1979).

8. Silber (2012), 136.

9. Federal Reserve Board Oral History Project: Interview with Paul A. Volcker (January 28, 2008), 77-78.

10. Silber (2012), 146.

11. Volcker (2018), 102-4.

12. Mondale and Hage (2010), 272-73.

13. Rogoff (1985).

14. 볼커가 하원의 은행, 주택 및 도시문제 위원회에 출석하여 증언한 내용을 담은 1980년 2월 19일의 FRASER 기록물 참고(FRASER, Volcker's testimony before the Committee on Banking, Housing and Urban Affairs, U.S. House of Representatives, February 19, 1980).

15. Silber (2012), 168.

16. FOMC transcript, October 6, 1979, 19.

17. For more on the credit controls, see Schreft (1990).

18. 카터는 필라델피아에서 열린 한 가든파티에서 통화 공급량에 집중하기로 한 연준의 결정을 "경솔하다"고 평했다고 한다. Silber (2012), 190. Volcker (2018) writes, 111.

19. Volcker (2018), 118.

20. Silber (2012), 254.

21. Volcker (2018), 113.

22. "Failure of Continental Illinois." Federal Reserve History, https://www.feder-

alreservehistory. org/essays/failure-of-continental-illinois.

23. Haltom (2013). For Volcker's recollections, see Volcker (2018), 125-28.

24. 이 법의 이름은 예금기관 규제 완화 및 통화관리법이라고 한다. 다음 참고. Robinson (2013).

25. 다음 참고. Goodfriend and King (2005) for a discussion.

26. Volcker (1990).

3 ——— 그린스펀과 1990년대의 대호황

1. Mallaby (2016).

2. Mallaby (2016), 344-45.

3. Greenspan (2007), 108.

4. Transcript of ceremony commemorating the Centennial of the Federal Reserve Act, December 16, 2013, 5-7, https://www. federalreserve. gov/newsevents/press/other/20131216-centennial-commemoration-transcript. pdf .

5. FOMC transcript, December 16, 1987, 71-72.

6. 다음 참고. Freund, Curry, Hirsch, and Kelley (1997).

7. Peek and Rosengren (1992), 21-31.

8. 이것은 의회 휴회 중에 대통령이 상원 인준 없이 임명할 수 있는 헌법 조항에 따른 것이었다. 그린스펀은 1992년 2월 28일이 되어서야 상원의 인준을 받았다. 그때까지 연준 이사회는 그를 '임시 의장'이라고 불렀다.

9. Mallaby (2016), 366.

10. Nelson (March 9, 1990).

11. Bush, State of the Union Address, January 29, 1991. The American Presidency Project, University of California-Santa Barbara, accessed November 27, 2021. https://www. presidency. ucsb. edu/documents/address-before-joint-session-the-congress-the-state-the-union-1.

12. Mallaby (2016), 398-400.

13. Blanchard (2019).

14. *Wall Street Journal* (August 25, 1998).

15. Blinder and Yellen (2001), 26.

16. In FRASER, see Greenspan's testimony before the Subcommittee on Economic Growth and Credit Formation of the Committee on Banking, Finance and Urban Affairs, U. S. House of Representatives, February 22, 1994.

17. Greenspan (2007), 155.

18. Boyle (1967), 217.

19. Bernanke, Laubach, Mishkin, and Posen (1999).

20. *Los Angeles Times* (September 27, 1987).

21. FOMC transcript, February 3-4, 1994, 29-30.

22. 회의록은 이전에 별도로 공개된 두 종류의 기록물, 즉 정책 조치 기록과 조치 회의록을 합한 것이었다. 그전까지 정책 조치 기록은 언론에, 조치 회의록은 연준의 정보자유실에 각각 공개되었다. 둘 다 회의가 끝난 금요일이었다.

23. Woodward (2000).

24. Uchitelle and Kleinfield (March 3, 1996).

25. FOMC transcript, February 4-5, 1997, 98.

26. 예를 들어 초기에 발표된 데이터에 따르면 시간당 생산량이 1996년에는 0.8퍼센트, 1997년에는 1.7퍼센트였다. 2020년 11월 30일자 미국 노동통계국 언론 발표 기록물 중 생산성 및 물가 자료 참고. https://wwwbls.gov/bls/news-release/prod.htm. 개정된 데이터에 따른 노동 생산성 증가율은 1996년에 2.1퍼센트, 1997년은 2.7퍼센트다. 노동 생산성 증가율은 더욱 가속되어 1998년에는 3.3퍼센트라는 인상적인 수치를 보여준다. FRED(세인트루이스 연방준비은행 데이터베이스) 전국민 시간당 실질 생산성 중 비농업 부문 참고. Nonfarm Business Sector: Real Output Per Hour of All Persons, FRED Federal Reserve Bank of St. Louis Database.

27. 근로자들의 태도에 관해서는 다음 참고. Manski and Straub (2000). 1990년대의 실질적인 직업 안정성에 관해서는 다음 참고. Allen, Clark, and Schieber (2001) and Stewart (2000). 마찬가지로, 근로자 설문조사와 지역별 비교자료를 근거로 한 카츠와 크루거의 연구에 따르면 그린스펀의 가정을 뒷받침하는 근거는 별로 없다고 한다(Katz and Krueger, 1999).

28. Blinder and Yellen (2001), 43-48.

29. CBO의 자연이자율 추정치는 1980년 6.2퍼센트, 1997년 5.3퍼센트다.

30. Katz and Krueger (1999).

31. Lexington (KY) *Herald*, November 1, 1915, page 7, column 4, cited by Barry Popik (April 18, 2012), https://www.barrypopik.com/index.php/new_york_city/entry/luck_is_the_residue_of_design_dodgers_executive_branch_rickey.

32. 그 5개국으로부터의 해외 순수 민간 투자는 1994년의 405억 달러에서 1996년에는 930억 달러로 증가했다. 다음 참고. Radelet and Sachs (2000), 2.

33. 시장 하락이 발생한 지 이틀 후에 열린 의회 증언에서 그는 이렇게 말했다. "미국 주가는 적응할 준비가 되어 있습니다. 최근의 시장 침체는 결국 잦아들어 우리의 6년 반 동안의 경기 확대를 연장하는 데 도움이 될 것입니다." 1997년 10월 29일, 그린스펀의 미 의회 합동 경제위원회 증언 참고. Greenspan's testimony before the Joint Economic Committee, U. S. Congress, October 29, 1997.

34. Greenspan (2007), 192.

35. Loomis (October 26, 1998).

36. Federal Reserve Oral History Project: Interview with Alan Greenspan (August 13, 2009), 68.

37. FOMC transcript, September 21, 1998, 98.

38. FOMC transcript, October 15, 1998, 29.

39. FOMC transcript, September 29, 1998, 29.

40. Greenspan (2007), 196.

41. FOMC transcript, February 3-4, 1994, 47.

42. FOMC transcript, February 22, 1994, 3.

43. Campbell and Shiller (1998).

44. Greenspan (1996).

45. 이 계산은 1996년 12월부터 S&P 500의 수익률을 나타내며 실러(Shiller, 2000)의 데이터를 사용했다. 업데이트된 데이터는 실러의 온라인 데이터 저장소에서 확인했다.

46. 투자위험 프리미엄을 추정하는 모델을 연구한 사례로는 다음 참고. Duarte and Rosa (2015). 투자위험 프리미엄은 1990년대 들어 1996년까지 대체로 안정세를 보였고, 그린스펀의 '비이성적 과열' 연설 후 하락세로 돌아섰다(즉 과대평가를 시사했다).

47. Greenspan (2007), 178-79.

48. Greenspan (2007), 199-200.

4 ——— 신세기와 새로운 도전

1. Shiller (2019).

2. Willoughby (March 20, 2000).

3. 2000년 3월 나스닥 지수가 정점에 도달했을 때부터 2002년 10월에 바닥을 칠 때까지 실질 개인소비지출 성장은 11퍼센트로, 나스닥이 정점에 도달하기 전 같은 기간 상승분인 19퍼센트에 비해 훨씬 낮은 수치를 보여주었다.

4. Ferguson (2003).

5. 윅셀은 '자연'이자율을 물가가 안정세를 보이는 기간의 이자율로 정의했다 (Wicksell, 1936).

6. Fisher (1930).

7. Laubach and Williams (2003) and Holston, Laubach, and Williams (2017).

8. Summers (2014).

9. Hansen (1939).

10. Rachel and Summers (2019).

11. Bernanke (2005). See also Bernanke (2015c, d, e).

12. Caballero, Farhi, and Gourinchas (2017). For further evidence see Del Negro, Giannone, Giannoni, and Tambalotti (2017).

13. Mian, Straub, and Sufi (2021).

14. Greenspan (2007), 229.

15. 초기에 중요한 공헌을 한 학자로 크루그먼(Krugman, 1998)을 들 수 있다.

16. Bernanke (2002c) and Bernanke, Reinhart, and Sack (2004).

17. FOMC transcript, December 9, 2003, 89.

18. Blinder and Reis (2005), 13.

19. FRED, S&P/Case-Shiller U.S. National Home Price Index.

20. Sec "Factors Contributing to the 2008 Financial Crisis," October 17, 2017, University of Chicago Booth School of Business: The Initiative on Global

Markets, https://www.igmchicago.org/surveys-special/factors-contributing-to-the-2008-global-financial-crisis/.

21. Glaeser, Gottlieb, and Gyourko (2013).

22. Kuttner (2012).

23. Bernanke (2010a).

24. Shiller (2007).

25. Bernanke (2015a), 96.

26. Gramlich (2007), 108-9.

27. 연준이 '불공정하거나 기만적인' 대출 관행을 불법으로 규정할 수 있는 권한은 '주택소유 및 자산보호법Home Ownership and Equity Protection Act, HOEPA'에서 온 것이다. 자세한 내용은 다음 참고. Bernanke (2015a), 100-102.

28. Greenspan (2005).

29. 2008년 10월 23일 그린스펀의 미국 하원 감독 및 정부개혁 위원회 증언 참고. Greenspan's testimony before the Committee on Oversight and Government Reform, U.S. House of Representatives, October 23, 2008.

5 ——— 글로벌 금융위기

1. 대공황에 관한 나의 연구는 다음 참고. Bernanke (2000).

2. 2004년 6월에 6.3퍼센트였던 30년 만기 주택담보대출 금리가 2년 동안 오른 결과는 거의 6.6퍼센트였다. 같은 기간 기금금리 인상 폭은 무려 4퍼센트포인트를 넘겼는데 말이다. 그린스펀은 연방기금금리 인상에 대해 주택담보대출 금리를 비롯한 기타 장기금리가 완만한 반응을 보인 것을 두고 "수수께끼"라고 말했다. 나는 나중에 다른 연설에서 안전성이 보장된 장기 달러 자산에 대한 해외 수요가 이런 약한 반응의 원인이라고 언급했다(Bernanke, 2006). 단기금리 인상은 변동금리 담보대출을 받은 사람들에게 압박 요인이 되지만, 본문에서 언급한 바와 같이 2007년에 이런 변동금리 상품은 미국 주택담보대출 전체에서 차지하는 비중이 8퍼센트에 지나지 않았다.

3. Lewis (2010).

4. Bernanke's testimony before the Joint Economic Committee, U.S. Congress,

March 28, 2007.

5. FOMC transcript, March 21, 2007, 67.

6. Bartlett (2018).

7. Gorton (2012).

8. Kacperczyk and Schnabl (2010).

9. Pozsar, Adrian, Ashcraft, and Boesky (2010).

10. Bernanke (2015a), 402.

11. Kacperczyk and Schnabl (2010).

12. Gorton and Metrick (2012).

13. Bernanke (2018).

14. Bagehot (1873).

15. 위기 시기에 미국 정부가 운영했던 프로그램과 그들의 논리, 결과에 관한 종합적 연구에 관해서는 다음 참고. Bernanke, Geithner, and Paulson (2020). 나는 금융위기에서 발생한 여러 사건과 그 속에서의 내 역할을 회고록에서 자세히 밝혔다(Bernanke, 2015a).

16. 버냉키, 가이트너, 폴슨의 연구에 의한 여러 논문이 그런 증거의 기준과 검토 결과를 제시한다. Bernanke, Geithner, and Paulson (2020).

17. 다음 참고. Bernanke (2015a), 248- 69, and Bernanke, Geithner, and Paulson (2019), 61-73.

18. For further details on monetary policy during the crisis, see Kohn and Sack (2020), 425.

19. Board of Governors, "Policy Tools: Interest on Reserve Balances," accessed November 20, 2021, https://www.federalreserve.gov/monetarypolicy/reserve-balances.htm.

20. 신용 붕괴가 실물 경제에 미친 영향의 증거에 관해서는 다음 참고. Bernanke (2018). 위기 초기에 연방준비제도 경제분석가들의 지나치게 낙관적인 경제 예측에 관해서는 다음 참고. Kohn and Sack (2020).

1. Bernanke (2008b).

2. FOMC transcript, December 15-16, 2008, 25.

3. 예로 참고. Correa and Davies (2008).

4. Bernanke (2009a).

5. Bernanke, Reinhart, and Sack (2004).

6. Furman (2020).

7. Kohn and Sack (2020).

8. FOMC transcript, March 17-18, 2009, 123.

9. FOMC transcript, March 17-18, 2009, 203.

10. FOMC transcript, April 28-29, 2009, 33.

11. Federal Reserve Board, press release, "Federal Reserve, OCC, and FDIC release results of the Supervisory Capital Assessment Program," May 7, 2009, https://www.federalreserve.gov/newsevents/pressreleases/bcreg20090507a.htm.

12. Reinhart and Rogoff (2009).

13. 이것과 유사한 절차가 도입된 예로, 위원회가 (2011년 6월 회의록에서 예고한 바와 같이) 2014년에 출구 원칙이라는 이름으로 발표하고 옐런 의장과 파월 의장이 실제 정책으로 시행한 것을 들 수 있다. 다음 참고. Policy Normalization Principles and Plans, September 16, 2014, https://www.federalreserve.gov/monetarypolicy/files/FOMC_PolicyNormalization.pdf. 다음도 참고. Board of Governors, Policy Normalization: History of the FOMC's Policy Normalization Discussions and Communications, accessed December 8, 2020, https://www.federalreserve.gov/monetarypolicy/policy-normalization-discussions-communications-history.htm.

14. 유로존의 문제점을 미리 예고한 학자로는 배리 아이켄그린Barry Eichengreen, 밀턴 프리드먼Milton Friedman, 마틴 펠드스타인Martin Feldstein, 마이클 무사Michael Mussa가 있다. 다음 참고. Jonung and Drea (2009).

15. Erceg, Linde, and Reifschneider (2010).

16. Bernanke (2010b).

17. Letter available at David M. Herszenhorn, "Dear Mr. Bernanke: No Pressure, but . . .", *New York Times*, November 17, 2010, https://thecaucus.blogs. nytimes.com/2010/11/17/dear-mr-bernanke-no-pressure-but.

18. *Wall Street Journal* (November 15, 2010).

19. *Wall Street Journal* (September 20, 2011).

20. Wheatley and Garnham (September 27, 2010).

21. Bernanke (2015a), 493.

22. 입법 투쟁에 대한 논의는 다음 참고. Bernanke (2015a), 435-66.

23. Binder and Spindel (2017).

24. 페리의 발언은 2011년 8월 15일 아이오와주 선거 운동에서 한 것이고, 깅그리치의 발언은 2011년 9월 7일 공화당 대선 후보 토론에서 나왔다. 정치적 역풍에 관한 더 자세한 내용은 다음 참고. Bernanke (2015a), 520-23.

25. Bernanke (2009b).

26. Bernanke (2015b).

7 ——— 통화 정책의 발전: 3차 양적완화와 긴축발작

1. Reinhart and Rogoff (2009).

2. Fernald (2014).

3. Woodford (2012).

4. Femia, Friedman, and Sack (2013).

5. Swanson (2011).

6. Bernanke and Mishkin (1997).

7. The canonical Taylor rule is described in Taylor (1993). For discussion, see Bernanke (2015f).

8. Mallaby (2016), 380.

9. Mallaby (2016), 487-91.

10. Bernanke (2003a, b).

11. Bernanke (2015a), 538.

12. Draghi (2012).

13. Bernanke (2012).

14. FOMC meeting minutes, March 19-20, 2013, 8.

15. Bernanke (1999).

16. Bernanke's testimony before the Joint Economic Committee, U.S. Congress, May 22, 2013.

17. 2013년 4월 30일과 5월 1일 FOMC 회의록. FOMC 회의록에 사용된 정량적 표현과 그 해석에 관해서는 다음 참고. Meade, Burk, and Josselyn (2015).

18. Transcript of Bernanke's press conference, June 19, 2013, 5-6.

19. Bernanke (2014a).

8 ——— 이륙

1. FOMC transcript, March 4, 2014, 4.

2. Transcript of Yellen's press conference, March 19, 2014, 14.

3. Federal Reserve Board, press release, Federal Reserve issues FOMC statement on policy normalization principles and plans, September 17, 2014, https://www.federalreserve.gov/newsevents/pressreleases/monetary20140917c.htm .

4. Williams (2017).

5. Das (2019).

6. Spicer (August 26, 2015).

7. Rosenfeld (August 28, 2015).

8. Transcript of Yellen's press conference, December 16, 2015, 4.

9. Irwin (September 29, 2018).

10. Mui (July 27, 2016).

11. Gordon (2016).

12. Daly, Hobijn, Şahin, and Valletta (2012).

13. Staiger, Stock, and Watson (1997).

14. Yellen (2014).

15. Jamrisko, Whiteaker, and Diamond (2018).

16. Bernanke (2016).

17. Nechio and Rudebusch (2016).

18. 1990년대 필립스 곡선의 붕괴를 파악한 연구로는 다음이 있다. Blanchard, Cerutti, and Summers (2015); Blanchard (2016); and Del Negro, Lenza, Primiceri, and Tambalotti (2020).

19. 논의를 위한 참고. Kiley (2015).

20. 스톡과 왓슨은 통계적 기법을 사용하여 1990년 인플레이션 이후 상황은 영구적 추세에서 벗어나는 것으로 설명하는 것이 더 정확한 데 비해, 이전 시기의 인플레이션 충격은 사라지기보다는 지속적인 경향을 보였다는 점을 밝혀냈다 (Stock and Watson, 2007). 후커는 1980년대의 유가 충격이 근원 인플레이션을 통과하는 것을 멈추었다는 점을 보여주었다(Hooker, 2002).

21. 옐런은 연준이 인플레이션을 판단하는 사고방식을 연구한 바 있다(Yellen, 2017c).

22. 국제 비교 연구의 사례는 다음 참고. Blanchard, Cerutti, and Summers (2015). 포브스도 인플레이션에 미치는 국제적 영향을 다룬 바 있다(Forbes, 2019). 국가적 차원을 연구한 사례는 다음 참고. Hooper, Mishkin, and Sufi (2020) and McLeay and Tenreyro (2020).

23. 예시로 참고. Gilchrist and Zakrajšek (2019).

24. 마헤디와 샤피로는 의료 서비스 사례를 다루었다(Mahedy and Shapiro, 2017). 스톡과 왓슨의 연구는 오늘날은 과거보다 경기 순환에 민감하지 않은 상품 및 서비스가 소비자 지출에서 차지하는 비중이 과거에 비해 증가했다는 것을 보여준다(Stock and Watson, 2020). 경기에 민감한 상품과 서비스를 중심으로 한 연구에서는 필립스 곡선의 평탄화 경향이 낮다는 사실이 밝혀졌다.

25. 다음 참고. Bernanke (2007) and Mishkin (2007). 통화 정책의 변화가 필립스 곡선 평탄화에 미치는 영향에 관해서는 다음 참고. Roberts (2006).

26. Harker (2017).

27. Appelbaum (April 4, 2017).

28. Bernanke (2015g).

29. Yellen (2017a)

30. Yellen's testimony before the Committee on Financial Services, U.S. House of Representatives, July 12, 2017.

31. 트럼프가 옐런을 향해 "매우 정치적인 인물"이라고 발언한 것은 2016년 10월

16일 블룸버그TV와의 인터뷰를 통해서였다. 그리고 옐런이 "부끄러운 줄 알아야 한다"고 했던 트럼프의 발언은 2016년 9월 12일자 CNBC와의 인터뷰에서 나왔다.

32. YouTube, "Donald Trump's Argument for America," November 6, 2016, https://www.youtube.com/watch?v=vST61W4bGm8.

33. Timiraos and Davidson (June 13, 2017).

34. Fleming (October 26, 2018).

35. Yellen (2017b).

9 ——— 파월과 트럼프

1. Powell (2015).

2. Transcript of Powell's swearing-in remarks, February 5, 2018, 1.

3. Powell's testimony before the Committee on Banking, Housing, and Urban Affairs, U.S. Senate, June 22, 2017, 1.

4. Transcript of Powell's press conference, March 21, 2018, 2-3.

5. Condon (2019) aggregates various Trump tweets about the Fed that are referenced in this chapter.

6. Powell (2018a).

7. Powell (2018b).

8. Transcript of Powell's press conference, December 19, 2018, 1-4.

9. Cox (October 3, 2018).

10. Transcript of Powell's press conference, December 19, 2018, 6.

11. *Wall Street Journal* (January 4, 2019).

12. Transcript of Powell's press conference, January 30, 2019, 13.

13. Federal Reserve Board, press release, "Statement on Chair Powell's and Vice Chair Clarida's meeting with the President and Treasury Secretary," February 4, 2019, https://www.federalreserve.gov/newsevents/pressreleases/other20190204a.htm.

14. 추가로 참고. Tankersley (April 11, 2019) and Tankersley, Haberman, and Co-

chrane (May 2, 2019).

15. Amiti, Redding, and Weinstein (2020).

16. Weinraub (October 19, 2020).

17. Baker, Bloom, and Davis (2016).

18. Powell (2019a).

19. Transcript of Powell's press conference, June 19, 2019, 1.

20. Transcript of Powell's press conference, June 19, 2019, 6.

21. Transcript of Powell's press conference, July 31, 2019, 1.

22. Transcript of Powell's press conference, July 31, 2019, 4.

23. Powell (2019b).

24. Transcript of Powell's press conference, October 30, 2019, 1-3.

25. Federal Reserve Board, press release, November 15, 2018, https://www.federalreserve.gov/newsevents/pressreleases/monetary20181115a.htm.

26. Clarida (2019).

27. 2019년 8월, 은행지급 준비금 총액의 약 4분의 3을 보유한 은행의 고위 재무 관리자를 대상으로 설문조사를 해본 결과, 그들이 생각하는 최저 수준의 준비금 보유 총액은 약 6520억 달러인 것으로 나타났다. 이를 근거로 계산해보면 은행들이 안전하게 여기는 지급준비금의 최소액 합계는 대략 9000억 달러가 된다. https://www.federalreserve.gov/data/sfos/aug-2019-senior-financial-officer-syrvey.htm.

10 ─── 팬데믹

1. Transcript of Powell's press conference, January 29, 2020, 2.

2. Transcript of Powell's press conference, January 29, 2020, 12.

3. Taylor (March 17, 2020).

4. Federal Reserve Board, press release, "Statement from Federal Reserve Chair Jerome H. Powell," February 28, 2020, https://www.federalreserve.gov/newsevents/pressreleases/other20200228a.htm.

5. Ghebreyesus (2020).

6. Achenbach, Wan, and Sun (March 11, 2020).

7. Quarles (2020).

8. Baer (May 20, 2020). 5월의 국채시장 혼란에 관해서는 다음 참고. Schrimpf, Shin, and Sushko (2020); Duffie (2020); and Cheng, Wessel, and Younger (2020).

9. 통화 스와프 협정의 효력에 관한 연구는 다음 참고. Cetorelli, Goldberg, and Ravazzolo (2020).

10. FOMC call minutes, March 15, 2020, 6.

11. Bank of England, "Monetary Policy Summary for the special Monetary Policy Committee meeting on 19 March 2020," https://www.bankofengland.co.uk/monetary-policy-summary-and-minutes/2020/monetary-policy-summary-for-the-special-monetary-policy-committee-meeting-on-19-march-2020.

12. Bank of Japan, "Enhancement of Monetary Easing in Light of the Impact of the Outbreak of the Novel Coronavirus (COVID-19)," March 16, 2020, https://www.boj.or.jp/en/mopo/mpmdeci/state_2020/k200316b.htm/.

13. Lagarde (2020a).

14. European Central Bank, "Pandemic emergency purchase programme (PEPP)," accessed December 19, 2020, https://www.ecb.europa.eu/mopo/implement/pepp/html/index.en.html.

15. European Central Bank, "Open market operations," accessed December 19, 2020, https://www.ecb.europa.eu/mopo/implement/omo/html/index.en.html.

16. Rankin (July 21, 2020).

17. Powell (2020a).

18. Samuels (May 13, 2020).

19. Powell (2020c).

20. 2021년 7월 27-28일 FOMC 회의록 5권. FOMC meeting minutes, July 27-28, 2021, 5. 클라리다는 2022년 말이나 2023년 초에 금리 인상이 시작된다는 논리의 배경을 설명하면서, 이것이 연준의 새로운 정책 체계에 부합한다고 주장했다(Clarida, 2021).

1. Eggertsson and Woodford (2003).

2. Bernanke (2014b).

3. QE의 경험과 그 효과에 관한 조사는 다음 참고. Williams (2014); Gagnon (2016); Bhattarai and Neely (forthcoming); Kuttner (2018); Dell'Ariccia, Rabanal, and Sandri (2018); and Bernanke (2020). 이 장과 다음 장의 내용 중 상당 부분은 저자의 2020년 미국경제학회 회장 연설에서 인용한 것이다.

4. Bhattarai, Eggertsson, and Gafarov (2015).

5. 킬리는 단기금리와 장기금리가 모두 총수요에 영향을 미친다는 모델을 제시했다(Kiley, 2014). 이 모델이 시사하는 바에 따르면 QE에 따라 장기이자율이 하락하면서도 단기금리 하락을 동반하지 않는 경우는 전통적인 완화 정책에 따라 단기금리와 장기금리가 모두 하락하는 것에 비해 그 효과가 강력하지 않고 최저한도의 영향과도 거리가 멀다는 것이다.

6. Rebucci, Hartley, and Jiménez (2020).

7. Gagnon, Raskin, Remache, and Sack (2011).

8. 표에서 저자가 계산한 자산 가격 반응은 연준 경제분석가들이 제출한 보고서의 내용과 매우 유사하다. 가농, 래스킨, 르마치, 색의 계산 결과는 발표 전후 8일이라는 더 큰 기간을 고려한 것이기도 하다(Gagnon, Raskin, Remache, and Sack, 2011). 이 기간의 결과는 사실상 변함이 없었다. 더구나 더 큰 범위의 문헌을 살펴봐도 이런 결과는 특정 관찰 일자에 민감하지 않을 뿐 아니라 핵심 발표 당일을 중심으로 기간이 짧거나 긴 것과도 큰 상관이 없다는 사실을 알 수 있다.

9. Joyce, Lasaosa, Stevens, and Tong (2011).

10. 예로서 다음을 참고하라. Greenlaw, Hamilton, Harris, and West (2018). 그들의 연구에 대한 응답으로 가농은 내가 여기에서 제기한 논점을 일부 예견했다(Gagnon, 2018).

11. Krishnamurthy and Vissing-Jorgensen (2011).

12. 다음 참고. Cahill, D'Amico, Li, and Sears (2013).

13. De Santis (2020).

14. 다미코와 킹이 이 분야 연구의 개척자이기는 하나, 그들의 연구는 QE1에 한정된 것이었다(D'Amico and King, 2013). QE가 미국에 미친 영향을 더 자세히 알고

싶다면 다음을 참고하라. Cahill, D'Amico, Li, and Sears (2013); Meaning and Zhu (2011); and D'Amico, English, López-Salido, and Nelson (2012).

15. 영국 사례에 관한 흥미로운 연구를 매클래런, 바네르지, 라토가 수행했다(Mc-Laren, Banerjee, and Latto, 2014). 이들이 조사 대상으로 삼은 것은 세 번의 '자연적인 실험'으로, 영란은행이 통화 정책에 관한 계획이나 목표와 상관없이 자산 매입의 만기 분포를 바꾼다고 발표한 날짜를 중심으로 한 것이었다. 그 결과, 지역별 공급량이 시간이 지나도 쉽게 가라앉지 않고 강력한 효과를 발휘한다는 것을 발견했다(계획의 변화가 오히려 자산 가격의 상승을 불러왔다). 영국 사례에서 유사한 결과가 나온 연구의 예로 다음을 참고하라. Meaning and Zhu (2011) and Joyce and Tong (2012).

16. 다음 참고. Di Maggio, Kermani, and Palmer (2020).

17. 예로 참고. Bauer and Rudebusch (2014).

18. Altavilla and Giannone (2017).

19. D'Amico and King (2013).

20. Ihrig and others (2018).

21. 이 방법의 요약과 그 결과에 관해서는 다음을 참고하라. Bonis, Ihrig, and Wei (2017). 이 연구는 리와 웨이(Li and Wei, 2013) 및 해밀턴과 우(Hamilton and Wu, 2012)의 연구를 바탕으로 한 것이었다. 해밀턴과 우는 자산매입의 효과가 꽤 약하다는 사실을 발견했다. 회귀분석을 이용하여 채권 공급량이 장기채권의 추가 이윤율에 미치는 영향을 조사한 연구 몇 편 중 예시로 다음을 참고하라. Gagnon, Raskin, Remache, and Sack (2011). 특히 이리그를 비롯한 일부 학자의 연구(2018년)는 이 방법에 더 큰 구조를 부여하는 시도이기도 하다. 그린우드와 바야노스의 연구도 있다(Greenwood and Vayanos, 2014).

22. 국채 발행과 QE 매입의 경쟁 효과에 관해서는 다음 참고. Greenwood, Hanson, Rudolph, and Summers (2015).

23. 예를 들어, 우의 연구(2014년)에 따르면 2008년 가을부터 2013년의 긴축발작 사이에 10년 만기 국채 수익률이 2.2퍼센트포인트 하락한 데 연준의 자산매입이 미친 효과가 절반이 넘는다고 한다. 이는 연준 경제분석가들의 연구와도 비슷한 결과다. 알타빌라, 카르보니, 모토(Altavilla, Carboni, and Moto, 2015), 그리고 에서를 비롯한 일부 학자(Eser and others, 2019)는 2015년 1월에 발표된 ECB의 QE 프로그램도 유사한 효과를 발휘했다고 한다.

24. 이런 3 대 1 비율은 연준 경제분석가들이 자주 인용하는 수치다. 기금금리 변화가 10년 만기 국채 수익률에 미친 영향을 회귀 분석해 4 대 1의 비율을 찾아낸 청, 라포르테, 레프스나이더, 윌리엄스의 연구를 참고하라(Chung, Laforte, Reifschneider, and Williams, 2012). 라포르테의 연구도 참고하라(Laforte, 2018).

25. 예로 다음을 참고하라. Coibion, Gorodnichenko, Knotek, and Schoenle (2020). 이들은 설문조사를 통해 2020년 8월에 연준이 새로운 정책 체계를 발표했을 때 이를 인지하거나 반응한 사람이 거의 없었다는 사실을 발견했다.

26. 예로 참고. Bernanke, Kiley, and Roberts (2019).

27. 다음 참고. Nelson (2021), and Lindsey (2003), and Feroli and others (2017).

28. Gurkaynak, Sack, and Swanson (2005).

29. Campbell, Evans, Fisher, and Justiniano (2012).

30. 다음을 참고하라. Femia, Friedman, and Sack (2013). 래스킨은 이자율 선택지에 관한 정보를 이용해서도 유사한 결론에 도달했다(Raskin, 2013). 버냉키는 연준이 특정한 날짜와 이자율을 연동한 발표가 미친 영향의 사례 연구를 요약하기도 했다(Bernanke, 2020). 카발료, 수, 네치오는 한 걸음 더 나아가 경제지나 신문 기사에 등장한 특정 단어를 중심으로 정책 기대를 측정한 결과, 연준의 예상치 못한 발표가 장기이자율에 영향을 미친다는 사실을 발견했다(Carvalho, Hsu, and Nechio, 2016). 델 네그로, 지아노니, 패터슨은 포워드 가이던스가 인플레이션과 성장 기대에 긍정적인 영향을 미친다는 결론을 내렸다(Del Negro, Giannoni, and Patterson, 2015).

31. 정책결정자의 연설이 광범위한 안내를 제시하는 사례로는 클라리다(Clarida, 2020b)를 들 수 있다.

32. Bush, Jendoubi, Raskin, and Topa (2020).

33. Introductory statement to Draghi's press conference, July 4, 2013, https://www.ecb.europa.eu/press/pressconf/2013/html/is130704.en.html.

34. 샤르보노와 레니슨은 위기 이후 포워드 가이던스의 영향에 관한 국제적 증거를 연대별로 조사했다(Charbonneau and Rennison, 2015). 알타빌라 등은 ECB 커뮤니케이션의 핵심 측면을 통계분석으로 파악했다(Altavilla and others, 2019). 구르카이낙, 색, 스완슨의 연구(Gurkaynak, Sack, and Swanson, 2005)와 스완슨의 단독 연구(Swanson, 2020)가 이와 유사한 분석 기법을 사용했다. 휴버트와 라본던스는 ECB의 포워드 가이던스는 이자율 기간구조 전체에 대해 지속적인 금리 인

하 효과를 발휘했음을 발견했다(Hubert and Labondance, 2018).

35. 기관 평판에 대한 이론 모델은 나카타의 연구에서 수립된 적이 있다(Nakata, 2015).

12 ── 연준의 정책 수단은 충분한가?

1. Fernald, Hall, Stock, and Watson (2017).

2. Engen, Laubach, and Reifschneider (2015).

3. This calculation is based on Laforte (2018).

4. Caldara, Gagnon, Martinez-Garcia, and Neely (2020).

5. Transcript of Powell's press conference, June 10, 2020, 10.

6. "An Update to the Economic Outlook: 2010 to 2030," Congressional Budget Office, July 2020, https://www.cbo.gov/system/files/2020-07/56442-CBO-update-economic-outlook.pdf.

7. 2020년의 기업 퇴출 현황에 관해서는 크레인 등의 분석을 참고하라(Crane and others, 2020).

8. 팬데믹 기간에 GDP와 인플레이션에 관한 ECB의 과거 및 향후 정책 추정치에 관해서는 다음을 참고하라. Lagarde (2020b).

9. Bernanke (2020).

10. Chung and others (2019).

11. 레프스나이더와 킬리는 정성적으로 유사한 결과를 냈으나(Reifschneider, 2016 and Kiley, 2018), 청 등은 비교적 비관적인 결론을 내렸다(Chung and others, 2019). 버냉키는 이런 연구 결과들 사이의 차이점을 논한 바 있다(Bernanke, 2020). 김경민, 로바크, 웨이는 새로운 수단이 지니는 거시경제적 이점을 좀 더 낙관적으로 그렸다(Kim, Laubach, and Wei, 2020).

12. Rodnyanksy and Darmouni (2017).

13. 커즈먼, 럭, 짐머맨은 QE1과 QE3에서의 MBS 매입 이후 은행들이 대출 기준을 하향 조정하고 위험도가 높은 대출을 제공했다는 점을 관찰했다(Kurtzman, Luck, and Zimmermann, 2017). 그들은 추가 신용 발행이 연방기금금리 1퍼센트 포인트 인하에 상응하는 효과를 발휘한다고 추산했다. 그들은 은행의 이런 위

험 감수 비율 증가가 경제 회복에 도움이 되었을지언정 금융 안정에 해를 끼치지는 않았다고 주장한다.

14. 실질 자연이자율이 제로를 상회할 때 2퍼센트 인플레이션 목표를 달성하면 명목 자연이자율이 2에서 3퍼센트 올라 통화 정책에 여유를 제공한다. 실질 자연이자율이 마이너스인 나라가 많을 것으로 추정하는 킬리(Kiley, 2019)를 제외하면 오늘날 대다수 학자는 주요 해외국가의 실질 자연이자율을 제로 이상이라고 보고 있다. 예를 들어 뉴욕 연방준비은행은 홀스턴, 로바크, 윌리엄스의 연구(Holston, Laubach, and Williams, 2017)를 근거로 캐나다와 유로 지역, 영국의 2021년도 실질 자연이자율을 모두 제로 이상으로 추정했다. 오카자키와 수도(Okazaki and Sudo, 2018)는 로바크와 윌리엄스의 방법론(Laubach and Williams, 2003)과 또 다른 계량경제 모델을 사용하여 일본의 실질 자연이자율이 1에 가깝다고 추정했다. 데이비스, 푸엔살리다, 테일러(Davis, Fuenzalida, and Taylor, 2021)는 6개 선진국의 실질 자연이자율이 모두 제로(0)를 조금 넘는다고 추정했다.

15. 다음 참고. ECB, press release, "ECB's Governing Council approves its new monetary policy strategy," July 8, 2021, https://www.ecb.europa.eu/press/pr/date/2021/html/ecb.pr210708~dc78cc4b0d.en.html.

16. 다음 참고. Federal Reserve Board, press release, "Federal Reserve Board announces Reserve Bank income and expense data and transfers to the Treasury for 2020," January 11, 2021, https://www.federalreserve.gov/newsevents/pressreleases/other20210111a.htm. QE가 정부의 장기 부채에 미치는 영향의 정량적 평가는 다음 참고. Clouse and others (2013).

17. Caballero and Kamber (2019).

18. Gilchrist and Zakrajšek (2013).

19. Swanson and Williams (2014).

20. 통화 정책의 분배 효과를 다룬 연구는 여러 국가에서 진행되었다. 미국은 비벤스(Bivens, 2015)., 유로 지역은 슬라칼렉, 트리스타니, 비올란테(Slacalek, Tristani, and Violante, 2020), 그리고 영국은 번, 퓨, 예이츠(Bunn, Pugh, and Yeates, 2018)의 연구를 들 수 있다. 실질 실업률이 자연 실업률보다 낮은 상황에서 근로자 임금의 하락이 안겨주는 이점에 관해서는 애런슨, 달리, 와셔, 윌콕스의 연구(Aaronson, Daly, Wascher, and Wilcox, 2019)를 참고하라. 경기 침체가 불평등의 증가에 미치는 영향은 힛코트, 페리, 비올란테의 연구(Heathcote, Perri, and Violante,

2020)를 참고할 수 있다. 버냉키(Bernanke, 2015h)도 참고하라.

21. Kopcke and Webb (2013).

22. 은퇴연금, 주택 소유, 주식 보유에 관한 데이터는 다음을 참고했다. "Changes in U.S. Family Finances from 2016 to 2019: Evidence from the Survey of Consumer Finances," *Federal Reserve Bulletin*, September 2020.

23. 바트서, 쿤, 슐라릭, 왁텔에 따르면 통화 완화 정책은 백인보다 흑인의 고용률을 더 증가시키는 경향이 있지만, 동시에 인종 간 부의 격차를 더 벌리기도 한다고 알려졌다. Bartscher, Kuhn, Schularick, and Wachtel (2021).

24. 일본의 경우는 다음을 참고하라. Caballero, Hoshi, and Kashyap (2008). 맥고언, 앤드루스, 밀로는 선진국의 좀비 기업 사례를 연구한 바 있다(McGowan, Andrews, and Millot, 2018).

25. Favara, Minoiu, and Perez-Orive (2021).

26. QE와 통화 완화 정책의 대안적 비판에 관한 더 자세한 내용은 다음 참고. Bernanke (2017a).

13 —— 정책 강화 방안: 새로운 수단과 체계

1. For further discussion, see Dell'Ariccia, Rabanal, and Sandri (2018) and Potter and Smets (2019).

2. D'Amico and Kaminska (2019).

3. Gilchrist and Zakrajšek (2012).

4. Gilchrist and Zakrajšek (2012).

5. 2020년 3월에 재닛 옐런과 나는 의회가 신용등급이 우수한 회사채를 연준이 매입할 수 있도록 허용하여 비금융 기업을 향한 신용 흐름을 뒷받침해야 한다고 주장했다(Bernanke and Yellen, 2020). 케어스 법은 바로 이를 위한 기구를 마련했으나, 그 목적은 통화 정책의 전반적 역량 향상이 아니라 신용시장 기능을 개선하는 데 있었다.

6. 다음 참고. Andrade, Cahn, Fraisse, and Mesonnier (2019); Churm, Joyce, Kapetanios, and Theodoridis (2021); and Cahn, Matheron, and Sahuc (2017).

7. 다음 참고. Arteta, Kose, Stocker, and Taskin (2018) and Eisenschmidt and

Smets (2018).

8. Brunnermeier and Koby (2018).

9. 다음 참고. López, Rose, and Spiegel (2020) and Altavilla, Burlon, Giannetti, and Holton (2021).

10. Burke and others (2010).

11. 다음 참고. Grisse, Krogstrup, and Schumacher (2017).

12. 다음 참고. Bowman, Erceg, and Leahy (2010). For the pre-1951 experience, see Chaurushiya and Kuttner (2003).

13. 초기에 이를 지지하는 관점을 보인 사람으로는 브레이너드가 있다(Brainard, 2019). 클라리다는 수익률 제한과 목표를 두고 "현재 환경에서는 보장할 수 없으나 환경이 극적으로 변화한다면 선택지에 남아 있을 수 있다"라고 말했다 (Clarida, 2020a).

14. 다음 참고. "What is the Statement on Longer-Run Goals and Monetary Policy Strategy, and why does the Federal Open Market Committee publish it?" FAQ, Board of Governors, accessed January 26, 2021, https://www.federalreserve.gov/faqs/statement-on-longer-run-goals-monetary-policy-strategy-fomc.htm.

15. Bernanke and Mishkin (1997).

16. 스벤손은 물가 수준 목표제의 초기 지지자 중 한 명이었다(Svensson, 1999). 에거트손과 우드포드는 최저한도가 통화 정책의 걸림돌이 되는 상황에서 물가 수준 목표가 특히 유용하다고 주장했다(Eggertsson and Woodford, 2003).

17. 다음 참고. Bernanke (2017a) and Bernanke, Kiley, and Roberts (2019).

18. Brainard (2017).

19. 클라리다는 상세한 논의를 제공한다(Clarida, 2020b).

20. 연준 경제분석가들의 명목 GDP 목표 분석에 관해서는 다음을 참고하라. Erceg, López-Salido, and Tetlow (2011) and Erceg, Kiley, and López-Salido (2011). 크리스티나 로머Christina Romer는 〈뉴욕타임스〉 논평(2011년 10월 29일)에서 명목 GDP 목표를 지지한 바 있다. 카니(Carney, 2012), 우드포드(Woodford, 2012), 섬너(Sumner, 2014)도 초기 지지자였다. 최근에는 세인트루이스 연방준비은행 제임스 불러드가 지지자에 합류했다(Bullard and DiCecio, 2019).

21. 인플레이션 목표 향상을 주장하는 최근 사례로는 다음을 참고하라. Andrade,

Gali, Le Bihan, and Matheron (2019). See also Blanchard, Dell'Ariccia, and Mauro (2010) and Leigh (2010).

22. 예를 들면, 퍼먼과 서머스의 연구가 있다(Furman and Summers, 2020). 이런 관점은 1950년대와 1960년대에 케인스를 비롯한 케인스학파 사람들이 재정 정책을 효과적인 경제 안정 수단으로 본 시각을 연상시킨다. 2000년 이후와 마찬가지로 1930년대에도 이자율이 제로에 가까웠고, 케인스는 이것이 통화 정책의 범위를 제한한다고 보았다.

23. Boushey, Nunn, and Shambaugh (2019).

24. Friedman (1969).

25. 더 논의하기 위해 다음 참고. Kocherlakota (2016).

26. MMT에 관한 요약과 더 많은 자료가 궁금하다면 매튜스(Matthews, 2019)나 맨큐(Mankiw, 2020)의 주류 평론을 참고하라.

14 ── 통화 정책과 금융 안정

1. 버냉키와 커트너는 연방기금금리를 갑자기 0.25퍼센트포인트 인하하면 대략 주가가 1퍼센트 상승한다는 사실을 발견했다(Bernanke and Kuttner, 2005). 라인하트와 라인하트는 연방기금금리와 주가의 장기적인 관계는 그리 강하지 않으며, 특히 1990년 이후 해외에서 미국으로 유입되는 자본이 중요해지면서 이런 현상이 더욱 두드러졌다는 사실을 밝혔다(Reinhart and Reinhart, 2011).

2. Mishkin and White (2003).

3. 대공황 시절 금본위제의 역할에 관해서는 다음을 참고하라. Eichengreen and Sachs (1985), Bernanke and James (1991), and Eichengreen (1992). 프리드먼과 슈워츠의 고전적인 연구는 미국 은행의 파산이 통화량과 물가 수준에 미친 영향을 강조했다(Friedman and Schwartz, 1963). 버냉키는 은행 파산이 신용에 미치는 효과를 논했다(Bernanke, 1983). 버냉키는 또 대공황에서 신용이 차지했던 영향에 관한 최근 자료를 제시하기도 했다(Bernanke, 2018). 아메드는 대공황을 다루는 재미있는 자료를 제공해준다(Ahamed, 2009).

4. 다음 참고. Jorda, Schularick, and Taylor (2013) and Jorda, Schularick, and Taylor (2015b).

5. Case, Quigley, and Shiller (2013).

6. 예를 들면, 2020년에 FDIC 보증보험에 가입한 은행이 보유한 대출과 임대 자산의 약 절반이 부동산으로 담보되어 다른 어떤 범주보다 높은 비율을 기록했다. FDIC 홈페이지 참고. https://www.fdic.gov/analysis/quarterly-banking-profile/qbp/2020sep/qbp.pdf.

7. Mian, Sufi, and Verner (2017).

8. 통화 완화가 은행 대출에 미치는 효과의 증거와 이론에 관해서는 다음을 참고하라. Paligorova and Sierra Jimenez (2012).

9. Bernanke and Kuttner (2005).

10. Hanson and Stein (2015).

11. Bernanke, Gertler, and Gilchrist (1996).

12. 더 논의하기 위해 다음 참고. Borio and Zhu (2012) and Stein (2013).

13. Barberis, Greenwood, Jin, and Shleifer (2018).

14. Minsky (1986).

15. 루이스의 책(Lewis, 2010)을 기반으로 한 영화에서는 노벨상을 받은 행동과학자 리처드 탈러Richard Thaler가 등장해 여배우 셀레나 고메즈가 연기하는 투자자의 편향된 행동을 설명한다.

16. Rajan (2005).

17. Stein (2013) makes this argument.

18. 다음 참고. Lu and others (2019).

19. 거시건전성 수단의 기초적인 내용은 일라와 리앙을 참고하라(Yilla and Liang, 2020). 크로켓(Crockett, 2000)은 이런 정책을 사용해야 한다고 주장한 초기 지지자 중 한 명이다.

20. 리앙과 에지는 정치적 고려와 거시건전성 위원회의 효력 사이에 상충관계가 존재한다는 국제적 증거를 제시했다(Liang and Edge, 2019).

21. 예로 다음 참고. Claessens (2015) and Richter, Schularick, and Shim (2019).

22. Yellen (2018).

23. 메트릭과 터룰로는 '적절한' 규제를 주장했다. 즉 유사한 기능을 수행하는 금융 기관에는 유사한 규제가 적용되어야 한다는 것이다(Metrick and Tarullo, 2021).

24. 다음 참고. "Conclusion: The Fire Next Time" in Bernanke, Geithner, and Paulson (2019).

25. 예를 들면, 예일대학 경영대학원 금융 안정 프로그램이 있다. htttps://som. yale. edu/faculty-research-centers/centers-initiatives/program-on-financial-stability. 글로벌 금융위기 이후에 마련된 이 프로그램은 전 세계에서 발생한 수십 건의 금융위기와 그에 따른 정책 대응을 자세히 분석했다. 이 사례 연구의 목적은 장차 일어날 또 다른 위기를 예방 및 관리하는 것으로, 실제로 전 세계 중앙은행과 정부 재무 부처의 경제분석가들 교육을 돕는다.

26. Bernanke (2002a).

27. Ahamed (2009), 276.

28. Bean, Paustian, Penalver, and Taylor (2010), 300.

29. Jorda, Schularick, and Taylor (2015a).

30. Borio and White (2003).

31. 아구르와 드메르치스는 통화 정책의 목적에 금융 안정이 포함되어 있는 한, 경기가 약세로 돌아섰을 때 최선의 정책은 공격적인 완화 정책을 펼치되 금리가 낮은 수준에 머무는 기간을 줄임으로써 위기의 심화를 방지하는 것이라고 주장했다(Agur and Demertzis, 2013).

32. Stein (2013).

33. 다음 참고. Adrian, Duarte, Liang, and Zabczyk (2020).

34. Bernanke (2004).

35. 예로 다음 참고. Adrian and Liang (2018).

36. 다음 참고. Greenwood, Hanson, Shleifer, and Sorensen (forthcoming). 스타인은 이 책에 언급한 연설 이후 또 다른 발언에서 채권 위험 프리미엄을 금융위기의 지표로 사용할 수 있다고 제안했다(Stein, 2014).

37. 잉글리시는 노르웨이 사례를 다룬다(발표 예정).

38. 다음 참고. Svensson (2017a, b).

39. Adrian and Liang (2018).

40. 이것은 구리오, 카시야프, 심재웅(Gourio, Kashyap, and Sim, 2018)이 제기한 주장이다. 라인하트와 로고프(Reinhart and Rogoff, 2009)는 금융위기 이후에 찾아오는 침체는 더욱 깊고 오래 지속된다는 증거를 제시했다.

41. Rey (2013).

42. 세계 경기 순환에 영향을 미치는 다른 요인도 있다. 연준의 정책이 국제 자본 흐름에 미치는 중요성이 크지 않다는 주장에 관해서는 다음을 참고하라.

Clark, Converse, Coulibaly, and Kamin (2016).

43. Adrian and Shin (2010).

15 ——— 연준의 독립성과 사회적 역할

1. Transcript of Bernanke's press conference, December 18, 2013, 39.

2. 다음 참고. Brainard (2021).

3. 다음 참고. Das and Spicer (July 21, 2016).

4. 브레이너드는 재정 정책 관리자로서 연준의 역할과 페드나우를 통한 즉시 수표 결제 서비스를 다룬 바 있다(Brainard, 2020).

5. For more on FedNow, see Federal Reserve Board, FedNow Service, accessed October 9, 2021, https://www.federalreserve.gov/paymentsystems/fednow_about.htm.

6. Federal Reserve Board, "Preserving Minority Depository Institutions," accessed October 9, 2021, https://www.federalreserve.gov/publications/files/preserving-minority-depository-institutions-2020.pdf.

7. For more on the CRA, see Federal Reserve Board, Community Reinvestment Act, accessed February 26, 2021, https://www.federalreserve.gov/consumer-scommunities/cra_about.htm.

8. Wessel, Sheiner, and Ng (2019). The Board's Office of Minority and Women Inclusion reports annually to Congress. See Federal Reserve Board, "How does the Fed foster diversity and inclusion in the workplace?" accessed February 26, 2021, https://www.federalreserve.gov/faqs/how-does-the-fed-foster-diversity-and-inclusion-in-the-workplace.htm.

9. Smialek (February 2, 2021).

10. Holston, Laubach, and Williams (2017).

11. Blinder (1996).

Aaronson, Stephanie R., Mary C. Daly, William L. Wascher, and David W. Wilcox. 2019. "Okun Revisited: Who Benefits Most from a Strong Economy?" *Brookings Papers on Economic Activity* (Spring): 333-404.

Abrams, Burton A. 2006. "How Richard Nixon Pressured Arthur Burns: Evidence from the Nixon Tapes." *Journal of Economic Perspectives* 20 (4): 177-88.

Achenbach, Joel, William Wan, and Lena H. Sun. 2020. "Coronavirus Forecasts Are Grim: 'It's Going to Get Worse.'" *Washington Post*, March 11.

Adrian, Tobias, Fernando Duarte, Nellie Liang, and Pawel Zabczyk. 2020. "Monetary and Macroprudential Policy with Endogenous Risk." IMF Working Paper No. 2020/236. Washington, DC: International Monetary Fund.

Adrian, Tobias, and Nellie Liang. 2018. "Monetary Policy, Financial Conditions, and Financial Stability." *International Journal of Central Banking* 14 (1): 73-131.

Adrian, Tobias, and Hyun Song Shin. 2010. "Liquidity and Leverage." *Journal of Financial Intermediation* 19 (3): 418-37.

Agur, Itai, and Maria Demertzis. 2013. "'Leaning against the Wind' and the Timing of Monetary Policy." *Journal of International Money and Finance* 35 (June): 179-94.

Ahamed, Liaquat. 2009. *Lords of Finance: The Bankers Who Broke the World.* New York: The Penguin Press.

Ajello, Andrea, Thomas Laubach, David López-Salido, and Taisuke Nakata. 2019. "Financial Stability and Optimal Interest-Rate Policy." *International Journal of Central Banking* 15 (1): 279-326.

Allen, Steven G., Robert L. Clark, and Sylvester J. Schieber. 2001. "Has Job Security Vanished in Large Corporations?" In *On The Job: Is Long-Term Employment a Thing of the Past?*, edited by David Neumark. New York: Russell Sage Foundation.

Altavilla, Carlo, Luca Brugnolini, Refet Gurkaynak, Roberto Motto, and Giuseppe Ragusa. 2019. "Monetary Policy in Action: Multiple Dimensions of ECB Policy Communication and Their Financial Market Effects." Center for Economic Policy Research. *VoxEU,* October 4.

Altavilla, Carlo, Lorenzo Burlon, Mariassunta Giannetti, and Sarah Holton. 2021. "Is There a Zero Lower Bound? The Effects of Negative Policy Rates on Banks and Firms." *Journal of Financial Economics* (forthcoming July).

Altavilla, Carlo, Giacomo Carboni, and Roberto Motto. 2015. "Asset Purchase Programmes and Financial Markets: Lessons from the Euro Area." ECB Working Paper 1864. Frankfurt, Germany: European Central Bank.

Altavilla, Carlo, and Domenico Giannone. 2017. "The Effectiveness of Non-Standard Monetary Policy Measures: Evidence from Survey Data." *Journal of Applied Econometrics* 32 (5): 952-64.

Amiti, Mary, Stephen J. Redding, and David E. Weinstein. 2020. "Who's Paying for the US Tariffs? A Longer-Term Perspective." *AEA Papers and Proceedings* 110 (May): 541-46.

Andrade, Philippe, Christophe Cahn, Henri Fraisse, and Jean-Stephane Mesonnier. 2019. "Can the Provision of Long-Term Liquidity Help to Avoid a Credit Crunch? Evidence from the Eurosystem's LTRO." *Journal of the European Economic Association* 17 (4): 1070-1106.

Andrade, Philippe, Jordi Gali, Herve Le Bihan, and Julien Matheron. 2019. "The Optimal Inflation Target and the Natural Rate of Interest." *Brookings Papers on Economic Activity* (Fall): 173-255.

Appelbaum, Binyamin. 2017. "Richmond Fed President Resigns, Admitting He Violated Confidentiality." *New York Times*, April 4.

Arteta, Carlos, M. Ayhan Kose, Marc Stocker, and Temel Taskin. 2018. "Implications of Negative Interest Rate Policies: An Early Assessment." *Pacific Economic Review* 23 (1): 8-26.

Baer, Justin. 2020. "The Day the Coronavirus Nearly Broke the Markets." *Wall Street Journal*, May 20.

Bagehot, Walter. 1873. *Lombard Street: A Description of the Money Market.* London: Henry S. King & Co.

Baker, Scott R., Nicholas Bloom, and Steven J. Davis. 2016. "Measuring Economic Policy Uncertainty." *Quarterly Journal of Economics* 131 (4): 1593-1636.

Barberis, Nicholas, Robin Greenwood, Lawrence Jin, and Andrei Shleifer. 2018. "Extrapolation and Bubbles." *Journal of Financial Economics* 129 (2): 203-27.

Bartlett, Charles. 2018. "The Financial Crisis, Then and Now: Ancient Rome and 2008 CE." Harvard University, Weatherhead Center for International Affairs. *Epicenter* (blog), December 10. https://epicenter.wcfia.harvard.edu/blog/financial-crisis-then-and-now.

Bartscher, Alina K., Moritz Kuhn, Moritz Schularick, and Paul Wachtel. 2021. "Monetary Policy and Racial Inequality." Staff Report 959. Federal Reserve Bank of New York.

Bauer, Michael D., and Glenn D. Rudebusch. 2014. "The Signaling Channel for Federal Reserve Bond Purchases." *International Journal of Central Banking* 10 (3): 233-89.

Bean, Charles, Matthias Paustian, Adrian Panalver, and Tim Taylor. 2010. "Monetary Policy after the Fall." In *Proceedings.* Jackson Hole, WY: Federal Reserve Bank of Kansas City.

Bernanke, Ben S. 1983. "Nonmonetary Effects of the Financial Crisis in Propagation of the Great Depression." *American Economic Review* 73 (3): 257-76.

―――. 1999. "Japanese Monetary Policy: A Case of Self-Induced Paralysis?" Presented at the ASSA Meetings, Boston, MA, December. https://www.

princeton.edu/~pkrugman/bernanke_paralysis.pdf.

—————. 2000. *Essays on the Great Depression.* Princeton, NJ: Princeton University Press.

—————. 2002a. "Asset-Price 'Bubbles' and Monetary Policy." New York, October 15.

—————. 2002b. "Remarks on Milton Friedman's Ninetieth Birthday." Chicago, November 8.

—————. 2002c. "Deflation: Making Sure 'It' Doesn't Happen Here." Washington, DC, November 21.

—————. 2003a. "A Perspective on Inflation Targeting." Washington, DC, March 25.

—————. 2003b. "Remarks." St. Louis, October 17.

—————. 2004. "The Great Moderation." Washington, DC, February 20.

—————. 2005. "The Global Saving Glut and the U.S. Current Account Deficit." Richmond, VA, March 10.

—————. 2006. "Reflections on the Yield Curve and Monetary Policy." New York, March 20.

—————. 2007. "Inflation Expectations and Inflation Forecasting." Cambridge, MA, July 10.

—————. 2008a. "Remarks on Class Day 2008." Cambridge, MA, June 4.

—————. 2008b. "Federal Reserve Policies in the Financial Crisis." Austin, TX, December 1.

—————. 2009a. "The Crisis and the Policy Response." London, England, January 13.

—————. 2009b. "The Chairman." Interview by Scott Pelley. *60 Minutes.* CBS, March 15.

—————. 2010a. "Monetary Policy and the Housing Bubble." Atlanta, January 3.

—————. 2010b. "The Economic Outlook and Monetary Policy." Jackson Hole, WY, August 27.

—————. 2012. "Monetary Policy since the Onset of the Crisis." Jackson Hole, WY, August 31.

————. 2014a. "The Federal Reserve: Looking Back, Looking Forward." Philadelphia, January 3.

————. 2014b. "A Discussion on the Fed's 100th Anniversary." Washington, DC: Brookings Institution. January 16.

————. 2015a. *The Courage to Act: A Memoir of a Crisis and Its Aftermath.* New York: W. W. Norton.

————. 2015b. *The Federal Reserve and the Financial Crisis.* Princeton, NJ: Princeton University Press.

————. 2015c. "Why Are Interest Rates So Low?" Brookings Institution. *Ben Bernanke's Blog,* March 30.

————. 2015d. "Why Are Interest Rates So Low, Part 2: Secular Stagnation." Brookings Institution. *Ben Bernanke's Blog,* March 31.

————. 2015e. "Why Are Interest Rates So Low, Part 3: The Global Savings Glut." Brookings Institution. *Ben Bernanke's Blog,* April 1.

————. 2015f. "The Taylor Rule: A Benchmark for Monetary Policy?" Brookings Institution. *Ben Bernanke's Blog,* April 28.

————. 2015g. "Warren-Vitter and the Lender of Last Resort." Brookings Institution. *Ben Bernanke's Blog,* May 15.

————. 2015h. "Monetary Policy and Inequality." Brookings Institution. *Ben Bernanke's Blog,* June 1.

————. 2016. "The Fed's Shifting Perspective on the Economy and Its Implications for Monetary Policy." Brookings Institution. *Ben Bernanke's Blog,* August 8.

————. 2017a. "Monetary Policy in a New Era." In *Rethinking Macroeconomic Policy.* Washington, DC: Peterson Institute for International Economics. https://piie.com/system/files/documents/bernanke20171012paper.pdf.

————. 2017b. "Temporary Price-Level Targeting: An Alternative Framework for Monetary Policy." Brookings Institution. *Ben Bernanke's Blog,* October 12.

————. 2018. "The Real Effects of Disrupted Credit: Evidence from the Global Financial Crisis." *Brookings Papers on Economic Activity* (Fall): 251 342.

————. 2020. "The New Tools of Monetary Policy." *American Economic Review*

110 (4): 943-83. Bernanke, Ben S., Timothy F. Geithner, and Henry M. Paulson, Jr. 2019. *Firefighting: The Financial Crisis and Its Lessons.* New York: Penguin Books.

—, eds. 2020. *First Responders: Inside the U.S. Strategy for Fighting the 2007–2009 Global Financial Crisis.* New Haven, CT: Yale University Press.

Bernanke, Ben S., Mark Gertler, and Simon Gilchrist. 1996. "The Financial Accelerator and the Flight to Quality." *Review of Economics and Statistics* 78 (1): 1-15.

Bernanke, Ben S., and Harold James. 1991. "The Gold Standard, Deflation, and Financial Crisis in the Great Depression: An International Comparison." In *Financial Markets and Financial Crises*, edited by R. Glenn Hubbard, 33-68. Chicago: University of Chicago Press.

Bernanke, Ben S., Michael T. Kiley, and John M. Roberts. 2019. "Monetary Policy Strategies for a Low-Rate Environment." *AEA Papers and Proceedings* 109 (May): 421-26.

Bernanke, Ben S., and Kenneth N. Kuttner. 2005. "What Explains the Stock Market's Reaction to Federal Reserve Policy?" *Journal of Finance* LX (3): 1221-57.

Bernanke, Ben S., Thomas Laubach, Frederic S. Mishkin, and Adam S. Posen. 1999. *Inflation Targeting: Lessons from the International Experience.* Princeton, NJ: Princeton University Press.

Bernanke, Ben S., and Frederic S. Mishkin. 1997. "Inflation Targeting: A New Framework for Monetary Policy?" *Journal of Economic Perspectives* 11 (2): 97-116.

Bernanke, Ben S., Vincent R. Reinhart, and Brian P. Sack. 2004. "Monetary Policy Alternatives at the Zero Bound: An Empirical Assessment." *Brookings Papers on Economic Activity* (Fall): 1-100.

Bernanke, Ben, and Janet Yellen. 2020. "The Federal Reserve Must Reduce Long-Term Damage from Coronavirus." *Financial Times*, March 18.

Bhattarai, Saroj, Gauti B. Eggertsson, and Bulat Gafarov. 2015. "Time Consistency and the Duration of Government Debt: A Signalling Theory of Quantitative Easing." Working Paper 21336. Cambridge, MA: National Bureau of Economic Research.

Bhattarai, Saroj, and Christopher J. Neely (forthcoming). "An Analysis of the Literature on International Unconventional Monetary Policy." *Journal of Economic Literature.*

Binder, Sarah, and Mark Spindel. 2017. *The Myth of Independence: How Congress Governs the Federal Reserve.* Princeton, NJ: Princeton University Press.

Bivens, Josh. 2015. "Gauging the Impact of the Fed on Inequality during the Great Recession." Hutchins Center Working Paper 12. Washington, DC: Brookings Institution.

Blanchard, Olivier. 2016. "The Phillips Curve: Back to the 60s?" *American Economic Review* 106 (5): 31-34.

————. 2019. "Public Debt and Low Interest Rates." *American Economic Review* 109 (4): 1197-1229.

Blanchard, Olivier, Eugenio Cerutti, and Lawrence Summers. 2015. "Inflation and Activity—Two Explorations and Their Monetary Policy Implications." Working Paper 21726. Cambridge, MA: National Bureau of Economic Research.

Blanchard, Olivier, Giovanni Dell'Ariccia, and Paolo Mauro. 2010. "Rethinking Macroeconomic Policy." IMF Staff Position Note. Washington, DC: International Monetary Fund.

Blinder, Alan S. 1996. "Central Banking in a Democracy." *Federal Reserve Bank of Richmond Economic Quarterly* 82 (4): 1-14.

Blinder, Alan S., and Ricardo Reis. 2005. "Understanding the Greenspan Standard." In *The Greenspan Era: Lessons for the Future.* Jackson Hole, WY: Federal Reserve Bank of Kansas City.

Blinder, Alan S., and Janet L. Yellen. 2001. *The Fabulous Decade: Macroeconomic Lessons from the 1990s.* New York: Century Foundation Press.

Bonis, Brian, Jane Ihrig, and Min Wei. 2017. "Projected Evolution of the SOMA Portfolio and the 10-Year Treasury Term Premium Effect." Board of Governors of the Federal Reserve System. *FEDS Notes,* September 22.

Borio, Claudio, and William White. 2003. "Whither Monetary and Financial

Stability? The Implications of Evolving Policy Regimes." In *Monetary Policy and Uncertainty: Adapting to a Changing Economy.* Jackson Hole, WY: Federal Reserve Bank of Kansas City.

Borio, Claudio, and Haibin Zhu. 2012. "Capital Regulation, Risk-Taking and Monetary Policy: A Missing Link in the Transmission Mechanism?" *Journal of Financial Stability* 8 (4): 236-51.

Boushey, Heather, Ryan Nunn, and Jay Shambaugh, eds. 2019. *Recession Ready: Fiscal Policies to Stabilize the American Economy.* Washington, DC: Brookings Institution: The Hamilton Project, Washington Center for Equitable Growth.

Bowman, David, Christopher Erceg, and Mike Leahy. 2010. "Strategies for Targeting Interest Rates Out the Yield Curve." Staff Memo. Washington, DC: Board of Governors of the Federal Reserve System.

Boyle, Andrew. 1967. *Montagu Norman: A Biography.* London: Cassell.

Brainard, Lael. 2017. "Rethinking Monetary Policy in a New Normal." Washington, DC, October 12.

—————. 2019. "Federal Reserve Review of Monetary Policy Strategy, Tools, and Communications: Some Preliminary Views." New York, November 26.

—————. 2020. "The Future of Retail Payments in the United States." Washington, DC, August 6.

—————. 2021. "Supporting Responsible Use of AI and Equitable Outcomes in Financial Services." Washington, DC, January 12.

Brauer, David. 2007. "The Natural Rate of Unemployment." Working Paper 2007-06. Washington, DC: Congressional Budget Office.

Brunnermeier, Markus K., and Yann Koby. 2018. "The Reversal Interest Rate." Working Paper 25406. Cambridge, MA: National Bureau of Economic Research.

Bullard, James, and Riccardo DiCecio. 2019. "Optimal Monetary Policy for the Masses." Working Paper 2019-009. Federal Reserve Bank of St. Louis.

Bunn, Philip, Alice Pugh, and Chris Yeates. 2018. "The Distributional Impact of Monetary Policy Easing in the UK between 2008 and 2014." Staff Working

Paper 720. London: Bank of England.

Burke, Chris, Spence Hilton, Ruth Judson, Kurt Lewis, and David Skeie. 2010. "Reducing the IOER Rate: An Analysis of Options." Staff Memo. Washington, DC: Board of Governors of the Federal Reserve System.

Burns, Arthur F. 1970. "The Basis for Lasting Prosperity." Speech delivered at Pepperdine University, Los Angeles, December 7.

————. 1979. "The Anguish of Central Banking." Per Jacobsson Lecture, Belgrade, Yugoslavia, September 30. http://www.perjacobsson.org/lectures/1979.pdf.

Bush, Ryan, Haitham Jendoubi, Matthew Raskin, and Giorgio Topa. 2020. "How Did Market Perceptions of the FOMC's Reaction Function Change after the Fed's Framework Review?" Federal Reserve Bank of New York. *Liberty Street Economics*, December 18.

Caballero, Ricardo J., Emmanuel Farhi, and Pierre-Olivier Gourinchas. 2017. "The Safe Assets Shortage Conundrum." *Journal of Economic Perspectives* 31 (3): 29-46.

Caballero, Ricardo J., Takeo Hoshi, and Anil K. Kashyap. 2008. "Zombie Lending and Depressed Restructuring in Japan." *American Economic Review* 98 (5): 1943-77.

Caballero, Ricardo J., and Gunes Kamber. 2019. "On the Global Impact of Risk-off Shocks and Policy-Put Frameworks." Working Paper 26031. Cambridge, MA: National Bureau of Economic Research.

Cahill, Michael E., Stefania D'Amico, Canlin Li, and John S. Sears. 2013. "Duration Risk versus Local Supply Channel in Treasury Yields: Evidence from the Federal Reserve's Asset Purchase Announcements." Working Paper 2013-35. Finance and Economics Discussion Series. Washington, DC: Board of Governors of the Federal Reserve System.

Cahn, Christophe, Julien Matheron, and Jean-Guillaume Sahuc. 2017. "Assessing the Macroeconomic Effects of LTROs during the Great Recession." *Journal of Money, Credit and Banking* 49 (7): 1443-82.

Caldara, Dario, Etienne Gagnon, Enrique Martinez-Garcia, and Christopher J.

Neely. 2020. "Monetary Policy and Economic Performance since the Financial Crisis." Working Paper 2020-065. Finance and Economics Discussion Series. Washington, DC: Board of Governors of the Federal Reserve System.

Campbell, Jeffrey R., Charles L. Evans, Jonas D. M. Fisher, and Alejandro Justiniano. 2012. "Macroeconomic Effects of Federal Reserve Forward Guidance." *Brookings Papers on Economic Activity* (Spring): 1-80.

Campbell, John Y., and Robert J. Shiller. 1998. "Valuation Ratios and the Long-Run Stock Market Outlook." *Journal of Portfolio Management* 24 (2): 11-26.

Carney, Mark. 2012. "A Monetary Framework for All Seasons." Speech delivered at the U.S. Monetary Policy Forum, New York, February 24.

Carvalho, Carlos, Eric Hsu, and Fernanda Nechio. 2016. "Measuring the Effect of the Zero Lower Bound on Monetary Policy." Working Paper 2016-06. Federal Reserve Bank of San Francisco.

Case, Karl, John Quigley, and Robert Shiller. 2013. "Wealth Effects Revisited 1975-2012." *Critical Finance Review* 2 (1): 101-28.

Cetorelli, Nicola, Linda S. Goldberg, and Fabiola Ravazzolo. 2020. "Have the Fed Swap Lines Reduced Dollar Funding Strains during the COVID-19 Outbreak?" Federal Reserve Bank of New York. *Liberty Street Economics*, May 22.

Charbonneau, Karyne, and Lori Rennison. 2015. "Forward Guidance at the Effective Lower Bound: International Experience." Staff Discussion Paper 15. Ottawa, Ontario: Bank of Canada.

Chaurushiya, Radha, and Ken Kuttner. 2003. "Targeting the Yield Curve: The Experience of the Federal Reserve, 1942-1951." Staff Memo. Washington, DC: Board of Governors of the Federal Reserve System.

Cheng, Jeffrey, David Wessel, and Joshua Younger. 2020. "How Did COVID-19 Disrupt the Market for U.S. Treasury Debt?" Washington, DC: Brookings Institution. May 1.

Chung, Hess, Etienne Gagnon, Taisuke Nakata, Matthias Paustian, Bernd Schlusche, James Trevino, Diego Vilan, and Wei Zheng. 2019. "Monetary Policy Options at the Effective Lower Bound: Assessing the Federal Reserve's Current Policy Toolkit." Finance and Economics Discussion Series 2019-003.

Washington, DC: Board of Governors of the Federal Reserve System.

Chung, Hess, Jean-Philippe Laforte, David Reifschneider, and John C. Williams. 2012. "Have We Underestimated the Likelihood and Severity of Zero Lower Bound Events?" *Journey of Money, Credit and Banking* 44 (1): 47-82.

Churm, Rohan, Michael Joyce, George Kapetanios, and Konstantinos Theodoridis. 2021. "Unconventional Monetary Policies and the Macroeconomy: The Impact of the UK's QE2 and Funding for Lending Scheme." *The Quarterly Review of Economics and Finance* 80: 721-36.

Claessens, Stijn. 2015. "An Overview of Macroprudential Policy Tools." *Annual Review of Financial Economics* 7 (1): 397-422.

Clarida, Richard H. 2019. "The Federal Reserve's Review of Its Monetary Policy Strategy, Tools, and Communication Practices." Presented at the 2019 U.S. Monetary Policy Forum, New York, February 22.

——. 2020a. "The Federal Reserve's New Monetary Policy Framework: A Robust Evolution." Washington, DC, August 31.

——. 2020b. "The Federal Reserve's New Framework: Context and Consequences." Washington, DC, November 16.

——. 2021. "Outlooks, Outcomes, and Prospects for U.S. Monetary Policy." Washington, DC, August 4.

Clark, John, Nathan Converse, Brahima Coulibaly, and Steven Kamin. 2016. "Emerging Market Capital Flows and U.S. Monetary Policy." Washington, DC: Board of Governors of the Federal Reserve System. *IFDP Notes*, October 18.

Clouse, Jim, Bill English, Jon Faust, Jane Ihrig, Jeff Huther, Beth Klee, Mike Leahy, David Reifschneider, and Julie Remache. 2013. "Fiscal Implications of Additional Large-Scale Asset Purchases for the Federal Government and the Federal Reserve." Staff Memo. Washington, DC: Board of Governors of the Federal Reserve System.

Coibion, Olivier, Yuriy Gorodnichenko, Edward S. Knotek II, and Raphael Schoenle. 2020. "Average Inflation Targeting and Household Expectations." Working Paper 27836. Cambridge, MA: National Bureau of Economic Research.

Condon, Christopher. 2019. "Key Trump Quotes on Powell as Fed Remains in the Firing Line." Bloomberg, December 17.

Correa, Ricardo, and Sally Davies. 2008. "Implications of the Health of the Japanese Banking Sector for the Effectiveness of Monetary Policy." Staff Memo. Washington, DC: Board of Governors of the Federal Reserve System.

Cox, Jeff. 2018. "Powell Says We're 'A Long Way' from Neutral on Interest Rates, Indicating More Hikes Are Coming." CNBC, October 3.

Crane, Leland D., Ryan A. Decker, Aaron Flaaen, Adrian Hamins-Puertolas, and Christopher Kurz. 2020. "Business Exit during the COVID-19 Pandemic: Non-Traditional Measures in Historical Context." Finance and Economics Discussion Series 2020-089. Washington, DC: Board of Governors of the Federal Reserve System.

Crockett, Andrew. 2000. "Marrying the Micro-and Macro-Prudential Dimensions of Financial Stability." Speech at the Eleventh International Conference of Banking Supervisors, Basel, Switzerland, September 20.

Daly, Mary C., Bart Hobijn, Ayşegul Şahin, and Robert G. Valletta. 2012. "A Search and Matching Approach to Labor Markets: Did the Natural Rate of Unemployment Rise?" *Journal of Economic Perspectives* 26 (3): 3-26.

Dam, Kenneth, and George Shultz. 1977. "Reflections on Wage and Price Controls." *Industrial and Labor Relations Review* (January): 139.

D'Amico, Stefania, William English, David López-Salido, and Edward Nelson. 2012. "The Federal Reserve's Large-Scale Asset Purchase Programmes: Rationale and Effects." *Economic Journal* 122 (564): 415-46.

D'Amico, Stefania, and Iryna Kaminska. 2019. "Credit Easing versus Quantitative Easing: Evidence from Corporate and Government Bond Purchase Programs." London: Bank of England Working Paper 825.

D'Amico, Stefania, and Thomas B. King. 2013. "Flow and Stock Effects of Large-Scale Treasury Purchases: Evidence on the Importance of Local Supply." *Journal of Financial Economics* 108 (2): 425-48.

Das, Krishna N., and Jonathan Spicer. 2016. "How the New York Fed Fumbled over the Bangladesh Bank Cyber-Heist." Reuters, July 21.

Das, Sonali. 2019. "China's Evolving Exchange Rate Regime." Working Paper 19/50. Washington, DC: International Monetary Fund.

Davis, Josh, Cristian Fuenzalida, and Alan M. Taylor. 2021. "The Natural Rate Puzzle: Global Macro Trends and the Market-Implied R*." Working Paper 26560. Cambridge, MA: National Bureau of Economic Research.

De Santis, Roberto A. 2020. "Impact of the Asset Purchase Programme on Euro Area Government Bond Yields Using Market News." *Economic Modelling* 86 (March): 192-209.

Del Negro, Marco, Domenico Giannone, Marc P. Giannoni, and Andrea Tambalotti. 2017. "Safety, Liquidity, and the Natural Rate of Interest." *Brookings Papers on Economic Activity* (Spring): 235-94.

Del Negro, Marco, Marc Giannoni, and Christina Patterson. 2015. "The Forward Guidance Puzzle." Staff Report 574. Federal Reserve Bank of New York.

Del Negro, Marco, Michele Lenza, Giorgio E. Primiceri, and Andrea Tambalotti. 2020. "What's Up with the Phillips Curve?" *Brookings Papers on Economic Activity* (Spring): 301-73.

Dell'Ariccia, Giovanni, Pau Rabanal, and Damiano Sandri. 2018. "Unconventional Monetary Policies in the Euro Area, Japan, and the United Kingdom." *Journal of Economic Perspectives* 32 (4): 147-72.

Devlin-Foltz, Sebastian, Alice M. Henriques, and John E. Sabelhaus. 2016. "The Role of Social Security in Overall Retirement Resources: A Distributional Perspective." Washington, DC: Board of Governors of the Federal Reserve System. *FEDS Notes*, July 29.

Di Maggio, Marco, Amir Kermani, and Christopher J. Palmer. 2020. "How Quantitative Easing Works: Evidence on the Refinancing Channel." *The Review of Economic Studies* 87 (3): 1498-1528.

Draghi, Mario. 2012. "Remarks at the Global Investment Conference." London, England, July 26.

Duarte, Fernando, and Carlo Rosa. 2015. "The Equity Risk Premium: A Review of Models." Staff Report 714. Federal Reserve Bank of New York.

Duffie, Darrell. 2020. "Still the World's Safe Haven? Redesigning the U.S. Treasury Market after the COVID-19 Crisis." Hutchins Center Working Paper 62. Washington, DC: Brookings Institution.

Eggertsson, Gauti B., and Michael Woodford. 2003. "The Zero Bound on Interest Rates and Optimal Monetary Policy." *Brookings Papers on Economic Activity* (Spring): 139-235.

Eichengreen, Barry. 1992. *Golden Fetters: The Gold Standard and the Great Depression 1919–1939.* Oxford and New York: Oxford University Press.

Eichengreen, Barry, and Jeffrey Sachs. 1985. "Exchange Rates and Economic Recovery in the 1930s." *Journal of Economic History* 45 (4): 925-46.

Eisenschmidt, Jens, and Frank Smets. 2018. "Negative Interest Rates: Lessons from the Euro Area." In *Monetary Policy and Financial Stability: Transmission Mechanisms and Policy Implications*, edited by Alvaro Aguirre, Markus Brunnermeier, and Diego Saravia, 13-42. Santiago: Central Bank of Chile.

Engen, Eric M., Thomas Laubach, and David Reifschneider. 2015. "The Macroeconomic Effects of the Federal Reserve's Unconventional Monetary Policies." Finance and Economics Discussion Series 2015-005. Washington, DC: Board of Governors of the Federal Reserve System.

English, William. (forthcoming). "Monetary Policy and Financial Stability." In *The Handbook of Financial Stress Testing*, edited by J. Doyne Farmer, Alissa Kleinnijenhuis, Til Schuermann, and Thom Wetzer.

Erceg, Chris, Jesper Linde, and David Reifschneider. 2010. "Macroeconomic Consequences of a European Sovereign Debt Crisis." Staff Memo. Washington, DC: Board of Governors of the Federal Reserve System.

Erceg, Christopher, Michael T. Kiley, and David López-Salido. 2011. "Alternative Monetary Policy Frameworks." Staff Memo. Washington, DC: Board of Governors of the Federal Reserve System.

Erceg, Christopher, David López-Salido, and Robert Tetlow. 2011. "Adopting an Alternative Monetary Policy Framework." Staff Memo. Washington, DC: Board of Governors of the Federal Reserve System.

Eser, Fabian, Wolfgang Lemke, Ken Nyholm, Soren Radde, and Andreea Liliana

Vladu. 2019. "Tracing the Impact of the ECB's Asset Purchase Programme on the Yield Curve." ECB Working Paper 2293. Frankfurt, Germany: European Central Bank.

Evans, Charles L. 2012. "Monetary Policy in a Low-Inflation Environment: Developing a State-Contingent Price-Level Target." *Journal of Money, Credit and Banking* 44 (s1): 147-55.

Fair, Ray C. 1978. "The Effect of Economic Events on Votes for President." *Review of Economic and Statistics* 60 (2): 159- 73.

Favara, Giovanni, Camelia Minoiu, and Ander Perez-Orive. 2021. "U.S. Zombie Firms: How Many and How Consequential?" Washington, DC: Board of Governors of the Federal Reserve System. *FEDS Notes*, July 30.

Femia, Katherine, Steven Friedman, and Brian Sack. 2013. "The Effects of Policy Guidance on Perceptions of the Fed's Reaction Function." Staff Report 652. Washington, DC: Federal Reserve Bank of New York.

Ferguson, Jr., Roger W. 2003. "September 11, the Federal Reserve, and the Financial System." Nashville, TN, February 5.

Fernald, John G. 2014. "Productivity and Potential Output before, during, and after the Great Recession." In *NBER Macroeconomics Annual 2014*. Vol. 29: 1-51. Cambridge, MA: National Bureau of Economic Research.

Fernald, John G., Robert E. Hall, James H. Stock, and Mark W. Watson. 2017. "The Disappointing Recovery of Output after 2009." *Brookings Papers on Economic Activity* (Spring): 1-58.

Feroli, Michael, David Greenlaw, Peter Hooper, Frederic S. Mishkin, and Amir Sufi. 2017. "Language after Liftoff: Fed Communication Away from the Zero Lower Bound." *Research in Economics* 71 (3): 452-90.

Ferrell, Robert H. 2010. *Inside the Nixon Administration: The Secret Diary of Arthur Burns, 1969–1974*. Lawrence: University Press of Kansas.

Fischer, Stanley. 1995. "Central-Bank Independence Revisited." *American Economic Review* 85 (2): 201-6.

Fisher, Irving. 1930. *The Theory of Interest*. New York: The Macmillan Co.

———. 1973. "I Discovered the Phillips Curve: A Statistical Relation between

Unemployment and Price Changes." *Journal of Political Economy* 81 (2): 496-502.

Fleming, Sam. 2018. "Janet Yellen on Trump, Fed Politics and Nurturing Recovery." *Financial Times*, October 26.

Forbes, Kristen J. 2019. "Inflation Dynamics: Dead, Dormant, or Determined Abroad?" *Brookings Papers on Economic Activity* (Fall): 257-338.

Freund, James, Timothy Curry, Peter Hirsch, and Theodore Kelley. 1997. "Commercial Real Estate and the Banking Crises of the 1980s and Early 1990s." In *History of the Eighties: Lessons for the Future*, Vol. 1: *An Examination of the Banking Crises of the 1980s and Early 1990s*, Chapter 3. Washington, DC: Federal Deposit Insurance Corporation. https://www.fdic.gov/bank/historical/history/137_165.pdf.

Friedman, Milton. 1968. "The Role of Monetary Policy." *American Economic Review* 58 (1): 1-17.

———. 1969. *The Optimum Quantity of Money and Other Essays.* Chicago: Aldine Publishing Company.

Friedman, Milton, and Anna Jacobson Schwartz. 1963. *A Monetary History of the United States: 1867–1960.* Princeton, NJ: Princeton University Press.

Furman, Jason. 2020. "The Fiscal Response to the Great Recession: Steps Taken, Paths Rejected, and Lessons for Next Time." In *First Responders: Inside the U.S. Strategy for Fighting the 2007–2009 Global Financial Crisis*, 451- 88. New Haven, CT: Yale University Press.

Furman, Jason, and Lawrence Summers. 2020. "A Reconsideration of Fiscal Policy in the Era of Low Interest Rates." Discussion Draft. Washington, DC: Brookings Institution.

Gagnon, Joseph E. 2016. "Quantitative Easing: An Underappreciated Success." Policy Brief PB16-4. Washington, DC: Peterson Institute for International Economics.

———. 2018. "QE Skeptics Overstate Their Case." Peterson Institute for International Economics. *Realtime Economic Issues Watch*, July 5.

Gagnon, Joseph, Matthew Raskin, Julie Remache, and Brian Sack. 2011. "The Fi-

nancial Market Effects of the Federal Reserve's Large-Scale Asset Purchases."
International Journal of Central Banking 7 (1): 3-43.

Ghebreyesus, Tedros Adhanom. 2020. "Opening Remarks at the Media Briefing
on COVID-19." World Health Organization. March 11. https://www.who.
int/dg/speeches/detail/who-director-general-s-opening-remarks-at-the-me-
dia-briefing-on-covid-19---11-march-2020.

Gilchrist, Simon, and Egon Zakrajšek. 2012. "Credit Spreads and Business Cycle
Fluctuations." *American Economic Review* 102 (4): 1692-1720.

—————. 2013. "The Impact of the Federal Reserve's Large-Scale Asset Purchase
Programs on Corporate Credit Risk." *Journal of Money, Credit and Banking* 45
(s2): 29-57.

—————. 2019. "Trade Exposure and the Evolution of Inflation Dynamics."
Working Paper 2019-007. Finance and Economics Discussion Series. Wash-
ington, DC: Board of Governors of the Federal Reserve System.

Glaeser, Edward L., Joshua D. Gottlieb, and Joseph Gyourko. 2013. "Can Cheap
Credit Explain the Housing Boom?" In *Housing and the Financial Crisis*, ed-
ited by Edward L. Glaeser and Todd Sinai, 301-59. Chicago: University of
Chicago Press.

Goodfriend, Marvin, and Robert G. King. 2005. "The Incredible Volcker Disinfla-
tion." *Journal of Monetary Economics* 52 (5): 981-1015.

Gordon, Robert J. 2013. "The Phillips Curve Is Alive and Well: Inflation and the
NAIRU during the Slow Recovery." Working Paper 19390. Cambridge, MA:
National Bureau of Economic Research.

—————. 2016. *The Rise and Fall of American Growth: The U.S. Standard of Living
since the Civil War.* Princeton, NJ: Princeton University Press.

Gorton, Gary B. 2012. *Misunderstanding Financial Crises: Why We Don't See Them
Coming.* New York: Oxford University Press.

Gorton, Gary, and Andrew Metrick. 2012. "Securitized Banking and the Run on
Repo." *Journal of Financial Economics* 104 (3): 425-51.

Gourio, Francois, Anil K. Kashyap, and Jae Sim. 2018. "The Tradeoffs in Leaning
against the Wind." *IMF Economic Review* 66 (March): 70-115.

Gramlich, Edward M. 2007. "Booms and Busts, the Case of Subprime Mortgages." *Federal Reserve Bank of Kansas City Economic Review* 109: 105-13.

Granville, Kevin. 2017. "A President at War with His Fed Chief, 5 Decades before Trump." *New York Times*, June 13.

Greenlaw, David, James D. Hamilton, Ethan Harris, and Kenneth D. West. 2018. "A Skeptical View of the Impact of the Fed's Balance Sheet." Working Paper 24687. Cambridge, MA: National Bureau of Economic Research.

Greenspan, Alan. 1996. "The Challenge of Central Banking in a Democratic Society." Washington, DC, December 5.

⸺. 2005. "Mortgage Banking." Palm Desert, California, September 26.

⸺. 2007. *The Age of Turbulence: Adventures in a New World*. New York: Penguin Press.

Greenwood, Robin, Samuel G. Hanson, Joshua S. Rudolph, and Lawrence H. Summers. 2015. "Debt Management Conflicts between the U. S. Treasury and the Federal Reserve." In *The $13 Trillion Question: How America Manages Its Debt*, 43-89. Washington, DC: Brookings Institution Press.

Greenwood, Robin, Samuel G. Hanson, Andrei Shleifer, and Jakob Ahm Sorensen. (forthcoming). "Predictable Financial Crises." *Journal of Finance*.

Greenwood, Robin, and Dimitri Vayanos. 2014. "Bond Supply and Excess Bond Return." *Review of Financial Studies* 27 (3): 663-713.

Grisse, Christian, Signe Krogstrup, and Silvio Schumacher. 2017. "Lower-Bound Beliefs and Long-Term Interest Rates." *International Journal of Central Banking* 13 (3): 165-202.

Gurkaynak, Refet S., Brian Sack, and Eric T. Swanson. 2005. "Do Actions Speak Louder Than Words? The Response of Asset Prices to Monetary Policy Actions and Statements." *International Journal of Central Banking* 1 (1): 55-93.

Haltom, Renee. 2013. "Failure of Continental Illinois." *Federal Reserve History*, November 22. https://www.federalreservehistory.org/essays/failure-of-continental-illinois.

Hamilton, James D., and Jing Cynthia Wu. 2012. "The Effectiveness of Alternative Monetary Policy Tools in a Zero Lower Bound Environment." *Journal of*

Money, Credit and Banking 44 (1): 3-46.

Hansen, Alvin H. 1939. "Economic Progress and Declining Population Growth." *American Economic Review* 29 (1): 1-15.

Hanson, Samuel, and Jeremy C. Stein. 2015. "Monetary Policy and Long-Term Rates." *Journal of Financial Economics* 115 (3): 429-48.

Harker, Patrick T. 2017. "Economic Outlook: The Labor Market, Rates, and the Balance Sheet." Presented at the Market News International (MNI) Connect Roundtable, New York, May 23.

Heathcote, Jonathan, Fabrizio Perri, and Giovanni L. Violante. 2020. "The Rise of US Earnings Inequality: Does the Cycle Drive the Trend?" *Review of Economic Dynamics* 37 (s1): S181-204.

Hetzel, Robert L. 1998. "Arthur Burns and Inflation." *Federal Reserve Bank of Richmond Economic Quarterly* 84 (1): 21-44.

————. 2008. *The Monetary Policy of the Federal Reserve: A History.* Studies in Economic History. Cambridge: Cambridge University Press.

Hetzel, Robert L., and Ralph F. Leach. 2001. "The Treasury-Fed Accord: A New Narrative Account." *Federal Reserve Bank of Richmond Economic Quarterly* 87 (1): 33-55.

Hodgson, Godfrey. 1998. "Obituary: William McChesney Martin." *The Independent*, August 20.

Holston, Kathryn, Thomas Laubach, and John C. Williams. 2017. "Measuring the Natural Rate of Interest: International Trends and Determinants." *Journal of International Economics* 108 (S1): S59-75.

Hooker, Mark A. 2002. "Are Oil Shocks Inflationary? Asymmetric and Nonlinear Specifications versus Changes in Regime." *Journal of Money, Credit and Banking* 34 (2): 540-61.

Hooper, Peter, Frederic S. Mishkin, and Amir Sufi. 2020. "Prospects for Inflation in a High Pressure Economy: Is the Phillips Curve Dead or Is It Just Hibernating?" *Research in Economics* 74 (1): 26-62.

Hubbard, Glenn, and Donald Kohn, eds. 2021. *Report of the Task Force on Financial Stability.* Washington, DC: Brookings Institution.

Hubert, Paul, and Fabien Labondance. 2018. "The Effect of ECB Forward Guidance on the Term Structure of Interest Rates." *International Journal of Central Banking* 14 (5): 193-222.

Ihrig, Jane, Elizabeth Klee, Canlin Li, Min Wei, and Joe Kachovec. 2018. "Expectations about the Federal Reserve's Balance Sheet and the Term Structure of Interest Rates." *International Journal of Central Banking* 14 (2): 341-90.

Irwin, Neil. 2018. "The Most Important Least-Noticed Economic Event of the Decade." *New York Times*, September 29.

Jamrisko, Michelle, Chloe Whiteaker, and Jeremy Scott Diamond. 2018. "Yellen's Labor Market Dashboard." Bloomberg, February 2.

Jonung, Lars, and Eoin Drea. 2009. "The Euro: It Can't Happen, It's a Bad Idea, It Won't Last. US Economists on the EMU, 1989- 2002." Economic Papers 395. Brussels, Belgium: European Commission.

Jorda, Oscar, Moritz Schularick, and Alan M. Taylor. 2013. "When Credit Bites Back." *Journal of Money, Credit and Banking* 45 (s2): 3-28.

————. 2015a. "Interest Rates and House Prices: Pill or Poison?" Federal Reserve Bank of San Francisco. *FRBSF Economic Letter*, August 3.

————. 2015b. "Leveraged Bubbles." *Journal of Monetary Economics* 76 (S): S1-20.

Joyce, Michael A. S., Ana Lasaosa, Ibrahim Stevens, and Matthew Tong. 2011. "The Financial Market Impact of Quantitative Easing in the United Kingdom." *International Journal of Central Banking* 7 (3): 113-61.

Joyce, Michael A. S., and Matthew Tong. 2012. "QE and the Gilt Market: A Disaggregated Analysis." *Economic Journal* 122 (564): 348-84.

Kacperczyk, Marcin, and Philipp Schnabl. 2010. "When Safe Proved Risky: Commercial Paper during the Financial Crisis of 2007-2009." *Journal of Economic Perspectives* 24 (1): 29-50.

Kashyap, Anil K., and Caspar Siegert. 2019. "Financial Stability Considerations and Monetary Policy?" In *Financial Stability Considerations and Monetary Policy.* Federal Reserve Bank of Chicago.

Katz, Lawrence F., and Alan B. Krueger. 1999. "The High-Pressure U.S. Labor

Market of the 1990s." *Brookings Papers on Economic Activity* (Spring): 1-87.

Kiley, Michael T. 2014. "The Aggregate Demand Effects of Short-and Long-Term Interest Rates." *International Journal of Central Banking* 10 (4): 69-104.

—. 2015. "Low Inflation in the United States: A Summary of Recent Research." Board of Governors of the Federal Reserve System. *FEDS Notes*, November 23.

—. 2018. "Quantitative Easing and the 'New Normal' in Monetary Policy." Finance and Economic Discussion Series 2018-004. Washington, DC: Board of Governors of the Federal Reserve System.

—. 2019. "The Global Equilibrium Real Interest Rate: Concepts, Estimates, and Challenges." Finance and Economics Discussion Series 2019-076. Washington, DC: Board of Governors of the Federal Reserve System.

Kim, Kyungmin, Thomas Laubach, and Min Wei. 2020. "Macroeconomic Effects of Large-Scale Asset Purchases: New Evidence." Finance and Economics Discussion Series 2020-047. Washington, DC: Board of Governors of the Federal Reserve System.

Kocherlakota, Narayana. 2016. " 'Helicopter Money' Won't Provide Much Extra Lift." Bloomberg, March 24.

Kohn, Donald, and Brian Sack. 2020. "Monetary Policy during the Financial Crisis." In *First Responders: Inside the U.S. Strategy for Fighting the 2007–2009 Global Financial Crisis*, edited by Ben S. Bernanke, Timothy F. Geithner, and Henry M. Paulson, Jr., 421-50. New Haven, CT: Yale University Press.

Kopcke, Richard W., and Anthony Webb. 2013. "How Has the Financial Crisis Affected the Finances of Older Households?" Working Paper. Boston, MA: Center for Retirement Research at Boston College. https://citeseerx.ist.psu.edu/viewdoc/download?doi=10.1.1.651.2278&rep=rep1&type=pdf.

Krishnamurthy, Arvind, and Annette Vissing-Jorgensen. 2011. "The Effects of Quantitative Easing on Interest Rates: Channels and Implications for Policy." *Brookings Papers on Economic Activity* (Fall): 215-65.

Krugman, Paul R. 1998. "It's Baaack: Japan's Slump and the Return of the Liquidity Trap." *Brookings Papers on Economic Activity* (Fall): 137-205.

Kurtzman, Robert, Stephan Luck, and Tom Zimmermann. 2017. "Did QE Lead Banks to Relax Their Lending Standards? Evidence from the Federal Reserve's LSAPs." Finance and Economics Discussion Series 2017-093. Washington, DC: Board of Governors of the Federal Reserve System.

Kuttner, Kenneth N. 2012. "Low Interest Rates and Housing Bubbles: Still No Smoking Gun." In *The Role of Central Banks in Financial Stability: How Has It Changed?* Federal Reserve Bank of Chicago.

———. 2018. "Outside the Box: Unconventional Monetary Policy in the Great Recession and Beyond." *Journal of Economic Perspectives* 32 (4): 121-46.

Laforte, Jean-Philippe. 2018. "Overview of the Changes to the FRB/US Model (2018)." Washington, DC: Board of Governors of the Federal Reserve System. *FEDS Notes*, December 7.

Lagarde, Christine. 2020a. "Our Response to the Coronavirus Emergency." European Central Bank. *The ECB Blog*, March 19.

———. 2020b. "The Monetary Policy Strategy Review: Some Preliminary Considerations." Speech at the "ECB and Its Watchers XXI" conference, Frankfurt, Germany, September 30.

Laubach, Thomas, and John C. Williams. 2003. "Measuring the Natural Rate of Interest." *Review of Economics and Statistics* 85 (4): 1063-70.

Leigh, Daniel. 2010. "A 4% Inflation Target?" Center for Economic and Policy Research. *VoxEU*, March 9.

Lewis, Michael. 2010. *The Big Short: Inside the Doomsday Machine*. New York: W. W. Norton.

Li, Canlin, and Min Wei. 2013. "Term Structure Modelling with Supply Factors and the Federal Reserve's Large Scale Asset Purchase Programs." *International Journal of Central Banking* 9 (1): 3-39.

Liang, J. Nellie, and Rochelle M. Edge. 2019. "New Financial Stability Governance Structures and Central Banks." Hutchins Center Working Paper 50. Washington, DC: Brookings Institution.

Lindsey, David E. 2003. "A Modern History of FOMC Communication: 1975-2002." Staff Memo. Washington, DC: Board of Governors of the Federal

Reserve System.

Loomis, Carol J. 1998. "A House Built on Sand." *Fortune*, October 26. https://archive.fortune.com/magazines/fortune/fortune_archive/1998/10/26/250015/index.htm.

López, Jose A., Andrew K. Rose, and Mark M. Spiegel. 2020. "Why Have Negative Nominal Interest Rates Had Such a Small Effect on Bank Performance? Cross Country Evidence." *European Economic Review* 124 (May).

Lu, Lina, Matthew Pritsker, Andrei Zlate, Kenechukwu Anadu, and James Bohn. 2019. "Reach for Yield by U.S. Public Pension Funds." Finance and Economics Discussion Series 2019-048. Washington, DC: Board of Governors of the Federal Reserve System.

Mahedy, Tim, and Adam Shapiro. 2017. "What's Down with Inflation?" Federal Reserve Bank of San Francisco. *FRBSF Economic Letters*, November 27.

Mallaby, Sebastian. 2016. *The Man Who Knew: The Life and Times of Alan Greenspan*. New York: Penguin Press.

Mankiw, N. Gregory. 2020. "A Skeptic's Guide to Modern Monetary Theory." In *AEA Papers and Proceedings*, 110:141-44.

Manski, Charles F., and John D. Straub. 2000. "Worker Perceptions of Job Insecurity in the Mid-1990s: Evidence from the Survey of Economic Expectations." *Journal of Human Resources* 35 (3): 447-79.

Matthews, Dylan. 2019. "Modern Monetary Theory, Explained." *Vox*, April 16.

McGowan, Muge Adalet, Dan Andrews, and Valentine Millot. 2018. "The Walking Dead? Zombie Firms and Productivity Performance in OECD Countries." *Economic Policy* 33 (96): 685-736.

McLaren, Nick, Ryan N. Banerjee, and David Latto. 2014. "Using Changes in Auction Maturity Sectors to Help Identify the Impact of QE on Gilt Yields." *Economic Journal* 124 (576): 453-79.

McLeay, Michael, and Silvana Tenreyro. 2020. "Optimal Inflation and the Identification of the Phillips Curve." In *NBER Macroeconomics Annual*, Vol. 34. Cambridge, MA: National Bureau of Economic Research.

Meade, Ellen E., Nicholas A. Burk, and Melanie Josselyn. 2015. "The FOMC

Meeting Minutes: An Assessment of Counting Words and the Diversity of Views." Washington, DC: Board of Governors of the Federal Reserve System. *FEDS Notes*, May 16.

Meaning, Jack, and Feng Zhu. 2011. "The Impact of Recent Central Bank Asset Purchase Programmes." *BIS Quarterly Review* (December): 73-83.

Metrick, Andrew, and Daniel Tarullo. 2021. "Congruent Financial Regulation." *Brookings Papers on Economic Activity* (Spring).

Mian, Atif, Ludwig Straub, and Amir Sufi. 2021. "What Explains the Decline in r*? Rising Income Inequality versus Demographic Shifts." In *Proceedings*. Jackson Hole, WY: Federal Reserve Bank of Kansas City.

Mian, Atif, Amir Sufi, and Emil Verner. 2017. "Household Debt and Business Cycles Worldwide." *Quarterly Journal of Economics* 132 (4): 1755-1817.

Minsky, Hyman P. 1986. *Stabilizing an Unstable Economy*. New Haven, CT: Yale University Press.

Mishkin, Frederic S. 2007. "Inflation Dynamics." *International Finance* 10 (3): 317-34.

Mishkin, Frederic S., and Eugene N. White. 2003. "U.S. Stock Market Crashes and Their Aftermath: Implications for Monetary Policy." In *Asset Price Bubbles: The Implications for Monetary, Regulatory and International Policies*, edited by William B. Hunter, George G. Kaufman, and Michael Pormerleano. Cambridge, MA: MIT Press.

Mondale, Walter, and David Hage. 2010. *The Good Fight: A Life in Liberal Politics*. New York: Scribner.

Mui, Ylan Q. 2016. "Why the Federal Reserve Is Rethinking Everything." *Washington Post*, July 27.

Nakata, Taisuke. 2015. "Credibility of Optimal Forward Guidance at the Interest Rate Lower Bound." Washington, DC: Board of Governors of the Federal Reserve System. *FEDS Notes*, August 27.

Nechio, Fernanda, and Glenn D. Rudebusch. 2016. "Has the Fed Fallen behind the Curve This Year?" Federal Reserve Bank of San Francisco. *FRBSF Economic Letter*, November 7.

Nelson, Edward. 2021. "The Emergence of Forward Guidance as a Monetary Policy Tool." 2021-033. Finance and Economics Discussion Series. Washington, DC: Board of Governors of the Federal Reserve System.

Nelson, Jack. 1990. "Interest Rates Peril Fed Chief's Job, Sources Say." *Los Angeles Times*, March 9.

Okazaki, Yosuke, and Nao Sudo. 2018. "Natural Rate of Interest in Japan: Measuring Its Size and Identifying Drivers Based on a DSGE Model." Bank of Japan Working Paper 18-E-6. Tokyo: Bank of Japan.

Orphanides, Athanasios. 2003. "The Quest for Prosperity without Inflation." *Journal of Monetary Economics* 50 (3): 633-63.

Orphanides, Athanasios, and John Williams. 2013. "Monetary Policy Mistakes and the Evolution of Inflation Expectations." In *The Great Inflation: The Rebirth of Modern Central Banking*, edited by Michael D. Bordo and Athanasios Orphanides. Chicago: University of Chicago Press.

Owyang, Michael T., and Tatevik Sekhposyan. 2012. "Okun's Law over the Business Cycle: Was the Great Recession All That Different?" *Federal Reserve Bank of St. Louis Review* (September): 399-418.

Paligorova, Teodora, and Jesus A. Sierra Jimenez. 2012. "Monetary Policy and the Risk-Taking Channel: Insights from the Lending Behaviour of Banks." *Bank of Canada Review*, 23- 30.

Peek, Joe, and Eric S. Rosengren. 1992. "The Capital Crunch in New England." *New England Economic Review* (May): 21-31.

Phelps, Edmund S. 1968. "Money-Wage Dynamics and Labor-Market Equilibrium." *Journal of Political Economy* 76 (4): 678-711.

Phillips, A. W. 1958. "The Relation between Unemployment and the Rate of Change of Money Wage Rates in the United Kingdom, 1861-1957." *Economica* 25 (100): 283-99.

Potter, Simon, and Frank Smets. 2019. "Unconventional Monetary Policy Tools: A Cross-Country Analysis." Committee on the Global Financial System Paper 63. Basel, Switzerland: Bank for International Settlements.

Powell, Jerome H. 2015. "'Audit the Fed' and Other Proposals." Washington, DC,

February 9.

—————. 2018a. Interview with Kai Ryssdal, *Marketplace*, July 12. https://www.marketplace.org/2018/07/12/powell-transcript.

—————. 2018b. "Monetary Policy in a Changing Economy." Jackson Hole, WY, August 24.

—————. 2019a. "Opening Remarks." Presented at the Federal Reserve Bank of Chicago, Conference on Monetary Policy Strategy, Tools, and Communication Practices, Chicago, June 4.

—————. 2019b. "Challenges for Monetary Policy." Jackson Hole, WY, August 23.

—————. 2020a. "Current Economic Issues." Washington, DC, May 13.

—————. 2020b. "Q&A with Alan Blinder." *Wall Street Journal*, May 29. https://www.wsj.com/articles/transcript-fed-chief-jerome-powell-q-a-with-alan-blinder-11590779548.

—————. 2020c. "New Economic Challenges and the Fed's Monetary Policy Review." Jackson Hole, WY, August 27.

Pozsar, Zoltan, Tobias Adrian, Adam Ashcraft, and Hayley Boesky. 2010. "Shadow Banking." Staff Report 458. Federal Reserve Bank of New York.

Quarles, Randal K. 2020. "What Happened? What Have We Learned from It? Lessons From COVID-19 Stress on the Financial System." Washington, DC, October 15.

Rachel, Łukasz, and Lawrence H. Summers. 2019. "On Secular Stagnation in the Industrialized World." *Brookings Papers on Economic Activity* (Spring): 1-54.

Radelet, Steven, and Jeffrey Sachs. 2000. "The Onset of the East Asian Financial Crisis." In *Currency Crises*, edited by Paul Krugman. Chicago: University of Chicago Press.

Rajan, Raghuram G. 2005. "Has Financial Development Made the World Riskier?" In *Proceedings*. Jackson Hole, WY: Federal Reserve Bank of Kansas City.

Rankin, Jennifer. 2020. "EU Summit Deal: What Has Been Agreed and Why Was It So Difficult?" *The Guardian*, July 21.

Raskin, Matthew D. 2013. "The Effects of the Federal Reserve's Date-Based Forward Guidance." Finance and Economics Discussion Series 2013-37. Washington, DC: Board of Governors of the Federal Reserve System.

Rebucci, Alessandro, Jonathan S. Hartley, and Daniel Jimenez. 2020. "An Event Study of COVID-19 Central Bank Quantitative Easing in Advanced and Emerging Economies." Working Paper 27339. Cambridge, MA: National Bureau of Economic Research.

Reifschneider, David. 2016. "Gauging the Ability of the FOMC to Respond to Future Recessions." Finance and Economics Discussion Series 2016-068. Washington, DC: Board of Governors of the Federal Reserve System.

Reinhart, Carmen M., and Vincent R. Reinhart. 2011. "Limits of Monetary Policy in Theory and Practice." *Cato Journal* 31 (3): 427-39.

Reinhart, Carmen M., and Kenneth S. Rogoff. 2009. *This Time Is Different: Eight Centuries of Financial Folly.* Princeton and Oxford: Princeton University Press.

Rey, Helene. 2013. "Dilemma Not Trilemma: The Global Financial Cycle and Monetary Policy Independence." In *Proceedings.* Jackson Hole, WY: Federal Reserve Bank of Kansas City.

Richter, Bjorn, Moritz Schularick, and Ilhyock Shim. 2019. "The Costs of Macroprudential Policy." *Journal of International Economics* 118 (May): 263-82.

Roberts, John M. 2006. "Monetary Policy and Inflation Dynamics." *International Journal of Central Banking* 2 (3): 193-230.

Robinson, Kenneth J. 2013. "Depository Institutions Deregulation and Monetary Control Act of 1980." *Federal Reserve History*, November 22. https://www.federalreservehistory.org/essays/monetary-control-act-of-1980.

Rodnyansky, Alexander, and Olivier M. Darmouni. 2017. "The Effects of Quantitative Easing on Bank Lending Behavior." *The Review of Financial Studies* 30 (11): 3858-87.

Rogoff, Kenneth S. 1985. "The Optimal Degree of Commitment to an Intermediate Monetary Target." *Quarterly Journal of Economics* 100 (4).

———. 2017. *The Curse of Cash: How Large-Denomination Bills Aid Crime and Tax Evasion and Constrain Monetary Policy.* Princeton, NJ: Princeton University Press.

Romer, Christina D. 2011. "Dear Ben: It's Time for Your Volcker Moment." *New York Times*, October 29.

Romer, Christina D., and David H. Romer. 2002. "A Rehabilitation of Monetary Policy in the 1950's." *American Economic Review* 92 (2): 121-27.

Romero, Jessie. 2013. "Treasury-Fed Accord." *Federal Reserve History*, November 22. https://www.federalreservehistory.org/essays/treasury-fed-accord.

Rosenfeld, Everett. 2015. "Fed's Fischer: Too Early to Decide on Sept Hike." *CNBC*, August 28.

Samuels, Brett. 2020. "Trump Calls Fed Chair Powell 'Most Improved Player.'" *The Hill*, May 13.

Samuelson, Paul, and Robert Solow. 1960. "Analytical Aspects of Anti-Inflation Policy." *American Economic Review*, Papers and Proceedings 50 (2): 177-94.

Schreft, Stacey L. 1990. "Credit Controls: 1980." *Federal Reserve Bank of Richmond Economic Review* 76 (Nov): 25-55.

Schrimpf, Andreas, Hyun Song Shin, and Vladyslav Sushko. 2020. "Leverage and Margin Spirals in Fixed Income Markets during the Covid-19 Crisis." BIS Bulletin 2. Basel, Switzerland: Bank for International Settlements.

Shiller, Robert J. 2000. *Irrational Exuberance*. Princeton, NJ: Princeton University Press.

——. 2007. "Understanding Recent Trends in House Prices and Homeownership." In *Proceedings*. Jackson Hole, WY: Federal Reserve Bank of Kansas City.

——. 2019. *Narrative Economics: How Stories Go Viral and Drive Major Economic Events*. Princeton, NJ: Princeton University Press.

Silber, William L. 2012. *Volcker: The Triumph of Persistence*. London: Bloomsbury Press.

Slacalek, Jiri, Oreste Tristani, and Giovanni L. Violante. 2020. "Household Balance Sheet Channels of Monetary Policy: A Back of the Envelope Calculation for the Euro Area." *Journal of Economic Dynamics and Control* 115 (June): 103879.

Smialek, Jeanna. 2021. "Why Are There So Few Black Economists at the Fed?" *New York Times*, February 2.

Spicer, Jonathan. 2015. "Market turmoil makes September rate hike 'less compelling'—Fed's Dudley." Reuters, August 26.

Staiger, Douglas O., James H. Stock, and Mark W. Watson. 1997. "How Precise Are Estimates of the Natural Rate of Unemployment." In *Reducing Inflation: Motivation and Strategy*, edited by Christina D. Romer and David H. Romer, 195-246. Chicago: University of Chicago Press.

Steelman, Aaron. 2013. "Full Employment and Balanced Growth Act of 1978 (Humphrey-Hawkins)." *Federal Reserve History*, November 22. https://www.federalreservehistory.org/essays/humphrey-hawkins-act.

Stein, Jeremy C. 2013. "Overheating in Credit Markets: Origins, Measurement, and Policy Responses." St. Louis, February 7.

———. 2014. "Incorporating Financial Stability Considerations into a Monetary Policy Framework." Washington, DC, March 21.

Stewart, Jay. 2000. "Did Job Security Decline in the 1990s?" Working Paper 330. Washington, DC: Bureau of Labor Statistics.

Stock, James H., and Mark W. Watson. 2007. "Why Has U.S. Inflation Become Harder to Forecast?" *Journal of Money, Credit and Banking* 39 (1): 3-33.

———. 2020. "Slack and Cyclically Sensitive Inflation." *Journal of Money, Credit and Banking* 52 (2): 393-428.

Summers, Lawrence H. 2014. "U.S. Economic Prospects: Secular Stagnation, Hysteresis, and the Zero Lower Bound." *Business Economics* 49 (2).

Sumner, Scott B. 2014. "Nominal GDP Targeting: A Simple Rule to Improve Fed Performance." *Cato Journal* 34 (2): 315-37.

Svensson, Lars E. O. 1999. "Price-Level Targeting versus Inflation Targeting: A Free Lunch?" *Journal of Money, Credit and Banking* 31 (3): 277-95.

———. 2017a. "Leaning against the Wind: The Role of Different Assumptions about the Costs." Working Paper 23745. Cambridge, MA: National Bureau of Economic Research.

———. 2017b. "Cost-Benefit Analysis of Leaning against the Wind." *Journal of Monetary Economics* 90 (October): 193-213.

Swanson, Eric T. 2011. "Let's Twist Again: A High-Frequency Event-Study Analysis of Operation Twist and Its Implications for QE2." *Brookings Papers on Economic Activity* (Spring): 151-88.

——. 2020. "Measuring the Effects of Federal Reserve Forward Guidance and Asset Purchases on Financial Markets." *Journal of Monetary Economics* 118: 32-53.

Swanson, Eric T., and John C. Williams. 2014. "Measuring the Effect of the Zero Lower Bound on Medium-and Longer-Term Interest Rates." *American Economic Review* 104 (10): 3154-85.

Tankersley, Jim. 2019. "Herman Cain's Fed Chances Dim amid Republican Senate Opposition." *New York Times*, April 11.

Tankersley, Jim, Maggie Haberman, and Emily Cochrane. 2019. "Trump Won't Nominate Stephen Moore for Fed Board." *New York Times*, May 2.

Taylor, Derrick Bryson. 2020. "A Timeline of the Coronavirus." *New York Times*, March 17.

Taylor, John B. 1993. "Discretion versus Policy Rules in Practice." *Carnegie-Rochester Conference Series on Public Policy* 39 (December): 195-214.

Timiraos, Nick, and Kate Davidson. 2017. "Wall Street Veteran Leads Search for Next Fed Chief." *Wall Street Journal*, June 13.

Uchitelle, Louis, and N. R. Kleinfield. 1996. "On the Battlefields of Business, Millions of Casualties." *New York Times*, March 3. https://archive.nytimes.com/www.nytimes.com/specials/downsize/03down1.html.

Vayanos, Dimitri, and Jean-Luc Vila. 2021. "A Preferred-Habitat Model of the Term Structure of Interest Rates." *Econometrica* 89 (1): 77-112.

Volcker, Paul A. 1990. "The Triumph of Central Banking?" Per Jacobsson Lecture, Washington, DC, September 23. http://www.perjacobsson.org/lectures/1990.pdf.

——. 2018. *Keeping At It: The Quest for Sound Money and Good Government.* New York: PublicAffairs: Hachette Book Group.

Weinraub, Mark. 2020. "Trump's Payments to Farmers Hit All-Time High ahead of Election." Reuters, October 19.

Wells, Wyatt C. 1994. *Economist in an Uncertain World: Arthur F. Burns and the Federal Reserve, 1970–1978*. New York: Columbia University Press.

Wessel, David, Louise Sheiner, and Michael Ng. 2019. "Gender and Racial Diversity of Federal Government Economists." Washington, DC: Brookings Institution: Hutchins Center on Fiscal and Monetary Policy.

Wheatley, Jonathan, and Peter Garnham. 2010. "Brazil in 'Currency War' Alert." *Financial Times*, September 27.

Wicksell, Knut. 1936. *Interest and Prices: A Study of the Causes Regulating the Value of Money*. R.S. Kahn, trans. New York: Sentry Press.

Williams, John C. 2014. "Monetary Policy at the Zero Lower Bound: Putting Theory into Practice." Hutchins Center Working Paper. Washington, DC: Brookings Institution.

—————. 2017. "Speed Limits and Stall Speeds: Fostering Sustainable Growth in the United States." Sydney, Australia, June 26.

Willoughby, Jack. 2000. "Burning Up." *Barron's*, March 20.

Woodford, Michael. 2012. "Methods of Policy Accommodation at the Interest-Rate Lower Bound." In *The Changing Policy Landscape*, 185-288. Jackson Hole, WY: Federal Reserve Bank of Kansas City.

Woodward, Bob. 2000. *Maestro: Greenspan's Fed and the American Boom*. New York: Simon & Schuster.

Wu, Tao. 2014. "Unconventional Monetary Policy and Long-Term Interest Rates." IMF Working Paper 14/189. Washington, DC: International Monetary Fund.

Yellen, Janet L. 2014. "Labor Market Dynamics and Monetary Policy." Jackson Hole, WY, August 22.

—————. 2015. "Inflation Dynamics and Monetary Policy." Amherst, MA, September 24.

—————. 2017a. "The Economic Outlook and the Conduct of Monetary Policy." Stanford CA, January 19.

—————. 2017b. "Financial Stability a Decade after the Onset of the Crisis."

Jackson Hole, WY, August 25.

———. 2017c. "Inflation, Uncertainty, and Monetary Policy." Cleveland, OH, September 26.

———. 2018. "Keynote Address on the Tenth Anniversary of the Financial Crisis." Washington, DC, September 21.

Yilla, Kadija, and Nellie Liang. 2020. "What Are Macroprudential Tools?" Washington, DC: Brookings Institution. February 11.

찾아보기

벤 버냉키의 21세기 통화 정책

초판 1쇄 발행 2023년 6월 7일
초판 13쇄 발행 2024년 10월 2일

지은이 벤 S. 버냉키
옮긴이 김동규
펴낸이 고영성

책임편집 이원석   디자인 이화연   저작권 주민숙

펴낸곳 주식회사 상상스퀘어
출판등록 2021년 4월 29일 제2021-000079호
주소 경기도 성남시 분당구 성남대로 52, 그랜드프라자 604호
팩스 02-6499-3031
이메일 publication@sangsangsquare.com
홈페이지 www.sangsangsquare-books.com

ISBN 979-11-92389-21-9 03320